CLAUDE FRANÇOIS

Éditions du Rocher
28, rue Comte-Félix Gastaldi – BP 521 – 98015 Monaco

www.editionsdurocher.fr

ISBN : 978-2-268-10851-3

Olivier Delavault

Claude François

L'intelligence populaire en chansons

éditions du
ROCHER

Remerciements

Pour leur amicale présence et leurs encouragements, je remercie vivement Christian Durante, Olivier Maulin, Laurent Chaboud, Martine Clémenceau, René Marchand, Aline Weill, Thierry Chevrier, Alain Vircondelet, Francis Tier, Robert Fiess, Agnès Thouvenel, Philippe Chevallier, Michel Bourdais, Jérôme Martin, Elisabeth Toulis, Francis Basset.

Du même auteur

Jacques Brel. L'inaccessible étoile, avec Guy Floriant, éditions du Rocher, 1998.

Dictionnaire des chansons de Claude François, préface de Guy Floriant, Durante éditeur, 2003.
Rééditions : éditions Télémaque, 2008 – éditions Guy Trédaniel, 2013, préface d'Alain Chamfort.

Geronimo, éditions Folio/Biographie / Gallimard, 2007.

Mots de Brel. Le dégoût essentiel, éditions Télémaque, 2013.

Claude François, L'intégrale de ses adaptations, éditions Guy Trédaniel, 2018.

Prélude

Ça pourrait se dire comme ça : attention lecteur, vous aurez été charitablement prévenu, ce livre n'est pas du tout une biographie de Claude François, etc.

Les pages qui suivent tentent d'explorer le continent discographique et musical du chanteur qui reste pour ainsi dire, et c'est bien plus qu'un simple paradoxe, quasiment méconnu. Elles s'efforcent de démontrer la pertinence d'un répertoire hétérogène constitué à la fois d'originaux français puis, majoritairement, d'adaptations aux multiples provenances, et la façon dont son initiateur, que nous appellerons souvent « l'Artiste », les a synthétisés sur sa personne.

Artiste complet et accompli de la seconde partie du XXe siècle, Claude François fut réellement, et à tout point de vue, un personnage, selon l'expression consacrée, hors du commun, mais depuis plusieurs décennies galvaudée, peu en ayant le costume, la stature… S'il existe en France un artiste qui demeure incompris, « mal aimé », caricaturé (les trois allant souvent de pair), c'est bien lui. Reposant depuis quarante-cinq ans, revêtu, pour la nuit éternelle de son costume bleu nuit, le chanteur, et cet inénarrable folklore pailleté qu'on lui a collé à la peau –, qui pourtant n'arrive qu'à la charnière 1972-1973 – n'en finissent pas d'épuiser l'hystérie de ses fans et la morgue des ricaneurs.

Nombre des curieux qui ouvriront ces pages ne peuvent écarter l'éventualité d'éprouver un sentiment inconnu de désappointement frôlant la déstabilisation, d'autres en sortiront totalement dépités, voire furieux, quand d'autres éprouveront une forme de délectation intérieure, une satisfaction proche de la béatitude, conforme à leur ressenti profond, qu'il soit conscient ou pas. Très bien, si tel est le cas ce sera signe que le livre aura atteint son objectif : qu'il aura amené le lecteur à la véritable découverte, la révélation d'un as d'une inattendue, car subversive et subtile, contre-culture, d'un rebelle intègre, d'un seigneur avisé, malin, curieux qui domina son époque, les riches années soixante, et qui ouvrit bien des portes pour des cohortes de prétendants au titre de chanteur.

C'est peu de dire qu'on s'en serait bien passé mais enfin, le temps écoulé depuis sa mort a montré, si d'aucuns peuvent en la circonstance s'exprimer ainsi, toute son utilité. Ce temps est à la fois fluide et solide, il permet d'évaluer un très méconnu patrimoine musical enfoui, celui qui dort au fond des sillons noirs des 33 tours et de nombreuses faces B des 45 tours.

Ces pages « auscultent » en profondeur le répertoire de Claude François. On revient de loin et il y a lieu en effet de s'interroger sur d'étranges formes d'omissions et pour tout dire, de désinformation qui ont obéré la qualité intrinsèque dudit répertoire, tant dans ses fondations que dans ses réalisations. Elles tentent d'expliquer, d'analyser comment et pourquoi il a toujours été de bon ton de considérer dans certains milieux cultivés, réputés supérieurs et s'estimant « élitaires » Claude François comme artistiquement incommodant et même, désormais, dérangeant sur les plans sociaux et sociétaux.

Pourtant, il est démontré ici, preuves à l'appui, que Claude François est plus un artiste de rock, de pop et de soul music plutôt qu'un simple chanteur de variété associé au registre infamant de « variétoche ». Dans cette optique, l'ouvrage évoque les prestations scéniques et détaille les adaptations des chansons étrangères.

Pour annoncer la couleur, en guise d'avertissement…

L'idée, pour ne pas dire « l'idéologie… », qui sourd depuis presque quatre décennies décrétant, parfois avec un certain aplomb, qu'un artiste se doit, de manière explicite ou non, se transformer en une sorte de représentant d'une morale publique dominante n'aurait jamais convenu à Claude François. Ce qui pouvait être susceptible de constituer à ses yeux une forme de soumission était comme antagoniste à sa forme d'esprit, à son être même. Tout type de mission prescriptrice – émanant des sphères déjà moralistes liées aux milieux « influents… » de la culture, des médias voire de la politique – ne pouvait rencontrer en lui un écho, une acceptation, ni la moindre tolérance ; cela ne lui correspondait en rien. Étranger à ces sphères, et *a fortiori* ne s'étant jamais inscrit, comme par instinct protecteur de son intégrité, dans des courants tant artistiques que sociaux/sociétaux qui émergent dès les années 1970, Claude François ne pouvait, et ne devait, se placer sous aucune autorité morale ou tutelle de quelque nature. Lesdits courants auraient été « supposés » lui ouvrir certaines « portes parisiennes » mais sans qu'il y soit accueilli de manière différente, comprendre, le mot est faible « inamical » et ce en dépit de sa fulgurante carrière.

L'archétype social comme sociétal qu'il a symbolisé et symbolise encore, refuse toute forme d'assentiment de subordination par lequel, face aux injonctions d'une classe élitaire, il serait devenu, et serait aujourd'hui, un exemple vertueux de sympathie s'inscrivant dans le partage où bruit le dogme de l'absolue « ouverture à l'autre » pour qui veut se définir en tant que lien social. L'homme a échappé à tout glissement vers un consentement lisse plus que jamais polissable, toujours complice de funestes abdications. De par son essence, sa personnalité, ses goûts, son travail – la puissante plénitude que lui procurait sa marche dans la Félicité d'une sorte de « Voie Lactée Musicale » – Claude François était rétif aux injonctions d'un monde assoiffé de conformité bienveillante. Il rejetait toute acceptation machinale d'une « évidence obligatoire » qui eût préfiguré la déperdition, parfois même la disparition de sa véritable indépendance d'esprit.

Instinctivement ou non – sachant que tout chez lui procède d'une volonté interreliée au pressentiment, à l'intuition – il s'interdira, par réflexe découlant d'une salvatrice vigilance, toute possibilité d'être perçu et considéré comme lien social avec message à transmettre à la clé ; un lien qui pour beaucoup s'inscrit dans des instances convenues, pour devenir, sans forcément s'en rendre compte – et peu importe la qualité ou le niveau des œuvres –, leur obligé. Accepter ce « rôle/rouage » de lien social, cela aurait été, pour lui, s'entraver d'attaches impliquant par essence l'immobilisme, si ce n'est la paralysie. Les rouages et rôles assignés du lien social ne peuvent rassurer tout esprit éclairé. Quand on en a conscience (faut reconnaître que ce n'est pas donné à tout le monde…) on sait que certains liens ne libèrent jamais. C'est une fadaise pour abuser les esprits par le séduisant, mais ô combien trompeur, biais de la belle idée humaniste. Pour ne prendre qu'eux comme exemple en référence à notre sujet, nombre d'artistes « engagés » sont ces détenteurs de « liens sociaux-sociétaux » qui, sous couvert de dispenser la bonne parole, ne sont que des geôliers qui étouffent les entendements. Claude François est un des rares « déliés », un des rares esprits libres et férocement indépendants de son temps. C'est pourquoi le fait de l'écrouer dans l'image dévastatrice d'un authentique « infréquentable » « à-paillette-déroulant-des-chansons-débiles-qui-décervèlent » sert et facilite de sombres desseins idéologiques. Avec ce fameux « lien social » qui enchaîne plutôt que de libérer, lien dont s'enorgueillissent de nombreux artistes apparemment fiers de leur statut « d'idiots utiles », la pensée dominante a bien saisi, il faut le croire, le danger de cet impact sur les foules qu'ont pu avoir un Claude François, et un tout petit nombre d'autres « collègues » chanteurs. Mais ces liens, prétendument « libérateurs », auxquels l'Artiste n'a jamais prêté le flanc, ne font qu'incarcérer leurs « victimes » consentantes qui, sourire béat aux lèvres, se retrouvent étroitement asservies.

C'est pourquoi, pour s'assurer une réclusion perpétuelle des foules dans le royaume des illusions et favoriser toute forme de manipulation, il *fallait* impérativement discréditer un artiste comme Claude François… Cette démarche ne procède-t-elle pas, quand on y songe, d'une geste totalitaire ?

Céans, on l'aura compris, chez Claude François, le terreau favorable à toute éclosion subséquente à toute subordination, toute sujétion, et donc toute servilité-servitude, est absent. C'est aussi pour cela, entre autres, qu'il est un « Grand ». Il a donc été proscrit de certains milieux médiatiques et journalistiques tel un paria qui ne veut pas entrer dans le rang. Son répertoire, qui embrasse – et parfois embrase – les travers de nos existences demeure en totale, voire même virulente, opposition à toute docilité, à toute sédentarité de l'esprit, Comme chez Jacques Brel et de très rares autres.

Il est facile, à cette aune, de constater combien divers relais de l'intelligentsia l'ont embourbé et mis à l'index comme le chantre d'une bien funeste « variété-variétoche », surtout dans les fatidiques années 70 « paillettes-festives », alors qu'en réalité absolue, musicale, il se tenait juste à l'opposé. Avec ses « paroliers littéraires », dans une langue intensément descriptive, le chanteur donne le *la* sur bien des sujets. Il n'aura jamais rien laissé au hasard, méprisant l'à-peu-près, exécrant toute forme de médiocrité et de malversation. Il se devait, tant pour lui-même que pour son public, d'être exigeant. Si en termes d'image, cette intransigeance légendaire lui a coûté cher, son œuvre demeure, et lui donne raison.

***

Par une sorte d'automatisme critique qui a fait des dégâts, Claude François a presque toujours été assimilé à l'apparente simplicité de ses chansons, de l'image qu'il en donne, surtout dans les années 70. Pourtant, loin de simples ornementations esthétiques dépourvues de sens, ses chansons, pour beaucoup, sont plutôt le résultat stylisé d'une longue tradition d'observation du monde, des gens, des sociétés ; or, cette fonction de l'art procède d'agréables et parfois surprenantes dissonances cognitives toujours renouvelées, telles de salutaires alternances. Corollairement, cela compta beaucoup, et au grand dam du troupeau des dénigreurs de l'Artiste, pour maintenir et attiser l'intérêt du public.

Ce qui ressort de la langue de Claude François, ce qui émane de ses chorégraphies – avant même l'arrivée des Clodettes en 1966, car en télévision comme sur scène il dansait seul, c'est un dessin d'une parfaite régularité inventive ; le rythme de son langage prend la forme de petites variations dans la répétition des principales figures, d'éléments dudit dessin et ce, si je puis dire, à dessein. Chez lui, en télévision comme sur scène la présentation chorégraphique d'une structure répétitive avec de savantes variations procède d'un cheminement qui mène à la progression insensible d'un segment à l'autre. La perfection n'étant pas de ce monde, cette créativité impliquait une volonté quasi spirituelle, à laquelle se joignait harmonieusement un effort cérébral de conceptualisation. Mental ou spirituel, cet effort est au moins aussi important que la réalité artistique qu'il visait à engendrer ; ce faisant, il a montré clairement comment la narration reflète à la fois les dons d'observation et la capacité de réflexion dont il fait montre et dont souvent se révélaient capables ceux qui jouaient un rôle actif dans sa composition, comprendre l'Artiste et, sous sa férule, « les siens », car le milieu professionnel a été indissociable de sa vie… : directeurs artistiques, arrangeurs, musiciens, compositeurs, paroliers, ingénieurs du son.

On retrouvera ce même pouvoir créatif, capable d'appréhender et de rendre en chanson différents niveaux de réalité, chez un certain nombre des « grands anciens » que furent Trenet, Brel, Bécaud, Aznavour, Béart, Nougaro, Ferrat et quelques rares autres, ainsi que chez certains artistes du registre de Claude François, période 1958-1972, notamment Richard Anthony et Adamo ; et à ce stade on pensera par la suite à Alain Bashung, Michel Delpech, Alain Souchon, Laurent Voulzy, William Sheller, Michel Jonasz, Véronique Sanson et Francis Cabrel, avec lesquels le pouvoir créatif est largement partagé et participe au processus en faisant preuve de beaucoup d'assurance et de maturité.

Pour ce qui le concerne, et mieux que personne, Claude François sait ce qu'il fait, il parle et agit avec autorité, sans toutefois se montrer inutilement autoritaire. Il apparaît dès lors comme un authentique leader qui ne doit sa position qu'à ses qualités personnelles.

En cela, Claude François expose une vitalité fertile à l'état brut, à tel point que le monde doit devenir chez lui nécessairement une œuvre d'art. Ainsi, consciemment ou non, ceux qui écoutent ordinairement une chanson de Claude François peuvent être amenés, selon leur disposition du moment ou leur permanence, à intégrer toutes les choses, les personnes, les rêves du monde extérieur, qui deviennent, comme s'ils en étaient déjà dotés, une réalité intérieure qui les définit et leur donne un sens, une utilité, jusqu'à ce que le monde se transforme, et nous y revenons, en une sorte d'œuvre d'art fonctionnelle.

Dans cette optique, comprendre, si tant est que c'est possible, l'œuvre de Claude François – j'ai conscience que la chose n'est pas *a priori* évidente pour tout le monde – est une gageure. Au mieux, on peut parvenir à en saisir les contours de façon à cerner ceux du personnage. Mais de *quel* personnage au juste ? Celui qui chante corps et âme en action dans son métier ? Ou le vrai Claude François qui n'est jamais hors métier autrement dit toujours en sacerdoce musical absolu procédant d'une quête infinie dans la plénitude d'un vital accomplissement artistique ?

La tendance naturelle de bien de ceux qui sont devenus, au fil du temps, les contempteurs de Claude François, est d'apprécier avant tout – cela côtoie les lisières de pathologies sociétales à l'endroit de l'Artiste – dans les textes l'*obscurité*. Pour cette doxa décérébrée en plein exercice de permanente purge sociale contre Claude François et par extension contre son public, une chanson ne peut être « profonde » que si, tant sur le plan du style que de sa structure, elle apparaît « complexe ». Si de surcroît sa langue est compliquée, ce n'en est que mieux. C'est donc sur le grief d'une apparente simplicité de ses chansons que s'appuiera à l'égard du chanteur leur hostilité foncière et souvent véhémente. Celle-ci constituera pour l'Artiste une blessure, une humiliation d'autant plus durement ressentie qu'elle atteindra les soubassements où, en son for intérieur, se déploie l'énergie qui œuvre à donner le meilleur de lui-même.

Chez Claude François la structure peut être complexe mais ce qui en ressort est tellement fait pour être perçu par le plus grand nombre – c'est tout de même le but – que l'apparence qui en découle offre une chanson accessible. Des points de vue du sens, les contrastes sont souvent spectaculaires entre la gravité du propos et la musique entraînante qui ouvre, justement, l'accès à une complexité non torturée, une complexité qui baigne dans la clarté. En fait, il n'y a pas d'effet de style mais juste une expression simple et directe, même si elle est bâtie sur de la complexité ; elle celle-ci se dissimule dans les fondations de l'œuvre là où, les mains dans le cambouis au cœur du *beat* des rythmiques avec leurs temps forts et leurs contre-temps, les harmonies d'accords mineurs, de 7e ou 9e majeure ou diminuée pour tel ou tel instrument à tel instant sont réfléchies, ressenties, élaborées, là où l'édifice prend peu à peu son allure définitive. Chez notre chanteur chaque mot est une image acoustique qui, dans la clarté, reflète une réalité. Le public, à l'évidence, l'a reçu cinq sur cinq ; peut-être lui seul était-il assez compétent, au fond, pour en avoir la faculté.

C'est pourquoi l'on trouvera toujours dommage, comme l'écrit Philippe Chevallier, « *que les esprits ne demandant qu'à être éclairés ont été dissuadés, ou mieux, tenus à distance du répertoire de Claude François tant par leur milieu social, leur famille, l'éducation, les préjugés* »[1]. S'il y a dans les milieux favorisés, aisés quelques individualités qui n'ont pas dédaigné, surtout dans les années 70, d'aller voir le chanteur en gala, d'acheter ses disques et de l'écouter au hasard d'un passage radio ou télévision, une écrasante majorité des personnes intéressées par l'Artiste, ou même les *fans*, se trouvent dans ce qu'on a pu appe-

1. Philippe Chevallier, *La chanson exactement. L'art difficile de Claude François*, Presses Universitaires de France, 2018.

ler « la classe ouvrière » et les classes moyennes. Reconnaissons que ces dernières sont bien les classes socio-sociétales, comme « leur chanteur », toujours vouées aux gémonies par des consciences « progressistes » se persuadant « élevées-élitaires ». La sournoise propagande astucieusement dissimulée dans le discours dominant des ambianceurs-abrutisseurs de foules, souvent payés par l'argent public (sans oublier cependant que la capital-fonctio-cratie du secteur privé n'est pas en reste...), s'active inlassablement contre ce que représente l'archétype socio-artistique Claude François. Ces instances réprouvent son chant joyeux ou triste mais toujours réparateur, constructif, et font tout pour que ce chant échappe à la multitude. Ce travail de sape s'apparente à une forme insidieuse de privation, constituant par voie de conséquence une atteinte à la connaissance, à la liberté de choix, d'expression ; ce qui, convenons-en, confine à une bien « soviétoïde » désinformation.

À bien considérer les choses, qui sont-ils donc ceux qui, souvent, par rapport à l'Artiste, sont des nains persifleurs s'escrimant à dénigrer ce dernier, et son art musical, qu'ils ne connaissent point. Émanation des relais de diverses intelligentsias, les détracteurs patentés de Claude François – j'ai souvent eu l'occasion de l'observer, toujours sidéré comme ébahi devant tant de vides abyssaux, – réunissant l'inculture et la mauvaise foi en une destructrice fusion, ils sont, pour la plupart, incapables d'appréhender correctement l'homme et l'œuvre, se révélant dénués de tout moyen d'analyse et d'appréciation véritables. Ils sont de talentueux vecteurs du relativisme destructeur avec comme mantra la béquille sémantique soutenant l'affirmation, issue des ténèbres de l'ignorance, que tout se vaut ; dès lors, on approche les lisières de la dévaluation d'un travail, d'une fonction artistique. Conséquemment, c'est bien pratique pour dénaturer voire enlaidir une œuvre qu'on cible pour la discréditer totalement et, en bouclant le cercle : la dévaluer aux yeux du monde, aux entendements autant fertiles que fragiles, la détruire.

L'Artiste donnant trop à ouvrir les yeux et les consciences a donc été disqualifié par une *doxa* dominante instillant dans les esprits un climat idoine visant à formater les foules massifiées dans l'aveuglement de l'illusion que procurerait le sacro-saint lien social qui n'est, à tout prendre, qu'un bien pratique prêt-à-penser.

Comme s'il était puni par une redoutable sédation socio-médiatique, culturelle, comprendre idéologique..., Claude François est en butte à une obstination étrange, tel un rejet à la fois pavlovien et démiurgique, qui mène à refuser d'entamer une approche, une écoute « honnête » de son répertoire et ce, comme par une « peur /dégoût » irraisonnée d'une forme de contamination qui procéderait d'une dévitalisation de l'esprit. Dans certaines instances, certains milieux, sauf rares exceptions, évoquez, parlez de Claude François, vous allez voir comment on vous regardera, c'est tout juste si vous ne faisiez une sorte de *coming-out !*[2] Vous observerez les regards obliques qu'on vous coulera, des regards n'affichant que condescendance laissant deviner le sentiment d'aversion qui pathologise le personnage. Et ces mêmes regards, cette même condescendance, ce mépris sont de nature similaire à celle que ces instances, ces milieux déversent sur l'Artiste et son public, ensevelissant les deux entités de tombereaux d'injures, de fielleuse expression d'un mépris qu'on peut observer dans l'Histoire au sein de certaines sociétés dites « primitives » et de nombreux systèmes totalitaires.

Quand ça ne relève pas d'une détestation sociale voire quasi-épidermique, Claude François n'est pas pris au sérieux. En télévision, par exemple, ses expressions de visage donnent parfois l'impression de vouloir exprimer ce qui est étouffé, comme incarcéré en lui. Et ce, toujours dans le registre du tourment, de l'angoisse, tel un enfant effrayé, étonné. Lorsqu'il les chante, les prononce dans une remarquable diction, certains mots, certains segments de phrase vont bien au-delà de ce qui est dit. Chez Claude François, il y a des expressions qui ne trompent pas, elles expriment un authentique état d'être et le visage en dit long, tout comme dans sa chanson de 1977 *Chaque visage dit une histoire* adapté de celle de l'ex-shadow Cliff Richard *Every Face Tells A Story (It Never Tells A Lie)*. L'Artiste parle beaucoup avec les yeux. Et ça, il le sait.

Au fond, il y aura toujours eu contre Claude François la fabrication d'un profil, d'un conte médiatique qui décontextualisent et disqualifient la réalité artistique du chanteur en dérobant, par diverses combinatoires de confiscations, aux oreilles de beaucoup, des chansons susceptibles, s'il en est besoin, de

2. Expression qu'utilise, un peu dans le même contexte, Philippe Chevallier, *Op cit.*

crédibiliser l'œuvre et l'homme avec lesquels ce dernier et son public, ne se seraient jamais vus dépouillés de toute respectabilité socio-artistique par des esprits avisés ayant souvent pignon sur rue depuis les instances omniscientes de tous les milieux journalistiques, universitaires, culturels et parfois politiques. Depuis le début des années 70, c'est idéologie et rejet à tous les étages...

Il n'échappe guère à de rares esprits que, pour beaucoup, parler de Claude François consiste à dénigrer, ou tout au moins à sous-estimer, la valeur d'un répertoire contenant – à quelque niveau d'appréhension auquel il peut se laisser à découvrir –, des données accumulées dans un « stock » de presque 80 années – sans compter les corpus aux provenances lointaines savoir du XVe au XIXe siècle – de musiques populaires occidentales, d'où la notion de creuset culturel occidental. Mais qui dit « creuset culturel occidental » n'est pas loin de la notion, honnie par les contempteurs de Claude François, de ce qu'il représente en tant qu'archétype humain, de « racines ». Cela a énormément compté dans la détestation disqualificatrice et quasi homologuée du chanteur.

Il conviendrait de se départir de la froideur comme de la désinvolture que d'aucuns ont vis-à-vis de l'œuvre de Claude François, au profit d'une approche qu'on pourrait supposer plus sensible des situations et des réalités textuelles et musicales à décrire et, bien entendu, à estimer à leur juste valeur.

Dans cette perspective, l'homme et l'œuvre constitutifs d'un ensemble relevant d'une consubstantialité existentielle d'ordre autant socio-sociétal et psychologique qu'artistique, peuvent se prévaloir d'une légitimité, quasi innée chez Claude François, pour adopter et accomplir une stratégie de création au nom de la réappropriation d'un héritage culturel qu'il n'a en rien vulgarisé, bien au contraire, alors qu'aujourd'hui sont portés aux nues ceux qui n'ont qu'une seule idée, celle de le souiller, de le détruire... Et en Occident, détruire, souiller un héritage culturel, c'est un mot d'ordre, même au simple niveau, apparemment « inoffensif, de la chansonnette.

PREMIÈRE PARTIE

1

De l'Égypte à la France, de l'enfance à l'homme

Évoquer l'inestimable « vécu amniotique » de l'enfance pour mieux appréhender le parcours d'un personnage comme Claude François s'avère, pour ainsi dire, obligé. Obligé compte tenu des éléments fusionnels que renferment nombre de chansons en concomitance profonde, apparente ou non, avec la vie privée qui, à bien y regarder, n'existe pas puisque rien, en dehors de la musique, du métier, n'organisera l'existence physique et mentale de l'Artiste ; cela consistera chez lui à devenir puis à rester le meilleur, le premier, quelquefois… et ce, surtout pour Elles : les filles, la Femme…

Il subsiste, à cette aune la nécessité de remonter aux racines. Cela commence par l'enfance, en Égypte – tout est là et conditionne la suite –, la traumatisante arrivée en France, la montée à Paris avec la petite misère, les petits deux pièces miteux, une épouse qui se fait la belle avec *Monsieur 100 000 volts* alias Gilbert Bécaud, la découverte de l'environnement discographique, « ce métier » qu'il va devoir affronter, auquel il va se mesurer, et dans lequel il va plonger corps et bien.

C'est pourquoi, avant d'aller plus avant au cœur du noyau central, énergétique, du répertoire de Claude François, de ses diverses origines, il est essentiel de jeter un œil dans le rétroviseur en retournant des décennies en arrière, loin, en Égypte. En grande partie, tout Claude François est là, et donc « l'œuvre » qui lui est consubstantielle. Les chansons qui évoquent l'enfance, ou qui lui sont « destinées », revêtent chez lui une importance considérable, pour ne pas dire vitale. Beaucoup d'entre elles comportent les thèmes récurrents qui se rattachent à la hantise de l'abandon, de la solitude. La quasi-totalité du répertoire y trouve les fondations sur lesquelles celui-ci est en partie bâti.

Disons qu'avec lui, l'homme comme le répertoire ce qui, finalement, relève de la même « abstraction… », il faut se méfier des choses qui paraissent parfois dérisoires, notamment de ces œuvres pour la première jeunesse qui ont souvent un sens caché profond.

L'enfance de Claude François fut heureuse et, pour paraphraser le titre d'une chanson de Serge Lama, une *enfadolescence* riche et joyeuse. Il est entouré de Lucia, une mère aimante et attentionnée, d'une sœur affectueuse, Josette, intelligente et subtilement complice et d'un père, aimant bien sûr, mais surtout sévère, qui ne laissait rien passer et qui avait la punition facile. Cependant, convenons-en, ce trio a forgé un être solide et fort, honnête et droit, un trait de caractère formulé avec lucidité et humour dans la chanson *Sois fier* de juin 1965 d'après *Walk Tall* que l'Irlandais Val Doonican avait enregistré chez Decca en 1964. Le garçon est doué et curieux, doté d'une intelligence instinctive qui le mènera très loin, comme s'il était et c'est le cas, intuitivement initié. Certains le sont pour l'écriture, la littérature, d'autres pour la peinture, la sculpture, les mathématiques ou l'architecture lui, c'est la musique. Elle est son langage primal et évolutif ; depuis le début, sans doute un peu inconsciemment d'abord, elle a structuré sa personnalité. Mais elle n'avait pas beaucoup d'efforts à fournir car ses fondements sont déjà là, engrammés en lui, dans les tréfonds de son âme et/ou, c'est selon les dispositions et obédiences de chacun, de sa psychologie. Chez Claude François, la musique préexiste et ne demande qu'à jaillir et ce qui apparaîtra alors aux yeux de la multitude en est la quintessence. Inévitablement, ce qui est dans le psychisme, dans l'esprit, en vient un jour à circuler, à se mouvoir, à exister dans la matière, dans le physique. Dès lors on ne saurait mieux dire que Claude François a la musique dans le sang.

L'enfance est presque dorée. Pas trop, juste ce qu'il faut pour que le petit Claude trouve son centre grâce à quoi il peut s'affirmer, et même avec aplomb. Il ne s'en privera pas. Né le 1er février 1939 en Égypte à Ismaïlia entre le Canal de Suez et la mer, il voit sa période égyptienne se terminer de façon dramatique à la mi-juillet 1956. Il a alors 17 ans et demi. Le jeune homme est traumatisé par son départ forcé d'Égypte quand, brutalement, toute une famille se retrouve sur le pont d'un bateau en partance pour Le Havre, démunie de tout et humiliée. Si la chanson *17 ans*, qu'il sort en décembre 1975, d'après *At Seventeen* que la chanteuse américaine Janis Ian avait enregistrée pour Columbia en 1974, évoque les bons et les moins bons souvenirs de sa jeunesse égyptienne, on sent qu'il s'est retenu d'y relater les événements psychologiquement et moralement violents liés à l'expulsion du pays. La force du titre, entre autres, est cette retenue, cette pudeur de ne pas avoir été jusqu'au bout. Claude François a passé sous silence ces événements, ne voulant se plaindre de rien, pas comme certains qui de nos jours ont le gémissement plaintif facile, le talent en moins. Avec l'Artiste, la chanson parle juste d'une période heureuse parcourue de plaies et de bosses, de joies comme de déceptions qui agrémentent une enfance normale.

Jusqu'à cet âge de 17 ans, Claude François aura vécu les phases les plus importantes de sa vie, celles déterminantes qui structurent et construisent une personnalité. De ses premiers pas jusqu'à la fin de cette période orientale, la complicité avec sa sœur Josette compte pour beaucoup. Sans forcément s'en rendre compte, elle lui apporte équilibre et joie de vivre. Avec elle, le jeune Claude fera les quatre cents coups. Elle est parfois un peu inquiète, voire affolée, car son frère est un casse-cou qui prend des risques, mais qu'importe, ils rient beaucoup ensemble, contents d'eux, de leurs farces et, bien souvent inconscients des dangers, des risques d'accidents comme de vexation, ou de la rude punition paternelle qui les attend. Mais le petit frère aime trop la rigolade, la vie. Chez lui ce côté facétieux se vérifiera plus tard ; ce sera en l'occurrence le cas au cours des tournées au rythme infernal comme endiablé. Une fois le spectacle et la récupération physique terminés quand tout le monde joue relâche, que le cirque commence. Et l'Artiste n'est pas le dernier… C'est ce qu'il se passe dans les hôtels où la troupe fait halte. Bien souvent, ces troupes de chanteurs (euses) des années 60 et 70, tout comme les groupes de la même époque, n'étaient rien de moins que des ouragans qui déboulaient dans les villages et autres préfectures ou sous-préfectures. L'animation continuait souvent après les galas.

De fait, à lire sa sœur Josette[1], on pourrait dire que Claude François est un « farceur invétéré ». L'Artiste, contrairement à ce que laissent entrevoir nombre de ses attitudes, ne se prend pas au sérieux. C'est pour cela que tout ce qu'il entreprend est d'ailleurs fait sérieusement, au millimètre. Claude François ne se la joue pas, il n'a pas besoin de ça. Tout est naturel chez lui. Il peut passer de la franche rigolade à, sans coup férir, l'enguirlandage en règle et, en moins de deux secondes, revenir tout sourire au beau fixe parfois accompagné de champagne, ou de montres Cartier, ou encore grands vins fins sortis directement de sa cave du Moulin de Dannemois, cave à vins et à cigares alors très connue et parfois courue… en son temps, du « tout Paris ».

***

Depuis au moins trois générations, la famille François, lyonnaise d'origine, est attachée à la compagnie du Canal de Suez. Aimé, son père, comme avant son grand-père, Adolphe, travaille à la compagnie du Canal. Sérieux, employé plus que modèle, il voit sa carrière évoluer tant est si bien qu'il devient vite responsable de la circulation des bateaux sur le Canal. Le tout jeune Claude grandit dans une de ces belles demeures que la Compagnie met à la disposition des familles européennes, françaises et anglaises, travaillant pour elle. Entre cette maison, l'école, la mer à portée de quelques foulées sur le sable – qui devient comme l'écrit sa sœur un « véritable garde-manger » en dehors du fait qu'on y nage – mais aussi la maison de Vincente, sa grand-mère maternelle au centre d'Ismaïlia où il aime aller, le garçon a quasiment un début d'existence paradisiaque. Le jeune Claude veut un chien. Il l'aura s'il consent à entreprendre l'étude du violon et du solfège. Il n'aimera pas.

Si l'on veut bien ne pas me tenir rigueur de cette petite digression, il est intéressant, et la coïncidence est pour le moins curieuse comme symbolique, d'établir un parallèle avec quelqu'un d'autre né un an avant Claude François en Égypte, mais au Caire, et pour qui se produisit en gros la même chose.

---

1. Josette François, *Claude. L'histoire d'une revanche*, éditions Jacques Grancher, 1988 ; réédition revue et augmentée, avec la collaboration de Laurent Eschenlohr, *Claude François, mon frère*, éditions Hors Collection, 2008.

Il s'agit, le hasard et la concordance des choses vraiment…, de l'un des futurs et principaux concurrents de Claude François : Richard Anthony. En effet ce dernier se verra pareillement imposer avec force autorité l'étude du violon… Comme pour le jeune Claude, ça ne l'amusera pas du tout. Et avec Richard, les parallèles ne s'arrêtent point là car, outre plus tard leur pratique du métier de chanteur dans leur « statut d'idoles », leurs choix dans des tessitures et des registres similaires qui ont nourri leur répertoire adapté de l'anglo-américain, il y aura, hélas, les événements d'Égypte qu'ils vivront à presque dix années d'écart dans le sang, la terreur et le déracinement qui vont, sans appel, décider inexorablement de leur avenir commun…

Après cet aparté, revenons au jeune Claude. Il a 5 ans à peine. Il aurait préféré faire du piano, comme sa mère qui chante quand elle en joue. Le père ne veut pas. Le piano c'est pour les filles, le violon pour les garçons et ça ne se discute même pas. Nous l'avons vu, l'enfant Claude doit céder s'il veut son chien. Une des très rares fois de sa vie, il cédera, pour un chien. Son Chien. Il l'aura, il s'appelle Dick. Ils sont inséparables. C'est presque un confident. Rien qu'en se regardant ils se comprennent. L'enfant Claude aime les animaux, leur compagnie. Il est très sensible à leur regard, leur instinct, leur affection gratuite même s'ils font tout un cinéma pour avoir à manger ou aller en promenade. On comprend que le garçon ait cédé au père. Comme le dit sa chère sœur, son frère « *en était arrivé à dresser Dick pour qu'il protège des faucons les poules et les poussins qui se baladent dans leur grand jardin.* » Les dispositions du jeune garçon amènent sérieusement à imaginer combien, aujourd'hui plus encore que de son vivant, il serait révulsé, furieux de voir sous toutes les latitudes et pour tout prétexte les traitements infligés aux animaux.

Ismaïlia est en quelque sorte la capitale du Canal de Suez. Le jeune Claude s'ouvre au monde comme il peut et enrichit très vite et bien son esprit ; de fait, en dépit de certaines règles du genre un peu « chacun chez soi », pour ne pas dire « entre soi », il s'imprègne de ce qui l'entoure, de cette mosaïque de communautés arabes et européennes toujours juxtaposées, qui rarement s'entremêlent. Il fait vite la part des choses et sait prendre le meilleur où il faut et quand il faut. Comme l'écrit Guy Floriant, son dernier directeur artistique de fin 1975 à 1978 : « *Ces communautés sont politiquement, religieusement profondément différentes... Ce qui aurait pu être le creuset d'échanges culturels n'est constitué en réalité que de ghettos hermétiques.* »[2] Mais rien ne l'arrête. Fougueux, plein d'énergie, la bougeotte perpétuelle il parvient à établir de bonnes relations avec les enfants Arabes de la rue, ce qu'une forme d'aristocratie locale, européenne comme arabe d'ailleurs, émanation de la compagnie du Canal, considère avec dédain comme une sorte de plèbe. Donc, avec elle et comme par réaction face aux interdits et autre tabous de rapprochements qui exaspèrent l'adolescent, le petit Claude se retire quelquefois sur son Aventin à lui avec les « plébéiens » du coin. Avec eux, il peut écouter les rythmes, les battements des doigts sur les peaux des riqq et autres darboukas. Avec ces battements, il éprouve la musique. Dès qu'il le peut, il file pour aller entendre les peaux tendues résonner dans les rues. Comme le nuage de Tchernobyl, mais comparaison n'est ici pas raison..., le son ne s'arrête pas à la frontière des communautés. La musique se rit des murs, elle s'envole. Aussi, dans ces rues, qui sont bien plus souvent des ruelles, il rejoint les enfants de son âge, aussi bien que d'autre, plus grands, pour chanter et battre le rythme. Dans l'air des venelles qui serpentent, circule le son de la vie, de la ville, d'un monde ancien mais bien vivant, dans son élément enraciné et solide. Au détour de chaque coin de maison, d'une petite place, ça frappe sur des peaux avec les mains, avec du bois, avec de tout. Sans trop s'imposer, Claude est timide, il passe le pas, transgresse. Quelquefois il parvient à jouer avec eux ; d'autres fois c'est une fin de non-recevoir. Il a du mal à vivre les interdits de communication d'un quartier à l'autre. Ça le contrarie profondément. Mais il se prend au jeu. L'exultation qui va habiter entièrement son être n'est pas loin. Puis il y a toujours des notes. Outre le rythme, il y a des notes, amples, resserrées ou pas, presque comme une mélodie. Il entend le rythme dans les voix, dans les silences entre les notes là où sommeille, là où se meut la musique.

---

2. Guy Floriant, *Claude François, plus vite que la musique*, éditions Seghers, 1988 ; réédition revue et augmentée avec dossier sur les adaptations en fin de volume par Olivier Delavault : *Claude François, l'enfer du décor*, éditions du Rocher, 1998 ; réédition en 2003 : *Claude François. Et même si tu revenais*.

C'est donc une première partie d'existence quasiment sans anicroches, enfin presque. Sans faire de miracle, il est bon élève, et au conservatoire il travaille le solfège et le violon. Il ne fait pas d'étincelles mais il se débrouille. Il n'est pas plus inspiré que cela, il pense à autre chose ; au rythme de la rue, au hasard…

***

Vers la fin de la seconde Guerre mondiale, les avions bombardiers italiens et allemands, avant de rentrer au bercail, ont pour habitude de se délester à l'aveuglette des bombes qui restent dans leur ventre et ce, même sur des zones neutres comme le canal de Suez et donc Ismaïlia. C'est l'une d'elles qui un jour endommage suffisamment la première maison de la famille François, celle où l'enfant Claude a grandi, pour qu'elle devienne inhabitable. La compagnie du Canal s'efforce alors de reloger comme elle le peut les familles européennes qui sont dans son giron tant pour leur vie professionnelle que sociale et qui ont « malencontreusement » subi un bombardement et ce, en attendant que les demeures abîmées ou détruites soit refaites à neuf. Pour ce qui est des François, comme le rapporte la sœur de l'Artiste, la famille a été tout simplement se réfugier chez la grand-mère Vincente. De cette période, le jeune Claude n'a pas été vraiment traumatisé. La famille est réunie chez la grand-mère, beaucoup des domestiques les ont suivis et cette micro-société s'entend à merveille et se soutient. Lorsqu'au bout de quelque temps leur maison redevient à nouveau habitable, et comme le hasard fait parfois étrangement les choses, la famille a à peine le temps de réaménager, de reprendre ses habitudes et ses repères que son père, Aimé François, en carrière évolutive, est muté à Port-Tawfik, en prolongement du Canal tout au sud d'Ismaïlia et tout au nord du Golfe de Suez. Claude a 11 ans, il est placé à Ismaïlia au collège des Frères Ploërmel, institution catholique, où la discipline et l'exigence d'un travail assidu contrastent avec sa vie presqu'insouciante d'avant. De son côté, sa sœur est placée chez les Sœurs de Saint-Vincent de Paul. C'est une période où le garçon est surchargé d'activités, de travail ; car en dehors du collège, il y a le conservatoire mais aussi le sport auquel il s'adonne de plus en plus et surtout la course de fond ; et à la maison, les devoirs et le solfège, toujours le redoutable solfège et les sempiternelles gammes au violon. Le père surveille, toujours.

Le soir, sur les balcons de la propriété, quand les familles des domestiques – qui font quasiment partie de la famille François, – mis à leur disposition par la compagnie du Canal sont réunies, Claude, comme dans la ville, va les écouter jouer et chanter. Comme dans les rues il les observe, toutes écoutilles dehors, oreilles et yeux grands ouverts. Il s'extasie, absorbant les vibrations de la musique. Sans le savoir, il se nourrit, charge ses batteries. À côté de lui, le plus perfectionné des groupes électrogènes pour le meilleur hôpital d'une grande ville, c'est une patate douce ratatinée qui se dessèche en plein désert. Ces gens sont ses amis. Il y a là notamment Hassan et les siens ; Hassan est soudanais et plus tard, Claude voudra qu'il vienne en France au Moulin rejoindre la famille, pour se retrouver comme avant à Ismaïlia, parce que l'Artiste voudra plus tard reconstituer du mieux possible la vie harmonieuse, celle de l'enfance heureuse, de la « maisonnée communautaire » d'Ismaïlia ; il y a aussi Taha qui viendra et d'ailleurs qu'on peut voir en arrière-plan sur la photographie figurant au verso du 8e 33 tours de l'Artiste de décembre 1968.

Ces gens connaissent bien le garçon et l'apprécient alors, percevant ses yeux briller d'envie, Enfin on l'appelle, il est convié à venir jouer, on lui propose d'y aller… Inutile de dire qu'il ne se fait pas prier, ne résiste pas et comme eux va frapper comme l'écrit Josette, « *sur les gargoulettes, sorte de récipient de terre cuite que l'on renverse à l'envers une fois vidé de tout aliment.* » Le jeune Claude est transporté. Il sent, entend, ressent le rythme partout sur ses balcons, dans les rues. Maintenant, il va taper partout, tout le temps, sur ces peaux tendues et avec qui voudra.

Plus tard, elles lui sauveront la vie…

Dans son corps, son esprit, circule le rythme qui dans l'air, tel un vent céleste[3], donne le ton de l'harmonie, de la joie. Et comme, à nouveau, l'écrit Guy Floriant : « *…nulle méthode, nulle explication théorique n'est nécessaire pour que le sens du tempo se confonde avec une pulsion innée. Le rythme de la foulée, le choc des doigts sur les tambours d'argile, tout cela fait son œuvre*

3. Telle une fulgurance, ce mot de « céleste » est une référence « hommage » au « batteur céleste » de la chanson de l'Artiste – un excellent original français de juillet 1977, très philosophique, zen et ironique, méconnu, naturellement… – *Comme une chanson triste* que Claude François concocte avec Jean-Pierre Bourtayre et Vline Buggy.

lentement. » Dorénavant, entre l'école, ses devoirs, le chien, les jeux, dès qu'il tombe sur quoi taper, il tape et peu importe que ce soit une belle percussion ou une boîte de conserve, le rythme circule dans le sang. Chaque battement sur les peaux est en phase avec sa respiration, les pulsations du cœur. Plus le temps va passer, plus il vivra intensément ces instants où l'allégresse de la musique le submerge. Oui, les murs, les barrières qui séparent les quartiers et les communautés, ne laissent pas passer que les rythmes et les sons orientaux.

Car un jour, il y a autre chose. Plus jeune il avait déjà dû entendre ces musiques. Mais peut-être n'avait-il pas encore eu l'occasion de pouvoir mieux tendre l'oreille. Quand de la communauté anglaise s'échappent des bribes de musiques encore inconnues au jeune Claude, celui-ci est aussitôt saisi, comme cloué sur place, en arrêt. De plus en plus ces musiques le titillent. Ce sont les musiques américaines qui viennent chatouiller son, c'est le cas de le dire, entendement. Dès la fin des années 1940 les grands noms du jazz vont défiler dans ses oreilles ; chanteurs (euses), pianistes, trompettistes, guitaristes, saxophonistes, trombonistes, tout y passe. Il ne sait pas toujours qui joue ou qui chante mais il se régale et il apprendra vite car, c'est peu de le dire, il y prend goût.

Les efforts qu'il doit fournir chez les Frères de Ploërmel et au conservatoire disons, guillemets de rigueur, « l'ennuient »... Pourtant il travaille dur alors qu'il ne pense qu'à aller « *promener son chien sur la jetée* » comme dans *17 ans*, à la plage, en balade ou à le faire jouer au water-polo avec ses amis et bien sûr Josette.

***

Dans le monde « fermé » de la société du Canal de Suez, il y a la colonie française et la colonie anglaise. Les jeunes, comme leurs parents, donnent des fêtes, des réceptions. C'est à qui sera le plus brillant, le mieux habillé, apprécié voire prestigieux.

Mais nous sommes déjà en 1951. Les rues des villes d'Égypte grondent. Bientôt, les Français d'Ismaïlia verront leurs « collègues » anglais rattachés au Canal être obligés de quitter le pays.

Quand en 1922 la fin du protectorat britannique sur l'Égypte est actée, il n'est consenti aux Anglais que le contrôle du canal de Suez. En 1936, un nouveau traité réitère cet accord mais seulement pour vingt ans. L'Égypte du colonel Nasser n'attendra pas deux décennies pour donner un coup de canif à un terme au dit accord. Dès 1951-1952 des guérillas s'amplifient dans les zones du Canal contre les forces anglaises. Les attentats et autres rixes se multiplient contre les civils. Dans la communauté française commence à poindre un sentiment confus d'inquiétude. Dans l'esprit du jeune Claude quelque chose qui n'a pas encore de nom le taraude ; insidieusement une étrange sensation se glisse en lui. En janvier 1952, les Anglais occupent Ismaïlia. Émeutes et incendies se généralisent au Caire. L'offensive britannique contre le siège de la police d'Ismaïlia, qui fait une quarantaine de morts, instille dans l'opinion égyptienne une forte hostilité vis-à-vis bien sûr des Anglais, mais aussi des Français. Bientôt, c'est l'Occidental qui sera le mal venu en terre d'Égypte et tout ceci prépare le terrain pour les événements à venir. Au cours des trois années qui suivent, les Anglais comprennent qu'ils doivent faire leurs valises. Eux au moins, si l'on peut dire, ils ont le temps. La petite société française du Canal se retrouve dès lors bien seule. Réceptions, invitations, jeux et soirées, tout cela ne se passera désormais que dans l'entre-soi. Ce sera bientôt au tour des Français de se sentir mal à l'aise, menacés. À deux ou trois reprises déjà, de jeunes Arabes avec qui Claude a peut-être déjà joué des darboukas ou aurait pu en jouer, ont des gestes de menaces, d'avertissement dont la nature agressive ne dissimule aucune ambiguïté. Il n'en revient, pas tombe des nues. C'est l'une de ses premières grandes déceptions.

En attendant, la vie continue. À côté de l'école et du conservatoire, il persévère dans la course de fond. Il court tout le temps, comme dans *Et je cours, je cours* qu'il enregistrera en novembre 1971, adaptation transcrite par Yves Dessca de *When You Are Hot, You Are Hot* que Jerry Reed avait gravé en mai de la même année pour RCA. Ça lui servira bien plus tard. Sans doute qu'il n'en sait encore rien, mais dès qu'il s'agit de la musique, de cet accomplissement quasi-religieux, les dons visionnaires, intuitifs qui « sommeillent » chez lui se réveillent soudainement. Avec ces courses à pied, il acquiert une endurance qui d'ores et déjà constitue pour lui un capital santé irremplaçable. On comprend mieux comment, plus tard, il tiendra davantage que les autres le rythme infernal des tournées et des passages sur scène.

Quand ses études nécessiteront d'autres cours et professeurs que ceux de Ploërmel, l'adolescent sera envoyé au Caire, où ses parents lui trouvent une chambre dans un foyer. Et comme par hasard, ça ne s'invente pas, la fenêtre de sa chambre donne sur le bâtiment de… la Radio du Caire ! d'où s'échappent parfois les nouvelles chansons américaines… Il est seul avec très peu de sous. Stimulé par les musiques qu'il entend, qu'il écoute, il trouve toujours de quoi s'acheter des disques et des partitions qu'il déchiffre. Merci le conservatoire et le violon… Il finira par avoir envie de fonder un petit orchestre.

Quelques années auparavant, le jeune Claude avait eu une histoire platonique avec une petite Anglaise, Benjamine, une petite blonde au nez retroussé comme, ainsi qu'il le dira toujours, il en raffole. Sa sœur Josette nous rapporte que cette histoire dura au moins trois ans. Claude en est très marqué. Benjamine sera, dit-on, l'instigatrice involontaire d'une chanson de son quatrième 45 tours en 1963, *Pauvre petite fille riche*. C'est en tout cas, « officieusement » la première fille pour qui il chantera, à qui il pensera dans une chanson. L'adolescent comprend ce qui est déjà au fond de lui : la musique est la seule chose qui pourra lui apporter la faculté d'enchantement, de séduction, la force, les moyens d'être vu/perçu comme il l'entend, en tant que porteur-transmetteur et passeur de musique pour les filles. Nous verrons par la suite, et comme le démontrent la plupart des chansons, que la Femme et la Musique ne sont pour lui qu'une et indivisible. Elles sont consubstantielles. Bien que la musique seule lui suffise pour sa satisfaction personnelle d'artiste, de créateur, elle est néanmoins un « moyen », pour lui de conquérir, de séduire. C'est pourquoi il lui sera vital de réussir dans ce domaine.

***

En parallèle de ses études au Caire, il fait un forcing dans la course de fond, s'entraîne tous les jours avec autant de hargne que lors d'un gala ou une difficile séance d'enregistrement. C'est ainsi qu'à l'âge de 16 ans, le 19 mars 1955, il participe au cross interscolaire en représentant le lycée français du Caire puis gagne le 1 000 mètres. Pour cela il reçoit des mains du président égyptien, le colonel Nasser, une médaille d'or à l'effigie d'un coureur de fond en plein effort. C'est le même Nasser qui, dans un an pile, va le jeter carrément à la mer avec sa famille.

En attendant, si l'on peut dire, avec des copains et les moyens du bord, autrement dit un bout de bois et deux bouts de ficelle, ils n'ont peur de rien, le jeune Claude parvient à monter son orchestre. Avec une foi à soulever les montagnes, ils répètent, et dès qu'ils considèrent qu'un petit répertoire est mis au point, Claude arrive à se produire avec son orchestre dans les soirées qu'on se donne entre amis. Et pour avoir sur soi le regard intéressé des filles, rien de tel, il est à son affaire…

Quand surviennent les événements qui vont précipiter Claude François et les siens hors d'Égypte, on ne peut s'empêcher d'évoquer à nouveau ici un parallèle évident avec ce qui, une dizaine d'années auparavant, est arrivé au Caire sur le plan politico-social à Richard Anthony et ses parents.

Deux ans après la fin de la seconde Guerre mondiale et la création de la Ligue Arabe, des attentats ont lieu dans les quartiers résidentiels du Caire où vit alors la famille de Richard Btesh, anglais par sa mère et turco-égyptien par son père. Le jeune Richard, comme le jeune Claude, eut une enfance heureuse. Chez les Btesh, avec un père qui fait dans l'industrie de haute volée avec un carnet d'adresse du même acabit contenant tout ce qui compte au Proche-Orient, dont le roi Farouk qu'il côtoie, comme en Europe et en Amérique du Sud, et une mère fille de diplomate anglais, l'éducation du jeune Richard est comme celle d'un petit roi embourgeoisé. Domestiques, cuisinières et autres nurses l'entourent. Mais un beau jour tout bascule. Alors qu'il devait aller au cinéma avec des amis, la salle est détruite par une bombe qui tua plusieurs d'entre eux[4]. La réalité saute, féroce, à la figure du jeune Richard. Et pour couronner le tout, leurs domestiques, contrairement à ceux de la famille François, se retourneront contre la famille Btesh prenant tout à coup le visage de la trahison, par l'agression physique directe ou, plus souvent la dénonciation. Une immédiate menace pour leur vie.

4. Tous ces événements et la suite sont relatés dans la dernière autobiographie de Richard Anthony, *Quand on choisit la liberté*, Florent Massot éditeur, 2010.

Pour Claude François, ce fut donc à peu de choses près la même chose. Mais à l'inverse des Anglais, les Français n'auront pas le temps de se préparer à partir, de faire leurs valises. Quand le 26 juillet 1956 Nasser, au cours de ce qu'on appellera le « discours d'Alexandrie » annonce la nationalisation du Canal de Suez, la famille François aura à peine 48 heures pour faire les siennes.

À ce jour, brutalement, Claude François passe de l'enfance insouciante, heureuse, au douloureux passage vers l'homme qu'il sera. Son univers s'écroule, Ismaïlia, Ploërmel, le conservatoire, la médaille d'or du coureur de fond, Benjamine, les ruelles et les peaux tendues, le jardin, le chien, la plage, les jeux, la radio du Caire, son orchestre. Plus rien. Sans compter ses parents et sa sœur, accablés.

2

La France

L'arrivée au Havre sous un ciel gris avec des températures basses auxquelles ils ne sont pas habitués est, au mieux, épouvantablement cafardeuse. Josette François nous rapporte[1] qu'après un bref séjour à Paris, où la famille peut se poser non loin du siège parisien de la compagnie du Canal, ils n'ont tous qu'une idée en tête, celle de descendre sur la Côte, au soleil, au bord de la Méditerranée qui, espèrent-ils tous, les ramèneront vite en Égypte quand les événements seront terminés, d'autant que la famille connaît un peu Marseille. Les François apprennent qu'ils peuvent avoir un point de chute dans la Principauté de Monaco à Monte Carlo. De son côté, la compagnie du Canal de Suez aidait comme elle le pouvait ses employés rapatriés de force, tout en devant s'occuper de reloger les familles, ce qui faisait du monde, et en attendant, il fallait bien trouver un toit, car la construction de l'immeuble prévu pour abriter les familles n'était pas terminée. Un jour on informa le père de Claude que l'Égypte, même avec un Canal nationalisé, avait besoin de tout réorganiser pour la bonne marche des choses. Aussi, Aimé François, « ex » dirigeant de la circulation dudit Canal, fut contacté par Le Caire pour revenir y travailler. Sur le coup c'est une bonne nouvelle, mais il y a le revers de la médaille, ce qui fait dire à Josette François : « *Si nous acceptions, nos biens nous seraient restitués…* » « *…Cependant, il y avait une clause dans ce magnifique contrat : nous devions opter définitivement pour la nationalité égyptienne et la religion musulmane* ». Aimé François,

1. Josette François, *Claude. L'histoire d'une revanche*, éditions Jacques Grancher, 1988 ; réédition revue et augmentée, avec la collaboration de Laurent Eschenlohr, *Claude François, mon frère*, éditions Hors Collection, 2008. *Op cit.*

après avoir consulté sa petite famille refusa tout net. Le non était ferme et unanime. Ils préféraient traverser une période de misère et d'incertitude plutôt que d'être obligés de changer de nationalité et se convertir à l'islam. Et Josette de rappeler combien cette décision fut sage. En effet, les événements leur donnèrent raison. Les Français qui étaient restés là-bas écrit-elle « *avaient été incarcérés au Caire, y compris les hauts dignitaires du Canal. Ils s'étaient retrouvés entassés dans des cellules de droit commun, mêlés à des prisonniers arabes purgeant des peines pour vol, meurtres ou autres crimes.* » Outre la promiscuité et la violence des cellules et comme si cela ne suffisait pas, « *...sur l'ordre de Nasser*, continue-t-elle, *les Français furent traînés, exhibés dans le plus simple appareil à travers toute la ville, sous la haine de la populace, les rires vulgaires, les crachats, et aussi les jets de pierres. Ceux qui parvinrent à rentrer en France avaient passé plus d'un an en prison, et avaient été plus ou moins torturés. D'autres périrent de ce mauvais traitement, hommes, femmes ou enfants. Jamais Papa n'aurait pu travailler pour de tels hommes...* »[2] Bon, tout le monde a lu l'histoire. Les longs mois de vie, de vie de vache enragée, se succèdent. Souvent pour se nourrir la famille ne dispose que de bouts de pain dur qu'on baigne dans un bol d'huile assis à même le plancher. Claude décroche à droite à gauche des petits boulots, sa mère et sa sœur qui, somme toute, avaient pour elles charme, distinction et élégance, trouvent un emploi. La première au Musée Océanographique et la seconde dans une boutique de souvenirs. De son côté, le jeune Claude, inscrit à l'école repasse avec succès la première partie de son baccalauréat. Quant au père, il est abattu. Jamais il ne redeviendra comme avant. De plus, il pressent que son fils n'a qu'une idée en tête, faire de la musique, et cela est inacceptable. Si encore c'était du violon...

C'est à ce moment, mais c'était déjà en lui depuis leur arrivée en France, que Claude François décide de tourner définitivement la page. Même envers ses anciens amis de là-bas : il ne cherchera à revoir ou rappeler quiconque. C'est fini. Il est déraciné. Il doit se « réimplanter », s'inventer un autre monde. Ce sera celui de la musique, et rien d'autre.

2. *Op cit.*

Alors qu'il a un travail d'employé de banque, prenant son courage à deux mains, il décide d'informer son père qu'il va s'arrêter en lui disant que dorénavant, il choisit la musique, c'est définitif ! Il va non seulement quitter la banque mais en septembre n'ira pas repasser la seconde partie de son bac, et bien sûr ne donnera pas suite au projet des études de Droit prévues, il tire un trait dessus. Sur tout. Son père se braque. Plus jamais il ne consentira à parler à son fils, à le regarder vraiment en face. L'ambiance dans l'appartement est lourde de chagrins, de douleurs, de ressentiments car tout le monde en souffre terriblement. Le jeune homme ne s'en remettra jamais vraiment, mais qui le pourrait ?

***

Ce sont les percussions qui vont le sauver. Le violon ? Pas assez bon pour s'y risquer. Le piano ? On peut plaquer quelques suites d'accord jazzy mais pas de quoi assurer longtemps et tout seul. Le chant ? Oui, il aime chanter. Est-il sûr de lui ? Sans doute mais ce n'est pas l'heure. La future idole trouve le moyen et l'énergie de s'inscrire au conservatoire de Monaco dans la section rythmique. Faisant montre d'excellentes dispositions – il a été « en vrai » à bonne école là-bas, dans les venelles des peaux tendues… – il apprend, tenace et doué, plus vite que les autres, et décroche tous les prix. Ça lui met un peu de baume au cœur car côté finances et climat à la maison, on va dire qu'il y a mieux… Pour compenser et mettre du beurre dans le légume prévu à cet effet, il se trouve en parallèle, raconte Josette, des petits jobs comme veilleur de nuit, standardiste ou livreur.

Comme au Caire, les studios de la radio, en l'occurrence Radio Monte-Carlo, ne sont pas loin. Claude va fouiner, on s'habitue à sa présence et il parvient même à y passer des soirées. Et là, c'est comme une petite société qui se retrouve, Monaco ce n'est pas grand, c'est comme à Ismaïlia avec la société du Canal. L'homme est agréable, intelligent, liant ; à force de côtoyer les gens, de parler, il arrive à se faire embaucher comme batteur dans l'orchestre du club de la Radio de Michel Hausser, le titulaire, en pleine saison d'été ayant dû s'absenter. Cet orchestre a une réputation d'excellence qui dépasse le strict cadre monégasque. On vient donc de loin pour l'écouter, le voir. La chance commencerait-elle à le considérer ? C'est la première fois qu'il va être payé pour faire ce qu'il aime, de la musique ! Derrière les peaux tendues de la batterie et autre congas et tumbas, sans encore bouger, si l'on peut dire, déjà il fait danser. Et puis il est content. Il s'est fait engager dans l'orchestre de la notoriété locale, et bien plus, car il fait la connaissance d'Aimé Barelli[3], un des grands musiciens qui « tient » la Côte d'Azur. Barelli est trompettiste de jazz. Claude François s'y reconnaît. Il adore le jazz, Barelli à la trompette c'est aussi un *lead*, il conduit l'affaire en *live*, il écrit des partitions. Avec la trompette on a tout, les lignes mélodiques mais en plus avec un musicien comme Barelli, on possède le rythme qui commande. Avec la trompette, dans le jazz comme dans le rythm and blues, il y a une complicité de nature avec la batterie ; les réponses de la trompette, ce qu'on appelle les « pêches », attaquent souvent sur le temps fort percuté voire « sur » d'acrobatiques comme subtils contre-temps. Percussions sur les peaux et attaque de la trompette frappent ensemble, Claude François est comme un poisson dans l'eau. Souvent les grands trompettistes sont, et sans forcément le vouloir au début, de grands meneurs d'orchestre ; dans le métier en France il y aura Yvan Jullien mais déjà outre-Atlantique règnent Louis Armstrong, Miles Davis, Dizzy Gillespie et beaucoup d'autres auprès desquels Barelli tient la comparaison pour certains morceaux, certains traits d'orchestre. Alors Claude est content. Il est reconnu par un grand et qui comme lui baigne dans le jazz et tous ses rythmes, ses harmoniques ; avec lui il peut causer Fats Waller, Charlie Parker, Count Basie, Errol Garner mais aussi Fats Domino, Ray Charles et bien sûr Frank Sinatra et Nat King Cole. Il n'est pas dépaysé. On retrouvera d'ailleurs ce dernier et Errol Garner liés à deux chansons de l'Artiste ainsi de *Petite mèche de cheveux* en 1964 et *Un nuage dans le soleil* en 1975.

Lorsqu'il devra céder la place au retour du batteur titulaire de l'orchestre, Claude François parvient à décrocher, sans doute du fait de ses bonnes prestations chez Michel Hausser, un

3. Aimé est un prénom peu courant. On ne sait pas si à l'époque le jeune Claude François, compte tenu du conflit assez grave qu'il avait avec son père qui, donc, s'appelait Aimé a été, disons, « interloqué/intrigué », par le prénom de Barelli ; en effet Barelli à l'époque est l'une des personnes qui a énormément compté pour l'Artiste, tant sur le plan amical que pour son avenir professionnel.

contrat dans l'orchestre de Marcel Bianchi à l'Hôtel Provençal de Juan-Les-Pins. C'est là qu'il pourra commencer à « sortir » de la batterie en animant les soirées tout en chantant les succès du moment, du jour disait-on à l'époque. Enchaînant les chansons de Gibert Bécaud, comme de Ray Charles, Eddie Constantine ou Charles Aznavour, le « blondinet » qui chantait et se démenait devant le micro était très apprécié du public et surtout des femmes. La bonne société se presse à Juan.

Mais madame Lucia François, Italienne devant l'éternel, a de grands projets pour son fils. Entre autres, elle aimerait le voir dans le grand orchestre de Monaco, celui de la SBM (Société de Bains Monégasques), le fameux orchestre de Louis Frosio, violoniste de son état. Ce serait, se dit-elle, une consécration. Derechef, elle décide d'aller plaider la cause de son cher Claude auprès de Frosio. Outre le fait qu'elle évoque leurs communes origines italiennes, corde sensible pour Frosio, et Lucia François le sait bien..., elle trouve les bons arguments qui convainquent son interlocuteur d'aller voir son fils en plein exercice de son art à Juan-Les-Pins ; mais, la Côte d'Azur c'est « petit », et déjà Frosio avait entendu parler du blondinet qui se démenait... Sans rien dire à l'impétrant qui s'ignore, Frosio va écouter le jeune homme. Il sera non seulement convaincu mais surtout, bluffé. Après discussion et tutti quanti... Claude François est engagé dans le grand orchestre de la SBM. Frosio apprécie le garçon, le conseille, l'encourage. Claude trouve une nouvelle famille. Il entre dans son « nouveau-monde » humain comme musical. Il redouble de travail, comme un forcené. Prend des cours de chant, de yoga pour encore mieux maîtriser le souffle et la fameuse colonne d'air que d'ailleurs il a déjà, naturellement. Un jour, il demande à chanter. On accède à ses desiderata. Il s'exécute, il se débrouille. Un autre jour, bref, un soir qu'il chante, est présente Maria Callas. Elle aimait bien entendre chanter le « petit blondinet » disait-elle...

Claude François commence à rencontrer beaucoup de monde, dont Sacha Distel, avec qui il deviendra très ami et notamment pour leur complicité dans le jazz, car à cette époque et pour longtemps, Distel est un des meilleurs guitaristes de jazz en France. Par ailleurs, on est en droit de penser que la rencontre de Claude François avec Brigitte Bardot sera, en partie, sans doute décisive. Elle le félicite, très bien. Dès qu'elle l'a vu danser elle lui conjure d'aller, en plus du chant, aussi dans ce sens-là. Très bien. Mais surtout, elle lui conseille fortement de « monter à Paris ». Inutile de préciser que ce conseil va titiller l'Artiste. C'est une période entre deux. Financièrement les choses s'arrangent pour tout le monde. L'ombre au tableau, c'est la relation avec le père. Mais le jeune Claude n'est plus souvent à la maison. Souvent il va à Saint-Tropez avec Sacha Distel et une amie à lui, la chanteuse Régine. D'après Josette, là-bas, « *c'est un trio connu comme le loup blanc* » notamment pour leurs frasques, farces et autres blagues... Une année, Frosio permettra même au jeune Claude de jouer une saison au Papagayo, la boîte en vue de Saint-Tropez.

C'est durant cette période qu'il va rencontrer sa future femme, qui sera son unique épouse. L'Anglaise Janet Woollacott. Janet fait partie des ballets de danse d'Arthur Plaschaert, ballets qui seront plus tard comme « abonnés » aux grandes salles parisiennes dont l'Olympia, et plus tard dans nombre d'émissions de variétés à la télévision. On connaît l'histoire, ils sont amoureux, les parents de Claude apprécient Janet, ils se marient.

Josette commence aussi à rencontrer du monde. Elle est estimée, et ce sera sans doute elle qui sera à l'origine d'une rencontre capitale pour son jeune frère. En effet, au sein de cette micro-société entre hôtel, casino et orchestre, elle rencontre Jeny Van Royen, un brillant musicien et arrangeur qui travaille pour Aimé Barelli. Elle le présentera à Claude, et les deux jeunes hommes deviendront amis, partageant les mêmes goûts et, en gros, les mêmes visions des choses et de la vie. Ils deviennent presque inséparables. Ce sera décisif.

Alors que Claude François gamberge sérieusement sur le projet d'aller à Paris, Josette a l'opportunité de pouvoir s'y rendre avec les ballets d'Arthur Plaschaert. Comme elle le rapporte, c'est Jeny Van Royen qui finit par la convaincre de, écrit-elle « *tenter sa chance à Paris* ». De leur côté, les ballets de Plaschaert qu'elle connaît bien sont appelés à voyager beaucoup. Ils doivent se rendre bientôt en Italie, en Angleterre et en Espagne. Mais il fallait trouver un interprète qui aiderait la tournée et son organisation car il y avait juste un problème avec l'italien et l'espagnol. Josette proposera ses services, sa proposition sera acceptée et elle se retrouve engagée, dit-elle, comme « interprète-assistante ».

Mais, et le hasard commence à bien faire les choses, les ballets doivent d'abord passer par Paris pour répéter, et de plus, Jeny Van Royen doit quitter Aimé Barelli : il vient de se faire engager comme arrangeur dans la grande maison de disques Philips.

Nous sommes en 1960, Claude François se décide à monter à Paris, avec Janet. Il avait bien demandé conseil à Louis Frosio. Bonhomme et un peu paternel avec un penchant protecteur, ce dernier ne voulait que du bien à son jeune protégé, trouvant stupide comme hasardeux qu'il laisse tout tomber ici pour aller à Paris et risquer de tout perdre ; ne pas lâcher la proie pour l'ombre… Mais c'était mal connaître l'individu Claude François. Il se devait d'aller plus loin, plus haut. Il fallait donc « monter » à Paris. Ce qui fut décidé fut exécuté. Cependant, l'Artiste ne pouvait, et ne le voulait d'ailleurs pas, laisser sa mère seule à Monte-Carlo. Aussi, avec Janet, ils l'emmenèrent. De plus, Claude François était parti tranquillisé car Frosio lui avait vraiment assuré qu'en cas d'échec, de coup dur, il pouvait revenir quand il le voudrait.

Cependant, et quand bien même, fier comme il est, on se demande bien s'il serait revenu dans le Midi si l'affaire avait mal tourné…

3

Paris, les débuts

Avant l'avènement véritable du rock en France avec l'arrivée du « pionnier » Richard Anthony, il y eut de nombreuses tentatives à demi réussies. C'est Richard qui le premier, si je puis dire mais on ne refait pas l'histoire et n'en déplaise à beaucoup… « allume le feu ». Son tout premier 45 tours quatre chansons de 1958 porte, précurseur, un titre d'album concept, « Rock'n Richard » ; l'objet contient la reprise de *Peggy Sue* de Buddy Holly, *Betty Baby* d'après *Stupid Stupid* de l'Américaine Connie Francis, qu'enregistre quasiment le même mois Francis Linel, *Suzie Darling* d'après *Suzie Darlin'* de Robin Luke et enfin le standard éternel de Paul Anka *You Are My Destiny* que Jacques Plante traduit presque littéralement en *Tu m'étais destinée* et qui en 1962 écrira pour le même Richard les paroles de *J'entends siffler le train* ; et ce même Jacques Plante plus tard sera dans le cercle des très grands paroliers qui auront admirablement « servi » Claude François.

On ne peut appréhender réellement l'arrivée de l'Artiste dans la chanson, son irruption sur la scène française, qu'en examinant un peu le contexte de la configuration musicale qui déjà l'entoure, va l'accueillir. Le monde discographique regarde, examine, autant étonné que circonspect, ce petit bonhomme que personne n'a vu venir.

Comme il le disait de lui-même avant de monter à Paris, il se trouvait maigre, les jambes comme des allumettes un chouia arquées ; considérait qu'il ne payait pas de mine et doté d'une voix, toujours l'Artiste qui le dit, nasillarde, pas possible. Normalement, il n'a aucune chance, personne n'a rien à craindre. Avec une image aussi piètre et négative qu'il avait de lui, et quand on connaît la suite, s'il y a un exemple exceptionnel de ce que c'est que d'avoir la foi, une foi à soulever les montagnes, suivez le guide Claude François.

La concurrence de la sphère du jazz, puis du rock, de la country et de la « variété » Sinatra-Nat King Cole, dont Claude François avait pu se faire une petite idée, est déjà bien implantée. L'Artiste sait qu'il aura fort à faire, mais il n'a peur de rien. Dos au mur et musique chevillée au corps et au cœur, il n'a pas le choix ; il doit s'occuper des siens et surtout sa mère, sa sœur se débrouillant pas mal. Il doit aussi, même de manière posthume, prouver à son père qu'il a eu raison pour faire ce métier à tout prix parce que pour l'homme Claude François, c'est tout simplement impossible autrement.

Mais avant d'aller plus loin, observer un panoramique général de ce qui se passe dans la chanson à ce moment-là n'est pas superflu. Remontons brièvement dans le temps pour bien saisir ce qu'est précisément en France ce monde du rock et ses dérivés, qui l'attendent de pied ferme. Si avec ses démarches scéniques comme musicales quelques chansons, tant par la gaieté des mélodies que par les rythmes, de celui auquel sera accolé le sobriquet de « Fou Chantant », savoir Charles Trenet, peuvent dès le milieu des années 1930 faire penser à l'énergie que délivrera Claude François et de rares autres, c'est en 1953 que les choses sérieuses commencent. De manière assez « confidentielle » un certain rock français bredouille les prémices discographiques qui donnent déjà une petite idée de la tornade qui s'annonce. Ces signes avant-coureurs ont les voix et les visages de Ferry « Rock » Barendse, qui enregistre chez RCA *Rock'n Roll Mops* et *Ça rock ça va*. La même année 1953 l'acteur franco-américain Eddie Constantine s'inscrit également dans cette mouvance chez Electrola sous le nom d'Eddy Constantin qui devient vite Eddie Constantine chez Mercury en 1954. Dario Moreno la même année chez Philips grave plusieurs adaptations jusqu'à celle de *Another Saturday Night* enregistré par Sam Cook chez RCA en avril 1963 et qui devient chez Moreno pour Fontana, sur un texte de Gilles Tudy, *Le samedi soir* chanson que l'on retrouvera chez Claude François en 1975 avec un autre texte sous le titre de *La vie d'un homme* que lui écrira Yves Dessca.

Henry Cording alias Henri Salvador enregistre en juin 1956, encore chez Fontana, sur son « 45 tours concept » « Henry Cording An His Original Rock and Roll Boys » *Rock and roll-mops, Dis-moi qu'tu m'aimes rock, Rock Hoquet* et *Va t' faire cuire un œuf, man !* Ce disque est quasi un canular avec le jeu de mot entre « ...ry » et « cording ». Cependant il annonce à sa façon le mouvement qui est en train de naître, mais en le tournant, lui le crooner jazzique, en dérision. Plus tard, Henri Salvador, avec une certaine suffisance teintée un tantinet de mépris, critiquera beaucoup les yéyés avec leur pratique de l'adaptation. Cependant, et c'est un comble si ce n'est drôle, Henri Salvador fera de gros succès avec de nombreuses adaptations dont *Zorro est arrivé* issu de *Along Came Jones* que le duo de *songwriters* Jerry Leiber et Mike Stoller offrent à la formation The Coasters pour Atco Records en mai 1959, ou *Minnie petite souris* d'après *Pepino, The Italian Mouse* de Lou Monte en 1962 chez Reprise ; et, cerise sur la platine, Salvador produira deux artistes yéyés pur jus qui ne feront quasiment que des covers, savoir Tiny Yong et Jacky Moulière pour son label Salvador/Rigolo chez Philips.

En 1956 Jacques Hélian enfonce le clou et adapte, entre autres, chez Pathé le *Rock Around The Clock* du pionnier du rock Bill Haley and The Comets en un honnête *Toutes les heures sonnent* sur un texte de Jacques Larue ; de son côté Baptiste « Mac Kak » Reilles trouve à son goût la même année *See You Alligator* du même Bill Haley et grave pour la maison Versailles l'inénarrable *T'es pas tombé sur la tête* avec Fernand Bonifay aux paroles, et qui, après Gillian Hills chez Barclay en 1961, enregistrera en 1962 pour Fontana *Zou bisou bisou* d'après *Zoo Be Zoo Be Zoo* de Sophia Loren. Le mouvement est bien amorcé, et en 1957, à nouveau chez Versailles, Claude Besset (alias Edmond Taillet) avec *Hop Diguidi* adapte *Hot Diggity (Dog Ziggity Boom)* de Perry Como, titre que reprend Annie Cordy la même année chez Columbia. Claude Besset reprendra vite son vrai nom et en 1963 enregistre chez Vogue *C'est le temps des yéyés*, comme un chanteur balayé qui, comme bien d'autres, n'aura plus qu'à se retirer... Chou Rave Hageur et ses Hot Dogs chez Pacific enregistrent en 1957 *Rock aïe, Rock carambole, Peb rock et broc* puis *Rock mambo*. La même année on peut écouter Jean-Louis Tristan chez Barclay avec *Ronde, ronde, ronde* adapté de *Round And Round* de Perry Como ; en 1958 il effectue la cover *The Girl With The Golden Braids* du même Perry Como qui devient *Pour aller danser* et *Diana* de Paul Anka. De 1957 à 1959 pour Columbia-Trianon sont enregistrés par Christian Garros et les Rock Four plusieurs titres adaptés faisant référence manifeste au rock, ainsi de *Drums-Rock, Chat-Chat Rock, Rock Right, Girl Rock, Crazy Rock, Organ Rock*, deux reprises d'Elvis Presley avec *Hound Dog* et *L'Amour qui m'enchaîne à toi* en provenance de *Love Me Tender* transcrit par Fernand Bonifay, chanson revisitée par Johnny Hallyday en 1967 avec autre titre et texte de Georges Aber, savoir *Amour d'été*. Ces artistes ne connaîtront pas l'ombre d'un succès d'estime. Jean-Louis Tristan à nouveau, chez Fontana en 1959, avec *Johnny* emprunté à *I'm Gonna Get Married* de Llyod Price ; puis *Qu'il est haut, haut, haut* emprunté à *Looking High High High* de Bryan Johnson ; toujours Jean-Louis Tristan qui, sur des paroles de Boris Vian, enregistre *D'où reviens-tu Billy Boy ?* adaptation de *Where Have You Been Billie Boy*, mots et notes de Raymond Scott et Lawrence Elow enregistré une première fois par Dorothy Collins pour Corals Records ; la version française avec le texte de Vian sera également gravée, la même année, par Danyel Gérard chez Barclay, et Claude Piron, futur Danny Boy et Les Pénitents) pour Ducretet-Thomson.

De leur côté, pas vraiment considérées comme chanteuses de rock, Line Renaud et, à nouveau, Annie Cordy s'y hasarderont, bien que de manière très éphémère et qui plus est en effleurant le style mais leur contribution aura compté. Avec *Le Chien dans la vitrine* chez Pathé en 1954, Line Renaud s'inscrit dans la pratique des adaptations en reprenant *(How Much Is) That Doggie In The Window ?* que Patti Page avait enregistré en 1953 chez Mercury. Deux ans après en 1956, Annie Cordy enregistre *Pour les jolies yeux de Suzie*, une reprise de *Pretty Little Back-Eyed Suzie* de Guy Mitchell en 1952 chez Columbia et, tout comme le fait le trio folk Les Trois Ménestrels (fortement inspiré, mais pourquoi pas, des trios Peter, Paul And Mary, The Kingston Trio et The Chad Mitchell Trio) *La ballade de Davy Crockett* issu de *The Ballad Of Davy Crockett* par The Mellowmen en 1954 ; en 1958, toujours Annie Cordy, Laurent Gerbeau, et deux interprètes de la mouvance ouvertement rock'n roll, savoir

Gabriel Dalar et Claude Piron mettent, chacun de leur côté, en boîte *Docteur miracle* adapté de *Witch Doctor* que l'Américain David Seville with the Chipmunks vient d'enregistrer en mars chez Liberty.

Pour les plus célèbres avant Richard Anthony, mais qui ne resteront pas dans ce style et n'entreront pas dans la « génération Salut les Copains », il y eut donc Henri Salvador mais aussi Gilbert Bécaud baptisé « Monsieur 100 000 volts » et dont, paradoxalement, le titre d'une de ses chansons, *Salut les Copains*, donna en 1959 le nom de l'émission de Frank Thénot et Daniel Filipacchi sur Europe N°1. Le seul artiste « rock » qui dès 1958 fut le premier compagnon de route de Richard Anthony, qui entra dans l'univers des yéyés mais qui n'eut pas la même carrière, fut Danyel Gérard. Il enregistra chez Barclay, comme Richard Anthony chez Pathé, des standards comme *Viens* d'après *When* que les Kalin Twins gravent chez Decca en 1958, titre également au répertoire de Danny Boy, *Tout l'amour* en 1959 issu de *Passion Flower* de The Fraternity Brothers With Gil Fields pour Verve Records, standard que s'offrent également Dario Moreno et Dalida.

En dehors des artistes solos, Claude François devra également prendre en compte la présence importante de groupes de rock qui malgré tout captent le public pour une part non négligeable aussi bien dans les successions de galas, les ventes de disques, les passages radios et déjà télévision souvent avec les scopitones[1] de Davis Boyer tournés par Claude Lelouch. Aux côtés des deux géants qui tiennent le pavé, savoir Richard Anthony et Johnny Hallyday, le paysage musical bourdonne joyeusement de tous ces groupes qui meurent aussitôt nés sauf quelques rares aux destinées diverses mais qui auront, plus ou moins, marqué suffisamment la période pour considérer qu'ils sont entrés dans le mythe dont fait partie Claude François. Bien entendu ce fut le cas de quelques-uns comme Les Chaussettes Noires d'Eddy Mitchell qui enregistrèrent chez Barclay de janvier 1961 à mai 1964, Eddy Mitchell commençant sa carrière solo dès décembre 1962 dans la même compagnie ; Les Chats Sauvages de mai 1961 à septembre 1962 avec Dick Rivers chez

1. Petits films 16 mm avec piste magnétique couchée.

Pathé Marconi et de novembre 1962 à l'été 1964 avec Mike Shannon, Dick commençant sa carrière solo fin 1962 ; Les Pirates avec Danny Logan chez Bel Air de septembre 1961 à mars 1963, puis de mars 1963 à mai 1964 Danny Logan, seul, toujours chez Bel Air ; sans oublier Les Pingouins de Thierry Vincent[2] chez Decca de février 1962 à juillet 1963, puis Thierry Vincent en solo en 1964 chez Bel Air et dès 1965 chez CBS ; également Les Champions de Claude Channe aussi chez Bel Air de décembre 1961 à juin 1964 ; Les Fantômes de Thomas Noton de 1962 à 1964 chez Vogue ; El Toro et les Cyclones chez Vogue en 1962 avec Jacques Dutronc, Adi Kalafate à la basse, Alain Legovic (futur Alain Chamfort) à l'orgue, à la batterie Michel Pelay (ex-Jean-Pierre et les Rebelles) qui ensuite sera auteur-compositeur pour Michel Delpech après avoir écrit un peu pour Claude François avec Alain Chamfort ; Danny Boy et les Pénitents chez Ricordi de 1961 à 1963 ; puis un disque en 1967 chez Relax ; de 1963 à 1966 Les Missiles chez Pathé Marconi et enfin Les Lionceaux de 1963 à 1966 chez Mercury, sachant qu'un certain Herbert Léonard arrive dans le groupe en 1965.

***

Après une période difficile dans un petit studio insalubre de la rue de Clichy, cavalcades après le cacheton, misère matérielle qui fera fuir Janet, sa première et unique épouse rejoindra Gilbert Bécaud. Danseuse dans les ballets Arthur Plaschaert, elle avait rencontré Bécaud à l'Olympia dans le cadre de son travail dans le ballet.

Claude François prend des coups, ne digère pas de s'être fait « larguer » par son épouse pour un chanteur connu qui, en plus, faisait un malheur tant dans les galas que dans les ventes de disques, mais enfin, il tient la route. Il résiste. La chanson *Je sais*, qu'il enregistre fin 1964 est dédiée à Janet, et disons-le, comme c'est sa manie, il coécrit et enregistrera *Comme d'habi-*

---

2. Plus tard Thierry Vincent (Lou Vincent alias Louis Locatelli) avec le batteur du groupe Gérard Hugé s'occupera de la formation vocale les Petites Souris et notamment de Louise Courtois qui deviendra vite la chanteuse Pussy Cat (alias Louise Courtois). On rappellera aussi que Dominique Blanc-Francard (alias Mino) tenait la basse au sein des Pingouins.

tude en 1967 pour expurger la douleur de sa séparation d'avec France Gall. Avec l'Artiste, on le voit, il y a les chansons pour conquérir les filles et les chansons une fois qu'on se fait dégager. À ce niveau, c'est du grand art ; à retenir…

Bref, acharné comme il est, il se débrouille, commence à être connu dans le milieu parisien des « musicos » qui cachetonnent. Le jour où il arrive à se faire engager dans la boîte très connue et courue proche de la Place de l'Étoile, Le Caramel, comme batteur dans l'orchestre Les Gamblers du chanteur et guitariste, quasi sosie d'Alain Delon, Olivier Despax, l'Artiste franchit un grand pas. Comme l'orchestre joue tous les soirs dans cet établissement, il quitte avec sa mère la rue de Clichy et s'installe non loin de son « travail ». La période avec Despax et les Gamblers est si l'on peut dire « immortalisée » par un disque Barclay 72 558 qui sort en 1962, comprendre bien des mois avant *Belles, belles, belles* qui arrive en octobre. Sur ce 45 tours intitulé « Dansez le madison au Madison Club » on peut voir, en arrière-plan sur la gauche, Claude François debout devant des tumbas avec tambourin dans les mains.

Nous nous souvenons que Josette avait présenté son frère à Jeny Van Royen et qu'entre temps il était devenu arrangeur chez Philips. Ce dernier ne va pas perdre de temps. Aussi, dès qu'il le peut, il recommande son ami Claude à Jean-Jacques Tilché, directeur artistique de la maison de disques Philips et de sa filiale Fontana. Tilché accepte un rendez-vous de principe avec l'Artiste dans les locaux de Philips rue Jenner. L'Artiste explique sa situation professionnelle sans s'étendre beaucoup, il dit juste qu'il joue dans l'orchestre d'Olivier Despax au Caramel que bien sûr connaît Tilché. Comme il avait pensé à tout Claude François fait écouter à son interlocuteur une maquette de chansons d'orchestre. Pas intéressé du tout, Tilché met fin, de façon courtoise, au rendez-vous. Mais ce dernier ignore à qui il a affaire… ! Claude François est très déçu ; malgré la politesse de Tilché il se sent un peu « expédié ». Par la suite Tilché apprendra que le garçon était furibard… !

Un mois plus tard Claude François débarque à nouveau rue Jenner avec une chanson inattendue, *El Nabout*. De sa naissance en Égypte jusqu'à l'âge de 17 ans, naturellement l'idole en herbe parle couramment la langue arabe et Tilché est agréablement surpris d'entendre dans cette langue une chanson rythmée, et bien interprétée.

Emballé, percevant quand même la forte volonté de l'Artiste, Tilché signe un contrat avec ce dernier. Outre que la chanson est bonne, la couleur, l'ambiance est dans l'air du temps, nous sommes vers la fin de la guerre d'Algérie. Un peu de légèreté avec de la musique, une goutte d'eau dans l'océan bien sûr, mais pourquoi pas ! Et en plus on n'est pas à l'abri que ça plaise. C'est l'époque, j'allais dire bénie…, des 45 tours quatre chansons. Rapidement ils se mettent d'accord sur un autre thème qui est dans la même veine, savoir *Ali Baba Twist* de Bob Azzam, puis, ça aussi c'est assez surprenant, *Un clair de lune à Maubeuge* de Pierre Perrin déjà enregistré par Bourvil en 1961 puis en 1962 par Fernand Raynaud et Annie Cordy ; et enfin, pour sa première adaptation, Claude François retiendra pour ce tout premier 45 tours de mars 1962 *Ne t'en fais pas mon vieux* d'après *A Little Bit Of Soap* du combo américain The Jarmels en 1961 sur les notes et les mots de Bert Russell pour le label Laurie Records, adaptation déjà transcrite en français par André Salvet et Richard Anthony et enregistrée par le même Richard quelques mois plus tôt en janvier sur son quatorzième 45 tours Pathé-Marconi/Columbia, tout comme le feront Pat Field et les Pumas de l'Oklahoma chez Panorama et Lucky Dollar pour Odéon.

Cependant, comme il fallait aller vite, il s'aperçoivent qu'aucune photo de Claude François n'est disponible. Ils sont beau chercher, Tilché ne trouve pas de cliché satisfaisant pour une pochette. Qu'importe, ce dernier a de la ressource et fait demander à un maquettiste maison d'exécuter un dessin, mais celui-ci n'eut pas l'heur de ravir le chanteur, qui, ne le trouvant guère à son goût, préféra que son nom ne soit pas imprimé sur la pochette, au dos de celle-ci et sur les étiquettes du disque. C'est pourquoi il fut imprimé « *Kôkô* », ce qui correspondait à l'ambiance orientale de deux chansons du disque et du dessin lui-même.

La déception sur les ventes arriva quelques semaines après : environ 4 000 exemplaires. Chez Philips-Fontana la direction commerciale remonta les bretelles à Tilché. Un second disque fut alors pressé avec, cette fois les deux chansons orientales en français et qui plus est avec dans les chœurs deux amis de boîte du Caramel, Nicole Croisille et Hugues Aufray. Également, si dans la première version Claude François fait allusion à Johnny Hallyday quand il chante : « *…on a pas attendu Johnny Hallyday* », Philips étant aussi la maison de disque de Johnny demandera à Claude de remplacer ce nom par celui… d'Elvis Presley !

Bon, les ventes ne décollent pas non plus. Le temps passe vite, nous sommes déjà début juillet 1962. Claude François avait prévu de descendre sur la Côte pour les deux mois d'été jouer à Saint-Tropez avec Olivier Despax et les Gamblers ; Tilché avait eu l'idée, comme il le rapporte dans son entretien avec Jean-Pierre Pasqualini dans le numéro 5 de mai 1993 de sa revue *Platine*, dont celui-ci est à la fois le directeur-fondateur et rédacteur en chef : « *Je lui avais fait imprimer des bandeaux* 'Nabout

Twist Kôkô'. *Il les collait tout au long de la route. Quelques jours après, quand à mon tour, je suis descendu sur la Côte, j'ai pu le suivre à la trace. J'ai même récolté une amende, car il avait collé les bandeaux sur les murs de la propriété de l'Aga Kahn. L'expérience a cependant été positive. J'ai compris que Claude était un battant, pinailleur comme moi, et bon musicien. Ce qui ne gâtait rien. De plus, quand il affirmait quelque chose, c'était rarement dans le vide. C'est pour ça qu'on l'a gardé, pas pour les ventes.* »

Oui, vous avez bien lu : à l'été 1962, quatre mois avant l'arrivée de *Belles, belles, belles* Philips décide de garder Claude François, mais pas pour les ventes… ! Il faudra trouver un sacré limier-historien de la chanson, du *showbiz*, pour trouver pareil exemple ailleurs.

Chacun saura apprécier ici la façon dont à l'époque, et avec quelle foi, quel entrain, quel enthousiasme, de nombreux directeurs artistiques pratiquaient le métier, l'aimaient par-dessus tout. Oui, au tout début Philips-Fontana a gardé Claude François, comme Tilché le dit, « *pas pour les ventes* » ; mais un directeur artistique comme lui avait vu, perçu, pressenti chez le jeune homme quelque chose d'indéfinissable qui allait bien au-delà de ça, de cette seule considération financière, même si c'est le nerf de la guerre. On connaît la suite…

Donc après un premier 45 tours en mars 1962 sur le label de Philips, Fontana, sous le nom de « *Kôkô* » dans le style twist à l'Oriental l'Artiste connaît son premier et dernier échec.

***

Plus d'un an avant l'irruption tonitruante et définitive de Claude François sur la scène française, les premiers festivals rock avaient commencé. Johnny, Richard, Chaussettes et Chats, Vince Taylor, Pirates de Dany Logan, Vautours de Vic Laurent, Long Chris et ses Daltons, et Pénitents de Danny Boy mettent la France au pas du rock, et ça agace beaucoup. À Paris, tout ce qui bouillonne dans le quartier de la Trinité, dans le 9e arrondissement de Paris au Golf Drouot, ne demande qu'à grandir, et commence à irriguer la France entière. Le « roi » Johnny est aux commandes, et le courageux et héroïque soutier du rock'n-twist Richard Anthony assure bien les arrières et l'intendance.

À ce niveau ça ne plaisante pas, et dans le souvenir de certains « acteurs-instigateurs » de cette période unique dans l'histoire de la chanson, on appelle ça « l'époque du Siège ». Quand le vendredi 24 juin 1961 le général De Gaulle inaugure le nouvel aéroport d'Orly, l'aérogare Orly-Sud, et qu'a lieu en grande pompe la première de *Rocco et ses frères* avec Alain Delon, une tornade emporte tout sur son passage au Palais des Sports de la Porte de Versailles pour le premier festival de rock en France. L'événement est plus que retentissant. Outre Les Chaussettes Noires d'Eddy Mitchell, Frankie Jordan, sont présents l'Italien Little Tony, les Américains Freddy Cannon, Bobby Rydell et l'Anglais Emile Ford. Mais c'est principalement avec Johnny Hallyday et Richard Anthony que, tant dans la salle, où hurlent plus de 5 000 personnes, que sur la scène qu'a lieu le spectacle, et où l'affaire prend un tour explosif. Il se trouve que la presse, qui avait abondamment commenté l'événement en amont – comme elle le fera en aval – avait monté en épingle la concurrence entre les deux artistes-idoles au point qu'elle transforma ladite concurrence en un véritable affrontement, non seulement entre les deux chanteurs, mais aussi entre leurs supporters. Sous la pression et la menace d'incidents, Richard Anthony préféra décliner sa prestation ; cependant, ne voulant pas totalement se priver d'un tel moment – d'autant plus qu'il y avait Bobby Rydell dont il avait déjà adapté des titres en français – Anthony était là, dans la salle, en tant que « simple » spectateur. Reconnu très vite – il dû le souhaiter à « son corps défendant » – il est soulevé par des supporters déchaînés qui le précipitant quasiment de force sur la scène au moment où Hallyday, qui ne s'aperçoit de rien, termine son show. Richard est immédiatement expulsé par un service d'ordre qui ne fait pas dans le détail. S'ensuit dès lors une bagarre générale dans la salle qui se prolongera plusieurs heures dans les rues et dans le métro, dont les rames sont envahies bruyamment. Au dehors, frisant l'émeute, cette partie du 15e arrondissement connaît des affrontements jamais vus ; autobus, vitrines, voitures, matériel urbain sont dévastés. Mais ça ne suffira pas pour canaliser l'énergie de cette génération. Nous sommes toujours en 1961, Johnny, Richard, Chaussettes Noires d'Eddy et Chats sauvages de Dick puis de Mike Shannon vendent de plus en plus de disques, font de plus en plus de galas et envahissent de plus en plus les ondes. Le phénomène du rock marche tellement bien et fort qu'un « appel » a lieu pour un deuxième festival le, ça ne s'invente pas..., 18 juin (!) au même endroit. L'intensité et l'ambiance sont toujours là. Les Chaussettes Noires en vedettes donnent le ton, suivi par Danny Boy et les Chats Sauvages ; très attendu, Richard Anthony est également invité, mais à peine son tour de chant est-il commencé qu'une bouteille envoyée de la salle lui arrive en pleine figure, l'obligeant, le visage en sang, à mettre un terme à son tour de chant. Et aussi incroyable que cela puisse paraître, un troisième festival a lieu, toujours au Palais des Sports, le 18 novembre de la même année 1961 avec au programme Les Chats Sauvages, Danny Boy, Nicole Paquin et surtout l'Anglais Vince Taylor. Cependant, vu le climat survolté et les violences, celui-ci ne parvient même pas à monter sur scène. Disons que c'était la période où les Blousons noirs étaient en train de remplacer les Zazous, qui eux-mêmes avait remplacé les Apaches de l'Est parisien, de la Villette aux contreforts de Pantin ; le nom d'Apache avait été donné à ces « Mauvais Garçons » dès la toute fin du XIXe siècle car leur réputation épouvantable faisait, à l'époque, immédiatement penser à la non moins épouvantable réputation qu'avaient alors les Indiens apaches aux États-Unis.

***

Nous avons vu que grâce à Jeny Van Royen, très lié à Josette, la sœur de l'Artiste, le courant passe bien entre Claude François et Jean-Jacques Tilché. Après l'échec du disque « *Kôkô* », très vite tout le monde se met au travail, et Claude François parle d'un titre des Everly Brothers qu'il a entendu et qu'il aimerait bien adapter en français. Il s'agit de *Made To Love (Girl, Girls, Girls).* Bien Rythmé, bonne mélodie, il se dit que s'il parvient à reprendre la chanson ça devrait mettre toutes les chances de son côté pour démarrer sa carrière. Mais, et pour la petite histoire, quoique..., l'Artiste arrive un peu tard. En effet, Philips a déjà réservé l'adaptation pour un certain Lucky Blondo, au demeurant tout à fait ravi d'effectuer cette reprise du répertoire des Everly Brothers qu'il adore. Entre temps, Tilché aura présenté à son « jeune poulain » la parolière Vline Buggy, envisageant déjà une future collaboration entre les deux jeunes gens. Pour la première mouture de cette adaptation des Everly Brothers, destinée donc à Lucky Blondo qui d'ailleurs va bientôt connaître un bon succès avec *Sheila*, adapté de la chanson, au titre éponyme, de Tommy Roe que reprend également la chanteuse Sheila, Vline Buggy, avait écrit *Rien que notre amour* comme titre puis ensuite, à son énoncé dans le texte, *Rien rien rien que notre amour*. Après s'être déchaîné auprès de Tilché, Claude François parvient à convaincre de lui laisser adapter *Made To Love* des frères Everly. Accordé ! De guerre lasse, Tilché laisse le titre à l'Artiste et ira se débrouiller pour expliquer l'affaire à Lucky Blondo.

Mais il y a autre chose. Tout se passe lors de la première rencontre entre Claude François et celle qui sera sa parolière fétiche, surtout pour les années « yéyé ». Ça se passe un soir au domicile de Vline Buggy en présence de son mari l'arrangeur Christian Chevallier. Pour ce premier rendez-vous, le jeune Claude n'y va pas de main morte. Il a devant lui une parolière confirmée, de prestigieuse lignée – son père était le célèbre parolier Géo Koger, alias George Konyn, qui avait notamment beaucoup travaillé avec le non moins célèbre compositeur Vincent Scotto –, et qui a déjà une petite carrière derrière elle. Bref, ce n'est pas la première venue. Et pourtant, d'entrée Claude François lui fait savoir que son texte, *Rien que notre amour*, et bien, ça ne lui dit rien. Il n'aime pas, ça ne sonne pas, c'est négatif. L'Artiste a le feu vert de Tilché pour la reprise du titre mais, dit-il à Buggy, à la seule condition de changer le titre et le texte. Elle est à la fois soufflée puis bluffée par les arguments imparables du chanteur.

Voilà, le tout nouveau tout jeune débarque et il commence déjà à quasiment donner des ordres ! Et pourtant, sa force de persuasion, sa totale détermination impressionnent. Vline Buggy reconnaît qu'il n'a pas tort. Elle hésite, résiste un peu, pour la forme… Claude François revient alors à la charge. Son titre et son texte, c'est pas bon, c'est pas ça et lui, L'Artiste, il a une idée. On connaît le résultat des courses, l'idole en herbe impose son idée à la parolière ébahie mais sans doute déjà admirative d'autant de culot et d'assurance, il parvient à ses fins. Claude François n'avait pas aimé du tout la notion de *rien* et trouva le gimmick *Belles, belles, belles* (dans la version originale à ce passage précis on entend prononcé : *Girls, girls, girls*, donc « filles »; à la prononciation. Et les filles, pour qui il veut chanter, gagner, séduire, pour Claude François elles sont toutes belles. Il lui en fallait plus. *Belle* ça sonne mieux (cloche = *bell* en anglais) que *rien*. Le duo se met alors au travail. La chanson prend une couleur joyeuse, du moins optimiste pour la jeunesse de l'époque à qui il ne fallait pas raconter de drame, en tout cas pas chez les yéyés. Pas tout de suite parce que, lui, Claude François, dans ce registre, il va bien se rattraper…

Et détail piquant, en 1967 Claude François enregistrera son adaptation du hit énorme de Stevie Wonder *I Was Made To Love Her* en le transformant en un véhément et sacqué… *Rien rien rien* (!) Cette surprenante adaptation qui n'existe que sur le premier 33 tours Flèche qui contient *Comme d'habitude*, est musicalement et au niveau de la voix et des paroles, une réussite totale. Johnny, Eddy et Dick n'auraient pas fait mieux. C'est ainsi. C'est l'histoire.

***

Après tous ces festivals de rocks parisiens et beaucoup d'autres manifestations musicales du genre sur toute la France, on peut déjà mesurer à quels phénomènes musicaux, comme de foules, Claude François va avoir affaire. Cela le stimule, et le statut « d'idole » d'Hallyday et d'Anthony représente à ses yeux la citadelle à conquérir pour en devenir le leader. On le voit, il n'est guère impressionné, il lui en faut plus. Force cependant est de reconnaître que, côté chanson, on peut dire que ça tient la route, que « ça a de la gueule » comme de la voix. La France fredonne, danse, chante sur *Retiens la nuit*, *Viens danser le twist* d'Hallyday (*Let's Twist Again* de Chubby Checker), *La leçon de twist* (*Twistin' The Twist* de Giuseppe Mengozzi) par les Chaussettes Noires comme par Richard Anthony, *Panne d'essence* de Sylvie Vartan en duo qui se répond avec humour et coquinerie sous-jacente avec Frankie Jordan d'après *Out Of Gas* de Floyd Robinson avant qu'elle ne fasse un superbe malheur avec *La plus belle pour aller danser* concocté par Charles Aznavour et son beau-frère Georges Garvarentz, sans compter certains succès anglo-américains qui parfois traversent Manche et Atlantique avec les voix d'Elvis Presley, Eddie Cochran, Ray Charles, Fats Domino, Buddy Holly, Little Richard, Gene Vincent, Jerry Lee Lewis, Everly Brothers, Cliff Richard. Oui, l'Artiste sait que la barre est placée haut, très haut. Quand sort le 45 tours de *Belles, belles, belles*, les jeunes de 11 à 25 ans toutes classes sociales confondues n'ont pas l'air d'avoir « besoin de lui », de ses chansons. Nous l'avons vu, ils sont déjà gâtés. Nous sommes en septembre-octobre 1962 et Claude François vient d'avoir un peu de chance. Depuis la fin août *J'entends siffler le train*, que Richard Anthony avait enregistré au mois de mai, submerge la France. De fait, quand sort *Belles, belles, belles* en octobre, si le succès du *train* est toujours là, l'impact du début est quelque peu atténué, et *Belles, Belles, Belles* aura plus de marge de manœuvre.

À propos de ce fameux *train*, c'est comme pour plusieurs chansons de Claude François, *il* vient de loin. La chanson, déjà enregistrée en mai par Anthony pour Pathé-Marconi-Columbia/Emi, le sera chez Barclay en juillet par Hugues Aufray, mais cette version passe totalement inaperçue. Pour l'anecdote, Hugues Aufray et Richard Anthony se sont toujours « disputé » la primeur de l'apport de ce titre en France ; c'est un peu le duel des Maisons de disques, ici Pathé-Columbia/Emi avec Richard face à Barclay pour Hugues. Reste que, déjà tout petit au milieu des années 1940, dans leur très chic appartement du Caire, Richard raconte que son Anglaise de mère passait souvent un vieil air américain qu'il adorait entendre. Plus tard, sachant qu'il deviendrait chanteur parce que, presque comme Claude François, il le voulait absolument, il raconte s'être toujours souvenu de cet air qui l'avait marqué, qui avait imprégné son esprit et ses oreilles d'enfant, c'était un peu sa « Madeleine... »[3]. Et cet air c'était, rien de moins que la véritable version originale de la chanson en question, en provenance d'un traditionnel américain enregistré une première fois en 1924 sous le titre de *I'm Nine Hundred Miles From Home* par le chanteur et violoniste « country » américain Fiddlin John Carson pour le label Okey – General Phonograph Corporation New York. En 1961 l'œuvre sera remise au goût du jour et popularisée par le groupe américain The Journeymen avec *If You Hear The Whistle Blow (Five Hundred Miles)* pour la firme Capitol, et c'est, soyons-en sûrs, la version qui suscitera la reprise française. C'est peu de dire

3. Richard Anthony, *Quand on choisit la liberté*, cahier des adaptations en fin de volume par Olivier Delavault, éditions Florent Massot, 2010.

que cette chanson est sur les rails, à pleine vapeur… Richard, comme souvent, même si ça se sait peu et on se demande bien pourquoi…, devance tout le monde, même Hallyday.

Donc *Le train* domine tout le marché : les ventes, les passages radios, les classements. Nous l'avons vu, si Claude François avait sorti *Belles, belles, belles* beaucoup plus tôt et sans réduire sa chanson à l'anonymat voire à un succès mitigé, l'impact de son premier 45 tours – sous son vrai nom – et du titre aurait été moindre, d'autant qu'à sa sortie en octobre marchaient à plein tube deux chansons d'Hallyday *L'idole des jeunes* d'après *Teen Ager Idol* de Ricky Nelson et *Elle est terrible* adapté de *She's Something Else* d'Eddie Cochran. Comme *Belles, belles, belles*, si on peut dire, n'eut qu'à faire à Hallyday tout en échappant à la première et foudroyante onde de choc du *Train* d'Anthony, la chanson se classa de décembre 1962 à la mi-janvier 1963 à la 3e place et à la 2e en février. Les premiers passages radio, en l'occurrence sur Europe N°1 dans le cadre de l'émission *Salut les Copains* font « sauter » le standard. On se demande qui est ce phénomène. La chanson est nommée « chouchou » de l'émission. Elle frappe immédiatement avec la mélodie, les harmoniques, la voix de l'interprète, ses intonations, par sa simplicité évidente qui, déjà, l'air de rien en dit long sur les rapports entre les adolescents et leurs parents et les amours naissantes. Avec *Belles, belles, belles*, Claude François est au cœur du sujet qui, en ces années quasiment « dorées », est au centre des préoccupations de la jeunesse, toutes classes sociales confondues.

À toute chose « bonheur » est bon, et quand nous découvrons Claude François à l'automne 1962, il vend plus de dix-sept mille 45 tours par jour mais sur une période assez courte. Cependant, toujours dans cet entretien qu'accorde Jean-Jacques Tilché à Jean-Pierre Pasqualini pour sa revue *Platine*, Jean-Jacques Tilché tempère, et ça paraît tellement évident et réaliste, en indiquant que même si *Belles, belles, belles* ne fit que 150 000 exemplaires au début, par la suite « *les ventes des disques qui suivent entraînent de nouvelles ventes des disques précédents ce qui, finalement explique, au total environ douze millions de disques vendus par Claude François uniquement pour la période des cinq années durant laquelle l'Artiste est produit par Philips, ce qui fait une bonne moyenne* ».

Ce rythme des ventes et la présence exceptionnelle de Claude François sur scène, et sans les Clodettes qui n'arriveront qu'en 1966, remet d'emblée sévèrement en question un ordre déjà solidement établi par Johnny Hallyday, Richard Anthony, Eddy Mitchell, Dick Rivers et quelques autres francs-tireurs du rock français.

Avec un répertoire issu, entre 1962 et 1966, à quasi 100 % d'adaptations de chansons étrangères, la toute récente notoriété de Claude François marque déjà son empreinte, au point que le chanteur accède au statut très convoité, envié, « d'idole ». Cette consécration s'effectua de manière naturelle, spontanée, unanime, réelle et absolue aux côtés de Richard Anthony et de Johnny Hallyday. Cette période « primale » et ce statut ont constitué le socle du mythe qui a forgé Claude François. Dès ses débuts, quelques mois après le 45 tours *Kôkô* du printemps 1962, les chansons premières l'ont installé pour longtemps, pour toujours au plus haut niveau dans le monde, dans le paysage de la chanson, et bien souvent, n'en déplaise..., en qualité de « patron » dans le métier... Durant ces quatre années quasiment sacralisées du yéyé, l'artiste n'enregistra que huit originaux français ainsi de *Un clair de lune à Maubeuge*, *Ali Baba Twist*, *Le Nabout twist*, *Pauvre petite fille riche* – aux harmoniques d'Hubert Girault calquées sur les suites d'accord très anglo-saxons (l'Anatole) qui font songer à une adaptation, ce qui n'est pas le cas car c'est un original français pur jus, sachant cependant que c'est juste un titre de chanson américaine, *Poor Little Rich Girl*, qu'il voit en feuilletant le *Billboard*, qui lui donne l'idée de ce titre français – puis *Je sais*, *Même si tu revenais*, *Au coin de mes rêves*, en duo avec Christine Delaroche et *Mais combien de temps*. Cette période lui offrit son premier Olympia en 1964 et l'installa définitivement au niveau des plus grands. Il demeure indéniable que Claude François a été avec Johnny Hallyday ce qu'Elvis Presley, Frank Sinatra et Johnny Cash ont été aux États-Unis et ce que Cliff Richard, les Beatles et les Rolling Stones furent pour l'Angleterre. Oui, avec « seulement » 15 années de carrière et depuis sa disparition le 11 mars 1978, Claude François est toujours là, dans la durée, par sa survivance dans le corps social en réalité active. Il est en cela comme les Beatles, dont la carrière s'étend, de 1962 à fin 1969[4], sur 9 ans et quelques mois. Et comme lui, ils sont toujours là.

De ce piédestal d'idole, il ne descendra jamais. Après 1966, le pourcentage des chansons d'origine anglo-saxonne baissa un tout petit peu. Mais c'est quand même un répertoire aux sonorités pop/rock d'outre-Manche et d'outre-Atlantique qui forgea la première décennie de sa carrière, le mythe et la figure de Claude François.

***

Quelques mois après *Belles, belles, belles*, et ça ne changera pas grand-chose, il saura faire face à Frank Alamo et parviendra de justesse à contenir les assauts d'Adamo entre fin 1964 et fin 1967. Dès 1966 il domine toujours la situation face aux arrivées de Jacques Dutronc et Michel Polnareff[5] bien que, convenons-en, ce fut loin d'être facile ; en revanche, ce sera aisé pour lui de contenir l'apparition de Joe Dassin. En 1967, toujours quasi à égalité avec Johnny Hallyday et Adamo, Claude François fait un succès énorme et se retrouve numéro 1 avec *Mais quand le matin*, tout comme Richard Anthony, que d'aucuns enterrent un peu trop tôt, le sera la même année avec sa reprise du *Ruby Tuesday* des Rolling Stones qui devient, sur le texte qu'il écrit lui-même, *Fille sauvage*[6].

---

4. La séparation du groupe « s'étala » d'août 1969 à avril 1970.

5. En juin 1966, quand Claude François sort *Le temps des pleurs* (*Crying Time* de Buck Owens) il aurait pu être numéro 1 or, c'est quelqu'un d'autre, en dehors d'Hallyday, Anthony, Adamo, Sheila ou Vartan, qui prend la première place : il s'agit de Michel Polnareff avec *Love Me Please Love Me.* Pour d'autres numéros 1 de 1964 à 1966, et en dehors des susnommés, il y aura seulement Eddy Mitchell avec *Toujours un coin qui me rappelle* (*There's Always Something There To Remind Me* de Lou Johnson puis Sandie Shaw) ; Frank Alamo avec *Le chef de la bande* (*Leader Of The Pack* des Shangris-La) et Dick Rivers avec *Va-t'en, va- t'en* (*Go Now* des Moody Blues).

6. S'il fut entre 1958 et 1963 toujours aux premières places des classements en alternance avec Johnny Hallyday, Les Chaussettes Noires, Eddy Mitchell en solo, puis Claude François, Frank Alamo, Sheila, Vartan et Adamo, Richard Anthony cumule dès 1962 des numéros 1 et numéros 2 parfois même qui se suivent dans le même classement comme, en dehors de *J'entends siffler le train* et, pour se limiter qu'à ces chansons, *C'est ma fête* (*It's My Party* de Lesley Gore), *Et je m'en vais* (*Then He Kissed Me* des Crystals), *À présent tu peux t'en aller* (*I Only Want To be With You* de Dusty Springfield), *Écoute dans le vent* (*Blowin' In The Wind* de Bob Dylan), *Ce monde* (*Il Mio Mondo* d'Umberto Bindi), *Les garçons pleurent* (*Boys Cry*

L'ode aux arrivants – dont s'amourachent les médias et autres relais « culturels » qui n'ont qu'une idée, celle de faire la peau à Claude François et à d'autres yéyés – avec nouveau genre, nouvelles options/perceptions socio-artistiques à donner du métier – est un échec. Comme à l'ordinaire ces médias et leurs alliés œuvrant dans le corps social sont très loin de ce qui se passe dans la société, dans ce qui se meut dans ses profondeurs.

C'est l'avènement de Julien Clerc en mai 1968 qui va changer un peu la donne et ce, non pas sur un plan commercial et de classements dans les hit-parade ; non, se sera plus sur un plan sociologique et très vite « sociétal », ce qui pour Claude François sera bien plus problématique que le seul aspect commercial. Porté à bout de bras par les médias comme le sera bientôt Maxime Le Forestier, ces artistes ne viendront pas à bout des citadelles des années 60. La vague Sardou quant à elle, demeurant en dehors de son univers musical, passera à côté de lui, bien que la seconde moitié des années 70 porta à croire ce qui fut, et est toujours, stupide et infondé, qu'il n'y avait plus que ce nouveau venu et Johnny Hallyday en haut de l'affiche. Sans compter aussi les néo-yéyés, sans saveur pour nombre d'entre eux, de cette même période, qu'on envoya lui tailler des croupières ou le rabaisser à leur niveau. Erreur, échec. L'Artiste a tenu jusqu'à la fin malgré, dès l'année 1976, des passages difficiles et des remises en question d'ordre stratégique, artistique et technique qu'il n'eut pas le temps de mettre au point.

Pour Claude François, tous les interprètes divers du moment et autres groupes rock ne constitueront pas une concurrence susceptible de lui faire de l'ombre. Il surpasse souvent tout le monde même parfois Hallyday et Adamo. En dehors de ces deux-là seuls, pour le répertoire « yéyé » pur et dur, Richard Anthony et Frank Alamo seront jusqu'en 1966-67 de sérieux concurrents. Frank Alamo, après avoir fortement agacé Johnny Hallyday en reprenant avant lui, soufflant de fait la primeur du titre à Hallyday…, le *Da Doo Ron Ron* des Crystals (formation

d'Eden Kane), *À toi de choisir* (*Swinging On A Star* de Bing Crosby) et ça continue jusqu'en 1969 avec *Aranjuez mon amour* (Concerto d'Aranjuez de Joaquim Rodrigo) et *Le Sirop Typhon* (*Lily The Pink* par The Scaffold avec le frère de Paul McCartney dans le groupe). Voir Richard Anthony, *Quand on choisit la liberté*, éditions Florent Massot, 2010.

féminine américaine et « spectorienne » du nom de leur producteur-arrangeur Phil Spector), enregistrera *Si j'avais un marteau*, en anglais *If I Had A Hammer (The Hammer Song)*, et ira même jusqu'à reprendre (c'est le duel Philips-Barclay) en 1964, le *I Want To Hold Your Hand* des Beatles, qui pour Claude François devient la même année *Laisse-moi tenir ta main*, alors que la version de Frank Alamo sort sous le titre de *Je veux prendre ta main*, tout comme le fera de son côté la « Dionne Warwick française », savoir Nancy Holloway.

***

Neuf mois après l'arrivée de Claude François s'était produit un événement exceptionnel dont on avait d'ailleurs pu observer les prémices à l'occasion des festivals rock auxquels il est fait allusion plus haut. Lorsque Daniel Filipacchi sur Europe N°1, à la fois à la tête de l'émission phare du moment, depuis devenue mythique, *Salut les Copains* et à celle de la revue éponyme, eut l'idée avec son équipe d'organiser un concert de plein air en plein Paris, Place de la Nation, pour fêter l'anniversaire de l'émission, cela donna le grand rassemblement de « La Nuit de la Nation » le 22 juin 1963. Cinq ans avant le Festival de l'Île de Wight en 1968 et six avant celui de Woodstock, le phénomène *Salut les Copains* et « ses yéyés » avait attiré place de la Nation près de deux cent mille personnes. Les plus optimistes au journal et à Europe, alors n°1, espéraient dans leurs rêves les plus fous environ dix mille spectateurs qui viendraient voir Johnny Hallyday, Sylvie Vartan, Richard Anthony, Frank Alamo, Les Chats Sauvages avec Mike Shannon, Dick Rivers ayant commencé sa carrière solo dès 1962. Ils furent 200 000 ! Les dégâts qui s'en suivirent égalèrent voire surpassèrent ceux de 1961 dans le XVe arrondissement. Le lendemain la presse était aux abois. Le même jour, c'est dans les colonnes du journal *Le Monde*, sous la plume élitaire et acerbe du sociologue Edgar Morin que le terme de « yéyé » était pour la première fois employé, faisant référence au « *yeah !* » des rockers américains. Mais déjà, sur ce souffle de liberté « gauloise », la morgue de Morin dégoulinait du mépris que lui et ses pairs savent depuis resservir à « ces pauvres et primaires yéyés » dont principalement leur emblématique tête de turc : Claude François.

Ce dernier, s'il se produisit une fois ou deux au Golf Drouot, n'était pas au concert de la Nation et seul Hallyday eut la très grosse vedette ce soir-là malgré la présence de Richard Anthony ; aussi, et un peu d'uchronie ne fait pas de mal, on est en droit de se demander la chose suivante : si Claude François avait été là, comment le concert de la Nation ce serait-il passé ? Johnny Hallyday en aurait-il, seul, tiré les marrons du feu… ? Quelles réactions aurait eu leur public respectif, qui plus est avec Richard Anthony et Frank Alamo au milieu… ? Quand on se souvient des festivals au Palais des Sports, décrit plus haut, ça n'aurait pas dû manquer d'être encore plus sportif…

L'Artiste n'était donc pas là et pourtant, c'est un paradoxe, quand on parle des « yéyés » c'est immédiatement à lui qu'on pense, c'est spontanément son image qui surgit. Ce souffle qu'a représenté cette Nuit de La Nation, la plupart des « Grands de la Chanson » ne s'en sont jamais moqué. Tous, ils ont observé, goguenards comme intrigués, ses imperfections, ses outrances naïves et flamboyantes ; celles-ci bouillaient à tel point dans la marmite du renouveau musical venant d'outre-Manche et d'outre-Atlantique que la conflagration qui s'ensuivit, avec à sa tête le triumvirat Hallyday/François/Anthony, emporta tout sur son passage sur une période allant jusqu'en 1967.

***

Dès les premières diffusions en octobre 1962 de *Belles, belles, belles*, le nom de Claude François est parvenu à la connaissance de dizaines de millions de Français. Immédiatement, ses enregistrements deviennent, tant au niveau des ventes que des foules pour les galas, des passages radios et des classements dans les hit-parade, des événements aussi importants que ceux de Richard Anthony et Johnny Hallyday, ça ne se discute même pas. Outre les adaptations réalisées avec un soin tout particulier à la hauteur de la réputation du perfectionniste qu'il fut, la magie des rythmes, des sonorités et des harmoniques made in USA et Angleterre, la personnalité hors normes du personnage fit le reste. Est-il utile d'ajouter qu'il a su s'entourer d'excellents musiciens dont la majorité, comme lui, ont fait du jazz. Il est exigeant, déjà…, mais avec eux il y a amitié et complicité, toujours le jazz crée des liens qu'on ne retrouve pas ailleurs. Ensuite, ce sera l'arrivée des musiciens issus du rock et même du

« rock progressif ». Entre temps, son directeur artistique Jean-Jacques Tilché lui aura déniché un imprésario plein d'énergie et d'imagination, Paul Lederman[7].

Déifié, rejeté, admiré, honni, idolâtré ou, ce qui fut plus rare, laissant indifférent – avec Claude François, quel qu'en soit le sens, le juste milieu n'est pas de mise... – cet artiste devint en quelques semaines dans tout le pays ce qu'on appelait alors « une grosse vedette », appellation quasi-contrôlée qui qualifiait un chanteur, une chanteuse rencontrant un succès énorme et prolongé. Dès son irruption sur la scène de l'histoire du show business, il a immédiatement marqué son temps, incarné le « mouvement » des chanteurs yéyés pour devenir ensuite un mythe vivant, avant de devenir, après sa disparition le samedi 11 mars 1978, une icône.

La carrière de Claude François a connu deux périodes très distinctes de l'histoire de la chanson ; histoire mêlant les mélodies originales françaises et les œuvres issues d'une adaptation, autrement dit, en provenance d'un opus composé à l'étranger – comprendre États-Unis, Angleterre, Australie mais aussi, même chez Claude François et nombre de ses congénères « yéyés », notamment Richard Anthony, Italie et Brésil. Première période, les années 60 autrement dit celle que symbolisa le mensuel légendaire de Daniel Filipacchi *Salut les Copains* – sans omettre le pionnier de la presse rock *Disco Revue* fondé par Jean-Claude Berthon – qui fut accompagné sur Europe N°1 par l'émission du même nom, et dont le ton musical, issu du rock n'roll et de ses dérivés la country, la pop, la soul et le rythm and blues, exprimait plus la rébellion que la convention. On se souviendra du remue-ménage, des vagues d'ondes de choc que provoquèrent les Festivals Rock à la Porte de Versailles, au Palais des Sports, et qui essaimaient à qui mieux mieux dans le pays, avec une multitude de groupes dont principalement les Chaussettes Noires, les Chats Sauvages, les Pirates et surtout de la fameuse Nuit de la Nation « d'Onc'Dan » alias Daniel Filipacchi.

7. Paul Lederman s'occupera plus tard, entre autres, de Thierry Le Luron, Coluche et Les Inconnus.

La seconde période, celle des années 1970, symbolisa, elle, en tout cas pour Claude François, le côté paillettes un peu circus qui en fit pour ses détracteurs, et d'aucuns s'en délectèrent pour mieux le disqualifier, le « petit lutin blond bondissant ». Il se trouve que de Claude François, ce n'est pas du tout la période des sixties, celle donc qui le consacra, le façonna, le forgea, que nous avons gardée en mémoire, même pour certains, ce qui est étrange, qui ont connu/vécu cette décennie unique dans l'histoire de la musique. Non, nous n'avons en mémoire que la dommageable et autant laborieuse que pénible période paillettes des seventies. De toute sa carrière, c'est l'image superficielle de cette période, véritable machine à discréditer n'importe quel génie – ce qui est le cas avec l'Artiste – qui lui colle à la peau. On supputera que, depuis 1971-1972, les journalistes et autres animateurs de radios et de télévision ont pêché par ignorance et manque d'information, et que par la suite le pli était pris. De plus, le manque de curiosité, l'indifférence à tout, le changement d'époque, la régression des mentalités et les prémices du formatage auquel nous sommes confrontés aujourd'hui commençant à faire des ravages, il n'y avait plus aucune raison qu'en la matière les « milieux informés » et par conséquent décideurs, se mettent, quand l'occasion se présentait, à évoquer à l'endroit de l'Artiste sa première décennie, la meilleure, celle qui le hissa au plus haut niveau de la scène pop, soul et rythm and blues. En 1975 un animateur célèbre, apparemment très compétent et au courant de tout parlait, avec la meilleure assurance du monde lors d'une émission de radio, d'un titre de l'Artiste en tant que chanson du début de sa carrière ; or il s'avère que cette chanson était gravée sur le 12ème 33 tours, de novembre 1970, de Claude François ! Autrement dit, des gens du métier, normalement avertis, avaient, dès 1970, fait table rase des années 60, soit de huit ans de carrière. Avec de tels commentaires, et si peu de mémoire immédiate, spontanée, de vigilance, on comprend vite pourquoi il ne reste, de ce que fut l'œuvre de ce chanteur, que le seul souvenir de chansons sautillantes qui ont, trop bien, entretenu l'ineffable imagerie paillette. D'un autre côté, et ce n'est pas un point à négliger, on pourrait se dire que cela doit en arranger plus d'un de reléguer Claude François dans ce registre. Non pas qu'il faille éradiquer les clinquantes seventies, mais au moins il y a nécessité de créer un équilibre entre les deux périodes.

4

Chanter !

Le public se régala des harmonies et des couleurs d'un vaste fonds musical anglo-saxon, qui véhiculait non seulement des chefs-d'œuvre mais également un panorama assez conséquent de l'histoire des musiques populaires américaine et anglaise. La plupart du temps, si l'origine étrangère des titres était parfois supputée, voire inconsciemment *devinée*, elle demeurait généralement inconnue, voire insoupçonnable. Quelques exceptions, dont les originaux sont très connus, infirment cet état de fait, et parmi elles principalement *Si j'avais un marteau* en 1963 emprunté à *If I Had A Hammer* (*The Hammer Song*) du groupe The Weavers de Pete Seeger en 1949 pour Charters Records, et dont la reprise par l'Artiste avait été déclenchée par la cover de Trini Lopez de 1963 sur le label Reprise Records ; *J'attendrai* transcrit par Vline Buggy et Claude François de *Reach Out I'll Be There* que les Four Tops enregistrent en 1966 pour la Tamla Motow de Berry Gordy à Detroit, *Eloïse* en 1968 emprunté à l'Anglais Barry Ryan (*Eloïse*), *Rêveries* en 1969 issu de *Daydream* des Wallace Collection, *Fleur sauvage* en 1970 du *Wild World* de Cat Stevens pour A&M la même année ; *C'est la même chanson* en 1971 avec l'Artiste et Colette Rivat aux paroles d'après *It's The Same Old Song* des Four Tops (que Sylvie Vartan avait déjà adapté en 1967 avec *Moi je danse* chez RCA sur un texte de Georges Aber) ; *Toi et le soleil* de 1976 issu de *I Can See Clearly Now* de Johnny Nash en 1972 pour la firme CBS sur le label Epic. Toutes ces reprises viennent donc d'originaux qui en leur temps franchirent Atlantique et Manche pour arriver sur les ondes françaises. À l'époque du *Yéyé-pop/rock*, qui pimenta en partie le fonds sonore des « Trente Glorieuses », la chanson anglo-saxonne interprétée en français provoqua une sensation inconnue. C'était des paroles françaises mais la musique s'envolait au-dessus, les enveloppait onctueusement. Les suites d'accords engendraient des sons, des formes, des « dessins mélodiques » jamais entendus auparavant. À mes risques et périls et contre l'avis d'une écrasante majorité, on peut sans crainte du ridicule affirmer que l'ensemble de ces productions « françaises » n'avait pas toujours à rougir, loin de là, des originaux concoctés aux pays des Everly Brothers (USA) et des Beatles (UK). Contrairement à l'idée bien ancrée comme quoi les artistes français, et notamment Claude François, ont singé les chansons étrangères, il y a chez ce dernier un certain nombre d'adaptations dont les arrangements et la qualité sonore sont meilleurs que l'original, plus soignés et plus aboutis ; on pensera notamment, pour ne citer que ceux-ci car il y en a beaucoup, à *J'y pense et puis j'oublie*, très gros hit et numéro 1 pour l'été 1964, en provenance de *It Comes And Goes* par Burl Ives en 1962 chez Decca ; *Chacun à son tour* en 1966 adapté *de Gone From My Mind* des Fortunes pour Press Records la même année ; *Amoureux du monde entier* en 1966 d'après *Lovers Of The World Unite* du duo David and Johnatan chez Emi/Columbia en 1966 ; *Reste* en 1968 en provenance de *Beggin'* des Four Seasons chez Philips ; *Cherche* en 1969, impressionnante cover du *Show Me* de Joe Tex pour Atlantic en 1967 ; *Tout éclate tout explose* en 1969 de *Love Explosion* enregistré par Troy Keyes chez ABC ; mais aussi durant les années 70 avec *Si douce à mon souvenir* cover de *Gentle On My Mind* de John Hartford, *Belinda* en 1972 emprunté à *Miss Belinda* des Anglais Boulevard sur le mythique label Pye ; et *Je vais à Rio* en 1977 transcrit par Eddy Marnay de *I Go To Rio* de Peter Allen pour A&M la même année.

Dans les années 60, et pour quelques-unes dans les années 1970, nombreuses sont les reprises qui relevaient de la même proximité d'esprit musical des années « peaux tendues » en Égypte et de celles des orchestres de la Côte d'Azur à dominante jazz-swing dans lesquels il officiait aux tumbas, et certains soirs à la batterie, tout en parvenant au fur et à mesure à se faire accepter dans les chœurs, où il était parfois le seul pour, comme on dit, assurer l'affaire, et surtout à avoir la possibilité de chanter des chansons entières, de tenir le micro…

Claude François devait absolument chanter. Il le devait, par tous les moyens ; il a vécu cette nécessité dans son esprit et dans sa chair, à l'image d'un mythe de d'Émergence, passant, de bas en haut, par étapes, d'un monde à l'autre, jusqu'à parvenir au grand jour de l'irruption à la surface puis se révéler au sommet pour enfin vivre, respirer, exulter par la musique. Pour elle. Mais aussi pour Elles… ! Il n'avait pas le choix. C'est pourquoi il n'y a pas l'épaisseur d'un papier de cigarette entre sa vie professionnelle et sa vie privée. De La Femme à la Musique, c'est le même monde, le même émerveillement. L'Artiste baigne dans ce réceptacle, cette sphère quasi-sacralisée. Être le meilleur, le plus grand en musique, c'est être le meilleur face à la conquête du *Pouvoir charmique* féminin, souvent citadelle inatteignable ; c'est un peu ce qu'on entend dans le texte écrit par Eddy Marnay avec l'éminemment « Spectorien » *Combien de rivières* en 1971, adaptation du *River Deep, Mountain High* de Ike and Tina Turner en 1966 pour London Records puis Pye puis E&M en 1969, et dont la chanteuse Tina Banon (ex-Malika des années rock'n-twist) sur les paroles d'André Salvet avait, en 1969, déjà enregistré sa version française *Comme le fleuve aime la mer* chez La Compagnie, avec une voix superbe et bien éraillée qui n'est pas sans rappeler celle de Tina Turner ; mais dans sa chanson *C'est toujours le même refrain* de 1974, avec un texte de Vline Buggy, qui fait montre avec talent d'une fine et subtile connaissance de l'interprète, sur une musique de Claude Morgan, c'est un constat sans appel d'une quête permanente à l'irréalisable accomplissement :

« Faut-il aimer pour être aimé
Jamais l'amour n'est partagé… »
« … Je cours toujours après l'impossible
Après le rêve après l'inconnu
Je passerai toute ma vie
À suivre tout ce qui me fuit
Je suis resté comme l'enfant
Qui pleure après son cerf-volant… »

L'air de rien, *C'est toujours le même refrain* annonce le joyau *Joue quelque chose de simple* qui se calfeutre dans les sillons du 33 tours du *Chanteur malheureux* de 1975, où le chanteur devient à lui tout seul, on pensera au poème de Paul Éluard, une « capitale de la douleur » en enregistrant « l'ode » à la dépression teintée de mélancolie noire qu'annoncent au tout début les râles de violoncelles, un état d'être magnifié sur une musique toute harmonisée de subtils accords mineurs et diminués de Jean-Pierre Bourtayre, et bien saisie par le parolier Jean-Michel Rivat, où l'Artiste exprime, comme étouffé, la perfection du désespoir qui accomplit, comme pour mieux en venir à bout, un achèvement redouté.

« *Et la fenêtre*
C'est refermée sur le soleil /
Les alouettes, les merles noirs ne sifflent plus
Sur la treille
Rien ne me fait vraiment plaisir / Je ne vois plus mon avenir
Je vis avec un souvenir… »

Quel aveu !
Et de poursuivre, comme si les choses empiraient :
« *Je ne dormirai qu'au matin / lorsque la fatigue devient*
Plus forte encore que le chagrin… »

Et, comme si cela ne suffisait pas, et pour aussi penser aux autres, à un autre, avec Jean-Pierre Bourtayre et Vline Buggy en juin 1977, Claude François récidive dans la simplicité et la beauté à l'état pur, face au deuil de la mère disparue d'un ami très proche, avec *Les anges, des roses et la pluie*. Avec tous ces titres, et pour ne citer que ceux-ci…, Claude François a eu la chance, mais il les a voulus… ! de collaborer avec ce qu'il faut bien appeler des « paroliers littéraires », des « écrivains de la chanson ! »

L'enfant d'Égypte qu'il fut a construit, édifié ce ressenti, cet état d'être profond. Il sera tout sa vie durant sur la défensive et donc l'offensive. La Musique l'aidera, la plénitude de sa réalisation est plus que capitale, elle est *Vitale*, et seule la Musique peut l'aider à espérer pouvoir conquérir la Femme. Pour lui, c'est quasiment une question de vie ou de mort psychique, sociale, pour ne pas dire plus. Tout son répertoire reflétera cette géante partition sublimée, comme Elles.

Et Les concernant, Elles, dans son dernier 33 tours la chanson *Eve* écrite par Pierre Delanoë avec une musique de l'Artiste et de Jean-Pierre Bourtayre, demeure un hommage à La Femme d'une beauté dont on peut retrouver certains accents chez Brel, Aznavour, Lama, Bécaud, Nougaro, Reggiani, Ferrat et quelques autres. Et à propos d'une chanson en hommage à Eve, il est pour le moins intéressant, par rapport à Pierre Delanoë, de rappeler qu'en 1966 ce dernier, avec Guy Magenta et Ralph Bernet pour la musique, avait écrit pour Frank Alamo la chanson… *Eve* ! chez Riviera – Barclay.

Être le meilleur en musique et conquérir, nous ne saurions dire de quelle manière car il y a plusieurs chemins, c'est le but que Claude François s'est assigné. Il y a des traces de ce cheminement « souterrain », de cette voie d'abord et de toute évidence « inconsciemment » prise très tôt, que l'on trouve à deux ou trois titres près, dans quasiment toutes les chansons qui évoquent l'enfance et celles qu'il a enregistrées à destination des enfants, de la jeunesse ; on pensera notamment à *Les ballons rouges en* 1969 sur une musique d'Éric Charden puis Mya Simille et Michel Delancray aux paroles, et en 1970 deux adaptations *Le Dragon magique* d'après *Puff The Magic Dragon* de Peter, Paul and Mary et *E.E.E. A.A.A.* de *Fumace* des Golden Boys. En 1975, il grave la seule chanson qui ouvertement parle de son métier, pourquoi il chante et comment il se voit étant vu et ressenti par la multitude qui l'apprécie, l'admire, l'adore, l'idolâtre. Il s'agit de *Je chante des chansons* d'après *I Write The Songs* de Barry Manilow opus dans lequel, au bout de treize années de carrière, Claude François livre à son public une forme de confession fleurant avec un côté testamentaire. Mais au fond, il ne peut que songer en même temps à la masse écrasante qui le méprise souvent parce qu'elle ne le connaît pas ou plutôt, effet du ravage des idées reçues, l'a déjà congédié de toute option d'approche honnête, sérieuse du répertoire et donc de toute fréquentabilité. On ne veut pas le connaître, même en entendre parler.

Chanter, donc. Non pas pour « faire un métier » au premier sens du terme. Avec l'Artiste on est au niveau du sacerdoce, de l'apostolat. Il n'est pas le seul bien sûr. En cela il rejoint Jacques Brel et Gilbert Bécaud dans leur absolutisme de délivrance du corps mental comme physique sur scène. Dans cet esprit on évoquera deux chansons susceptibles d'approcher la solennité avec laquelle Claude François a songé à son « métier », avec laquelle il l'a accompli ; pour l'une il s'agit de Jean-Jacques Debout en 1970 avec *Pour l'amour du métier*, en 1980 de *Chanter* par Jean Ferrat puis, en 1997 *Ce métier* de Charles Aznavour.

5

Les adaptations, parlons-en !

Depuis le début et encore aujourd'hui, il est de bon aloi de tourner en dérision cette génération de chanteurs qui, dès la fin des années 1950, s'adonna à la pratique – jugée « coupable... » – de l'adaptation d'une chanson étrangère en français. Claude François, en l'espèce, constitua l'une des cibles principales et ce n'est pas faute que ses « congénères » des sixties n'en aient pas fait autant.

Saveurs, surprises, les délices ondoyants comme doucereux côtoient les rythmes percutants qui parsèment le phénomène des reprises chez Claude François. Il n'est guidé que par le goût et l'envie. L'artiste profond, authentique, surclasse de très loin l'homme d'affaires... Si de leur côté Richard Anthony, Hallyday, Mitchell, Frank Alamo, Vartan, Hugues Aufray, Monty, Dick Rivers, Ronnie Bird, Noël Deschamps, Michèle Torr, Annie Philippe, Sheila, Dassin, France Gall à ses tout débuts, et bien d'autres sont aussi connus que Claude François pour effectuer des adaptations, il est bon de savoir que ceux réputés ne pas y avoir recours n'y ont pourtant point échappé.

C'est pourquoi, à ce point de réflexion, et ce n'est surtout pas dans un esprit critique ou malveillant, tant je l'admire depuis toujours, il est utile, dans ce contexte précis des adaptations, d'évoquer Françoise Hardy. En effet, les détracteurs de Claude François, les ignorants de tout poil on trop montré/monté en exemple l'exceptionnelle Françoise Hardy, se servant, en tout cas c'est ce que je soupçonne pour certains, ça dépend comment s'est dit et d'où ça vient, d'elle pour, par contraste, non pas critiquer l'Artiste mais pour s'acharner sur lui et consorts...

On a trop tapé sur Claude François accréditant l'idée stupide – ce qui va de pair avec le désinformé, souvent de mauvaise foi, voire idéologue, qui émet ladite idée – que ce chanteur ne peut qu'être dans l'incapacité de créer ses propres œuvres et qu'il ne peut avoir recourt, avec d'autres comme Richard Anthony toujours bien visé lui aussi, aux adaptations. Pourtant tellement d'autres, pas du tout « repérés », pour cette pratique n'y ont pourtant guère échappé, s'y sont adonné bien souvent, et avec entrain. C'est le cas de Françoise Hardy dont il est affirmé depuis des décennies, comme pour la donner en exemple face à ces congénères « *yéyé-SLC* » qu'elle est la seule « chanteuse des yéyés » à ne chanter que ses propres compositions sur ses propres textes. Cela est vrai, mais en partie. En gros son répertoire compte à peu près 20 à 25 % de reprises sur lesquelles, d'ailleurs, elle a presque toujours elle-même écrit les textes. Il faudrait plusieurs pages pour décrire ses adaptations ; elle en a inscrit un nombre non négligeable à son répertoire, issues bien sûr du monde anglo-saxon, mais aussi de l'Italie et du Brésil. Entre 1962 et 1969, on les compte par dizaines. Il y eu par exemple, en 1962, *Oh oh Chéri* (*Uh Oh* de Bobby Lee Trammell), en 1963 *Qui aime-t'il vraiment* (*Your Nose Is Gonna Grow* de Johnny Crawford), *On dit de lui* (*It's Gonna Take Me Some Time* de Connie Francis), en 1964 *Je veux qu'il revienne* (*Only Can Do It* des Vernons Girls), *C'est la première fois* (*Your Tender Look* de Joe Brown), *Pourtant tu m'aimes* (*I Still Love Him* de The Joys), *Pas gentille* (*Bad Boy* de Marty Wilde), en 1965 *Dis-lui non* (*Say It Now* de Bobby Skel), *Le temps des souvenirs* (*Just Call And I'll Be There* de P.J. Proby), *Non, ce n'est pas un rêve* (*Don't Come Any Closer* de Samantha Jones) ; en 1966 *Je changerais d'avis* (*Se Telefonando* par Mina), et surtout la magnifique *La maison où j'ai grandi* (*Il Ragazzo Della Via Gluck* d'Adriano Celentano) ; en 1967 *Je ne sais pas ce que je veux* (*Tiny Goddess* de Nirvana) ; en 1968 *Comment te dire adieu* (*It Hurts To Say Goodbye* de Margaret Whiting) ; en 1971 *Suzanne* (*Suzanne* de Leonard Cohen).

C'est en 1974 que Françoise Hardy enregistre, sur son propre texte, pour le compte de Emi/Pathé Marconi ce qui est, en quelque sorte, un peu son autobiographie scénique : *Star* emprunté à *Stars* que l'Américaine Janis Ian avait enregistré sur ses propres mots et notes pour son album « Stars » dans

« Rainbow Collection » chez Columbia Records. Et l'année suivante en 1975, comme Françoise Hardy, Claude François a bien écouté Janis Ian et déniche un superbe opus en adaptant *At Seventeen* que lui écrit Frank Thomas et qui devient chez l'Artiste le très personnel et quasi autobiographique *17 ans* qui évoque ses jeunes années en Égypte. Pour ce titre, il n'est pas inutile de préciser qu'en 1977 Eddy Marnay écrit une version féminine de la chanson à Mireille Mathieu avec *À Dix-sept ans* qu'elle enregistre chez Philips sur « Sentimentalement vôtre » et que Shirel, la fille de Jane Manson, en fait autant et enregistre la chanson avec des paroles différentes de Didier Barbelivien.

On découvrira aussi avec curiosité, comme intrigué, la maquette assez aboutie de Françoise Hardy qui avait projet, chez Vogue, en 1965 d'enregistrer la reprise du mélancolico-magnifique *Quand un bateau passe* adapté de *Trains And Boats And Planes* du duo de songwriters Hal David et Burt Bacharach, mais dont les premières versions, avant la leur, sortent en 1965 par Billy J. Kramer and The Dakota chez Parlophone, Anita Harris chez Pye et Dionne Warwick pour Scepter Records en 1966.

Finalement, le projet de Françoise Hardy restera dans un tiroir à l'état de maquette, et c'est Claude François qui, avec *Quand un bateau passe*, s'installe numéro 1, coiffant au poteau durant tout l'été 1965 Adamo avec *Mes mains sur tes hanches*, suivi de Johnny Hallyday dans *Quand revient la nuit* (*Mister Lonely* de l'Américain Bobby Vinton) et *Mes yeux sont fous* (*I Must Be Seeing Things* de l'Américain Gene Pitney), puis Richard Anthony avec *Au revoir mon amour* (*Goodbye My Love* des Anglais The Searchers) et *Comment fait-elle* ? (*Concrete And Clay* des Anglais Unit 4 + 2), suivi par Françoise Hardy avec *Le temps des souvenirs* (*Just Call And I'll Be There* de l'Américain P.J. Proby). Néanmoins, envers et contre tout, malgré l'évidente réalité, ce ne sera pas *Quand un bateau passe* de Claude François qui sera considéré comme le tube de l'été 1965 ni même *Mes mains sur tes hanches* d'Adamo, non, ce seront trois chansons considérées à tort comme ayant été les seuls « tubes » de l'été 1965 par l'ignorante doxa formatée ou, mais le résultat est le même, par volonté d'éradiquer en la circonstance le nom de Claude François, à qui il ne doit être accordé aucun tube d'été, comme à Richard Anthony d'ailleurs ; c'est en cela une faute et ouvertement de la désinformation et « qui vole un œuf vole un bœuf… » Pour ces prétendus « seuls » tube d'été, il s'agit donc de : *Chez Laurette*, *Capri c'est fini*, *Aline*.

Bien peu se souviendront aussi d'un Serge Lama, peu réputé pour pratiquer l'adaptation qui revisite le répertoire des Kinks de Ray Davies en enregistrant, en 1971 chez Philips, *Superman* qu'il emprunte à *Apeman*. Les Kinks furent un petit peu adaptés en français ; on comptera ainsi Dick Rivers avec, en 1964 chez Pathé, son excellent *La seule qui me tient* d'après *You Really Got Me* ; Petula Clark dans *Un jeune homme bien* en 1965 d'après *A Well Respected Man*, tout comme le groupe Les Lionceaux la même année avec *Le jour, la nuit, le jour* issu de *All Day And All The Night* ; puis Michèle Torr chez Mercury en 1966 avec, du même titre original des Kinks, *Dandy*.

On passera la balle au bond en évoquant juste les adaptations en provenance du Brésil par Gilles Dreux, Michel Fugain et Claude Nougaro. Et en allant par-là, de toutes les latitudes, on peut ajouter Line Renaud, Marcel Amont, Henri Salvador, Sacha Distel, Jacqueline François, Annie Cordy, Les Compagnons de la Chanson, Carlos, Marie Laforêt, Nana Mouskouri, Dario Moreno, Michel Delpech, Alain Chamfort et Dave parfois, et bien d'autres pas du tout « connus/repérés » pour leurs nombreuses adaptations.

Alors, pourquoi tout l'opprobre sur les seuls « yéyés » et notamment sur Claude François ?

Simplement, parce que c'est lui. Ses démarches sociales, musicales déplaisent. Plus ça va plus il symbolise un archétype de plus en plus voué aux gémonies. De fait, dès qu'on parle de cette pratique des adaptations, immédiatement c'est une volée de bois vert qui s'abat sur lui.

Et pourtant, ça continue, et chez des artistes auxquels on ne pense jamais ainsi, en 1978 sur un 45 tours Barclay, Michel Delpech s'offre le magnifique *Your Song* d'Elton John qui devient sous sa plume, conjuguée avec celle de Jean-Michel Rivat, *C'est ta chanson* ; et Delpech de superbement récidiver en 1979, toujours chez Barclay sur le 33 tours « 5000 kilomètres », dans lequel les neuf chansons gravées sont des adaptations dont tous les textes sont co-signés Michel Delpech et Jean-Michel Rivat :

Trente manières de quitter une fille en provenance de *Fifty Ways To Leave Your Lover* de Simon and Garfunkel ; *Kodachrome* des mêmes Simon and Garfunkel dans *Kodachrome* ; *J'ai été fou d'aimer* d'après *I Was I Fool To Care* de James Taylor ; *C'est ta chanson* (*Our Song* d'Elton John) qu'on retrouve dans ce 33 tours ; *Il n'y a que lui* issu du *There's Only One* de Graham Nash ; *Dame de la ville basse* emprunté à *Sweet Painted Lady* d'Elton John, et *Daniel* du même Elton John avec le même titre ; est aussi repris par Delpech *T'as un ami* transcrit du classique et superbe opus écrit et composé par Carol King *You've Got A Friend*, enregistré un première fois par Dusty Springfield, puis Carol King et enfin James Taylor (également adapté en 1971 par Claude François et Sylvie Vartan sous le titre de *Un jardin dans mon cœur*) ; et pour finir, l'adaptation de *Something So Right* de Simon and Garfunkel, qui devient chez Delpech *Une chose qui va si bien.*

Mais ça n'arrête pas là et en 1995 Mathieu Boogaerts, chanteur s'inscrivant dans la mouvance des Mathieu Chédid, Albin de la Simone, voire plus tard de Philippe Katerine, reprend sur Remark Records pour son album « Super » un titre de Bob Marley, *Zimbabwe*, que celui-ci enregistre en 1979, toujours avec The Wailers sur l'album « Majority Rules » pour Island Records, et qui devient chez Boogaerts *Je m' détends* qu'il transcrit lui-même. Et devinez quoi, sur le dernier disque de Claude François on trouvait déjà une composition de Bob Marley, *Guava Jelly*, que celui-ci enregistra avec The Wailers en 1971 chez Tuff Gong, chanson qui sous la plume d'Etienne Roda Gil se transformera pour l'Artiste en un astucieux et ciselé *Rubis.*

En 2003, Julien Clerc, qui à notre connaissance n'avait jamais pratiqué la *cover*, s'offre un disque constitué uniquement de reprises du répertoire de Frank Sinatra, d'Aretha Franklin, de Rod Stewart et d'autres. Lorsque l'on sait que des centaines d'interprètes français, tous genres tous modèles confondus, ont fait la même chose depuis, disons, pour ne pas remonter plus loin, le début du XXème siècle (et certainement avant aussi…), on ne s'étonnera guère que l'artiste qui nous intéresse ici n'ait point échappé à cette approche parfois subtile et recherchée, affinée dirions-nous, du répertoire. Il suffit de voir les partitions pour en juger ; d'abord en petit format, puis dès la fin des années 50 en format plus grand. Sur ces dernières, on peut lire en dessous du titre français le titre original souvent entre parenthèses, ainsi que le nom des paroliers et compositeurs du pays d'origine ; à côté ou en dessous, le ou les noms des paroliers français. À l'examen de ces partitions, on s'aperçoit qu'à ces époques reculées les répertoires étrangers choisis par les artistes français pour leurs adaptations présentent un spectre très large et varié, allant des chansons anglo-américaines, allemandes mais surtout italiennes, espagnoles jusqu'à diverses d'Amérique latine, et ce, en quantité non négligeable.

C'est dès l'arrivée des premiers jazzmen chantants, suivie de celle d'artistes très « classiques » comme Frank Sinatra, Julie London, Pasty Cline, Connie Francis, puis du bouleversement des données avec les pionniers du rock américain, que le système des reprises se concentrera essentiellement sur l'Amérique puis très vite sur l'Angleterre. Pour ce pays l'engouement était dû au phénomène connu sous l'appellation « contrôlée » de *British Invasion* symbolisée par le *swinging London* avec les Beatles, les Rolling Stones, mais aussi, et cela se doit d'être rappelé, par des groupes comme les Who, Kinks, Animals, Zombies, Herman's Hermits, Hollies, et autres Small Faces, Troggs, Searchers, Dave Clark Five, Bee Gees.

Sans forfanterie aucune, la réalité est que ces artistes ne furent rien de moins que des pionniers transmetteurs/passeurs de plusieurs courants de musiques populaires américaines et anglaises avec comme dénominateur commun, le rock n'roll dont les racines profondes avaient, selon les provenances, plusieurs origines que l'on retrouve dans les musiques traditionnelles du Vieil Ouest, des bords du Mississippi, un certain jazz, le blues, la country, puis outre-Manche, la fameuse pop anglaise. En cela, le turbulent début des années 60 a été le foyer, la matrice de l'œuvre de Claude François. Dans ses options artistiques, ses sensibilités, tout prélude à une orientation très claire dont les choix musicaux annoncent la couleur. Il ne se pose même pas la question, et les toutes premières maquettes l'attestent, avant qu'en octobre 1962 sorte *Belles, belles, belles*. Les marqueurs musicaux profonds de Claude François sont là. Ils sont l'émanation d'œuvres ayant jalonné une longue lignée musicale appartenant au jazz – que le chanteur, par la suite, saura considérer avec un discernement doublé d'une précision d'horloger – allant des années « peaux tendues » de l'enfance dans les ruelles d'Ismaïlia en Égypte aux grands maîtres du jazz, et par la suite du country rock et de la soul music. Dès 1961, les premières maquettes/démo de l'idole en herbe sont des adaptations, ainsi de *Venez les copains* d'après le fameux *Last Night* des Mar-Keys dont l'original instrumental n'est autre que le générique de l'émission d'Europe N°1 de Frank Thénot et Daniel Filipacchi *Salut les Copains* ; du standard mondial *Bye Bye Blackbird* de Ray Henderson et Mort Dixon, créé en 1926 par Gene Austin ; du mystérieux *Hic* ; et même le seul original français qui figure dans ces maquettes est calqué sur des suites harmoniques jazzy avec les mélodies et les rythmes allant de pair, c'est le cas de *Si le cœur t'en dit*. Plus tard, l'inédit *Ses baisers me grisaient* – sur des paroles de Boris Vian, d'après *Kisses Sweeter Than Wine*, un standard de 1951 des Weavers (les interprètes originaux de *If I Had A Hammer* en 1949, autrement dit, *Si j'avais un marteau…*) – est de la même veine et confirme un choix déterminé de répertoire, d'univers rythmique et musical. Chez Claude François, l'art de l'adaptation est une pratique qui vient d'une véritable envie. Elle s'inscrit depuis toujours dans une lignée traditionnelle du jazz, et adapter des chansons anglo-saxonnes en français constitue chez lui un geste naturel en même temps qu'un hommage nourrissant une véritable gourmandise musicale allant du Mississippi, en passant par la Louisiane, le « Grand Sud » où œuvrent allègrement l'homme de la Southern Soul Joe Tex ; la Californie avec une trouvaille dans le creuset de Laurel Canyon à Los Angeles avec Graham Nash ex-Hollies d'Angleterre, le Tennessee (Nashville), le Michigan (Detroit) mais aussi outre-Manche à Londres et Liverpool avec le Merseybeat et même l'Irlande.

Cependant, et une fois n'est pas coutume, ou disons plusieurs fois, des chansons de Claude François, outre que ce sont des originaux français, se trouvent avoir été adaptées à l'étranger. À l'instar d'un Trenet, d'un Aznavour, d'un Brel, d'un Bécaud et même d'une Martine Clémenceau et d'un Michel Fugain (voir dans la partie « Les chansons » et plus précisément la partie consacrée aux adaptations, le titre de 1968 *Chut !*

plus un mot), Claude François a été « adapté/repris » trois fois outre-Atlantique.

Il y eut bien sûr *Comme d'habitude* (se reporter dans la partie des chansons) ; mais rares ceux qui se souviennent de la reprise de sa chanson de 1970, *Parce que je t'aime mon enfant*, dont l'Artiste écrit le texte (quasi autobiographique par rapport à son statut et à son rôle de père, et qui annonce, à bien écouter entre les mots, *Toi et moi contre le monde entier* de 1975) et qu'il compose avec Jean-Pierre Bourtayre.

Le titre est adapté en Angleterre en décembre 1971 par le chanteur et acteur Richard Harris sous le titre de *My Boy* sur son album « My Boy » pour ABC/Dunhill Records. Oui, là aussi ça en dit long : le titre de l'album d'un artiste comme Richard Harris est celui d'une des chansons adaptée d'un artiste français, en l'occurrence Claude François. Faut reconnaître qu'outre-Manche et outre-Atlantique, il y a des gens, des instances, des personnes avisées et de goût qui savent apprécier la qualité, même venant de France car bien souvent les Anglo-Saxons aiment bien affirmer, parfois durement, leur hégémonie culturelle. Puis, trois ans plus tard, en Amérique, à nouveau cerise sur le gâteau : pareillement à avec *Comme d'habitude*, Elvis Presley chez RCA s'empare de la chanson en mars 1974.

De *Parce que je t'aime mon enfant*, il existe plus de 35 versions dont celle du groupe pop/rock australien The Four Kinsmen en 1972 sur le label His Master's Voice. Une des dernières en date est enregistrée en octobre 2016 par Helmut Lotti.

On compte, cependant, parmi toutes ces reprises, des versions effectuées en Europe. Ainsi en Allemagne par Margot Wener en 1978 avec *Ich Hab' Im Leben Nichts Bereut* ; plusieurs versions aux Pays-Bas : Hans Dieckman en février 1972 avec *Mijn Zoon*, en 1975 sous le même titre par Willy Alberti, en 1993 par Henk Van Broekhoven (alias John Spencer et/ou Johnny Rock), Wim Ravell en 1994, et Danny de Munk en 2008 ; en Finlande les versions de Danny en 1976 avec *Pojalleni*, et en 2015 celle de Dimintri Keiski. Enfin, en 1984 une version hongroise par Komár László sous le titre de *Fiam*.

Il existe aussi une autre chanson de Claude François dont la reprise aux États-Unis est, en France, totalement passée sous les radars. En effet, la chanson de novembre 1971, *Plus rien qu'une adresse en commun*, plut si bien à Paul Anka – l'histoire se répète comme en 1967, avec le même Anka grâce auquel *Comme d'habitude*, pour le monde entier, devint *My Way* – que celui-ci enregistre sa version en 1970 chez Buddah Records, soit presqu'un an avant la sortie du 33 tours de Claude François en novembre 1971. Paul Anka a donc eu connaissance de l'œuvre, sans doute à l'occasion de l'écoute d'une maquette. Par la mélodie de Michel Pelay et Alain Legovic (alias Alain Chamfort) avec un texte d'Yves Dessca et de Maxime Piolot, *Plus rien qu'une adresse en commun* deviendra *Do I Love You*. Anka devait avoir des antennes pour aller faire ses « emplettes » là où il avait « trouvé » quatre années auparavant le futur *My Way*… En 1971 le single de *Do I Love You* sort aux États-Unis et en Angleterre sous le même label Buddah Records. Paul Anka interprètera souvent la chanson en public et notamment en duo avec sa fille, Anthea. Il y aura d'autres versions américaines comme en 1973 celle de Scott Walker chez Philips sur « Any and Day », tout comme le fait la même année sur « King Of Hearts » pour Decca le crooner Engelbert Humperdinck artiste souvent adapté en français, directement ou indirectement ; Odia Coates chez United Artist en 1975, Peter Lemongello en 1976 chez Private Stock sur « Do I Love You » tout comme Tammy Jones la même année chez Epic Record ; sous le titre de *Do I Love You (Yes In Every Way)* ; Donna Fargo donne son interprétation en 1977 sur « Shame On My » chez Warner Bros ; idem pour Tracy Huang en 1979 chez EMI ; Patsy Riggir en 1986 sur « Patsy Riggir Country » chez Epic ; à nouveau Paul Anka en duo avec sa fille Anthea Anka pour CBS/Sony Music en 1996 au Mexique sous le titre de *Yo Te Amo* ; et Paul Anka en duo avec Dolly Parton sur « Duets » chez Legacy en 2013.

À propos d'une reprise à l'étranger de la chanteuse française Martine Clémenceau, certains ici l'apprendront peut-être, cette dernière avait, en décembre 1976, enregistré en duo avec Claude François la chanson *Quelquefois* concoctée par Vline Buggy et Jean-Pierre Bourtayre. Auparavant Martine Clémenceau faisait partie des choristes de l'Artiste, mais elle avait déjà une petite carrière derrière elle.

Le 2 décembre 1970, Michel Drucker dans la nouvelle émission produite par Michèle Arnaud, *Tempo,* présente pour la première fois cette artiste à la télévision française.

En 1971, Martine sort son premier 45 tours chez Barclay puis va au Japon, à Tokyo, d'où elle reviendra lauréate du Prix du Yamaha Song ; exploit qu'elle rééditera l'année suivante dans l'Archipel où elle remportera le Premier Prix d'Interprétation.

En 1972, comme de nombreux artistes tels Gérard Lenorman et Julien Clerc, elle participera à la comédie musicale *Hair* au Théâtre de la Porte Saint-Martin. Entre temps et jusqu'à la fin de l'année 1975, Martine enchaînera disques sur disques, galas sur galas dont certains l'emmèneront à l'étranger ainsi au Brésil, au Mexique et en Allemagne.

En 1973 elle représente la France au grand concours de l'Eurovision avec *Sans toi.* En 1974, elle installe l'émotion dans les studios Barclay en enregistrant avec Leny Escudero la merveilleuse chanson *Le Voyage*, ce qui constitue le grand duo effectué par ce chanteur.

La fin de l'année 1975 finit pour elle en beauté puisqu'elle rencontre Claude François qui la recrutera aussitôt pour tourner avec lui en qualité de « Fléchette de Scène » ; toujours à l'écoute, à l'affût, l'idole repère la présence et la voix de la jeune chanteuse tant et si bien qu'il la choisira fin 1976 pour qu'elle enregistre avec lui *Quelquefois* qui sera rapidement numéro 1 début 1977. Tant sur scène qu'en télévision, ce titre ciselé, libertin et astucieux constituera un véritable phénomène et révèlera au grand jour le talent de Martine Clémenceau, les possibilités de sa voix.

À la suite de ce succès, l'Artiste devait la produire dans sa Maison Flèche. Le destin en décida autrement…

Après 1978, sa carrière s'accélère ; les disques continuent de sortir avec notamment cet album phare de chez Polydor en 1979, entièrement écrit et composé par Martine Clémenceau, produit par Thomas Noton (ex-Fantôme) et qui contient notamment l'intéressante production et originale partition, *Ma confession* en hommage à Claude François, à la musique.

Ce titre sera suivi du merveilleux *Puisque quelqu'un m'attend* qui est gravé dans la même période que le mythique et explosif *Solitaire*, deux chansons, comme presque toutes les autres, écrites et composées par Martine Clémenceau. *Solitaire* devient un hit de l'année 1981 à tel point que, à l'instar d'un Paul Anka qui remarque Claude François à la télévision en 1967 en train d'interpréter *Comme d'habitude*, lors d'une émission de télévision, la chanteuse américaine, Laura Branigan, entend et voit Martine Clémenceau chanter *Solitaire*. Aussitôt rentrée aux États-Unis, cette dernière adapte la chanson de sa consœur française sous le titre de *Solitaire* et en fait un hit énorme outre-Atlantique comme son fameux *Self Control*. Le *Solitaire* de Martine Clémenceau est demeuré plus de dix années parmi les vingt premières chansons les plus écoutées en Amérique du Nord. Les disques s'enchaînant – on en est presque à plus de quinze 45 tours et trois albums – les tournées ne s'arrêtent pas. Il y a notamment celle des N°1 qu'elle effectue en compagnie de Michel Sardou, Patrick Sébastien, Gérard Lenorman, Joe Dassin, Julien Clerc etc.

Plusieurs interprètes ont fait appel à ses compositions ainsi d'Herbert Léonard, Demis Roussos, la Canadienne Marie Carmen, Dave, Séverine, Marie Laforêt, mais aussi la grande chanteuse italienne Milva pour qui elle écrira en 1986 un album entier et, « récemment », en 2009, elle aura composé la musique de la chanson de Michel Delpech *La nuit douce d'Alice* dont ce dernier a écrit les paroles avec Francis Basset, sur l'album « Sexa » chez AZ.

Comme on peut le constater, Claude François vis-à-vis de Martine Clémenceau avait vu juste, il l'avait donc choisie parmi les Flèchettes pour le duo *Quelquefois* et de plus, il voulait produire ses disques chez Flèche. Le flair, l'intuition… l'Artiste.

Après ça, et s'il fallait encore une raison de plus…, il est difficilement compréhensible de prêter oreille, même par tolérance de base, à certaines formes de mises à l'index lamentablement emberlificotées de critiques ricanantes, infondées, vulgaires et virulentes à l'endroit de Claude François, de ses choix, de ses goûts, de son travail.

6

Comme s'il eût chanté pour ébahir le monde

On se dira qu'au regard de la qualité et de la diversité de son répertoire, il ne paraît guère superflu d'apporter un *son* nouveau quant au travail effectué par celui qui fut finalement bien plus qu'un simple chanteur : non seulement il fut une « grosse vedette », comme dit plus haut, au sens propre du terme lié à cette période particulière du début des années 60, qu'on donna à de rares élus mais également, cet ouvrage est là pour le rappeler, et à l'occasion déboucher bon nombre d'oreilles, un grand musicien.

Il n'est guère fantaisiste voire ridicule, c'est même très sérieux, de constater que l'art de Claude François a toujours été omniprésent dans l'inconscient collectif français depuis son avènement voilà 61 ans. Cela est dû en partie, car il y a toujours une inexplicable, une miraculeuse alchimie, au fait qu'il a su doser, avec astuce et talent, l'ensemble des différentes matrices musicales de son répertoire, parvenant de façon subséquente à imposer dans la représentation protéiforme de son univers musical, discographique, l'impression très nette – et peu importe les goûts de chacun – d'une quasi-perfection, ne serait-ce que dans le contenant, de son art. C'est sans doute pourquoi l'œuvre – si, si, il s'agit bien d'une œuvre… – de Claude François touche sans exception tous les publics, toutes les couches et classes sociales. Ses chansons parlent à des personnes de toutes conditions et de tous âges. Elles réunissent des individualités très différentes, qui dans la vie peuvent être de nature opposée, voire antagoniste. L'œuvre et l'homme nous rendent égaux face aux maux intimes de l'existence, aux espoirs cachés comme perdus, et à tous ces petits riens, toutes ces « *petites choses* », comme sa chanson de 1966 adaptée de *A Must To Avoid* des Anglais The Herman's Hermits, de la vie quotidienne qui prennent une importance vitale.

***

D'aucuns l'auront sans doute deviné, ces pages vouent une importance capitale aux instantanés fondateurs/fondamentaux d'une trajectoire musicale qui, en dépit de la disparition de son instigateur, continue aujourd'hui, et de plus belle, de délivrer à la multitude un substrat artistique autant surprenant que salvateur. Quand on revisite le répertoire de l'Artiste, il y a toujours une chose, même minime, à découvrir ou à redécouvrir. Cela se produit souvent dans les arrangements, le jeu de la basse, certains arpèges, des roulements de batterie, comme ce roulement miraculeux dans le dernier refrain de *L'Homme au traîneau* adapté en 1967 du *Carrie Ann* des Anglais The Hollies qui annonce, finalement, le jeux du célébrissime batteur américain Billy Cobham… C'est à cette aune que l'on peut se rendre compte que ses chansons sont aux antipodes d'un esperanto formaté, étique qui sied aujourd'hui à l'infâme globalisation égalitariste de la production musicale, promouvant dans la lessiveuse radiophonique et télévisuelle devenue quasi-propagandiste, ignarde donc par voie de conséquence ignoble, d'indicibles perroquets surannés, et qui s'oppose à toute sortie de route fléchée éradiquant dès lors réelle imagination, excellence, et particulièrement dans la chanson.

Le répertoire de Claude François présente deux aspects principaux qui en font un ensemble qualifiable de « bi-polaire ». En effet, il n'y a pas chez lui de faux-semblants, pas de demi-mesure : soit on est dans la gaîté et l'emballement voire dans les excès de débordements, soit on sombre dans la peine voire la mélancolie noire ce qui, c'est peu de le dire, est une spécialité quasi-perpétuelle chez Claude François d'être aux prises aux affres de l'abandon et de la solitude. Dans les deux cas, toute réflexion un peu approfondie est susceptible de tourner l'attention vers des champs d'investigation absolument inattendus, insoupçonnés, pouvant surgir dans la conscience telle une révélation toujours profitable. Nul ne devra ici être étonné, même si ça heurte ou scandalise, mais des écoutes spontanées, ou indolentes, ou très attentionnées des chansons de Claude François peuvent réveiller l'eau qui dort aux tréfonds des innombrables entendements de plus en plus souvent endoloris, voire sous anesthésie mentale, et par-là ranimer des acuités naturelles qui ne demandent qu'à s'éveiller et prendre le chemin de salvatrices découvertes.

Oui, et en dehors de « Très Grands », d'avant les « yéyés » cités au début de ce livre, il y a, dans cette « génération « *Salut les Copains* », outre bien entendu le corpus Claude François, les répertoires-univers de Richard Anthony, Adamo, Dick Rivers et Françoise Hardy, parfois chez Johnny Hallyday et Eddy Mitchell, qui sont également des formes de « nourriture terrestre » mettant en joie ou terrassant d'affliction, mais en ce cas, l'appréhension de ce dernier point est susceptible d'inciter à un attrait voire un désir, inconscient au début, de vouloir aller bien plus loin autrement dit, de saisir les merveilles d'apparence « simpliste » bien souvent à portée de main, d'oreille.

Dans cet ordre d'idée, que son répertoire soit de façon parcellaire ou globale enfoui en chacun où exposé voire partagé, ou que pour d'autres – une majorité... – il soit rejeté pour motif de non adhésion à un goût artistique comme de prévention à l'égard de la personne ou par détestation viscérale, le chant de Claude François, pour quelques minutes, quelques heures ou parfois même pour toujours peut devenir dans sa substance ce qui touchera au mieux, pour reprendre le mot de l'écrivain Dominique de Roux, à « l'éclat lustral du monde » parce que, fondamentalement, l'Artiste se démène, comme personne, pour atteindre une perfection par essence inaccessible.

Oreilles endommagées ou non, mauvaise foi agrippée à la cervelle comme au mental ou non, d'aucuns peuvent intégrer l'instant de la miraculeuse alchimie artistique pour tenter de happer ce que Claude François a voulu exprimer même avec des chansons aux apparences les plus désuètes. Il dès lors possible que soit saisie l'intensité d'un empire musical intérieur, telle une forme d'eschatologie individuelle inlassablement revisitée. Claude François, s'il n'est guère besoin de le dire, mais foin d'économie langagière à ce stade, et insistons sur ce point, éprouve un profond dégoût des douteuses démarches artistiques qui lui ont été donné d'observer. Il éprouve ce « dégoût essentiel » – que j'ai dans d'autres pages allégué à propos de

Jacques Brel – qui rend vigilant et lucide, donc malheureux. Ce ressenti l'a immunisé contre le travail mal fait, l'approximation, l'irrespect du public mais surtout, contre la faute de médiocrité, concept et état d'esprit totalement étranger à son entendement, à sa conscience.

La solide constitution de ce catalogue qui avait et savait saisir l'air du temps, fait qu'aujourd'hui nombre de chansons demeurent dans les esprits, l'inconscient collectif, et sont chantées comme sifflotées. Se meuvent, calfeutrés dans les sillons noirs dédaignés, des opus s'inscrivant désormais dans un creuset culturel commun, qui pourrait porter aussi le nom de patrimoine, autrement dit : une part importante du creuset culturel occidental, notamment avec les adaptations, qui depuis des siècles est parvenu jusqu'aux tréfonds de nos gènes, de nos inconscients, et cela, Claude François le réveille en nous telles d'anciennes comptines qui allument de lointains souvenirs enfouis. Et d'ailleurs, nous le verrons, un nombre non négligeable de chansons de l'Artiste, dont une majorité pour les enfants, viennent de loin, de très loin, la plus ancienne, à l'origine pour les enfants et un peu moins ensuite, *Petite mèche de cheveux* qu'il enregistre en 1964, remontant au XVe siècle. C'est aussi peut-être pour cela que les instances « élitaires », depuis bientôt plus de 50 ans, promouvant « l'idéale-idéelle… » idée de « déracinement » portée par les « progressistes » de tout poil, décérébrés-formatés ou non, n'apprécient guère l'Artiste et, peu importe à quel degré de conscience, s'en méfient, le méprisent, tout comme son public…

Ce qui ne veut pas dire que ces funestes instances émanant de diverses intelligentsias de tout bord, connaissent par exemple la chanson *Petite mèche de cheveux* et sa provenance, qu'on pourrait affilier à une période mythologique lointaine, non, mais les strates profondes d'une mémoire engrammée remontant aux origines de ce fameux creuset culturel occidental, et c'est à réitérer…, donne une idée de sa détestation en mettant en place une sorte d'alarme, tel un mystérieux « bourdonnement-avertisseur » qui ne décline pas son identité civilisationnelle mais qui de toute manière donne l'alerte. Ainsi l'esprit, ce qu'il en reste…, rend l'individu broyé dans cette masse « progressiste » spontanément opposée à toute reproduction-diagramme acoustique, à toute représentation visuelle d'opus de cette nature, dans lesquelles fusionnent la dynamique de l'œuvre donnée et de la personne qui l'exécute, s'en fait le passeur-transmetteur, l'émetteur.

***

Avec un répertoire savamment hétéroclite, cohérent, irrigué à presque 70 % de multiples courants musicaux anglo-saxons, Claude François innervera très habilement sa trajectoire discographique. Si le registre pop/rock tourne bien jusqu'en 1970, le registre change ensuite très rapidement.

Sur un plan strictement musical, dès 1972-1973 on pourrait se laisser à dire que ça n'a plus d'importance, que c'est fini car dérisoire avec des nouveautés vite surannées procédant d'une insignifiance festive, vainement consumériste, qui ne mène à rien. En fin de compte, le Claude François des années 70 se fait tailler un costard avec les gros ciseaux de la détestation, et un rien de mépris de classe pour ses *fans*. Le « *Mal aimé* », le « *Chanteur malheureux* » (« *qu'on écoute plus…* ») est depuis empaillé par la doxa comme un crétin ânonneur de gémissements et transpirant de mauvais goût. Jamais un artiste n'aura subi autant d'opprobre, de flétrissure. C'est la période où une dizaine de chansons ont dissimulé, comme si en l'étouffant elles l'avaient confisqué au « grand public », un répertoire qui en compte presque quatre cents parmi lesquelles on peut relever environ deux cents chefs-d'œuvre absolus. Un véritable gâchis.

Le seul prisme des « fatales paillettes-festives » des années 1970, soit une douzaine de titres a réduit à néant ou à pas grand-chose quasiment tout le reste. Pour couronner le tout, la *fanologie* qui n'a de cesse de s'afficher est abondamment et constamment mise en avant par les médias et autres intelligentsias qui en font leurs choux gras. Volontairement ou non, cette *fanologie*, autant hallucinée qu'envoûtée, telles des lucioles autour d'une lumière, déteint gravement sur l'Artiste parce qu'elle est devenu son miroir, et pas qu'aux alouettes…

Et dans l'histoire, la littérature, les contes, il y a des miroirs bien dangereux… Comme certains jeux, et d'ailleurs, l'Artiste l'exprime avec tellement de justesse et d'intelligence sur son 26e 45 tours en juillet 1969 avec *Jeux dangereux* adapté par Jacques Plante de *Games People Play* de Joe South. C'est toujours dommage, et cela se joue souvent à peu, de passer à côté d'un artiste de la trempe de Claude François à cause d'une image, d'une impression, d'idées reçues. Deux exemples parmi tant d'autres avec deux chanteuses aux antipodes artistiques et socio-sociétales du chanteur : en 1966, lors d'une session d'échange de chansons chez Philips (à l'époque maison de disque de l'Artiste), Barbara s'empare à merveille de l'original français très cinématographique *Même si tu revenais*, succès énorme pour l'idole en 1965.

D'ailleurs dans la série chanson « cinématographique », *The Reason Why* des Byrds prend grande allure chez Claude François quand en 1967 il adapte ce titre en gravant *Toute la vie* que lui concocte Guy Magenta (pour une partie musicale se démarquant de l'original) et Vline Buggy avec laquelle il cosigne le texte.

Et, abondance de bien ne nuisant pas, Juliette Gréco de son côté fait comme Barbara, et donne à entendre sa version de *Le Jouet extraordinaire* qu'enregistre Claude François en 1966 d'après *Marvellous Toy* du folk singer de Greenwich Village Tom Paxton. Oui, avec Claude François il faut s'attendre à tout, le plus souvent au meilleur, majoritaire mais peu connu, comme au pire, minoritaire mais très connu…

C'est sur ce 11e 45 tours d'octobre 1965 de *Même si tu revenais*, que l'on peut trouver une des premières chanson en France ayant, très sérieusement, trait à la Guerre Froide et à la menace nucléaire avec *Ce monde absurde* d'après *Eve Of Destruction* de Barry McGuire pour RCA-Dunhill. On peut y entendre aussi, et c'est assez surprenant, un des premiers opus en français contre la peine de mort, *Geordie*, en provenance lointaine du traditionnel anglais *Geordie* recueilli par Cecile Sharp en 1908. La chanson connaît en 1956, par A.L. Bert Lloyd, son premier enregistrement répertorié ; cette session initiale sera suivie par Paul Clayton dès 1957, Shirley Collins en 1960, Harry Cox en 1961, Joan Baez, et uniquement en *live*, en 1962. On notera avec intérêt que *Geordie*, dont Claude François écrit aussi les paroles avec Vline Buggy, précède de trois années *Le Bal des Laze* de Michel Polnareff, qui parle absolument de la même chose dans la même ambiance d'harmoniques médiévales et le même contexte historique et culturel. Cela n'empêchera pas Claude François de ruer en 1967 dans les brancards en s'offrant une reprise énergique de *I Was Made To Love Her* de Stevie Wonder en enregistrant sur des paroles de Gilles Thibaut *Rien rien rien*, répondant par-là tant symboliquement que commercialement à Johnny Hallyday, qui l'année précédente avait adapté du même Stevie Wonder *Uptight (Everything Allright)* qui devint *Les coups*.

Mais dans les années qui suivent, les deux « idoles » se tirent, si je puis dire, la bourre avec des reprises venant des mêmes artistes. En avril 1969 Claude François, téméraire et courageux, vu, déjà, l'image de « chanteur-guimauve » que d'aucuns essayent de lui coller, adapte, sur les paroles de Vline Buggy, le *Proud Mary* du Creedence Clearwater Revival de John Fogerty qui chez l'Artiste devient *Roule ;* tout comme le fera Dick Rivers en 1978 dans *Roule pas sur le Rivers* et Johnny Hallyday en 1996 sur le 33 tours « Destination Vegas » avec *Rouler sur rivière* (*Proud Mary*, c'est une affaire qui roule…) puis aussi du Creedence sur le même vinyle Hallyday grave *Dans le Bayou* d'après *Born On The Bayou* que Francis Cabrel avait déjà repris à son compte et sur son propre texte en 1988 avec *Né dans le Bayou* ; cependant, en novembre 1969, soit huit mois après Claude François avec *Roule*, Eddy Mitchell effectue lui aussi une incursion chez le Creedence avec sa reprise de *Green River* qui devient *Le Jardin de l'Eden* ; il récidivera très vite en enregistrant en 1970 *J'aurai sa fille* d'après *Down On The Corner* et « Schmoll » remet ça pour le 33 tours « La Dernière séance » de 1977 avec *Laisse tomber le ciel* de *Midnight Special*. Trois ans après le *Roule* de Claude François, Johnny Hallyday en 1971 puise à nouveau chez le Creedence l'impressionnant *Fortunate Son* qui devient le non moins impressionnant *Fils de personne*.

Entre temps la chanteuse Eileen (connue avec la chanson *Ces bottes sont faites pour marcher* d'après *These Boots Are Make For Walkin'* emprunté à Nancy Sinatra) aura également apprécié le Creedence et enregistre en 1970 pour Disc'AZ *Tout le monde est fou* adapté de *Lookin' Out My Backdoor*, et la même année à l'Olympia Sylvie Vartan emprunte au groupe de John Fogerty *Bad Moon Rising* qui devient chez RCA *C'est bon de vous voir*.

Et ça continue de plus belle ainsi, quand en 1967, Johnny Hallyday enregistre *Pourquoi as-tu peur de la vie ?* qu'il emprunte à *You Better Believe It Baby* que Joe Tex avait enregistré en avril 1966, Claude François, un peu tardivement, ripostera à nouveau en 1969 avec *Cherche* transcrit de *Show Me* du même Joe Tex. Cependant, et c'est plutôt intéressant, à l'écoute des deux reprises de Joe Tex, on remarque immédiatement les similitudes du son et des harmonies à savoir la structure basse-batterie et les arrangements, l'ambiance générale. Que ce soit les deux versions originales de Tex ou les deux reprises françaises, rien que sur les deux introductions, les arpèges de la guitare et la frappe, le son de la batterie, sont quasiment les mêmes. Certains segments des morceaux, dans les quatre séances (donc deux VO et deux VF), peuvent être quasiment interchangeables, à tel point que si les introductions des deux titres étaient interverties par un farceur de passage, on n'y verrait que du feu, c'est du pareil au même. Seules changent par la suite les lignes mélodiques respectives et bien entendu les textes, américains comme français.

S'agissant des deux « géants de la scène », on observe aussi le même phénomène qui les voit faire leur emplettes chez les mêmes « fournisseurs ». Lorsque Claude François, sur son 15e 33 tours de novembre 1971, enregistre *Comme un jour nouveau*, ce doit être, en France en tout cas, la troisième adaptation de musique reggae. Il s'agit de la reprise de *Let Your Yeah Be Yeah* (on est à une année de l'arrivée des paillettes et de ce qui va avec…). La chanson vient du groupe reggae The Pioneers mais c'est Jimmy Cliff qui l'a popularisée très vite après la sortie de la version initiale. Et là, Johnny Hallyday prend son temps. Si Claude François avait tardé par rapport à son rival pour ses reprises de Stevie Wonder et Joe Tex, Hallyday effectuera sa première adaptation de Jimmy Cliff que huit ans après l'Artiste, en 1979, avec *T'as le bonjour de l'amour* en provenance de *You Can Get If You Really Want.* Côté Jimmy Cliff, même Eddy Mitchell n'aura pas été en reste quand en 1976 il enregistre *Le Maître du monde* d'après *The Harder They Come.* Cependant, ce ne sont ni Claude, ni Johnny ni Eddy qui ont adapté en premier Jimmy Cliff, non, et c'est plutôt de l'inattendu dans leur registre : il s'agit de Michèle Torr qui enregistre *Prends et donne* en 1967 chez Mercury d'après *Give A Little Take A Little*, et de Richard Anthony qui en 1970 adapte *Going Back West* de Cliff en gravant, sur son label Tacoun distribué par Pathé Marconi, *Les pieds sur terre.*

Un autre pionnier du rock français, Dick Rivers, a beaucoup de points communs avec Claude François dans la nature et les registres du répertoire. Dès 1963 l'Artiste et Dick ont déjà une chanson en commun, *How Do You Do It* des Anglais Gerry and The Peacemakers. Pour Claude François ce sera *Comment fais-tu ?* adapté par Vline Buggy, et la même année pour Dick Rivers on peut entendre sur les paroles de Pierre Saka *L'effet que tu me fais* chez Pathé Marconi. Et ce n'est qu'un début ; en 1972 Claude François adapte sous la plume de Vline Buggy *Tu as tes problèmes moi j'ai les miens* d'après *You've Got Your Troubles* que les Anglais The Fortunes avaient déjà enregistré en 1965. Mais en la circonstance, l'Artiste a sept ans de retard sur Dick Rivers, celui-ci ayant déjà effectué sa reprise du titre en 1965, donc l'année de la sortie anglaise des Fortunes, avec *Je l'ai aimée bien avant toi* sur un texte de Mya Simille. Et ça continue, les choses sont ainsi : en 1973 Claude François adapte sous la plume d'Eddy Marnay la ballade country de John Denver *Take Me Home, Country Road* qui devient *J'ai encore ma maison*, et trois ans plus tard, en 1976, Dick Rivers, chez Polydor, fera de la chanson de Denver un véritable tube avec *Faire un pont* transcrit par Serge Koolenn (ex-Peatles, ex-Piteuls, ex-Bain Didonc, ex-Jelly Roll mais futur Il était Une Fois). Toutefois, pour la petite histoire, les deux chanteurs avaient été devancés par Marie Laforêt, qui avait déjà trouvé à son goût *Take Me Home* de John Denver qu'elle enregistre en 1972 chez Polydor sur ses propres paroles sous son pseudonyme de Françoise They avec *Mon pays est ici.*

En 1974 deux reprises du standard country *The Most Beautiful Girl In The World* (tiré de *Hey Mister* première mouture enregistrée en 1968 par Norro Wilson) que l'Américain Charlie Rich sort en 1973 ; ce qui donne par Claude François *La plus belle fille du monde* sur un texte d'Eddy Marnay et par Dick Rivers chez Polydor on écoutera la même année, sur des paroles de Serge Koolenn, *Si elle te disait oui.*

Enfin, et pour finir, lorsqu'en 1975 Claude François enregistre *Moi je suis français,* sur un texte de Pierre Delanoë, d'après *Thank God, I'm Country Boy* de John Denver, Dick Rivers avait déjà devancé l'Artiste car sur son 33 tours de 1973 « Mississippi Rivers » est gravée une première version dans la langue de Molière de cette chanson de Denver sous le titre de *Demain, je lui téléphone,* sur un texte assez enjoué et ironique de Serge Kooleen, aux antipodes thématiques du texte de Pierre Delanoë. Durant cette période Mireille Mathieu donne sa version avec le folklo *La Fille du cow-boy* sur « Films & Show » pour Abilène Music-Capitole/Emi ; et toujours sur « Mississippi Rivers », cinq ans après Claude François, Dick Rivers fait un tour, avec Serge Koolenn aux paroles, chez Doug Kershaw avec *Fais ce qu'il te plaît* transcrit de *Play Fiddle Play* et *Louisiana Man* d'après *Son Of A Louisiana Man*. Et pourquoi donc Doug Kershaw ? Parce qu'avec son frère Rusty, ils ont tout simplement popularisé la vieille chanson louisiano-acadienne *Diggy Liggy Lo* que Claude François avait adaptée en 1971 avec lui-même et Colette Rivat pour le texte en *Diggy Liggy Lai et Diggy Liggy Lo.*

Sans qu'il y ait des reprises communes d'une même chanson, ces deux artistes puisent souvent aux mêmes sources et en 1978 Dick Rivers adaptera du même Charlie Rich *Rollin' With The Flow* avec *Je Continue mon rock'n roll slow* qu'il enregistre chez Festival sur des paroles de Serge Koolenn ; enfin en 1982 Dick Rivers, de retour avec les « nouveaux Chats Sauvages », enregistre *La Reine du rock'n'roll* emprunté à *Bridget The Midget* (*The Queen Of The Blues*) de Ray Stevens dont Claude François avait adapté en 1968, transcrit par Jacques Plante *Mr. Businessman* qui devient une astucieuse, percutante et ironique satire, sur les comportements et la moralité de certains hommes d'affaires, avec *Monsieur le businessman* ; quant à Richard Anthony il n'ignora pas le répertoire de Ray Stevens et, en 1971, sur un texte de Bob Medddi, pour son label Tacoun abrité chez Sonopresse, il enregistre la chanson *America* d'après *America, Communicate With Me*. Entre Dick Rivers et Claude François, les adaptations aux mêmes sources se passent assez bien du simple fait qu'il n'y a pas le même niveau de concurrence que l'Artiste endure avec Johnny Hallyday, où sourd une belliqueuse rivalité entretenue par les entourages.

***

Visionnaire, avec obsession de l'abandon, sensible, alarmé, angoissé, c'est peu de dire que, à l'image de son répertoire, Claude François broie du noir. Il enregistre en juin 1965 *Donna Donna*, avec aux paroles Vline Buggy, d'après un traditionnel yiddish *Dos Kelbl (Dana Dana)*. La première version de cet opus aurait été enregistrée en 1941 par Sue Komoorian avant celle de

Theodore Bikel publié en 1943 sur partition d'après une pièce de théâtre biélorusse. Le thème évoque sans fard et durement la déportation des juifs dès 1940.

En juin 1967, sur le 45 tours de l'énorme succès d'été *Mais quand le matin*, Claude François exprime douleur et désillusions avec le déchirant *Dans une larme*, écrit par lui et Gilles Thibaut sur une musique de Jean Renard, qui évoque le deuil d'un père à la guerre puis les déceptions d'enfance et d'adolescence dont on ne se remet que rarement ; en décembre 1968 surgit l'émouvant et effrayant *Dans les Orphelinats* qu'il compose sur un texte de Gilles Thibaut. La même année, sur une musique qu'il cosigne avec Jean-Pierre Bourtayre, l'Artiste convie l'univers de Jacques Prévert, sur des paroles inspirées de Vline Buggy et Yves Dessca, dans le poignant *Avec la tête, avec le cœur* qui rappelle, en le convoquant quelque peu, la stance du poème *Le Cancre* ; c'est un des rares originaux français de l'idole, plus slow que rythmé, qui fait un malheur sur scène, notamment à l'Olympia 1969. Septembre 1970 voit arriver cinq ans après *Ce monde absurde*, une évocation des innocences naturelles et d'un environnement encore vivable et donc à préserver avec *Le monde est grand, les gens sont beaux* que lui transcrit Eddy Marnay sur le *Wonderful World, Beautiful People* de Jimmy Cliff. Décembre de la même année 70, Claude François grave une des plus dures et belles chansons à entendre sur l'adoption avec *Olivier* de Jacques Revaux et Vline Buggy. En juin 1975, retour à l'écologie avec des années d'avance, et dans la série « où fuir » chère à Flaubert, l'Artiste envoie un magistral *Où s'en aller* adapté de *Reggae Tune* de l'Anglais Andy Fairweather Low, ex Amen Corner et qui plus tard œuvrera avec Eric Clapton.

***

Néanmoins, en dépit de « ces grands crus » (tout le reste étant dans la partie « Chansons » l'engeance discriminatoire, hélas, parviendra à ses fins car Claude François, désespérément envers et contre tout mal compris, était perçu par le seul prisme des « fatales paillettes festives » des années 1970, qui donnèrent une image négative, altérée, de sa personne. De toute façon, quoi qu'il fasse, quoi qu'il arrive, l'homme et son répertoire, indissociables par nature comme par essence, ont toujours, ultimement, enduré un refus de respectabilité discographique mais également et surtout, sociale, médiatique et idéologique.

Pourtant, force est de reconnaître qu'avec ses auteurs littéraires – ce qui, soyons-en sûrs, va effrontément à contre-courant des idées reçues à ce sujet et donc à l'encontre des dictats convenus... –, dotés en plus d'un vrai sens musical l'Artiste a été plus que royalement servi. Et dire qu'on entend encore l'exclamation convenue, passe-partout et trop souvent vociférante, que « les textes de Claude François sont navrants de débilité, simplets etc. » Nos yeux n'en croient pas leurs oreilles mais, face à la mauvaise foi, l'ignorance, le formatage et les organes acoustiques endommagés... – apanage fréquent, à l'endroit du chanteur – le bon sens et l'évidence n'ont guère voix au chapitre.

À cette aune, et contrairement à ce qu'on aurait été en droit d'imaginer, car il s'agit tout de même de musique... !, c'est l'image, avec tout ce que cela implique, qui prend le dessus, fait loi telle une lancinante et insidieuse obligation quasi-tyrannique. Dès 1973, l'image absolutiste prend le relais sur le son, sur la musique. C'est elle qui persiste à rester dans les mémoires et les années 1970, en terme d'esthétique artistique, de démarche socio-sociétale, n'ont pas spécialement bien, en cela, servi Claude François. Les autant dommageables qu'illusoires paillettes-festives et certains titres qui en sont de manière fusionnelle devenus indissociables, font qu'il devenait de plus en plus difficile pour lui et ses équipes de convaincre les radios de passer ses disques. Au prix d'efforts et de circonvolutions diverses il y parvenait malgré tout, mais ce fut quand même très difficile, notamment de décembre 1975 à novembre 1977. Les passages étaient consentis du bout des lèvres, *a minima*, mais cela n'avait plus rien à voir avec l'épopée quasi-héroïque des années 60.

Neuf ans après ses début, l'environnement du métier changea assez vite – 68 était passé par là.... – et dès la période charnière 1972-1973 se produisit, qu'on le veuille ou non, un basculement qui installa musicalement et socio-sociétalement Claude François à contre-courant. La « nouvelle vague » (guillemets de rigueur) qui montait s'avérait résolument antinomique, voire véhémentement antagoniste, à ce que faisait Claude François. Ceci est très compréhensible pour les « tubes » aux sempiternels couplets refrains systématiquement sautillants et dévastateurs pour l'image. Il en résulte qu'un large public a été désinformé et donc privé de très bonnes reprises d'œuvres anglo-saxonnes et d'originaux français de très haut niveau.

Enfin, après que Maxime Le Forestier et Julien Clerc aient commencé une forme de ménage idéologique, Daniel Balavoine et Renaud allaient terminer le travail… Les « nouveaux venus déjà là » avec répertoire et façon d'être dans le métier aux antipodes de l'Artiste, après avoir éliminé de ce qu'il restait des années 60, ont contribué sérieusement à l'effondrement les citadelles « variétés/variétoche » des seventies dans lesquelles s'étaient réfugiés les rescapés de ces sixties, surtout ceux arrivés entre 1968 et 1970-71. Ces rescapés s'appelaient Michel Fugain et Jonasz et Delpech et Polnareff, Dutronc, Sardou et Berger, puis Alain Bashung – dont on se souviendra de son 45 tours de 1967 chez Philips avec le titre *Je vous crois* composé par Bashung lui-même avec Pierre Delanoë aux paroles et que le dit Bashung avait travaillé avec Dick Rivers dès le début des années 1970 – puis Yves Duteil, Véronique Sanson. Les rets des années 60 s'amenuisaient dans l'évanescence et plus d'un média guettait, comme s'ils s'en délectaient, celle de Claude François. De son vivant, ça n'est pas arrivé en dépit des difficultés évoquées plus haut ; et cela se voit surtout dans les derniers classements qui se fourvoient dans le référendum annuel de l'agonisant *Salut les Copains* qui deviendra, c'est plus qu'un signe…, le vain et dérisoire *Salut*.

***

La période « naïve », de Claude François, celle de ses débuts estampillée « yéyé », correspond à toute une génération qui découvre des musiques venues d'ailleurs, toute une contre-culture qui brasse large et va contribuer à cette extraordinaire bascule, autant sociologique qu'esthétique, de la jeunesse des années 60. À l'aube des années 70, et pour ce qui concerne spécifiquement Claude François, un autre basculement mènera à l'admiration plus que passionnée qui se transforme parfois en une sorte de dévotion autant enflammée qu'irrationnelle, mais aussi, et c'est tout le paradoxe, aux premières analyses qui défrichent et analysent déjà le répertoire pop/rock des sixties.

À partir de la rupture avec les méritantes et néanmoins « héroïques » sixties essentiellement twist/ pop/rock qui ont fait de ce chanteur une « Idole » au sens où cela se distingue dans la constellation musicale, quasi-révolutionnaire du moment à savoir les années « *Salut les Copains* », il y eut une très intéressante période de transition qui commença en mai 1969 pour se terminer en novembre 1971 avec l'important succès *Il fait beau il fait bon* adapté de *Freedom Come, Freedom Go* du groupe anglais The Fortunes, premier opus type du genre sautillant contenant déjà les stigmates du disco avec l'ineffable et indicible « pompe » en rythmique. Cette période de transition a correspondu à l'accomplissement d'un répertoire de haute tenue, mais aussi, à l'exception de *Fleur sauvage* très bonne reprise du *Wild World* de Cat Stevens sur un texte d'Eddy Marnay et de *Si douce à mon souvenir* du standard country de John Harford *Gentle On My Mind* dont Claude François co-signe les paroles avec Colette Rivat, à un curieux passage à vide que beaucoup de « collègues idoles » de Claude François éprouvèrent alors. Après 1968, le monde a brutalement changé ; les yéyés, comme leur revue précitée, ce n'est déjà plus ça. Ne restaient entre autres d'intéressants que *Rock & Folk* et *Best*. Sinon, tout le monde avait un peu plongé, et peu reviendront vraiment. Nous l'avons vu, après une première « déstabilisation » en 1966 avec les arrivées de Jacques Dutronc, Antoine et Michel Polnareff, un nouvel arrivant comme Julien Clerc rebat les cartes en mai 1968, suivi par Maxime Le Forestier. Enfin, dans un tout autre registre, l'irruption de Michel Sardou chamboulera le paysage, faisant des courants musicaux liés à la sphère du rock qui ont vivifié l'épopée et l'esprit des sixties un champ de ruine. Seuls Hallyday et Claude François s'en sortiront vraiment, mais ça ne sera pas sans peine, et pour l'Artiste, qui n'aura aucun allié parmi ses « collègues » chanteurs et la presse qui parle d'eux, ce sera très difficile, éprouvant. Nous sommes sans doute là à l'une des origines de la création de sa revue *Podium*. Elle supplantera toutes les autres y compris la feu *Salut les Copains* devenu *Salut*. Eddy Mitchell fera exception quand, après une moyenne traversée du désert, il revient en 1974 pour ne plus partir, avec *Chaque matin il se lève* et *Tu peux préparer le café noir* en 1979, qui est rien de moins que l'adaptation de *Every Day I Have*

To Cry d'Arthur Alexander à la musique et aux paroles, mais enregistré une première fois par Steve Alaimo en 1964. Mais pourquoi rien de moins ? Si on écoute bien cette reprise d'Eddy Mitchell, on s'aperçoit qu'il s'agit de la chanson déjà adaptée par Claude François quinze ans plus tôt en 1964 sous le titre de *Chaque jour c'est la même chose*, adaptation à l'époque également proposée par Marianne Mille pour RCA sur un texte de Michèle Vendôme avec *Oublie de pleurer*.

Richard Anthony, quant à lui, connaîtra encore quelques succès avec en 1974, pour Tacoun/Trema, *Amoureux de ma femme* transcrit par Yves Dessca de *Nessuno Mi Puo' Giudicare* de Caterina Caselli (en 1966, on aura déjà entendu une première version française de cette chanson italienne par le duo Dalida-Alain Delon chez Barclay avec *Baisse un peu la radio* sur des paroles de Michel Jourdan) ; Richard prend ensuite un recul qui lui sera fatal malgré en 1978, chez Atlantic, le magnifique *J'irai* que lui écrit Pierre Delanoë issu de *Today* des New Christy Minstrels et, sur le même 33 tours, de l'excellent *Non Stop* sur un texte de Pierre Delanoë et Claude Lemesle, d'après le *Don't Stop* de Fleetwood Mac ; en 1969 Frank Alamo met un point final à sa carrière pour faire des voitures du genre Jeep, ce qu'il regrettera ; Dick Rivers continue vaille que vaille, toujours déterminé et vaillant, avec d'excellents titres souvent issus de la country-rock, dont certains, nous l'avons vu, en commun avec Claude François ; Michel Delpech et Michel Fugain avancent régulièrement avec des ventes stables, ça dépend des titres ; apparemment Jacques Dutronc s'en fiche et se fait plaisir quand il veut, très bien ; Hugues Aufray, un peu comme Dutronc, est assez détaché et prend du large quand ça lui chante ; Michel Polnareff a tourné la page et part aux États-Unis ; Joe Dassin ne s'en sort pas si mal avec des hit très réguliers, tout comme Sheila et Sylvie Vartan, qui ont une présence et des ventes régulières. France Gall s'éclipse un peu avant de rebondir grâce aux compositions et aux textes de Michel Berger ; quant à Françoise Hardy, l'après-sixties est parsemé de petites éclipses comme de succès d'estime, voire de gros succès, ceci n'étant pas dû à une désaffection du public, loin s'en faut, mais à sa seule décision, son seul désir d'être présente ou non ; dans une moindre mesure, ce fut un peu pareil pour Adamo.

Dès 1968-1969, la carrière de Claude François prend d'autres atours et un tout autre tournant qui, dans une moindre mesure, et notamment en ce qui concerne son image avec les temps qui changent, vont lui être fatals. Son nouveau public est celui de *fans*, un socle sociologiquement très différent des « admirateurs » de la décennie précédente. Ce sont des profils de toutes les classes et couches sociales ; souvent un public assez averti et relativement plus cultivé. C'est après 1968 que ce public commence à aller voir ailleurs. Curieux, laissant en partie tomber les artistes français, comprendre les yéyés dont il achetait les 45 tours quatre chansons et parfois les 33 tours, l'amateur de chansons de la sphère pop-rock voire country et soul music va se procurer les disques anglo-saxons en découvrant à l'occasion, par l'acquisition de disques plus anciens, des originaux dont il avait entendu plus jeune la version française.

Pour beaucoup, le public des années 60 ne se reconnaît quasi plus du tout dans la « bouillie » des années 70. Ceux qui dans les sixties achetaient, écoutaient les disques de Claude François, Françoise Hardy, Eddy Mitchell, Hugues Aufray, Frank Alamo, Dick Rivers, Richard Anthony, Hallyday, Michel Delpech, Adamo, Noël Deschamps, Monty, Ronnie Bird, ne sont pas ceux qui achèteront ceux de Joe Dassin, Sheila et Sylvie Vartan seconde mouture…, Shake, Dave, Guy Bonnardot, Mike Brant, Frédéric François, C. Jérôme et compagnie dans les seventies. Seuls en réchappent Daniel Guichard, Alain Chamfort et Gérard Lenorman ; quant à Patrick Juvet il est inclassable. Bon compositeur et pianiste, il a apporté comme chacun sait la mélodie du *Le lundi au soleil* à Claude François, et de nombreuses compositions de son cru auraient très facilement pu être chantées par l'Artiste, mais dans un registre sautillant et de paillettes, ainsi de *Rappelle-toi minette*, *Sonia*, *La Musica*, *Au même endroit à la même heure* et pour la meilleure, on imagine ce que cela aurait donné si Claude François avait enregistré celle qui lui aurait été comme un gant : *De plus en plus seul*. Mais par la suite Juvet, surtout dès sa collaboration avec un choriste qu'il découvre dans ses séances d'enregistrement et qui répond au nom de Daniel Balavoine, va très loin, très haut dans de véritables « concept-album », au genre musical, c'est peu de le dire, qui ne m'intéresse guère, mais force est de reconnaître qu'un vrai et impressionnant travail de composition et de production est là.

Élevé au son de la très créatrice, explosive et très innovante période de la pop et du rock, ce public, dès 1971-1972, se lasse de ses « idoles », si tant est que tout le monde les considérait comme telles…, dont Claude François. À qui la faute cette désaffection du public « naturel » et celle des rares supports de presse ou audiovisuels de bon niveau, on pensera ici à ceux qui ne se fichaient pas trop du monde. Si le phénomène trouvait ses origines chez les seuls détracteurs de l'Artiste, de ceux qui ne l'apprécient pas et pour qui il représente une tare autant sociale que musicale, ce se serait disons normal. Mais ça n'est point de leur fait unique puisque, l'ignorant formidablement, ceux qui n'ont aucune raison d'en parler dépassent ce milieu et sont très nombreux ; le sujet ne les intéresse pas et ils n'imaginent bien sûr pas une seconde y faire allusion. Non, le patronyme Claude François ne vient jamais sur la table de tout ce qui pense, écrit, imagine etc… Jamais, à moins qu'on les questionne ; mais pourquoi les questionner sur un chanteur exclu de leur monde ? Un chanteur qui « n'existe pas. » C'est le cheveu sur la soupe. Non, une grande partie de l'origine de la dégradation de l'image, de l'ostracisme à l'endroit du « bon » répertoire de Claude François, il faut la dénicher d'abord dans sa volonté de vendre toujours plus de disques pour sauver les comptes d'une entreprise, mais aussi et surtout, pour être quoiqu'il arrive toujours le premier ou dans le peloton de tête, mais à quel prix : celui de la dégradation d'une image qui le jeta en pâture en tombant dans le *kitch*.

Claude François, comme c'est clairement dit dans les deux premiers chapitres, vient de loin. Les déboires de son arrivée en France en 1956 avec sa famille désemparée, humiliée lorsque l'Égypte de Nasser fiche tous les Français dehors, le marquent à vie. En 1970-1971, le chanteur sent le vent tourner. Il sait que le métier va changer, que de nouveaux répertoires et type d'interprètes vont petit à petit tout remettre en cause. La suite se présente sous des auspices plus difficiles. L'éternel concurrent quasi alter-ego Hallyday est toujours là et tient la rampe ; c'est l'incursion de Michel Sardou qui va compliquer les choses, car les médias, peu attentionnés sur la question, vont mélanger les genres ; la catastrophe c'est que pour la plupart d'entre eux tout se vaut, l'Artiste et Sardou ont du succès, ils vendent bien donc c'est les mêmes ; or Sardou ne vient surtout pas des mêmes racines musicales, et se tient aux antipodes de ce que, musicalement, fait Claude François.

En ce sens, l'Artiste se doit de tenir à tout prix. Il n'a rien oublié du trauma post-égyptien, de la misère qui s'ensuivit dans le Midi de la France. Il s'est toujours juré de rester au premier rang ou, disons, à la tête du peloton de tête. Mais les ventes baissent, les Clodettes assurent le spectacle derrière lui, mais des chansons, pourtant superbes comme *Le monde est grand, les gens sont beaux* d'après *Wonderful World, Beautiful People* de Jimmy Cliff, des originaux français comme, et pour ne citer que ceux-ci, *C'est de l'eau, c'est du vent* avec Alice Dona à la musique et Pierre Delanoë au paroles, *Aussi loin* sur une musique de son arrangeur anglais Reg Guest avec l'Artiste et Gilles Thibaut au texte, *Toi tu voudrais* avec Daniel Vangarde et Jean Kluger pour la musique puis l'Artiste et Jean Broussolle (des Compagnons de la Chanson) aux paroles, n'atteignent pas les ventes habituelles toujours très élevées. C'est le petit et éphémère passage à vide de la charnière entre les sixties et les seventies. Claude François avait anticipé et sait qu'il faut faire vite. Il va lui falloir élargir son auditoire, tout en étant conscient qu'une grande partie de son public du début des années 60 a grandi, changé et, nous l'avons vu, est parti voir ailleurs. Il lui faut plaire à tout le monde, non seulement pour être agréé par le plus grand nombre, mais surtout par la nécessité absolue de maintenir à flots coûte que coûte, quitte à ce que cela justement lui en coûte de sa poche, une société à travers laquelle il se doit de régler salaires et autres charges sociales. L'Artiste paye de sa personne et il a en plus une conscience sociale qu'auraient pu, et même dû, lui envier certains donneurs de leçons de gauche qui n'éprouvaient qu'aversion pour ce chanteur et son public, et qui dans ce domaine ne lui sont jamais arrivés à la cheville, comme toujours aujourd'hui d'ailleurs…

Le système des paillettes avec ensemble vestes-pantalons tendance « circus » commence début 1973 avec *Le Lundi au soleil* dont le disque était sorti en novembre 1972. Lors d'une télévision – il s'agit de l'émission *Midi Trente* présentée par Danièle Gilbert – entre les Compagnons de la Chanson et The Osmond Brothers, Claude François pour la première fois chante ce titre composé par Patrick Juvet et écrit par l'excellent binôme qui a bien servi Michel Delpech comme Stone et Charden savoir Jean-Michel Rivat et Frank Thomas, et la face B du 45 tours, savoir *Belinda* à la télévision ; et ce sera la dernière fois qu'on le verra dans ce type de chanson avec une veste et un pantalon « normaux, sobres, élégants », point de paillettes. Prestation superbe avec notamment la très difficile et quasi-acrobatique chorégraphie de *Belinda* répétée, seulement et une seule fois, la veille au soir. Dès 1973, avec les dernières télévisions pour le *Lundi au soleil* et *Belinda*, les paillettes prennent le relais. Était-ce vraiment nécessaire pour, si l'on peut dire, conserver l'Empire Flèche à flots, car ça empire dans le festif clinquant et l'image se dégrade, la dégringolade s'amorce dans les référendums *Salut les Copains*, même si dès 1972 ils deviennent discutables, il reflètent néanmoins une véritable tendance sociologique et générationnelle. Dès lors de magnifiques chansons sont gâchées télévisuellement par les cols pelle à tarte des chemises, les cols pelle à tarte argentés sur des vestes rouge, bleues, criardes, ou blanches-brillantes caviardées d'amulettes, et autres tenues improbables. Lors de passages télévision avec des titres « qui tiennent la route », il y a souvent une telle distorsion à la fois esthétique et sémantique entre l'image frivole, dérisoire et la qualité de l'œuvre que celle-ci en sort comme estropiée, réduite en une bouillie de paillettes de mauvais goût ; chose exceptionnelle chez Claude François, le mauvais goût. Mais les faits sont têtus et, disons le, incompréhensibles, venant d'une telle intelligence. *Joue quelque chose de simple* est l'exemple emblématique de quelques grandes chansons de l'Artiste mutilées par l'image, un seul passage en réchappe, on ne le voit jamais… et n'est pas, nous semble-t-il en DVD. On se laisserait presque aller à dire qu'il vaut mieux, en pareil cas, écouter le disque ou le CD, bref, entendre et ne pas voir. Mais hélas, bien que ce soit de la musique qu'il s'agit, c'est l'image qui l'emporte. C'est un peu ce qu'il s'est passé pour Elvis Presley, qui termine quasiment sur scène et en télévision en sapin de Noël et en cela, Johnny Hallyday n'est pas passé loin. Même à l'époque de *La Piste aux Étoiles* que présentait Roger Lanzac au début des années 60, les chanteurs qui s'y produisaient parfois étaient bien plus sobres. C'était une autre époque me direz-vous, certes, mais ce n'est pas une raison ! Ça c'est l'argument du renoncement, des fatigués-à-quoi-bon, des anéantis.

On est en droit de penser que si Claude François n'avait pas eu sur les épaules la maison Flèche, puis l'agence de mannequin, puis les parfums et les journaux *Absolu* et *Podium*, il n'est pas sûr qu'il se soit aussi frénétiquement fourvoyé vers la sautillance acidulée du système paillettes qui lui assura peu ou prou un seuil acceptable de ventes, car il n'aurait jamais accepté de ne pouvoir payer ses employés, jamais accepté de ne plus pouvoir être « royal » dans son comportement, d'être généreux comme il aimait l'être, car il cela lui permettait, aussi, par ce biais de dominer son petit monde, sa petite entreprise.

Pour Johnny Hallyday, l'orientation progressive vers le consensuel variété/variétoche, rompant par voie de conséquence avec une certaine éthique rock/pop, demeure, à la lumière de ce qui vient d'être dit, inexplicable, et j'emploie ce mot à dessein. Dès que ses disques furent pris en main par des compositeurs eux-mêmes déjà chanteurs, c'en était fini de l'esprit, de la flamme qui le portèrent si haut entre 1960 et 1979. Les années 80 annoncent véritablement la chanson formatée à la fois dans une sorte de *gluance* sonore mais également au niveau des paroles accrochées sans vergogne à un pesant et fatiguant consensuel flatteur, à une forme de pensée docile comme domptée au message « humaniste » de façon sous-jacente donneuse de leçons. Comme beaucoup, il commençait à s'orienter dans les relais des intelligentsias œuvrant à la dispense du « bon » message à délivrer avec, toujours lui, le fameux lien social à la clé emballé dans le festif ; ça passe mieux dans les esprits à décérébrer...

À son endroit, le constat sera semblable à celui porté sur Claude François, sauf que celui-ci a « l'excuse-argument » d'une société à tenir à bout de bras. Ce qui n'est pas le cas d'Hallyday, de plus en plus sous l'influence des nombreuses pressions de son environnement, professionnel ou non, qui ont opéré une rupture dans la direction artistique générale, s'orientant dès lors vers des productions qui commencent à fleurer bon l'ambiance grand'messe aux relents festifs-massifiés du genre « homo festivus » qui auraient piqué au vif un Philippe Muray[1]. De l'avènement festif, on retiendra surtout le bruit. Ce n'est pas pour rien

1. Voir Philippe Muray, *Festivus festivus, conversations avec Elisabeth Lévy*, Fayard 2005 ; réédition poche Flammarion « Champs essais », 2008.

que Friedrich Wilhelm Nietzsche écrivit « *Sans cruauté, pas de fête… Et il y a même dans le châtiment tant de fête…* »[2].

Sans aucun motif sérieux, imparable, on ne peut arguer, en ce sens, « d'évolution » et surtout, de « progrès… ! ». Comme on oppose toujours la probité, la crédibilité absolue, le génie de l'un face à la vaine médiocrité de l'autre, il faut tout de même en parler. Ce que fait le soi-disant « taulier », dès le début des années 80, n'a plus rien à voir avec le mythe musical, rebelle, qui l'avait consacré idole des jeunes au début des années 60. Dans la même période des seventies, les deux leaders de la génération *Salut les Copains* prirent en gros les mêmes sentiers artistiques. L'un, en tant que chef d'entreprise consciencieux et responsable, ne pouvait faire autrement pour sauver les meubles, l'autre, aux yeux de toutes les intelligentsias, dont celles même qui ne l'appréciaient guère disons de 1960 à 1979, est entré dans le rang. Dont acte.

***

Il est donc attesté que Claude François, « idole » issue de la mouvance « rebelle » rock/pop music au même titre qu'Hallyday mais aussi des Beatles, Rolling Stones et Elvis Presley, a été cantonné dans l'unique période kitsch-paillettes des seventies. Ce cas de figure se produisit pour beaucoup d'autres artistes qui avaient débuté dans sa mouvance, son répertoire, dans ses représentations les plus qualitatives, de manière progressive dès le début des années 70, et qui commençaient à battre de l'aile. Pour ce qui concerne seulement la chanson…, un climat de lourdeur, de productions « pré-clipées », d'*ânonneries* généralisées, annonçait inexorablement la médiocrité ambiante et dont nous connaissons de nos jours une inquiétante apogée.

« Macroté » par les néo-yéyés lancés comme des savonnettes par un système marchand qui est parvenu quelque peu à déteindre sur lui, Claude François n'est connu aujourd'hui par le plus grand nombre que sous la chape de plomb autant accablante qu'injuste et rébarbative du festif-paillettes. Il n'est donc pas étonnant que seules demeurent dans les mémoires, telle une fatale lancinance, les chansons qui majoritairement

2. Friedrich Wilhelm Nietzsche, *La généalogie de la morale*, 1887.

prêtent le flanc à ce phénomène qui, donnant de l'eau à leur moulin, arrange bien les impénitents-incorrigibles détracteurs de l'Artiste. À la seule vue à la télévision de scènes *fanologiques* hystériques bien choisies/sélectionnés par des médias d'obédience analogue, et des chansons de même nature abondamment exhibées, inévitables paillettes à l'appui, ils boivent du petit lait.

Ces chansons typologiques qui ont marqué Claude François au fer rouge du mépris socio-professionnel et de la détestation sociétale ont été les matrices réductrices, comme dit plus haut, d'un répertoire de plusieurs centaines d'œuvres étouffées et soumises à la « dictature de la fête à tout prix » enveloppées d'une image peu amène. L'ensemble est lié à la mise à l'index de Claude François et de ce qu'il représente aux yeux réprobateurs des « juges » des diverses intelligentsias et de « tout ce qui pense ». Ce qui relève d'une dévaluation arbitraire de son répertoire et qui, à tout le moins, irrémédiablement annonce, de surcroît en mauvaise compagnie d'un sordide « Orwell sonore » qui s'échine à détruire notre entendement, un enlaidissement généralisé, ce qui sied à toute forme de « décivilisation ».

On le prendra comme on le voudra, mais la période paillettes des années 1970 a été néfaste pour Claude François. C'est un paradoxe, car ces années lui donnèrent d'énormes succès ; mais en glissant, petit à petit, dans un système de cirque, il tendit lui-même le bâton pour se faire battre, à tel point qu'aujourd'hui encore il est difficile de défendre le répertoire de l'artiste exceptionnel qu'il fut sans passer pour un attardé ou un *fan* hystérique. Tout cela est inquiétant. C'est dommage car, dans le même temps, les disques recelaient des chefs-d'œuvre. Ainsi, le titre qui incarne le plus les paillettes et le système de « show Clo-Clo » de l'époque est *Chanson populaire*. Il y a pourtant sur cet album le magnifique original français de Jean-Claude Petit et Jean-Loup Dabadie *Pour un peu de bonheur*, puis une adaptation soignée et de belle allure d'un standard de Neil Sedaka *Notre dernière chanson ensemble*, avec Eddy Marnay pour le texte, d'après *Our Last Song Together* dont s'emparera aussi la voix cristalline de Nana Mouskouri chez Philips dans la série « Parade » Phonogram en 1976 avec un titre et un texte différent de Claude Lemesle *La première chanson ensemble* ; deux ans plus tard, sur le 33 tours du *Chanteur malheureux*, on peut écouter la chanson quasi-visionnaire et lucidement pessimiste sur le thème de l'écologie, de l'environnement avec *Où s'en aller* d'après Andy Fairweather Low et son *Reggae Tune*.

Les années 70 eurent donc, pour Claude François, cette spécificité : d'excellentes chansons occultées par le seul titre choisi par les médias, souvent par Claude François lui-même, alors qu'elles se trouvent sur le même disque. Ce qui est un comble car, même en admettant que ceux qui possédaient le 33 tours découvraient nécessairement les chansons plus « intimistes », considérées sérieuses, l'impact des radios vis-à-vis du grand public n'offrait à la multitude que la résonance très paillettes. Bien sûr qu'il faut vendre, et par là, comme décrit plus haut, payer les gens. La trésorerie a toujours le fin mot, mais on est en droit d'imaginer sans naïveté aucune qu'il était possible de pousser des chansons perçues comme intéressantes ou « à texte » sans aller à l'excès de l'inaccessible où nombre de frustrés, pour faire bien sans doute, se complaisent…, et donc sans considérer ce terme « d'inaccessible » dans son sens le plus hermétique et volontairement fermé au plus grand nombre. À l'évidence, un équilibre pouvait être trouvé. Cependant, dans le tourbillon d'une « starisation » étourdissante, identifier ses repères à ce stade ne devait être guère être simple et il fut plus facile – pour ne pas dire « audible » à tous les partenaires, l'Artiste compris – d'aller au plus direct. De ce fait, l'alliance média-Artiste – volontairement ou non pour ce dernier – a sans doute dissuadé des millions de personnes de prospecter plus loin dans les 33 tours et certaines face B de 45 tours ce qui aurait permis à beaucoup de découvrir un interprète différent de ce qui était servi quotidiennement à la multitude. Le systématisme de mettre en avant la chanson « festive » a occulté pour beaucoup les possibilités, pour ne pas dire les chances, d'apprécier certains titres de nature à les faire changer d'avis sur Claude François. Cette politique fut très dommageable et de toute évidence l'est encore. Cela s'observe tous les jours et notamment lors des hommages de chaque mois de mars. Les bluettes à deux sous, ça n'était pas que ça Claude François. Et rarement un artiste aussi excellent et abouti a été autant mal perçu par le plus grand nombre.

Plus globalement, cette massification des « loisirs » sonores qui, on ne s'en étonnera guère, dérivent sur d'autres rives, aboutit dans son implacable logique au phénomène de foule des *raves*, un phénomène où l'on ne rêve pas et, sans doute pour certains, où l'on ne rêve plus.

D'aucuns pourraient à ce propos rétorquer que déjà, les mêmes phénomènes de foules, d'hystérie et disons-le, d'abrutissement des masses se produisaient de la même façon pour donner les mêmes résultats. Pas du tout. On ne peut pas dire que les pionniers du rock puis les Everly Brothers, Simon and Garfunkel, Bob Dylan, Jimi Hendrix, Otis Redding, Donovan, Led Zeppelin, James Brown, les Stones et les Beatles, on va se limiter à eux seuls, ont abruti, décérébré, formaté leurs vastes publics respectifs. Non, et c'est pareil pour Claude François et ses « confrères » de l'époque. En revanche, dès le début des années 80, après la soupe des seventies, arrive cette façon d'organiser – et tous les prétextes sont bons – des « fêtes » dans une perspective-entreprise évidente de massification, de décérébration généralisé.

Il est aujourd'hui difficile d'imaginer une seconde que d'autres chansons de Claude François puissent se faire entendre sur les ondes ; peut-être en dehors de *Comme d'habitude*, eu égard au fait que ce titre générateur de droits colossaux sur toute la planète est devenu emblématique, et de *Belles, belles, belles*, parce que c'est la première qui l'a fait connaître. Mais, redisons-le, Claude François n'est pas ici le seul artiste concerné. Presque tous ceux de l'époque, avec des chansons « sérieuses », sont « tricards » sur les ondes et sur les antennes. Surtout Richard Anthony, qui fut, avec Dalida, Hallyday, Adamo et bien sûr l'Artiste, un des plus importants vendeurs de disque de 1958 à 1970.

Des rescapés des comédies musicales des années 90, jusqu'aux rappeurs en passant par la chanson endoctrinante aux mièvres mélopées – il n'y a quasiment plus de mélodies chez les susurreurs-baveurs dégoulinant dans les micros leurs funestes bien woke-sociétales-leçons-de-vie… – on le comprend, ces « artistes » formatés à souhait comme le voulurent les idéologues-initiateurs du festif – mirage destiné à ahurir les foules avec en bandoulière, le fameux lien social comme appât, le lien qui incarcère – répondent dans un écho plus que favorable à cette notion de décervelage à plein tube et à plein temps qu'engendre la « fête ». On observe également ce sinistre phénomène, parfois au corps défendant des organisateurs et des artistes eux-mêmes, dans certains festivals à connotation « culturelle-branchée », ou des « chanteurs-s'expriment-et-communiquent-dans-un-lieu-de-vie-avec-leur-ouverture-à-l'autre-en-ne-donnant-que-du bonheur »... Le pire c'est que la plupart d'entre eux ne se rendent pas compte de cette dérision, de cette terrible dérive, de la malséante vulgarité qui parfois en émane.

7

De l'enfance

Sans vouloir, ou même prétendre, « déchiffrer » l'univers musical de Claude François, on se rend compte, bien souvent, que les chansons taxées de confondante niaiserie, jetées à la vindicte telle une malédiction dont, ulcéré, on se débarrasse, sont, et pour beaucoup, celles spécifiquement destinées aux enfants. Certains de ces titres proviennent du creuset culturel euro-américain, toutes périodes anciennes et lieux géographiques confondus. Ils contiennent des éléments d'ordre ethno-psychanalytique comme historique, restés enfouis sous le tapis, au fin fond des strates de nos mémoires, de nos *chakras* douloureux, de notre histoire, susceptibles d'emprunter pour l'inconscient des chemins bien hasardeux, et le mot est faible… On les découvre en l'occurrence sous les aspects d'apparence les plus banales, les plus naïves voire les plus gentillettes qui soient.

Saisir les aspects méconnus d'une œuvre comme ses évidences, celles qui sautent aux yeux et aux oreilles, c'est devoir scruter, même un peu, l'enfance de l'artiste qui en est à l'origine, il n'y a rien de tel. Et quel que soit le domaine de prédilection du protagoniste souvent, il n'y a rien de mieux. Proche des origines du psychisme, de l'inconscient, des tout premiers émois primaux ou des toutes premières frayeurs – comme la première peur brélienne hurlée dans la chanson *L'Enfance*, où arrive très vite celle de la première femme – des toutes premières colères, on y collecte, si je puis dire, les précieuses graines encore enfouies. L'enfance, elle peut être sans histoire comme paradisiaque ou terrible. Dans tous les cas, elle marque à vie renforçant ou blessant à jamais l'esprit, étouffant ou non la petite voix qui murmure ou crie à l'intérieur ; est-elle entendue, considérée ? Dans les chansons « consacrées aux enfants », et toujours perçues comme simplettes, pour ne pas dire comme un attentat à leur intelligence, à leur entendement, à leur équilibre psycho-mental, Claude François donne des réponses, allant promener son verbe aux lisières du subconscient, avec des mots, des images du quotidien apparaissant sous leur jour le plus candide, voire niais, mais, et c'est là le « piège », incolore jusqu'à la transparence qui confine à l'impression de vide. On en a une petite idée à l'écoute de trois titres de l'année 1970 avec le merveilleux et intriguant *L'Anneau dans la rivière*, mis en musique par Alice Dona sur le très subtil texte du duo de paroliers Frank Thomas et Jean-Michel Rivat ; le bouleversant *Le Dragon magique*, emprunté à *Puff The Magic Dragon* d'après l'histoire/conte de Michael Holland Shepard, que populariseront, transformé par Jay D. Miller, le trio folk Peter, Paul and Mary sur leur album « Moving » en 1963 pour la Warner Bros, qui éveille en nous des appréhensions toujours redoutées d'abandon, de solitude et de mort en latence dans les limbes de l'inconscient ; le joyeusement et gravement écrit par Pierre Cour *E.E.E. A.A.A.* emprunté à *Fumace* des Golden Boys, un rock-band brésilien, en 1970 chez Odéon.

En 1970 on peut d'ores et déjà citer entre autre *Diggy Diggy Lai Diggy Diggy Lo* d'après *Diggy Liggy Lo* de Terry Clement en 1953, mais popularisé par le duo acadien Rusty and Doug Kerhsaw ; dans un autre registre pour l'enfance, l'emprunt de *I'm Gonna Get Along Without You Now* de Roy Hogsed en 1951 donne chez Claude François un semblant d'innocence avec *Boum Boum*, opus pourtant puissant dans les non-dits sur le « vrai lien social… » et les affres de la solitude, thématique que l'on retrouve encore plus fortement avec *Quand rien ne va plus*, issu de *Mairzy Doats And Dozy Doats*, enregistré en 1943 par Al Trace and His Silly Simphonists.

Avec les origines de *Three Blind Mice* remontant au début du XVe siècle et qui devient en 1964 chez l'Artiste la chanson rythmée à souhait, pleine de fougue, joyeuse, toute empreinte de gaieté et d'insouciance, bref, l'opus type de l'amourette « yéyé », à savoir *Petite mèche de cheveux*, on entre dans l'histoire de la vieille Europe par les portes sombres à la fois de la violence moyenâgeuse, de la terreur que sont susceptibles d'éveiller des « gentilles » berceuses tantôt protectrices tantôt menaçantes.

On ne se remet pas de l'enfance. Claude François a eu de la chance, au début. Dans les sillons noirs de ses 45 et autres 33 tours sommeillent, ne demandant en permanence qu'à être réveillées et à bondir pour nous sauter à la figure, aux oreilles mais surtout à notre entendement, trente chansons destinées aux enfants. Sur ces trente titres, six sont dispersés dans le répertoire hors les deux « albums » spécifiques pour les très jeunes.

Il s'agit de *En rêvant à Noël*, en 1963, adapté de *In Summer* que le « Ricky Nelson anglais » Billy Fury avait enregistré pour Decca ; l'année suivante *Donna Donna*, en provenance lointaine de *Dos Kelbl* (*Dana Dana*), traditionnel yiddish très ancien ; 1966 avec *Le Jouet extraordinaire*, d'après *The Marvellous Toy* du Folk Singer Tom Paxton en 1962 chez Gaslight sur « I'm The Man Who Built The Bridges » ; *Dans les orphelinats* en 1968 ; et le très émouvant *Olivier* en 1970 sur le thème de l'adoption, que compose Jacques Revaux sur les mots de Vline Buggy.

Peu connue, une chanson de ce niveau, bien entendu très peu de diffusion radio et peut-être deux télévisions, même à l'époque de sa sortie. Pensez donc. Déjà, deux ans avant l'arrivée des fatales paillettes, c'était déjà difficile pour Claude François. C'est vrai qu'en 1968 un titre comme, par exemple, car il y en a d'autres, *Les Petites souris* avait connu le même sort. Les crédits de *Olivier* méritent quelque attention. Quand on parle du compositeur Jacques Revaux, immédiatement tout le monde, et surtout dans « le métier » en général savoir radio, télévision, presse et même maisons de disques, pense aux mélodies que celui-ci a faites pour Michel Sardou et, mais c'est bien le moins… de la musique de *Comme d'habitude*. En revanche, pour la chanson *Olivier*, jamais le nom du compositeur Jacques Revaux n'est évoqué et pourtant il ne l'a pas faite, et sans connotation négative à l'endroit de quelque inconnu débutant, pour, justement, un inconnu débutant, non, c'est pour Claude François. Et il ne se passe rien. On a vu le même exemple avec un titre de Richard Anthony écrit par les grands paroliers Jean-Michel Rivat & Frank Thomas, *Si chaque soir meurt une rose* que Richard enregistra en 1968 sur une musique de… Jacques Revaux !

Chef-d'œuvre total, sublime. Résultat des courses, comme pour les grands opus de Claude François, toujours pareil : rien.

Les accents d'*Olivier* expriment le réel que vit un père quand il révèle à son petit garçon qu'il a été adopté, comme dit, plus loin, dans la partie chansons « originaux français », c'est l'un des plus beaux texte sur le thème de l'adoption ; écrit en réaction au *Céline* d'Hugues Aufray par la même Vline Buggy sur demande de l'Artiste, Vline Buggy s'est dépassée :

« *...C'est vrai ce qu'on t'a dit / oui, c'est vrai mon petit*
Nous ne t'avons pas eu / mais vois-tu, nous t'avons choisi
Dans ton petit lit blanc / parmi d'autre enfants
J'ai pleuré ce jour-là / lorsque l'on t'a mis dans mes bras... »

***

Avec *Donna Donna* et *Ninna Nanna* nous entrons dans le grand cercle de la vie. La première enregistrée en 1964 est d'origine yiddish et remonte dans les dernières versions à la première moitié du XXe siècle ; enregistré en 1972, la seconde remonte quant à elle au XVe siècle et a essaimé, fleuri, voyagé dans tout le berceau de l'Europe méditerranéenne. Les deux ont pour point commun un retour, comme en position fœtale, sur la première enfance, avec la voix maternelle qui accueille au monde et qui rassure en protégeant. Dans *Donna Donna* le narrateur/personnage Claude François, malgré la joie et le bonheur du foyer maternel avec tout ce que cela implique, est heureux mais désire « *devenir grand, rêvait d'être un homme* » ; grandir vite et découvrir le monde. Une fois devenu grand, face aux dures réalités de ce monde, aux chagrins d'amour, à la terreur de la solitude, il ne pense qu'à autrefois, petit, dans le rassurant giron maternel. Avec *Ninna Nanna*, inspiré d'un ensemble d'anciennes comptines-berceuses italiennes du XVe siècle, Claude François revient au début du cercle commencé avec *Donna Donna*. Les choses, si l'on peut dire, empirent. Rien a changé depuis 1964, et l'idée du foyer « primal-protecteur » se renforce. La berceuse protège et réconforte plus que jamais par la voix, le souffle maternel, le souffle de la vie, celui de La Femme, la Mère et plus tard, peut-être « l'Épouse... » ou la compagne ; en effet, dans *Ninna Nanna*, encore une fois d'une apparence qui peut paraître simplette... le discours est, à proprement parler douloureux, mais Claude François y avalise, bras grands ouverts, le texte de Jean-Loup Dabadie sur la mélodie inspirée de Patricia Carli, qui a puisé dans ses racines où demeurent d'anciennes comptines italiennes.

Le premier « album concept » pour les enfants intitulé « Le monde extraordinaire de Claude François », contient douze titres et sort en novembre 1970 ; le second, « Pour les jeunes de 8 à 88 ans », avec également douze chansons, voit le jour en avril 1976. On ajoutera à cela huit autres chansons qui, comme les six susnommées, sont éparpillées dans sa nomenclature musicale ; ces dernières, si elles ne sont pas considérées spécifiquement, et n'ont donc pas pour cible commerciale la prime jeunesse, véhiculent en elles des éléments qui, par sous-entendus métaphoriques ou non, renvoient clairement à l'enfance, ses illusions, ses naïvetés heureuses mais aussi ses frayeurs. C'est le cas pour *Le Martien*, adapté de *Flowers In The Rain*, que le combo anglais The Moves enregistre en 1967 pour Regalzonophe ; *Je veux chaque dimanche une fleur* en 1967, musique d'Éric Charden et paroles de Claude François et Gilles Thibaut ; *Chante pleure* en 1968, avec une musique de l'arrangeur du moment pour l'Artiste savoir l'Anglais Reg Guest sur des paroles de Pierre Delanoë exprimant les limbes d'un deuil irréel entre deux mondes ; la même année l'impressionnant et surréaliste *Le Magicien* que compose et écrit Claude François ; en 1969 *Les Ballons rouges*, avec à nouveau Éric Charden à la musique, et pour les paroles Mya Simille et Michel Delancray ; *Le Pantin* en 1969, sur un texte que Claude François co-signe avec Plinio Maggi et avec l'Artiste pour la mélodie ; *Les ballons et les billes*, que compose Alice Dona en 1971 avec Pierre Delanoë aux paroles ; puis en 1972 *Voleurs bohémiens*, d'après *Gypsies, Tramps And Thieves* de la chanteuse Cher en 1971 pour Kapp Records que Sylvie Vartan transcrit elle-même et enregistre chez RCA la même année sous le titre de *C'était la belle vie* ; et *17 ans*, que transcrit Frank Thomas en 1975 adapté de *At Seventeen* de l'Américaine Janis Ian chez Columbia en 1974. Sur ces trente-huit chansons, une bonne dizaine sont des armes de destruction ou de reconstruction massive du psychisme. Auprès de celles-ci, des titres de chanteurs perçus, voire réputés « durs/rebelles/indociles-engagés », souvent empreints de gravité et de sérieux pour la « bonne doxa » festive et, ça va de pair, moralisatrice…, ne sont guère que du menu fretin face à certaines œuvres pour enfants de Claude François. On considérera réellement, et à dessein, que le répertoire de l'Artiste détient en son sein, outre les « illustres chansons pour les enfants », nombre de titres de fond de 33 tours ou de face B, une redoutable et puissante force de frappe démontrant jusqu'où une volonté inouïe d'application et de perfection peut mener. L'« honnête homme », délesté de toute idée reçue, peut dès lors appréhender à quel point Claude François a le goût des choses, a les moyens de saisir et de savourer le *prana* de chacune d'elle comme un yogi se délecte de celui de l'eau pure, de la source vive que, finalement, reflètent beaucoup de chansons de Claude François.

Enfant, souvent on se cache, soit pour découvrir un mystère, du merveilleux, ou quelque chose qu'on sent et qui ferait peur, même l'amour. Dans sa représentation qui frappe l'inconscient collectif, Claude François a forgé et engrangé dans les soubassements de son répertoire, qui ont façonné la perception que d'aucuns peuvent avoir de lui comme de ses chansons (mais nous le verrons c'est la même chose…), ces stances pour les enfants, parce que sans doute, celles-ci se révèlent pouvoir être sa propre allégorie. Sans elles, l'édifice de l'œuvre, au sens symbolique et socio/psychologique du terme, pour ne pas dire psychanalytique, s'effondre.

En approfondissant un peu, on devine, dans ce domaine du répertoire de l'Artiste, la quête subtile, existentielle sur la vie, le pourquoi et le comment des choses. Bien souvent avec lui, dans les chansons empreintes de désuétude, les questions fondamentales sont effleurées. Plus on est dans l'apparente insouciance, la légèreté, à la surface de l'écume, plus Claude François enfouit les questions essentielles, comme s'il fallait que les terreurs comme les espoirs lointains demeurent ensevelis, dans les limbes de l'inconscient. En cela, toutes les chansons de cette nature ont trait à l'enfance, aux premiers émois, aux premières peurs, et j'y reviens, comme chez Brel dans *L'Enfance* quand montent et grondent les cordes et explosent les cuivres.

Ces chansons « enfantines » recèlent des symboliques, des éléments d'apparence « primaire » voire joyeuse, qui animent les textes, formulent le sens et peuvent interpeller de manière subtile l'inconscient, comme un danger qui avance dans l'ombre. Elles font remonter à loin dans la mémoire. Ironie, farces, drôleries, frayeur, torpeur, questionnements, terreur, chagrin, ces mots sont les fondations sémantiques, le vocabulaire, qui structurent ces œuvres à bien y regarder compliquées et précieuses. Elles deviennent, comme ceux qui les écoutent et les intègrent intérieurement, comme de la porcelaine. Claude François aurait voulu, comme pour les calfeutrer, les protéger dans son jardin secret où seul l'enfant peut trouver ce qu'il y a vraiment à comprendre, qu'il ne s'y serait pas pris autrement en les « cachant » dans un disque destiné à la candeur comme à l'ingénuité.

***

Avec l'exemple très contrasté, par rapport à l'histoire originale, de *Petit mèche de cheveux*, la candeur radieuse définit par sa gaieté et son optimisme à toute épreuve la période dite « yéyé ». Dans celle allant de 1959 à 1965 puis commençant à diminuer dès 1967, la trajectoire artistique de Claude François est limpide. On l'entend avec des chansons comme *Vénus en blue jean* en 1962 d'après *Venus In Blue Jean* de Bruce Bruno ; Claude François ne chante vraiment que du « transparent », mais ce sont les « Trente Glorieuses » et dans le pays, en dehors de l'ombre de la guerre d'Algérie incidemment illustrée/évoquée, et, à son corps défendant, par Richard Anthony avec *J'entends siffler le train* qui, par la nostalgie qui se dégage de la mélodie et des paroles, faisait immanquablement penser aux trains qui emmenaient les conscrits jusqu'à l'embarquement – tout va pour le mieux dans le meilleur des mondes. La jeunesse est biberonnée, vitalisée par la musique d'origine anglo-saxonne, et Claude François ne manque pas d'énergie musicale, rythmique, malgré l'apparente vacuité des premiers textes ainsi de *Dis-lui* en 1963 d'après *Tell Her* de Gil Hamilton avant de s'appeler Johnny Thunder, de *Si tu veux être heureux* aux origines jamaïcaines par Roaling Lion, qui enregistre *Ugly Woman* (*Never Make A Pretty Woman Your Wife*) en 1934 avant de devenir célèbre en avril 1963 avec la reprise de l'Américain Jimmy Soul dans *If You Wanna Be Happy* pour SPQR Records, titre que d'ailleurs reprendra en 1976 l'ancien bassiste des Rolling Stones, Bill Wyman, sur son bien nommé album « Stone Alone » pour le label Rolling Stones Records. De chansons en chansons, les histoires d'« amourettes yéyés » revêtent au fil des années un ton un peu plus grave tout en conservant les fondamentaux ; c'est ce qu'on peut entendre chez l'Artiste en 1965, pour citer une chanson qui ne méritait pas de passer à l'as, ainsi du slow country/rock *Je devrais dormir* emprunté au *Teardrops Fall Like Rain* que Bobby Vee enregistre en 1962 chez Liberty, titre popularisé ensuite en 1963 pour Liberty puis Capitol Records par les musiciens de Buddy Holly, savoir The Crickets. Vers la fin de cette période « yéyé », qui a quand même vu en 1965 chez Claude François des chansons comme *Geordie* et *Ce monde absurde* on trouve dans *Mais quand le matin*, en 1967, une des premières et fortes évocations du revers de la médaille de la gaieté qui jusque-là, en gros, prévalait. Au début de la chanson, il est question d'arbres géants, de fleurs de sang qui les recouvrent ; l'ensemble relève du domaine du fantastique, mais un fantastique où l'esprit perd pied dans le tournoiement des cordes ; cet esprit abandonné comme une âme en peine, perdue seule dans les limbes, dégorge par le chant sa terreur de la solitude et du désespoir qu'elle procure. À l'inverse, dans les chansons *Un monde de musique* et *Le Musée de ma vie*, le registre du fantastique est teinté d'un onirisme où point une petite, mais vraiment toute petite, faut pas exagérer non plus..., lueur d'espoir.

Nous sommes au cœur de l'épicentre de ce phénomène à la fois discographique, musical et sociologique qu'est le « yéyé ». Il n'y a rien à dire. Une brochette de chanteurs, de chanteuses et de groupe de rock tient la corde sur toute la France. Ils donnent le *La*... ; et, pour faire dans le symbole, quand on accorde les guitares, électriques comme acoustiques, on doit chercher le *La*. De 1962 à 1966, Claude François s'impose comme le roi de la chanson de rythme, c'est tout. Tout ce qu'il chante est perçu comme transparent, inoffensif et linéaire, mais il enchante la France. C'est cependant considéré avec une certaine hargne comme désuet et comme « guimauve » méprisable par la sphère pure et dure du rock n'roll. Mais le public est là, et ce que chante Claude François n'est pas idiot au sens où ça se dit à l'époque et comme, d'ailleurs, en dépit d'une perception moins superficielle et partiale de son répertoire, cela se dit toujours, surtout dans les milieux « informés »... Au cours de cette période initiale, et comme celles de ses congénères du moment, la quasi-totalité des chansons de l'Artiste ont fait l'objet d'une adaptation ; de fait, de 1962 à fin 1966 sur quatorze 45 tours, (sans inclure le disque initial sous le pseudonyme de Kôkô), totalisant 56 titres, nous l'avons vu plus haut, seulement huit sont des originaux français. Si quelques-unes de ces chansons ne répondent pas aux critères proprement dits du « yéyé », s'inscrivant souvent dans le registre d'un romantisme d'apparence naïve, mais confinant parfois à l'expression d'une mélancolie noire fortement liée à la personnalité du chanteur, presque toutes exaltent la joie de vivre, la gaieté voire l'insouciance d'une jeunesse qui découvre, avec l'argent de poche, et souvent en priorité absolue, ce qui en dit long, le roi 45 tours quatre chansons des « idoles », et ce, bien avant le solex, la mobylette, la voiture pour les plus « âgés » et les sorties du samedi soir, que Johnny Hallyday sur un texte de Long Chris en 1967 distingue comme « obligatoires » avec *La génération perdue*. Les boums et autres surboums et surprise-party poussent comme des champignons dans chaque ville, chaque bourg et village de France, et le nom de Claude François, à l'instar principalement de Richard Anthony, Johnny Hallyday, Frank Alamo, Sheila, Sylvie Vartan, Françoise Hardy, Eddy Mitchell, Dick Rivers et le nouveau venu Adamo, devient familier dans tout le pays jusque dans les coins et recoins des campagnes les plus reculés.

Si les années 1970 ont coûté en termes d'image à Claude François, on ne doit pas omettre de prendre une loupe pour regarder de près les fonds de 33 tours qui toujours chez lui recèlent des « trésors ». Il y a toujours au moins cinq à sept superbes opus inconnus et un ou deux très connus, notamment en matière de country, qui tiennent bien plus que la route face aux originaux ; c'est le cas en 1969, avec ce qui est le slow de son Olympia du moment, *Une petite larme m'a trahi*, d'après l'original *A Little Bitty Tear* qu'avaient enregistré en 1960 Ray Sanders With Anita Singers ; ce titre confirme la chanson country romantique, qui va devenir majoritaire dans le répertoire du chanteur. C'est ce que l'on entend en 1971 avec *Je te demande pardon* adapté de *Rose Garden*, un original de Billy Joe Royal de novembre 1967, ou encore en 1974 du succès d'estime *La plus belle fille du monde*, d'après l'original américain *Hey Mister* qu'enregistre Norro Wilson en 1968 pour Mercury sur le label Smash Records, et qui deviendra vite le célèbre et planétaire *The Most Beautiful Girl Of The World* par Charlie Rich chez Epic en 1973 ; tout comme en 1975 le subtil opus pop *Un petit peu d'amour*, d'après la version originale de Wayne Carson *No Love At All* en 1970 pour Monument Records ; et pour garder sa flamme, la même année au cœur de la tourmente, quand tout commence à tanguer sérieusement, une « idole » se doit de chanter ses tournées. Après le ton yéyé très enjoué de l'été 1964 du titre *De ville en ville* issu de *A Little Loving* des Anglais The Fourmost chez Parlophone, qui illustre la vie des exaltantes tournées d'été de l'époque et dans lequel, deux ans après, l'Artiste fait déjà allusion à *Belles, belles, belles* d'octobre 1962 déjà perçu loin dans le temps, il récidive, comme pour clamer que le combat continue avec en 1975 le country/rock bien sacqué *Six jours sur la route* emprunté à *Six Days On The Road* initialement gravé aux États-Unis par Paul Davis en 1961 pour Rice Records, mais popularisée en 1963 par la cover de Dave Dudley chez Golden Wing Records pour United Artists.

Pourtant, et nous l'avons vu plus haut, sur ce même 33 tours du *Chanteur malheureux* et du chef-d'œuvre *Joue quelque chose de simple*, l'Artiste tombe dans l'affliction en évoquant ses fins de galas avec le somptueux et sombre *Le Spectacle est terminé ;* il récidivera en 1976 dans la même veine, comme quoi…, avec le puissant et méditatif *La Solitude c'est après* que lui écrit Gilbert Sinoué, où il dira à la fin de la chanson : « *étendu dans noir j'écoute le silence / Je ne sais pas pourquoi je pense à mon enfance…* ».

Tiens donc…

Ces deux chansons parlent de la réalité crue du métier et de la vie. Elles évoquent en filigrane l'affliction dans laquelle « l'idole » retombe après la sortie de scène autrement dit, après avoir quitté la Félicité de son « paradis » existentiel, où sur les planches il a vécu des instants miraculeux du présent en rêve éveillé. Une fois éloigné des planches, l'homme se trouve soudainement, même s'il s'y attend… aux prises avec un étrange mal-être, où bourdonnent les signes avant-coureurs d'un état dépressif, auquel il échappera, mal-être qui, insidieusement, s'installe en lui, mettant l'homme face à son miroir, celui de la loge, comme à un autre plus grand, lui-même, où déjà il fait le bilan de sa vie.

8

Du cinéma, les fans, la télévision

Débordé, assailli de toute part tant dans la vie privée que professionnelle, avec une finance qui n'était pas en grande forme, bousculé par les nouveaux venus, chanteurs (euses) qui donnaient (et donnent toujours !) des leçons à la Terre entière avec de bien mièvres musiques, les derniers temps prêtaient le flanc à l'indifférence, voire à une critique assassine, stigmates de l'ignorance ou de la mauvaise foi, les deux allant souvent ensemble. Sous la loupe du marketing, le public de l'Artiste est devenu une forme de « minorité » socio-culturelle qui, en y regardant de près, s'inscrit, sans que ceci soit énoncé, dans la notion de « France périphérique… » de Christophe Guilly[1], public dont on peut constater, navré, la terrible « réduction » en bouillie dans trois films dont le sommet de sournoise disqualification sociale, sociétale, familiale, professionnelle est atteint avec *Le choix des armes*, *Podium* et *L'invité*.

Film sorti en avec Yves Montand, Gérard Depardieu, Catherine Deneuve, Gérard Lanvin, Richard Anconina. *Le choix des armes*, vers la fin, fait entrer Mickey (Gérard Depardieu) dans l'immeuble d'une banlieue à la fois improbable et cauchemardesque où gisent à l'abandon poussettes, sacs divers, voitures défoncées et autres déchets industriels. Dans cet immeuble H.L.M. plus que délabré vit un ami de Mickey, Dany (Richard Anconina) à qui Mickey, lascar en cavale, a confié sa petite fille d'environ 5-6 ans. Une fois la caméra dans le F3, on est tout de suite dans l'ambiance du « reportage-documentaire société »

1. Voir Christophe Guilly, *La France périphérique. Comment on a sacrifié les classes populaires*, Flammarion, 2014 ; *Le temps des gens ordinaires*, Flammarion, 2020.

d'une chaîne de service public sur la misère sociale. C'est assez bien fichu et rendu. Dans l'appartement, tout indique la pauvreté ou, avec le désespoir, transpire le dénuement économique et social ; les personnages, les murs, les pièces, les meubles en témoignent, mais que voit-on sur les murs d'une chambre ? un poster de 1976 de Claude François (il y en a aussi un de Sardou, mais dans « la pièce à vivre où tout le monde vit…). Mais celui de Claude François est dans la chambre, dans l'intime, et c'est celui-là que la caméra cadre le mieux. Sur les murs du dénuement et de l'indigence, l'intelligentsia du milieu du cinéma associe l'image du chanteur aux murs de la déchéance, comme si pour elle, pour ses têtes pensantes, ses protagonistes, c'était une évidence qui se transforme en un « sus au chanteur minable » en s'acharnant sur son public minable comme lui ; et cette intelligentsia du cinéma français, qui connaît son éclosion au milieu des seventies, est similaire à certaines de l'édition, ainsi qu'à la totalité des autres énumérées dans ces pages.

Ensuite, *Podium*. D'après le roman éponyme de Yann Moix[2], le film *Podium* est promu-annoncé en fanfare. Le jour de sa sortie le 11 février 2004 *Le Parisien* en fait sa *Une* sur toute la page. C'est un événement. Parmi les personnalités qui se pressent à la première, un grand nombre n'avaient rien à voir avec Claude François, son univers. En dehors de rituels convenus du « métier » qui fait qu'il faut « être vu » à certains moments en certains lieux pour certains événements, il y avait des présences encore plus incongrues que surprenantes. Bref, c'est du relationnel, faut être là, ça peut servir et c'est aussi une opportunité de voir des personnes, des connaissances qu'on a pas l'occasion de voir autrement. Pourquoi pas.

Podium est un roman puis un film, finalement sur une forme originale de la quête d'identité. C'est bien écrit, intelligent et bien vu ; cependant, Claude François et son public en ressortent essorés. Comme pour le reste décrit ici, c'est toujours sur l'Artiste que tombent les mannes autant arrogantes que dédaigneuses de la condescendance. Même l'auteur et l'éditeur le reconnaissent dans la présentation du livre : « *On pénètre dans l'univers minable et touchant des fans, des mystiques d'*Alexandrie,

2. Yann Moix, *Podium*, éditions Grasset, 2004.

Alexandra, *des intégristes de* Comme d'habitude, *des paumés qui n'en finissent pas de revivre la 'geste claudienne', avec ses vestes frangées et ses pantalons patte-d'éph...* »

Oui, vous avez bien lu, « *les minables* » (d'aucuns se souviendront de ce terme utilisé par une femme politique américaine en 2016 pour désigner un « petit peuple » qui n'adhérait pas spécialement à ses idées, ses instructions-directives socio-sociétales dignes d'un « polit-bureau »), « *les intégristes* », « *les paumés* ». Tout est là, tout ce qui est exprimé ici représente presque en totalité ce que pensent toutes les intelligentsias françaises – dont particulièrement celles officiant dans la presse, les médias et le sérail universitaire, à l'endroit de Claude François et de son public savoir les *fans* des seventies. Claude François et son second public, celui des années 70-paillettes (et même un peu avant cette période...) ont toujours été en butte à une forme incessante d'une totale déconsidération visant à dévaluer, artistiquement et, ça va de pair, socio-sociétalement, le chanteur, son répertoire et son public, seulement, bien sûr, pour les deux derniers points. À leur endroit le mépris, l'exécration virulente quasi coprolalique sont monnaie courante et s'affichent ouvertement dans certaines sphères (donc pas toutes) de l'édition et du cinéma à l'endroit du *fan*, du « petit-peuple-minable » de beaucoup de banlieues (donc pas toutes, nuance importante...) et de la « France périphérique » issue d'un environnement naturel puis socio-économique saccagé comme leurs habitants originels devenus incommodants pour les fines narines et cervelles omniscientes des centres-villes et de certaines enclaves de province.

Dans *Podium*, le personnage principal qui joue un sosie de Claude François est confronté, de par sa manie de vouloir être quelqu'un d'autre, à une terrible déstabilisation professionnelle et familiale. Des données du livre et du film, il en ressort que, vouloir « être » Claude François, entrer dans son monde, sa mouvance, ne peut engendrer que disqualification socio-professionnelle et entamer sérieusement la vie d'un couple, d'un père. La descente aux enfers du sosie est ici équivalente à celle que subissent Claude François et son public, celui du « peuple profond ». Le sosie finit par perdre son travail à la banque et dans l'exercice de sa transfiguration, outre un évident comme effroyable ridicule qui ne tue plus, il se révèle imbuvable, véhément et dictatorial. En la circonstance, on jauge bien la reptation insalubre tel ce fourbe sous-entendu : Claude François était comme ça etc. En gros, le personnage-sosie est perdu : sa femme le laisse, le fiche dehors, son fils le regarde d'une drôle de façon. On le prend pour un raté, un demeuré ; comme tous les gens qui écoutent Claude François, achètent ces disques et CD, ont été le voir sur scène ? Non, quand même pas !

Ben si !

Comment dès lors ne pas se dire que ce message qui émane du film-livre – même si Yann Moix n'a pas spécialement voulu faire passer cette supputation, sachant, a fortiori, qu'il dit parfois écouter le chanteur et apprécier certains titres –, est que quiconque, qu'il le veuille ou non, « adhère » à l'univers Claude François, a une crédibilité, le mot est faible, bien entamée. Preuve en est, le personnage sosie, outre qu'il est perdu, voit sa vie privée réduite en bouillie, détruite. La dépréciation sociale et affective qu'il endure est le revers de la médaille : apprécier, adhérer à Claude François, son univers, à ce qu'il représente et incarne dans ce qu'il donne à appréhender de lui, de ses aspects tant artistiques que socio-sociétaux, c'est se brûler les ailes et prendre le risque d'être exclu, mis au banc de la société, de sa famille. Mais voilà, tout est bien qui finit bien, car dans un miraculeux sursaut, in-extremis, de lucidité qui mène à une forme d'apostasie, le personnage abandonne « le monde Claude François » et rejoint celui de sa femme à travers « le monde Julien Clerc » qu'elle adore. Le reniement-renoncement à l'univers Claude François, de cette identité destructrice, amène le personnage sur les convenus et souhaitables chemins clairvoyants et de la résurrection.

On a tout compris. Message reçu. Le personnage-sosie est rétabli aux yeux des siens et de la société. Cependant on tergiversera quant à la symbolique du dénouement quasi-hollywoodien de l'œuvre de Yann Moix. Et cette symbolique vient du fait que c'est par le parolier emblématique du même Julien Clerc, Étienne Roda-Gil, que Claude François en 1977 opère avec ce qui sera son dernier 33 tours, une forme de rétablissement de crédibilité-respectabilité discographique aux yeux d'une société et de foules qui ne le considéraient plus vraiment de cette façon depuis disons 1971-1972. Le résultat de l'assemblage du dispositif Clerc-Roda Gil, déjà en proximité, est révélateur et en dit long, et confirme que, bien souvent, de la fusion de deux symboles différents mais de même nature profonde résulte une seule et même réalité.

Cependant, bien souvent et dans l'absolu, bien des choses n'arrivent pas par hasard. S'il y eut l'avènement du livre et du film *Podium*, et ce qu'il en résulte et donc rejaillit sur l'Artiste, soyons un peu dans la pseudo-évidence passive…, c'est parce qu'un jour de 1972 Claude François a racheté le titre créé à Toulouse par Claude Bernadini. Très vite l'Artiste en fait une revue à son image très seventies donc très « clipée », clinquante comme les paillettes de ses costumes, avec petites photos à découper de la concurrence d'antan et des néos-yéyés, le tout rejaillissant sur l'Artiste comme pour déteindre sur son image, sa personne, ce qui n'a guère arrangé, c'est peu de le dire, celle-ci. Claude François a payé très cher ce type de représentation de ce qu'il se fait de pire dans la variété/variétoche des années 70. Malgré le vernis brillant, tout ça n'est pas très brillant, même si les ventes de *Podium* atteignent des sommets, au point de pouvoir s'offrir un château, avec parfois 600 000 exemplaires par mois surclassant de très loin toutes les autres revues du même acabit. Très bien, ça marche mais, réflexion faite, compte tenu de l'effet boomerang terrible que le chanteur s'est pris, le jeu en valait-il la chandelle ?

Pour les véritables origines de *Podium*, la revue, et ce qu'il s'est réellement passé, voici ce qu'en disait le 26 décembre 2016, dans le journal *La Dépêche*, le fondateur réel de *Podium* Claude Bernardi, propos commentés le 22 août 2019 par Frédéric Abela :

« Fondateur historique du légendaire magazine *Podium*, il y a 45 ans, Claude Bernardini, 77 ans, partage désormais sa vie entre les activités de ses 2 filles et sa passion pour le billard. En 1972, sa rencontre avec Claude François à l'Ubu, à Toulouse, va propulser le magazine au sommet des ventes. Récit d'une incroyable 'love story' made in Toulouse. Pour beaucoup, le magazine *Podium* est associé au nom de Claude François. Pourtant ce mensuel, dédié à la vie des vedettes de strass et paillettes des années soixante-dix, doit d'abord son existence à un Toulousain, Claude Bernardini.

Aujourd'hui âgé de 77 ans, cet accordéoniste passionné de musique a créé de ses mains, en 1971, ce journal people avant que 'Cloclo' n'en fasse une revue 'pop and charme', entièrement vouée à ses frasques d'artiste aduléspar des milliers de fans ».

« *Avec un peu de volonté et d'esprit d'initiative, tout était possible à notre époque. Aujourd'hui, avoir de l'initiative ne suffit plus, les temps ont bien changé*, constate Claude Bernardini, ce sourire d'enfant émerveillé accroché aux lèvres. Aussi fulgurante que brillante, la trajectoire de cet homme natif de Moissac (82) et qui a accompagné Patachou dans ses tournées hexagonales a de quoi surprendre. La 'love story' de *Podium* commence en 1971 dans des locaux de la rue Bayard, à Toulouse ».

« *Le premier numéro est sorti en décembre 71. S'ensuivent six autres mensuels vendus à l'époque 2,50 francs pour un tirage d'environ 60 000 exemplaires*, se souvient Claude Bernardini. Ces premiers numéros sont imprimés dans les entreprises Loubet, sur l'actuelle zone de Borderouge ».

« *Juste avant de lancer le magazine, je gérais une autre revue, 'Contact Variétés', qui faisait le lien entre les musiciens de bal et les communes* ».

« Homme de presse, Claude Bernardini réalise un de ses rêves : monter son propre journal dans lequel figure en majesté la vie des stars de son époque : Sheila, Fugain, Led Zeppelin ou Polnareff… Et puis tout bascule. »

« *Une secrétaire de Sud Radio m'annonce que Claude François vient dans la région pour un gala à Revel. Il fallait que je le rencontre à tout prix* ».

« Été 1972, *'Cloclo'* déboule dans la cité du meuble. Pat d'eph' et chemise col aviateur, l'icône de la variété enchaîne ses tubes à la vitesse de l'éclair. Les deux hommes finissent par se retrouver à l'Ubu, la célèbre boîte toulousaine, pour discuter affaires jusqu'au petit matin. *Il connaissait Podium et était très intéressé par le concept*. D'autant qu'à cette époque *Salut les Copains* n'est plus du goût de Claude François, qui s'estime [à juste titre, n.d. O.D.] en déficit d'images. L'affaire est conclue : *'Cloclo'* et Bernardini font 'fifty-fifty', et l'aventure parisienne de *Podium* décolle en 1972 après 7 parutions toulousaines.

L'équipe rédactionnelle, dont font partie Michel Lafon (futur éditeur) et l'illustrateur Christian Goux, s'installe boulevard Exelmans à Paris. Les ventes explosent. Mais l'aventure s'arrête 4 ans plus tard pour Claude Bernardini. »

« Podium *ne ressemblait plus au concept originel, j'ai préféré partir.* Claude François lui rachète ses parts, transformant le magazine en une revue glamour ultra-bling-bling avant l'heure. Le dernier numéro sort en janvier 1993 ».

***

Autre film, autre ambiance, mais résultat et conséquence identiques. Trois ans après *Podium*, avec le film *L'invité* de Laurent Bouhnik, qui sort en septembre 2007, cette forme d'inquisition contre Claude François continue, persiste et signe. Le personnage de Daniel Auteuil, Gérard Morel, est dans la peau d'un cadre au chômage à la reconquête d'un emploi. Dans son immeuble, le voisin du dessus, comme par hasard, est un DRH, Alexandre Chardenoux, joué par Thierry Lhermitte. Un qui sait tout, un peu envahissant, mais néanmoins qui désire réellement aider son voisin à retrouver un travail. Ayant déjà démarché tout seul, Morel apprend à Chardenoux qu'il a organisé un dîner avec ce qu'on appelle « un intégrateur de compétence » qu'il a eu l'heur contacter. Cependant, ce recruteur voulant mieux connaître ses éventuelles futures ouailles, comment elles vivent, dans quel milieu, décide de venir dîner chez Morel au lieu d'aller au restaurant comme prévu initialement. Quand Chardenoux apprend cela, il déploie toute son énergie à arranger l'appartement de Morel, changer la décoration, enlever des tableaux qu'il juge laids ou ringards. À moment donné, il s'avance vers l'endroit où sont rangés les disques, à un endroit que la caméra avait déjà cadré avec tellement d'insistance que l'œil avait déjà remarqué des disques bien disposés. Placé devant, comme dans une « tête de gondole » d'une grande surface, on voit un 33 tours de Claude François, celui de 1973 qui contient les deux succès *Je viens dîner ce soir* et *À part ça la vie est belle* (d'après *By The Devil (I Was Tempted)* de Blue Mink) ; et là, le voisin serviable mais qui sait tout, est à deux pas de tomber en arrêt : voir ce disque c'est voir quelque chose de saugrenu, de fâcheux. Certes il y a d'autres disques, ainsi Mike Brant, Daniel Balavoine, et Chardenoux de reprocher derechef au chômeurcandidat de n'avoir que des chanteurs morts, mais c'est Claude François qui est essentiellement « ciblé » et dont l'appréciation des chansons, de sa personne procéderait à l'évidence de la décrépitude sociale et professionnelle de Morel.

Décidément, c'est une manie...

Aussitôt Chardenoux prend le disque de l'Artiste, le montre à Morel en le tenant de ses deux mains et lui dit :

— *Ah non, plus jamais ça, parc'que ça, pour vous griller un candidat, c'est presque pire qu'un sèche-cheveux qui tombe dans une baignoire...* » (je n'invente rien, texto !)

Morel offusqué :

— *Mais vous parlez de Cloclo, là !*

Chardenoux :

— *J'aime beaucoup Claude François mais en terme d'image, excusez-moi, c'est désastreux...* »

Dont acte...

Ensuite, histoire de terminer le travail, Chardenoux intime à sa « victime », qui commence à tiquer, de se débarrasser de tous ces disques, et, dans un geste quasi-purificateur de jeter par la fenêtre une bonne quinzaine de vinyles. Voilà, un petit bout du petit milieu du cinéma vient de faire son travail en balançant par la fenêtre le chanteur des « minables », des « paumés », de cette « minorité » socio-sociétale que constitue le public de Claude François.

Pour finir, on précisera que la musique du générique du début est la chanson de 1963 *Si j'avais un marteau.* Plus loin dans le film, durant les scènes décrites ci-dessus, on entend en fond sonore la bande son de deux opus emblématiques de la période « festive-paillettes » savoir *Chanson populaire* et *Viens à la maison (Y'a le printemps qui chante).* On constatera que cette bande son est placée dans un contexte où le personnage est au bord de la déchéance professionnelle, chemin au demeurant que commence à emprunter son couple car ça tangue un peu. Dans sa funeste allégorie, cette bande son illustre ce qui doit être ressenti-compris comme inexorable descente vers le bas de l'échelle quant aux « nouvelles » valeurs qui, de façon insidieuse, commencent sérieusement à s'imposer, prenant les traits d'une sorte de « police de la pensée… ». Ce sont les chansons de la disgrâce, et leur interprète doit être perçu par le spectateur, à qui on veut conditionner la cervelle, comme « infréquentable ». De fait, prendre acte d'un tel niveau d'acharnement c'est, on peut l'espérer…, prendre conscience de l'ampleur de l'énergie que dépense l'idéologie à s'en prendre, pour lui nuire, à l'archétype que symbolise Claude François, et de le faire savoir par le biais du spectacle, du distractif, le nez en l'air en toute innocence… Dans la série « enfoncez-vous bien ça dans la tête… »

Oui, trois ans après *Podium*, c'est une récidive qui prélude à la prospérité des certitudes enragées que mettront bientôt en action surmultipliée les temps mortifères du *wokisme*[3].

Mais quelquefois, il y a un miracle, et celui-là, c'est plus qu'inattendu. Écrit dans un scénario on n'y croit même pas, et pourtant !

En 2018, dans le film *Place publique* réalisé par Agnès Jaoui, et dont elle coécrit le scénario avec Jean-Pierre Bacri, nos oreilles se dressent : on entend la magnifique et surprenante interprétation de la chanson de Claude François de 1971 *Viens à la maison (Y'a l'printemps qui chante)* par la formation de Robert Gonzalez Hurtado El Trio de Mis amore. Cette formation, très « guitaristique espagnole », donne une version très originale qui se fond admirablement dans le contexte du film, dont les profils sociaux représentés sont aux antipodes, pour ne pas dire antinomiques, de ceux véhiculés, tant dans son œuvre que par sa pratique du métier, par Claude François. Tout dans le casting, l'ambiance s'inscrit en faux contre ce que globalement a symbolisé l'Artiste dans le monde de la chanson, dans la société. Et pourtant, la joyeuse assemblée ne peut résister à l'entrain que procure la chanson même avec une seule guitare et une voix adoubée d'un agréable et chantant accent hispanisant. Consciemment ou non, tout le monde « plonge » et chante en chœur *Viens à la maison (Y'a l'printemps qui chante).* Aussi surprenant que cela puisse paraître, on peut alors voir une grande assemblée, joyeusement ébouriffée, assise en cercle

3. En la circonstance lire *Wokisme. La France sera-t-elle contaminée ?* par Anne Toulouse, éditions du Rocher, 2022.

sur des chaises, des tabourets et même dans l'herbe, frapper des mains en chantant du Claude François ! Pour un peu c'est une atmosphère autour du feu entre Hugues Aufray, Renaud, Cabrel, Joan Baez et Leonard Cohen !

***

Après ce bref mais néanmoins salutaire moment d'égarement… on en revient aux dévotions, aux exhibitions des *fans* qui permettent à tout un bataillon d'esprits omniscients d'accréditer l'idée spécieuse, perfide, que, bien sûr, seul un personnage comme Claude François ne peut que générer de tels comportements. Et ce sera toujours sur lui, Claude François, que ça tombera. Dès lors, on peut se poser la question suivante : mais que ne le font-ils pas sur ses congénères de l'époque et quelques-uns d'aujourd'hui notamment, si cela est véritablement fondé, donc totalement absous de toute idéologie, et notamment dans les rapports socio-professionnels avec la gent féminine. On se régale, dans ces milieux, de dispenser une image négative et peu crédible du chanteur en agitant le chiffon rouge avec effets grossissants sur des attitudes autant irrationnelles qu'hystériques qu'un personnage comme Claude François ne peut – « naturellement-ça-va-de-soi-avec-des-chansons-aussi-idiotes-débiles-et-désuètes-à-paillettes… » – que provoquer.

Le *fan* est un phénomène qui arrive au début des années 70. Dans la bascule sociologique qui survient dans de nombreux domaines, il succède à « l'admirateur » averti ou non ; il n'a pas grandi, comme lui dès 1958 avec l'arrivée du « pionnier » Richard Anthony et sa reprise de *Peggy Sue* de Buddy Holly. Le fan n'a pas vécu les deux « Nouvelles Vagues » : celle de la chanson avec notamment, encore lui et c'est très bien, *Nouvelle vague* d'Anthony de 1959 adapté de *Three Cool Cats* des Coasters, et le cinéma de Godard et de Truffaut, puis de Lautner, Verneuil, Chabrol, Molinaro, Melville, Giovanni et des autres, ni celui des grands films américains et d'un grand cinéma italien. L'archétype socio-culturel *fan* n'a pas connu les mythiques dramatiques de la R.T.F. puis dès 1964 de l'O.R.T.F., qui mettaient en scène les grandes œuvres littéraires, les grands feuilletons français comme anglo-saxons ; il n'a pas connu par exemple l'extraordinaire Denise Glaser pour son émission *Discorama*. Denise Glaser avec entretiens à la fois spontanés, intelligents, naturels, inventifs et respectueux a eu, dans son dénudé, sobre studio blanc, tout le spectre de la chanson française qui allait, pour ne citer que ceux-ci, de Léo Ferré, Jean Ferrat, Nougaro, Brel, Brassens, Aznavour, Serge Gainsbourg, à Richard Anthony, Johnny Hallyday, Claude François et leurs « congénères/collègues-yéyés ». Pas de discrimination artistique, idéologique, sociétale comme c'est la norme aujourd'hui… Ces gens de bonne composition, cultivés, bref, « normaux… » ! faisaient sérieusement leur travail sans se prendre au sérieux. En clair, et je l'affirme en toute connaissance de cause car j'y étais, les Denise Glaser et la plupart de ses semblables de l'époque ne se fichaient pas, ne méprisaient pas le public dans un autant abject que dérisoire entre-soi, comme on peut, navré, le constater aujourd'hui.

Oui, le *fan* n'aura pas vécu, dans sa chair comme dans son esprit, les arrivées des Everly Brothers, des pionniers du rock d'Elvis Presley à Cochran, de Jerry Lee Lewis à Chuck Berry et Little Richard, de Johnny Cash, des Beach Boys, des Four Seasons, de Simon and Garfunkel, des Four Tops, d'Otis Redding, de James Brown ; des artistes du *swinging* London et de Liverpool, savoir Cliff Richard, Tom Jones, Dusty Springfield, Donovan, Beatles, Rolling Stones, Animals, Kinks, Hollies, Who et tous les autres. En clair, le *fan* qui fait connaissance avec Claude François dès le début des années 1970 n'est pas gâté. Il lui manque des maillons dans la filiation de sa chaîne culturelle et artistique. Il va se prendre « en pleine poire » les néo-yéyés, et la « rencontre » fusionnelle entre l'Artiste et ce nouveau public va procéder d'une forme d'auto-destruction par laquelle le chanteur va être cannibalisé. Le *fan* est moqué, méprisé, dépourvu de toute raison sociale honorable, comme c'est dit plus haut concernant les contenus des trois films dans lesquels l'Artiste est totalement disqualifié, pour ne pas dire traîner dans la boue. L'assemblage fan/Claude François est une arme à double tranchant, et l'Artiste n'avait pas besoin de ça. C'est un climat pesant, déployant des forces normalement faites pour s'entendre, mais dont, cependant, les pôles s'avèrent dans leurs soubassements redoutablement antagonistes et dangereux pour le chanteur, ce qui n'est pas sans rappeler, dans le schéma général comme dans l'intention, l'ambiance de plomb qui règne dans le film de Brian de Palma en 1974 *Phantom Of The*

Paradise, très inspiré, pour ne pas dire « adapté », du roman de Gaston Leroux paru en 1910 *Le Fantôme de l'Opéra*.

Ensuite, pour ce qui se passera outre-Manche et outre Atlantique, le *fan*, s'il est un peu malin et s'il a un peu de chance – mais une nouvelle forme de « culture », la culture « clipée », fait son apparition, et la désinformation généralisée qui s'en suit, surtout dans les sphères artistiques et culturelles, commence à faire des ravages –, s'il le peut, s'il en a les moyens sociaux, s'il n'est pas bloqué par un cercle familial, un environnement du type banlieue cauchemardesque, ou l'environnement sans queue ni tête ni raison des campagnes mécanisées type « France-périphérique », péri-urbain, le *fan* serait bien inspiré d'aller à la découverte d'autres artistes qui valent le coup. Bref, à la fin des années 60, s'il ne connaît aucun d'eux, le *fan* n'a pas grand-chose à se mettre dans les oreilles s'il ne fait pas un effort. Il demeure dans la sidération, fasciné devant la télévision par la geste clinquante qui décore en les désagrégeant de bonnes chansons… et quand c'était sur les scènes des années 70, la fascination exerçait son pouvoir, telle une hypnose devant des boules stroboscopiques, les divers éclairages, les géants ballons de couleur déboulant sur les planches à chaque fin de spectacle. Quel cirque ! Et pour le chanteur, pour l'idole signant un peu la fin du spectacle, ce type de fin est l'évanescence programmée, tel un chant du Cygne, un Cygne Noir contemplant, ravagé, d'une autant pathétique qu'inexorable fin de parcours de sa propre entéléchie, manquant sa propre catharsis.

C'est peut-être ce que veut nous dire Claude François, ce qu'il tente d'exprimer à mots couverts, comme s'il se confiait à des proches (mais son public est « proche ») dans la chanson de 1975, *Le spectacle est terminé* co-composée et écrite par lui-même et Jean-Pierre Bourtayre pour la musique puis avec Eddy Marnay pour le texte. À travers ce qu'on peut considérer comme sa propre autobiographie de la scène, de sa propre auto-psychanalyse, Claude François fait le bilan le plus terrible, le plus surréaliste de sa vie rêvée sur les scènes comme des illusions qu'elle procure : « *Ce ne sont pas les projecteurs / Qui sont les vrais soleils du cœur* » et plus loin : « *le décor est démonté* », et le chanteur dans son propre rôle, comme si, ultimement, anéanti il offrait sa reddition : « *non ne joue pas devant des salles vides* », et par extension le terrible « *Et tu vois la musique est démodée / et tu es seul au milieu de la scène / quand le spectacle est terminé* ».

Le spectacle est terminé fait penser à *La solitude c'est après* de 1976 signé André Popp et Gilbert Sinoué. Sa vie étant la scène, son public, Claude François aura consacré quatre chansons à ce sujet. Il y aura eu le joyeux *De ville en ville* de 1964 (*A Little Loving* des Anglais The Fourmost) et le rythmé country/rock, en 1975, *Six jours sur la route* (*Six Days On The Road* de Paul Davis puis de Dave Dudley), morceau se trouvant d'ailleurs sur le même 33 tours, finalement quelque peu schizophrène, où sont gravés, fait évoqué plus haut, *Le spectacle est terminé*, *Le chanteur malheureux* et *Joue quelque chose de simple* ; là, on ne croit plus au hasard.

***

Il y eut certaines voix de gens de médias, presse comme audiovisuel, qui n'étaient pas spécialement hostiles à Claude François. Celles-ci trouvent le chanteur « sympa », ses chansons « chouettes, dansantes et enjouées ». Sans le vouloir, sans vouloir lui nuire, la façon dont ces voix parlent de lui en l'appelant « Cloclo » – car ça dépend d'où ça vient et par qui – le disqualifient de toute potentialité de sérieux, de profondeur. Mais tout se passe sur un ton « léger », comme si on parlait de lui d'une manière frisant la futilité, quelqu'un sur qui aucune question n'a de prise ou d'intérêt.

Bon, on l'appelle donc « Cloclo ». Le sobriquet a été utilisé une première fois par, disons-le, l'emblématique photographe de *Salut les Copains* Jean-Marie Périer. Et c'était dans son esprit, de manière naturelle et spontanée, un hypocorisme affectueux qui plus tard est devenu dès les « fatales » années 70 un quolibet railleur qu'on ne peut affubler qu'à quelqu'un d'un peu léger et, dans ce métier plus que très dur de chanteur, une forme perfide, comme déguisée, de décrédibilisation. J'ose imaginer que si Jean-Marie Périer avait supputé ce qu'on en ferait, de quelle manière ce surnom serait jeté en pâture aux foules fanatisées, ou *fans* attisés…, pour mieux déconsidérer le chanteur, il ne l'aurait sans doute pas appelé au départ, du sincère et amical et affectueux surnom. Claude François avait tissé avec Jean-Marie

Périer des liens assez forts d'amitié, d'estime et de respect mutuel notamment à l'occasion, en 1964, d'un voyage-reportage aux États-Unis pour le journal *Salut les Copains*. Ils se sont parlé, se sont confiés. Loin de Paris et de la rue François 1er où il y avait Europe N°1 et les autres artistes, Périer a réellement saisi le personnage. En Amérique, pays alors autant rêvé qu'idéalisé, les deux « gamins » ont mieux appris à se connaître, à s'apprécier.

***

De toute façon, on a beau dire, et d'aucuns chez les dénigreurs patentés peuvent s'en ébaudir, dans la série une botte de foin leur fait quinze jours…, avec la meilleure volonté ou non, journalistes comme présentateurs, sauf exception relevant du miracle, étaient et sont ignorants, à cent lieues d'imaginer une seconde ce qu'a été la nature profonde du répertoire de Claude François, causant volontairement ou non un abyssal préjudice artistique au chanteur.

Cependant, il y aurait toujours ces présentations générales, ces commentaires, toujours un peu justes, pour ne pas dire légers, à son endroit par des animateurs TV/radio un peu jeunes et pas du tout au fait de l'histoire musicale réelle que véhiculait l'Artiste. Il est dommage que bien peu de mémoire subsiste à l'endroit de gens de télévision « d'un autre temps… », et malgré les bonnes façons et manières avec lesquelles Jacqueline Joubert, Georges De Caunes, Michèle Arnaud, Albert Raisner, Raymond Marcillac, Denis Glaser comme nous l'avons vu, Jean Bardin, Guy Lux, Claude Chebel, Jean-Pierre Foucaud, Jacques Chancel, Pierre Tchernia et bien entendu Michel Drucker ont œuvré, aujourd'hui c'est la bérézina, qui laisse triompher la vulgarité, l'ignorance, la désinvolture, le mépris total du public, comprendre d'un « certain » public.

Il y eut cependant des moments intéressants, dans lesquels Claude François est plus que de très bonne compagnie, et même faisant montre d'une présence souhaitée, désirée. En effet, l'exemple des shows des Carpentier est édifiant. En cas de présence de l'Artiste, qu'il soit l'invité principal ou non, si à un moment certaines questions techniques ou artistiques se posaient, que personne ne trouvait comment procéder, ne savait quelle décision prendre pour faire au mieux, et de façon naturelle, spontanée pour ne pas dire instinctive…, tout le monde se souvient que, automatiquement, les têtes et les regards se tournaient vers lui, et la question était du genre : « Tiens, dis donc Claude, qu'est-ce que t'en penses, on fait quoi ? » Et là, c'était lui qui prenait l'affaire en main jusqu'à ce que tout soit réglé. C'était comme ça. C'était lui le « patron » et ce, même quand Sardou, Dassin, Bécaud, Mouskouri, Aznavour ou Mitchell étaient là. Ça aurait été pareil avec Hallyday, mais l'occasion ne s'est pas présentée. Cependant, on peut aisément supputer que ce dernier n'aurait jamais accepté que son concurrent historique dirige le plateau. Car si Claude François était ce principal rival sur, par exemple, les ventes de disques, il l'était surtout pour ses prestations scéniques, son savoir-faire unanimement reconnu dans le métier, les classements dans les hit-parades, et surtout il l'était dans l'incarnation, la symbolique puissante de l'épopée musicale dont les racines remontent au début des années 60. On ajoutera que nombre de ces émissions de Maritie et Gilbert Carpentier, et d'autres avant comme dans la même période, ont donné lieu avec Claude François à des duos de haute tenue, de grande qualité. On n'en citera que quelques-uns tant il sont nombreux, ainsi celui de 1965 dans l'émission d'Albert Raisner dans *Âge Tendre et Tête de bois* avec Enrico Macias pour chanter *Vous les femmes*, *Les choses de la maison*, *Les filles de mon pays* avec un Claude autant excellent que déchaîné aux congas, *Donna Donna* et des pas de danses vigoureux et acrobatiques sur le *El Porompompero* de Macias ; le 19 avril 1969 Alain Bashung chante en alternance avec lui *Belles, belles, belles* dans le *Palmarès des chansons* de Guy Lux ; en 1973 il entame avec Charles Aznavour un medley de leurs succès ; autre duo avec Nana Mouskouri en 1975 pour, entre autres, *Guatanamera* ; avec Gilbert Bécaud il chantera *Les cerisiers sont blancs* et plus tard lors d'une autre émission ce sera un medley avec le même Bécaud qui se tiendra au piano et l'Artiste à la batterie !

Le 14 septembre 1974, ça ne dure qu'une vingtaine de seconde à peine, il se produit quelque chose de surprenant, et pour certains de saugrenu : Claude François se met à chanter le *Satisfaction* des Rolling Stones ; et pourquoi ?

Dans l'émission qui lui est consacrée savoir Top à Claude François, l'Artiste, comme il le fait souvent lors d'émissions de ce type dont il est l'invité principal, est amené, après avoir chanté en duo avec Gilbert Bécaud *Et maintenant,* à annoncer la séquence qui suit, il s'agit des Rolling Stones dans *It's Only Rock'n Roll* et là, soudainement, Claude François, pour quelques secondes, entame un *Satisfaction* avec le rythme qui lui sied, qui fonctionne ; quelques années avant, il en aura fait autant, mais bien plus déchaîné et convaincant, en interprétant, dans un *Palmarès des chansons* de Guy Lux, le très sacqué et secoué opus de rythm and blues, *Land Of 1000 Dances* de Wilson Pickett. Je me souviens très bien de la performance. Je n'ai vu et entendu aucun chanteur français, proche des répertoires de cette nature, en faire autant, même sur scène…

Avec Michel Delpech il y aura deux duo intéressants, un très bon *C'est extra* de Léo Ferré et *Les Divorcés* ; en compagnie d'Eddy Mitchell on a droit à une ironique parodie du *Jardin extraordinaire* de Charles Trenet ; et avec Nicole Croisille c'est le standard *Makin' Woopee* ; sans oublier sa prestation avec l'actrice américaine Jodie Foster en 1977 pour le *Comic Strip* que Gainsbourg avait créé avec Brigitte Bardot. Le 3 juillet 1977 chez Jacques Martin se produit quelque chose autant surprenant qu'émouvant. Claude François, assis entre ce dernier et Stéphane Collaro, mais sous l'œil dubitatif de William Sheller, explique son admiration pour Marcel Mouloudji et sa chanson *Comme un p'tit coquelicot.* Au tout début de leur arrivée en France, l'Artiste raconte qu'avec sa mère ils avaient croisé Mouloudji à Marseille. C'était donc bien avant son premier disque et Claude François de raconter à Martin que là-bas, en Égypte, Mouloudji était déjà très connu. On sent l'affaire un peu préparée mais quand même, quand il arrive sur le plateau et s'assoit avec eux, on voit bien que l'émotion de Claude François n'est pas feinte, qu'elle est authentique. Il choisit donc de chanter devant Mouloudji *Comme un p'tit coquelicot.* La prestation est renversante, l'artiste chante devant un Mouloudji éberlué et manifestement touché.

Enfin, on ne peut pas passer à côté de l'émission de l'O.R.T.F. du 3 février 1968 intitulée *Studio 102 avec Claude François.* Ce studio d'où était diffusées nombre d'émissions de variétés, dont *Le Palmarès des chansons* de Guy Lux, se tenait à la Maison de L'O.R.T.F. ou Maison de La Radio sis 116, avenue du Président Kennedy à Paris 16e, désormais Radio-France et toutes ses Antennes. En ce 3 février 1968, Claude François accueille un trio de choix, Diana Ross et les Supremes desquelles il adaptera trois chansons dans les années 70 savoir *Une fille et des fleurs* (*You Can't Hurry Love*), *Mais c'est différent déjà* (*You Keep Me Hanging On*) et *Stop au nom de l'amour* (*Stop In The Name Of Love*) ; mais cette « réunion » se passe en famille, celle de la Tamla Motown, haut lieu de la soul music américaine de Berry Gordy à Detroit et dont Claude François avait déjà adapté des opus de cette Maison comme *La la la la la* de Little Stevie Wonder en 1964 et *I Was Me To Love Here* du même Stevie Wonder qui devient en 1967 *Rien rien rien* ; également *Car… tout le monde a besoin d'amour* en 1966 (*Baby I Need Your Lovin'*), et *J'attendrai* d'après *Reach Out I'll Be There* des Four Tops, « collègues » des Supremes à la Tamla.

Et ce jour-là, c'est avec Diana Ross et les Supremes qu'il interprète *J'attendrai*. Le titre est chanté en alternance en français par Claude François et en anglais par Diana Ross. Les Supremes ont l'air bluffées par « le petit français » qui chante et swingue de cette façon. À l'image on le voit bien, l'Artiste qui chante et danse aux côtés de Diana Ross est de plus petite taille, le contraste est amusant surtout quand on voit la chanteuse américaine regarder sur le côté, en baissant un peu la tête, l'Artiste en train de donner le show à fond comme s'il était sur scène…

Autre chose, et là, ça ne manque pas de piquant, lors d'une séquence de l'émission, Claude François, c'était prévu au programme, est amené à présenter des espoirs de la chanson. Ils sont trois : Michel Fugain, Herbert Léonard et… Michel Sardou. L'Artiste leur pose les questions d'usage comme cela se fait dans ce contexte et les fait chanter un par un. Le seul, on le voit, qui l'intéresse, le fait tiquer du genre « celui-là, il a quelque chose, il y a une voix, du swingue », c'est Herbert Léonard.

Fermez l' banc !

9

Des 33 tours, pas d'albums

D'un pur point de vue discographique et artistique, ce ne sont pas les années 70 qui ont fait Claude François, mais bien la période 1962-1967, autrement dit, de octobre 1962 avec *Belles, belles, belles* à novembre 1967 avec *Comme d'habitude*, soit dix-huit 45 tours, trois 25 cm, et cinq 33 tours. Durant cette période, Claude François et sa puissance de travail creusent les fondations qui vont, malgré les fluctuations que tout artiste connaît, le maintenir jusqu'au bout au plus haut.

L'époque et les choix musicaux qui correspondent à ces temps quasi-mythiques sont tellement en phase avec les transformations et l'état du monde anglo-américain et européen de l'Ouest que, lorsqu'arrive un artiste de la trempe de Claude François, survient une déflagration que l'on observe rarement. En matière de musiques populaires du creuset anglo-saxon, dont certaines venaient parfois de la « Vieille Europe » (opus allant du XVIe au XIXe siècle), l'époque présentait de tels jaillissements de fertilité, de créativité, d'imagination musicale que lorsque que surgit un artiste véritablement hors-normes, unique, qui a ce petit quelque chose de plus qui fait la différence, son art s'impose d'évidence, de façon *naturelle* et de manière profonde dans l'inconscient collectif, comme une chose vivante, rassurante finalement, engrammée dans les esprits. Tout ce qui a fait Claude François par la suite vient de là. Si l'Artiste était arrivé directement, disons en 1971, ce dernier n'aurait jamais eu la crédibilité que lui ont donnée les années 60 pop/rock. Les seventies, avec, comme vous l'aurez sans doute remarqué…, ce que je qualifie de funeste cycle sautillant paillettes festives, si elles engendrent pour la Maison Flèche de grosses ventes ponctuelles mais pas régulières comme la décennie précédente, ont renouvelé son public mais, au risque de me répéter, lui ont coûté cher en terme d'image, écornant sa crédibilité au sens où le monde qui comptait à ce moment, et qui compte toujours, ne lui accorda pas le visa d'artiste « sérieux ».

Tout comme pour les musiques, Claude François sut choisir et/ou écrire d'excellents textes. L'Artiste n'a pas eu besoin du parolier de Julien Clerc et ne l'a pas attendu pour enregistrer de grands titres, comme si après une foule de chefs-d'œuvre souvent passés à la trappe, l'idole avait eu, sur un plan strictement professionnel et stratégique, besoin de lui ; comme s'il l'avait toujours attendu. Non seulement c'est un peu aller vite en besogne, mais c'est également oublier de façon désobligeante les paroliers exceptionnels, que je qualifierais de « véritables écrivains de la chanson », qui ont œuvré pour lui. À la lecture comme à l'écoute de nombreux textes, et quand on voit les noms des auteurs qui le servirent, on se demande bien pourquoi, plus que pour la musique, les textes des chansons de Claude François sont systématiquement dénigrés ou au mieux rarement écoutés avec la curiosité ou l'intérêt qu'ils méritent ; parmi des dizaines, il serait bon pour beaucoup d'écouter le superbe et contemplatif-zen, de 1968, *Les petites souris* d'après *The Little Green Apples* de Roger Miller, sur un autant remarquable qu'original texte de Pierre Delanoë.

Oui, Il est toujours très étonnant de constater comment ce chanteur, avec des opus assez relevés et souvent de « haut niveau », a finalement intéressé si peu de monde en dehors d'un cercle relativement restreint. Comme pour certains de ses congénères « yéyés » des sixties, mais aussi pour des interprètes considérés hors de cette constellation, les plus anciens de ces paroliers ont donné de grands texte dès le milieu des années 1950. Pour Claude François, il y eu principalement la première, l'imaginative pleine de ressources et néanmoins patiente Vline Buggy, puis Jacques Plante, Gilles Thibaut (aussi trompettiste de jazz), Pierre Delanoë, Eddy Marnay, Jean-Michel Rivat, Frank Thomas, Maurice Vidalin, (plume appréciée de Gilbert Bécaud avec Pierre Delanoë), Yves Dessca, Michèle Vendôme, Jean Schmitt, Gilbert Sinoué (écrivain), François Chaumette, Michel Luneau, Colette Rivat, Cécile Caulier, Jean Broussolle (un des Compagnons de la Chanson), Pierre Cour, Jean-Loup Dabadie, Michel Jourdan sans compter, au tout début de sa carrière, les deux « professionnels-adaptateurs-abonnés-aux-yéyés » George Aber et André Salvet. Et là, on ne peut s'empêcher de penser à ceux qui n'ont jamais eu l'occasion, l'opportunité d'écrire pour Claude François ainsi de ces plumes inspirées que sont Francis Basset, Claude Lemesle, Boris Bergman, Jean-Max Rivière et Frank Gérald. On aurait été curieux de voir ce que cela aurait donné avec certains… Tous ces auteurs sont des gens disons de goût, instruits et avenants, élégants ; ils sont garantie de qualité, de travail bien fait. Chacun dans leur genre a apporté au répertoire de Claude François, dans des registres d'écriture variés, leur personnalité, leur sensibilité et souvent, leur vision du monde, des relations humaines. Ces auteurs ont traversé les sillons des disques de l'Artiste comme des conseillers à demeure, des sortes de *coach* de vie qui surent se faire discrets, tant pour le chanteur que pour son public. Pareillement à Claude François, ces écrivains de la chanson sont libres, indépendants toujours talentueux, souvent habités par des fulgurances parfois surprenantes, comme cela arrivait au chanteur. Du côté des compositeurs, on trouve souvent au rendez-vous des notes quelques noms comme ceux de Jean-Pierre Bourtayre bien sûr, mais aussi Jacques Revaux (*Comme d'habitude*, *Olivier*), Michel Pelay, Alain Chamfort (Alain Legovic), Jean Kluger, Daniel Vangarde, Alice Dona, Jean Renard, Éric Charden, André Popp, Saint-Preux, Jim Larriaga, Jeff Barnel, Bernard Liamis, le duo formé par Paul de Senneville et Olivier Toussaint, Martial Carcelès. Les compositions de l'Artiste sont donc perçues comme « occasionnelles » par les compositeurs en titre, ceux dont c'est réellement le métier ; pour eux, et on leur donnera raison, Claude François et nombre de ses « collègues » des sixties ne sont « pas » compositeurs au sens plein du terme, avec ce que cela implique comme travail particulier. Mais rien bien sûr ne s'oppose à ce que parfois, certains artistes étiquetés uniquement interprètes puissent prendre le temps d'écrire ou de composer, quand ça n'est pas les deux, une chanson. Il suffit d'un événement, d'une inspiration irrépressible. De fait, Claude François eut parfois le loisir de prendre le temps de composer quelques chansons, d'en écrire, ainsi le surprenant *Le Magicien* en 1969, dont on sort exsangue tant le climat ensevelit l'auditeur dans un monde onirique à la fois fascinant et terrifiant ; c'est l'une des chansons de son répertoire où l'on peut commencer le mieux à saisir la psychologie du chanteur, d'entrevoir les joies et les douleurs qui animent son esprit. En tant que compositeur seul il créa *Le Nabout twist* (1962), *Mais combien de temps* (1966) ; *Dans les orphelinats* (1968), où l'on entend clairement s'exprimer les angoisses de l'abandon qui n'ont de cesse d'habiter, de tenailler l'Artiste en le marquant au fer rouge. (Il suffit d'ailleurs d'entendre les hurlements de frayeur, tels des appels au secours en début de *shinte* à la fin de l'enregistrement, ceux-ci ne trompent pas...) ; *Te fatigue pas* (1968) une violente volée de bois vert à la face d'une représentante ingrate, inconséquente, égoïste de la gent féminine, tout comme le fut *Rien, rien, rien* en 1967, savoir un virulent réquisitoire contre la gent pour, en gros, les mêmes raisons, avec Gilles Thibaut aux paroles ; *Un jour ou l'autre*, *Un monde de musique* à l'ambiance symphonique idéalisée, *Vous et moi* (1970), *Je vais mieux*, *Seule une romance* (1971), et lorsqu'il ne s'agissait pas d'une adaptation, il faisait raisonnablement appel à des compositeurs avec qui parfois il « cosignait ». Comme Claude François, d'autres artistes catalogués interprètes « purs et durs » ont écrit et composé quelques chansons. Il s'agit essentiellement de Johnny Hallyday, et surtout de Richard Anthony qui en a une bonne quarantaine à son actif. Dès lors, et par rapport à la production discographique de Claude François, on peut se poser la question de savoir comment fonctionnent les interventions des auteurs, des compositeurs et de lui-même. À cela, s'ajoute la question suivante : 33 tours ou albums ?

L'idée même d'album et depuis une bonne trentaine d'années, selon le terme consacré, de « concept-album » n'a pas existé chez Claude François. Aurait-elle existé chez lui s'il était encore là, nous ne saurions le dire, mais lui et ses « congénères yéyés » de l'époque n'en faisaient guère cas. Rien de tel ne s'inscrivait dans leur démarche artistique comme commerciale. Avec des gens comme Brel, Brassens, Ferré, Ferrat, Bécaud, Aznavour, Reggiani, Barbara, Gréco, Béart, Lama, Nougaro et tous les autres de cette trempe, le concept existait déjà sans qu'il soit nommé, sans « exister ». Mais on appelait leur disque, un disque... ! Depuis disons les années 80, chez quelques « anciens » des sixties, « on fait son album », c'est devenu un mantra autant commercial qu'auto-rassurant. Machin-chose revient avec un nouvel album pardon, un « concept-album » ; ça peut vite devenir le symbole miroir d'un ego qui devient étouffant, ennuyeux, car bien souvent c'est un ou deux intervenants qui signent/cosignent les chansons. Bien sûr l'aspect financier, et sans qu'on ne retienne que ce critère, compte toujours pour beaucoup dans la restriction des signatures, et signer seul ou à deux tous les morceaux d'un « album », si possible paroles et musique pour chaque chanson, signifie à l'arrivée plus de droits d'auteur. Le revers de la médaille, c'est que, à force, avec une ou deux personnes, à moins d'être au niveau des « Grands de la Chansons française » ou de s'appeler Bob Dylan, les Everly Brothers, les Beach Boys, les Four Seasons, toute l'équipe de la Tamla avec les Dozier et Holland, Simon and Garfunkel, David Bowie, Elton John, Lou Reed, Leonard Cohen, les Stones ou Paul McCartney pour ne citer que ceux-là, le disque par nature peut être « uniforme » et devenir très vite lassant. C'est singulièrement ce qu'il est donné d'observer, par exemple, depuis presque trente ans chez Johnny Hallyday. Depuis que des chanteurs connus avec force textes « engagés-à-message etc ont nourri ses disques, ce n'est plus la même chose. Presque tout – sauf le titre *Ma gueule* écrit par Gilles Thibaut et « l'album » (guillemets de rigueur.) « Sang pour sang » conçu et écrit/composé par son fils David – est englouti dans le formatage et de lancinantes logorrhées ; quant aux musiques, beaucoup de mièvreries-mélopées présentées comme des chefs-d'œuvre par nombre de gens de médias intoxiqués ou trop jeunes qui ne se sont pas donné la peine de mieux connaître au moins 60 années (c'est un minimum pour ceux dont c'est le métier ; quand on pense que nombre de ces gens, quelquefois lors d'émissions sur le rock, et/ou ses dérivés proches, affirment, à l'occasion, doctement du haut de leur magistère médiatique, que Téléphone a été le premier groupe de rock en France, on tombe de sa chaise ! Et je n'ai rien contre Téléphone, au contraire, ce fut une bonne relève !) de chansons françaises issues ou non d'une adaptation ; à cette aunes ces gens font montre, en toute désinvolture, d'une insipide terminologie moutonnière avec laquelle ils engloutissent des millions de personnes dans une prolixité exubérante, sans fond comme la plupart des chansons qu'ils présentent mais qui font illusion.

Et à force, ça a commencé à se savoir, à s'entendre. La systématisation du « concept-album » pressentie par le public comme pouvant vite devenir monotone, a expliqué en partie la baisse importante des ventes dans les années 80, 90 et 2000. Aujourd'hui, ça a l'air de se ressaisir un peu. Il est vrai que cette monotonie a dû baisser les bras face à ce que donnaient Bashung et Higelin, puis face à ce qu'écrivent et composent, Françoise Hardy, Véronique Sanson, Francis Cabrel et Renaud.

À l'inverse, avec plusieurs auteurs et compositeurs, les disques, comme par exemple, au hasard…, ceux de Claude François, sont traversés, irrigués par des sensibilités, des univers multiples coexistant sans se contredire, sans s'affronter. D'abord des 45 tours, puis les 33 tours, étaient dotés de synergies autant créatives que salvatrices pour s'attaquer à une adaptation ou travailler avec un compositeur français. On ajoutera que cela avait l'avantage de présenter un champ bigarré de titres, sans pour autant que le 33 tours perde en cohérence, comme en qualité. Le disque vit. Claude François avait compris tout cela, avait intégré toutes ces données. Ce n'est plus le cas avec le « concept-album ». Jusqu'à la fin disons des années 70, les vinyles ont été des 45 tours, puis des 33 tours ; d'abord 25 cm jusqu'en 1964, puis 30 cm. Ces disques contenaient les chansons des trois derniers 45 tours. Ces 25 puis 30 cm faisaient en quelque sorte office de résumé total des 45 tours précédents. Ensuite, certains titres des 45 tours ne figuraient pas toujours dans les 33 tours et, a contrario, dans de nombreux 33 tours, jusqu'au milieu des années 70, on trouvait des chansons qui n'avaient encore jamais existé sur un 45 tours. Ce n'était donc pas, comme cela s'est dit et se dit encore, de pures et simples compilations de titres, et ce, même sur un 33 tours original.

10

Les Clodettes, les origines, la création

En 1966, le yéyé « classique » si l'on peut dire, commence à montrer quelques signes de ralentissement. C'est déjà plus ça. Le temps passe vite. Antoine, Dutronc et Polnareff arrivent, et « chez les yéyés », comme le chantait Serge Gainsbourg, ça commence à tanguer sérieusement. Les quatre « gros » vendeurs du moment – en dehors d'Adamo qui demeure intouchable, finalement comme Brel qui l'appréciait, Bécaud, Aznavour et les autres – savoir Claude François, Richard Anthony, Frank Alamo et même Johnny Hallyday prennent un sacré coup dans l'aile. Alors vient l'idée, l'inspiration : les Clodettes. Mais comment est-ce arrivé ? Le public masculin, en majorité, n'apprécie pas trop l'Artiste. Très bien, on le sait, déjà les idées reçues et tutti quanti… On se gausse, se moque parfois de lui. Paraît que ça fait bien… L'intelligence de Claude François, ses capacités d'innovation et d'anticipation prises à partie vont s'activer.

Des danseuses autour de lui ? Bien sûr, Claude François à cette idée en lui, il en a vu sur les chaînes anglo-saxonnes dans des shows. L'idée trotte, chemine. Personne ne la lui aura suggérée. Mais il y a des vecteurs, des rencontres. Celle avec un certain Michel Bourdais comptera pour beaucoup.

Ça commence comme cela. Michel Bourdais dessine bien. Il aime la musique et les artistes. Un jour, il arrive à approcher Richard Anthony et lui montre un portrait qu'il avait fait de lui. Richard apprécie beaucoup. Bien. Pour lui renvoyer l'ascenseur, ce dernier va aider Michel Bourdais à aller travailler à Paris, et pas n'importe où : à la rédaction de la revue *Salut Les Copains*. Bourdais est dans le circuit, et entre les locaux du journal et de la radio Europe N°1, c'est un peu la même équipe, surtout à 17 heures. Se trouvant un jour de l'automne 1963 à la dite radio le même jour que Michel Bourdais, Claude François avise l'individu dans le couloir, son carton à dessin posé près de lui contre le mur. Et dans le carton, il y a notamment le portrait de Richard Anthony. Claude François dit alors à Bourdais : « c'est à toi ? », comme ce dernier répond par l'affirmative l'Artiste lui demande s'il peut regarder. Voyant l'excellent portrait d'un de ses principaux concurrents, ce dernier déclare à Bourdais vouloir le sien, aussi bien, sinon mieux. Très bien. Cependant, ce ne sera qu'après plusieurs demandes insistantes de l'Artiste que Michel Bourdais va finir par exécuter le portrait[1].

Quand les deux jeunes hommes, entre temps devenus amis, se retrouvent au milieu de l'été 1964 au casino de La Baule, Claude François propose à Bourdais de le voir après son Olympia de l'automne car il a un travail pour lui. L'idée de Claude François était de faire dessiner par l'auteur de son portrait, qu'il apprécie, des croquis de pas de danse que, lui, Claude François, a conçu de façon à ce que par la suite, les croquis/dessins explicatifs pour les pas de danse dessinés soient dans le journal *Salut Les Copains* et que les lecteurs s'approprient ces chorégraphies.

Ils aiment ses chansons, ils vont aimer ses danses… Il y aura double joie, ça change de la double peine.

Au cours d'une séance de dessin, comme Michel Bourdais pense qu'un exemple réel serait plus efficace pour comprendre l'ensemble des pas de danse, il demande à l'idole pourquoi il ne ferait pas monter sur scène des danseuses … qui pendant le spectacle feraient danser le public. L'artiste réagit aussitôt et répond « oui, mais des filles canons ! » et Bourdais de répondre « comme des pin-up d'Aslan ! » (les filles dessinées dans *Lui*, le « magazine de l'homme moderne » créée par… Daniel Filipacchi !) ; Claude François, connaît et apprécie les dessins d'Aslan.

Aussi, lorsque, début 1966, son impresario Paul Lederman insiste fortement pour que son « poulain » se renouvelle vraiment parce que l'affaire commence à s'essouffler, et pour stopper la baisse des ventes et faire face à la concurrence des « anciens » comme des « nouveaux », l'Artiste se souvient de

1. Voir l'ouvrage de Michel Bourdais paru en 2008, *Claude François à la recherche de son image, ou l'histoire d'un dessin*, Fan de toi, éditeur.

Michel Bourdais avec ses croquis et de son idée, née des pin-up d'Aslan, de prendre des danseuses.

Claude François rodera, avec deux danseuses, cette forme de show durant les galas de l'été 1966. Et de deux danseuses, il passera à quatre pour l'Olympia de décembre de la même année. C'est ainsi que les premières Clodettes sont apparues à la télévision. Il se trouve que c'est tombé sur la chanson *J'attendrai*, reprise du *Reach Out I'll Be There* des Four Tops, qui, avec son rythme, se prête bien à ce genre d'exercice. En décembre 1966, Claude François surprendra donc tout le monde en arrivant sur la scène de l'Olympia avec ses premières Clodettes autour de lui.

***

C'est peu de le dire, mais convenons-en, sur la création des Clodettes, il fut écrit et diffusé, à la télévision ou ailleurs, tellement d'inepties travestissant la réalité, qu'il est préférable dans ces pages de donner directement la parole aux acteurs concernés : Claude François lui-même, Solange Fitoussi, la première danseuse engagée par l'Artiste, le dessinateur Alain Aslan, le photographe Jean-Marie Périer, et Michel Bourdais du magazine *Salut Les Copains* notamment.

Fin de l'année 1964

Michel Bourdais : « À la fin de l'année 1964, Claude François me contacte. Rien d'étonnant en soi. Depuis que j'ai réalisé en 1963 le portrait qu'il me réclamait depuis des jours, Claude me demande parfois conseil sur son image et les pochettes de disques à venir.

Son ambition du moment ? Faire danser « la France entière », n'ayons pas peur des mots, sur ses propres créations et non plus seulement sur celles venues d'outre-Atlantique, tels le twist, le mashed potatoes, le hully gully et le madison.

Rendez-vous pris, je me mets au travail en tâchant de respecter scrupuleusement les indications que Claude me donne sur l'enchaînement des pas et des mouvements. Il veut des bandes dessinées claires et accessibles à tous au premier coup d'œil, qui seront à diffuser d'urgence dans le magazine *Salut Les Copains*. Or Claude multiplie les exigences, et je ne vois absolument pas comment les mettre en image par de simples dessins pour qu'elles soient compréhensibles et applicables par les utilisateurs.

Après plusieurs essais, je finis par faire admettre à Claude que ce n'était pas la bonne formule. Je lui soumis alors l'idée de concevoir une partie de son show avec des danseuses pour susciter dans les salles l'irrésistible envie de les imiter. Claude faisait un nombre incalculable de galas, c'était donc une proposition pas du tout saugrenue.

Cette perspective parut le séduire, car nous sommes partis dans des délires en rigolant. Il martelait ne vouloir rien d'autre que des filles « canon », et nous étions déjà en train d'imaginer les costumes de scène les plus improbables. Toujours en plaisantant, je lui ai suggéré des tenues très provocantes, comme en dessinait Alain Aslan pour habiller certaines de ses *pin-up* publiées dans le nouveau magazine *Lui* créé par Daniel Filipacchi.

Fin 1964, des danseuses dans ces tenues pour un spectacle de variété, c'eût été le scandale assuré ! Mais il est amusant de constater qu'après 1970, Claude s'en est bien approché pour plusieurs conceptions de ses modèles ».

Évoquant cet épisode, Alain Aslan écrivit :

« *Que Claude François se soit inspiré un peu de mes pin-up pour créer les Clodettes n'a rien d'étonnant en soi, nous étions dans l'air du temps ! Il chantait, elles dansaient, je dessinais et le public rêvait. Quelle belle époque !* »

Janvier 1965

Claude François et Jean-Marie Périer s'envolent pour Las Vegas. Claude en revient ébloui par la splendeur et le professionnalisme des shows américains.

Jean-Marie Périer :

« *Je me souviendrai toujours de Claude émerveillé d'être à Las Vegas, dans l'univers de notre idole Frank Sinatra.*

De ce dernier il disait qu'il avait La classe.

Quand il avait dit ça, Claude avait tout dit ».

Michel Bourdais :

« L'idée de monter un spectacle avec des danseuses s'incruste un peu plus encore dans les projets de Claude mais, trop pris par le travail et les tournées incessantes, il remet à plus tard la mise en œuvre ».

Printemps 1966

Michel Bourdais : « Dans la première moitié de l'année 1966 il y a comme un coup de mou dans les ventes de disques, le yé-yé s'effrite… L'impresario Paul Lederman, sentant le vent tourner, presse Claude François de réagir au plus vite et de se mettre enfin à la recherche de danseuses. Claude s'en confie à Nicole Croisille qui, en plus d'être une chanteuse exceptionnelle, danse extrêmement bien. Nicole, qui connaît Solange Fitoussi pour avoir dansé avec elle, organise alors une rencontre avec Claude au Bilboquet. Solange dansait formidablement le Be Bop ; elle fut ainsi la première danseuse engagée. »

Solange Fitoussi :

« Un jour de 1966, Nicole Croisille, que je connaissais pour l'avoir accompagnée lors de chorégraphies sur des plateaux télé, m'a demandé si cela m'intéresserait de danser avec Claude François. J'ai dit oui, pourquoi pas ! Une semaine plus tard j'ai vu arriver Claude que je n'avais jamais rencontré, au Bilboquet, dans la boîte où je dansais. J'étais seule sur la piste et voyant Claude François dans la salle, j'ai mis le paquet. À la fin de mon spectacle il est venu vers moi et m'a dit : 'Mademoiselle, vous dansez très bien'. Puis il est reparti.

Après quelques minutes son secrétaire m'avertit que Claude désirait me parler. C'est alors qu'il m'a proposé de danser avec lui.

Au lieu de lui répondre : 'Avec joie !', je lui ai demandé : 'Combien est-ce payé ?' Il m'a répondu : 'mille francs par mois'. Pour l'époque c'était énorme. J'ai bien sûr accepté mais pas uniquement pour l'argent.

C'est moi la première à qui Claude a proposé de danser avec lui. La seconde fut ma sœur Siska. » (Extrait de *Claude François Magazine*)

Et, dans un autre interview à *Claude François Magazine* :

« Durant le mois d'août nous avons dansé toutes les deux avec Claude sur quelques chansons. Ce furent les premiers essais. Et comme il a vu que ça marchait on a continué. »

Vendredi 16 septembre 1966

Michel Bourdais : « Claude François est à Londres et dans sa chambre d'hôtel il regarde à la télévision *Ready Steady Go !*, une émission en *live* consacrée au rock et à la pop. Accompagné par neuf musiciens, Otis Redding apparaît pour la première fois sur les écrans britanniques. Trompettes et saxos sonnent soul, la prestation d'Otis est époustouflante. Au cours de ce show, trois danseuses jamaïcaines évoluent sur certaines des chansons. Les producteurs de l'émission les ont engagées exceptionnellement pour la circonstance.

Claude, scotché par la prestation des danseuses, contacte immédiatement les producteurs afin de proposer à ces jeunes femmes de danser avec lui dans ses prochains spectacles. C'est ainsi qu'il passe contrat avec Pat Ker Milicent et Cynthia Rodes ».

Claude François raconte lui-même l'événement dans un enregistrement que je possède :

« *Dans une émission de télévision en Angleterre, il y avait Otis Redding qui vraiment débutait. C'étaient les balbutiements d'Otis Redding, et il avait derrière lui quatre danseuses noires, des jamaïcaines qui faisaient un petit ballet derrière lui. Je les ai trouvées vraiment fantastiques et j'ai voulu en récupérer un maximum. J'en ai récupéré deux à l'origine* ».

Deux danseuses blanches, deux danseuses noires : le premier groupe est constitué :

Claude François : « *Peau noire, peau blanche... je voulais avoir un mélange visuel bien équilibré qui soit agréable à regarder* »[2].

Pardonnons à Claude François sa confusion dans les nombres. Les images enregistrées de *Ready Steady Go !* confirment qu'il n'y avait que trois danseuses aux côté d'Otis Redding et non quatre. Cela ne bouleverse pas l'essentiel.

---

2. Claude François est en avance, comme d'habitude... En effet, dans la symbolique de cet état d'esprit, cette évidence sera dans l'air en 1982 chez Paul McCartney, qui enregistre pour Parlophone sur son album – à ce niveau oui, on dit « album... », « Tug Of War » *Ebony And Ivory* en duo avec Stevie Wonder.

L'Olympia enfin ! Du 8 au 25 décembre 1966

Michel Bourdais : « Durant l'automne, pour quelques spectacles en province, les quatre danseuses se sont produites sur scène avec Claude François afin de préparer ce grand événement de la fin de l'année 1966.

Bien que pour cet Olympia très attendu elles ne dansaient pas sur toutes les chansons, chaque fois qu'elles se pointaient dans leurs mini-jupes c'était la folie dans la salle. Du 8 au 25 décembre le succès fut retentissant, dépassant toutes les espérances et depuis, Claude François et ses danseuses sont demeurés indissociables ».

Dépêche de l'agence AGIP du 9 décembre 1966 :

ENTOURE DE DANSEUSES EN MINI-JUPE, CLAUDE FRANCOIS DEMARRE SON TOUR DE CHANT, HIER SOIR A L'OLYMPIA.

Grand succès, hier soir à l'Olympia, pour CLAUDE FRANCOIS qui a fait une rentrée fracassante après une absence de deux ans. Entouré, par moments, de danseuses en mini-jupe, il a tout le long de son tour de chant enthousiasmé la salle où vedettes adultes voisinaient avec des confrères adolscents.

Nous voyons ici, hier soir sur la scène de l'Olympia, CLAUDE FRANCOIS au cours de la première de son tour de chant, entouré de danseuses en mini-jupe.

9 DECEMBRE 1966. - AGIP

Lors de cet Olympia, j'étais loin de me douter que j'aurais droit à mon cadeau de Noël ! Pour me remercier de l'avoir conseillé à plusieurs occasions dans ses recherches artistiques au début de sa carrière, Claude François résuma cette aventure en inscrivant sur le portrait que je lui avais dessiné trois ans plus tôt les simples mots :

Bravo… c'est merveilleux. Décembre 1966 ».

En conclusion

Pour quelles raisons des journalistes, des auteurs, des médias font-ils une fixation sur la création des Clodettes et avancent-ils sur ce sujet des faits qui n'ont jamais eu lieu, quitte à détourner des images pour rendre crédible leur discours ? On peut se le demander.

Selon eux, Claude François aurait, pour les uns copié Ray Charles, pour d'autres Otis Redding, pour d'autres encore James Brown. Derrière tout cela n'y aurait-il pas, au final, l'intention dissimulée de faire admettre que Claude ne savait que copier les autres grands artistes et qu'il était incapable d'avoir ses propres idées ? Là encore, la question peut se poser.

N'incriminons pas le film *Cloclo*, de Florent Emilio-Siri en 2012, car on peut comprendre qu'il est plus cinématographique de montrer Claude François bouillant d'enthousiasme dans la salle où se produit Otis Redding plutôt que seul dans sa chambre d'hôtel à Londres en train de regarder Otis Redding dans une émission de télévision. Ce qui fut, en l'espèce, réellement le cas.

Claude François s'étant déjà produit sur scène avec Solange et Siska Fitoussi, le projet était déjà bien avancé, et Otis Redding n'y était pour rien. En cette soirée du 16 septembre 1966, l'Artiste eut seulement la ferme détermination d'ajouter des danseuses de couleur au groupe déjà en place, et mit en œuvre ce qu'il fallait pour parvenir à ses fins.

En revanche, l'un des bidonnages des plus mal ficelés est dans le « documentaire » (sic), *Claude François le dernier pharaon*, diffusé en 2018 à la télévision sur Paris Première et rediffusé par la suite sur d'autres chaînes.

Bien « monté » par « des-qui-savent-et-qui-naturellement-ont-connu-qui-vous-savez… », cet objet audiovisuel montre un Claude François assistant, prétendument, à un concert de James Brown à l'Olympia en 1966 et ayant, comme par miracle, une illumination lui donnant subitement l'idée de s'entourer de danseuses pour son propre Olympia prévu en décembre de la même année.

L'existence de ce concert de James Brown n'est pas contestable, et il eut bien lieu le 14 mars 1966, avec en « américaine », comme on disait, Antoine à l'affiche, et il fut diffusé à la télévision le 14 juillet 1966. Le gros hic, c'est que Claude François n'était pas là. Non, il chantait le même soir à l'Ancienne Belgique !

En manque d'images, évidemment, les auteurs du « documentaire » devaient coûte que coûte en trouver pour illustrer l'affaire.

Alors : zoom sur une photo de James Brown durant ce concert, suivi d'une photo de Claude François pour confirmer/prouver la réalité de la présence physique de l'Artiste dans la salle, accompagné d'une jeune femme blonde, cheveux longs et grand feutre noir sur la tête, tous deux en train d'applaudir, ébaudis, James Brown. Bien jouée la supercherie !

La jeune femme pouvait, à s'y méprendre, ressembler à Isabelle Foret – qui deviendra la mère des deux garçons de Claude François – c'est pourtant l'idée qui est accréditée… Mais les faits, les vrais… sont têtus. Cette photographie prise par Gilbert Moreau qui représente Claude et la jeune femme assise à ses côtés (soit disant Isabelle…) a été faite non pas à l'Olympia 1966 de James Brown, mais au concert de Johnny Hallyday au Palais des Sports, trois ans plus tard, le 26 avril 1969 ! Et la jeune femme en question aux côtés de l'Artiste n'est pas Isabelle Foret mais… Sylvie Vartan !

Cependant et pour, si l'on peut dire, conclure l'anecdote et rétablir les faits jusqu'au bout, Claude François et Isabelle Foret ont bien assisté à un concert de James Brown à l'Olympia, mais ce fut un an après celui de 1966, le 21 septembre 1967. Les Clodettes existaient déjà.

Vouloir impliquer à tout prix des grands noms d'artistes dans ce qui, en réalité, s'est accompli simplement, sans esbroufe, sans précipitation et après mûre réflexion, cela sert à qui ? À quoi ? : à épater la galerie, en prenant les gens pour des gogos… ?

Pour terminer sur une note, pour ne pas dire une gestuelle chorégraphique autant sportive qu'élégante dans le pas de danse, on évoquera Madly Bamy qui, entre 1967 et 1970-71 a été Clodette. Madly Bamy est la sœur d'Éric Bamy qui « assura » dans les années 80-90 comme « double-voix » sur scène de Johnny Hallyday quand il arrivait parfois à ce dernier d'avoir un souci de voix. En 1969, Madly Bamy, après une brève apparition dans le film de Jacque Deray, *La Piscine*, avec Alain

Delon, rencontrera en 1971 l'homme qu'elle accompagnera jusqu'au bout du temps et du monde, Jacques Brel.

Nous l'avons vu, la période 67-69 est musicalement, pour Claude François, riche d'opus pop/soul de haute volée. Lors d'une télévision en 1968 on voit les talents de Madly Bamy se déployer dans la chanson, très rythmée et enjouée de l'Artiste, *Les Majorettes* adaptation de *Abergavenny* que le chanteur anglais, Marty Wilde, le père de Kim Wilde, enregistre en 1968 chez Philips et qu'on trouve sur son 33 tours « Diversions », toujours chez Philips, en 1969.

***

Enfin, s'agissant de la Maison Flèche, il n'est pas inutile d'écouter les paroles de Michel Bourdais que le « hasard » a souvent installé aux premières loges.

Témoignage de Michel Bourdais :

« Un jour de 1967 je croise Claude François. Bien qu'à cette date je ne travaille plus pour le magazine *Salut Les Copains,* Claude très excité m'annonce avec véhémence :

— Je suis en train de créer ma propre marque de disques !

À cette époque on ne disait pas *label* mais *marque* ou *maison de disques.*

Face à mon étonnement Claude poursuit :

— Oui, j'ai envie de produire de nouveaux artistes et d'en faire des vedettes. *A priori,* je vais appeler ma maison de disques *Belle* ou *Belles.*

La chanson *Belles, Belles, Belles* fut une chance pour moi et je suis sûr que ce mot est synonyme de porte-bonheur. Ça va marcher.

Que Claude François veuille appeler sa maison de disques *Belle* me désarçonne. Son imagination est-elle subitement en panne ? De plus, je sens mal ce choix : *Belle,* « *bêle* » le jeu de mots est aisé pour qui veut se moquer des artistes chanteurs. Me sautent immédiatement à l'esprit les railleries qui ne manqueront pas de fleurir chez tous ceux qui dénigrent Claude François.

Du genre : « Non content de nous pourrir la vie avec sa voix nasillarde, voilà maintenant que le *Cloclo* produit des chanteurs et chanteuses qui bêlent !

Je m'en confie à Claude puis j'ajoute :

— Je pense que pour ta maison de disques il faudrait choisir un nom qui ressemble à ce que tu es, à l'énergie que tu déploies.

Il m'incite à chercher un nom :

— Eh bien, j'attends tes propositions. C'est urgent.

Claude mit alors plusieurs personnes sur le coup et Jean-Marie Périer eut l'heureuse idée de lui proposer *Flèche.* Les disques *Flèche* ça a tout de même plus d'allure que les disques *Belle !*

Jean-Marie demanda alors à Régis Pagniez, le même qui inventa le style visuel du magazine *Salut Les Copains*, de dessiner le logo pour les disques *Flèche.* Comme chacun sait, le tout fut validé par Claude François. »

Témoignage de Jean-Marie Périer :

Propos recueillis par *Éric Chemouny*

« Quand Claude François a monté sa maison de disques Flèche en 1967, il m'avait demandé de lui trouver le nom et le sigle. J'ai ensuite demandé à Régis Pagniez de le dessiner. J'ai même fait la photo où on voit Claude ruiné devant le logo inversé, avec une flèche descendante, en lui disant : comme ça, si un jour tu te casses la gueule, tu pourras toujours t'en servir… Il a accepté avec humour, alors qu'il était en clodo sur la photo ! »

11

La scène, les musiciens

Chez Claude François, le seul répertoire français, parfois intéressant, *agréable* n'est pas représentatif d'un art du disque et du show qui génère une idole dans le sens où on l'entend, où on le perçoit dans le monde du *rock*.

Quand il arrive sur scène, ce n'est pas en « thème d'annonce de l'arrivée » une mélodie française ou country bien sage, non. Dès son Olympia de 1964, il « déboule » avec force couleur big band de jazz, on reconnaît bien l'influence de ses années de grand orchestre à Monte Carlo, qui adapte en swing-jazzy ses morceaux du moments pour les annoncer ; à l'Olympia 1966 les thèmes changent et il arrivera sur scène avec des suites d'accords et des riffs de cuivre à la Bar-Kays, formation instrumentale de rythm and blues qui sera connue en 1967 grâce au thème *Soul Finger* ; c'est aussi de cette façon qu'il ouvre son Olympia 1969 dans une ambiance à la Otis Redding en commençant avec *Cherche* adapté du *Show Me* de Joe Tex ; ensuite, dès 1974, il augmente la pression du « thème d'annonce d'arrivée » avec un « furieux » *Frankenstein* de The Edgard Winter Group. Le Forrest National de Bruxelles s'en souvient encore. Avec Claude François, toute la ligne « mélodique » hard-rockeuse guitaristique de Winter est reprise avec énergie par les cuivres. Ces prestations, entre *Serre-moi, griffe-moi* (*Bend Me, Shape Me* du groupe américain The Outsiders), *Tout éclate tout explose* (*Love Explosion* du soul man américain Troy Keyes), *Eloïse* (*Eloïse* de l'Anglais Barry Ryan), *Belinda* (*Miss Belinda* du combo british Boulevard) et, en un final qui dure, en pro-

fusion, une avalanche de la soul estampillée Tamla Motown de Detroit avec *C'est la même chanson* (*It's The Same Old Song* des Four Tops), *Stop au nom de l'amour* (*Stop In The Name Of Love* des Supremes de Diana Ross) et *J'attendrai* (*Reach Out I'll Be There* des mêmes Four Tops) ne permettent quasiment aucun moment, si l'on peut dire, de repos, de relâchement au public. Et en attendant, avec de telles performances scéniques et vocales, l'Artiste use deux à trois batteurs par gala et quand on sait que ce sont parmi les meilleurs de la scène française…

Au départ, tout vient de l'orchestre Les Gamblers, au sein desquels Claude François arrive début 1962 pour officier aux congas et autres tumbas et, comme chez Frosio sur la Côte, aux chœurs. Si le pianiste et organiste Jean-Pierre Sabar dirige l'orchestre et qu'il en est, disons, responsable, Les Gamblers c'est avant tout l'orchestre d'Olivier Despax. Sabar collabore souvent avec Hugues Aufray – ce qui explique comment ce dernier s'est retrouvé, avec Nicole Croisille, à faire les chœurs durant les séances d'enregistrement du tout premier disque de Claude François, qui sort en mars 1962 sous le nom de « Kôkô ». Des musiciens assez renommés du jazz et de la scène rock, comme par exemple l'ex-Chat Sauvage (et ex-Champions de Jean-Claude Channe), savoir le batteur Willy Lewis, font partie des Gamblers. Lorsque l'Artiste, dès l'automne 1962, remet tout en question dans l'univers du *rock'n-yéyé-twist* français avec *Belles, belles, belles*, et forme l'auguste Triumvirat des sixties avec Johnny Hallyday et Richard Anthony, Les Gamblers – tout en continuant de sillonner la France dans les tournées d'été *Salut les*

Copains, pour eux-mêmes, ou parfois pour accompagner Sylvie Vartan, les Gam's d'Annie Markan et Jean-Jacques Debout – accompagneront Claude François, dans toutes ses tournées jusqu'en 1964, pour ensuite aller avec Frank Alamo.

Restera avec l'Artiste le saxophoniste de jazz François Jeanneau, adoubé par l'arrivée de René Utreger, pianiste de jazz plus que connu et apprécié, ayant à son palmarès le fait d'avoir déjà accompagné le trompettiste Miles Davis et bien d'autres géants du jazz ; et en 1963 Claude François recrutera le saxophoniste ténor, Gérard Pisani, qui, plus tard, accompagnera Hallyday avant de faire partie du groupe Martin Circus. Par la suite, François Jeanneau continuera une intéressante carrière (il avait déjà enregistré des disques de free-jazz) et plus tard fera partie, de 1970 à 1974, du groupe de rock Triangle où il jouera aussi de la flûte et du synthétiseur. Créé en 1967, Triangle a aussi compté parmi ses membres deux futurs musiciens de Claude François : le guitariste Pierre (Pierrot) Fanen (ex-Kelton, et futur Zoo orchestre un peu « jazz-rock » qu'on peut situer, pour faire court, entre Triangle et Les Variations de Joe Leb), et le batteur Jean-Pierre Prévotat (ex-Players et futur Magnum de Jacky Chalard et Patrick Verbeke).

Le saxophoniste et chanteur camerounais Manu Dibango recommandera chaudement à Claude François deux musiciens : le batteur très rythm and blues Lucien Dobat et plus tard le bassiste camerounais Manfred Long.

Pour « ses » batteurs, on peut comprendre que Claude François a toujours été plus que pointilleux et exigeant en ce qui concerne la batterie, son instrument de jeunesse, et même de toujours, comme tout ce qui touche aux percussions. C'est pourquoi, par exemple l'Artiste a gardé depuis le début jusqu'à la fin Émile Boza (dit « Bonbon ») tant par ses qualités que par amitié. C'est ce même « Bonbon » qui, à l'Olympia 1969, pour la chanson très rythmée, *Reste* (*Beggin'* des Four Seasons), sur laquelle l'Artiste se déchaîne, envoie au milieu de la scène, juste devant le chanteur, ses congas montées sur des petites roulettes pour que l'idole entame une exécution en tapant des mains sur les peaux tendus. Ce solo, autant inattendu que magistral, fera date et fait partie des prestations mythiques de la scène française. Pour la batterie, le batteur qui aura la plus longue longévité avec

Claude François est Benjamin Cohen. Entre lui et l'idole, ça fonctionne à merveille, aussi bien et même mieux, complicité de batteurs, on ne se refait pas, qu'avec le guitariste Slim Pezin.

Il y eut aussi le batteur de jazz André Ceccarelli. Ceccarelli est engagé au sein des Chats Sauvages de Mike Shannon, après le départ de Dick Rivers, en 1962. Puis en 1964, il remplace son batteur de père à la place où ce dernier officiait : dans l'orchestre du Casinon du Sporting Club de Monaco, l'orchestre d'Aimé Barelli. Avec l'Artiste, ça a dû créer des liens…

Aux côtés de ses batteurs, notamment Benjamin Cohen, Claude François adjoindra très souvent un batteur pour les parties additionnelles ; on citera notamment Marc Benamou (ou « Marquito ») et « Bunny » Rizzitelli qui avait joué avec Christophe et Jean-Michel Jarre.

Tous ces musiciens, ces « pointures » ont déjà derrière eux, pour la plupart, diverses carrières et, outre le groupe Triangle, proviennent de formations comme Les Lionceaux et Zoo. Beaucoup ont accompagné des artistes solo, et non des moindres, comme Dick Rivers, Johnny Hallyday, Dany Logan, Antoine, Chuck Berry, Ronnie Bird, Nancy Holloway. Ces musiciens, qui ont prêté allégeance au *soul man* Claude François, sont connus du monde de l'épopée du rock français et demeurent, pour toujours, des pionniers, des symboles de la grande aventure de cet univers musical, et ce, à l'égal des Anglo-Saxons. Ces pointures ont fait la scène avec Claude François parce que ça secouait dur la soul, la pop anglaise et le rythm and blues. S'il n'y avait eu que de la « variété-variétoche » comme d'aucuns le croient ou le font croire, l'oublient ou font semblant de l'oublier… aucun de ces musiciens ne serait venu après avoir joué avec les groupes et les chanteurs cités ci-dessus, même en cas de « disette » passagère, lot de beaucoup d'artistes. D'ailleurs, et ce n'est pas un hasard, ces musiciens ont tous été dans la mouvance, telle une constellation tournant autour d'un centre vital, du groupe fondateur du vrai renouveau du rock français des années 70 : Dynastie Crisis de Jacques Mercier et de Jacky Chalard. Ce qui est intéressant, voire surprenant, c'est que très rarement (sauf dans certaines revues très spécialisées comme par exemple feu *Juke Box Magazine*), ces musiciens sont cités comme ayant accompagné Claude François. Nous le verrons plus loin, le mot d'ordre inconscient ou non qui sied dans la doxa, c'est d'enfermer l'Artiste, pour mieux l'enterrer…, dans l'archétype décrédibilisant des paillettes-festives des années 70. Le reste, l'édifice pop/rock des sixties qui a forgé Claude François, faut oublier… Comme on oublie toujours d'évoquer ses reprises comme, par exemple, celle de *I Fought The Law* d'après les musiciens de Buddy Holly, les Crickets, via Bobby Fuller Four, avec en 1966 *J'ai joué et puis j'ai perdu*, morceau, où sans doute la première fois un artiste français utilise une guitare « *fuzz* » en introduction et dans certains passages des arrangements ; les autres sons de guitare de ce type, nous les connaissons, c'étaient ceux de l'introduction de *Satisfaction* de qui vous savez et du *Keep On Running* du Spencer Davis Group (*Prends ma place* pour Dick River en 1966 et *Elle est divine* par Herbert Léonard en 2014) ; mais aussi les reprises de The Foundations, de Tommy James and The Shondelles, de James Taylor comme de Carol King, de Chicago, de Steve Miller Band et de bien d'autres.

***

De façon coutumière, les artistes, chanteurs ou comédiens – et c'est le métier qui le veut eu égard à des habitudes bien ancrées, à des modes de vie –, lorsqu'ils se produisent en public, le font généralement dans des salles petites, moyennes ou grandes à Paris et dans les petites et grandes villes de Province. Pour des chanteurs comme l'Artiste, outre ces lieux, il y a aussi les villes moyennes, les petits bourgs, à l'occasion de fêtes de village, les foires. En revanche, c'est assez rare dans les banlieues.

Or, et il est à peu près sûr que ce n'est jamais arrivé avant ou si peu, Claude François songe à quelque chose de tout à fait original ; et il l'a dit lui-même, ce qui donne, en gros pour bien refléter sa pensée et sa future décision : « *les gens viennent à moi à Paris pour me voir, ils font pareil pour les salles en province. Ce sont eux qui viennent, qui se dérangent et parfois, ça ne doit pas être toujours facile pour eux… C'est donc, aussi, à moi d'aller au-devant de mon public, je lui dois bien ça.* »

En 1969 la décision est prise. Claude François ira au-devant de son public. À Paris, il a fait l'Alhambra, le Théâtre de la Porte Saint-Martin, et trois fois l'Olympia, (en 1976, pour l'association Perce-Neige de Lino Ventura, il rassemble

20 000 personnes dans le Jardin des Tuileries) mais il veut « descendre dans l'arène ». Il a compris avant tout le monde qu'il fallait aller au-devant du public, et notamment celui de la région parisienne. Déjà, il avait bien saisi ce qu'était, ce que devenait la société. C'est bien joli de chanter à Paris, mais dans la salle, il n'y a pas que des Parisiens ! Il comprend bien qu'il doit terminer le tour de chant avant 23 heures parce que, après, ça va commencer à faire juste pour ceux, souvent majoritaires, qui sont venus en transport en commun, métro, puis le train de banlieue. Il sait que c'est fatiguant et, mais le sait-il, presque déjà dangereux. Il en tient compte et, autant respectueux de ce public que courageux, compte tenu des risques financiers encourus, il fait monter un immense chapiteau avec lequel il tournera tout autour de Paris dans les banlieues proches comme lointaines. Oui, financièrement c'est risqué mais dans l'absolu ce qui prévaut, c'est le Métier, le Public, avant tout. Oui, il faut tout prévoir, la sécurité, le risque incendie, prévoir pour les mois d'hiver une installation de chauffage. Ça coûte cher et monter un chapiteau, le faire tourner, c'est difficile et il y a toujours des imprévus, mais il est content. Il tourne tout autour de Paris plusieurs mois. Le public est au rendez-vous. Personne n'a encore fait ça ou alors ça remonte à loin. Il va vers les oreilles, les yeux et les âmes de ce public que les intelligentsias d'hier et d'aujourd'hui écrabouillent de leur aversion, de leur insigne et ahurissant mépris comme elles le font, acharnées, pour « son chanteur ».

Sur scène, les originaux français, sauf parfois chez Trenet, Brel ou Bécaud, ne peuvent faire ruer dans les brancards. Ils n'amènent pas à la même appréhension-contestation du monde. Les paroles sur une musique originale française ne seront jamais de la même nature, ne relèveront jamais de la même intention, consciente ou non, que celles qui s'inscriront sur une adaptation. Chez Claude François, la pratique des reprises rapproche d'un univers musical créatif, foisonnant. Son répertoire, s'il est un *evergreen*, un immortel, c'est qu'il est subtilement traversé par les courants des anciens thèmes ayant pris racine en Louisiane, dans la Vieille Acadie, puis dans country, le folksong, le rythm and blues, la soul de la Tamla Motown de Berry Gordy à Detroit, du *British Beat* (les groupes anglais 62-67), du funk et du reggae ; ces courants musicaux qu'il a su doser comme un laborantin immergé dans son travail de bénédictin, ont constitué pour lui une manne inespérée, tant pour la qualité des chansons que pour les prestations scéniques.

À ce sujet et, de plus, par rapport à Johnny Hallyday, la lecture de cet article de *L'Express* d'Elisabeth Schemla du 25 septembre 1975 en dit long :

« Deux chanteurs, deux seulement, connaissent chaque soir, dans les tournées de l'été, le triomphe absolu : Johnny Hallyday et Claude François. Un règne, pour l'un et pour l'autre, de plus de dix ans. Soir après soir, Elisabeth Schemla a regardé fonctionner ces étranges mécaniques… »

« *Chaleur, sueur. Électrochocs lumineux, sonos hystériques, mecs et minettes électrisés. Poussière, fumée, odeurs fauves. Des milliers de kilomètres à 200 à l'heure, des nuits nerveuses et alcoolisées, des aubes déboussolées, des jours à volets clos. Et puis, chaque soir, une heure de triomphe. Absolu.*

Une heure que Johnny Hallyday et Claude François sont seuls à connaître dans ces arènes, théâtres de verdure et chapiteaux qui deviennent, pendant les vacances, les temples du culte music-hallien.

Les vedettes ? Lama, Sardou, Vartan, Lenorman, Clerc ? remplissent les salles et remportent des succès. Mais les deux stars, elles, déchaînent les passions et provoquent les bagarres. Deux blessés graves, dont un policier, à Thonon-les-Bains, en juillet, pour Johnny Hallyday ; six blessés, trente jeunes gens interpellés à Marseille, quelques jours après, pour Claude François. Entre ces dieux que tout oppose et leurs fidèles qui se haïssent, c'est l'amour fort. Insensible aux modes et aux tentations, Johnny règne sur les cœurs depuis seize ans, Clo-CIo depuis treize. Avec un art consommé.

Il est 18 ou 19 heures quand Claude François arrive devant l'école d'Hyères, baptisée pour la circonstance Théâtre aux Étoiles. Pour quelques instants encore, il offre ce visage souriant qu'affectionne la télévision. Mais, au moment précis où commence la répétition, le masque gentillet tombe. Le sourire disparaît, l'humour devient cruel, le chanteur laisse la place au "patron", irascible, maladivement exigeant, assoiffé de perfection. "Je déteste les artistes qui se moquent du public. Ou qui ont peur de l'affronter. En tournée, on ne triche pas. Les gens qui nous ont vus sur l'écran, qui nous écoutent à la radio, viennent à notre rencontre. Il faut être à la hauteur." Moulé dans un Jean et un tee-shirt qui paraissent tout droit sortis d'un grand couturier, nerveux, fébrile, Claude François ? comment l'affubler alors du célèbre diminutif ? ? foule la scène, tâte les planches, prend possession de cet univers d'un soir dont il fera bientôt son univers. Il est impressionnant de connaissances techniques. Il fascine par son intransigeance : "Les répétitions ne sont pas un luxe mais une nécessité. Elles font partie du spectacle." Chaque soir, la disposition des gradins ou des chaises, la grandeur de la salle, la nature des matériaux employés ? ciment, pierre de taille, plastique ? changent les données de la représentation… »

12

Le déclassé

Tous les ans au mois de septembre, et ce du premier numéro en 1962 jusqu'au dernier, le n° 169, en septembre 1976, le mensuel *Salut les Copains* donnait, dans leur catégorie respective, le classement des chanteurs, des chanteuses, des groupes français et enfin des groupes et artistes solo étrangers. C'était le référendum annuel des lecteurs du journal. Ce classement donnait une image assez fidèle de la véritable cote des artistes auprès du public. La manière dont cela se passait et était organisé ne laissait aucun doute sur l'authenticité des résultats de classement, et ces derniers, à bien y regarder, constituent de véritables documents qui rendent compte non seulement de quatorze années d'évolution des goûts musicaux, mais également témoignent par ce biais de l'évolution sociologique de la « première génération SLC » de 1962 à 1968.

Bien entendu, on se doit de préciser ici que ces référendums annuels de *Salut les Copains*, même si ça n'est pas toujours ça au millimètre, reflétaient bien les véritables tendances de la cote de chaque artiste. Ainsi en 1965 Adamo se paye le luxe d'y ravir la place de numéro 2 à Claude François, Johnny Hallyday restant numéro 1. Cependant, en 1966, Adamo détrône Hallyday et Claude François passe numéro 3. L'année 1967 voit toujours Adamo en numéro 1 devant Johnny et l'Artiste et ce n'est en 1968 que – si l'on peut dire… –, les choses reprennent leur cours normal, avec Hallyday qui retrouve son trône, Claude François ne reprenant sa place « poulidorienne » de numéro 2 entre ce dernier et Adamo qu'en 1969.

Mais voici ce que l'on peut en dire, avec force détails.

On peut examiner, à la grosse lunette, comment à travers les référendums allant de 1969 à 1972 cette génération se comporta, et comment la vague qui suivit apprécia les anciens et les nouveaux artistes. Ainsi, les adulés d'hier se voyaient soudainement relégués au dernier plan, voire disparaissaient, alors que, dans le même temps, d'autres surgissaient le temps d'un classement, autrement dit d'une chanson (phénomène fréquent chez les filles et les groupes et/ou solo étrangers), pour disparaître aussi vite qu'ils étaient arrivés tandis que certains, en dépit des années, des modes et des mutations sociologiques, demeuraient régulièrement en tête. Ce fut le cas pour Claude François.

Cependant, on constatera qu'il ne fut jamais classé n° 1 et que ses positions dans le référendum, à partir de 1973, commencent à amorcer une sérieuse descente sous les coups de boutoir de Sardou et des néo-yé-yés à minettes lancés comme des savonnettes, Hallyday restant, symboliquement ou non, n° 1 ; en ces années-là on ne sait plus bien. En effet, la configuration depuis 1971-1972 devenait moins sûre, ce qui au demeurant allait de pair avec le changement de cible du journal qui visait un public plus jeune, comme d'ailleurs Claude François le fit à ce moment-là avec son journal *Podium*. C'est peut-être aussi ce qui lui valut de descendre soudainement aussi vite dans *SLC*...

Si, aujourd'hui, nous devions faire une comparaison avec *Salut les Copains* et ce que ce journal a représenté dans l'histoire du rock et de la pop/variété en France, on regarderait du côté du, *feu*, mensuel *Jukebox Magazine*, né en septembre 1984 mais qui hélas a tiré sa révérence – à son 400e numéro ! – en avril 2020. Les différences entre les deux revues résident dans le fait que si *SLC*, dès 1968-1969, abandonne ses riches articles de fond, avec de grands journalistes comme Raymond Mouly ou Éric Vincent, ses échos et actualités assez sérieux, on dira même haut-de-gamme, se retrouvaient dans *Jukebox Magazine* ; ne reste donc plus que *Rock et Folk* et, quand même une bonne nouvelle, le retour, la renaissance de *Best* et la naissance de *Vinyle & Audio* à l'automne 2020, avec de fréquentes signatures « d'anciens » de *Jukebox Magazine* comme Jean-William Thoury.

Jukebox Magazine faisait montre, par son orientation artistique et discographique, de qualité et de rigueur des articles et des recherches effectuées, et avait dès le début des années 80 symboliquement remplacé *Salut les Copains* première mouture et la revue mythique fondée par Jean-Claude Berthon, *Disco Revue*, première véritable publication en France sur le rock n'roll. On pourrait presque dire que *Jukebox*, revue dite des « collectionneurs de disques » – mais le foisonnement, la luxuriance et la qualité des articles ayant trait tant au passé qu'au présent était tels que le strict cadre du collectionneur était dépassé.

Or, il se trouve que tous les ans, *Jukebox*, avant l'été, et de la même manière qu'au temps de *SLC*, fait appel à ses lecteurs en organisant un référendum annuel qui paraît dans le numéro de septembre et qui classe les artistes les plus collectionnés pour leurs disques. Mais encore une fois, le simple cadre de la collection de disque est aussi dépassé. C'est un instantané de la popularité de chaque artiste que *Jukebox Magazine*, à l'instar de *SLC*, permet d'appréhender régulièrement, ceci sans compter tous les mois un hit-parade sur le modèle *SLC*, à la différence que *Jukebox* assemble artistes français et étrangers dans le même classement. De façon symbolique, on retrouve le même climat, le même savoir-faire « magique » qui donne réellement la parole au public sans le racoler, mais, simplement en partageant une passion commune pour les « vrais » artistes, la musique, leur disques, et tout ceci, sans avoir l'air de se foutre du monde. Enfin, on ne peut sérieusement passer sous silence la revue *Club des années 60*, de Roanne, de Jean-Claude Bernatowicz qui a été un peu la revue des *Soutiers* du rock français. Elle ne traitait que très peu des plus que célèbres « vedettes-idoles » mais des soutiers comme Ronnie Bird, Thierry Vincent, Noël Deschamps, les Charlots, Annie Philippe, Gary l'Ange Noir, Jean-Pierre et les Rebelles, Sullivan, parfois quand même Dick et Eddy, et de bien d'autres ainsi qu'un nombre, j'allais dire incalculable, de groupes de rock ayant essaimé sur toute la France.

Pour les référendums qui nous intéressent ici, le classement *SLC* venait du courrier des lecteurs qui devaient au préalable dans un numéro antérieur cocher des cases face à des noms dans chaque catégorie, afin de choisir leur artiste favori. L'intérêt aujourd'hui de pouvoir examiner ces classements se trouve dans le très juste baromètre qu'ils donnent à appréhender quant à la cote de chaque artiste, en l'occurrence de celui qui fait l'objet de ce livre et qui le resitue dans son environnement concurrentiel auprès des « jeunes » de l'époque, de 1962 à 1976. Pour la période principale, savoir la première décennie, ces classements demeurent assez sûrs et donnent le reflet le plus fidèle, le plus proche possible de la réalité quant à l'audience et aux ventes de disques que ces référendums laissaient supputer.

Les énormités qui ont commencé en 1973 n'étaient pas encore apparues et font partie d'un « autre monde ». Les années paillettes sont en plein battage/saccage et contaminent tout le monde, de l'artiste à Elvis Presley. Le disco achèvera le travail avant de permettre, du fait de la qualité de certaines productions et des aspects musicaux recherchés qui en découlent, une remontée générale. C'est ce qui s'est passé pour Claude François sur son dernier 33 tours.

Avant tout, et pour ne parler que de la concurrence de Claude François chez les chanteurs, le premier référendum du journal classe en 1962 Johnny Hallyday n° 1 avec 108 903 voix, suivi de loin par Richard Anthony avec 57 904, soit une différence de 50 999 points. Ce genre d'écart sera très fréquent au cours des quatorze années à venir et donnera un cliché assez précis de la situation de certains artistes.

Claude François apparaît pour la première fois dans le référendum de *SLC* en septembre 1963. C'est immédiatement une deuxième position qui confirme son implantation avec 27 090 voix, derrière le n° 1 Johnny Hallyday qui, avec 54 468 voix, soit une différence de 24 378 points, garde une avance sérieuse, alors que le n° 3, Richard Anthony, avec un écart de 16 368 voix derrière Claude François, n'en récolte que 10 722. Cependant, on notera qu'en 1962 Richard Anthony engrangea plus de voix qu'Hallyday en 1963 ; ce genre de paradoxe va au fil des années animer ces référendums. 1964 voit la confirmation de notre artiste en n° 2 avec 38 366 voix, tandis qu'Hallyday trône en première position avec une différence de 21 862, avec un score de 60 228 voix ; Richard Anthony, pour sa dernière troisième place, rassemble 21 324 suffrages.

En 1965, c'est une petite révolution avec la première apparition d'Adamo. Celle-ci se caractérise par son arrivée en force qui le place en deuxième position devant Claude François ; cela bouleverse la donne, en effet, c'est la première fois qu'un artiste se place si haut dans ce classement sans être vraiment dans la ligne rock / twist qui fait qu'ont existé *Salut les Copains* et les idoles. On trouve donc Hallyday en n° 1 avec 71 342 voix, Adamo en 2e avec 62 517 et Claude François n° 3 qui, avec un écart de 31 120 points avec Hallyday et 22 295 avec le nouveau venu, progresse malgré tout, avec 40 222 voix ; d'autre part 1965, afin de mieux saisir la configuration qui entoure l'artiste, voit Richard Anthony descendre en 7e position avec 12 315 voix devant Ronnie Bird, Monty et Dick Rivers, mais derrière Eddy Mitchell n° 6, Frank Alamo n° 5 et Hugues Aufray en n° 4 avec 25 617 points.

1966 est l'année où l'on voit le King français se faire coiffer au poteau par Adamo qui engrange 82 736 suffrages loin devant Hallyday, qui se retrouve n° 2 avec 75 202 voix, soit une différence de 7 534. Claude François se maintient sans mal à la 3e place avec 58 255 points, soit un écart de 16 947 avec Hallyday et de 24 481 avec Adamo ; autre événement, Antoine, le détracteur du « Taulier » avec ses *Élucubrations*, effectue sa première apparition dans ce classement avec 42 529 voix. Richard Anthony ne se retrouve, et c'est très surprenant, qu'en n° 10 avec 3 505 alors qu'Hervé Vilard inaugure son entrée à la 5e place avec 25 909, tout comme Michel Polnareff avec 25 413 en n° 6. Déjà le public premier se détourne de la galaxie *SLC* et cie. Apparaît une génération de tout jeunes gens qui n'ont pas connu les démarrages de Richard Anthony, Dick Rivers, Frank Alamo et les autres, comme d'ailleurs ceux de Claude François. En réalité la popularité d'un Hervé Vilard, comme dans six à sept années, celle des futurs « néo yéyés » – qu'on va envoyer à la figure des « vraies idoles », et notamment l'Artiste, comme pour le neutraliser dans ses démarches d'indépendance discographique et journalistique, lui faire payer le prix de sa liberté… – n'a rien de commun avec les popularités, toujours fortement ancrées dans les mémoires, des artistes placés devant lui dans les classements car à ce moment-là, la sociologie du public n'est déjà plus celle qui s'exprimait entre 1958 et début 1966.

Le public premier a décroché, il est passé à autre chose, et en matière de musique, pour la France, il se recentrera sur les anciennes valeurs du type, Brel, Brassens, Ferré, Ferrat voire Bécaud, Aznavour. Mais surtout, chez lui, il n'y aura quasiment jamais plus un nouveau disque français. Ce sera directement, tous styles confondus, Amérique et Angleterre ou rien.

L'année 1967 est celle du mouchoir de poche pour les trois premiers. Elle confirme Adamo en n° 1 avec 88 272 voix, Hallyday en 2e position avec 87 538, soit un écart de 734, puis Claude François n° 3 avec 86 903, soit entre lui et Adamo, 1 369 points et 635 entre lui et Hallyday. Du côté des nouveaux, toujours en 1967, on voit en n° 4 Michel Polnareff qui confirme sa présence avec un score de 33 207 voix, talonné en 5e position par la première entrée de Jacques Dutronc à 32 504, tandis qu'on observe une remontée de Richard Anthony à la 6e place avec 10 700, suivi de près par le n° 7 Hugues Aufray à 10 614.

1968 voit un événement, en dehors de Mai : Johnny Hallyday retrouve, avec un score un peu plus faible qu'en 1967, sa première place avec 87 328 voix, Adamo retrouve sa place de 1965 en n° 2 avec 70 894 voix, tandis que Claude François conserve sans problème sa troisième position avec 62 736 points, devant un Jacques Dutronc en n° 4 avec 38 742 et Michel Polnareff en 5e avec 37 571. C'est aussi l'année où Richard Anthony disparaît définitivement de ce classement, ce qui arrivera (pour comparer à une autre figure emblématique de la configuration *SLC*/idoles) en 1971 du côté des chanteuses à Françoise Hardy.

L'année 1969 est surtout pour l'artiste celle de ses retrouvailles avec sa deuxième place « poulidorienne ». En effet, Adamo se retrouve classé n° 3 avec 53 529 voix, Claude François n° 2 avec 66 884, soit un écart de 13 355 points, et Johnny Hallyday sur son trône avec un score de 105 208. Écart entre l'artiste et l'idole des jeunes : 38 424 voix. C'est aussi l'année de la première arrivée de Julien Clerc dans ce référendum, avec 42 612 points en 4e position.

Pour ouvrir la décennie, l'année 1970 s'annonce en nette progression pour Claude François. Derrière le n° 1, Hallyday, qui engrange 96 908 voix, l'Artiste se classe n° 2 avec 95 403, soit un écart de 1 505 points ; Adamo en n° 3 avec 70 933 se maintient bien, et la 6e place voit la première apparition de Joe Dassin avec 25 554 voix.

1971 offre à peu de choses près la même configuration pour les deux premiers, à savoir qui vous savez en idole des jeunes n° 1 avec 70 727 (alors que Claude François était en deuxième position en 1970 avec 95 403 points), en n° 2 l'Artiste avec 68 640 soit 2 087 voix d'écart ; l'événement si l'on peut dire, c'est Adamo qui régresse en 6e place avec 27 952 voix, derrière Julien Clerc en n° 5 avec 30 814, Michel Polnareff en n° 4 avec 31 101, tandis que Joe Dassin confirme une petite implantation en n° 3 avec 39 239 suffrages. Cette année 1971 voit également arriver, pour la première fois dans ce référendum, le nom de Mike Brant, qui se classe n° 7 avec 25 335, et celui de Michel Sardou en n° 8 avec 23 209 voix.

Pour Claude François c'est non pas le début de la fin, mais de quelque chose qui fait que plus jamais ça ne sera pareil. Cette observation est valable non seulement pour l'Artiste, mais également pour ceux qui, comme lui, sont liés, pour ce qui est de leur avènement et de leur impact auprès du public, aux mutations musicales et sociales du début des années 60. Pour le public, c'est la même chose, car il fut le miroir et l'écho salvateur, trompeur ou non, qui galvanisa les idoles. Pour la grande époque *SLC*/idoles, le glas sonne, et ce, malgré une petite rémission avec la disparition incompréhensible de Sardou dans le référendum de 1972. Pourtant, cette année-là, en matière de voix, c'est une des meilleures récoltes pour l'Artiste qui, en n° 2 avec 86 004 suffrages, est devancé par l'indétrônable Johnny Hallyday qui engrange 103 117 voix. En n° 3, c'est une surprise avec les 81 612 voix de Mike Brant ; en quatrième position Julien Clerc remonte un peu avec 63 987 points, ce qui sera son meilleur score dans ce référendum toutes années confondues ; 1972, c'est aussi la première apparition du dénommé Ringo « Willy Cat » en 5e position avec 61 102 suffrages, et celle de Gérard Lenorman en n° 8 avec 34 834 voix.

En 1973, l'Artiste, avec le retour en force de Michel Sardou, perd définitivement sa seconde place et se retrouve n° 3 avec 78 805 voix derrière Sardou à la deuxième place avec 89 212 points, soit un écart de 10 407 suffrages ; n° 1, avec un écart important de 29 499 voix avec Claude François, toujours Johnny Hallyday avec 108 304, ce qui fait tout de même la différence avec 19 092 points d'écart avec le nouveau n° 2 ; l'écart est donc plus grand entre Hallyday et Sardou qu'entre Sardou et Claude François. Cette même année 1973 voit l'arrivée de Frédéric François en n° 4 avec 73 357 voix.

Ce qui se passe derrière, pour ne pas dire dans les tréfonds du corps social, est révélateur de cette période qui commence à jeter aux orties – bref, un peu comme aujourd'hui – ses plus grandes valeurs et ce, dans tous les domaines... Quand on voit régresser des artistes comme Adamo en 7e position avec 53 212 voix, Julien Clerc en n° 9 avec 37 001 points derrière pour sa première apparition Patrick Juvet avec 37 881 en n° 8 ; et surtout un Michel Polnareff qui dévisse à la 10e place avec 22 169 suffrages, tous trois derrière Gérard Lenorman en n° 6 avec 61 909, Mike Brant en n° 5 avec 65 404 voix, puis, nous l'avons vu, Frédéric François en n° 4, on est en droit de penser, rien qu'à travers le seul prisme de la chanson, et pour certains de la « chansonnette », que de profondes mutations sont amorcées dans les strates de la société et que ce n'est pas forcément une bonne nouvelle.

Les choses se présentent de façon analogue en 1974 avec Johnny Hallyday qui conserve la première place avec 99 825 suffrages, en n° 2 Sardou qui, à son désavantage, « creuse » un écart de 53 321 points avec l'idole en engrangeant 46 504 points, tandis que l'Artiste le talonne avec 44 422, soit une différence de 2 082 voix seulement ; Patrick Juvet est n° 4 avec 38 319 points, tandis que, pour sa première apparition, C. Jérôme entre en 5e position avec 32 087 voix.

En 1975, il faut se faire une raison, c'est presque la fin des haricots. On constate, avec les chiffres, une véritable désaffection du lectorat *SLC* et consorts. Mais cette désaffection à l'endroit de Claude François reflète-t-elle bien la réalité ? En effet, on observe que « la descente » dans ces référendums annuels commence véritablement en 1973 et dans le même temps, on observe, et le contraste est avéré, que, plus l'Artiste perd du terrain dans ces classements, plus il vend de disques, plus il obtient de véritables, voire énormes, succès déjà amorcés pour les seventies avec *Il fait beau, il fait bon*, *Viens à la maison (ya l'printemps qui chante)*, *Le lundi au soleil*, *Belinda*, *Je viens dîner ce soir*, *Chanson populaire*, *Le mal-aimé*, *Le téléphone pleure*, *Le chanteur malheureux*, *Toi et moi contre le monde entier*, *Cette année-là*, *Je vais à Rio*. Bien. Ces titres « tubesques » fonctionnent aussi bien que ceux d'Hallyday, Mike Brant, Dave ou Sardou et, sans compter les scores et les exploits sur scène surtout lors des fameuses « tournées d'été » dès lors, comment comprendre qu'en 1976 l'Artiste se retrouve en 7e position derrière Shake, avec 6 227 voix ? Que quelqu'un de l'importance de Claude François dévisse à la 7e place, on peut effectivement subodorer que l'affaire n'est pas nette. À cette aune, nous avons là une des raisons, je dis bien une des raisons, pour lesquelles en 1972 Claude François a racheté *Podium* à Claude Bernardini. En effet, quand l'Artiste ne s'est plus senti en « odeur de sainteté » à *Salut les Copains*, il a anticipé, comme peu aurait été en capacité de le faire. Voir venir d'aussi loin ce qui vous attend relève de l'exploit.

Si Johnny Hallyday, avec seulement 50 997 voix, parvient à rester n° 1, c'est Dave, pour sa première apparition dans ce référendum, qui se classe n° 2 avec 25 223. Les écarts sont énormes, y compris celui d'Hallyday avec ses précédents scores. Il n'y a pratiquement plus aucun attrait ni d'intérêt. Seul l'Artiste avec *Podium* s'en sort et à très haut niveau, c'est tout le paradoxe. J'y reviens, le public initial est parti. Ne reste celui de vague néo yé-yé, pour le moment. En n° 3, c'est Mike Brant avec 20 998 voix qui devance Sardou classé n° 4 avec

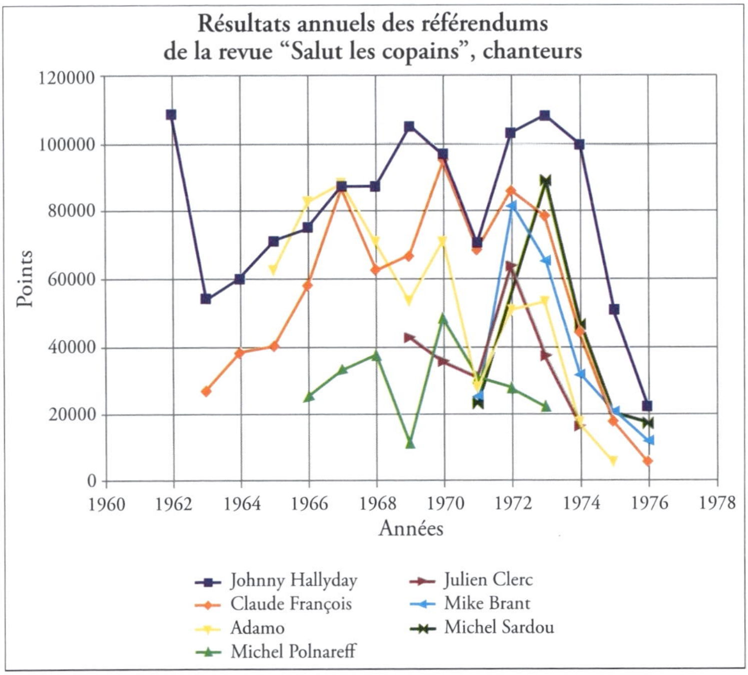

20 415 ; enfin, l'Artiste se retrouve en cinquième position avec seulement 17 988 points. Incompréhensible si l'on tient compte du retentissement de ces « tubes » 1972-1975 cités ci-dessus.

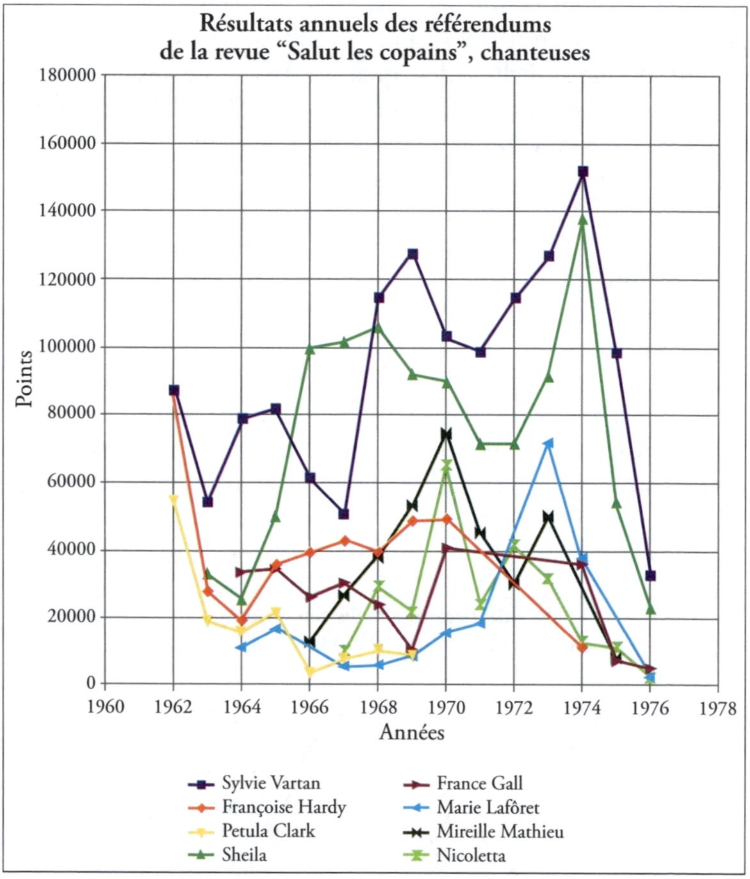

Pour finir et couronner le tout, pour ne pas dire enfoncer le clou et jeter les idoles avec l'eau du bain, Claude François, donc, se retrouve en 1976 n° 7 avec… 6 227 suffrages, Hallyday se maintenant n° 1 avec un score très faible à 22 612, Sardou n° 2 avec 17 945 points devant Mike Brant à la 3e place avec 12 208, Frédéric François n° 4 avec 8 208, Dave n° 5 avec 7 798 et Shake n° 6 avec 7 352. Derrière Claude François, on trouve en n° 8 Ringo, en n° 9 Noam et 10e Gérard Lenorman.

Voilà, en gros, ce que donnent ces classements de 1962 à 1976 pour ce qui est des chanteurs. Du côté des chanteuses et des groupes, on voit respectivement une domination sans appel de Sylvie Vartan et de Sheila, talonnées de près au début par Françoise Hardy et France Gall. Pour les groupes, domination également sans appel des Beatles, des Rolling Stones (les premiers se séparant en 1970, ils ne seront plus classés dès 1971) et d'Elvis Presley.

Dès 1972-1973, on voit dans tous les classements la descente, quand ça n'est pas la disparition, de pratiquement tous les « Grands ». La qualité disparaît donc peu à peu de ces classements et ce, en corrélation avec le contenu de cette presse « jeune » et avec les disques qu'on balançait à la face d'un public non averti, puisque l'antérieur s'était détourné. Ce qui n'empêchera pas ce dernier de revenir plus tard, suivi d'une nouvelle génération, témoigner de son intérêt pour le renouveau des « anciens », mais aussi pour découvrir et plébisciter une « nouvelle vague » d'artistes dont la quintessence signifie réellement quelque chose.

En ces « années paillettes », on observera la dégradation rapide de l'historique *Salut les Copains* avec, dès 1972-1973, l'apparition « d'artistes » savonnettes, des néo-yé-yés dont peu restent en course aujourd'hui. Non pas qu'ils ne furent « pas bons », mais leur démarche, leur style ne cadraient plus du tout avec les nouvelles et pertinentes exigences musicales et l'esprit de la décennie précédente.

Ces référendums peuvent appeler les considérations suivantes. Du jour au lendemain, même en tenant compte de l'irruption en France et dans le monde de nouveaux facteurs à caractère socio-économique, culturel et écologiques l'ordre des choses a subi un tel bouleversement, un tel changement des mentalités qu'on peut s'interroger quant aux origines du phénomène : un public averti, ayant fréquenté la « bonne musique », ayant reconnu, chez Claude François des qualités l'ayant porté très haut, s'est détourné de lui tout comme il le fit par exemple pour Richard Anthony, Adamo et Françoise Hardy. Même si ces derniers se faisaient plus rares, cela n'explique pas tout. On pourrait presque dire que le bon public, dégoûté de la médiocrité montante, est passé à autre chose et les très bons susnommés ont payé les dommages collatéraux… Il ne restait

Résultats des référendums pour les chanteurs français

	1962	1963	1964	1965	1966	1967	1968	1969	1970	1971	1972	1973	1974	1975	1976
Johnny Hallyday	108903	54468	60228	71342	75202	87536	87328	105208	96908	70727	103117	108304	99825	50997	22312
Richard Anthony	57904	10722	21324	12315	3505	10700									
Dick Rivers	33052	2322	8653	4503											
Eddy Mitchell	22431	8073	16910	13009	6547	4634	5859	4992							
Claude Nougaro	18440	680													
Lucky Blondo	14069														
Billy Bridge	12007														
Charles Aznavour	11828	2291													
Leny Escudero	11116	4905													
Claude François		27090	38366	40222	58255	86903	62763	66884	95403	68640	86004	78805	44422	17988	6227
Jacky Moulière		6454													
Jacques Brel		623													
Hugues Aufray			15630	25617	19444	10614									
Frank Alamo			14135	19304	10302										
Enrico Macias			9223												
Monty			5422	6205			6535		4619						
Adamo				62517	82736	88272	70894	53529	70933	27952	50811	53212	17626	6003	
Ronnie Bird				6904											
Antoine					42529	8017	7186	6879							
Hervé Vilard					25909	2005									
Michel Polnareff					25413	33207	37571	11603	48312	31101	27912	22169			
Jacques Dutronc						32504	38742	33649	24400						
Herbert Léonard							16543	8226							

Résultats des référendums pour les chanteurs français *(suite)*

	1962	1963	1964	1965	1966	1967	1968	1969	1970	1971	1972	1973	1974	1975	1976
Éric Charden							6217								
Julien Clerc								42612	35422	30814	63987	37001	16813		
David Alexandre Winter								19126	7798						
Joe Dassin									25554	39239	40222				
Gilles Marchal									15211						
Mike Brant										25335	81612	65404	31893	20998	12208
Michel Sardou										23209		89212	46504	20415	17245
Les Poppys										20995					
Michel Delpech										12714					
Ringo											61102		26725	11091	6136
Gérard Lenorman											34834	61909	14447		3083
Charden-Stone											17998				
Frédéric François												73357		8398	8046
Patrick Juvet												37881	38319	15612	
C. Jérôme													32087	13224	
Dave														25223	7798
Shake															7352
Noam															3410

Résultats des référendums pour les chanteuses françaises

	1962	1963	1964	1965	1966	1967	1968	1969	1970	1971	1972	1973	1974	1975	1976
Sylvie Vartan	87632	53833	78743	82014	61202	50455	115078	128624	103208	98840	114950	127101	152815	98562	32319
Françoise Hardy	85990	27622	18906	35619	38909	42816	39256	48492	49333				10865		
Petula Clark	53920	18350	15303	21447	3207	7407	9979	8421							
Dalida	11663	1080													
Sheila		32824	25202	50215	100315	101900	106438	92263	90010	71621	71821	91923	138907	54397	22907
Tiny Yong		3877													
Sophie		2228													
Brigitte Bardot		1590					5327								
Alice Donna		781													
Colette Magny		672													
France Gall			33228	34218	25896	30019	23562	10244	40476				35614	7039	4664
Marie Laforêt			10689	16319		4953	5535	8486	15104	18110		71812	38006		2329
Michèle Torr			8905	22111	3343								13324	9614	6036
Jocelyne			5021	2255											
Stella			1502												
Chantal Goya				8423											
Christine Lebail				7936											
Mireille Mathieu					12238	26515	37923	52666	75083	44895	29816	50000		7678	
Annie Philippe					10415	6322									
Delizia Adamo					9788										
Stone					4588	6287				20912		80197			
Nicoletta						8708	28941	21713	65151	23638	41128	31678	12386	10559	2187
Liliane Saint-Pierre							9984	4167							

Résultats des référendums pour les chanteuses françaises *(suite)*

	1962	1963	1964	1965	1966	1967	1968	1969	1970	1971	1972	1973	1974	1975	1976
Dani								3203	21302	23012					
Séverine									12339	63346	51211				
Cécile Valéry									7257						
Jeanie Bennett										21936					
Nana Mouskouri										19027					
Véronique Sanson											62414	65666	26295	6714	3243
Vicky Leandros											43847				
Esther Galil											24102				
Nanette Workman											23014				
Marie											19912	45123			
Patricia Lavila												75255	40612	5446	
Anne-Marie David												28410			
Mina													9487		
Carène Cheryl														24318	12854
Julie Bataille														11206	
Jeanne Manson															16895
Annie Cordy															3988

Résultats des référendums pour les chanteuses étrangères

	1962	1963	1964	1965	1966	1967	1968	1969	1970	1971	1972	1973	1974	1975	1976
Little Eva															
Petula Clark															
Brenda Lee															
Helen Shapiro															
Ella Fitzgerald															

Résultats des référendums pour les groupes français

	1962	1963	1964	1965	1966	1967	1968	1969	1970	1971	1972	1973	1974	1975	1976
Les Chaussettes Noires															
Les Chats Sauvages															
Les Fantômes															
Les Pirates															
Les Pingouins															

Résultats des référendums pour les chanteurs étrangers

	1962	1963	1964	1965	1966	1967	1968	1969	1970	1971	1972	1973	1974	1975	1976
Elvis Presley															
Ray Charles															
Cliff Richard															
Gene Vincent															

donc que les amateurs de paillettes, c'est-à-dire un public qui n'a pas véritablement connu la qualité, la richesse des années 50 et 60. Devant sa pression, pour aller au plus vite et au plus facile, les « marchands » ont donc cédé.

Cela dit, quand on observe dans le dernier référendum en 1976 le sort réservé aux Rolling Stones et à Elvis Presley, on ne s'étonnera plus de rien. Mais examinons tout cela de plus près. Ce qui apparaît comme un épiphénomène sans importance, issu du petit milieu de la chansonnette et qui, à première vue, ne devrait même pas être évoqué au regard des problèmes qui assaillent le monde, à l'époque comme aujourd'hui, sont les prémices d'un phénomène plus vaste. Ces petits riens qui, *a priori*, ne devraient même pas retenir l'attention de l'honnête homme doté d'un minimum de culture, s'ils apparaissent désuets, annoncent à leur manière la vastitude dévastatrice du formatage, qui commence au début des années 1980, par la massification aidée en cela par l'arme fatale de « la fêêêête » à tout prix, à tout crin. Quand existent de tels écarts, de tels dérapages dans un système artistique et marchand, cela veut dire que les causes sont multiples, que les schémas des phénomènes de déréliction se retrouvent dans d'autres domaines. On commençait à le voir en ces années-là avec les balbutiements d'une société « clipée », du rapide à consommer bêtement sans aucun apprêt, que ce soit pour la chanson mais aussi pour la télévision, le cinéma, une certaine presse, certains secteurs de l'édition pour ne parler que du domaine des arts, du spectacle et de la culture…

Il était donc inéluctable de voir des crétineries grimper dans les hit-parades et autres référendums parce qu'un système abêtissant, pour se maintenir, doit imposer à tout prix ce qui est le plus médiocre. On en voit le résultat aujourd'hui : uniformité/formatage à souhait dans tous les domaines. On observera, pour ne se limiter qu'à elles seules, puisqu'il s'agit ici de chansons, ce que sont devenues, très vite après leur avènement soit disant libérateur de la parole, les radios dites « libres ».

Pour conclure, si tant est que conclure soit possible, pour ne pas dire stupide, rappelons que Claude François payait le tribut d'être libre avec son journal *Podium*, qui fut ce qu'il fut… La suprématie de ce qui deviendra *Salut* était mise à mal par la revue du boulevard Exelmans. D'où, dans les colonnes de *Salut*, de nombreuses attaques de ses « collègues » chanteurs – même sur le ton innocent de la plaisanterie ou du quolibet – avec la complicité « sourde » de membres de la rédaction et de certains animateurs radios qui commençaient à faire les malins. Fallait bien qu'ils « existent » d'une manière ou d'une autre puisqu'ils n'étaient pas artistes, ne mouillaient pas leur chemise, ne mettaient point chaque jour leur survie et leurs biens en jeu... Il fallut donc à Claude François beaucoup de talent, de ténacité, d'excellents titres qui se terraient au fond des 33 tours et une personnalité hors du commun, pour résister aux assauts des médiocres et de la boue qui lui était jetée au visage.

13

Avant les chansons, une petite *genèse*

À la lumière de ces nécessaires considérations, on s'aperçoit que dans tous les livres, comme dans divers articles et émissions de télévision, sur la matière première qui, dès octobre 1962, a fait connaître le nom de Claude François dans la France entière, dans ses moindres recoins autrement dit, la chanson, la musique, et ce, jusqu'en 1998 et surtout 2003 : rien !

Ces deux dates correspondent à deux parutions où, enfin, au bout de vingt ans deux ouvrages se sont penchés en détail sur le travail du chanteur, sur son activité réelle.

Jusqu'alors, rien que du people qui n'a pas non plus toujours bien servi, honoré la mémoire de l'Artiste. Mais la chanson, la musique le cœur du Sujet : désert total.

Rien, notamment avant le *Dictionnaire des chansons de Claude François* en 2003.

En 1998, j'ai eu l'occasion de rencontrer Guy Floriant, « dernier nouveau » directeur artistique de Claude François. Nous sommes devenus très vite bons amis. Guy a eu une carrière dans la musique assez particulière et éclectique ; il a été auteur et compositeur de nombreux interprètes dont Gilbert Montagné, Dani, Rémi Bricka, Les Enfants Terribles, Marie Laforêt et bien d'autres. C'est en 1976 que Guy arrive boulevard Exelmans, chez Flèche, en remplaçant « provisoirement » Jean-Pierre Bourtayre au pied-levé. Il a donc œuvré à plein temps comme à plein tube pour les 33 tours « Chanson pour les jeunes de 8 à 88 ans », celui de *Je vais à Rio* et enfin le dernier avec *Magnolias Forever* et *Alexandrie Alexandra*, celui que je ne considère pas comme le meilleur au beau prétexte, voire pour faire bien comme tout le monde..., qu'Étienne Roda-Gil y a apporté sa plume. Faut dire, à mon corps défendant, mais je ne parlerais pas longtemps de moi, pas d'inquiétude..., que j'ai une sainte horreur du disco, de la chanson kitch super-marché-variété-variétoche des années 70, et de tout ce qui, finalement, est à l'origine de son avènement, de ce qui va avec, dans les comportements, les aspects vestimentaires, les formes de sociologies socio-économiques, environnementales qui y sont liées. La couleur annoncée dans le présent ouvrage est donc celle-ci : le Claude François des années 60 oui. Celui des années 70 non, très souvent, et parfois oui.

Guy Floriant avait publié en 1988 chez Seghers un livre sur son « ancien patron », au titre qui en dit long et qui dit bien ce qu'il veut dire : *Claude François. Plus vite que la musique.* C'est un livre de professionnel, qui parle au public de l'idole sans se foutre du monde. Lui, il n'avait pas besoin de signifier à tout bout de champ « moi j'ai connu Claude François », « Moi j'ai travaillé avec Claude François » et autres fadaises. Concernant Guy, c'était évident pour tous. De surcroît, les fans (aspect qui compte énormément dans la sphère post-Claude François...) le connaissent, et de plus son nom est imprimé au dos des trois 33 tours sur lesquels il a travaillé. Oui, *Plus vite que la musique* a été vraiment le premier livre qui a parlé avec clarté, intelligence, ironie, humour et une véritable connaissance du métier, d'un de ses plus illustres représentants. Ce n'est pas pour rien que le « grand patron » du studio CBE, emblématique et mythique ingénieur du son hors pair, compositeur, arrangeur et musicien de jazz, Bernard Estardy alias « Le Baron » avait déclaré quelques jours après la disparition du chanteur : « *maintenant, le métier ne sera plus jamais le même, c'est fini...* ».

Estardy, disparu en 2006, voyait clair. Au début, il ne voulait pas entendre parler de Claude François. De fait, et comme beaucoup, même pour des esprits avisés, de bonne composition, « informés » (guillemets de rigueur...), les cultivés de tout bord et de toute obédience, n'avaient pas, c'est rien de le dire – du fait d'un automatisme pavlovien récurrent – une exceptionnelle opinion de Claude François. Bref, le personnage ne les intéressait pas et demeurait somptueusement ignoré.

Par la suite, concernant l'Artiste et Bernard Estardy, dès leur première collaboration ils sont devenus inséparables, et cela, surtout grâce à leur passion commune pour la musique et notamment le jazz ! Aussi, sachant parfois mettre, avec tact et élégance, à profit leur complicité musicale, Estardy, lors de séances houleuses d'enregistrement, sut tenir tête à l'exigeant Claude François toujours à parfaire une chanson au trébuchet, car ce dernier avait intégré qu'il avait en face de lui un « alter ego » musical, et le chanteur respectait les compétences qui, avec classe, lui résistaient.

C'est à l'occasion de la réédition de *Plus vite que la musique* aux éditions du Rocher en 1998 sous le titre de *Claude François. L'enfer du décor*, que j'ai proposé à Guy Floriant de placer en fin de volume toutes les chansons ayant fait l'objet d'une adaptation d'un titre étranger ; cette partie avait pour titre *Les reprises : le dossier*.

Bref, toutes les adaptations, ou presque, car à l'époque une quantité de versions originales demeuraient désespérément introuvables, et quelques-unes m'ont pris pas loin de 40 ans de recherche ; quant à la Sacem, bizarrement les originaux aux origines obscures pour moi l'étaient également pour cet organisme et par-dessus le marché, nombre d'anciens collaborateurs de l'Artiste ne savaient pas grand-chose, et apparemment ne s'était jamais penchés là-dessus ; et pour couronner le tout, même plusieurs années après l'avènement d'internet, il a toujours été assez difficile de mettre un titre et/ou le nom d'un interprète sur beaucoup de ces versions originales, surtout celles des années 1970, car sur les disques, sauf rare exception, le titre original, contrairement aux années 60, n'était pas imprimé sur l'étiquette. Cependant, même dans ces années 60, il n'était pas toujours évident de pouvoir identifier les interprètes des titres originaux qui étaient imprimés sur l'étiquette du disque et au dos de la pochette. Dans les seventies, il y avait bien entendu, en cas d'adaptation, car c'est contractuellement obligatoire, outre le nom du ou des auteurs/adaptateurs français, les « crédits » mentionnant les noms des auteurs et compositeurs étrangers ; le seul problème, c'est que dans la plupart des cas, devant le ou les noms des *songwriters* originaux il n'y avait que l'initiale du prénom (*first name*), parfois rien, et de surcroît ces noms étaient fréquemment mal orthographiés : soit il manquait une lettre, soit ce n'était pas la bonne etc. Il valait donc mieux connaître à l'oreille les versions originales, ce qui était souvent mon cas. Cependant, outre-Manche comme outre-Atlantique, ce n'était pas que des « tubes » ; j'ai ainsi pu mettre des titres et des noms d'interprètes sur des chansons qui étaient un peu connues dans certains États et autres Comtés des États-Unis et pas du tout dans d'autres États ; idem pour les comtés, les paroisses, les districts anglais, et même l'Irlande. Les dénicher relevait véritablement de la mission spéléologie, et ce, même avec internet, au moins jusqu'en 2010. De plus, en admettant qu'internet était en ces années en mesure de donner les bonnes informations, il fallait à l'époque certains mots/noms clés sans quoi, si on ne connaît pas soi-même l'original, c'est mission impossible.

D'aucuns pourront observer, en examinant de près leurs apparitions comme leur contenu, que, dès 2000-2003 des sites déjà existant ou nouveaux, comme par hasard, déclinent soudainement nombre de versions originales identifiées et ce, juste après les parutions des deux livres de 1998 et de 2003, cités plus haut.

Depuis cette date, les ouvrages ayant effleuré le répertoire des chansons de Claude François issues d'une adaptation, ont souvent eu recours à la pioche et à l'épuisette. Il est pour le moins troublant de voir « comme révélées… ! », quelques années après, dans certains livres, livrets, et autres publications, les versions originales les plus difficiles à identifier correctement signalées et décrites comme si « l'auteur » de toute évidence les avait trouvées lui-même, tout seul du genre « y'a qu'à s'baisser… », et notamment quand il ne sont pas d'une génération qui a baigné dans le bouillon de culture musicale s'étalant de la fin des années 50 à, disons, 1970-72 ; il était donc impossible, pour la plupart d'entre eux, de connaître les versions originales sans cette pioche et cette épuisette, sachant que certains ignorent ce que c'est que « citer ses sources…» ; fallait que leurs auteurs aient un certain âge pour pouvoir s'en passer…

L'Enfer du décor de Floriant marcha si bien qu'une nouvelle édition fut réimprimée chez le même éditeur en 2003 sous le titre de *Claude François. Même si tu revenais* et avec toujours en fin de volume mon dossier, déjà un peu augmenté, sur les reprises ; mais 2003, c'est aussi et surtout la publication chez Durante éditeur, de la première édition de mon *Dictionnaire des chansons de Claude François*, amicalement et subtilement, comme il sait le faire, préfacé par Guy Floriant.

Par la suite, ce dictionnaire connut deux autres éditions, et à chaque fois elles étaient corrigées et augmentées de nouvelles trouvailles ; il y eut ainsi la réédition chez Télémaque en 2008, avec un CD présentant trois versions originales américaines enregistrées bien avant 1962, ainsi celles de *Marche tout droit*, *Si j'avais un marteau* et *La ferme du bonheur* ; enfin en 2013 chez Guy Trédaniel, l'édition « définitive » préfacée par Alain Chamfort, avec à nouveau un CD contenant cette fois cinq versions originales, savoir celles de *Belles, belles, belles, Moi je pense encore à toi, Si j'avais un marteau, Chaque jour c'est la même chose* et *J'y pense et puis j'oublie.* Toutes ces chansons issues d'une adaptation sont détaillées dans les pages qui suivent. En résumé, avant le dossier sur les reprises en 1998 dans le livre de Guy Floriant et le Dictionnaire chez Durante en 2003 il n'y eut véritablement rien, non seulement sur le répertoire de Claude François ni, bien entendu, sur la provenance des chansons adaptées.

D'une manière générale, l'attrait, la curiosité que j'avais pour ces chansons « françaises » issues d'une adaptation ne se limitait pas au seul Claude François. Mais alors, pourquoi ce livre uniquement sur le répertoire de Claude François ? Réponse :

Parce que c'est la tête de turc, la bête noire emblématique abhorrée de toutes les intelligentsias, de tous les systèmes de soumission, de formatage, de décérébration des foules, et de surcroît, parce que c'est le meilleur dans la galaxie rock/pop des sixties avec Richard Anthony, Dick Rivers n'étant pas très loin. Mais alors, quid de Johnny Hallyday ? Le concernant, si les musiques et l'énergie incontestables font rarement défaut, c'est moins évident pour les textes où l'on s'ennuie souvent et sur ce point, chez Mitchell, c'est bien plus relevé. Ensuite, pour Hallyday, dès les années 80 c'est autre chose. Avec les « albums » écrits par des chanteurs, son monde bascule et le nôtre aussi, (voir le chapitre Des 33 tours pas d'albums). Quant à la scène, ayant vu les deux sur les planches, on peut dire sans *a priori* que durant des jours et des jours, pour ne pas dire des semaines après la prestation de l'un, on est encore enveloppé comme agréablement assailli par l'onde de choc, la puissance de l'énergie délivrée, et que pour l'autre, on peut faire la sieste le lendemain.

Et ceci me rappelle un batteur de jazz, avec qui j'avais parfois « zoné » en studio et qui, en 1986 je crois, me racontait, à propos de Claude François sur scène, ce qu'il s'était passé pour lui et les autres musiciens avec lesquels il venait de jouer. Ce batteur était en tournée avec l'orchestre du saxophoniste de jazz Archie Shepp. Dans les années 70, un soir qu'ils avaient joué dans un patelin et qu'ils avaient terminé assez tôt, les membres de l'orchestre ne savaient pas trop quoi faire. C'était un peu tard pour reprendre la route pour la ville où ils devaient jouer le lendemain, et l'hôtel était réservé en option, on n'était pas au bord de la mer… ; c'est alors qu'ils aperçoivent une affiche annonçant un gala de Claude François le soir même. « Mon » batteur me dit, texto : « *on savait pas quoi foutre, et quand on a vu ça on s'est marré et on s'est dit que, comme on avait du temps à tuer, et par curiosité histoire de rigoler un peu, voire de se foutre de sa gueule, ce serait drôle d'aller voir « le craignos… etc…*» Très bien, les types se rendent au concert. Et le batteur de me dire : « *écoute, le mec nous a bluffé, on avait jamais vu ça, une énergie dingue, des morceaux supers, bon c'est pas notre musique mais quand même, franchement le type il assure et y'a du rythme* etc ». Bon c'est un batteur qui parle et l'Artiste, sur la Côte d'Azur et au Caramel à Paris avec les Gamblers, il n'était pas au triangle… Bref, l'orchestre d'Archie Shepp découvrait le musicien, le rythmicien, l'artiste Claude François sous son meilleur jour. Et pour finir ce batteur me dit : « *avec ce qu'on a vu et entendu, plus jamais on peut considérer ce gars-là comme on l'avait considéré avant* ».

Voilà, tout est dit.

***

Aller à la découverte des origines des chansons de plus d'une centaine d'interprètes français, comme je le fais, m'amuse à le faire, permet de prendre conscience et d'appréhender l'ampleur du phénomène et ce que cela peut signifier si l'on considère, à l'évidence, que les opus en provenance d'Angleterre, d'Irlande, d'Écosse et bien entendu du Canada et des États-Unis sont comme le dit très bien la présentation du livre *Americana* de Gérard Herzhaft : « *...la synthèse d'un patchwork d'influences venues de tous les continents...* » « *...ce qui explique l'attrait mondial des musiques surgies de ce melting pot nord-américain...* »[1].

Dans la seconde moitié des années 60, durant lesquelles j'ai œuvré « musicos » dans un orchestre de rythm and blues, période Otis Redding, Wilson Pickett, Arthur Conley et compagnie, nos oreilles à l'affût attrapaient au vol des morceaux dans des concerts ou des boîtes, et certains nous rappelaient quelque chose. Telle ou telle chanson nous titillait, et on se rendait tout bêtement compte que celle-ci avait été reprise par un tel ou une telle. Ça devenait presque amusant. Très vite je me suis pris au jeu de comparer les originaux aux versions françaises et je dois dire que, contrairement aux idées reçues comme quoi les adaptations françaises étaient toujours de lamentables et pâles copies interprétées par de mauvais interprètes « yéyé-à-la-noix » avec des textes affligeants voire débiles – j'insiste en confirmant que tout ceci est totalement inexact – une oreille bien débouchée et dénuée de toute mauvaise foi généralisée ne peut abonder en ce sens. Sur la médiocrité insigne des yéyés et de leurs paroles, durant plus de cinquante ans on nous a assommés avec ce mantra idéologique qui n'avait, et n'a toujours..., de cesse d'alimenter l'idée reçue, et que nous sommes sommés d'acquiescer..., quant à la nullité nuisible des « yéyés, tel un endoctrinement acharné délivré par les omnisciences foncièrement hostiles au personnage Claude François comme à ses congénères archétypaux.

Dans toutes ces adaptations, je ne dis pas que tout est très bien ou remarquable néanmoins, force est de reconnaître – même si pour beaucoup de cervelles embuées ce n'est pas facile voire pénible... – que de très nombreuses reprises ont été réalisées avec le plus grand soin, avec de grands musiciens, de grands paroliers, de grands arrangeurs, de grands ingénieurs du son et bien sûr, de grands artistes ; de plus, comme évoqué plus

1. Gérard Herzhaft, *Americana. Histoire des musiques de l'Amérique du Nord*, éditions Fayard, 2005.

haut en détail, nombre d'entre elles soutiennent, n'en déplaise à nouveau à beaucoup, la comparaison à l'original.

Je pense pour cela bien sûr à Claude François, mais aussi à Richard Anthony, qui le premier a montré la voix. Oui, ce livre est sur l'inouï univers musical de Claude François, mais c'est pourtant bien Richard Anthony qui – l'histoire est l'histoire et les faits sont là – donna, peut-être parce qu'il put y penser tout seul – l'idée à l'Artiste d'installer des antennes de radio pas possibles partout sur ses toits, afin de capter avant tout le monde (savoir la concurrence, même si au début Anthony n'avait pas de concurrent…), les chansons étrangères à éventuellement adapter en français. Outre que l'Artiste consultait régulièrement le *Billboard* pour repérer certains titres, certains noms anglo-saxons d'interprètes et/ou de *songwriters*, il pouvait donc entendre par ce moyen les chansons des radios anglaises, belges/flamandes, luxembourgeoises et scandinaves qu'il lui plairait d'adapter, et ainsi bloquer les droits éditoriaux en premier. De fait, sur la notion de « taulier », dont on nous bassine l'entendement comme s'il était intimé aux foules de s'agenouiller face aux « ex-rebelles devenus dociles et entrés dans le rang… », dans la série l'art et la manière de se faire des amis…, on risquerait de discuter dur quant à savoir qui est le véritable « taulier », si tant est que cette notion soit réellement rationnelle…

Et pour enfoncer le clou, il est opportun de préciser qu'en 1963 la maison de disque Pathé/Marconi-Columbia donna à Richard Anthony carte blanche pour une durée de dix ans aux studios d'Abbey Road – studio emblématique des Beatles – à Londres pour effectuer ses propres enregistrements, tellement il vendait de disques (pour Richard Anthony, là aussi il y a contraste entre ses scores de ventes et ses classements dans les référendums annuels de *Salut les Copains* période 63-67).

En effet, on apprendra et c'est reconnu « dans le milieu » (pour les rares qui s'en souviennent s'ils sont toujours là) mais ça ne se dit pas, et on se demande bien pourquoi…, que durant cette période, au cœur du *swinging* London, les musiciens et ingénieurs du son anglais disaient que Richard Anthony était le seul artiste français chantant aussi juste avec une voix pareille. En cela, Richard avait eu à l'époque reconnaissance et amitié de Paul McCartney, George Harrison et Mick Jagger, qui souvent trouvaient très bonnes les adaptations, issues de leur répertoire respectif, que Richard Anthony avait effectuées, et ils le lui disaient ouvertement ![2]

Et voici ce qu'en dit Monty dans son livre : « *En France, dans cette seconde moitié des années soixante, la mode musicale était en pleine mutation. Elle virait franchement à la pop anglaise lancée par Les Beatles et, pour retrouver au plus près ce son qui me fascinait, j'ai décidé d'aller enregistrer à Londres. Après plusieurs tentatives je réussis à contacter Reg Guest, qui était l'un des meilleurs arrangeurs et directeurs musicaux. Le fait que je sois bilingue aida considérablement à ce qu'il me prenne au sérieux, car à Londres, les chanteurs français étaient a priori considérés comme des chanteurs … français ! Autrement dit comme des chanteurs de seconde zone qu'arrangeurs et musiciens snobaient, ne faisant aucun effort pour comprendre ceux qui ne parlaient pas leur langue. Le résultat s'en trouvait souvent très en deçà de celui espéré. Ce mépris était d'autant plus aisé qu'à l'époque, la démarche classique consistait à d'abord envoyer par courrier une maquette à l'arrangeur puis, par téléphone, lui donner toutes les indications nécessaires. L'interprète ne se déplaçait que pour l'enregistrement.*

Bilingue, lui aussi, il n'y a guère que Richard Anthony qui parvenait à obtenir des studios londoniens des enregistrements somptueux »[3].

Il ne faut guère s'étonner si, dès 1966-1967, après avoir collaboré avec Les Reed, Claude François, à Londres ou à Paris, commence à travailler avec son compatriote anglais Reg Guest, ayant plus que bien entendu les excellents résultats que ça donnait dans les disques de Monty.

Et tout ceci rejoint finalement ce qu'en dit en août 2012 Patrick Mandon dans la revue *Causeur*[4], et c'est criant d'authenticité : « *Grâce à Richard Anthony, nous ne succomberons pas, un peu plus tard, aux postures fabriquées de Johnny Hallyday…* ». Et en février 2013 dans la même revue *Causeur* l'écrivain-essayiste

---

2. Voir Richard Anthony, *Quand on choisit la liberté*, avec dossier sur les adaptations en fin de volume par Olivier Delavault, Massot éditeur, 2010.

3. Monty et Michel Bourdais, *Ma vie en vert, du showbiz au chaudron*, préface de Michel Drucker, Les Éditions & Co, 2017.

4. *Causeur* du 27 août 2012, article de Patrick Mandon : « *Les oreilles de l'été. Une vague de chaleur signée Richard…*

Thomas Moralès, qui a le goût, et il n'est pas tout seul…, de savoir contempler et savourer une esthétique, témoignage parmi d'autre de ce que peut produire une société, une civilisation à une époque dorée et élégante – ici les 30 Glorieuses – comme, au hasard…, une pochette de 45 tours ou de 33 tours 25 et 30 cm, une DS, une 203, une 403, une Traction, une Vedette, une Aronde, une Simca Montlhéry P 60 Étoile 6, une Panhard (Dina, Pl 17), une 4 CV, une 2 CV, une Frégate, une Dauphine voire une Ondine, une Versailles, une Chambord, une Ariane, une Floride et bien sûr, *une p'tite MG…* et autre superbes carrosseries – ne me contredira point ayant écrit en février 2013, également dans la revue *Causeur*[5], que les voix les plus intéressantes des années 60 étaient celles de Richard Anthony et de… Dick Rivers !

***

Depuis sa disparition le samedi 11 mars 1978, il y a eu une palanquée d'ouvrages divers et variés, des sérieux et des fourre-tout, des par-ceux-qui-savent, des-qu'ils-l'ont-connu – mais qui savent parfois puiser dans les bons livres… – des *peopleries* vulgaires dégoulinantes de mauvais strass, de paillettes racornies par la salissure et le mépris voués au lecteur, ce « misérable nostalgique » d'une époque révolue, d'un monde idéalisé, celui du peuple profond, issu des petites classes jusqu'à la moyenne, qui se fane comme les pages éphémères nécrosées d'ignorance liée au foutage de gueule intégral, des pages sans âme et sans raison qu'on lui envoie régulièrement à la figure, pourvu qu'il sorte ses sous, et parfois, ses derniers deniers.

Le journal « élitaire » de ceux qui n'éprouvent que mépris et aversion pour Claude François et, ça va de soi, son public, savoir *Libération*, publiait le lundi 13 mars 1978, c'était en première page en haut à gauche : « *Claude François a volté* » ;

5. Thomas Moralès, *Causeur* février 2013, article : « *Nouvelle vogue* » ; et ses livres, *Dictionnaire élégant de l'automobile*, éditions Rue Fromentin, 2013 ; *Mythologies automobiles*, l'Éditeur, 2016 ; *Éloge de la voiture : défense d'une espèce en voie de disparition*, éditions du Rocher, 2019 ; *Et maintenant voici venir un long hiver…*, éditions Héliopoles, 2022. L'air de rien, cela a tout à voir avec les sixties de Claude François car cela relève, procède d'une esthétique indissociable… En évitant le plein soleil dessus, imaginez, imaginons la vision d'un de ses 45 tours sur la plage arrière, ou sur le siège d'une de ces voitures…

faut dire que la veille, le dimanche 12 mars, c'était les élections législatives, avec pour résultat la défaite de la gauche. Dans les esprits déjà bien-pensants, c'était la grosse déception, mais en compensation, sans que d'aucuns s'en réjouissent ouvertement – l'engeance sévissant, notamment sur les campus universitaires, aveuglées d'idéologie mortifère, doctrinaire – la disparition d'un archétype socio-sociétal, tel que l'incarnait à leurs yeux Claude François, tombait finalement pour ce petit monde comme une sorte de lot de consolation. Dans les subconscients du « collectif supérieur », comme s'il y avait un déterminisme absolu qui faisait converger certains événements porteurs d'une symbolique rassemblant deux réalités antagonistes qui, simultanément, s'entrechoquaient – la défaite de la gauche et la mort d'un yéyé honni, socialement disqualifié –, était derechef pondu par, déjà, un *sociétalisme* rampant, en *Une* de son principal vecteur idéologique du moment, cet ultime sarcasme en forme d'hommage sardonique, comme si une fois pour toutes on se débarrassait d'un résidu qui devenait incommodant.

C'est en 1980 que survient à ce propos un son nouveau, un autre écho à la disparition de Claude François. Et là, faut reconnaître que c'est autant inattendu que réjouissant. C'est un disque, un 45 tours Emi/Sonopresse d'un chanteur dont le look et le répertoire sont très éloigné de Claude François ; bref, il a plutôt l'allure d'un Maxime Le Forestier que d'un post-yéyé. Toutefois, dans son répertoire, ce chanteur a deux points communs avec l'Artiste : il a effectué deux adaptations l'une puisée chez John Denver, et l'autre chez Sonny And Cher, comme Claude François. Sur ce 45 tours il y a une chanson troublante, émouvante, sobre comme ce chanteur sait les composer et les écrire : il s'agit de Gilles Marchal, avec *Ils ont perdu leur chanteur*[6].

6. Pour d'autres chansons « hommage », l'anthropologue Marie-Christine Pouchelle considère que la chanson de Michel Sardou de 1979, année qui suit celle de la disparition de Claude François, *Je ne suis pas mort, je dors* est implicitement dédiée à Claude François. En 1980, Alain Turban sort une chanson hommage avec *Tout le monde a pleuré* sur un texte composé de titres de chansons de l'Artiste qui s'enchaînent donnant un sens à l'ensemble (comme le fit Richard Anthony en 1966 avec des titres de ses propres chansons dans *Rien pour faire une chanson*,

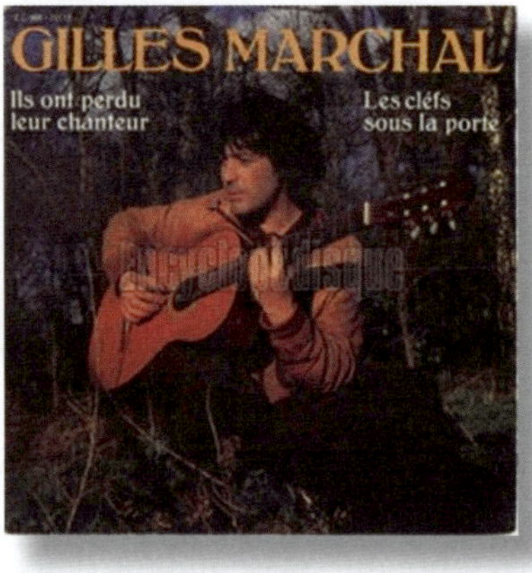

C'est sans doute la plus belle chanson jamais écrite en hommage à Claude François, tout en pensant à son public ; et le plus intéressant c'est de voir d'où ça vient et de qui ça vient. En effet, Marchal ne s'inscrit pas dans la mouvance musicale, discographique, scénique et sociologique de l'Artiste, on le perçoit plus entre un Delpech et un Souchon, voire un Cabrel. C'est quasiment un disque miraculeux compte tenu de tout ce que Claude François de son vivant, et après…, a pris et prend toujours, dans la figure. Les diverses intelligentsias et toutes les *branchouilleries* qui leur sont liées ne sont pas avares de critiques, d'insalubres dénigrements systématiques, de tombereaux d'injures et de quolibets autant railleurs que violents crachés à son visage comme à sa personne, à son esprit par des « gens de sacs et de cordes », comme cela se disait, surtout à Paris, entre 1780 et 1789…

Mais dix ans après, la pugnacité des contempteurs de l'idole est encore bien vivace. En mars 1988, la feu revue *Paroles et musiques* – avec son côté très « chanson française », comprendre un chouia militante, proche des artistes qui officient – avec, déjà…, et souvent, le sauf-conduit des sésames émanant de diverses intelligentsias – depuis le début des années 1980, doc-

---

adaptation de *Run For Your Life* des Beatles) ; en 1981 Humbert Ibach, Didier Barbelivien et Jean-Claude Petit concoctent pour Karen Cheryl (qui plus jeune avait œuvré assez bien à la batterie) la chanson hommage, *Je me souviens ;* quant à Johnny Hallyday, il aurait confié en 1985 avoir bien pensé à Claude François en enregistrant *Le chanteur abandonné.*

tement dans la série convenue des ouverts-à-l'autre-donneurs-de-leçons-moraline-à-trois-sous, des-qui-font-des-albums, des-qui-s'expriment-et-qui-communiquent-dans-un-lieu-de-vie… – avec la plume acérée de Richard Cannavo, auteur, éditorialiste, chroniqueur qui écrivait, comme si l'eau n'avait pas pour certains, même dans le caniveau, passé sous les ponts, prenant le relais de *Libération* histoire de perpétuer la raillerie et l'outrage : « *Que reste-t-il de Claude François, cette ex-star de pacotille morte en laissant une non-œuvre. C'est en effet assez stupéfiant, et même proprement remarquable : stakhanoviste du vinyle, Claude François en quinze ans, a sorti des disques par dizaines jusqu'à l'ivresse et il n'en reste rien !*

Recordman toutes catégories ès tubes, ce prince de la ritournelle n'a laissé en nous aucune trace. Il n'en reste rien, comme un grand coup de gomme, le temps a effacé ses refrains sans rime ni raison, ses refrains stupides, et jusqu'à sa voix… il n'en reste rien… »

Pal mal, non ?

Mais j'ai la naïveté de toujours me poser la même question, qu'il s'agisse de Claude François ou de tout autre artiste : comment un esprit aussi cultivé, informé, que celui de Cannavo peut-il écrire de pareilles âneries, lui qui semble avantageusement doté de facultés sensorielles qui auraient pu lui permettre – sans idéologie, et là je reconnais que c'est un peu difficile à envisager pour ce genre d'individu… – d'appréhender pleinement et sereinement la profusion – apparemment désordonnée – que livre ce fameux continent discographique de Claude François, avec toutes les narrations textuelles et musicales qu'il recouvre, offrant en réalité à d'aucuns une très grande cohérence et une profonde unité.

***

Avant les chansons, une curiosité, quelque chose, le mot est faible, d'inattendu : Claude François en critique littéraire ; oui, vous avez bien lu, en critique littéraire. En 1970, sur la demande d'un « petit » éditeur de poésie qui avait décidé de penser, fendant l'armure des idées reçues/convenues surtout à l'endroit de l'archétype Claude François, que des artistes qui avaient une audience aussi importante sur des millions de personnes, ne devait pas, contrairement à ce qui, déjà en 1970, se disait, être complètement inintéressante, qu'il devait y avoir quelque chose que peu de gens connaissent. Comme il eût raison… !

L'année dernière, Philippe Chevallier, écrivain et philosophe, collaborateur à *Philosophie Magazine* et critique littéraire à *l'Express* et auteur du fameux *La chanson exactement. L'art difficile de Claude François*, me transmet cette découverte :

Leconte de Lisle, *Poèmes barbares*, Poésie 1. Bimensuel. N° 10, du 15 au 30 juin 1970, Paris, Librairie Saint-Germain-des-Prés, éditeur, p. 5-6.

Avant-propos de Claude François.

« Et si je vous disais que j'ai toujours aimé les sonorités de Leconte de Lisle ! En classe, on s'amusait à ce jeu d'armures qui grincent : comme si on avait mis des pièces de monnaie entre nos dents ! Mais c'est très difficile, vous savez, pour un comédien, de dire ce genre de textes qui mélangent le sublime et la simplicité.

Leconte de Lisle, on dirait un sage, un prophète en barbe blanche (c'est faux, je le sais, mais ma mémoire tient à cette image d'Épinal) qui nous houspille avec le passé. Il s'entendait mal avec ses contemporains. Alors, pour se venger, il se racontait des drames d'autres époques où la noblesse, la puissance, la cruauté, l'orgueil – les grands sentiments, quoi ! – tenaient haut certains cœurs.

Bien sûr, le poète possède plusieurs cordes à son arc. Il chante aussi le soleil, l'amour, le Christ des origines. Il décrit ses paysages préférés. On dirait qu'il fait des photos en couleurs : quelle minutie, quel relief – visuel autant que sonore ! Et quel mouvement, parfois : un poème comme « Les Elfes », j'ai envie de le danser.

Allons ! Ce paquet de poèmes, bon marché, vaut bien un hebdomadaire, vous ne trouvez pas ? Leconte de Lisle a la chance de pouvoir encore nourrir nos rêves : partons avec lui au combat, ou à la chasse aux fauves. Avec lui, faisons courir notre mémoire ou retrouvons le paradis perdu.

Les règles de la chevalerie, le courage, le sang, l'amitié et la solitude : les « Poèmes barbares », c'est déjà du western. »

Claude François

DEUXIÈME PARTIE

LES CHANSONS

I

Quelques originaux français souvent méconnus, importants, conséquents, surprenants

Pour les autres originaux français, voir le *Dictionnaire des chansons de Claude François*, préface d'Alain Chamfort, Guy Trédaniel éditeur, 2013

Comme d'habitude

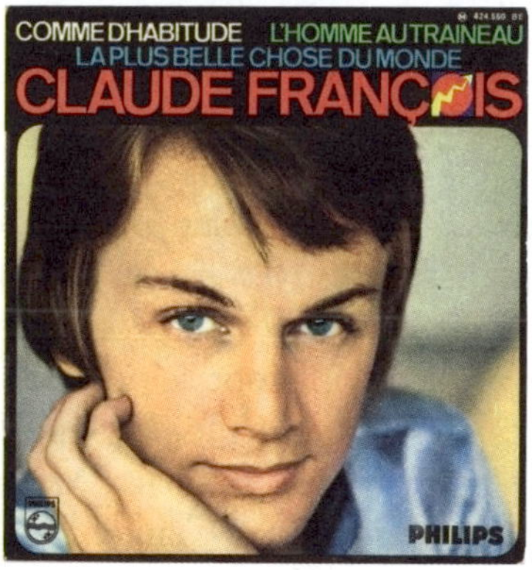

Jacques Revaux & Claude François / Claude François & Gilles Thibaut

18e 45 tours Philips/Flèche 424 550, novembre ; il s'agit ici du premier 45 tours estampillé « Flèche ». 7e 33 tours Philips/Flèche 844 800, décembre. Un des trois 45 tours à trois titres. Arrangements et direction d'orchestre, Roger Whitaker. 11e 33 tours, Philips/Flèche 844 804, « Claude François à l'Olympia », décembre 1969. 20e 33 tours, Flèche 6325 677, « Claude François sur scène », avril 1974. 23e 33 tours, Flèche

6325 683, « Claude François sur scène. Été 75 », octobre 1975. 30e 33 tours, Flèche/Carrère 67 235/6, « Souvenir 78. Claude François en public », avril 1978.

Version italienne par Claude François en 1967 avec *Come Sempre.*

Version anglaise par Claude François en 1977, ***My Way*** sur des paroles de Paul Anka, sur le 28e 33 tours Emi/Pathé-Marconi 2C068 99141, octobre ; premier disque 33 tours en anglais de l'artiste sortant officiellement en France. 63e 45 tours, Emi/ Pathé-Marconi 2C006-99177, décembre. 31e 33 tours, Emi/Pathé-Marconi 2C068-60686, juin 1978.

La chanson a été reprise en français bien après la première adaptation américaine. En 1968 par Michel Pagliaro. En 1976 pour Sonopresse/Charles Talar Records d'après une prise en direct à Lyon, Mike Brant enregistre le titre en anglais sur le texte de Paul Anka, *My Way.*

En 1977 Trema, ou œuvre Jacques Revaux pour Michel Sardou, lance avec force promotion la reprise de… Michel Sardou ! Vu l'ambiance et la concurrence entre les deux artistes qui ne sont pourtant pas dans le même registre musical, d'aucuns auraient pu se demander si par hasard on ne voulait pas faire oublier au public, et accréditer auprès d'un « nouveau public » que *Comme d'habitude* serait ni plus ni moins un « original de Sardou ». Nous sommes dans les années 70 et la chasse au « lutin-blond-à-paillettes-festives-et-tout-le-tralala-pour-minettes-et-autres-fans » est ouverte et ça profite à plus d'un. Pourquoi alors se gêner ; en effet, à l'époque on entendait très peu d'animateurs et autres présentateurs rappeler que cette chanson avait été enregistrée dix ans plus tôt par l'Artiste… C'est en tout cas ce qui a donné l'occasion à Claude François de rappeler à tout le monde qui a créé le titre en premier – déjà les mémoires sont courtes et la machine à les effacer est en marche… – et de sortir un 45 tours avec imprimé en gros sur la pochette en dessous du titre déjà en gros caractères « La version originale ». Non mais !

Régine n'y résiste pas et grave le morceau sur son album « Reine de la nuit » en 1983. En 1984, après avoir refusé en 1967 le *For Me* de Jacques Revaux et/ou *Mon cœur*, Hervé Vilard sur son album « Les chansons que j'aime » chez Tréma se décide à faire sa version en 1984. Mireille Mathieu en 1985 et Gilbert Montagné en *live* la même année ; le chanteur lyrique Ruggero Raimondi en 1988 suivi en 1989 Florent Pagny (qui aura chanté le titre en duo en public avec Raimondi) à son tour grave le standard pour le label « Pêche » chez Philips/Polygram. 1995 accueille la version de la choriste et chanteuse (*Concerto pour une voix* de Saint-Preux) Danielle Licari (ex Les Baladins des Champs Elysées, ex Les Barclays, ex Les Djinns, et ex-Les Fizz (voir *Stop au nom de l'amour*). Richard Anthony en 1996 ; Herbert Léonard chez Atlas sur « Ils chantent Claude François ». En 2000, c'est la version de Cheb Khaled, Faudel et Rachid Tah pour l'album « Solidays », Gunvor, avant celles de Hugo Montenegro en 2003 pour le CD « Cloclomania » conçu par Béatrice Ardisson chez Naïve, puis par Elie Medeiros en 2008 pour l'album hommage « Claude François, autrement dit… » chez Universal/Mercury, Bernard Fines la même année ; Eddy et Les Vedettes en 2010. Quatre reprises en 2012 par Chico et les Gypsies avec Patrick Fiori ; Tale Of Voices ; Beau Catcheur, Stéphanie. Une des chanteuses de l'écurie Flèche l'excellente Liliane Saint-Pierre en 2014. M. Pokora en 2016. Anna Torres en 2017.

1re entrée de *Comme d'habitude* dans le hit-parade de SLC, n° 8 en novembre, meilleur classement n° 1 en décembre 1967 et janvier 1968. Au moment de la sortie de ce premier 45 tours Flèche, le véritable et franc succès de *Comme d'habitude*, contrairement à ce qu'on peut s'imaginer aujourd'hui, eu égard à la déferlante à venir du titre sur la planète, n'était pas au rendez-vous.

Comme d'habitude figure dans le tout premier 33 tours de la Maison Flèche, comme pour le 45. La pochette de ce premier 33 tours estampillé « Flèche, un album historique » – c'est le premier du label de l'idole –, représente « l'empereur Claudius Francius soi-même », debout, les bras croisés mais l'avant-bras droit relevé, devant le label qu'il a créé. Le logo a été pensé, en fait, avec Jean-Marie Périer qui, bien sûr, réalisa la photo de cette pochette. Au départ, il y eut donc « yaourt » en anglais, *For Me*, composé par Jacques Revaux ; Hervé Vilard refuse la mélodie et, enfin, sur le bord de la piscine au Moulin, Claude François avec Jacques Revaux et Gilles Thibaud tordent le cou au sort et concocte le futur standard mondial, et tout cela, dans la torpeur au cœur du mois d'août 1967. L'artiste eut l'idée du titre, du départ, et le génial Gilles Thibaut, complice de l'ombre des histoires de cœur, fit le texte et le fignola ; Jacques Revaux avait la mélodie, et Claude Français fit le départ sur le pont pour emmener la chanson plus haut. Du bon travail d'équipe.

C'est donc bien sûr la première reprise anglo-saxonne qui déclencha le phénomène inégalé à l'époque et toujours inégalé aujourd'hui sauf peut-être par le *Yesterday* des Beatles via surtout Sir Paul McCartney. *My Way* va être revisité dans tous les sens, genres et styles par la moitié de la planète voire plus. Cela commence par le découvreur du titre en France, Paul Anka qui lors d'un séjour en France en 1967 tombe par hasard sur une émission de télévision où il entend et voit Claude François chanter *Comme d'habitude*. L'idée et l'envie lui viennent très vite d'adapter le titre. Paul Anka écrit le texte anglais et créé *My Way*.

Frank Sinatra « The Voice » effectue sa reprise en 1969 chez… Reprises Records sur l'album « My Way » qui se classe n° 6 dans les charts américains en mai 1969. Après l'enregistrement de Paul Anka et de Frank Sinatra c'est l'enchaînement, ou plutôt une avalanche incessante de reprises qui déferlent sur le monde :

1969 : John Davidson, Eddy Arnold, The Anita Kerr Singers, Roy Drusky, George Wright. 1970 : Brook Benton, Dorothy Squires, Salena Jones, Shirley Bassey, Sammy Davis Junior, Bill Medley, Peter Nero. Glen Campbell, Chairmen Of The Board, Vera Lynn, Brook Benton, Mantovani And His Orchestra. 1971 : Tom Jones, Peter Honon, Phil Allen, Nina Simone. 1972 : Dean Reed, Edward Woodward. La chanteuse française Jocelyne, pour Butterfly sur son dernier 45 tours, propose sa version en anglais. 1973 : deux versions et non des moindres, Elvis Presley (n° 18 en janvier 1978) ; Cliff Richard. 1975 : Tammy Jones, Major Harris, Brenda Lee. 1976 : Joe Berluck. 1977 : Raoul Seixas. 1978 : The Sex Pistols (classés n° 12 en juillet 1978) ; Jimmy Ellis. 1979 : Sid Vicious, Aaron ; Ady Zehnpfennig An Der Dr. Bohm-Orgel, Martha Miyake. 1980 : Tiny Tim, Jim Davidson Pino Calvi. 1982 : Jerry Deadwood, Fausto Papetti. 1984 : Danny King. 1985: Nina Hagen. 1986 : Gary Oldman. 1987 : Boba. 1988 par Ruggero Raimondi. Les Gipsys King. 1991 : Eric Miller & His Orchestra. 1992 : Will Ferdy Fiorello, Lars Roos. 1993 : Kramer, Susan Freeman, The Idols With Sid Vicious. 1994 : du classique avec The Three Tenors, donc les Trois Ténors avec Luciano Pavarotti, Placido Domingo, José Carreras. 1996 : The Bollock Brothers, Dread Zeppelin (si, si, c'est bien Dread et non Led…) Shane MacGowan, Paul Anka en duo avec Julio Iglesias. 1997 : Elliott Humberto Kavee Bobby Solo, 1997 : Luciano Pavarotti. 1998 : Kjell Elvis, Paul Anka Wirh Frank Sinatra, Stan Ridgway, Doran, Los Piratas. 1999 : Bobo Moreno & The Singers & Radio Under Holdnings Orkestret. 2000 : Dean Michael. 2001 : Herman Brood, Per Nielsen, Keely Smith, Robbie Williams. 2002 : Little Milton, Opium Juke Box, Danny Boy (un Américain, pas le Danny Boy des sixties rock'n-twist français) ; Jesper Lundgaard. Le groupe japonais Polysics sur l'album « Lo-Bits » chez Ki/Oon Records. 2003 : Joe Martino, Big Fat Snake Wirh TCB Band & Sweet Inspiration. 2004 : Rinaldo Viana. 2005 : Gary Willner, Mina, G4. 2006 : Aretha Franklin, Tornado, Christopher Lee. 2007 : Holly Wilson, Ray Quinn, Karsten Holm, Paul Anka en duo avec Jon Bon Jovi. 2008 : Norhern Kings, The Zimmers, Jean-Luc Lahaye en duo avec Gloria Gaynor. 2009 : Homonnay Zsolt & Polyâk Lilla, Micah P Hinson, Dany Brillant, Ray Ellis, Mark Vincent, Michael Hirte, Teddy Rune ; du rap anglais avec Jay-Z sur l'album « The Blueprint 2 – The Gift And The Curse » chez Roc A Fela Records ; My Way est samplé dans le morceau *I Did It My Way*. 2010 : Jon Secada, Christian Imparato. 2011 : Birthe Kjær, Patti Austin. 2012 : Tom Evers. Paul Anka en duo avec Garou en 2013. Willy Nelson en 2018. Thomas Dutronc en 2020. Une des toutes dernières version serait celle, en anglais, de Udo Dirkschneider en avril 2022.

Et dans d'autres langues…

Italien : *La Mia Via* en 1971 par Fred Bongusto ; *A Modo Vio* par Party Bravo en 1972 ; *La Mia Strada* par Vanessa Calcagno en 2010. Espagnol : *A Mi Manera* par Julio Iglesias & Paul Anka en 1996 ; en 2004 par Il Divo en 2004 ; Alfio en 2006 ; Paul Potts en 2007 ; Raphael en 2008. Allemand : *So Leb Dein Leben* en 1972 par Mary Ross ; *So Leb Dein Leben* a été également interprété par Mireille Mathieu et Nana Mouskouri. Allemand : *Waarom* en 1980 par André Hazes puis en 2007 par André Hazes & Peter Beense. Danois : en 1975 *Du Var Så ærlig* par Gert Günther. Portugais : *Eu já Me Habituei* en 1969, donc avant Paul Anka, par Agnaldo Timoteo. Néerlandais : *Zoals Gewoonlijk* par Raymond Van Het Groenewoud en 2004. Flamand : le chanteur country/rock/folk flamand Will Tura en 1998 avec Allen Gaan sur l'album « Tura In Worst – 40 Jaar Live » chez Topkapi. Hollandais : *Mijn Leven* par Ron Davis en 1971 ; Eddy Smets en 1974 ; Franky en 1983 ; Nicole & Hugo en 2009. Croate : *Moj Svet* par Dragan Stojnié en 1996.

Et tant d'autres…

Au moins jusqu'au milieu dans les années 1990, il y avait encore des musiciens, des professionnels de la nouvelle génération, des personnes étant de près ou de loin impliquées dans le métier qui comportent de nombreuses branches, pour affirmer mordicus que *Comme d'habitude* venait d'une adaptation. En fait, la chanson était tellement réussie, originale que beaucoup avaient du mal à accepter que ce soir un original français qui plus est en partie créé par Claude François. Pour beaucoup, il était, et est parfois même encore, inconcevable que l'Artiste fasse une bonne chanson. C'est une véritable maladie du corps social et de nombreux médias qui confine à la pathologie.

Je veux chaque dimanche une fleur

Éric Charden / Claude François & Gilles Thibaut

7e 33 tours (1er 33 tours sous label Flèche), Philips/Flèche 844 800, décembre. 19e 45 tours, Philips/Flèche 424 551, janvier 1968. Arrangements et direction d'orchestre, Roger Whitaker.

À grand renfort de sitar, une chanson très « tendance » grâce au voyage des Beatles aux Indes, via le chanteur Sullivan. L'orchestration est guidée par cet instrument avec, en plus, un saxophone baryton qui effectue le lien en quelques mesures entre la fin du refrain et le début du couplet suivant. Ambiance pop psychédélique à la française réussie grâce à Éric Charden. Le thème repose sur la demande des dernières volontés d'un homme au bord du trépas. On comprend qu'il s'agit d'un chagrin d'amour et qu'il ne remonte pas la pente. On comprend que Gilles Thibaut soit à la manœuvre. Les images que véhiculent les mots jouent avec les contraires et l'irrationnel et sont à la hauteur du désarroi. La volonté d'être enterré sans messe domine le thème. L'ensevelisement est d'ailleurs une constante qu'on retrouve chez l'Artiste ainsi dans *Deborah*, dans *Mais quand le matin* en analogie de situation psychique liée aux angoisses, conséquences d'une froide lucidité sur le monde et nos existences. Cet état sied d'ailleurs aux « idoles » symboliquement ou non isolées du moins dans le mythe qui les entoure, qui les écrase et qui dépasse la réalité qu'elles vivent. C'est pourquoi on peut entendre à plusieurs reprises chez Hallyday de similaires expressions d'agonie et de douleur dans *J'ai crié à la nuit, Noir c'est noir, Je suis seul, Fumée, Rivière ouvre ton lit, Voyage au pays des vivants.*

Pardon

Jean Renard / Claude François & Gilles Thibaut

7e 33 tours (1er 33 tours sous label Flèche), Philips/Flèche 844 800, décembre. 19e 45 tours, Philips/Flèche 424 551, janvier 1968. Arrangements de Reg Guest avec son orchestre.

1re entrée dans le hit-parade de SLC, n° 39 en janvier 1968, n° 10 en février.

On sent indéniablement la patte de Gilles Thibaut dans ce texte où la tension monte à la fois par la violence des mots mais aussi par la musique qui sait les envelopper pour mieux les envoyer au dernier moment à la face de l'auditeur. Violons et petite trompette baroque enjolivent un abandon de soit, une renonciation à la vie. Le texte est ponctué à chaque fin de partie par une série de « pardon » que le chanteur colle à chacune de ce qu'il croit être ses fautes le drame allant crescendo. Après les « pardon » datant de l'école, d'une ville et d'un banc, d'une lune qui brillait, on arrive au déclin et à l'abattement :

> « *Pardon pour cette chambre où je t'ai fait l'amour / Pardon pour cet amour que tu as piétiné*
>
> *Pardon d'en souffrir / Pardon d'en pleurer / Pardon d'en mourir / Pardon d'en crever*
>
> *Pardon pour mon fantôme qui viendra te hanter / Et passera sa mort à tes côtés / Pardon s'il te poursuit / Au soleil comme à l'ombre*
>
> *Pardon pour cette pluie qui collera tes cheveux / Ce vent du Nord qui fera pleurer tes yeux / Pardon pour cette pierre qui blessera ton pied*
>
> *Pardon pour cette robe qui collera à ton corps / Pour ce miroir qui regardera ton corps / Pour ce drap sur lequel tu dormiras*
>
> *Pardon pour ce ventre de mère qui m'a porté / Et pour ce jour maudit où je suis né / Pardon pour cet enfant qui est devenu moi*
>
> *Pardon pour les bras dans lesquels tu m'oublieras / Pardon pour mon amour qui ne veut pas finir / Pardon pour mon amour qui ne veut pas mourir.* »

On le voit, les deux auteurs sont en pleine forme et témoignent d'un soutien mutuel… Ce qui est très intéressant, et guère étonnant au demeurant, c'est que la chanson d'Hallyday *Ceux que l'amour a blessé* trois ans plus tard en 1970 se tient exactement dans le même registre émotionnel d'abattement et de désespoir, s'installe dans la même quête sans aucune illusion dans dans *Pardon* ; et pour les deux titres ce sont Jean Renard et Gilles Thibaut que l'on retrouve… C'est vraiment le cas précis de chansons des deux « idoles » pouvant être véritablement interchangeables tant sur le plan de leur registre que de leur personnalité, ainsi de *Rien rien rien* et *Cherche* pour Claude François puis *Mal* et *Pourquoi as-tu peur de la vie* chez Johnny Hallyday, pour se limiter qu'à ces exemples.

1968

Avec la tête avec le cœur

Claude François & Jean-Pierre Bourtayre / Vline Buggy & Yves Dessca

22e 45 tours, Philips/Flèche 424 553, octobre. 8e 33 tours, Philips/Flèche 844 801, décembre. Arrangements de Reg Guest avec son orchestre. 11e 33 tours, Philips/Flèche 844 804, « Claude François à l'Olympia », décembre 1969.

1re entrée dans le hit-parade de SLC, n° 34 en octobre 1968, n° 18 en novembre, n° 8 en décembre 1968 et en janvier 1969, meilleur classement n° 2 en février 1969.

Version italienne en 1968, *Sulle Labra Del Cuore*.

Claude François enregistre le titre en anglais en 1977, *Crying In His He art* ; arrangements et paroles anglaises de Norman Newell ; 28e 33 tours Emi/PathéMarconi 2C068 99141, octobre 1977, ce disque est le premier disque 33 tours en anglais de l'artiste sortant officiellement en France. 65e 45 tours Emi/Pathé-Marconi 2C008-60680, mai 1978. 31e 33 tours, Emi/Pathé-Marconi 2C068-60686, juin 1978. Cet album où l'artiste chante exclusivement en anglais a été produit en 1977 par Norman Newell, Roger Greenaway et Gil King. Puis sur le CD Sony Music/Versailles 473663 2 « My Boy » en 1993.

On peut dire que Claude François est parfois très bien compris par ses auteurs. C'est toute une vie qui se déroule jusqu'au moment où le chanteur s'adresse à son auditeur. Cela commence par un jeune garçon qui éprouve un cafard terrible un dimanche soir quand on le ramène à la pension : déchirure, abandon, solitude ; ça continue par le premier affrontement, la première terreur, au sens brélien du terme, (*L'Enfance* de Brel), on est presque dans la même histoire, à des niveaux d'interprétation et d'écriture différents, mais pas de talent, quand une belle de 16 ans lui dit que leur histoire n'est pas sérieuse alors que pour le chanteur/narrateur, çà l'est totalement et qu'il y investit tout son être : il est déçu, pire, détruit (thème très hallydéen dans le titre *La Fille à qui je pense* de 1967). Le texte continue en abordant la vie de tous les jours, du lever au coucher, en passant par une journée de travail harassante pour conclure que, malgré le fait qu'il possède tout ce qu'il veut – une femme qu'il aime et des enfants –, quand on lui pose la question de savoir s'il est heureux, il avoue ce qu'il ressent : parler avec la voix, la tête pour l'extérieur, penser avec force volonté le contraire en son for intérieur, d'où le titre qui rappelle Jacques Prévert avec son Poème *Le Cancre*. Le texte est dans le registre de l'abandon et de ses affres psychologiques et émotionnelles (comme Serge Lama dans *Je suis malade*) ; ici, l'Artiste se met à nu avec pudeur et sensibilité, comme si c'était du vécu ; tiens donc !

Chante, pleure

Reg Guest / Pierre Delanoë

22e 45 tours, Philips/Flèche 424 553, octobre 1968. N'existe pas en 33 tours original. Arrangements de Reg Guest avec son orchestre. Le texte de cette chanson avait à l'origine pour titre *Adieu ma rose*, phrase présente dans le texte. C'est une chanson d'enterrement, une chanson où, pour finir, le chanteur ne veut plus voir et donc revivre certaines périodes de l'année parce que, sans doute, il y a certaines fleurs dont la vision lui fend le cœur, pour des raisons de mélancolie profonde due à une rupture et aux conditions psychologiques qui l'environnent. La mélodie est intéressante, malgré sa lancinance dans laquelle s'engouffre la voix. Le climat est celui d'un chant de maladie, d'une mélancolie sur la dernière demeure et la dernière heure. Le point d'orgue final ponctue le texte sur le mois de mai que le personnage jamais ne reverra. Le climat effrayant de mélancolie de la chanson *Les Roses blanches* associée à la maladie et à la mort est ce qui ressort le plus dans *Chante, pleure*. Après l'évocation du mois de mai qu'à l'évidence que le « narrateur » (mais qui est-il ici où plutôt qui se cache derrière lui…) veut plus revoir pour cause de deuil, s'éteint le propos accompagné d'une longue note au violoncelle, note « envoyée » par un léger un coup de caisse arrondie pour achever l'œuvre.

Dans les orphelinats

Claude François / Gilles Thibaut

8e 33 tours, Philips/Flèche 844 801, décembre. N'existe pas en 45 tours original.

Guère étonnant de retrouver à nouveau ici Gilles Thibaut vu la nature de la chanson. Sans qu'il faille absolument que ce soit le hit de l'année, c'est comme si elle n'avait jamais été enregistrée. Les images données par le texte demeurent lourdes et marquantes pour qui se met à imaginer deux secondes ce que peut être un orphelinat, ce qu'il peut représenter pour les enfants en bas-âge car c'est de cela dont il s'agit ici. Si l'opus est dans le registre déchirant, la voix de Claude François l'est presque tout au long. Les arbres sont trop hauts, les oiseaux ne se posent jamais sur leur branches, comme les murs tout est sombre, fantômatique, en clair, même le jour il fait noir ; et les enfants pleurent, incarcérés en eux-mêmes et derrière les hauts murs où la musique ne passe jamais… c'en est trop pour l'Artiste qui, en fin de course, craque complètement. Claude François, avec Vline Buggy, rédidivent bientôt au sujet des orphelinats et de l'adoption avec le titre *Olivier*. On retrouve, comme lancinante dans le répertoire de Claude François, la notion et les sentiments d'enfermement. Quand il ne s'agit pas de lui, il s'agit des enfants enfermés, claustrés dans l'enfer d'un orphelinat où, et le texte le dit, les oreillers des enfants sont mouillés de leurs larmes, où tout est froid, où aucun oiseau ne se pose sur les branches des arbres.

Le Magicien

Claude François

8e 33 tours, Philips/Flèche 844 801, décembre. 24e 45 tours (trois titres) Philips/Flèche 424 555, janvier 1969. Avec *Le Pantin*, ce titre présente des analogies en ce qui concerne l'image d'un type « désarticulé » du fait de sa propre dispersion, de ses angoisses et de ses désillusions. La chanson s'ouvre avec des flûtes lancinantes et nous plonge dans un univers à la fois onirique et de magie. On approche les rivages troubles entre le rêve éveillé et le cauchemar, pas très loin de ce qu'on entend dans *Mais quand le matin* où le personnage / Claude François s'efforce de combattre comme de surmonter ces propres peurs comme s'il avait la hantise d'être incarcéré en lui-même ; et c'est clairement l'état de torpeur dans *Deborah* quand allongé à terre le même personnage ne voit que des gens et des visages inquiétant se pencher sur lui. Ces formes d'inquiétudes et même de hantises, d'angoisses chantées comme susurrées ont contribué à faire de ce titre et d'autres comme *Chante pleure, Le Pantin, Je veux chaque dimanche une fleur, En souvenir, Petit Jésus* sans parler des nerveux et rythmés, *Mais quand le matin et Joue quelque chose de simple*, de grandes chansons. Le chanteur veut transformer celle qui est l'objet de ses tourments en être vivant, comme, par exemple, un chien qu'il pourra attacher dehors, ou en pierre qu'il pourra jeter au fond de l'eau afin d'être vraiment sûr de ne pas la perdre, que personne ne la lui prenne. Sur le thème de la jalousie maladive, la chanson évolue de façon linéaire par un leitmotiv mais pas de structure couplet/refrain. Sur la fin, c'est un délire à la fois verbal et un peu musical qui termine le titre en apothéose. Comme issu d'un rêve ou d'un cauchemar, l'Artiste fait dire au chanteur qu'il ne sera pas un grand magicien comme *Mandrake* mais qu'il n'est que *Pinocchio* et donc qu'il n'est qu'un pantin entre les mains d'une femme qui en fait ce qu'elle veut. La désarticulation est à la fois dans la structure musicale, le texte et dans un des mots clés du titre, « le pantin ».

Te fatigue pas

Claude François / Gilles Thibaut

8e 33 tours, Philips/Flèche 844 801, décembre. N'existe pas en 45 tours original.

Avec *Rien rien rien* et sa version « modérée » de 1972 *Merci merci beaucoup* concocté par Alice Dona et Michel Mallory (bien des années avant Johnny Hallyday avec *Merci* d'après *Tender Memory* de Tom Jans), cette chanson est un savon magistral que l'Artiste, avec le complice Gilles Thibaut, passent à une représentante de la gent féminine. Ils devaient avoir des comptes à régler ces deux-là, à l'époque. Deux écorchés vifs qui vont bien ensemble. Qui aime bien châtie bien. La victime « du savon » a dû en faire voir à l'auteur. Une introduction très rythm and blues, avec section de cuivres, une rythmique solide renforcée par des réponses jazzy presque dans le style Brian Auger, font de cet original français un titre qui n'aurait rien à envier à certains morceaux anglo-saxons. C'est ce qu'on appelle une chanson « vache » ; la voix bien cassée de l'artiste en rajoute dans la démesure tant le propos est dur à l'encontre d'une jeune femme qui n'aime personne, qui ne fait rien et qui ne serait pas fichue de s'aimer elle-même.

Le Pantin

Plinio Maggi & Claude François / Claude François

10e 33 tours, Philips/Flèche 844 803, novembre. N'existe pas en 45 tours original. Pas d'arrangeur et de direction d'orchestre précisés.

Avec *Le Magicien*, ce titre présente des analogies en ce qui concerne l'image d'un personnage « désarticulé » du fait de sa propre dispersion due aux angoisses qui l'assaillent et aux désillusions qui les accompagnent. La chanson, hors du commun, est sur le plan musical linéaire sans couplet ni refrains distincts et se termine sur une note assez haute et forte qui exprime bien le sentiment de mélancolie qui est la matière première du texte, son sens profond : le personnage s'assoit à côté d'un pantin qui n'est que son double… Le pantin de chiffon pour finir pleure et se désespère, comme le personnage qui chante dans un râle où il verbalise la douleur de l'abandon, encore et toujours…, comme pour se prouver à lui-même qu'il est entièrement conscient de ce qui lui arrive et, en attendant sa véritable mort physique, il éprouve ce que doit être une mort psychique, comme sans doute spirituelle, qui va l'ensevelir.

Petit Jésus

Jean Renard & Claude François / Gilles Thibaut

27e 45 tours, Philips/Flèche 424 558, octobre. 10e 33 tours, Philips/Flèche 844 803, novembre.

Cette chanson, hors du commun chez « une idole des jeunes » de l'époque, est inattendue. Sans aucun succès naturellement, les mots de Gilles Thibaut frappent très fort et l'artiste y met toute sa conviction. La supplique envers un dieu qu'on remercie finalement de ne pas encore mourir dans le désespoir et le dénuement, mais à qui on demande tout de même de l'amour quotidien (à la place ou avec le pain…) est à la fois naïve, touchante et transcendante. Dire qu'on peut être étonné que ce titre soit passé inaperçu verse dans l'inanité du propos. On peut le vérifier, lorsque dans les chansons de Claude François les composantes procèdent plus que de coutume de réflexions comme de considérations, on dira de « haute tenue », ça bloque.

Le thème de Dieu comme d'une conscience, d'une énergie absolue, « supérieure » a été abordé assez souvent dans la chanson mais pour rester dans le petit cercle des « collègues » de Claude François on trouve Richard Anthony en 1966 dans *La Terre promise* d'après *California Dreamin'* des Mama's and Papa's, le même Richard en 1974 avec *Dieu voit le travail du Charpentier* (tire énigmatique autant qu'intéressant composé par Jacques Revaux, avec le génial « binôme » Frank Thomas et Jean-Michel Rivat aux paroles) ; Johnny Hallyday en 1970 dans *Jésus-Christ* que lui écrit Philippe Labro mais c'est avec la chanson de Gérard Palaprat *Fais-moi un signe* en 1971 qu'on s'approche un peu de ce titre de Claude François et surtout de *Jésus-Christ Superstar* et *Le Martien* pour sérieuses analogies de questionnements. Palaprat est dans la supplique quasi imploratoire pour connaître enfin la « vérité » et ce, en nommant par leur nom chaque Dieu de chaque religion et c'est exactement ce que fera Alain Souchon en 2005 avec *Et si en plus ya personne* en se posant les mêmes questions que Gérard Palaprat. Dans *Petit Jésus*, Gilles Thibaut, a la très bonne idée d'utiliser le registre de la confidence, le même d'ailleurs que Fernandel dans *Don Camillo* mais ici, avec plus de solennité. Le personnage/chanteur, c'est au choix ou bien les deux, demande « là-haut » de s'occuper un peu de ses problèmes affectifs tout en Le remerciant de la journée qui vient de s'écouler avec les bonnes choses qui lui sont arrivé, ainsi de ce chien qui a léché sa main, d'avoir mangé à sa faim, d'avoir fait de bonnes rencontres, etc. Mais pourtant, il manque l'essentiel, et la fin du titre est là pour rappeler « là-haut » avec une force de perdant teintée de désespoir :

Petit jésus bonsoir c'est moi / Je viens prier comme autrefois
C'est entre nous n'en parle pas / Les gens se moqueraient de moi
Je veux petit jésus, pas grand-chose, presque rien
Je veux petit jésus, un amour quotidien…

L'introduction avec des chœurs très soft et les arpèges d'un piano/clavecin, ouvre le morceau. Sur un tempo lent, la chanson se déroule ensuite, avec toujours les chœurs faisant office d'accompagnement et de réponse. Au deuxième couplet, un trombone solo/jazzy se greffe sur les chœurs et la section rythmique. Au refrain, cette section et les chœurs s'amplifient. Sur le dernier couplet, des trompettes aiguës, genre section/jazz/variété haut de gamme, viennent soutenir les propos du chant qui deviennent de plus en plus pressants. La chanson est passée à la trappe. On se demande bien pourquoi…

Menteur ou cruel

Jean-Pierre Bourtayre & Claude François / Yves Dessca & Vline Buggy

10e 33 tours, Philips/Flèche 844 803, novembre. 28e 45 tours, Philips/Flèche 424 559, janvier 1970. Arrangements et direction d'orchestre de Jean-Claude Vannier qui, étrangement, a toujours détesté ce que représentait, ce que faisait Claude François, et pourtant, c'est vraiment bien.

Une introduction avec un balayage par les cordes, des violoncelles, dans le médium donne une ambiance impressionnante dans une penaude et culpabilisante montée d'escalier d'un homme qui rentre chez lui au petit matin et qui va retrouver sa « légitime » après en avoir aimé une autre :

Quand il est tard qu'il faut rentrer / Quand on remonte l'escalier

Après avoir eu dans ses bras / Une fille qu'on oublie déjà / Et qu'on retrouve celle qu'on aime

Qui a veillé jusqu'au matin / Mais qui vous embrasse quand même Et qui ne vous demande rien

Que faut-il dire / que faut-il faire / Faut-il mentir / faut-il se taire

On est menteur, quand on lui cache / On est cruel, quand on lui dit…

Ensemble orchestral puissant derrière une voie éraillée à souhait, mais très assurée. L'Artiste nous parle de ce que plus d'un a du vivre sur la tromperie sans vouloir faire souffrir l'autre inutilement. Chanté dans un contexte qui procède du ressort de l'intimisme, d'une pensée confidentielle comme profonde, authentique, l'Artiste fait montre ici d'une narration autodiégétique. Dans le registre de l'examen de conscience, on peut se demander s'il faut avouer ou cacher, c'est-à-dire faire mal ou mentir. Un thème très aznavourien qui sied bien à l'idole. De grande qualité, le titre n'a donc pas rencontré le succès qu'il était en droit d'attendre ; il est vrai que c'était vraiment pour l'artiste une période entre deux, entre la fin de l'univers pop sixties et le début d'autre chose qui n'était pas encore à maturité.

1970

L'Anneau dans la rivière

Alice Dona / Frank Thomas & jean-Michel Rivat

12e 33 tours, Philips/Flèche « Le Monde extraordinaire de Claude François », 6450 500, novembre. 33e 45 tours, Philips/Flèche « Le Monde extraordinaire de Claude François », 6254

026, décembre 1971. Avec l'orchestre de Christian Chevallier, arrangements de Christian Chevallier.

Avec une introduction guitare, basse batterie bien sonnée, on croirait avoir affaire à un morceau pop enlevé. Les harmonies sont tout de même légères, c'est bien un titre pour les enfants, mais écoutable bien au-delà. Le jeu de canon entre les deux mélodies qui structurent la chanson lui donnent un allant irrésistible, surtout avec les cordes qui en rajoutent bien comme il faut pour exprimer le joyeux tourment de l'ensemble. Les couplets enchaînent des évènements et leurs conséquences qui ont aussitôt une répercussion sur la suite et, dans le même temps, la mélodie reprend le thème du passage précédent et ainsi de suite. Une chanson d'orfèvre. Ça commence par une fille qui jette son anneau dans l'eau et se termine par la découverte de l'anneau dans le ventre d'un brochet qui, auparavant, avait dévoré la truite qui avait avalé l'anneau lorsqu'il fut jeté de dépit dans la rivière dans un premier temps par une jeune fille trompée et, après renouvellement du cycle, par une autre battue. Voici pour le refrain où, en contre-chant derrière, on entend la voix du chanteur reprendre le thème des couplets en des « la la la ». Ce sont ces couplets qui racontent l'histoire d'une malheureuse jeune fille, l'âme en peine, qui, n'éprouvant que dépit, jette son anneau dans l'eau. Sur les refrains, on entendra donc les « la la la » sur le thème mélodique des couplets. Technique similaire utilisée façon instrumentale pour la chanson *Le Dragon magique* par les cors de l'introduction puis en parallèle à la mélodie « courante » des couplets. Claude François interprète avec ferveur cette « petite » histoire avec autant de sérieux et de conviction ; Il convient de prendre très au sérieux cet opus « destiné aux enfants » ; il ne s'agit ni plus ni moins de la « fable » de l'éternel recommencement des événements qui enchaînent la vie et la mort dans un cycle perpétuel de naissance et de trépas. La tromperie pour le premier cas puis la violence conjugale dans le second. Si ce n'était un anneau, on peut concevoir l'ordonnancement de la chaîne alimentaire quand, lorsqu'un élément négatif, néfaste, étranger, contre nature s'introduit, met en péril tout un système, tout un biotope et en allant plus loin, tout un univers. C'est exactement ce qu'il se passe aujourd'hui… L'illustration qui apparaît ici est comme celles de ces historiettes d'album pour enfants publiés dès la fin du XIXe siècle. Sous couvert de contes et autres légendes, ce type d'histoires en disait long et avait amené des générations et des générations à acquérir un certain pouvoir d'imagination. Quelques mots ici à propos de Jean-Michel Rivat qui a œuvré avec de bons amis complices de vie et de musique comme Jacques Dutronc, Michel Pelay, Alain Chamfort, Adi Kalafate, Francis Basset, Michel Delpech. En 1966, alors que l'arrivée d'Antoine et de ses *Élucubrations* changeaient brusquement la donne, notamment pour Johnny Hallyday, un individu répondant au sobriquet d'Édouard, avec des cheveux trois fois plus longs que ceux d'Antoine, une allure dégingandée avec bermuda en prime, « balança » un disque baptisé *Les Hallucinations d'Édouard*, histoire bien sûr de faire un gag par rapport au hit d'Antoine, *Les Élucubrations.* Non seulement Antoine fut mécontent mais il y eut procès, avec exécution pour faire retirer des bacs le gag d'Édouard. Pour l'histoire ce fameux Édouard était ni plus ni moins Jean-Michel Rivat qui, à l'époque, travailla beaucoup pour Joe Dassin, Stone et Charden, écrivit pour Richard Anthony mais surtout pour Michel Delpech (pour ne parler que de « ses » interprètes les plus connus, seul où en binôme avec Frank Thomas). Dans les années 1980, Rivat écrivit le titre *Voyage voyage* pour Desireless qu'il produisit avec Dominique Dubois.

Le Musée de ma vie

Alice Dona / Pierre Delanoë

13e 33 tours, Philips/Flèche 6450 600, décembre. N'existe pas en 45 tours original.

Alice Dona, compositeur de la chanson, enregistre le titre en 1970 pour RCA.

L'artiste entre en confidences intimes, dans le même registre que *Vous et moi*, qui figure sur le même 33 tours, mais sur un ton plus léger. Ici, la réflexion s'avère plus désabusée parce que lucide en observant le monde au microscope ou encore par un trou de souris pour voir agir ses contemporains. Le discours est orienté de façon analogue à celui de *Dans une larme.* Tempo lent, cordes discrètes, piano et guitare dominent cette chanson calme qui relève plus de la méditation qui laisse l'artiste perplexe sur la façon dont, à ce moment précis de la réflexion, il observe son petit monde comme dans un musée où tous seraient rassemblés. Comme dans *Deborah*, il voit à un moment donné des formes étranges et démentes qui veulent entrer en contact avec lui. Ce musée a l'air bien sombre, et il est vrai que la musique n'est pas de la première réjouissance, ce qui ne l'empêche pas d'avoir son truc à elle dans ce registre précis.

Olivier

Jacques Revaux / Vline Buggy

31e 45 tours, Philips/Flèche 6254 025, décembre. 13e 33 tours, Philips/Flèche 6450 600, décembre. Sur ce 45 tours, première arrivée signalée dans les chœurs de la formation masculine « Les Doubles solutions ». Arrangements et direction d'orchestre de Christian Chevallier. Arrangements et direction d'orchestre de Christian Chevallier.

Cet original français est une des plus belles chansons jamais écrites sur le thème de l'adoption. Entre chaque couplet où un « père » apprend, explique à son fils adopté que ses parents ne sont pas en fait ses parents, une flûte traversière ponctue le propos pour mieux relancer un discours difficile et douloureux ; une guitare acoustique, des cordes qui « montent » discrètement font de ce titre un chef-d'œuvre naturellement passé inaperçu. L'habileté, la beauté du texte, liées à une mélodie attachante, pas racoleuse mais noble, laissent pantois. L'ambiance du début rappelle l'artiste dans sa prestation de *Dans les orphelinats*. Le « père » est amené à parler à l'enfant parce que celui-ci a été traumatisé en apprenant par des tierces personnes – comprendre ses petits camarades d'école ou de pensionnat – qu'il a été adopté. Il a été adopté en étant choisi dans un orphelinat, alors qu'il était encore nourrisson. Puis le texte raconte le lien père-fils et le bonheur du père de voir que son « fils » réussit, bref qu'il s'en tire. Il est totalement incompréhensible, ahurissant, que ce titre n'ait pas connu plus d'audience, un tout petit peu plus, pas beaucoup, on ne va pas être difficile. C'est en voyant le succès de *Céline*, interprété par Hugues Aufray, dont le texte avait été écrit par la même Vline Buggy, que Claude François demanda à sa parolière fétiche de lui concocter des paroles dans le même registre, et aussi belles et fortes, tout en lui faisant comprendre – « non mais, incroyable, et Moi alors ! » – qu'elle aurait dû lui proposer *Céline* à lui, l'Idole, l'ami, l'artiste ! Du genre, « comment a-t-elle pu aller ailleurs en voilà des façons… ! » Bref, c'est tout simplement oublier que la fidèle Buggy avait, bien sûr, proposé le texte à son cher ami Claude mais que celui-ci en avait écarté l'idée. Il ne faut jamais dire fontaine… Dans l'absolu les deux titres se rejoignent et prennent une dimension qui dépasse de loin le simple cadre d'une « simple » chanson. D'une bouleversante quête de paternité où l'on entend sourdre les résonances de l'isolement dans le monde et de l'enfermement (voir les *Orphelinats,* et en partie *Avec la tête avec le cœur, Le Pantin, Le Magicien*) au drame du dévouement d'une femme qui se sacrifie pour les siens et qui se retrouve seule, *Olivier* et *Céline* sont des œuvres aux thèmes intimes et aux moteurs émotionnels puissants qui laissent sans voix.

1971

En souvenir

Raymond Bernard / Maurice Vidalin

15e 33 tours, Flèche 6442 003, novembre. N'existe pas en 45 tours original. Arrangements et orchestre de Hervé Roy.

Avec des paroles d'un fidèle collaborateur de Gilbert Bécaud Maurice Vidalin.

Jean-Pierre Fall enregistrera la chanson chez Vogue en 1963 soit huit ans avant Claude François.

Version anglaise en 1977, *Remember When*, paroles de Cohen et Norman Newell, sur le 28e 33 tours Emi/Pathé-Marconi 2C068 99141, octobre ; premier disque 33 tours en anglais de l'artiste sortant officiellement en France. Cet album où l'artiste chante exclusivement en anglais a été produit en 1977 par Norman Newell, Roger Greenaway et Gil King. Puis sur le CD Sony Music/Versailles 473663 2 « My Boy » en 1993.

Cette chanson lente, guidée par une guitare acoustique mise en avant, au genre très inhabituel pour le chanteur, est passée totalement inaperçue. C'est le profil même de chanson qui, lorsqu'il déstabilise un auditoire, n'en reçoit aucun écho. La voix, très travaillée dans la lancinance, se prête à la gravité qu'évoque le texte qui revisite les instants fragiles mais essentiels d'une liaison. Par petites touches, les meilleurs instants de celle-ci sont évoqués par le travail de la mémoire qui devient pudique et très poétique avec « *ses matins que le plaisir ensoleillait* » Un mélange Bécaud/Aznavour/Lama qui chez Claude François donne un résultat très inattendu ; autrement dit, sur un thème texte/musique pouvant figurer au répertoire des trois artistes cités ci-dessus. *En souvenir*, peut rejoindre sémantiquement et dans les dispositions mentales comme « dolosives » des chansons comme *Le Pantin*, *Le Magicien.*

1973

Pour un peu de bonheur

Jean-Claude Petit / Jean Schmitt

19e 33 tours, Flèche 6325 675, décembre. N'existe pas en 45 tours original. Arrangements et direction d'orchestre de Jean-Claude Petit.

Chanson totalement passé inaperçue, sans doute à cause de ses qualités intrinsèques. Le même genre de titre passe en général à la trappe dès qu'il s'agit de Claude François ; voir *Ce monde absurde*, *Le Martien*, *Monsieur le businessman*, *On est qui on est quoi*, *Où s'en aller*, *Statues sans cœur* etc. Le texte évoque la vie de tous les jours qu'on a tendance à rater. Sur une mélodie assez complexe mais extrêmement intéressante de l'arrangeur et chef d'orchestre Jean-Claude Petit, le chanteur, l'air de rien, nous conte habilement le train-train quotidien susceptible de nous rendre insensibles et aveugles à l'essentiel quand on laisse cet « essentiel » « *au vestiaire de notre vie* ». L'introduction à la guitare accoustique, avec cordes en fer et pas en nylon, donne une couleur très particulière qui annonce une chanson calme et méditative. Est-il utile de préciser que, naturellement, aucun média, aucun support écrit ne fit écho, à l'époque, ni même aujourd'hui, à cette œuvre.

II

Les adaptations

1

Les chansons de l'enfance
et
Les chansons qui viennent de loin

1963

En rêvant à Noël

Claude François & Vline Buggy

5e 45 tours Philips 432 992, octobre. 1er 33 tours Philips 77 975, novembre. 2e 25 cm Philips 76 580, décembre. Arrangements et direction d'orchestre de Jacques Den jean.

Également enregistré en 1963 par Cathie Arel chez Ducretet-Thomson/Pathé Marconi. Annie Philippe interprète la chanson sous le titre de *En rêvant de Noël* lors du Palmarès des Chansons de Guy Lux en mai 1967.

1re entrée dans le hit-parade de SLC, en n° 25 en octobre et novembre 1963, n° 13 en décembre.

Adaptation de ***In Summer*** (Variété pop/anglaise)

Version originale enregistrée par **Billy Fury** chez Decca en 1963.

Décédé en 1983, Billy Fury était un peu le Ricky Nelson anglais. Il enregistra cette chanson produite par Dick Row en juin 1963 ; le titre est classé en Angleterre n° 6 en juillet. Cette « idole » anglaise, au même titre que Cliff Richard, a travaillé étroitement avec l'équipe des Shadows. Au début, Billy Fury – alias Ronald Wycherley – était accompagné par les Tornadas qui devinrent ensuite les Gamblers. Parmi eux, un des cosignataires de ce titre, Roy Adams. La reprise française est sortie en octobre. Ce qui signifie que Claude François enregistrait parfois plus vite que son ombre quand il découvrait un titre qu'il ne voulait pas rater. Enregistré également chez Pye par Mark Wynter la même année que Billy Fury.

Ce classique des sixties était, en France, l'hymne de Noël moderne. Après le *Petit Papa Noël* de Tino Rossi, *En rêvant à Noël* a souvent été interprété par Claude François à la télévision tous les ans à la période des fêtes, au moins jusqu'au début des années 70. L'artiste tenta alors de reproduire le même phénomène autour de Noël avec *C'est Noël et j'aurai tout ça*, *Des roses de Noël* et *L'Homme au traîneau* ; dans une moindre mesure, on écoutera, sur son 69e 45 tours de décembre 1979, le très beau hit de Greg Lake, du groupe anglais Emerson, Lake and Palmer, *I Believe In Father Christmas*.

La couleur musicale de cette reprise très variété, mâtiné popsixties, demeure indémodable avec des arrangements très personnalisés et identifiables. L'introduction arrive avec des chœurs enjoués sur un rythme rapide. On est proche de la batterie mise en avant, surtout sur la caisse claire, et d'un orgue jazzy, en l'occurrence lors du pont instrumental où il prend ses aises comme pour commencer un chorus qui relance fort bien la machine à partir du refrain avant le dernier couplet. Le chanteur, en s'adressant aux enfants – mais aussi aux grands enfants –, raconte les histoires de tous les mômes à l'époque où Noël était encore… Noël. En pensant toute l'année à ce jour « magico-merveilleux », entre la soupe du soir et les devoirs dans la cuisine ou encore les cours de latin, il rêve des cadeaux qu'il recevra.

1964

Petite mèche de cheveux

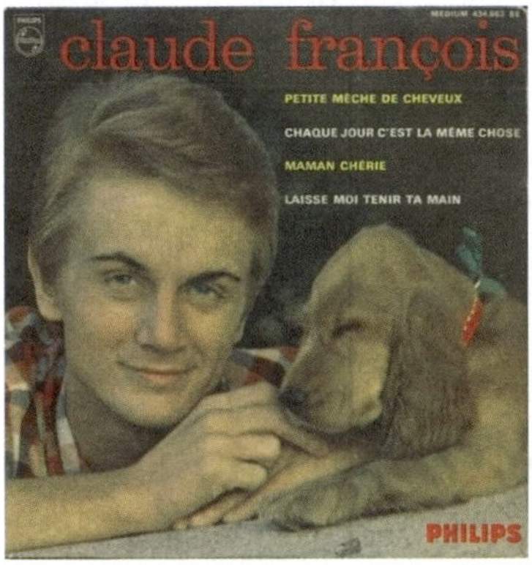

Claude François

6e 45 tours Philips 434 863, mars. 3e 25 cm Philips 76 587 de juin 1964. Avec l'orchestre de Christian Chevallier, arrangements de Christian Chevallier. 2e 33 tours Philips 77 818, « Claude François à l'Olympia », décembre 1964. 3e 33 tours Philips 844 775 en juin 1965.

1re entrée dans le hit-parade de SLC en n° 29 en février et mars 1964, n° 29 en avril, meilleur classement en mai n° 21.

Version italienne 1964, *Ma Dammi Un Bacio Ma Dammelo.*

Adaptation de ***Three Blind Mice*** (traditionnel anglais, comptine de nursery).

Kenneth Chambers / Thomas Ravenscroft

Comme beaucoup d'autres chansons du répertoire de Claude François, celle-ci revient de loin. Elle est issue, comme on dit communément « d'un air du folklore », en l'occurence ici anglais, recomposé par Kenneth Chambers, puis « remanié » et écrit par Claude François.

Petite mèche de cheveux est à coup sûr une des chansons adaptées par un chanteur français qui remonte le plus loin dans le temps. Claude François fait ici œuvre d'ethno-paléonto-musicologue. L'original est une comptine qui date du début du XVe siècle. D'une comptine de nursery, le thème se transformera pour faire peur aux enfants, mais aussi, dans certaines circonstances historiques ou dramatiques, aux adultes. *Three Blind Mice* prend racine à l'époque du roi Henry VIII Tudor (1494-1547) et fait plus que partie du patrimoine du folklore anglais. Le thème de l'original, a été quelque peu détourné. En effet, les paroles populaires se réfèrent à une vieille histoire intitulée *La Femme du fermier* dans laquelle une femme de fermier est implicitement comparée à la fille du roi Henry VIII, Mary 1er, aussi connue sous le nom de « Marie la Sanglante » (Bloody Mary), à cause des persécutions envers les protestants au cours de son règne. Voici les paroles de la comptine que Claude François transforma en *Petite mèche de cheveux* ; une première publication de la ritournelle est l'œuvre de Thomas Ravenscroft en 1609, la langue est de l'anglais du XVIIe siècle :

Three Blind Mice Three Blind Mice / Dame Julian Dame Julian
The Miller and his merry olde Wife / Shee scrapte her tripe licke thou the knife.

Et voici une version plus « moderne » dans le temps :

Three Blind Mice, Three Blind Mice / See how they run, see how they run
They all run up to the former's wife / Who cat off their tails with a carving knife
Did you ever see such a thing in your life / As three blind mice ?

La version enfantine en France :

Une souris verte / Qui courait dans l'herbe
Je l'attrape par la queue / Je la montre à ces messieurs
Ces messieurs me disent / Trempez-là dans l'huile
Trempez-là dans l'eau / Ça fera un escargot tout chaud

Sans évoquer les sous-entendus charnels, si ces paroles sont connues sur un autre air, elles viennent néanmoins à l'origine d'un vieux transfert populaire de la comptine anglaise. Le compositeur Joseph Haydn usera du thème dans le final (quatrième mouvement) de sa Symphonie n° 83, *La Poule*. De son côté, Joseph Holbrooke (1878-1958) composa des Variations symphoniques (opus 37), directement inspirées de *Three Blind Mice*. La comptine était aussi la signature musicale du générique du numéro de vaudeville, des années 1920 aux années 50, des Three Stooges (voir *Quand rien de va plus*).

Enraciné au cœur des cultures anglaise, écossaise et irlandaise *Three Blind Mice* servit de matrice au XXe siècle pour le cinéma et la littérature, notamment policière. Dans le film de Fritz Lang *M. Le Maudit* sorti en 1931 quand on voit – et quand surtout on entend – en Allemagne, dans un sous-sol où la pègre rampe dans les entrailles du pays au début des années 30…, siffler le thème du morceau par un individu tapis dans l'ombre avant d'accomplir ses forfaits, les frayeurs de ce qui monte en Allemagne trouvent leur équivalent dans la symbolique « musicale » à travers l'image accoustique que procure dans les tréfonds des inconscients collectifs ce thème populaire qui a durant des siècles terrorisé les campagnes anglaises après s'être fait passer pour la jolie petite comptine pour enfants. En 1971 on retrouve le thème dans le film de Richard Fleischer *Terreur aveugle* (*Blind Terror, See No Evil*) avec Mia Farrow. Lorsqu'à un moment donné du film la jeune « héroïne » aveugle se retrouve seule qui plus est dans une situation plus que dangereuse, *Three Blind Mice* se laisse entendre, sifflée, sournoise prête à tuer telle la reptation sombre de la pègre allemande chez Fritz Lang qui dans cette figure sonore annonce l'avénement du nazisme. Et donc la littérature n'est pas en reste avec Agatha Christie qui baptise en 1950 une série de neuf nouvelles *Three Blind Mice and Others Stories.* Faut vraiment s'appeler Claude François pour arriver à faire de ce morceau une chanson chouette, gaie, optimiste sur le sentiment amoureux et la joie de vivre.

Sinon, on peut trouver le thème joué au piano et chanté par **Nat King Cole** en 1938.

tout comme sur le disque du batteur de jazz **Art Blakey Jazz Messengers**, en 1962 chez Blue Note, et aussi en public, sur des arrangements de Curtis Fuller, pour l'album « Art Blakey Live Album ».

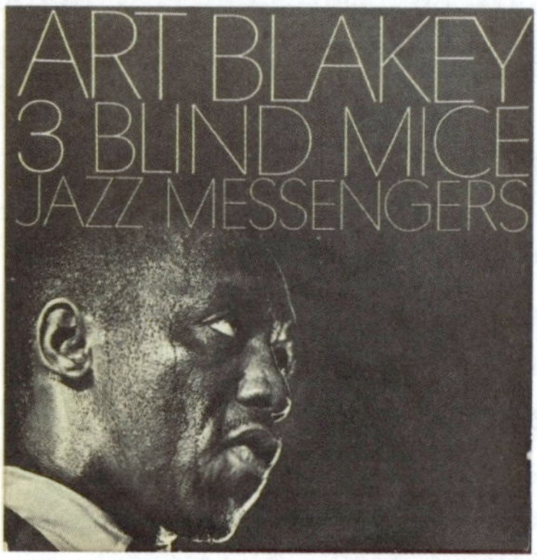

Le groupe Ten CC reprend à sa manière la comptine à la fin de son titre *I'm Not In Love.*

Maintenant, il y a tout autre chose. Après écoutes attentives de la chanson du groupe anglais **The Dave Clark Five** dans avec son hit ***Glad All Over***, il semblerait que Claude François se soit inspiré de cet opus du *swinging London* en puisant dans son propre patrimoine folklorique en faisant arranger le morceau par Kenneth Chambers.

Glad All Over, dans sa construction, avec notamment les trois frappes de batterie seule avant de rebondir sur la suite harmonique qui fait office de pont, présente la même structure rythmique que *Petite mèche de cheveux*, ce qui indiquerait d'ailleurs que Claude François, toujours à l'écoute des groupes anglais durant ces mid-sixties, a peut-être bien écouté le Dave Clark Five pour reconstruire sa chanson. Introduction sacquée à la batterie, le titre est nerveux, comme sous tension. Avec une mélodie emballante et un refrain bâti sur le principe du canon, la chanson est conçue pour être outrageusement séduisante, à la rengaine facile. Tout cela pour obtenir une preuve d'amour qui passe par la possession d'une mèche de cheveux de la demoiselle, mèche qui sera la nuit sous l'oreiller et, dans la journée, sous la chemise du soupirant. Aussi étrange que cela puisse paraître pour une chanson qui décoiffe, le succès n'a pas vraiment été au rendez-vous et, sur ce 45 tours, c'est le thème soul d'Arthur Alexander par Steve Alaimo, *Chaque jour c'est la même chose* qui remporta la partie.

Néanmoins on supputera que lui-même et/ou quelques-uns de son équipe pouvaient avoir connaissance de la comptine originale ne serait-ce que par la version de Nat King Cole dont l'Artiste avait une connaissance autant approfondie que passionnée du répertoire. Disons que *Glad All Over* a sans doute donné un coup de pouce à la reprise. Pour l'anecdote, on notera que Salvadore Adamo, qui arrivait en force et renversait « l'ordre yéyé établi » (Hallyday/François/Anthony/Alamo), dut à l'époque repousser la sortie de son titre déjà prêt et qui devait arriver dans les bacs à ce moment-là, il s'agit bien sûr de sa chanson *Une mèche de cheveux*, opus qui n'avait rien à voir avec la présente.

Glad All Over connaît en 1964 deux adaptations transcrites par Pierre Saka sous le titre de *Le vrai bonheur* transcrit par Pierre Saka pour Vic Laurens chez Mercury et par Jean-Claude. D'autres artistes français ont été intéressés par le répertoire du Dave Clark Five. En 1964 : Les Missiles en 1964, pour Ducretet Thomson/Pathé Marconi, reprennent *Forever And A Day* avec *La vie devant toi,* paroles de Michelle Vendôme future parolière de Claude François ; Monty chez Barclay transcrit lui-même et enregistre *Si tu crois* d'après *Bits And Pieces* ; Sylvie Vartan chez RCA dans *N'oublie pas qu'il est à moi*, texte de Georges Aber, issu de *Can't You See That He's Mine* ; en 1965 : chez RCA George Aber adapte pour Noël Deschamps *Aujourd'hui tout va vite* d'après *Any Way You Want It* ; Les Pollux pour Disc'AZ avec *Toi qui connais les filles* transcrit par Yves Stéphan emprunté à *Thinking Of You Baby*. En 1966 au Canada Michèle Richard enregistre *Les boîtes à gogo* chez Trans-Canada sur un texte Gilles Brown d'après *At The Scene ;* et en 1968 chez Barclay Dalida adapte *Everybody Knows* qui devient, avec les paroles d'Hubert Ithier, *Tout le monde sait*.

On compte En 2008 l'Anglais Terry Edwards And The Scapegoats effectue une version de *Tree Blind Mice* pour le label de jazz OP 4.

Donna Donna

Claude François & Vline Buggy

8e 45 tours, 434 964, octobre. 3e 33 tours, Philips 844 775, juin 1965. On retrouve ce grand classique en décembre 1970 sur le 12e 33 tours, Philips/Flèche 6450 500, « Le Monde extraordinaire de Claude François ». 45 tours Philips 6274 036 en 1972, livre-disque « Claude François chante pour les enfants ». Avec l'orchestre de Christian Chevallier, arrangements de Christian Chevallier. 20e 33 tours, Flèche 6325 677, « Claude François sur scène », avril 1974. 23e 33 tours, Flèche 6325 683, « Claude François sur scène. Été 75 », octobre 1975. 30e 33 tours, Flèche/Carrère 67 235/6, « Souvenir 78. Claude François en public », avril 1978.

Enregistré en italien en 1964 par Claude François avec le même titre ; en 1965 l'Artiste enregistre le titre en japonais via Victor Company & Philips et en face B de ce 45 tours est gravé aussi en japonais *Poupée de cire, poupée de son* de France Gall. Au moment où ces deux artistes se séparent, les voici réunis sur un disque de l'Archipel.

Également enregistré en 1964 par Jacques Hendrix chez Columbia ; Jeff Rinaldo chez Philips et Gilles Dominique la même année chez Pergola tout comme Francis Ducasse chez Succesrama. Richard Clayderman au piano. Hélène et Dorothée. En 1998 par Nicola Peyrac chez Atlas sur « Ils chantent Claude François ». Les Stentors en 2005. En 2007 par la compagnie Bel Air au festival d'Avignon à l'occasion d'un voyage musical dans l'imaginaire yiddish.

Donna Donna est en 1re entrée et meilleur classement dans le hit-parade de SLC, n° 3 en octobre et novembre 1964.

Adaptation de ***Dos Kelbl (Dana Dana)*** (Traditionnel yiddish).

Aaron Zeitlin & Sheldon Secunda & Sholom Secunda / Arthur Kevess & Teddy Schwartz

Version originale yiddish écrite en 1940 par Sholom Secunda (1894-1974) pour la musique et Aaron Zeitlin (1889-1973) pour les paroles. L'œuvre est publiée en 1943 sur feuille-partition. C'est une pièce de théâtre du Biélorusse (ou Belarus) Aaron Tseidin Esterke, qui fut à l'origine de l'écriture de *Dos Kelbl (Le Veau) Dana, Dana*.

À l'origine, il s'agissait d'un duo, homme/femme en sol mineur. Par la suite, Sholom Secunda écrivit une nouvelle version plus accessible, en ré, tout en précisant le tempo.

C'est sans doute **Sue Komoorian** qui enregistra en 1941 une des premières versions répertoriées et ce, avant **Theodore Bikel** en 1959 chez Elektra sur « Sings More Jewish Folk Songs », qui effectua sa version à la fois en yiddish et en anglais.

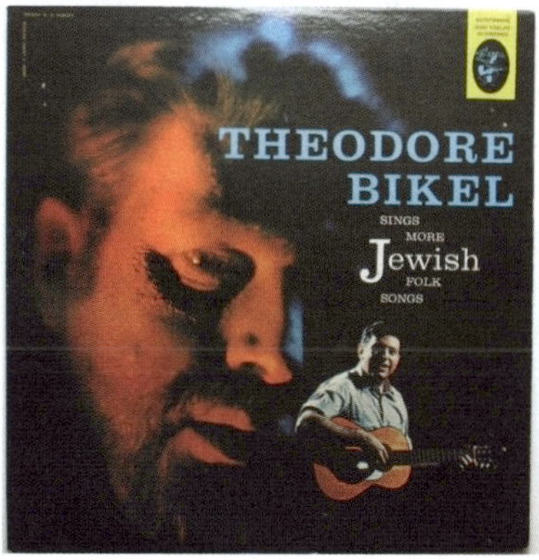

On peut écouter la chanson par Sue Komoorian en duo avec Barbara Slade, entourées par un piano, un violon et une guitare sur l'album en CD « Best Of Nama » du label Nama ; la chanson est y interprétée sous les titres de *Dana, Dana & Dona, Dona* avec l'orchestre de David Owens. La version américaine de Kevess et Schwartz de 1956 est enregistrée en 1961 par Chad Mitchell Trio sur l'album « Might Day On Campus » ; Joan Baez en public en 1960 pour Vangard Records et la même année en studio pour Fontana et sur « Tara Hava Nagila Festival ». Par la chanteuse yiddish Nama Hendel en 1962 en Israël chez Hed-Arzi. Plusieurs versions se succèdent en 1965 avec Chad Mitchell Trio à nouveau sous l'appellation de Chad and Jeremy (alias Chad Stuart et Jeremy Clyde) sur « Sing For You » pour Word Artists Records ; en Espagne pour Vergara par Tony Vilaplana ; Donovan chez Pye Records ; la chanteuse scandinave Âse Kleveland chez Polydor ; le groupe Generation effectue une version country ; John Lenehan et Paul Marlyn l'interprètent au piano et au violon ; Uwe Steinmetz en fait un morceau de jazz. En 1966 par Barbara Slade dans un style à la Baez enregistre *Dana, Dana* très proche des versions yiddish. La même année par Ian & The Zodiacs pour Star-Club Records ; toujours 1966 par Mac Macleod chez Juke Box ; Ola & The Janglers pour Gazell Records sur « Patterns » ; Herbert Pagani sous le titre de *Un Capretto* chez Carosello en Italie ; The Folkswingers, dont fait partie Glen Campbell chez World Pacific Record ; Esther et Abi Ofarim inscrivent chez Philips ce désormais classique à leur répertoire. En 1969 par la formation espagnole Mocedades chez Novola. Le combo japonais The Happenings Four en 1969 chez Jasrac/Capitol Records avec un *Dona Dona Dona* bizarrement couplé au hit des Mama's and Papa's *California Dreamin'* (*La Terre promise* par Richard Anthony). S'ensuivent également Lisa Fishman. En 1972 par Judy Nash chez Moondisc, mais aussi la même année en public par Mary Hopkin pour Mary Hopkin Music (sachant que le CD a été publié 33 ans après la prestation sur scène) sur « Live At The Royal Festival Hall 1972 ». Felicia Wong (Wong Oi Ming) en 1974 chez Regal à Hong Kong. Le trio suisse Peter, Sue & Marc en 1976 chez PLM-ML. Julie Félix en 1982 chez Dingle's Records. Rika Zaraï enregistre le classique, en yiddish, chez Kol pour l'album « Espoir » sous le titre de *Lama Dona*, en 1983, puis une autre version intitulée *Dona Dance* sur son album « Hava ». En 1987 par Klezmer Conservatory Band sur « Oy Chanukah ! » pour Rounder Record tout comme en Yougoslavie par Daniel pour Jugoton. Sur l'album « Chants yiddish Yankele » Opus 111, l'interprète yiddish Moshe Leiser enregistre la chanson à l'Opéra de Lyon pour Opus en 1994. Dorothé et Hélène Rollès en 1993 lors d'un show sur T.F.1. Chava Alberstein en 1999 sur « Yiddish Songs » chez Hemisphere. Le chanteur yiddish Gilbert en 2002. Scott Gerber en 2005. Lisa Fishman en 2007. June Maugery sur « Shining Bright Like Gold » pour Studio du Mont-Blanc en , une Américaine vivant en France est un peu à part puisqu'elle chante en s'accompagnant avec son auto harpe avec, derrière, une section guitare-banjo, basse fretless, basson et hautbois. Au Canada en 2011 par Fern Lindzon sur « Two Kites » chez Latros. Patty Duke en 2013 chez Real Gone Music sur « Songs from Valley of The Dolls / Sings Folk Songs ». Par la chanteuse chinoise Yao Si Ting en 2018 sur « Endless Love. IX Eternal Singing » pour Audiophile Music.

Le texte de la comptine évoque la teneur de ladite pièce, l'histoire du peuple juif. On peut y trouver la figure symbolique du veau ligoté, (d'où le titre *Dos Kelbl*) figure sacrificielle que l'on mène à l'abattoir, et la *shoah* où les Juifs, eux-aussi, sont menés à l'abattoir. Le texte est en équilibre sur une image millénaire et une réalité historique récente. La thématique forte de la chanson, les symboles qu'elle réunit expliquent, si l'on peut dire, l'engouement qu'elle suscite et donc les nombreuses reprises. Dans le monde, les enregistrements ne se comptent plus ; ce traditionnel est l'un des thèmes yiddish les plus interprétés. Voici quelques passages de l'original yiddish et sa traduction :

Sur la charrette gît le petit veau (Oyfn fur lligt dos kelbl)
Etendu ligoté par une corde (Ligt gebundn mit a shtrik)
Haut dans le ciel vole la petite hirondelle (Hoykh in himl flit dos shvelbl)
Joyeusement elle va et vient sans corde (Freyt zikh, dreyt zikh hin un tsrik)

Refrain :

Le vent rit dans les blés (Lakht der vint in korn)
Il rit et rit et rit (Lakht un lakht un lakht)
Il rit le jour entier (Lakht er op a tog a gantsn)
Et la moitié de la nuit (Mit a halber nakht)
Dona, dona, dona, dona
Dona, dona, dona, dona
Le petit veau crie, le paysan dit : (Shrayt dos kelbl, zogt der poyer :
Qui donc t'a demandé d'être un veau ? (Ver zhe heyst dikh tsu zayn a kalb ?)
Tu aurais pu être un oiseau (Volst ge kent tsu zayn a Joygl)
Tu aurais pu être une hirondelle (Volst ge kent tsu zayn a shvalb)
Les pauvres veaux on les attache (Bidne kelber tut men bindn)
Et on les traîne, et on les égorge (Un men shlept zey, u men shekht)
Celui qui a des ailes s'envole (Ver s'hot fligl, flit aroyftsu)
Et n'est l'esclave de personne (Iz bey keynem nish keyn knekht)

Et en anglais :

On a wagon bound for market / There's a calf with mournfol eye
High above him there's a swallow / Winging swiftly through the sky

Refrain :

How the winds are laughing / They laugh with all their might / Laugh and laugh the whole day through
And half the summer's night / Dona, dona, dona, dona / Dona, dona, dona, dona
Dona, dona, dona, dona / Dona, dona, dona, dona
Stop complaining said the former / Who told you a calf to be
Why don't you have wings to fly with / Like the swallow, so proud and free?

Refrain :

Calves are easily bound and slaughtered / Never know the reason why
But whoever treasures freedom / Like the swallow, has learned to fly

Le succès important de cette chanson était assez inattendu à l'époque et, certainement, Philips pensait plus à la reprise de Jackie de Shannon *Les Cloches sonnaient*, où à *Je sais* sur le même 45 tours, qui tout de même a très bien marché. Ce titre sur l'enfance puis la vie d'homme est tout bonnement sublime et – comme beaucoup du répertoire de l'idole – n'a pas pris une ride, bien qu'il ait été brièvement galvaudé, le mot est faible…, lors de douteuses prestations TV en 1998 pour les vingt ans de la disparition de l'artiste par l'inévitable Boys Band du moment et quelques-autres.

En décembre 1972, Claude François tentera de rééditer l'exploit de *Donna Donna* avec *Ninna Nanna* écrit par Patricia Carli qui s'inspira des comptines italiennes qui, par dizaines depuis quelques siècles se déploient différemment mais toutes issues de la même matrice *Nina Nanna*. Pour revenir à *Donna Donna,* il s'agit de l'histoire d'un petit garçon, devenu un homme, qui se remémore les douceurs de l'enfance. Enfant, bien que rassuré par une présence maternelle qui chante une berceuse dont les sonorités dominantes sont « Donna Donna », il a hâte de devenir grand, d'être un homme pour découvrir le monde. Plus tard, face à la dureté de la vie, « *les amours déçus, la faim et la peur* », il rêve d'une enfance qu'il regrette, voire qu'il sublime. Curieusement, et comme toujours, il y a encore des commentaires, véhéments ou ironiques, mais sans arguments crédibles, contre les paroles de la version de Claude François (comme pour *Si j'avais un marteau*) ; celui-ci et Vline Buggy auraient déliré. Le ton est comminatoire et derrière l'attaque gratuite, il y a l'idée que de toutes façons, toute chanson interprétée par Claude François ne peut être que de faible niveau car elle ne peut que relever, et c'est comme çà, du « yéyé-abêtissant », comme ils disent, « quelque part … » Bref, Claude François n'avait pas, et toujours pas (même si c'est un peu moins) le droit, la caution morale, artistique de reprendre ce thème. On le voit avec les échecs de dizaines d'autres opus, aussi importants et conséquents, de son répertoire. En tout cas, même par lui, et tant mieux, *Donna Donna* est un *evergreen*, quelque chose qui ne meurt jamais ; le titre a traversé et traversera les décennies sans jamais perdre de sa superbe. Au premier abord, on se dit que cette chanson de l'artiste contraste avec l'ensemble de son répertoire, pas sûr…

1965

Geordie

Claude François & Vline Buggy

Philips 437 118, octobre. 4e 33 tours, Philips 77 744, décembre. Avec l'orchestre de Christian Chevallier, arrangements de Christian Chevallier.

En 2007, Domy Fidanza donne sa vision du titre pour Universal/Mercury sur l'album hommage « Claude François, autrement dit… ».

La chanson est l'**adaptation** du traditionnel saxon, anglais et écossais, ***Georgie*** ou ***Geordie***, ou ***Geordie Hinny*** et dont les origines remontent au XVIe siècle.

Cette ballade a été recueillie à l'origine par **Cecil Sharp** en 1908. Elle sera publiée dans « The Penguin Book of English

FolkSongs ». Un des premiers enregistrements « connu » de cette ballade pour « les enfants » mais bien plus, au XXe siècle, a été effectué en 1941 par **Louisa Hopper** ; plus connue, si l'on peut dire, est la version de 1956 par **A.L. Llyod** sous le titre de ***Georgie.***

On trouve la chanson dans son anthologie, avec Ewan MacColl, « The English and Scottish Popular Ballads, Volume II » ; une « re-issue » a lieu en 2011 chez Fellside Recording sur l'album « Bramble Briars and Beams of the Sun ». Dans cette version chantée par A.L. Lloyd, le texte est de Mrs **Owers de Longport**, dans le Somerset. La mélopée est de **Charles Neville** d'East Cocker, dans le même creuset culturel et ethnographique du Somerset. Lloyd la réenregistre en 1960 pour son 45 tours, « England & Her FolkSongs » et comme tous les morceaux de ce disque, elle sera reprise en 2003 dans le CD « England & Her Traditional Songs ». À ce sujet, Lloyd écrit dans le livret de l'album : « Comme beaucoup de nos meilleures ballades, celle-ci est connue à la fois en Angleterre et en Écosse. En Écosse, le personnage principal est généralement présenté comme un noble, parfois identifié à George Gordon, qui fut au seizième siècle comte de Huntly ; alors qu'en Angleterre, c'est d'ordinaire un simple hors-la-loi, en qui certains reconnaissent George Stoole, un bandit de Northumbrie exécuté en 1610. En fait, rien ne permet de supposer qu'il s'agit réellement d'une ballade historique ; ce peut être simplement une fable romantique, qui faisait déjà les délices des chanteurs et du public bien avant l'époque du brigand Stoole ou du comte dissident de Huntly. Peut-être cette histoire appartient-elle vraiment à la période où le Moyen Âge touchait à sa fin et où les bois étaient remplis de hors-la-loi, pour certains de sang noble, mais surtout des manants qui tous fuyaient l'oppression de l'autorité féodale. » **Paul Clayton** grave aussi sa version en 1956 sur l'album « Waters of Tyne » pour Stinson Records sous le titre de ***Geordie Hinny***. Ensuite, les versions se suivent et ne se ressemblent pas. Le chanteur phénomène du music-hall américain, le jazzman **Mel Tormé** qui ne dédaigne pas la country, batteur, compositeur, arrangeur, comédien et producteur, effectue la sienne en 1957 chez Philips sur « Meets The British ». Deux versions en 1958 avec **Mervyn Plunkett** dans l'anthologie « The Child Ballads 2 » pour The Folk Songs of Britain Volume 5 », puis celles d'**Ewan MacColl** chez Topic Records et Isla Cameron sur l'album « I Still Love Him », MacColl réenregistrant le classique en 1966 sur « The Manchester Angel ». En 1959 par **Shirley Collins** pour Folkways Records et en « re-issue » en 1964 sur son 45 tours collector, « The Foggy Dew » ; Shirley Collins enregistre la ballade une troisième fois en 1970 sur un 45 tours Collector « Love, Death & The Lady » et un enregistrement en public au Festival Folk de Scarborough figure en 2002 dans l'anthologie en 4 CD, « Within Sound ».

Version chantée par Shirley Collins de 1970 :

« Un jour que je galopais vers le London Bridge / À l'aube d'un matin brumeux,
J'ai entendu une malheureuse fille / Implorer la grâce de son Geordie
Mon Georgie n'a jamais rien volé / Ce n'est pas un meurtrier
Il n'a tué qu'un chevreuil du roi / Seulement pour nourrir sa famille
Lors, le juge regarda derrière lui / Et il dit ces mots à Geordie :
« Cet aveu t'a valu la corde / Que Dieu ait pitié de toi. »
Geordie parcourut des yeux la cour / Et il vit Polly, son aimée »

Concernant la session de 1970, Peter Kennedy écrit au dos du disque : « En 1961 par Harry Cox ; deux versions en 1962 avec **Joan Baez**, en public, chez Vangard, sur l'album « In Concert ».

Frank Hamilton pour le label spécialisé Folkways Records. **Gaither Carlton**, le beau-père de Doc Watson, enregistre la chanson en 1965, la session se retrouvera en 1977 sur l'album « Watston Family – Tradition » chez Topic Records en 1977. **Julie Félix** pour son album « Changes » en 1966 chez Fontana ; c'est le seul titre de l'album pour lequel Martin Carthy et Dave

Swarbrick l'ont accompagnée, elle reprendra la chanson dans son anthologie thématique « The Acoustic Folkbox ». **Sandy Denny** en 1967 en « home record » (enregistré chez elle) dans la K7 Attick Track Volume 3, sa version se retrouvera en 2004 pour l'anthologie « A Boxful of Treasures » chez Fledg'ling Records.

Les différentes versions « originales » anglo-écossaises valent la peine d'être traduites et reproduites.

Démo de Sandy Denny :

« Mais j'aurais fait couler le sang / Pour ne pas te perdre à jamais »
Il la serra fort contre lui / Et baisa ses lèvres roses
Certes, la plus belle de toutes les femmes / Est ma douce et belle dame »
« Mon amour, tu es venue trop tard », dit-il / « Car je suis déjà condamné. »
« Je t'ai donné six beaux enfants, / Et j'en attends un septième
Mais j'y renoncerais volontiers / Pour sauver la vie de Geordie.
Las, Geordie fit le tour de la cour / Et il fit ses adieux à beaucoup
Mais ce fut de quitter son seul amour / Qui l'affligea plus que tout.
Pendez Geordie à des chaînes d'or / Mais ce n'était pas un criminel
Il n'avait tué qu'un chevreuil du roi / Tout ça pour nourrir sa famille.

D'autres reprises de *Geordie* fleurissent dans le monde saxon ainsi en 1968 avec **Peter Bellamy** sur « Mainly Norfolk » chez Xtra, puis **Deena Webster** pour Emi/Parlophone sur l'album « Deena Webster Is Tuesday's Child ». En 1970 le groupe rock/folk anglais **Trees**, par la voix, un peu à la Joan Baez, de leur chanteuse **Celia Humphris**, donne une superbe version chez CBS sur leur album « One The Shore ». **Martin Carthy** enregistre l'œuvre en 1974 dans un studio de la BBC ; cette version s'intègrera dans « The Carthy Chronicles ». Il réenregistre

Geordie pour son album de 1976 « Crown Of Horn » chez Topic Records. On retrouve cet enregistrement en 1993 dans « Rigs Of The Times ». Une version en public voit le jour en juin 1977 dans « 6. Folk festival Auf Der Lenzburg ».

On ne peut passer sous silence le très intéressant commentaire de Martin Carthy imprimé au dos de la pochette de son album « Crown Of Horn » : « On dit souvent que la version anglaise de *Geordie* est une copie tardive de la chanson écossaise sur George Gordon, le comte de Huntly, qui fut emprisonné et menacé de mort en 1554 pour 'n'avoir pas puni un brigand des Highlands, comme on lui en avait donné l'ordre'. Le motif était manifestement politique et, à la fin, il fut libéré contre une forte amende. Une chanson ultérieure appelée *The Life and Death of George of Oxford*, bien qu'étant superficiellement une copie de la chanson écossaise, tout du moins en partie, semble être aussi une tentative d'arrangement et d'actualisation d'autre chose à savoir la version anglaise d'une idée, qui comprend peut-être deux airs différents. C'est une petite chanson réaliste et passionnée, où l'on sent pointer l'aiguillon de la rage, et l'on est tenté de suggérer que les versions anglaises qui ont survécu – dont certaines sont encore chantées aujourd'hui – pourraient être cet « autre chose » qui a peut-être servi de modèle à *George of Oxford*. L'ayant apprise par John Pearse il y a de nombreuses années, j'ai fini par décider de la chanter en entendant un enregistrement de Mrs Louisa Hooper réalisé par Dr Maud Karpeles autour de 1941, et déposé aux BBC Sound Archives. »

Version de Martin Carthy :

« Un jour que je galopais vers le London Bridge / À l'aube d'un matin brumeux,
J'ai entendu une jolie fille / Pleurer pour la vie de son Geordie
« Allez me seller un blanc destrier / Sellez-moi un poney
Que je chevauche jusqu'à Londres / Réclamer la grâce de mon Geordie »
« Car il n'a jamais volé ni âne ni bœuf / Il n'a jamais tué personne
Seulement volé seize chevreuils du roi / Et les a vendus en Bohême »
Mais quand elle fut à la cour du roi / Avec tous les seigneurs et les dames
Elle tomba à genoux devant lui, / L'implorant d'épargner son Geordie
Elle pleura, « Six beaux enfants j'ai eus de lui / Et j'en attends un septième
Je renoncerais à tous volontiers / Si vous graciez mon Geordie
« Car il n'a jamais volé ni âne ni bœuf / Il n'a jamais tué personne
Seulement volé seize chevreuils du roi / Et les a vendus en Bohême »
Mais le juge, jetant un coup d'œil derrière lui,
Cria, « La belle, je regrette »
Car tu es arrivée trop tard / Il a déjà été condamné »

Toujours en 1974, on trouve la version de **Levi Smith**, *Georgie*, sur l'album « Songs of The Open Road, Gypsies, Travellers & Country Singers » chez Topic Records ; et en 1998 cet enregistrement fera partie de l'anthologie « My Father's The King of The Gypsies » (The Voice of the People, Volume 11) toujours pour Topic et en 2009 pour le même label dans l'anthologie anniversaire « Three Score and Ten ». Entre temps, une autre version sera incluse dans une anthologie de traditions musicales de 2003 « Here's Luck To A Man » par le frère de Levi Smith, Jasper Smith. En 1975 par **Alec Bloomfield** sous le titre de ***Young George Oxbury*** pour la « Keith Summer English Folk Music Collection » qui sera republié en 2007 dans l'anthologie de la Keith Summer « A Story to Tell ». Suit en 1976 chez Chrysalis, sur l'album « Silly Sisters », la version écossaise de **June Tabor**, accompagnée par Martin Carthy, avec **Maddy Prior**, pour le Scots Musical Museum ; cette session est dans l'anthologie de 2005 chez Topic Records sur « Always ».

Version écossaise de June Tabor :

« Il y eut une bataille dans le nord / Où se battirent bien des nobles
Qui firent périr Sir Charlie Hay / Puis ils en accusèrent Geordie
Il écrivit une longue lettre / Qu'il envoya à sa dame :
« Accours, viens vite à Edimbourg / Voir ce qu'il arrive à Geordie »
En jetant les yeux sur la lettre / La belle devint écarlate
Et à peine en eut-elle lu deux mots / Qu'elle fut pâle comme la mort
« Va chercher mon destrier gris / Je pars avec tous mes hommes
Je resterai sans boire ni manger / Jusqu'à ce que j'atteigne Edimbourg
Puis elle enfourcha son destrier gris / Avec tout son équipage
Et demeura sans manger ni boire / Jusqu'à ce qu'elle atteigne Edimbourg
Alors apparut le billot fatal / Et la hache pour l'exécuter
Et Geordie monta sur l'échafaud / Avec de lourds fers au pied
Bien qu'il fût ainsi entravé / Par des chaînes de fer et d'acier
Oh, pas un seul homme de la cour / N'était aussi beau que Geordie
La belle mit un genou en terre / Elle, si pâle et si lasse,
« Grâce, par pitié, ô noble roi, / Pitié, rendez-moi mon aimé »
« Dites au bourreau de se hâter »
Répondit le roi avec morgue
« Noble roi, tous mes biens sont à vous, / Si vous me rendez mon Geordie »
Les Gordon vinrent, ils accoururent / Les Gordon lui vinrent tous en aide
Tous, ils répondirent à L'appel, / Oh, Gordon, tenez-vous prêts
Un vieux seigneur à La droite du roi / Dit, « Noble roi, écoutez-moi
Laisse-la vous donner cinq mille livres / Et après, rendez-lui son aimé, »
Certains donnèrent des marks, et certains des couronnes
Certains même des dollars / La belle versa cinq mille livres au roi
Et sauva ainsi son aimé / Contemplant gaiement son Geordie »

D'autres enregistrements de *Geordie* continuent de plus belle avec la même année 1976 Roy Bailey sous le titre de *Spare Me The Life Of Georgie*, pour l'album « New Bell Wake » chez Topic. **Colin Thompson** en 1980 sur l'album « Three Knights » sous le titre de *Bansted Downs* (*Georgie*). Ann Mayo Muir en 1985. Jo Freya en 1992 sur « Traditional Songs of England ». En 1998 par **Ken Campbell** ; et la même année, à nouveau, Martin Carthy sur l'album « Signs of Life » dans une version d'après celle de Levi Smith. Deux versions en 2004 avec **Paul Austin Kelly** et **Richard Durrant** sur l'album « Unleashed on British Isles » pour le label Walking Oliver, puis par **Chris Foster** ; en 2006 par **Carl Peterson** ; **Colleen Raney** en 2008 ; **James Findlay** en 2012 ; en 2013 avec **Anaïs Mitchell & Jefferson Hamer** ; **Hannah Sanders** en 2015. La chanteuse allemande d'opéra, **Freya Casey**, enregistre une version piano-voix en anglais.

En dehors de Claude François pour la France, *Geordie* inspire d'autres artistes en Europe ainsi en Italie par **Fabrizio de André** en 1966, **Leano Morelli** en 1998, **Mercanti di Liquore** en 2000 ; en 2003 par **Malecorde** tout comme **Eire Nua** ; **Carlo Ghirardato** en 2005. Très apprécié au Danemark *Geordie* connaît plusieurs covers ainsi du groupe **Gasolin'** en 1971 chez CBS sur « Gasolin » sous le titre de ***Langebro*** ; toujours avec le titre *Langebro*, le groupe de hard-rock **Dr. Dante** en donne sa version en 1996 chez BMG ; pareil avec **Love Shop** en 1996 pour Pladecompagniet ; idem chez Spids Nøgenhat en 2011 sur Orpheus Records ; retour à *Geordie* avec le groupe de hard rock **Junkyard Drive** qui se fait connaître avec sa version en janvier 2017 sur l'album « Sin & Tonic » pour Mighty Music – Medley Studio. Suite à cette version qui rencontre un énorme succès, d'aucuns ont pensé qu'il s'agissait de la reprise de *Langebro* de Gasolin' alors que *Langebro* est, bien sûr, une des multiples covers de *Geordie*.

La version de Claude François n'est globalement pas éloignée de la thématique des « originaux ». Avec et sa fidèle complice Vline Buggy, ils ont concocté un opus aux consonances médiévales de l'Angleterre du Moyen Âge qui sort de l'ordinaire. On y retrouve l'ambiance, et les mots anglais, un Londres brumeux « *par un froid matin* », un jeune garçon promis à la potence pour avoir aimé la fille du roi. Il sera « *pendu par une chaîne en or* », malgré un juge qui regarde « *par-dessus son épaule* » une mère éplorée. Lorsque l'on examine les « originaux » anglais et la version française, on se rend compte de la qualité du travail de concision de Claude François et de Vline Buggy ; la version française demeure fidèle à la thématique de l'histoire. Avec une voix appropriée que ne renieraient pas Léo Ferré ou Leonard Cohen, la version de l'Artiste est explicite, intéressante et ne dénature pas la source d'inspiration. Cet air du folklore évoque le drame vécu par une mère qui supplie la cour du roi de ne pas pendre son fils à l'aube. Lorsqu'il sort *Le Bal des Lazes* en 1966, Michel Polnareff est exactement dans le même registre d'inspiration musicale ; sa chanson s'inscrivant très clairement dans le même creuset traditionnel et culturel saxon que *Geordie. Geordie* est une chanson, éprouvante et qui commence à fouailler loin, notamment sur le thème en arrière-plan, de la peine de mort. Est-ce un hasard si ce titre est sur le même 45 tours que *Ce monde absurde*, chanson dont il est peu de dire qu'elle est révolutionnaire et plus encore ? Si oui, il fait bien les choses, le hasard. En résumé, c'est une vieille femme qui, par un froid matin à Londres, vient demander au roi la grâce de son fils, Geordie, qui doit être pendu pour avoir aimé sa fille. C'est bien dit, bien chanté, la voix est discrète, chaude, et la guitare acoustique sonne comme les grands morceaux de bravoure des guitares folk du moment. Ça a beau se passer au Moyen Âge, l'impact de Claude François en cette année 1965 sur une jeunesse issue du baby boum et adhérente à la génération « rock/*Salut les Copains* » est immense. Le sujet de la chanson prend alors une toute autre dimension que si ça avait été un chanteur de la génération « chanson/tranquille/française » de la décennie précédente. Là, c'est une idole, avec tout ce que ce mot implique derrière comme adhésion, comme hystérie parfois, qui prend la parole pour « effleurer » ce sujet alors tabou. Indirectement soit, car c'est au Moyen Âge, mais nous sommes en 1965 et, à l'époque, c'était énorme qu'un chanteur (qui plus est « yéyé...) comme Claude François aborde ce genre de thématique/registre – plutôt approché en général par des artistes comme Léo Ferré, Colette Magny, Georges Brassens, Catherine Ribeiro, Francesca Solleville et consorts – avec la force de frappe qu'il avait sur des millions de gens. Il n'y a qu'à voir les ventes du moment, le nombre de tournées, de passages radio et de télévisions, c'est proprement un tourbillon incessant dans le pays. En cette période mid-sixties, avec Johnny Hallyday, l'Artiste, juste avant l'arrivée l'année suivante d'Antoine, de Dutronc et de Polnareff, « faisaient la loi », façonnaient les esprits, influençaient, loin devant Eddy Mitchell, Richard Anthony et Hugues Aufray. Ces deux-là avaient réellement un impact conséquent. On ne portera pas de jugement ici sur les soi-disant chanteurs qui ont « préparé » 68 et les événements eux-mêmes. Mais on peut dire que si, vraiment, une partie des chanteurs de la génération « rock/*Salut les Copains* » a peut-être favorisé l'avènement de mai 68, ce ne sont pas ceux dont on lit les noms dans plusieurs ouvrages tentant d'expliquer le phénomène. Ce sont les artistes/idoles de 60 à 65 qui ont vraiment préparé le terrain de 68 et ceux comme Antoine, Dutronc et Polnareff, qui arrivèrent tout de suite après, n'ont fait que confirmer la tendance, mais avec chacun leur ton spécifique. Leur éloignement musical du « yéyé/rock » classique a pu induire en erreur certains raisonnements, ce qui, par conséquent, a accrédité l'idée que « tout a commencé » grâce à ces nouveaux venus. Bien sûr qu'on ne peut passer sous silence l'influence des anglo-saxons Beatles, Stones et d'autres groupes anglais puis des des folksingers comme Bob Dylan, Joan Baez et Donovan qui vraiment donnèrent un *la* énorme à un mouvement plus planétaire qui se termina à Woodstock, via l'île de Wight, comme l'a chanté Michel Delpech. Et pour en terminer avec cette digression qui ne nous éloigne pas, loin de là, de Claude François et de *Geordie*, on rappelle donc qu'en juin 1963 il y eut deux cent mille « jeunes » venus écouter « leurs idoles » place de la Nation à Paris pour l'anniversaire de *Salut les Copains*, et ce, bien des années avant Woodstock et Wight. Comme il est précisé plus haut, *Geordie* est gravé sur le même 45 tours, dominé à tous les niveaux par le sur-tube de original français *Même si tu revenais* ; ce titre de Chaumelle et Kesslair a étouffé les trois autres dont l'originalité des sujets, la pertinence ont été, déjà, totalement négligés / occultés par les radios/TV ; on dira aujourd'hui les médias. Ce 45 tours est un tournant « souterrain » dans la carrière de Claude François. Il comporte deux autres titres « à textes » et à « message », guillemets de rigueur, à savoir *Je t'aime trop toi* un tantinet en rébellion contre les adultes et les parents, et *Ce monde absurde* sur la Guerre Froide.

Vous avez dit paillettes… ?

Le Jouet extraordinaire

Claude François & Vline Buggy

4e 33 tours Philips 77 744, décembre. 12e 45 tours Philips 437 182, janvier 1966. On retrouvera ce grand classique en décembre 1970 sur le 12e 33 tours, Philips/Flèche 6450 500, « Le Monde extraordinaire de Claude François ».

Jean-Luc Ferré enregistre le titre en 1966 pour Pergola. La même année Bob Smart donne sa version avec *Le jouet mécanique* chez RCA Victor. Une sortie spéciale est commercialisée sur le 45 tours Philips 627 4 036 en 1972, livre-disque « Claude François chante pour les enfants » ; dans cette collection on trouvait les disques d'Anne Sylvestre. Avec l'orchestre de Christian Chevallier, arrangements de Christian Chevallier. Annie Philippe reprend le titre à l'émission *Chansons & Champions* en avril 1969. Une nouvelle version est enregistrée par La Grande Sophie à l'occasion de l'album hommage « Claude François, autrement dit… » chez Universal/Mercury en 2007. Puis par les Forbans en 2009.

1re entrée dans le hit-parade de SLC, n° 13 en décembre 1965 ; n° 4 en mars et avril 1966.

Adaptation de ***The Marvelous Toy*** (Folksong américain).

Tom Paxton

Version originale enregistrée par **Tom Paxton** en 1962 chez Gaslight sur son album « I'm The Man Who Built The Bridges » ; cet enregistrement est un *live* qui a eu lieu au Gaslitht Cafe, un « Coffeehouse » de Greenwich Village où beaucoup de musiciens, le plus souvent des folksingers, venaient se produire, s'essayer et pour certains tenter leur chance dès fois qu'un producteur passe le nez dans le coin. La version originale studio sera enregistrée en 1966 sur un 45 tours Elektra Records. Ce qui signifierait que, soit Claude François a eu connaissance de la première version en public de 1962 soit, et ça arrivait souvent à l'époque, qu'il attrapait très vite les nouveautés puis, le temps de faire faire un texte, les enregistrait aussitôt.

La même année c'est le Chad Mitchell Trio sur l'album « Sin gin' Our Minds » chez Mercury qui effectue une des premières reprises. Peter, Paul And Mary attendent 1969 pour revisiter la chanson de leur ami Tom Paxton sur l'album « Peter, Paul And Mommy » (oui, c'est bien « Mommy » au lieu de « Mary » pour la firme Warner Bros. Val Doonican (voir *Sois fier*) revisite le titre en 1966 sur son album « Gentle Shades Of Val Donnican » pour Decca. L'ambiance des arrangements donne un climat moins puriste du folksong original mais de très signifiantes sonorités à l'aide de cordes frappées type clavecin qui sied très bien au climat pour l'enfance. L'Artiste retrouve son père, les surprises des cadeaux. C'est sa façon de se remémorer des senteurs et impressions d'enfance à jamais disparues ; la fin de la chanson laisse croire qu'en remettant la main sur un « marqueur » de cette enfance telle une Madeleine, on s'imprégnera mieux de ses anciens repères toujours présents à l'esprit. Immanquablement ce titre procède du merveilleux et du rêve. L'idole est tout à son affaire et le charme opère.

C'est bien méconnu, mais Tom Paxton inspira, comme Claude François, bien d'autres interprètes français. Joe Dassin sera un grand amateur du répertoire de Tom Paxton ; en 1965 pour CBS il grave *Isabelle, prends mon chapeau* d'après *Ramblin'Boy* adaptation sur laquelle Jean-Michel Rivat cosigne les paroles avec

Maurice Fanon ; de ce même *Ramblin'Boy* il existe une autre version française, il s'agit de celle de Steve Waring qui enregistre *Errer sans fin* ; et Steve Waring effectuera encore une autre adaptation d'un titre de Paxton avec *Je te donne l'aurore* issu de *I Give You The Morning*. Joe Dassin continue sur sa lancée avec, en 1966, *Combien de temps pour t'oublier* que Jean-Michel Rivat adapte de *Can't Help But Wonder I'm Bound* ; Joe Dassin encore et de son côté Ester Ofarim avec *Je sais ce que tu penses* reprennent *Oh Babe You're Gonna Wonder*. Nana Mouskouri sera séduite par au moins deux titre de Paxton avec pour Fontana en 1967 sa reprise de *The Last Thing On My Mind* qui devient sur un texte de Vline Buggy *C'était bien la dernière chose* que Joe Dassin enregistre la même année en anglais ; à noter que cette chanson avait déjà été adaptée en 1966 par une protégée de Claude François, Katy David qui l'enregistra sous le même titre chez Pathé. Graeme Allwright en 1968 chez Mercury sur « Le Jour de clarté » enregistre *Sacrée bouteille* d'après *Bottle Wine* tout comme l'avait fait l'année précédente Julie Dassin qui avec des paroles différentes enregistre *C'est bon signe (Le vin de la vigne)* chez Impact. *Outwardbound* est la chanson que reprend en 1971 chez Fontana Nana Mouskouri et qui devient *En partant* transcrit par Eddy Marnay ; en 1972, sur un texte de Graeme Allwright, elle met en boîte *Le Lapin de Jennifer* emprunté à *Jennifer's Rabbit* et en 1981 chez Philips sur son album « Je chante avec toi Liberté », elle grave *Les Mauvais souvenirs* en provenance de *Bad Old Days* avec toujours Graeme Allwright aux paroles.

1967

Mais quand le matin

Éric Charden / Gilles Thibaut & Claude François

La ligne, ci-dessus, en italiques, indique bien les crédits imprimé au dos des vinyles de l'époque, sur l'étiquette des disques.

17e 45 tours, Philips 437 357, juin. 7e 33 tours, Philips/Flèche 844 800, 1er 33 tours sous label Flèche, décembre. Ce 45 tours marque la première participation de l'arrangeur anglais Reg Guest. Arrangements et direction musicale de Reg Guest. C'est, après Les Reed, le deuxième arrangeur-chef d'orchestre anglais qui succède aux Français Christian Chevallier et Jean Bouchety.

Version italienne 1967, *Se Torni Tu*. La chanson est remixée en 1990 par Jean Fredenuci, CD phonogram « Claude François Remix 90's » Philips 842 502-2.

En 1998 par Pascal Lafa chez Atlas sur « Ils chantent Claude François ». On peut retrouver une version espagnole de la chanson en 2003 dans le CD « Cloclomania » conçu par Béatrice Ardisson, interprété par Falidjo sous le titre de *Por La Mafzana*. Sur l'album hommage de 2007 chez Universal/Mercury « Claude François, autrement dit… », As Dragon enregistre sa propre version.

1re entrée dans le hit-parade de SLC à la 7e place à la mi-juin 1967, meilleur classement n° 1 en août et septembre.

Pour cet original français, quelques éléments sont à prendre en compte. En effet, à l'écoute de *Mais quand le matin* la chanson frôle, dans le refrain, le titre du groupe californien de John Philips et de Mama Cass, **The Mamas And The Papas**, ***I Saw Here Again*** signé John Phillips et Denny Doherty enregistré en 1966 chez RCA Victor. *Mais quand le matin* sort en 1967. L'original américain est bien, et habilement, inspiré, de ***Peer Gynt***, de **Edvard Grieg**. À l'origine, Éric Charden fait écouter à Jacques Monty (alias Jacques Bulostin, une signature qu'on peut trouver dans les crédits de nombreuses chansons) la mélodie qu'il avait trouvée pour le refrain. À l'écoute de ladite mélodie, Monty reconnaît le thème ***Au Matin***, une partie de l'œuvre de Edvard Grieg appelée *Peer Gynt*. C'est pourquoi, Monty, qui a écrit les paroles du refrain, évoque… le matin !

En clair, cette chanson de Claude François a donc été écrite de la façon suivante : la musique du refrain par Éric Charden via *Peer Gynt* revu par *I Saw Here Again des Mama's And The Papas*

dont, à l'évidence, Charden s'est inspiré ; la musique des couplets est composée par Monty et les paroles des couplets par Gilles Thibaut et Claude François. Si le nom de Monty/Bulostin ne figure pas dans les crédits de la chanson, c'est sans doute dû en partie au partage des tâches. Eric Charden est un « bon vendeur », et Monty préfère que ce soit lui qui aille au charbon pour placer le titre à Claude François ; on peut donc supposer que, dans la foulée de l'euphorie du succès d'avoir pu placer l'affaire à l'idole, il a oublié de dire qu'il y avait quelqu'un d'autre sur le coup…

Avec *Mais quand le matin* de 1967, dès l'introduction les violoncelles annoncent la couleur. Le chant grave des cordes ne s'étire pas ; il attaque sur un rythme saccadé par une succession de doubles croches/croches correspondant à l'état fébrile du chanteur. L'enveloppe musicale l'enserre. Le thème du texte sera toujours, bien sûr sous d'autres formes, prédominant dans le répertoire de l'Artiste au fur et à mesure que les années passent, savoir la hantise d'être abandonné, délaissé, d'avoir peur de ne pas être à la hauteur d'affronter de manière inéluctable les affres de la solitude. Claude François évoque une sorte de complainte « moderne » de l'abandon ; la crainte de l'isolement qui en résulte ressemble fortement à une forme intérieure de claustration fascinée. Le texte de *Mais quand le matin* est – pour l'époque surtout « chez les yéyés » comme la chanson de Gainsbourg à laquelle j'ai déjà fait allusion – dans les couplets un peu d'avant-garde. Au refrain, alors qu'elle est en retrait sur les couplets sous la « coupe » des violoncelles, la frappe que donne le beat basse-batterie est sacquée et rappelle le punch sur le temps qui déhanche tout le monde outre-Manche et outre-Atlantique ; ainsi, même quand ça n'est pas une adaptation pop/rock, Claude François quand il le veut est dans la note du beat des groupes anglais et, pour *Mais quand le matin*, c'est justement l'arrangeur anglais Reg Guest qui est à la manœuvre. La chanson est représentative de son monde musical de prédilection. *Mais quand le matin* n'est pas de la variété proprement dite comme par exemple *Même si tu revenais* en 1965 ou *Mais combien de temps* en 1966. Les arrangements sur le refrain sont du meilleur goût et contrastent avec l'introduction des violoncelles ; a contrario dans les couplets, ces mêmes successions de doubles croches aux violoncelles sont, dans le mixage, conservées en retrait prêtes à resurgir dans ce qu'on peut qualifier de « la nuit des couplets » ; on les devine mais on ne les entend pas vraiment. Enfin, dans le dernier couplet avant les répétitions du refrain *ad libitum* et le *shinte*, le texte dévoile ouvertement la « véritable » cause, du mal qui ronge le personnage que « joue » le chanteur. Le chant noir des violoncelles de l'introduction, aux couleurs de la peur comme de la détresse, continue dans les couplets sa sournoise reptation. Ces cordes sombres étayent le thème développé par les deux auteurs « éclopés » dans le registre du cauchemar, de la peur de la nuit, de la solitude où l'homme Claude François est embourbé, n'arrive plus à marcher comme dans le « cheval fourbu et boueux » de Jacques Brel dans *La Ville s'endormait*, écho sémantique lointain mais finalement très proche de *Mais quand le matin*. Cette fin raconte que ces symptômes guériraient, ou du moins s'estomperaient si, dans le lit de celui qui chante, dormait l'absente, si tant est qu'elle y ait un jour dormi… :

> « *Je me sens si seul / j'ai besoin de quelqu'un / je l'appelle, où est la fille qui manque à mes nuits / je lui tends les mains, je lui offre ma vie / je suis trop seul / je n'y peux rien j'ai peur de la nuit* ».

Sur ce passage, si les violoncelles de l'introduction se laissent deviner, l'ensemble est dominé par deux nouveaux intervenants : des violons dans l'aigu, un peu à la manière lancinante de ceux qui dans *Psychose* d'Alfred Hitchock mènent au meurtre sous la douche, ponctuant l'action par une note répétitive ; les trombones entrent alors dans la danse comme une menace qui surviendra si le souhait exprimé par l'interprète ne se réalisait pas. Une lueur d'espoir arrive au petit matin, les cordes des ténèbres reculent et laissent la place à la joie de vivre symbolisée par le rythme pop/rock évoqué plus haut :

> « *je respire enfin et la vie me revient* ».

Oui, la vie – mais laquelle… ! Elle manque à ses nuits, comme le dit la chanson mais aussi par extension et surtout, à sa vie. Mais pas à la vie de couple normal, non. Avec Claude François il s'agit d'une vie idéale/idéelle inatteignable, comme un horizon désiré et qui recule toujours au fur et à mesure qu'on avance. Pour le personnage cet idéal demeure hors d'atteinte, tout lui échappe parce que de cet idéal, il n'en connaît pas l'identité profonde, réelle. L'interprète devient à ce niveau narrateur autodiégétique, il « vit » pleinement sa chanson, l'univers qu'elle dépeint. On peut toujours dire que pour nombre d'artistes il en est de même, bien. Mais chez Claude François, ça atteint des niveaux déconcertants, et c'est peut-être cela qui a fasciné et fascine toujours son public premier et, nous le constatons depuis 1978, l'onde de choc agit sur les générations qui suivent car, bien entendu, la musique est toujours là. Les instances dramatiques de *Mais quand le matin* se retrouvent à peu de chose près dans des opus ultérieurs comme *Les Ballons rouges* en 1969, *Menteur ou cruel* la même année, *C'est toujours le même refrain* en 1974, *Joue quelque chose de simple* en 1975.

Pour ce qui concerne la véracité des crédits auteur-compositeur de cette chanson, un des deux protagonistes et créateurs de *Mais quand le matin*, savoir Jacques Monty, dévoile clairement l'affaire dans son livre, avec Michel Bourdais, *Ma vie en vert. Du showbiz au chaudron*. Préface de Michel Drucker, Éditions TV and Co, 2017. Monty s'est vite aperçu en élaborant la chanson avec Charden que ce dernier s'était inspiré du *Peer Gynt* d'Edvard Grieg modernisé en 1966 par The Mama's And Papas chez RCA avec *I Saw Here Again* ; en outre, lors de la première télévision de Claude François avec cette chanson pour le *Tilt Magazine* de Michel Drucker Monty, surpris, entend des paroles qu'il n'avait pas écrites. Elles étaient de Gilles Thibaut, intervenant imprévu dans l'affaire :

Je me sens si seul
J'ai besoin de quelqu'un
Je l'appelle
Où est la fille qui manque à mes nuits ?
Je lui tends les mains
Je lui offre ma vie
Je suis trop seul
Je n'y peux rien, j'ai peur de la nuit

Au lieu de :

Je suis trop seul
J'ai besoin de quelqu'un
D'une fille
Qui m'accompagne jusqu'au lendemain
Car toutes les nuits
Ces cauchemars me poursuivent
Je ne dors plus
Oh oui vraiment, j'ai peur de la nuit

L'Homme au traîneau

Claude François & Gilles Thibaut

1967. 18e 45 tours Philips/Flèche 424 550, novembre ; un des trois 45 tours à trois titres. 1er 45 tours Flèche (où figure pour la première fois Comme d'habitude) produit par la maison de production de l'artiste. 7e 33 tours Philips/Flèche 844 800, décembre. Arrangements de Reg Guest avec son orchestre.

1re entrée dans le hit-parade de SLC, n° 24 en octobre et novembre 1967, n° 13 en décembre et n° 4 en janvier 1968.

Adaptation de *Carrie Ann* (Pop anglaise).

Graham Nash & Tony Hicks / Allan Clarke

Version originale enregistrée par **The Hollies**, chez Parlophone en mai 1967 ; classé n° 9 en juin et n° 7 en juillet en Angleterre puis aux États-Unis n° 13 en août.

Avec *C'est Noël et j'aurai tout çà*, *Des roses de Noël*, *En rêvant à Noël* et, dans une moindre mesure, *I Believe In Father Christmas*, *L'Homme au traîneau* fait partie de ces chansons que l'artiste consacra à Noël. Pas étonnant que ce soit Gilles Thibaut qui en ait signé le texte. Sur la fin, la chanson devient surréaliste, comme pour la chanson *Le Martien* dont les paroles sont du même Gilles Thibaut.

The Hollies, groupe anglais des mid-sixties qui se situe entre les Troggs ; Herman's Hermits ; Equals ; Zombies ; Manfred Man ; Dave Dee, Dozy, Beaky, Micky And Tich ; Them ; Dave Clark Five ; Small Faces etc. juste « en dessous de la notoriété des Kinks, Spencer Davis Group, Who et autres Animals – et sans aller jusqu'aux deux géants non nommés ici –, a suscité quelques adaptations dans notre langue. Noël Deschamps chez RCA Victor avec *Ne t'y risque pas* revisite *Look Through Any Window* ; Ronnie Bird toujours sur les bonnes affaires enregistre *Où va-t-elle* issu de *Come Back Home*. Patrick Samson & ses Phéniciens quant à eux s'offrent en 1964 pour Philips *We're Through* qui devient *S'aimer mieux que nous* ; en 1964 le peu connu mais intéressant Cap' tain Michel Group enregistre pour la maison La Voix de son Maître *Tu vas rester*, issu de *Stay*. En 1965, Frank Alamo chez Barclay y va aussi de son couplet avec sa reprise de *I'm Alive* en gravant *Je revis transcrit* par Manou Roblin, et la même année Ronnie Bird propose sa version de *Come On Back* avec *Où va t'elle*. En 1966 le répertoire des Hollies attire du monde ; ainsi de Pussy Cat (alias evelyne Courtois, ex Petites Souris futures OP'4 dont certaines deviendront les choristes de Claude François, Les Fléchettes), qui enregistre chez RCA *Mais la vie continuait* d'après *So Lonely* ; y prenant goût, elle récidive en 1967 avec le standard *Bus Stop* qui devient *Arrêt d'autobus* toujours pour RCA, *Bus Stop* qu'avait repris l'année précédente le groupe belge Les Diamants chez Trianon ; la chanson sera revisitée par Richard Anthony qui, abrité chez Sonopress/Tacoun, attend 1974 pour proposer, sur un texte de Boris Bergman, sa version insolite intitulée *59 71 75*. Explication : ces nombres représentent les années qui ont vu chacune la mort tragique de héros du rockn'roll ; ainsi pour 59 c'est la disparition de Buddy Holly en avion, 71 celle de Gene Vincent et 75 d'Elvis Presley. En 1966 chez Pathé, Jean-Claude Daigle adapte *Stop, Stop, Stop* tout comme, à nouveau, les Diamants chez Trianon ; 1967 diffère un peu avec Les Chéries qui mettent en boîte, sur un texte d'Eddy Marnay, pour United Artists *Le Fox trotte…* et *Qui est le Fox* d'après la BO du film de Peter Sellers de 1966 *After The Fox* que The Hollies enregistrent avec Peter Sellers. Joe Dassin s'intéressera aussi aux Hollies et grave pour CBS 1979 *Toi le refrain de ma vie* emprunté à *Tell Me To Face.*

1968

Jacques a dit

Claude François & Gilles Thibaut

20e 45 tours, Philips/Flèche 370 852, Série « Parade », avril. Premier 45 tours à deux titres. Dès le suivant, les 45 tours seront à nouveau à quatre titres jusqu'en novembre 1971. Ne figure sur aucun 33 tours original. Arrangements de Reg Guest avec son orchestre.

Au canada, la chanson est enregistrée en 1968 par Tony Roman, chez Canusa Records au Québec, sous le titre de *C'est ce que dit Tony* sur des paroles de Serge Kalfon ; puis par le groupe québécois Les Nobles ; et toujours au Québec en 1973 par Julie et les Frères Dugay sous le titre de *C'est ce que Julie dit.*

1re entrée dans le hit-parade de SLC, n° 29 en mars 1968, meilleur classement n° 1 en avril et mai.

Adaptation de ***Simon Says*** (Bubblegum américain).

Elliott Chiprut

Version originale enregistrée par **1910 Fruitgum Company** en février 1968 pour le compte de Pye International et chez Buddah ; classé avec Buddha aux États-Unis n° 4 en mars et en Angleterre, chez Pye, n° 4 en mai.

La même année, la chanson est reprise par le trio féminin anglais The Paper Dolls chez Pye Records sur l'album « Paper Dolls House » ; The College Boys. En 1970 par Al Hirt. Party Poppers en 1992.

Ce thème est connu de toujours surtout dans les colonies de vacances. C'est original de l'adapter pour que filles et garçons fassent connaissance ; à ne pas prendre forcément au premier degré. Les détracteurs de Claude François se sont bien régalés à la sortie de ce 45 tours ; eu égard à la nature un peu « simplette » et pour les enfants qu'on prend pour des simples d'esprit, l'Artiste a mis de l'eau aux moulins de tous ceux qui

commençaient depuis déjà trois quatre ans à médire sur les « yéyés » forcément crétins et inaudibles. Hasard ou pas, *Jacques a dit* se fait connaître presque deux mois avant les événements de Mai. Oui, deux mois avant les événements, Claude François sort cette cover de son chapeau et, comme une double provocation (une : sortir cette chanson, deux : sa période de sortie) se paye le luxe de se retrouver au sommet du symbolique et emblématique hit-parade de *Salut Les Copains* en avril et… en mai ! Bon, à bien entendre la chanson, agréable au demeurant, on peut saisir à l'écoute une forme traditionnelle de chansons enfantines qui ont toujours forgé l'imaginaire. Il y a dans les pays anglo-saxons de nombreuses versions de *Simon Says* et parfois sous d'autres titres et variantes. On concevra aisément que cet ancienne comptine pour les enfants vient de loin dans le temps et se perpétue telle une tradition orale. Sortir cela en 68 qui symbolise tout ce qui exècre l'enfance, les héritages culturels comme spirituels, la continuité dans les traditions et se retrouver numéro 1… !! Sans prétention, sans message, le titre fonctionne comme une farandole, une ritournelle/rengaine. Pourquoi pas. C'est ça Claude François, sortir *Ce monde absurde* et *Geordie* en 1965 au cœur de la Guerre Froide, quatre ans après l'affaire de la Baie des Cochons en 1961 et 3 ans après la crise des Missiles qui en résulte en octobre 1962, année et mois de la sortie de… *Belles, belles, belles*… re-chapeau l'Artiste !

1970

E.E.E. A.A.A

Pierre Cour

12e 33 tours, Philips/Flèche 6450 500, « Le Monde extraordinaire de Claude François », novembre. N'existe pas sur un 45 tours original.

Adaptation de ***Fumace*** (Variété/pop brésilienne).

Solange Correia / Rossini Pinto

Version originale enregistrée par **The Golden Boys**, chez Odéon en 1970.

Les Golden Boys, « rock-band » brésilien, se sont formé en 1958. Un peu les « Platters du Brésil, ils ont à leur actif une vaste carrière discographique ; la formation est composée de Roberto, Ronaldo et Renao Correia. Rossini Pinto, le parolier, a beaucoup adapté pour les combas ou les interprètes solo brésiliens et portugais des hits anglo-saxons, dont ceux des Beatles, ainsi de *Michelle* et de *Yesterday*. Repris également par Pierre Simões.

Le texte de Pierre Cour, parolier pour un nombre important d'artistes français et non des moindres, permet à l'artiste des mots qui, sous une apparence désuète, comme certains contes d'antan, en disent beaucoup plus qu'il n'y paraît. On ne sait si l'auteur a voulu faire passer un quelconque message mais, de toute évidence, son texte est porteur d'images-clés pour les enfants : école, amis, belle histoire, ballon rond, terre, belle et bergère, amour, rêve, guerre. Claude François, sous l'apparence la plus simplette/désuette donne dans ce morceau des clés susceptibles, avec un peu de réflexion, d'ouvrir des portes aux jeunes esprits mais aussi à des bien plus âgés qui croient tout savoir, avoir tout vu et tout appris. Le cri d'angoisse comme de frayeur par l'interprète tout à la fin du titre en dit long sur les phrases qu'il vient de chanter et sur ce qu'il en pense. Il vient juste de dire à l'enfance, et au monde…, que la vie est une tragédie. On est dans l'intention du *Dragon magique*, de *L'Anneau dans la rivière* voire de *Diggy Liggy Laï, Diggy Liggy Lo*. Une introduction rythmée aux tumbas et au xylophone, une batterie nerveuse mais souple, la voix arrive en prononçant en deux temps sur un tempo saccadé les lettres du titre, le E correspondant à école, le A à ami. Ensuite plusieurs déclinaisons surviennent : le A deviendra amour, un G parlera de la guerre avec « *G G G vilain c'est la guerre, la terre qui n'a plus de fleur / et la fleur que tu préfères / garde là bien dans ton cœur* ». Comme cela, ça peut paraître léger mais à l'écoute attentionnée de la chanson, l'ensemble est saisissant. Avec une section de trombone, dès que le texte va dans les histoires de guerre et bergère, les cordes arrivent, montent en crescendo et éclatent au sommet en même temps que la voix du chanteur qui se brise en un cri aigu, comme s'il venait de clamer une phrase capitale comme interdite alors que l'orchestre semble renfermer l'interprète comme pour l'étouffer alors qu'il est en voie, et en voix…, d'appeler au secours.

Diggy Liggy Lai Diggy Liggy Lo

Claude François & Colette Rivat

12ᵉ 33 tours, Philips/Flèche 6450 500 « Le Monde extraordinaire de Claude François », novembre 1970. 33ᵉ 45 tours, Philips/Flèche 6254 026 « Le Monde extraordinaire de Claude François », décembre 1971. 45 tours Philips 6274 036 en 1972, livre-disque.

« Claude François chante pour les enfants ». Avec l'orchestre de Christian Chevallier, arrangements de Christian Chevallier.

Le groupe du Québec Julie et les Frère Duguay écrit et enregistre dans les années 70 sa version qui raconte une histoire entre la musique et la joie de vivre qu'elle donne et un personnage nommé *Diggy Liggy Ly*, tandis qu'en 1986, la chanteuse canadienne Édith Butler, sur un texte de Lise Aubut, fit connaître ce titre au public francophone.

Adaptation de ***Diggy Liggy Lo*** (Cajun music/Cajun two step. USA).

Terry Clement

Version originale enregistrée par **Terry Clement and His Rythmic Five** en 1953.

L'année suivante Jimmy C. Newman reprend le titre. À l'écoute on se rend compte qu'il a été transformé et au nom de Terry Clement est ajouté celui de Jay D. Miller. Par la suite seule la signature de Miller figurera en crédit de tous les enregistrements à venir.

Rusty and Doug Kershaw en juillet 1961 pour Hickory Records sur l'album « Louisiana Man » et re-issue en 1969 sur l'album « The Cajun Way ». Russel et Douglas Kershaw sont les chantres, au XXe siècle, les meilleurs représentants, au sens populaire du terme, ce qui n'exclut pas la qualité, de la musique cajun.

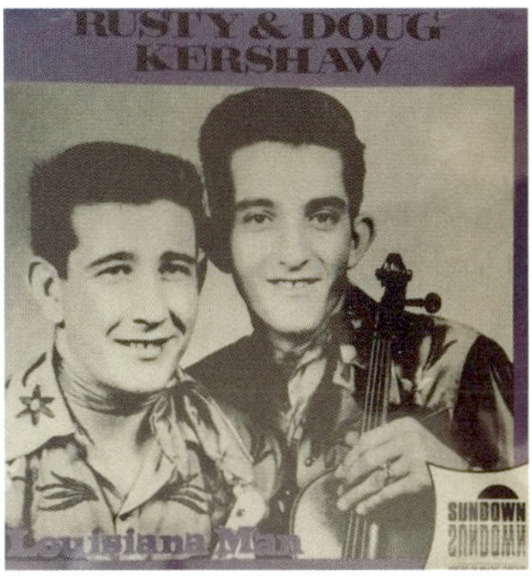

La version des frères Kershaw aurait tendance depuis plusieurs décennies à passer pour l'original. La même année 1961, une reprise vient de loin avec le duo allemand Jimmy Und Jacky sur label Osca. Buck Owens revisite ce qui est déjà et désormais un classique en 1963 chez Capitol sur l'album « On The Bandstand ». En 1964 pour Zynn Records par Rick Fontaine ; The Hillsiders en 1965 sur l'album « The Hillsiders Play Their Country Hits » chez Rex ; en 1972 par Commander Cody and His The Planet Airmen pour l'album « Old licks, Cold Steel and Truckers Favorites » chez Paramount Records ; Nitty Gritty Dirt Band en 1974 sur « All The Good Times » chez United Artists ; The Homestead Act pour Bay Records la même année tout comme Al Dean and His Allstars ; dans une mélange cajun/français assez surréaliste Teddy Nelson enregistre le titre en 1976 chez Triola ; en 1991 la chanteuse Skeeter Davis reprend la chanson en duo avec le même Teddy Nelson chez Rocade Records sur l'album « You Were Made For Me » ; Wiskey River en 1978 pour Northlands Records ; Boogaloo Swamis en 1987 ; The Ballhams Alligators en 1988 ; Kikki Danielsson sur « Kikki » en 1982 ; Mark O'Connors sur l'album « Heroe » en 1993 chez Warner Bros Records ; Eddy Raven & Jo El Sonnier en 1996 ; Doug James Kershaw revisite titre en 1999 avec la bonne compagnie de Johnny Cash et de Hank Williams pour le compte de Suzie Q Records. Beaucoup de formation cajuns reprennent ce qui est pour leurs membres un traditionnel. Dernière version en date par Billy Armstrong en 2010.

Les paroles changent un peu dans le contexte au gré des époques et de l'histoire locale. Avec Tonton gris, gris c'est, dans un mélange de cajun/français à l'ancienne une affaire de mariage dans un même village :

« *C'est ma sur, Diggy Liggy La / elle est mariée avec Diggy Liggy Lo / pour rester dans le village / Diggy Liggy Lo/ Diggy Liggy Lo, 'trappe Po Po / Diggy Liggy la monte dessus la plombeau / pour s'en va, tout par tout/Diggy Liggy La et Diggy Liggy Lo.* »

C'est la période où Zachary Richard grave une version assez confidentielle ; également par Mamou Prairie Band & Bobby Michot. Le « leader/chanteur » du Creedence Clearwater Revival (voir *Roule*) John Fogerty with A Louisiana Band enregistre le morceau sur l'album « Evangeline Made : A Tribu to Cajun Music » pour Vanguard Records en 2002, et cette même année par Betty Dempsey ; la formation The Country Sisters en 2006 dans *Diggy Liggy* ; Santiano en 2012. Ce classique a été également chanté en français par un des deux frères qui interprètent donc l'original ; il s'agit d'un texte de Lise Aubut chanté en français par Doug Kershaw lui-même. Les paroles, bien sûr, différent de la version de Claude François.

Elles sont plus ancrées dans la culture cajun qui se souvient donc de la langue française, à l'époque où notre présence au Nouveau Monde se coulait assez bien chez les Indiens du coin, dont certains, ou du moins le peu qu'il reste d'Indiens francophone, parlent encore la langue de Montaigne. Sur son excellent 33 tours de 1975 « Mississippi River's » chez Sonopresse sur le label « Mouche », Dick Rivers pour trois titres a revisité le répertoire de Doug James Kershaw avec aux paroles Serge Kookenn, du groupe Il était une fois ; sur cette petite merveille enregistrée au Studio In The Country-Bogalusa en Louisiane et aux Studios Quadrafonic Sound à Nashville dans le Tennessee on trouve *Louisiana Man* (*Son of a Louisiana Man*) (titre que Buck Owens coupla avec *Diggy Liggy Lo*) *Colinda* et *Fait ce qu'il te plaît* (*Play Fiddle Play*). Doug Kershaw fut repris dans les années 90 avec le titre qu'il enregistra avec Fats Domino, par Rocking Sidney, alias Sidney Siemen en dans *My Toot Toot*, et en France par Beckie Bell chez Carrère en 1985 avec *Touche pas à mon toot toot*.

Pour les enfants donc cette histoire, sur un rythme très dansant à la cajun, qui parle des deux crocodiles qui répondent aux noms qui font le titre. Une fable agréable pour les tout petits et plus… Plus, en effet. On détecte dans les paroles l'imminence de sentences punitives qui ne demandent à entrer en action ; sous couvert de paroles légères emballées par l'entraînante mélodie, la chanson rappelle les choses terrifiantes qui se cachent dans l'original de *Petite mèche de cheveux*, du *Dragon magique*, de *L'Anneau dans la rivière, E.E.E. A.A.A.* et quelques autres. Ces chansons ont presque toutes comme point commun l'expression « apparente » de l'exaltation à la vie, de la découverte des jolies choses dans un monde peint en rose mais qui ont toutes la particularité de dissimuler les multiples facettes des mondes souterrains, secrets et ténébreux de l'inconscient.

Le Dragon magique

Colette Rivat & Claude François

12e 33 tours, Philips/Flèche 6450 500, « Le Monde extraordinaire de Claude François », décembre 1970. 34e 45 tours, Philips/Flèche 6254 027, « Le Monde extraordinaire de Claude François », septembre 1971. 45 tours Philips 6274 036 en 1972, livre-disque « Claude François chante pour les enfants ». Avec l'orchestre de Christian Chevallier, arrangements de Christian Chevallier.

Également enregistré en 1964, chez Decca, par le chanteur de rock le Belge Burt Blanca, avec le même titre mais sur des paroles différentes d'André Salvet. En 1965 la maison de disques Riviera, filiale, avait fait enregistrer cette chanson par le duo un peu country, Jack et Jim, avec force banjo et guitare sous le titre de *Puff, le dragon* avec des paroles différentes à nouveau par André Salvet et de B. Fayet. Au Canada, en 1969, Claire Lepage sur des paroles de Pierre Blanchet enregistre une variante de la chanson pour le label québécois DSP sous le titre de *Puff* et son compatriote Paolo Noël enregistrera la même version en 1978 chez K Tel.

Adaptation de ***Puff The Magic Dragon*** (Folksong/pop américain)

Michael Holland Shepard

Michael Holland Shepard aurait écrit la chanson à l'âge de douze ans avec l'aide de sa mère. Après l'avoir envoyée à plusieurs artistes, ils perdirent tous droits sur leur chanson après des démêlées inouïes entre plusieurs grosses firmes et des artistes qui pesaient lourd… Elvis Presley et la formation The Limeliters se seraient vers 1959, intéressés à la chanson, mais sans plus. Après un long silence, Michael Holland commence les croquis du dessin animé *Puff The Magic Dragon…*

Seconde « version originale » créditée à :

Peter Yarrow / Leonard Lipton

Enregistrée par **Peter, Paul And Mary**, pour le compte de la Warner Bros pour leur album « Moving » en avril 1963 ; classé n° 3 aux États-Unis en mai.

La grande famille des folksingers « grassroots » de l'époque revisite chacun à sa manière le standard folk pour enfant et plus si affinités.

En 1963 on compte déjà de nombreuses reprises : The New Band of Spike Jones en octobre ; Johnny Madox ; Lawrence

Welk and His Orchestra ; Peter Appleyard ; en juin par The Andrews Sisters sur l'album « Present » chez Dot Records ; Tom Glazer and The Do-Re-Mi Children's Chorus pour Kapp Records en juillet sur « On Top On Spaghetti » ; Jackie De Shannon (voir *Les Cloches sonnaient*) en août chez Liberty et en « reissue » en 1965 chez Imperial sur l'album « In The Wind » ; Jimmy Rodgers aussi en août 1963 mais pour Dot Records sur « Honeycomb & Kisses Sweeter Than Wine » ; Jimmy, Joe and Betty pour Hit Records ; Johnny Man Singers sur l'album « Golden Folk Song Hits » chez Liberty. En Espagne par Karina avec *Puff* chez Hispovox.

On peut entendre en 1964 d'autres covers du standard folk par : Glen Campbell en avril sur « The Astounding 12-String Guitar Of Glen Campbell » chez Capitol ; The Brothers Four chez Columbia sur « More Big Folk Hits » en octobre ; Ray Walston and His Favorite Children's Chorus pour Vee Jay Records en novembre.

En 1964, une reprise événement avec la version allemande de Marlene Dietrich, mais publiée au Danemark chez His Master's Voice avec *Paff, Der Zauberdrachen* sur des paroles de Fred Oldröp ; puis dès 1970 chez Public Domain en Allemagne ; au Japon et en Angleterre pour Odéon et Emi, en Grèce en 1974 chez Columbia.

En 1965 avec les versions de : Trini Lopez (voir *Si j'avais un marteau*) en janvier sur « The Folk Album » pour Reprise Records ; Alvin, Simon and Theodore with David Seville chez Liberty ; Barry McGuire (voir *Ce monde absurde*) and The New Minstrels pour Horizon Records.

1966 : en mai Pinky and Perky chez Columbia ; le combo suédois The Faboulous Four pour Hep House.

1967 : The Leathercoated Minds chez Viva Records Los Angeles sur « A Trip Down The Sunsed Strip » ; Connie Francis chez Leo The Lion Records pour l'album « Connie Francis and The Kids Next Door » ; le groupe danois The Immigrants sur « Love Me Now » chez Metronome.

1968 : Peter Pan Pop Band and Singers pour Peter Pan Records ; Bing Crosby chez Emi/Stateside sur l'album « Thoroughly Modern Bing ». En 1969 par Pink Martini & Soari Yuki pour Heinz Records avec une nouvelle sortie en novembre 2011 ; Clinton Ford pour Marble Arch Records. Mike Sammes Singers en 1970 chez Music for Pleasure-Paul Hamlyn/Emi Records sur « Favourite Animal Songs ».

En 1971 version de la chanteuse allemande Ramona Wulf sur « Alles, was wir woll'n auf Erden » chez Philips.

En 1974 par la formation islandaise, Island Skiffie Tramps de Mike, Manque And Marcel sur l'album « Western Skiffie-Party With Mike, Manque And Marcel » chez Intercord. Le groupe suédois Tonix chez Platina en 1975 suivi en 1976 par leurs compatriotes du groupe Jigs chez Mariann ; puis par Irish Rovers chez K-Tel sur « Children Of The Unicorn ». 1977 avec : Des and Dawn chez Music for Pleasure/Emi sur « Raindrops Whales & Dragon's Tails » ; Noël Paul Stookey pour New World Media. Slim Whitman chez United Artists en 1978. En 1979 par Tommy Steele pour Ronco Records sur « Tommy Steele's Family Album ». Le groupe allemand Fang chez Bonerecords en 1987 sur « A Mi Ga Sfafas ? ». Nadia Gifford en 1994 chez Fun House au Japon. Seal en 1996 chez Kid Rino Records sur « For Our Children Too ! – Celebrating the Life of Elizabeth Glaser ».

En 2002 avec Don Elburg en auto-production, puis The Seekers en public pour Sony Music/Australia sur « Night Of Nights… Live ! ». En 2005 par Bonnie « Prince » Billy and Red chez Lucky Dog et en 2006 pour City Slang. Puis en 2009 par Brian Oliver sur « My Big Sister » ; la même année par le groupe irlandais Barnbrack sur l'album « Christmas Countown » /Musique d'Europe – Musique du Monde » pour Arran Records. Patty Duke en 2013 chez Real Gone Music sur « Songs from Valley of The Dolls / Sings Folk Songs ». La chanteuse américaine Robyn Spangler avec l'amicale assistance de Linda Rondstat en octobre 2017 pour Warner/BMG.

Le texte de Jack et Jim suit la même histoire que celle chantée par Claude François. André Salvet a donc, des années après, réécrit la même histoire avec des mots différents mais qui frôlent le sens de sa version initiale. Dans la version de l'Artiste, la réflexion lors du dernier couplet sur l'abandon par les enfants de leurs premières passions et de leurs premiers attachements est très émouvante et Claude François s'y entend pour faire ressentir un état second de désespérance. Dans les deux cas, l'enfant abandonne son ami le dragon pour, comme le dit le texte « d'autres jeux et oublie les dragons », d'autres passions mais le dragon en meurt. Cette chanson pour les enfants évoque des jeux de plage, des pirates et l'histoire d'un dragon qui vit dans un pays lointain. Le texte nage en pleine féerie, en plein merveilleux. Soudainement, à la fin, c'est le drame, et, dans sa version, Claude François l'intensifie énormément dans sa voix dès que le texte évoque le départ de l'enfant et la mort du dragon. Mais ici, qui part et qui meurt réellement ? Qui est le dragon qui vit mal la fin d'une enfance dorée qu'il n'a pas vue passer et qu'il ne supporte pas de voir partir à travers le petit Jacky son alter-(héros…) dans l'histoire, ce Conte…

Mais qui veut demeurer dans les jeux « innocents », l'aventure ? le narrateur/chanteur Claude François ? Le dragon ? utilisé pour un transfert inconscient, comme son propre miroir et s'armer de courage après sa mort pour aller vers la vie d'homme, d'adulte et rencontrer les terreurs pressenties évoqués déjà dans *Donna Donna*. Avec le dragon, l'enfant/adolescent reste asexué ; quand survient la mort du compagnon d'écaille lorsque que le petit Jacky s'en va, le quitte, la seule voie possible vers la vie d'homme du garçon s'inscrit dans « d'autres jeux » et, ultimement, la fin de l'aventure, du nomadisme intérieur comme physique ; c'est la fin de l'exaltation des jeux et des rêves de la réalisation de tous les possibles en tous horizons ; c'est le début de la « prison » sédentaire comme de la liberté. Tout est terminé. C'est le sédentaire étouffé au foyer, ou l'archétype féminin fait son nid, qui s'étiole. L'homme claustré étouffe comme tous les petits Jacky du monde ; et plus que jamais, ici, Claude François rejoint Jacques Brel.

> « …*Un dragon vit éternellement mais les petits garçons /*
> *préfèrent un jour d'autres jeux et oublient les dragons*
>
> *et par une nuit grise Jacky n'est plus revenu / et Puff le dragon géant ne rugit jamais plus*
>
> *Puff devint très triste, ces écailles tombèrent comme la pluie /*
> *Jacky ne vint pas davantage rejouer avec lui*
>
> *Fini les rêves, fini la vie, fini les coquillages /*
> *Et Puff sans son ami s'endormit pour toujours sur la plage…* »

Mais ici, qui est Puff ? le dragon mourant… Abandonné et/ou en quête d'une « *inaccessible étoile* », d'une impossible « Félicitée » en dehors de la Musique pour à la fois contrer la Femme comme pour la séduire afin de pouvoir choisir sa propre mort. Pour l'Artiste et autres esprits plus qu'éclairés, le choix se résume entre être quitté, abandonné ou à mourir étouffé.

Dans ce registre, dans les arcanes de cette mentalisation de la mélancolie c'est exactement ce que dit (ou plutôt gémit avant de hurler, avec classe Jacques Brel dans *L'Enfance* et *Mon enfance*). À ce stade de la chanson, le narrateur/chanteur/Claude François n'arrive pas à hurler comme dans d'autres titres ; ici, à la fin, l'histoire est bien plus grave et s'attaque aux fondements de l'être, de son affect. Il se doit alors pour sauver la face de terminer sur la note haute de la terminaison mélodique pour ne pas s'effondrer. On est presque dans le « tout va bien » mais à l'analyse, personne n'est dupe. Des questionnements de cette nature se retrouvent chez l'Artiste dans des titres si bien empreints d'innocence et de naïveté (voir *Le Martien* et *E.E.E. A.A.A.*). À noter l'introduction aux cors d'harmonie et une flûte ; la mélodie qui fait le thème de cette introduction revient avec les mêmes instruments en contre-chant derrière les refrains. Même technique utilisée dans la chanson *L'Anneau dans la rivière* au questionnement tout aussi mystérieux et fécond. Au départ il s'agit dans le conte américain de l'histoire d'un petit garçon, Jacky qui a, apparemment le malheur d'être autiste. Les parents se démènent pour trouver une solution, le guérir mais les meilleurs spécialistes demeurent sans solution. C'est à travers la figure du dragon, animal issu de diverses mythologies occidentales que le petit Jacky, dans les songes dans lesquels il se laisse emporter, va enfin pouvoir trouver un moyen de communication avec un autre être vivant. Le « monstre » toute proportion gardée, se substitue ici à l'humain, quel qu'il soit.

Il faut ce transfert anthropomorphique aux oppositions plus que violentes pour que l'enfant soit en mesure d'atteindre une dimension « extra »-ordinaire, susceptible de le transporter dans une torpeur à double tranchant.

Inspiré de l'histoire, un dessin animé en deux volets a été conçu. Il a été acheté par T.F.1. et diffusé dans les programmes destinés à la jeunesse (*Les Visiteurs de Noël*, émanation des *Visiteurs du mercredi*, puis de *Destination Noël*) ; il s'agissait de *Puff le dragon au pays des mensonges* et de *Puff et l'incroyable monsieur Personne* en 1981 et 1982.

En apprenant les racontars et autres sous-entendus douteux sur ce classique du folksong, j'ai été proprement sidéré. La chanson, en effet, a été victime de très mauvaises interprétations et attaquée parce qu'elle inciterait une jeunesse fragile à la consommation de drogues. Leonard Lipton dut quand même se défendre âprement. Pour en revenir à la version de Claude François, on peut observer, nous l'avons vu, qu'elle est chargé de lourds secrets de vie, de survie, d'événements liés à la solitude et à la perdition. Le texte de Colette Rivat et de l'Artiste va vers l'essentiel et, en dépit d'apparences anodines, ne vulgarise pas l'original, ne le tourne pas en dérision comme le laisserait supposer toute écoute superficielle, inattentionnée car disqualifiée d'emblée, et sans discussion possible, par ce que représente l'archétype Claude François dans le monde des idées reçues et de surcroît émanant d'une chanson gravée pour un disque « destiné aux enfants ».

Le trio de folksingers/country/pop Peter, Paul And Mary a généré beaucoup de reprises en France. Anton Valery chez Philips en 1964 grave *Coule, coule* emprunté à *Gone The Rainbow* ; Marie Laforêt connaît un grand succès avec *Viens sur la montagne* transcrit par Hubert Ithier en 1964 chez Festival d'après *Tell It On The Mountain*, en 1968 elle enregistre également *Coule doux* d'après *Hush-a-Bye* ; chez Barclay, Frank Alamo grave son hit *Des filles et des garçons* d'après *Good Night Irene* (voir *The Weavers* avec *Si j'avais un marteau*) qui créent la chanson dès 1949.) Hugues Aufray en 1964 chez Barclay avec *Guidez mes pas* en provenance de *Early In The Morning* ; la même année chez Polydor, ce sont Les Bab's qui puisent dans le répertoire du trio folk américain avec *Quand on quitte son pays* issu de *Very Last Day* ; toujours en 1964 avec Michelle Sarna qui adapte *This Train* pour *Le train* chez Vogue ; la même année Sacha Distel chez Columbia grave *Je sais que je t'aime* sur des paroles de Maurice Tézé et Pierre Dorsey d'après *Oh Rock My Soul* ; en 1969 sur un texte de Boris Bergman Nana Mouskouri chez Fontana enregistre *Mon enfant* emprunté à *The Day Is Done*, titre également adapté au Québec par Jocelyne Pascal sous le titre de *Un homme à la peau noire* chez Apex en 1969 ; en solo, comme avec Paul et Mary, Peter Yarrow avec *Weake Me The Sunshine* a suscité deux adaptations en français l'une par la formation vocale féminine Catherine & Les Petits Codas pour Disc'AZ en 1972 dans *Vive le soleil* et l'autre par Maurice Dulac et Marianne Mille sur un texte de Boris Bergman *Fais-moi un ciel bleu* la même année chez Barclay.

Quand rien ne va plus

Henry Lemarchand & Cécile Caulier

12e 33 tours, Philips/Flèche 6450 500, « Le Monde extraordinaire de Claude François », décembre. 34e 45 tours, Philips/Flèche 6254 027, « Le Monde extraordinaire de Claude François », septembre 1971. Avec l'orchestre de Christian Chevallier, arrangements de Christian Chevallier. En 1967 la chanteuse Natacha Snitkine grave la chanson chez Disc'AZ sur des paroles de Ralph Bernet sous le titre de *Papa*. Au Canada le titre est enregistré par la formation Les Milady's sous le titre de *Trois p'tits vagabonds* pour le label québécois Citation.

Adaptation de ***Mairzy Doats And Dozy Doats*** (Jazzy/comédie musicale/enfants).

Milton Drake & Hal Hoffman / Jerry Livingston

Version originale enregistrée par **Al Trace and His Silly Simphonists** en 1943 pour Hit Records.

Écrite dès 1942, cette chanson fait partie d'un ensemble plus vaste qui devait être un spectacle/comédie musicale pour les enfants. Très bien arrangée pour la version française dans le style comédie musicale à l'anglaise, on imagine bien l'interprète en smoking, chapeau et canne à la main, en train de chanter et de danser dans un décor à la Mary Poppins. Sauf que là, le chanteur propose de « promener son âme dans Paris », quand ça ne va pas et qu'on n'a personne à qui parler. Ce titre fait donc partie des chansons que l'artiste a enregistrées de très nombreuses années, voire de très nombreuses décennies, après la diffusion et/ ou la publication de l'original.

La version originale américaine de 1943 est suivie en février 1944 par The Four King Sisters chez Bluebird Records, tout comme le même mois Lawrence Welk and His Orchestra chez Decca, puis en mars par The Merry Macs aussi chez Decca et qui sera n° 1 durant cinq semaines. Le quartet Merry Macs dont la prestation a souvent été prise pour la version originale est une formation originaire de Minneapolis composée de trois hommes Ted, Joe et Jud McMichael et d'une femme, Cherry McKay, remplacée un temps par Mary Lou Cook ; formation essentiellement vocale Merry Macs est inspiré des Mills Brothers, qui fera beaucoup d'émule, a exercé entre 1920 et 1960. Toujours 1944 avec The Pied Pipers With Paul Weston and His Orchestra chez Capitol qui, de par le registre de leur répertoire, se devaient de revisiter cet opus. Créée dans les années 30, cette formation qui a commencé à huit membres connaît le succès une fois arrivée à quatre. Trois hommes, une femme, avec Billy Wilson, Chuck Lowry, Jo Stafford (des Stafford Sisters), John Huddleston et en remplaçant de ce dernier appelé sous les drapeaux, Hal Hopper. L'ensemble chante A Cappella et s'inspire du répertoire de Frank Sinatra avec lequel parfois il se produit. Toujours 1944 avec Charlie Kunz chez Decca Supreme Records ; en 1939, ils font un bout de chemin artistique avec le Tommy Dorsey Band. Toujours 1944 avec Charlie Kunz chez Decca Supreme Records. On voit que l'Artiste a des « fournisseurs » de choix. En 1957 par Beverly Kenney with Jimmy Jones pour Roost Records ; Tommy Ridgely en 1958 chez Herald Records ; Dodie Stevens en 1959 chez Dot Records ; Spike Jones en 1960 chez Liberty sur l'album « Spike Jones And The Band That Plays For Fun – 60 Years Of Music America Hates Best » ; la même année chez Warner Bros par Bing Crosby sur « Join Bing & Sing Along » ; le duo Homer & Jethro en 1962 chez RCA Victor sur leur album « Zany Songs Og The '30 ». En 1963 par Ray Walston and His Favorite Children's Chorus pour Vee Jay Records en novembre. The Three Stooges chez Universal ; les Britanniques Carlo Mastrangelo of The Belmonts chez Ace et Laurie Records ; Burl Ives en 1964 ; The Innocence en 1966 sur label Kama Sutra ; The Royaltones chez Aei sur l'album « Flamingo Express » ; The Innocence en 1967 ; Charlie Kunz chez Empress ; l'organiste anglais Robert Wolfe sur son album « Friend Of Life » chez Grasmer ; Preager Lou & His Orchestra ; Fred Penner ; Toddler Trio chez Rhino ; Dave Van Ronk sur l'album « Peter & The Wolf » ; Silly Songs Disney chez Disney ; David Grisman et Martin Taylor chez Acoustic Dise pour l'album « The Sound Of the Great Jazz Guitars & Mandolins » ; Max Bygraves en 1977 chez Pye Records ; Dennis Hayward Organisation pour Savoy Records, et la même année par Raymond Scott and His Orchestra ; par Lois & Bram Sharon sur leur l'album « Sing Around The Campfire » chez Drive Entertainment en 1990 ; Chas and Dave en 1995 chez Telstar Records ; Maria Muldaur en 1998 chez Rhino sur son album « Swingin' ln The Rain » ; dernières reprises en janvier 2012 par Ray Stevens chez Clyde Records sur « Encyclopedia Of Recorded Comedy Music », puis par Andrea Marcovicci sur Andreasong.

Boum Boum

Claude François & Colette Rivat

12e 33 tours, Philips/Flèche 6450 500, « Le Monde extraordinaire de Claude François », décembre. 34e 45 tours, Philips/Flèche 6254 027, « Le Monde extraordinaire de Claude François », septembre 1971. Avec l'orchestre de Christian Chevallier, arrangements de Christian Chevallier. Annie Fratellini enregistre cette chanson en 1965 chez Ducretet Thomson avec *Je ne t'attendais plus* sur des paroles de Christine Fontane ; de même au Canada pour Michèle Richard, en 1967 sur le label québécois Trans-Canada, dans *Ne compte plus sur moi.*

Adaptation de ***I'm Gonna Get Along Without You Now***
(Variété/country américaine)
Milton Kellem

Version originale enregistrée par **Roy Hogsed** en novembre 1951 pour le label Ranch Records sur l'album « Let's Go Dancing ! »

Par Claude François, prestation enjouée, ambiance joyeuse comédie musicale année 40-50 pour exorciser la solitude des grandes villes, comme à Paris et ailleurs.

Le standard connaît presque 50 reprises dans le monde. Teresa Brewer commence le festival en mai 1952 pour Coral Records sur l'album « Till I Waltz Again With You » ; chez elle, la fin du titre est « *Ya Now* » comme pour beaucoup d'autres versions ; par ailleurs si chez Hogsed le titre commence avec « *I'm* », par la suite beaucoup versions débutent directement par « *Gonna* ».

The Bell Sisters en février 1956 chez Bermuda Records, une version aux accents de la Jamaïque sous le titre de *Boom, Boom My Honey* ; la même années par les toutes très jeunes The Lennon Sisters chez Coral Records qui effectueront en 1967 une nouvelle prestation avec Larry Hooper en 1967 ; reprises suivies en novembre 1956 par Patience and Prudence (voir *Il ne me reste qu'à partir*) chez Liberty, un duo formé par deux sœurs de 11 et 14 ans à l'époque, filles du chef d'orchestre Mark Mclntryre. En 1957 : en février par Joan Small With Ron Goodwin And His Orchestra ; The Tunettes pour Embassy Records en avril ; puis par Wayne Sister With Lew Raymond Orchestra ; 1957 avec Joan Small With Ron Goodwin And His Orchestra. En 1963 par The Caravelles pour Decca Records. En mars 1964 par la chanteuse Tracey Dey chez Amy Records, produite par Bob Crewe *songwriter* dont on retrouve la signature, avec Bob Gaudio, pour quelques chansons de Claude François adaptées ; en avril avec Skeeter Davis sur « Let Me Get Close To You » chez RCA Victor ; en mai avec Cathy Talor chez Country & Western Hits. The Vibrations en 1966 dans une version funk avant l'heure chez Okeh Records. En 1967 The Melodians With Tommy McCook And The Supersonics Band, chez Treasure Isle, sous le titre de *I'ill*

Get Along You ; mais aussi par Trini Lopez dans *Gonna Get Along Without Ya'Now* sur « Trini Lopez In London » pour Reprise Records. Lawrence Welk Singers pour Ranwood Records en 1968 ; la même année le guitariste Chet Atkins sur l'album « Solo Flights » chez RCA. Ava Barber. En 1976 par Penny Marshall And Cindy Williams pour Atlantic Records. Avec un tempo et des arrangements disco-funk, la chanteuse, et actrice, américaine Viola Wills donne sa version « modernisée » pour Ariola/Hansa en septembre 1979 et se classe n° 9 en novembre ; ce disque ressort en 1984. The Cates chez Ovation en 1980. Bad Manners en 1989 sur Blue Beat Records dans une version ska ; la même année par Maureen McGovern chez RCA pour l'album « Baby I'm Yours ». En 1991 par The Lemonheads chez Atlantic dans le style indie/rock. Dans un style Eurodance par Mr President en 1995. Une version espagnole par la Catalane Christina Del Valle sous le titre de *Tot M'anira Bé Sense Tu* chez Emi. Soraya Arnelas dans une version anglo-espagnole en 2006. She & Him (Zooey Deschanel et M. Ward) en 2010 chez Merge Records. Les Anglais UB40 la même année sur l'album « Labour Of Love IV » chez Virgin/Reflex/Recording. La chanteuse Wendy Rivers chez Sounds Uniteds en 2012.

C'est Noël et j'aurai tout ça

Claude François / Vline Buggy & Yves Dessca

12e 33 tours, Philips/Flèche « Le Monde extraordinaire de Claude François », 6450 500, novembre. 33e 45 tours, Philips/Flèche « Le Monde extraordinaire de Claude François », 6254 026, décembre 1971. Avec l'orchestre de Christian Chevallier, arrangements de Christian Chevallier.

Enregistré une première fois en France, par Les Triplées en 1964 pour le label Jag sous le titre *Laquelle de nous ?* sur des paroles de Mya Simille et Rudi Lévi ; une deuxième fois en 1966 par la chanteuse Peggy (Evelyne Lesourd) pour Columbia France sous le titre *Je n'arrête pas* avec un texte des mêmes adaptateurs.

Adaptation de ***I Can't Stop Talking About You*** (variété américaine).

Gerry Goffin / Carole King

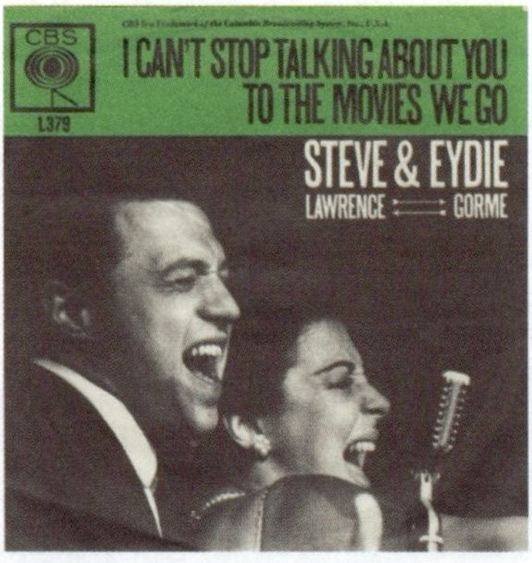

Version originale enregistrée pour la première fois par **Steve Lawrence and Eydie Gorme** pour CBS en 1963. Puis la même année par Tobin Matthews pour la Warner via Columbia Music sous le titre de *Can't Stop Talking About You* ; le « I » (de *I can't*) n'apparaît pas dans le titre à savoir l'étiquette du 45 tours original. Depuis toujours, tout le monde a pris ce titre pour un original français. Or ce titre chez le duo américain était dans un obscur fond de 33 tours de l'époque et quant à ses éventuels passages radios/TV, ils ont été rarissimes si tant est qu'il y en ait eu. Que ce soit sur l'étiquette du 45 tours original, sur celle du 33 tours original, sur absolument toutes les compilations vinyls et CD parues depuis, où sur les coffrets CD, le titre n'est signé, pareil à la Sacem, que de Claude François/Vline Buggy et Yves Dessca et les noms de Goffin et King n'apparaissent Jamais. On pourrait croire que l'Artiste aurait pu composer la mélodie (ça lui arrivait) car on sait que Buggy et Dessca sont paroliers. Or il n'en est rien. On le voit ici, ce titre qui passe pour un original français depuis toujours est une véritable adaptation.

1972

Ninna Nanna

Patricia Carli / Jean-Loup Dabadie

17e 33 tours, Flèche 6450 502, décembre. N'existe pas en 45 tours original. Arrangements et direction d'orchestre de Raymond Donnez.

Immanquablement, on pense dans cet opus à *Donna donna* enregistré huit ans auparavant par Claude François. L'essentialité des berceuses fait que cette forme de chant est présente sous toutes les latitudes. Du point de vue anthropologique, l'origine de *Ninna Nanna* est similaire à celle de *Donna Donna* ; ensuite, les deux chants, les deux comptines/berceuses se différencient bien évidement sur le plan du contenu culturel, voire historique. La mélodie et l'idée même du titre sont inspirées des berceuses traditionnelles de l'Europe méditérannéenne à l'appellation générique depuis au moins le XIVe de *Ninna Nanna*.

Depuis les temps les plus reculés, la berceuse est pour l'enfant le lien premier qui le rattache au monde, à la mère. « Musicalement », c'est pour lui une forme de vitalisation, de nourriture physique et émotionnelle primordiale. De *Donna Donna* à *Ninna Nanna* jusqu'à *La Chèvre grise* (*Dors petit*

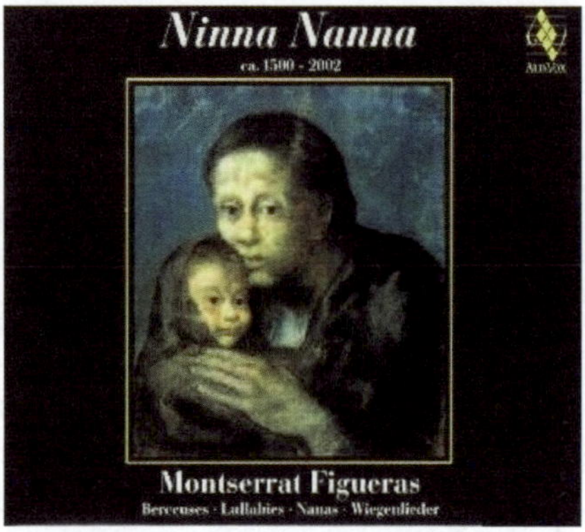

homme), Claude François a toujours eu cette attache à la matrice protectrice liée à l'harmonie, l'affection, la sensation de bien-être, de réconfort que procure la berceuse. Le monde extérieur ne peut plus lui faire peur dès lors, en peut saisir l'importance pour lui qu'ont pu revêtir « ses chansons destinées aux enfants ». La mélodie est un ensemble de segments rassemblés pour la chanson ce qui n'enlève rien à Patricia Carli car c'est souvent un gros travail de reserrage. C'est le cas bien souvent de tous ces « ramené d'un air du folklore » qui parsèment par centaines le répertoire français depuis les années 1930 qui ont eu l'avantage de faire (re) découvrir des siècles de musiques populaires occidentales mais la plupart du temps, sans que d'aucuns le sachent. Comme *Donna donna* donc, les onomatopées « Ninna Nanna » procèdent du même principe. Enfant, c'est une berceuse qu'on murmurait à l'oreille du chanteur ; celle-ci s'ouvre sur une ritournelle de violons dont la fin de la première phrase mélodique voit débuter la voix entonnant le titre-refrain. Berceuse d'enfant par la mère considérée comme première chanson d'amour, il y a là tout le côté latin, méditerranéen de l'interprète :

« *Ninna nanna, Ninna nanna / C'est ma mère qui chantait ça*
Ninna nanna, Ninna nanna / Quand elle nous prenait dans ses bras
Ninna nanna c'était l'amour / Tous les jours quand j'étais enfant
Aujourd'hui au pays des grands / Ma mémoire me chante toujours
Ninna nanna les soirs d'automne / Quand dans mon cœur ne passe personne »

Le « personnage » qui chante retourne dans le giron psychologique maternel, comme si la boucle était bouclée, le cyle de la naissance à la fin puis de la fin à la naissance se terminant, en chanson du moins... L'Italien Claude Baglioni et le duo Pink

Martini ont chacun inscrit à leur répertoire un opus intitulé *Ninna Nanna*, et les paroles des deux morceaux parlent clairement de l'enfant bercé par une mère qui fredonne.

1976

Dors petit homme (La chèvre grise)

Claude François & Eddy Marnay

25e 33 tours, Flèche 9101 925, « Pour les jeunes de 8 à 88 ans », avril. 53e 45 tours, Flèche 6061 870, mai. Arrangements et direction d'orchestre Jean-Claude Petit. Comme pour *Hip hip hip hourra, C'est Noël et j'aurais tout ça* et *Quand l'épicier ouvre sa boutique* la chanson n'est pas présentée comme une adaptation, ce que, factuellement, elle est.

Adaptation de ***Hush Little Baby*** (Berceuse du foklore anglais).

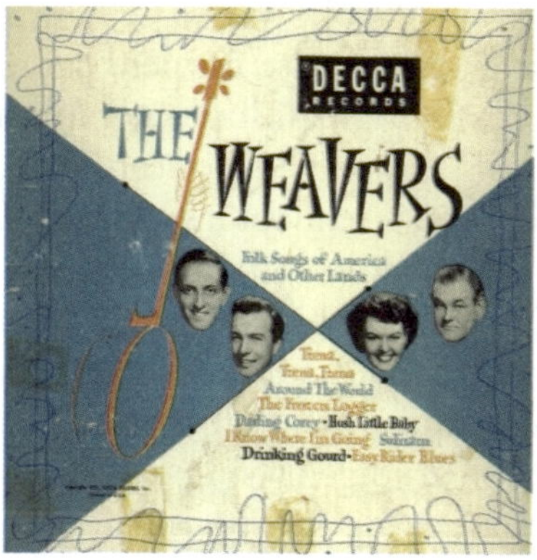

Outre-Manche et aux États-Unis, beaucoup d'artistes ont repris cette comptine à leur compte.

Parmi les interprètes du pays d'origine on trouve la formation folk Pete Seeger and The Weavers ; le rocker anglais Bo Diddley enregistre une version très critique en 1955 et qui inspirera Joan Baez ; une reprise rythms and blues avec Inez And Charlie Fox en 1963 ; Marlene Dietrich trouve la comptine à son goût dans sa langue natale avec *Sch, Kleines Baby* chez Hör Zu en 1964 sur l'album « Die Neue Marlene » puis ensuite par Aretha Franklin, Bobby McFerrin, Eminem, The Mammals (pour un pastiche intitulé Bush Boys). Sous la plume de Mike Batt, Hush Little Baby deviendra pour l'album de Katie Melua, « Call Off The

Search », The Mockingbird Song. En 1991, le groupe heavy metal Mettalica sur son album « Enter Sandman » chez Elektra utilise la première phrase de la comptine sur un mode parlé ; le sens à l'évidence est un reniement des traditions, une forme de rébellion contre une enfance qu'on a fait croire dorée etc. Procédé facile.

À l'origine une « Maman » s'adresse à son garçon. Ci-dessous, le texte « classique » de cette berceuse :

Hush, little baby, don't say a word / Mama's gonna buy you a mockingbird
And if that mockingbird won't sing, / Mama's gonna buy you a diamond ring
And if that diamond ring turns brass, / Mama's gonna buy you a looking glass
And if that loo king glass gets broke, / Mama's gonna buy you a billy goat
And if that billy goat won't pull / Mama's gonna buy you a cart and bull
And if that cart and bull turn over, / Mama's going to buy you a dog named Rover.
And if that dog named Rover won't bark, / Mama's going to buy you a horse and cart.
And if that horse and cart fol! down, / You'll still be the sweetest little baby in town

Dans cette version française un père parle à son petit garçon. Comme le texte original, il promet à l'enfant des choses extraordinaires, des cadeaux, un oiseau siffleur, un âne, une chèvre grise, et ce, « en attendant les Indiens d'Amérique ». Un texte plus destiné aux adultes aurait pu être porté par le thème tant sa forte originalité est bien présente. La mélodie anglaise est reprise note pour note, sauf qu'à partir des harmonies originales d'un thème qui revient en boucle, Claude François se révèle un étonnant arrangeur-compositeur : il fait naître un pont qui se démarque de la ritournelle d'origine, avant d'y revenir. Les arrangements simples, les cordes acoustiques se répartissent les accords, semant les harmoniques de la mélodie dans les interstices des mots, et enveloppent le tout dans un fumet de variété sans excès « variétoche ». La couleur est la même que celle de de 33 tours composé en majeure partie d'adaptations issues d'un très ancien patrimoine de comptines anglo-saxonnes.

Fred

Pierre Delanoë

25e 33 tours, Flèche 9101 925, avril. « Pour les jeunes de 8 à 88 ans ». N'existe pas en 45 tours original. Arrangements et direction d'orchestre de Michel Bernholc.

Adaptation de ***Fred*** (Folksong américain).
Tom Paxton

Version originale enregistrée par **Tom Paxton** en 1974 sur l'album « Tom Paxton Children's Songbook » pour la firme Bradley's Records. Très talentueux et important songwriter dans l'histoire de la musique populaire américaine, Tom Richard Paxton né en 1937 et American Folk Singer de son état a vu beaucoup de ces chansons reprises par plus d'une centaine d'artistes anglo-saxons, et les plus grands.

L'art de Tom Paxton inscrit dans une tradition ancienne liée aux mythes de la campagne profonde de la Vieille Amérique du XIXe siècle, celle qui donna des mélodies toujours reprises et réactualisées ; on en a des exemples frappants chez Claude François avec *Diggy Liggy Lai, Diggy Liggy Lo, La Ferme du bonheur, La Mouche à la queue bleue, Monsieur Crapaud.* Toute sa production évolue, se révolte, médite et aime dans un même esprit musical et culturel ouvert à l'aventure tant intérieure qu'extérieure, que ne renieraient pas chez nous des talents qui se rapprochent le mieux et le plus de la démarche de Paxton, ainsi d'Hugues Aufray et de Renaud. Deux autres interprètes américains originaux qui se rapprochent le plus de Paxton, et donc des deux artistes français cités ci-dessus, sont Ferré Grignard pour *C'est moi… c'est moi* et Barry McGuire pour *Ce monde absurde.* De bonne facture country des seventies dans cet enregistrement de l'artiste qui narre un personnage évoquant son chien répondant au nom de Fred et ce Fred, il se gratte à cause d'une puce qui cause au brave chien en reconnaissant :

« qu'elle fait un sale métier mais qu'elle ne peut s'en empêcher
Gratte Fred, quand je te pique / Gratte Fred ça fait d'la belle musique »

Je vais m'expédier à ton adresse

Claude François & Vline Buggy

25e 33 tours, Flèche 9101 925, avril. « Pour les jeunes de 8 à 88 ans ». N'existe pas en 45 tours original. Arrangements et direction d'orchestre Jean-Claude Petit.

Adaptation de ***I'm Gonna Write Myself A Letter***

Jimmie Davis

Version originale enregistrée par **Jimmie Davis** en 1946 chez Decca.

Mais c'est la version qu'enregistre **Pete Seeger** en 1963 sur « We Shall Overcom » pour Columbia sous le titre de ***I'Gonna Mail Myself To You*** qui passe, comme cela arrive souvent dans ce cas de figure, pour l'original, voir par exemple *Marche tout droit, Si tu veux être heureux, Si j'avais un Marteau, La Ferme du bonheur, Une petite larme m'a trahi, Il ne me reste qu'à partir* et quelques autres du répertoire de Claude François. La version de Pete Seeger « revue » et concoctée par **Woody Guthrie**, alias Woodrow Wilson Guthrie, sera celle de toutes les versions ultérieures.

Woody Guthrie, dont le fils Arlo prendra le relais, est l'un des premiers grands folksinger américain de la première moitié du XXe siècle avec Jimmie Davis, Pete Seeger, Doc Watson, Tom Paxton, pour ne citer que ceux-ci. Pete Seeger a également enregistré la chanson et en l'occurrence l'a interprétée lors de son concert du 8 juin 1963 au Carnegie Hall de New York.

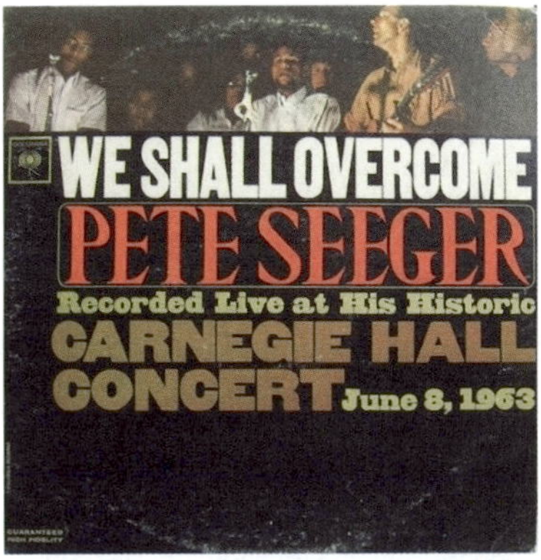

Le titre, un classique aux États-Unis tant pour les enfants que pour l'humour décalé pour les adultes a été enregistré par beaucoup d'artistes, connus et illustres inconnus dont The Bergerfolk en 1971 sur l'album « Sing For Joy » pour Folkways Records (le grand label des folklores des différents creusets culturels américains ; Folkways avait principalement, et dès les années 1940, publié des chants indiens dont les plus anciens datent de la fin du XIXe siècle) ; puis également par Don Pedi sur son album « Farmer's market »; John McCutcheon chez Rounder ; Earl Robinson pour l'album « Tribute To Woody Guthrie » chez Warners Brothers Records ; Steve Varing.

Avec une musique de « La Vieille Amérique » mise au goût du jour, on a là un titre entraînant et amusant. La narration fait dire au chanteur qu'il va s'enrouler dans du papier, du carton, s'attacher avec de la ficelle, coller l'ensemble, se timbrer le front pour arriver chez la bien-aimée qui a l'air de se faire désirer. L'opus est enregistré en 1969 par Bob And Louise DeCormier sur « Woody Guthrie's Children's Song » pour Wonderland Records. Earl Robinson pour l'album « Tribute To Woody Guthrie » chez Warners Brothers Records en 1972. Elijah Wald en 1984.

Si Woody Guthrie eut bien une source d'inspiration, tant pour l'idée du texte que par le découpage musical, c'est bien d'après la chanson écrite, composée et enregistrée par Jimmie Davis en 1946 chez Decca avec *I'm Gonna Write Myself A Letter.*

En France un certain nombre d'interprètes ce sont intéressé au répertoire de Woody Guthrie au point de l'inscrire au leur ainsi de Eileen dans *Oklahoma Hills* en 1964 pour DiscAz ; de Woody Guthrie Dalida adapte en 1964 chez Barclay le classique des classiques du folk américain, que ce dernier enregistra en 1944, *This Land Is Your Land* avec *Ce coin de terre* sur des paroles de Pierre Cour, le titre est repris la même année au Québec chez Apex par Pierre Lalonde. Michelle Sarna chez

Vogue en 1964 reprend de Woody Guthrie *Little Black Train* qui devient *Il a fait ça pour nous ;* c'est cette version de Guthrie qui a suscité cette adaptation française bien que l'original date de 1935 par The Carter Family. Graeme Allwright étant bien entendu inspiré par un de ses mentors grave en 1965 chez Festival *Le Trimardeur* d'après le *Hard Travelin*. Même année 1965 Georges Chatelain emprunte *Omicar* qui devient chez Mercury *Little Sacka Sugar*. Nana Mouskouri s'intéresse avec goût et pertinence à ce répertoire avec *Adieu mes amis* qu'elle enregistre en 1970 chez Fontana sur un texte de Boris Bergman ; la chanson, à l'origine, vient d'un poème que Woody Guthrie écrivit en 1948 et qui s'intitulait *Deportee* (*Plane Wreck At Los Gatos*) sur, déjà, les clandestins mexicains passant aux États-Unis ; plus tard Martin Hoffman mettra le texte en musique et l'ensemble devint une chanson importante de Woody Guthrie qui fut reprise par de nombreux artistes américains dont Pete Seeger, Dolly Parton, Judy Collins, Bob Dylan, Joan Baez, The Whiskey Hills Singers et bien d'autres. Et d'ailleurs la chanteuse ivoirienne Aïcha Kone devrait reprendre cette adaptation de Nana Mouskouri ; elle gardera le titre mais le texte variera. En effet, quand Nana Mouskouri parle dans sa version « d'orange et de blé », Aï cha Kone parlera dans la sienne, toujours sur le texte de Boris Bergman, de « mil et de mangue ». Dans la série là où on ne l'attendait pas mais finalement en y regardant bien, le chanteur Carlos, de la bande à Johnny, Sylvie et Joe Dassin, piocha sans retenue dans le répertoire de Woody Guthrie. En 1979, pour Emi/ Pathé Marconi, et sur des paroles de Claude Lemesle, Carlos enregistre *Mets ton doigt dans le vent* d'après *Put Your Finger In The Air* ; *L'auto du papa de toto* issu de *Riding In My Car* ; en 1980 et toujours avec Claude Lemesle pour les textes, *Dis pourquoi papa* en provenance *Why, Oh Why* ; l'incursion de Carlos chez Woody Guthrie continue avec *Bonsoir Véronique* emprunté à *Goodnight Little Arlo* (Arlo étant le fils de Woody Guthrie) puis encore *Petit a* d'après *Pick It Up* et *Ping Pong* de *Bing Blang*.

Monsieur Crapaud

Claude François & Eddy Marnay

25e 33 tours, Flèche 9101 925, avril. « Pour les jeunes de 8 à 88 ans ». N'existe pas en 45 tours original. Arrangements et direction d'orchestre de B. Kaufman.

La chanteuse Eileen (connue surtout pour *Ces bottes sont faites pour marcher* de *This Boots Are Made For Walking* de Nancy Sinatra) enregistre la chanson avant l'Artiste en 1965 pour DiscAZ sous le titre de *Une grenouille dans le vent* signé aux crédits par Patrick McKanna, Dick Foley, John Payne Mike Kirkland autrement dit, les membres des Four Brothers (voir plus bas) dont la version a sans doute provoqué cette reprise de Eileen ; on peut remarquer que, sur le disque d'Eileen, il n'y a que le nom d'Eileen Goldsen.

Adaptation de ***The Frog Cam To The Myl Dur*** (Air traditionnel du folklore anglais).

Thomas Ravenscroft

Popularisée initialement par **Thomas Ravenscroft** (English Children Song) en 1611 sous le titre de *The Marriage of The Frooge and The Mouse*. De la vieille Europe, en fait de l'Angleterre, la chanson colportée dans le monde occidental va devenir très vite un « traditionnel américain », qui s'inscrira dans le vaste patrimoine de la country américaine très ancienne pour tous les folksingers en herbe. La ritournelle devient alors très vite *Froggy Would A Wooing Go*, et devient un vieux morceau de la country américaine.

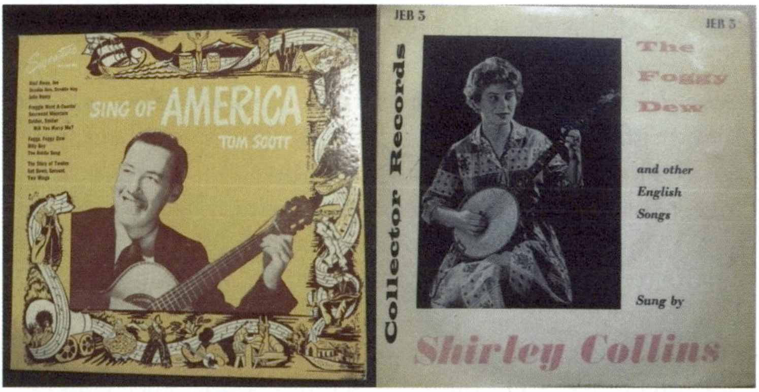

Avec les « traditionnels rapportés », il y a finalement « plusieurs versions originales » ; une petite dizaine sont assez anciennes dans le XXe siècle et les plus connues, eu égard aux deux folksingers qui l'enregistrèrent, sont dues aux prestations de **Pete Seeger** et de **Doc Watson**. Chez Doc Watson la chanson porte le titre de *Froggie Went A-Courtin'*; tandis que pour Pete Seeger elle s'appelle *Frog Went A-Courtin'*. D'autres « folkeux » héritiers des Seeger et autres Elizabeth Cronin inscrivirent cet incontournable à leur répertoire. Dans la multitude des reprises, et c'est souvent le cas pour des vieux airs traditionnels dont certains sont nés au XIXe siècle, à l'époque des pionniers qui eux-mêmes avaient rapporté leurs mélodies et autres comptines ou mélopées de l'Europe qu'ils avaient quittée, les morceaux ont subi plusieurs renouveaux et renaissance. Rapportée du folklore sans le spécifier vraiment sur le disque de l'idole, les premières traces de cette chanson remontent à 1548. Dès le XIVe siècle, elle était susurrée, clamée, chantonnée par les bergers d'Angleterre. En 1580 elle prend le titre de *A Moste Strange Weddinge Of The Frog And The Mouse*. Au fil des siècles, le titre varie et, lors de sa première publication par Thomas Ravenscroft en 1611, la chanson prend le nom de *The Marriage Of The Frooge And The Mouse*. Au fur et à mesure que le thème se répand dans l'Occident anglo-saxon, il reçoit plusieurs titres en fonction des lieux et des époques. Ce thème, aux cent soixante-dix versions, issues de vingt neuf sources différentes, comptait à l'origine dix-neuf couplets. Plus qu'une simple chanson, c'est une histoire qui illustre un moment de l'histoire populaire ; à la fois chanson de geste et comptine, elle est accueillie dans les villages, dans les champs et les prairies, à proximité de l'équivalent des mairies de l'époque et à la Cour d'Angleterre. En effet, et comme nous le verrons pour *Petite mèche de cheveux*, le sens premier de la ritournelle-comptine peut être politique mais aussi socio-psychologique et peut même parfois relever de la psychanalyse, comme dans *Puff The Magic Dragon* (voir *Le Dragon magique*). La reine Elizabeth Ier, qui vivait à l'époque où la chanson se promenait dans la campagne anglaise, se piquait d'appeler des personnes de son entourage par des noms d'animaux pour exprimer ouvertement des choses à cacher ; elle appelait son prétendant français, le Duc d'Anjou, « La Grenouille » et comme il semble que le sujet était très impopulaire en Angleterre, le système s'avéra très pratique pour éviter les problèmes. La chanson traverse l'Atlantique jusqu'au Nouveau Monde et le thème apparaît en Nouvelle-Angleterre par le biais des enfants des migrants anglais et irlandais. Partie vers l'Ouest avec les pionniers, la chanson prend racine dans les Appalaches en 1700, puis se répand dans tout le pays où il existe désormais des centaines de versions. Aujourd'hui, dans les écoles anglaises et américaines, les enfants apprennent toujours la chanson. En date inconnue, le traditionnel est interprété par Pleaz Mobley dans Froggie *Went A-Courting*. En 1919 il est signalé à la Columbia plusieurs interprétations « inconnues » par des artistes également « inconnus » sous le titre de *A Frog He Would A-Wooing Go* pour Harper-Columbia.

Il existe à ce jour plus de cent cinquante versions. Une des premières écoutables si on parvient à la trouver est celle de **Alice Green** en 1925 ; suit celle de Albert Beale sous le titre de *A Frog He Would A-Wooing Go* sur « Folk Songs of Britain Vol. X : Animal Songs » ou encore sous celui de *The Frog Song* ; puis par Bradley Kincaid dans *Froggie Went A Courting* en 1927. Chubby Parker avec la variante *King Kong Kitchie Kitchie Ki-Me-O* pour la Columbia en 1928 ; deux autres versions, la même année, avec Anne, Zeke And Judy Canova pour Brunswick Records, et Adolphus Le Ruez avec la variante *The Frog And The Mouse* sur « Folk Songs of Britain, Vol. X : Animal Songs ». En 1930 par Anna And Juliet Canova avec *The Frog Went A-Courtin* : Drusilla Davis en 1935, tout comme Blind Willie McTell avec une variante intitulée *Hillbilly Willie's Blues* sur « Georgia Blues Guitar Legend ». Uncle Don en 1938 chez Conqueror dans *Frog Went A Courting*. Tom Scott avec

Froggie Went A-Courtin' en 1940 chez Signature Records ; Tex Ritter en 1945 dans *Froggy Went A-Courtin'* sur « American Legend » ; en 1952 pour Coral Records. La chanteuse irlandaise Elizabeth Cronin sous le titre de *Uncle Rat Went Out To Ride* sur « Folk Songs of Britain, Vol. X : Animal Songs », Cronin est enregistrée pour la première fois en 1951 par Alan Lomax. Pete Seeger (voir *Si j'avais un marteau*) en 1954 dans *Frog Went A-Courting* chez Folkways Records sur l'album « American Folk Songs For Children » ; Cecilia Costello à la BBC également en 1954. Shug Fisher avec *Froggie Went A-Courtin* dans le dessin animé Tom And Jerry dans l'épisode Pecos Pest en 1955 pour la MGM. En 1956 Annie Paterson dans la variante *The Frog And The Mouse* sur « Folk Songs of Britain, Vol. X : Animal Songs » ; tout comme, la même année, John Jacob Niles avec *The Frog Went Courting* sur l'album « American Folk & Gambling Songs » ; puis toujours en 1956 avec Dorothy Oison dans *Frog Went A-Courtin'* pour le label Children's Records chez RCA/Bluebird ; et toujours 1956 avec Alan Mills dans *Frog Went A-Courting*. Tom Tall avec *Froggy Went A-Courting* en 1958. Ed McCurdy (voir *L'Histoire irlandaise*) en 1959 pour Folkways Records. Danny Dell And The Trends en 1960 ; la même année 1960 Jimmy Dawson pour Target Records dans un style très country rock avec *Froggy Went-A Courtin'* ; en 1961 la version des Brothers Four consiste en un petit nettoyage de printemps. Leurs membres, Bob Flick, Dick Foley, Mike Kirkland et John Paine donnent leur version pour la Columbia sur des arrangements de Mark Walkers avec modifications de certains traits de la ligne mélodique et du texte. Cependant, et quelque soit la version, les différents repreneurs ont laissé au titre ses marques originelles qui font, justement, sa forte originalité ; la chanteuse Odetta en 1964 chez RCA ; The Rooftop Singers (voir *Marche tout droit*) en 1964 chez Vanguard. Doc Watson en 1967 chez Vanguard avec *Froggie Went A-Courtin* sur son album « Home Again ! » ; puis Alfred Deller la même année. Trois reprises en 1969 avec respectivement Packie Byrne dans la variante *The Frog's Wedding* ; le Canadien Lonnie Donegan ou plutôt Lonnie Donegan And His Skiffe Group avec *Mr Froggy* sur l'album « Lonnie Donegan Again » chez Marble Arch Records ; et celle de Almeda Riddle. Larry Groce pour le label Disneyland/Emi. Elvis Presley en 1970 dans *Froggie Went A-Courtin* sur l'album « Walk A Mile In My Shoes ». Frankie Armstrong dans *The Frog And The Mouse* en 1972 ; Mike Olfield en 1974 avec Froggy Went A-Courting ; et, la même année, par Burl Ives avec *Mr Froggie Went A-Courtin'*. Otis High & Flarrie Grifnn avec Froggie Went A-Courtin' sur « Hand-Me-Down Music- Old Songs, Old Friends : 1 -- Traditional Music of Union County, North Carolina » en 1979. Tim Hart en 1983 dans Froggy's Courting sur l'album « Tim Hart and Friends' Druken Sailor And Others Kids Songs ». Deux reprises en 1991 avec Flat Duo Jet dans *Frog Went A Courtin'* sur « Go Go Harlem Baby » ; et par The Wiggles avec A Froggy He Would A-Wooing Goo. Bob Dylan dans *Froggie Went a Courtin* sur « Good As Been To You » en 1992. Nick Cave And The Bad Seeds avec la variante King Kong Kitchee Kitchee Ki-Mi-O sur le single « Henry Lee » en 1996. Laurie Berkner Froggie Went a-Courtin' en 1999. Dan Zan es sous l'appellation de King Kong Kitchie pour Festival Pive Records en 2000. Altan dans Uncle Rat sur « The Blue Idole » en 2002. The Can Kickers *Froggy Went A Courtin'* sur « Mountain Dudes » en 2003. Bruce Springsteen Froggie Went a Courtin' sur « We Shall Overcome : The Seeger Sessions » en 2006. The Excepter en 2007 sous le titre de Knock Knock (ou KKK) pour Paw Records. Marc Gunn *Froggie Went A-Courtin'* sur « A Tribute to Love » en 2008. Laura Veirs avec la variante *King Kong Kitchie Kitchie Ki-Me-O Tumble Bee* : Laura Veirs Sings Folk Songs for Children » en 2011 ; et, la même année, par Suzy Boggus sur l'album « American Folk Songbook ».

Voici une idée du texte traduit de l'anglais.

Frog went a-courtin', and he did ride, uh-huh
(certains interprètes prononcent « eh-eh »)

Frog went a-courtin', and he did ride, uh-huh / Frog went a-courtin', and he did ride

With a sword and a pistol by his side, uh-huh /
Grenouille s'en va courtiser, et il part, eh, eh

Grenouille s'en va courtiser, et il part, eh, eh / Grenouille s'en va courtiser, et il part

Une épée et un pistolet à la ceinture, eh, eh

L'histoire de grenouille est toujours là, et le texte français garde le climat et l'histoire d'amour entre une grenouille et une souris. Dans la version de Claude François, cette histoire d'amour, d'imploration relève à un moment de l'appréhension des choses simples qui organisent, structurent toute une vie socio-affective. Le prétendant connaît sa position sociale et son environnement par rapport à « Dame Souris » ; les personnages, si l'on peut dire, fonctionnent dans leur fonction propre originelle et qui les place dans la société. On se retrouve en pleine morphologie du conte avec l'établissement des fonctions sociales précises qui elles-mêmes renvoient à la fonction et au rôle de l'individu sur le plan affectif (psychisme) et de la reproduction (environnement/société). L'air de rien, toutes ces anciennes ritournelles ont en partie compté dans les fondements de différents creusets culturels de l'Occident. En effet, il faut écouter entre les lignes. En dépit de son apparente futilité, le texte français en dit long sur la vie, le mariage et l'amour. La gravité de la rencontre, du refus ou de l'acceptation, du lien sentimental et/ou charnel est telle, s'avère tellement lourde de répercussions sur l'existence d'un être que le choix d'une subtile et agréable dérision ironique permet d'évoquer le sujet avec la légèreté qui permet d'échapper à toutes les crasses et les scories de l'angoisse et de la mélancolie. C'est depuis la nuit des temps la technique du conte où souvent on remplace les humains par des animaux. Cela existe depuis des époques lointaines, et, chez nous, Charles Perrault et Jean de La Fontaine ne sont pas si loin. L'orchestration française est finement arrangée, et la batterie, au milieu du titre, entre dans la danse soulevant les corps avec une basse qui lui redonne de l'élan.

L'Objet

Charles Aznavour

25e 33 tours, Flèche 9101 925, avril. « Pour les jeunes de 8 à 88 ans ». N'existe pas en 45 tours original. Arrangements et direction d'orchestre Matt Camison. Pour la Columbia en 1950, sous le même titre de *L'Objet* mais avec un texte différent que deux des leurs écrivent savoir Jo Frachon et Marc Herrand, Les

Compagnons de la Chanson effectuent en France la première adaptation de cette chanson sur le label Magic Note.

Adaptation de *The Thing* (Country américaine).

Charles Randolph Grean

Version originale enregistrée par **Phil Harris** en 1950 chez RCA Victor.

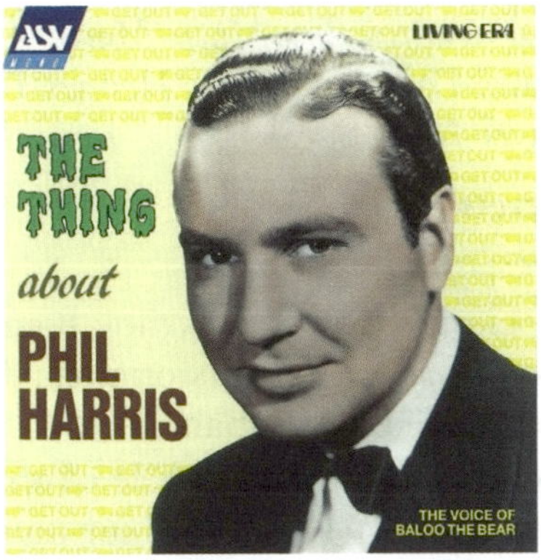

Quelques mois plus tard c'est sans nul doute **Teresa Brewer** (Breuer) en 1950 chez London Records qui popularise réellement la chanson. Celle-ci se classera numéro 20 en juin 1951. Par la suite, elle signera chez Coral Records en 1952. Teresa Brewer, née en 1931 à Toledo dans l'Ohio, est une grande figure du music-hall américain des années 50 et 60. Elle signe chez London en 1949 et continuera sa carrière jusqu'en 1970. Brewer a pratiquement enregistré tous les standards de l'époque, et on en retrouve quelques autres dans le présent ouvrage qu'avait repris Claude François. Woody Gutherie, qui sera plus tard très inspiré en écrivant en 1955 la chanson *Union Maid* que Pete Seeger (voir *Si j'avais un marteau*) enregistrera en 1961. Inscriront également *The Thing* à leur répertoire Marilyn Monroe, Johnny Restivo, Erhardt-Heinz. En 1958, une version suédoise par le chanteur country suédois Povel Ramel sous le titre de *Den Franska Biljetten* chez His Master's Voice. Un classique du music-hall américain mâtiné de petite teinte de country pour servir un texte drôle avec gimmick en bruitage pour désigner une chose, un objet apparemment ragoûtant qui fait « l'objet » de repoussoir toujours et partout, même devant Saint-Pierre, quand le porteur de la narration arrive au paradis et qu'il se voit menacé d'être expédié en enfer s'il ne se débarrasse pas immédiatement de cette chose. Excellement orchestré et arrangé, on l'écoute rien que pour ça et la mélodie, tout en reconnaissant que la patte d'Aznavour aux paroles, qui a revisté le texte de deux de ses vieilles connaissances savoir Jo Frachon et Marc Herrand, tire bien son épingle du jeu. En France, c'est en 1969 chez Vogue qu'on peu trouver une autre reprise de Teresa Brewer avec Christine Reynolds qui enregistre *Trop de moutarde* d'après *Too Much Mustard* que transcrit le parolier de Jacques Dutronc, savoir Jacques Lanzman (on est chez Vogue…) avec Anne Segalen.

Les Mots secrets

Jean-Michel Rivat

25e 33 tours, Flèche 9101 925, avril. « Pour les jeunes de 8 à 88 ans ». N'existe pas en 45 tours original. Arrangements et direction d'orchestre de B. Kaufman.

Également enregistré par Michèle Torr sous le titre *D.i.v.o.r.c.e.* (même titre que l'original) sur un texte de Laurent Chalumeau ; et au Canada par Michèle Richard sous le titre *D.i.v.o.r.c.e.*

Adaptation de ***D.I.V.O.R.C.E.*** (Country américaine).

Bobby Braddock / Curly Putman

Version originale enregistrée par **Tammy Wynette**, en mai 1975 pour Epic ; classé n° 18 en juillet en Angleterre. Billy Connolly, chez Polydor en octobre 1975 ; classé n° 3 en novembre dans le même pays.

Ce titre, classique des classiques, est une production du duo de songwriter/producer Bill Martin et Phil Coulter.

Plusieurs artistes américains enregistrent aussi la chanson ainsi Wanda Jackson en 1970 chez Capitol Records, Dolly Parton, The Mississippi Snake, The Brotherhood of Man (Sue and Sunny Leslie). Le standard country est repris en 2005 par le trio féminin Mari Wilson, Barb Jungr & Claire Martin chez Linn Records pour l'album « Girls Talk ». Enjoué, le texte est amusant. Le chant épelle les lettres du texte et l'ensemble leur donne un sens. L'univers de Curly Putmann trouva également preneur chez Nana Mouskouri avec sa reprise de *Green Green Grass Home* qui devint sous la plume de Jacques Chaumelle (le parolier de *Même si tu revenais*) *Le toit de ma maison*.

La Mouche à la queue bleue (Quand l'vieux Jim)

Claude François & Jean-Michel Rivat

25e 33 tours, Flèche 9101 925, avril. « Pour les jeunes de 8 à 88 ans ». N'existe pas en 45 tours original. Arrangements et direction d'orchestre de Hervé Roy.

Graeme Allwright s'empare également de la chanson sous le titre de *La Mouche bleue* chez Festival en 1965.

Adaptation de ***Blue Tail Fly (Jimmy Crack Corn And I Don't Care)*** (Country/folk).

Dan Emmett

Différentes sources datent *Blue Tail Fly* – ou *Blue Tailed Fly* – de 1844 ou 1846. Les chercheurs et autres ethna-musicologues attribuent à coup sûr la paternité de la chanson à l'Irlandais **Daniel D. Emmett** qui est rien de moins que le fondateur du premier groupe de tradition Minstrel (Minstrelsy), un genre qui a été adapté par plusieurs artistes français.

Écrite et composée en 1831, la chanson a des tonalités abolitionnistes (elle est plus *blackfaceminstrel* que minstrel seulement) chères, nous le savons, au président nordiste américain Abraham Lincoln. En effet, il est attesté que cette chanson a été une des préférées de Lincoln qui disait en 1865 : « *J'ai toujours pensé que le* 'Dixie' *était un des meilleurs airs que j'aie jamais entendus. J'avais toujours entendu dire que nos adversaires avaient essayé de se l'approprier. J'ai affirmé hier que nous l'avions pris en toute loyauté.* » On apprend de surcroît que c'est le président Abraham Lincoln lui-même qui, appréciant vraiment ce thème, l'a joué à l'harmonica. À Gettysburg, le 3 juillet 1863, il demande que la chanson soit exécutée pour fêter la victoire de l'Union sur les Confédérés. Le morceau a été publié une première fois sous forme de partition en 1843 à Boston par C.H. Keith. Sa première exécution publique a lieu à New York le 4 avril 1859. Elle est assurée par **Emmett And The Bryants At Mechanics Hallin.** Pour le XXe siècle, ce qu'on pourrait considérer comme l'un des « originaux » dans le renouveau du titre au XXe siècle, est enregistré par **Burl Ives** en 1949 chez Decca pour l'album « A Collection Of Ballads, Folk And Country Songs – Vol 3 » ; le titre est enregistré sur des arrangements de Elie Siegmester.

Puis par Big Bill Broozy chez Emarcy/Mercury en 1954. De son vrai nom William Lee Conley Broozy est né en juin 1898 dans le Mississippi. Grand blueseman avant Muddy Waters et bien d'autres, il « monte » à Chicago et fait vite ses preuves. Dès 1951, il vient à Paris et se produit dans les mythiques clubs de jazz de l'époque grâce au musicien/écrivain Hugues Panassié (*La rage de vivre*). Broozy excelle véritablement dans le country blues, et se trouve imbattable au « fingerpicking » (la ligne mélodique avec les cordes aiguës, le tempo avec les cordes basses) ; il est largement à la hauteur de références comme Charlie Christian et Lonnie Johnson ; de nombreux créateurs/virtuoses en jazz, blues et country blues lui doivent énormément ainsi de Muddy Waters mais également Memphis Slim et bien d'autres. Ce thème ancien du folk des pionniers date donc des années 1840. C'est une des chansons adaptées par Claude François qui revient de très loin… Au cours des décennies, les textes ont différé quelque peu. Il y avait des paroles spécifiques pour simplement *Blue Tail Fly* et d'autres pour *Jimmy Crack Corn* (ce dernier étant parfois suivi de *And I Don' Care*) D'autres versions avec le XXe siècle déferlent, ainsi celles de Burl Ives avec The Andrew Sisters & Vic Schoen's Orchestra en 1948. La prestation de Burl Ives est divine, surtout celle en public où ce dernier lui répond et chante en chœur, et en harmonie avec lui. C'est du vrai *live* et non des applaudissemts et clameurs rajoutés. En 1948 encore avec Le duo américain Homer & Jethro (Homer Haynes et Jethro Burns) chez King, puis en 1959 chez RCA/Audio Label. En 1951 dans le film *The Ballad of The Sade Cafe*, Vanessa Redgrave propose sa version, *Jimmy Cracked Corn/Blue Tail Fly* ; **Pete Seeger** sous le titre seul *Jim Crack Corn*, sur son album « An American leon » – « American Folk Songs for Children » enregistré en 1952 chez Folkways Records. En 1958 Elvis Presley reprend le thème principal de *Blue Tail Fly* sous le titre *I Need Your Love Tonight*, écrit par Sid Wayne et Bix Reichner. The Ranch Party Gang en 1959. En 1960, sur leur album « The Big Sound Of Johnny And The Hurricanes », la formation Johnny And The Hurricanes enregistre la chanson chez London sous le titre de *Beatnik Fly* sur un texte de Johnny Paris alias John Pocisk. Ce dernier, saxophoniste de son état, effectue un enregistrement instrumental historique de ce standard de la country/folk pour le label Warwick. Don Pedi sur son album « Farmer's Market ». Larry Groce en 1979 sur label Dysneyland pour Emi.

L'Artiste s'en sort très bien, avec un texte fidèle à l'ambiance américaine. Dans les deux cas, il y a un vieux Jim qui fait des siennes et la mouche qui entrent en scène.

La Pipe en bois

Claude François & Pierre Delanoë

25e 33 tours, Flèche 9101 925, avril. « Pour les jeunes de 8 à 88 ans ». N'existe pas en 45 tours original. Arrangements et direction d'orchestre Jean-Claude Petit.

Inspiré et arrangé du genre *Tarentell'd'ltalia* (folklore italien).

On peut choisir entre la notion d' « air ramené du folklore » ou inspiration directe de ce qui est une tarentella napolitaine. En tout cas, Claude François et Pierre Delanoë s'en payent une tranche… Guy Floriant, le maître d'œuvre de cet album pour lequel il s'est démené entre la France, les États-Unis et l'Angleterre, a le souvenir d'un original issu du folklore italien ; c'est effectivement une tarentella napolitaine. Rythme très rapide, entraînant, ce titre ressemble à une chanson de colonie de vacances qu'on chante en marchant comme pour se donner du courage à la fin d'une longue randonnée. Musicalement c'est très astucieux avec des gimmicks de bruits avec la voix et d'effets amusants. La mise en place, pour ne pas dire en bouche, de la mélodie et des mots demande de la vélocité et ne laisse pas l'erreur de temps d'une demi-seconde. Presque aussi dure que le « particulièrement » dans le couplet « … même si elle n'est pas particulièrement jolie… » du titre *Si tu veux être heureux*.

Sale bonhomme

Eddy Marnay

25e 33 tours, Flèche 9101 925, « Pour les jeunes de 8 à 88 ans », avril. 53e 45 tours, Flèche 6061 870, mai. Arrangements et direction d'orchestre L Camison. 30e 33 tours, Flèche/Carrère 67 235/6, « Souvenir 78. Claude François en public », avril 1978.

En 2007 une nouvelle version est enregistrée par Seb Martel pour l'album hommage « Claude François, autrement dit… » chez Universal/Mercury en 2007.

Adaptation de ***Nasty Dan*** (Country/folksong américain).

Jeffrey Moss

Version originale enregistrée par **Johnny Cash** sur son 30 cm « The Johnny Cash Children's Album » chez Columbia en 1975. L'auteur-compositeur du titre n'est autre que le créateur des Muppets. Ce marionnettiste réputé né en 1942 est décédé en 1998. Ces personnages, Oscar The Grouch et le Cookie, les « Monsters » ont servi pour la série TV Sesame Street. Jeffrey Moss a eu quatre Grammy Awards.

Dansante, bien country, avec une guitare qui s'identifie dès la première écoute, cette reprise a rencontré une large audience. La qualité des arrangements et de l'enregistrement, que tout artiste digne de ce nom est en droit d'exiger, a élargi la palette du public au-delà des enfants. La description ironique et amusante d'un personnage peu ragoûtant en tous points de vue est habile, elle ne choque pas, fait rire et pourquoi pas, avec les comparaisons de qui se ressemble s'assemble, peut faire réfléchir les enfants, et plus… C'est assez étonnant de retrouver Johnny Cash avec ce titre mais, en même temps, sa forte personnalité et son talent lui permettent d'aborder des répertoires, ou plutôt des thèmes qui, partant de l'ironie, amène l'auditeur à une excellente réflexion sur les profils du monde et la dérision dont parfois il vaut mieux faire montre. Dansante, bien country avec une guitare qui dès la première écoute s'identifie, cette reprise a rencontré une large audience ; la qualité des arrangements et de l'enregistrement que tout artiste digne de ce nom est en droit d'exiger a élargi la palette du public au-delà des enfants.

Bien avant l'artiste, les Gam's gravaient en 1964 chez Mercury une chanson de Johnny Cash avec *L'anneau de Feu* issu de *Ring Of Fire* ; Graeme Allwright en fait autant deux ans après et emprunte *Take Me Home* avec *Emmène-moi* pour le même label ; en 1968 Nana Mouskouri éprouve un intérêt pour le répertoire du grand countryman avec *L'Enfant au tambour* qu'elle enregistre chez Fontana d'après *The Little Drummer Boy* que Cash avait enregistré en 1959 ; en 2009 pour le compte de Polydor/Universal, Eddy Mitchell grave sur l'album « Grand écran » *Je file droit* avec un texte de Jérôme Attal d'après le classique de Cash *I Walk The Line.*

Le Zoo de Vincennes

Eddy Marnay

25e 33 tours, Flèche 9101 925, avril. « Pour les jeunes de 8 à 88 ans ». N'existe pas en 45 tours original. Arrangements et direction d'orchestre de Raymond Donnez.

Adaptation de ***Going To The Zoo*** (Folksong américain).

Tom Paxton

Version originale enregistrée par **Tom Paxton** en 1962 sur l'album « I'm The Man Who Built The Bridges » chez Gaslight Records et en 1966 sur son album « Ramblin' Boy » chez Elektra. La chanson est reprise en 1966 par Julie Félix chez Decca.

Puis Peter, Paul And Mary. Tempo rapide sur une couleur très vieille campagne américaine. Réussi et évocateur pour l'imaginaire des enfants. À signaler l'excellent bruitage pour les animaux, le ton alerte et efficace du chanteur.

2

Country music

1964

La Ferme du bonheur

René Gustave Rouzeaud & Vline Buggy

3e 25 cm, Philips 76 587, juin. 7e 45 tours, Philips 434 912, juillet. Avec l'orchestre de Christian Chevallier, arrangements de Christian Chevallier. 2e 33 tours Philips 77 818, « Claude François à l'Olympia », décembre 1964. 3e 33 tours, Philips 844 775, juin 1965.

1re entrée dans hit-parade de SLC, n° 17 en mai 1964, puis n° 14 en juin et juillet.

La même année, chacune de leur côté, Dany Claude et France Lys enregistrent le titre.

Adaptation de ***Mockin'Bird Hill*** (Country américaine)

Vaugh Horton

Cette chanson par Claude François vient, ou revient c'est selon, de loin. D'abord, ça n'est pas un original français, mais bel et bien une adaptation. Mais cette reprise a une longue histoire. Déjà, pour y voir plus clair, voyons du côté de l'Amérique du Nord, les « originaux ». Issue du patrimoine de la country américaine, le morceau est créé par plusieurs artistes du cru, ou plutôt « des crus » de régions américaines différentes. Là-bas, c'est un classique du genre comme le sont en France *Le P'tit Vin blanc* ou *Ma pomme*.

Écrite et composée par Vaugh Horton, la chanson, classique « country-pour-la-famille-rêve-américain-Way-Of-Life » (comme *Si j'avais un marteau* « version Française »).

Version originale enregistrée par **The Pinetoppers** en octobre 1950 chez Coral Records.

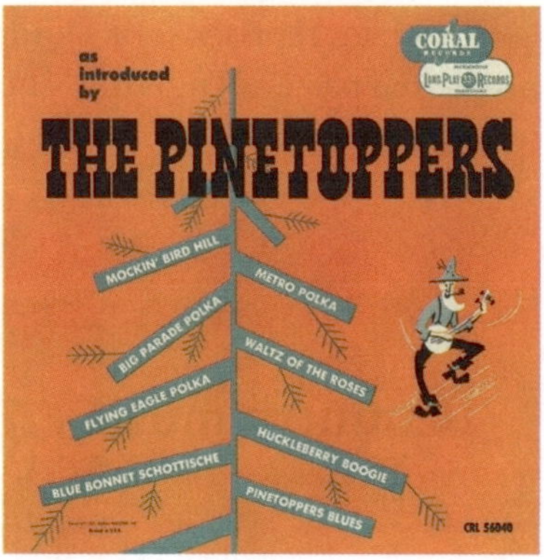

Même mois et même année par Elton Britt And Rosalie Allen ; en novembre par The Marlin Sisters And Don Miles ; en décembre par Tiny Hill And This Orchestra.

C'est cependant la version de 1964 du groupe anglais **The Migil Five** pour le compte de Pye qui classe le titre en Angleterre n° 15 en mai 1964 qui manifestement a retenu l'attention de Claude François et son équipe chez Philips, ses musiciens.

À l'écoute on sait qu'ils se sont inspirés de cette reprise estampillée « *swinging London* popisée-british beat » par le du combo anglais, et non de(s) l'original(aux) américain(s) des années 50 qui, lui (eux), sonne (ent) très country traditionnelle années 50 ; d'ailleurs, la ligne mélodique et les arrangements, entre les versions country américaines et les reprises ultérieures, américaines comme anglaises, demeurent très différents et, à l'écoute, on ne se rend pas compte tout de suite, à moins que l'on soit au courant de l'histoire du titre, qu'il s'agit de la même chanson.

Dans les années 1950, les reprises sont nombreuses. En 1950 la chanson est enregistrée par les Anglaises The Tanners Sisters (Betty And Martha Tanner) chez His Master's Voice. **Les Paul With Mary Ford** en 1951 chez Capital Records.

Couple au travail comme à la ville ce duo est le couple symbole, et donc populaire, de la country familiale américaine des années 50. L'équivalent en France aurait été le duo Line Renaud, ou Jacqueline François avec Marcel Amont.

À propos de Les Paul (ou plutôt Lester Williams Polfuss, 1915-2009) il s'agit bien entendu du guitariste et créateur inventif de la célébrissime guitare « Les Paul » ; il œuvra également dans le développement des magnétophones multipistes et des chambres d'écho. Il épouse Colleen Summers en 1949 qui avait alors pour nom d'artiste et de scène Mary Ford. Toujours en 1951 par Arvada Miller. 1951 encore par Ronnie Ronalde chez Columbia tout comme Mavis River, puis par Patti Page sur son album « Tennessee Waltz » pour Mercury Records ; Patti Page dont l'équivalent chez nous en notoriété, en style de répertoire, sociologie de public, en tout cas dans les années 50 et 60, est Line Renaud. Page créa en l'occurence *How Much Is That Doggie In The Window* que, justement, Line Renaud baptisa chez nous *Le Chien dans la vitrine*). Patti Page, de son vrai nom Clara Anne Fowler, née en 1927 en Oklahoma, se fait vite un nom en devenant une des plus importantes vendeuses de disques, vingt millions d'unités environ, dans les années 50. Wilf Carter le countryman canadien (1904-1996) ; Tim McNamara en 1951 ; The Ames Brothers en 1959 pour Coral Records tout comme Roger Williams ; en 1961 par Lawrence Welk chez Dot Records sur « Yellow Bird » ; Burl Ives en février à Nahsville pour la firme Decca sur l'album « The Versatile Burl Ives » ; la même année 1961 deux reprises ainsi de Teresa Brewer chez Coral Records sur l'album « Songs Everybody Knows » et Jean Shepard avec son l'album « Got Y ou On My Mind » chez Capitol Records. En 1962 un duo avec Hank Snow And Anita Carter sur l'album « Together Again » chez RCA, Davey Gibbs la même année En 1963 par Slim Whitman sur l'album « Yodeling » chez Imperial. 1964 avec la version de The Jaybirds ; 1965 avec un autre duo, George Jones And Gene Pitney sur l'album « lt's Country Time Again With Gene Pitney » chez Musicor ; en Nouvelle-Zélande, le Néozélandais John Hore en 1966 pour Joe Brow Records sur « Hit The Trail » ; Liz Anderson en 1969 ; Ken Griffin, Terry Edwards ; Ace Cannon chez Sun Records ; Diamond Accordion Band ; le duo anglo/irlandais Tony Goodacre And Joe Hamilton ; Gil Trythall en 1973, l'Anglais Sydney Devine sur l'album

« Encores » chez Emerald Gem en 1974 ; Ray Stevens ce morceau du patrimoine de la country en 1975 dans son album « Misty » chez Barnaby Records. Donna Fargo en 1976 ; Little Roy Lewis en 1981 ; en 1985 par Colin Thomson, L'année 1988 par Off-Broadway Cast. Les AnglaisesThe Taffetas en 1989 sur « Taffetas off Broadway Cast – The Taffetas A Musical Journey Through The Fifties » pour TER. Maria Muldaur en 1992 ; en 1993 la version reggae du groupe allemand (qui chante en anglais) Roots Syndicate. Le duo irlandais Poster And Allen (Mick Poster guitare, Tony Allen accordéon) en 2004 sur l'album « By Special Request ». Jeff Beck en 2011 sur « Rock'n roll Party : Honoring Les Paul » pour Friday Music. En Europe, pour la Hollande, le standard est repris en 1951 par De Spelbreckers chez Decca sous le titre de *Als De Spotvogel Fluit*, la même année par Lamy Van Den Hout chez Decca-Surprême Records ; en 1961 par Ria Valk pour Fontana sur « El Rancho Grande », et en 1981 par The Gronings Duo pour CNR. En 1958 pour la Suède par le chanteur country suédois Povel Ramel dans *Smafoglame* chez His Master's Voice Records. En 1994 par De Nieuwe Snaar pour Emi/Belgium.

Si *La ferme du bonheur* eut du mal dans les hit-parades, le titre prit de l'ampleur surtout grâce à la mémorable prestation de Claude François lors de son Olympia de 1964 et ses passages radio. *Mocking Bird Hill* avait déjà été adaptée en français dès l'année 1951 par d'autres visages, d'autres voix françaises. Comme les premières versions américaines datent de 1951, les maisons de disques françaises en firent l'adaptation pour leurs artistes. C'est ainsi que nous avons pu écouter, dès 1951 la version sur des paroles françaises du même René Gustave Rouzaud (sa version sera en fait modernisée 14 ans plus tard par Vline Buggy pour Claude François) sous le titre de ***La Colline aux oiseaux*** par les voix du duo **Patrice et Mario** chez Odéeon en 1952.

Ce qui donne au refrain :

Qu'il fait bon sur la colline / dormir tout là-haut
La la la on fait des rêves, des rêves si beaux
Là-haut sur la colline, la colline aux oiseaux...

Et plus tard, quand la maisonnette, tontaine, est bâtie, pierre à pierre (comme dans *La Ferme du bonheur*, et le dur labeur)

Qu'il fait bon sur la colline / Chanter tout là-haut
Là-haut sur la colline, la colline aux oiseaux…
Qu'il fait bon vivre parmi les troupeaux
Là-haut sur la colline, la colline aux oiseaux
Qu'il fait bon sur la colline, dormir tout là-haut
Là-haut sur la colline, la colline aux oiseaux…
Lalala j'attends ma belle qui viendra bientôt
Bientôt sur ma tranquille, la colline aux oiseaux

De nombreux autres interprètes français suivirent ainsi de Jacques Hélian pour Pathé ; Lisette Jambel ; une version instrumentale pour la même maison avec l'accordéon d'Yvette Homer ; la formation Les Mandolines de Paris ; Tony Murena pour la maison Odéon ; Lucienne Boyer chez Philips ; chez Polydor plusieurs interprètes comme Jack Gauthier grave le standard ; Gilbert Roussel et, ce qui ne gâte rien, une version instrumentale avec la clarinette du futur chef d'orchestre Camille Sauvage ; la maison Selmer/Ducretet Thomson a été chercher les voix de Gus Viseur et de Jean Deny chacun dans leur version, et s'offrit également un instrumental avec Noël Chiboust par le biais de sa clarinette ou de son saxophone soprano ; chez Riviera, on fit enregistrer Paulette Rollin ; la légendaire maison de disques des Rolling Stones, Decca, capta les cordes vocales de Fred Adison ; la maison Pacifie celles de Pierre Spiers ; enfin Dario Moreno y alla aussi de sa note…

La mélodie de *La Colline aux oiseaux* est, elle, comme les originaux country américains, et les arrangements en restent proches. Du côté du texte, avec des mots et des contextes différents, ces versions françaises du début collent au texte de Horton, et la version de Claude François finalement, avec l'apport de Vline Buggy, si elle « modernise » le thème, reste tout de même dans le contexte du rêve américain : avoir son lopin de terre, reconnaître la valeur du travail de la terre, du travail à la ferme, la valeur du « chez-soi » grâce à ses efforts. Voir *Si j'avais un marteau*, décrié pour justement la mise en avant de ces valeurs… Aujourd'hui, inutile de préciser que les deux versions françaises sont hors du temps ; dire démodées le mot serait faible… Comme d'aucuns connaissent la version de l'artiste, on précisera que le texte, pour les interprètes de 1951, correspond tout simplement à l'époque et à l'idée que l'on se faisait d'une vie idéale à la campagne en construisant soi-même sa maison pour y installer sa promise envers laquelle toute fidélité, ça va sans dire, est évidente. On notera que, lorsque les interprètes français de la première version chantent « Tralala », les Américains chantent à ce moment « *Sha la la* », ce que firent les Anglais Migil Pive en 1964. Claude François les reproduit donc, mais pas avec les mêmes notes. Une petite explication musicale. Versions américaines et premières françaises sont, apparemment pour la plupart, en sol majeur ; l'original débute en bas de la ligne sur les notes du couplet ré (croche), do (croche), si (noire) et cela en montant. Claude François, quant à lui, interprète le titre en si bémol majeur en commençant par le refrain (*sha la la*) avec une descente à partir du haut de la ligne avec un nerveux ré (croche pointée), do (double croche), sib (noire).

J'y pense et puis j'oublie

Claude François & Vline Buggy

3e 25 cm, Philips 76 587, juin. 7e 45 tours, Philips 434 912, juillet. Avec l'orchestre de Christian Chevallier, arrangements de Christian Chevallier. 2e 33 tours Philips 77 818 « Claude François à l'Olympia », décembre 1964. 3e 33 tours, Philips 844 775, juin 1965, (idem orchestre et arrangeur. 2e 33 tours, Flèche 6325 677, « Claude François sur scène », avril 1974. Enregistré également par André Vasseur en 1964 chez Tiercé Panorama ; Michèle Torr reprend le titre en 1998 pour Atlas sur « Ils chantent Claude François ». Nilda Fernandez en 1999 sur son album de quinze reprises du répertoire français sur « Mes hommages Vol. I » chez La Niña.

1re entrée dans le hit-parade de SLC directement n° 2 en juin 1964. Meilleur classement n° 1 en juillet et août.

Adaptation de ***It Comes And Goes*** (Country américaine).

Bill Anderson

Version originale enregistrée par **Burl Ives** en novembre 1962 chez Decca dans les studios Columbia à Nashville.

Burl Ives (1909-2005) a été un homme du terroir de l'Ouest, barbu, de forte carrure il a deux carrières, à son actif, le cinéma et la chanson. Il a tourné environ une cinquantaine de films dont des séries TV ; il fait une apparition dans *La Petite Maison dans la prairie* dans l'épisode 10 de la saison 3 (*The Hunters*). Quant au *songwriter* du titre, Bill Anderson est né en 1937 en Caroline du Sud ; Anderson, est en réalité James William Anderson. Son premier n° 1 est son interprétation en 1962 de *Mama Sang A Sad Song*. Il fut également un n° 1 avec Connie Smith pour *Once A Day*. Dans les années 70, il envoie Jan Howard n° 1 avec *For Loving You*, tout comme pour Roy Acuff dans *I Wonder Of God Lives Country Music*. Il écrivit aussi pour Roger Miller, qu'Hugues Aufray adapta souvent (*Face To The Wall* avec Faron Young). Par ailleurs on aura l'occasion de retrouver Bill Anderson en 1976 en duo avec Mary Lou Turner avec *Sometimes* pour un thème, une histoire, qui a plus que fortement inspiré l'original français *Quelquefois* de, justement, 1976, que Claude François a enregistré avec Martine Clémenceau. Toujours actif dans les années 80, notamment pour des shows télé, Bill Anderson disparaît dans un accident de voiture avec son épouse en 1987.

S'il y a eu un tube de l'été en 1964, c'est bien le *J'y pense et puis j'oublie* de Claude François. Chanson mélancolique, chanson d'amour efficace plus encore que dans la version originale de Ives enregistrée à la va vite avec, apparemment, très peu de moyen alors que, eu égard à la carrière de Ives à ce moment, ces moyens pouvaient être là. À côté, la version de Claude François c'est une œuvre symphonique. Fallait vraiment être inspiré pour avoir l'idée d'adapter le titre en l'état. C'est ce qu'on appelle du flair et aussi un vrai sens de musicien/compositeur qui entend au préalable les arrangements naître. Autre chose, autre marque d'inspiration véritable, la mélodie du refrain chantée par Claude François correspond non pas à celle du refrain américain proprement dit, mais au discret contre-chant qu'on devine sur le dit refrain. *J'y pense et puis j'oublie* est, avec *Belles, belles, belles*, *La Ferme du bonheur*, *Marche tout droit*, *Même si tu revenais* et *Si j'avais un marteau*, un des titres qui ont « installé » l'idole entre 1962 et 1965 dans l'esprit de tous les Français, qui ont creusé les fondations sur lesquelles il a pu faire cette carrière, et ce, bien avant l'arrivée des Clodettes en 1966 avec *J'attendrai*, et *Comme d'habitude* fin 1967 et naturellement, les paillettes des seventies.

It Comes And Goes est également enregistré par Eddy Arnold en 1965. Une reprise néerlandaise en 1966 par Johnny Lion (alias Johnny Van Leeuwarden) et en néerlandais avec *Tijd Komt En Gaat Voorbij* ; Cadillac Brothers Band ; Connie Smith en 1967 chez RCA sur son 30 cm « Connie Smith Sings Bill Anderson ». L'Irlandais Daniel O'Donnell ; The Melodians. Le duo très très british (un homme une femme) Miki and Griff pour l'illustre label Pye. Ce duo reprit également à son compte d'autres titres adaptés par l'Artiste Issu de l'Amérique profonde de la fin des années 50, ce titre n'est classé nulle part aux États-Unis. C'est en 1949 qu'une des première adaptation d'une chanson de Burl Ives a lieu en France et cela est effectué par Les Compagnons de la chanson qui, sur un texte de l'un d'eux, Jo Frachon, et de Louis Amade enregistre pour Radioly/Columbia, *Les Cavaliers du ciel* issu de *Riders In The Skye*. Joe Dassin en 1965 chez CBS retient l'enregistrement de Burl Ives en 1958 dans *Kilgary Mountain* (*Whiskey In The Jar*) pour faire avec la complicité de Jean-Michel Rivat et Maurice Fanon *Mâche ta chique*. Sylvie Vartan de son côté emprunte aussi à Bill Anderson, qui avait coécrit avec Jerry Crutchfield, *My Whole World Is Falling Down* chanté par Brenda Lee et qui devint en français *Si je chante* en 1964. Michèle Torr appréciera suffisamment ce style répertoire pour emprunter *Golden Guitar* qui devient chez elle *L'Homme à la guitare d'or* en 1967 chez Mercury.

1965

Les Choses de la maison

Claude François & Vline Buggy

9e 45 tours, Philips 434 024, mars. 3e 33 tours Philips 844 77 5, juin. Avec l'orchestre de Christian Chevallier, arrangements de Christian Chevallier.

Léo Petit et sa formation Les Guitares du diable enregistrent la chanson en 1965 chez Philips. La même année par Éric Richard pour MB Records en Belgique. En 2007, Alain Chamfort avec le bon goût de sobriété et d'élégance qu'on lui connaît grave une nouvelle version du titre à l'occasion de l'album hommage « Claude François, autrement dit… » chez Universal/Mercury.

1re entrée dans le hit-parade de SLC, n° 8 en février 1965, meilleur classement n° 2 en mars, avril et mai.

Adaptation de ***The Things In This House*** (Variété/country américaine).

Bobby Darin

Version originale enregistrée par **Bobby Darin**, chez Capital en 1964.

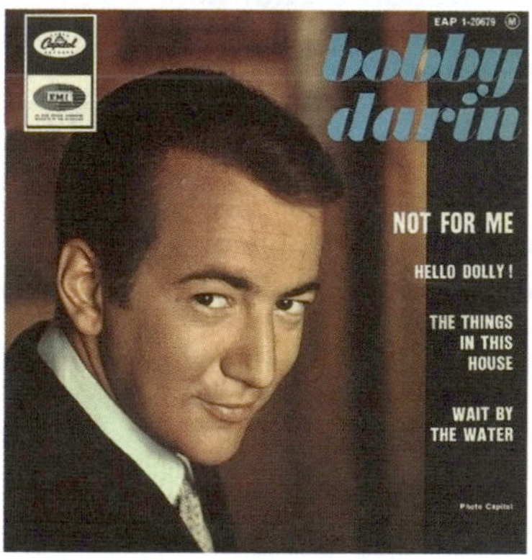

Darin, alias Robert Waldon Cassato, s'est fait connaître notamment par des hits comme *Dream Lover*, *Mack The Knife*, *Nature Boy* et *Things* que s'appropria d'ailleurs Hank Snow. Sur un texte très évocateur de l'ambiance intérieure que procure une douloureuse séparation et très descriptive des choses de l'habitat, témoins de la vie d'un couple, Claude François, avec ce titre, est passé à l'époque pour quelqu'un qui a, comment dire, « le goût des choses ». On appréciera le déroulement du texte, ce qu'il signifie profondément sur la destruction d'un foyer, d'un couple, d'une vie. On retrouve la même thématique chez l'Artiste dans *Mon cœur est une maison vide*, *Même si demain*, *Fais comme si*, *Plus rien qu'une adresse en commun*, *Soudain il ne reste qu'une chanson*.

Vline Buggy et Claude François donnent à la narration deux plans d'existence : celle d'un personnage au fond du désespoir avec le mobilier d'une maison qui se dérobe et l'autre, où ce dernier se raccroche pour ne pas sombrer en faisant un transfert sur un animal domestique choyé, le chat, qui ne mange plus. L'argument, l'imploration de la dernière chance, s'il pouvait faire mouche... Très classique mais bien vu et surtout bien amené dans la mélodie et l'impeccable diction du chanteur :

Beaucoup de choses ont changé tu sais ici /
Le chat ne mange plus depuis que tu es partie
Au mur les photos semblent se cacher /
Partout chez moi je me sens comme un étranger
Les choses de cette maison te regrettent autant que moi /
Elles ne veulent pas croire que tu m'aies quitté

Quand une femme quitte un foyer, tout fiche le camp. C'est donc le cas ici comme se le sera en 1969 avec *Mon cœur est une maison vide*. De l'abandon du domicile conjugal on trouve aussi bien en équivalent dans nombres d'œuvres littéraires et chez des chanteurs « à textes ». Pour l'époque, « chez les yéyés » (histoire de rappeler sans acrimonie les hostilités de Jean Yanne (*J'aime pas l'rock*) et de Serge Gainsbourg (*Chez les yéyés*) c'est offrir du caviar avec champagne Veuve Cliquot à la génération yéyé.

Avant que le parolier du rock des sixties Georges Aber ouvre la boîte de Pandore en adaptant Bobby Darin en 1959, c'est Damia qui en 1931 reprend une chanson, popularisée plus tard par Darin, en gravant *La complainte de Mackie* d'après *Mack The Knife*, même si ce classique écrit et composé par Bertolt Bretch et Kurt Weill a été enregistré en Allemagne (*Die Moritat Von Mackie Messer*) et aux États-Unis dès 1954-1956 notamment par Louis Armstrong, et ce, bien avant Bobby Darin. Damia sera d'ailleurs suivie dès les années 50 par les reprises de Catherine Sauvage, Boris Vian, Florelle, le « premier pionnier du rock » en 1956 soit deux avant Richard Anthony, Mac-Kac (savoir Jean-Baptiste Reilles) en 1960 chez Fontana ; puis Hugues Aufray, Le Surineur, Vince Taylor, Sammy Frank. Pour revenir donc à Georges Aber, il enregistre pour Véga, et comme on n'est jamais aussi bien servi que par soi même, sur son propre texte, *J'ai rêvé* d'après *Dream Lover* de Bobby Darin qu'enregistreront dans la foulée Richard Anthony puis Dalida et le trio Les Stéréos ; la chanson sera revisitée en 1975 par Michel Chevalier sur le label du parolier Georges Aber, Aber Disc' distribué par Discodisc. La chanteuse Sarah Saint Clave, pour Ducretet Thomson en 1960 aura également adapté cette chanson. Le même Richard Anthony adapte en 1960 *Clémentine* (*Clémentine*) puis en 1961 grave *Dis-Lui que je l'aime* d'après *Somebody To Love* que Nicole Paquin reprend à son compte la même année chez Polydor. En 1963 Richard Anthony fait son miel de *If A Man answer* pour *Un homme a répondu*. De leur côté, les individus qui composaient Les Quatre de Paris avec notamment Roger Lucchesi, et qui devinrent Karting Brothers, enregistrèrent sous ce nom en 1961 le titre de Bobby Darin élégamment appelé *Splish Splash*. En 1961 Dany Fischer chez Polydor s'attaque à *I Aint't Sharin' Sharon* pour graver *Pas de chewing-gum pour les croulants* ; la chanteuse Arielle est également séduite par le répertoire de Bobby Darin en adaptant chez Barclay en 1962 son standard *Lazy River* dont il résulte *Hop dans La rivière*. La formation Les Aristocrates s'approprie en 1962 pour Vega *Oo-Ee Train* en gravant *Hou ! Hou ! Oui*. Eddy Mitchell n'est pas en reste avec sa reprise de *Not For Me* qui devient sur son propre texte *J'ai tout perdu* ; Johnny Hallyday de son côté inscrit Bobby Darin à son répertoire avec son excellent « Aberien » de Georges (Aber, donc) en gravant *Dis-Lui que j'en rêve* d'après *Jailer, Bring Me Water* ; Lucky Blondo chez Fontana en 1962 adapte *Things* qui devint *Filles* et *Multiplication* en anglais comme en français, également au répertoire de Gary L'Ange Noir et ses Démons la même année chez Barclay ; Lucky Blondo encore avec *Isabelle*, reprise déclenchée par la cover de Bobby Darin en 1961 de *You Must Have Been A Beautiful Girl* mais dont l'original est de Dick Powell en 1938 ; le titre de Darin est repris en 1967 au Canada par Les Gendarmes sous le titre de *Tu devais être une jolie fille* sur un texte de Gilles Brown pour le label québécois Citation. Chez Barclay, en 1964, Les Vicomtes s'emparent de *Comin' Down* sur les paroles de Ralph Bernet avec *Oui, c'est de toi* ; chez Polydor la même année 64 la chanteuse Jocelyne avec *Non plus comme avant* adapte de Bobby Darin, sur des paroles de Pierre Saka, *Sorrow Tomorrow* créé par le duo de *songwriters* Doc Pomus et Mort Shuman. En 1968 pour le compte de chez Mercury, L'ex Djinns, Elsa (Nicole Darde) s'aventure chez Bobby Darin et s'approprie *The Girl That Stood Behind Me* qui devient *Sur cette affiche*. Patrick Samson & ses Phéniciens enregistrent en 1964 chez Philips *Cette fois c'en est trop* transcrit par Jacques Chaumelle de *Be Made A Little Girl*. Michèle Torr en 1964 chez Mercury adapte *If You Love Him* sous les plumes conjuguées d'André Salvet et de Claude Carrère avec *Va donc le lui dire*.

Sois fier

Claude François & Vline Buggy

10e 45 tours, Philips 437 097, juin. 4e 33 tours, Philips 77 7 44, décembre. Avec l'orchestre de Christian Chevallier, arrangements de Christian Chevallier.

1re entrée dans le hit-parade de SLC, n° 45 en juin 1965, n° 20 en août et septembre.

Adaptation de ***Walk Tall*** (Country irlandaise)

Don Wayne

Version originale enregistrée par **Val Doonican** en septembre 1964 pour Decca ; classée n° 3 en octobre en Angleterre.

La voix grave de ce folksinger irlandais à la Johnny Cash fait merveille. Il fait aussi un malheur dans sa reprise de *Tender Years* de George Jones, titre adapté par Johnny Hallyday en un mythique *Tes tendres années*. D'autres artistes country ont mis

Walk Tall à leur répertoire ainsi de Faron Young en 1964 ; la même année par John Francis and The Relax Orchestra sur EP Gala International. En 1998 The Popes et enfin la formation Stiff Little Fingers ; le duo irlandais Poster And Allen pour le label DMG TV en 2004 dans leur album « Sing The Sixties ». La version de l'Artiste raconte une chronique d'adolescent qui apparemment a mal tourné. On retrouve quelques ingrédients qui ont un peu alimenté les thèmes et les registres de *17 ans*, *C'est moi… c'est moi*, *Dans une larme*, *J'ai joué et puis j'ai perdu*. Un père exhorte son fils à être fier et droit dans la vie alors que, dans le même temps, le fils reconnaît avoir été tout le contraire : sortir tôt et fréquenter déjà les filles, puis fumer et boire jusqu'à finir en prison. C'est aussi un thème très « hallydéen » et à la James Dean. Les idoles, à ce niveau, vont dans des histoires qui les rendent intouchables. En 1966 chez Pathé/Emi Richard Anthony appréciera le classique de Bob Lind via Val Doonican, *Elusive Butterfly* qui devient *Ce papillon qui vole*.

1966

Je tiens un tigre par la queue

Claude François & Vline Buggy

13e 45 tours 437 1966, avril. 5e 33 tours Philips 844 777, décembre. 6e 33 tours Philips 70 386, janvier 1967 où le titre *J'travaille à l'usine* devient *Winchester Cathedral*. C'est avec ce 45 tours que Claude François changera d'orchestre et d'arrangeur. Il fait appel à un arrangeur/compositeur d'outre-Manche, il s'agira de Les Reed avec ses musiciens.

1re entrée dans le hit-parade de SLC, n° 35 en mai 1966.

Enregistré au Québec par la chanteuse Jeannine Perreault sous le titre *Un tigre par la queue.*

Adaptation de ***I've Got A Tiger By The Tail*** (Country américaine).

Harlan Howard / Buck Owens

Version originale enregistrée par **Buck Owens and His Buckaroos**, chez Capitol en mars 1965 sur l'album produit par Ken Nelson « l've Got ATiger By The Tail ».

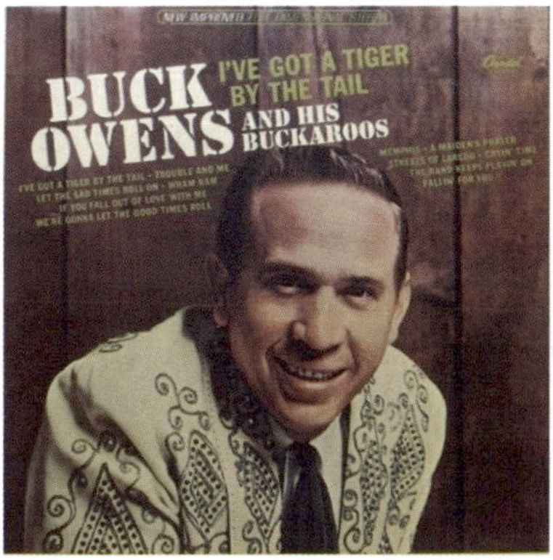

Cependant, la proximité anglaise et à l'écoute des arrangements, on comprend que ce soit la version de l'Anglais **Dave Berry** la même année chez Decca qui a suscité l'adaptation.

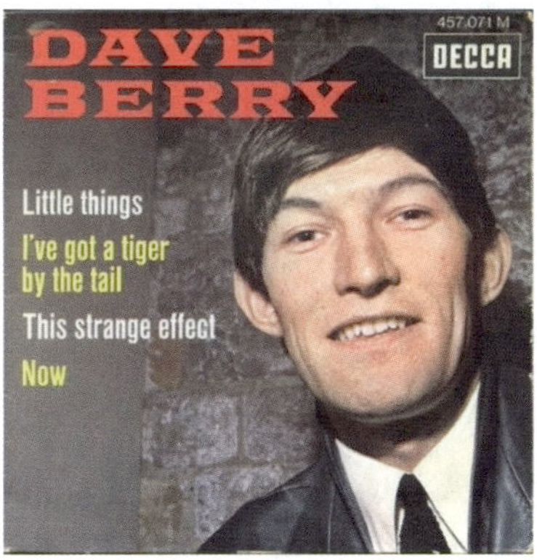

De Dave Berry, c'est Joe Dassin qui enregistre *Petite Mama* en 1966 chez CBS d'après *Mama*.

Puis par Waylon Jennings sur son album « Waylon Jennings Sings 01' Harlan » en 1967. Wanda Jackson, Jody Miller, Arthur Smith, Sweet Linda Divine.

Buck Owens, figure marquante de la country, est décédé le 25 mars 2006, à 76 ans, dans son sommeil, d'une crise cardiaque, juste après une prestation dans une boîte. Fatigué, il voulait renoncer à sa prestation, mais comme des gens étaient venus de loin pour le voir, consciencieux, il a donné ses dernières forces. Owens est le mythe des mythes de la country tout comme Johnny Cash, Kenny Rogers, Hank Williams et Waylong Jennings. Avec ses Buckaroos, il fait partie du paysage de l'Amérique profonde des années 50, 60 et 70. Ce natif de l'Oklahoma a connu les plus grandes scènes américaines et les plus grandes distinctions. En adaptant Buck Owens, voir aussi *Le temps des pleurs*, Claude François permit alors au grand public de découvrir cet artiste (comme ce fut le cas pour beaucoup d'autres artistes étrangers).

Dans la série elle ne tient pas en place, est infernale mais je ne peux m'en passer c'est plutôt réussi. L'expression « tenir un tigre par la queue » qui existait déjà avant la sortie du disque, deviendra encore plus familière dans notre langage. Réminiscence de ce thème en 1974 avec l'original français de Claude François *Une fille suffit.*

Chanson rapide, harmonies loin d'être simplettes, un classique très difficile à bien interpréter, pas à la portée de n'importe qui. Humour, subtilité et ironie sont au rendez-vous.

Pour les reprises françaises concernant Buck Owens, on trouve Sheila en 1966 chez Philips avec *La course au soleil* d'après *We're Gonna Let The Good Times Roll* ; en 1980 au Canada Cassonade de Stephens Faulkner revisite chez Buck Owens and His Buckaroos *Close Up The Honky Tonks* sur Kébec Disc avec *Fermez les Honky Tonks* ; ce que fera sa compatriote Véronique Labbé en 1981.

Le temps des pleurs

Claude François & Vline Buggy

14e 45 tours, Philips 437 249, juin. 5e 33 tours, Philips 844 777, décembre. 6e 33 tours, Philips 70 386, janvier 1967 où *Winchester Cathedral* remplace *J'travaille à l'usine.*

Arrangements et direction d'orchestre Christian Chevallier. C'est avec ce 45 tours que Claude François changera d'orchestre et d'arrangeur. Il fait appel à un arrangeur/compositeur d'outre-Manche, il s'agira de Les Reed avec ses musiciens. Dans le même temps, au Canada, plusieurs artistes intègrent ce standard à leur répertoire. En 1967 on peut entendre Ginette Reno sur le label québécois Apex dans *Il ne faut pas pleurer* sur des paroles de Gilles Brown ; l'artiste country du Québec Willie Lamothe (1920-1992), enregistre cette même version en 1969 pour le label London ; sur ces mêmes paroles la chanteuse canadienne Miche en 1973 pour les disques Rouet ; en 2007 par Mélanie Renaud chez MP3 Disc. En 1981, pour son album « Caravane », Hugues Aufray écrit lui-même le texte d'une nouvelle version sous le titre de *La chanson des adieux* ; coïncidence c'est Slim Pezin, guitariste « attitré » et souvent « dirigeant » de séance en studio et parfois des prestations sur scène de Claude François, qui assure les séances de l'album.

1re entrée dans le hit-parade de SLC, n° 14 en juin 1966, meilleur classement n° 2 en juillet, août et septembre.

Version espagnole, *Tiempo De Llorar*

Adaptation de ***Crying Time*** (Country américaine).

Buck Owens

Version originale enregistrée par **Buck Owens And This Buckaroos** pour le compte de Capitol en décembre 1964 sur l'album produit par Ken Nelson « I've Got A Tiger By The Tail ».

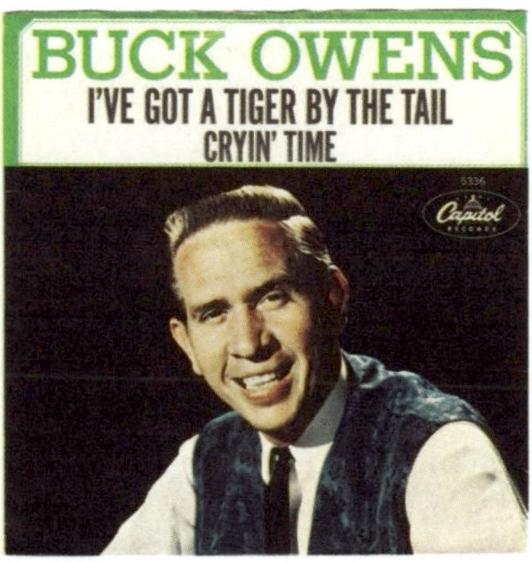

Ray Charles en novembre 1965 chez HMV popularise le titre et le classe aux États-Unis n° 6 pour NBC Paramount/ Vega ; autre enregistrement de Ray Charles avec l'orchestre de Count Basie.

Pour ce classique de Buck Owens, pas moins de 80 reprises ont été enregistrées dans le monde anglo-saxon. On citera principalement Margie Singleton également en 1965 pour United Artists ; Jody Miller en mars 1966 et la même année par King Curtis, Nancy Sinatra en mai, Roy Drusky, Curly Chalker, Johnny Man Singers sur l'album « Daydream » chez Liberty et Brenda Lee en novembre ; Jack Greene en 1967 ; Ernest Tubb & His Texas Troubadors en 1968 ; intéressante prestation en septembre 1969 par Jerry Lee Lewis & Linda Gail Lewis, Dinah Shore la même année ainsi que, pour ce genre d'opus pour « crooner post original country », « l'inévitable » Dean Martin, puis Ace Cannon ; en 1970 Buck Owens revisite son titre en duo avec Susan Ray en avril et Hank Snow le met en boîte la même année en août. En 1972 sur son album « Live At The White House » chez Capitol, à nouveau Buck Owens, comme l'indique le titre générique dudit album, interprète la chanson en public à La Maison Blanche, et la même année par le duo anglais Micki and Griff chez Pye Records ; Peter and Lee en 1973 ainsi que Faron Young ; l'année 1974 accueille plusieurs sessions du standard comme celles de The New Seekers en mars, Barbra Streisand en octobre, l'Anglais Sydney Devine pour Country International sur l'album… « Crying Time » ; Commander Cody and His Lost Planet Airmen, Barbra Streisand sur l'album « Butterfly » chez CBS ; en décembre 1975 par Roy Orbison (le créateur de *Pretty Woman* adapté par Sylvie Vartan sous le titre énigmatique de *L'Homme en noir*) ; Vall Doonican en 1977 ; Carroll Baker en 1978 ; Billy Joe Spears en 1981, le duo The Kendalls la même année ; Skeeter Davis en 1982 ; Eddy Arnold en 1984 chez BNJ Records sur « Songs That touch my Heart » ; Eddie « Blues Man » Kirkland chez Pulsar en 1988 ; Connie Francis en 1989 ; Julio Iglesias en 1990 ; Lorrie Morgan en 1993 ; The Starliters en 1995 ; Wanda Jackson en duo avec Elvis Costello sur l'album « Heart Trouble » en 2003 ; John Scofield en juin 2005 ; Martina McBride en 2006 ; Raul Malo en 2007 tout comme Dwight Yoakam ; Arlen Roth en 2008 ; Lucky Petersen en 2009 et le 20 octobre de cette même année, *Crying Time* est à la fête dans une session spéciale qui réunit Willy Nelson, le trompettiste Wynton Marsalis et Norah Jones ; Hasse Andersson en 2010 ; UB40 en 2013. Une des dernières covers a été enregistrée en 2014 par Jill Johnson. Outre la France, les pays européens ne sont pas en reste et *Crying Time* convainc beaucoup de monde : en Italie avec Leo Sardo en 1964 et Lucio Dalla en 1966 dans *Questa Sera Come Sempre* ; en 1967 par le Croata Mišo Kovač avec *Vrijeme Plakanja* ; en Suède sous le titre de *Att skiljas är att dö lite grann* par le groupe Streaplers en 1970, Jigs en 1973, puis par la formation de Mats Bergmans en 2006 ; Le Finlandais Aika kyynelten dans *Hullujussi* en 1976. Le Hollandais André Hazes avec *Jammer* en 1989. Victor Wood aux Philippines.

Entre plainte et complainte, le texte français de Vline Buggy, sur une voix un peu traînante dans le refrain mais très efficace et convaincante dans les couplets, est dans la norme et la note de l'époque ; mais la complainte de l'Artiste en plein autodiégétisme d'inquiétude d'abandon atteint des sommets. Pour l'anecdote historique, on notera que s'il n'y avait pas eu quasi simultanément le *Love me Please Love me* de Michel Polnareff, *Le temps des pleurs* aurait été le n° 1 de l'été 66 ; en effet, c'est la première fois dans la petite histoire des idoles 60' que Claude François est devancé au niveau de la première place dans le hit-parade par quelqu'un d'autre que Johnny Hallyday, Richard Anthony, Frank Alamo, Adamo, Sylvie Vartan, Françoise Hardy, Sheila, France Gall, Eddy Mitchell et Dick Rivers. Déjà, les temps changent…

1968

Les petites souris

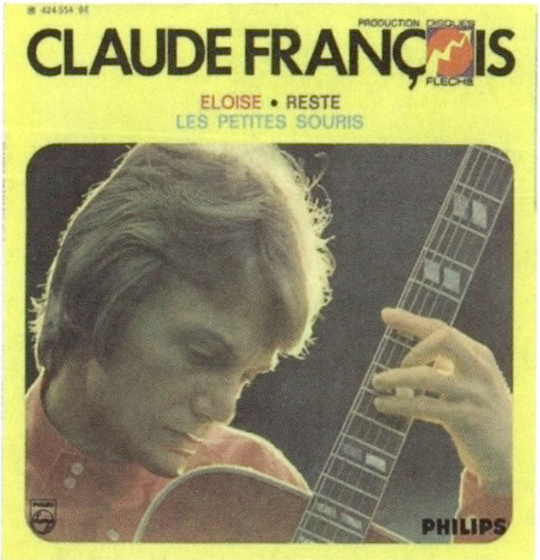

Pierre Delanoë

23e 45 tours (trois titres), Philips/Flèche 424 454, décembre. 8e 33 tours, Philips/Flèche 844 801, décembre. Arrangements de Reg Guest avec son orchestre. Sur ce 45 tours première arrivée signalée aux chœurs de la formation féminine « Les Fléchettes ». En 1969, Sacha Distel enregistre la chanson sur des nouvelles paroles de Pierre Delanoë avec *Si ce n'est pas de l'amour* chez Pathé Marconi/Emi, Distel réenregistrera le titre en anglais en 1970 pour Warner Bros.

Adaptation de ***Little Green Apples*** (Country américaine).

Bobby Russell

Version originale enregistrée en janvier 1968 par **Roger Miller** sur l'album « A Tender Look At Love » pour Smash Records.

Bobby Russell sur « World, Music, Laughter And Tears » chez Elf Records enregistre le titre la même année. Après Miller et Russell, *Little Green Apples* suscite l'intérêt de nombreux interprètes anglo-saxons dont Max Bygraves en 1968 chez Pye sur « I'm Moving On ».

La puissance d'évocation du texte, la mélodie subtile font que des interprètes éloignés du genre comme The Four Tops, Joe Tex ou O.C. Smith, enregistrent l'œuvre en passe de devenir un classique de la country légère, affinée, zen-presque-écolo ; *Little Green Apples* est à la country de Nashville ce que les films de Woody Allen sont à Hollywood…

Dans le registre des petits détails de la vie quotidienne qui l'air de rien comptent énormément, voir *Chaque jour c'est la même chose*, *Du pain et du beurre*, *Les Petites Choses*, *Et je cours, je cours*, *Pour un peu de bonheur*, *Statues sans cœur*, pour ne se limiter qu'à ces six titres.

L'introduction à la flûte, discrète, traînante sur des noires et des croches bien calmes, annonce un titre hors du commun, peut-être le plus insolite du répertoire de Claude François. De toute beauté, la mélodie sur un tempo lent de Russel et le talent de Delanoë qui ici a bien compris la pertinence du texte américain, donnent une chanson qui aurait dû être plus que connue : faire un tabac ! Il n'en fut rien et, comme chacun sait, qu'un yéyé/paillette fasse de la qualité est impossible. *Les Petites souris*, c'est l'invraisemblance calquée sur une réalité idéale, ravissante. Tout est beau, la femme qui vous aime est aux petits soins alors si tout ça n'est pas de l'amour… ! et le refrain de partir dans des comparaisons, des images qui jouent sur les époques et leurs anachronismes, les contraires et les contrastes :

Dieu n'a pas créé les petites souris / Et l'enfant que j'étais ne croyait pas au père Noël
Paris est au bord de la mer / Et l'on peut voir de nuit l'Angleterre de la Tour Eiffel
(…) Dieu n'a pas créé les petites souris /
Et ce matin j'ai rencontré le Roi Soleil aux Tuileries
Dans les journaux de ce matin on nous dit on affirme que tout va bien /
Dans tous les pays…

À écouter avec un peu d'attention pour (re) découvrir des jeux de phrases dans lesquelles Pierre Delanoë excelle et laisse entrevoir un nouvel aspect de son imagination et surtout un aspect méconnu des moyens d'interprète et d'énonciation de Claude François.

Dès 1968, les reprises déferlent sur le marché avec Patti Page chez Columbia dès le mois de février et Bobby Goldsbro en mars pour United Artists, Bill Anderson en mai chez Decca ; pour Columbia O.C. Smith en mai et Patti Page en juin. Puis Tennessee Ernie Ford, Vic Damone, Val Doonican chez Pye. 1969 par Burl Ives chez CBS, Floyd Cramer chez RCA, Bing Crosby ; Joe Simon ; Ray Bryant ; Jim Nabors ; John Davidson ; Eddy Arnold ; The Temptations ; Jerry Yale ; Ed Ames ; Ginette Reno ; Tony Mottola ; Andy Williams ; Roy Drusky ; Ray Conniff And The Singer, l'Anglais par Tom Jones sur « Tom Jones chez Parrot » ; Norro Wilson sur l'album « Dedicated : To Only You » chez Mercury pour le label Smash Records. *Little Green Apples* commence les seventies avec Pete Jolly ; Bill Medley ; Gene Bertoncini ; B. J. Thomas ; Faron Young sur « Wine Me Yup » chez Mercury ; Dean Martin ; Nancy Wilson chez Capitol ; Ray Price ; Billy May ; Kathy Kirby ; Leapy Lee ; Glen Campbell. Frank Sinatra sur le label Reprise pour son album « Cycles ». Sonny Stitt ; Johnny Mathis ; Mongo Santamaria qui classe la chanson en huitième position en novembre ; Ola & Janglers ; Dionne Warwick ; le duo occasionnel formé par Bobby Gentry & Glen Campbell (c'est bien sûr avec le superbe *Ode To Billie Joe* que Bobby Gentry inspira Joe Dassin et son équipe pour une excellente adaptation de son œuvre en un impressionnant, tant par le texte que par la voix, *Le Pont de la Garonne*) ; Stanley Turrentine. En 1971 c'est au tour de Mantovani et son orchestre de s'illustrer ; le 14 février de la même année O.C. Smith interprète la chanson avec Barbara McNair dans le « Barbara McNair Show », et dès 1972 c'est au tour de Euson, Sadi's New Big Show Band ; l'année 1973 accueille The Escort. Par Felicia Wong en 1974 chez Regal à Hong Kong. Dennis Brown en 1982 pour son label Yvonne's Special issu du label DEB Music (Dennis & Castro Brown) ; Billy Ecksirne en 2004. Les dernières en dates sont de Smilepile en février 2021 et de Darren Cogan & Meredith Adams en décembre.

D'autres interprètes français ont été voir du côté du répertoire de Roger Miller pour alimenter le leur, engrangeant d'honorables reprises qui eurent du succès ; ainsi de Hugues Aufray en 1964 chez Barclay avec *Pends-moi*, transcrit par lui-même et Vline Buggy, en provenance de *Dang Me*, puis en 1965 *Dou Wakadou* de *Do-Wacka-Do* et *On est les rois* issu de *King Of The Road*. Michel Mallory, un des principaux paroliers et compositeurs de Johnny Hallyday grave en 1965 chez Barclay sous le même titre que Miller mais en français *Chug A Lug* sur un texte de Jacques Bulostin (alias Monty), puis également *Moi, je le sais et vous le savez* transcrit par George Aber d'après *If You Want To Me* et chez Riviera, filiale de Barclay, *Engine, Engine 9 (Train qui revient)*. Toujours en 1965 avec Annie Philippe qui pour Riviera effectue une incursion chez Roger Miller en s'offrant avec *Trois petits tambours* la reprise de *Private John Q.* ; Dick Rivers en 1966 chez Pathé avec *C'est là qu'on est le mieux* emprunté à *England Swings* qu'enregistrera en anglais Petula Clark. Marcel Amont en 1966 chez Polydor adapte *Kansas City Star* qui devient, transcrit par Michel Pecarrere, *Le roi du Kansas*. Richard Anthony en 1967 est séduit par *Walkin'In The Sunshine* et enregistre *Les mains dans les poches* et au Canada en 1968 cette chanson de Miller est reprise avec titre et texte différents par Les Bel-Airs avec *Marchant dans la plaine* sur le label québécois Citation, tout comme la chanteuse québécoise Miche chez Disques Rouet en 1973. Toujours 1968 avec Graeme Allwright qui enregistre *Petit garçon* chez Mercury sur « Le Jour de Clarté » qu'il transcrit lui-même d'après *Old Toy Trains*. Nana Mouskouri le suit en 1971 chez Fontana, Charlélie Couture & Elsa enregistrent à leur tour la chanson en 2000 pour Mercury Records, ce que fera Henri Dès en 2001 sur son album « C'est le Père Noël » sur son label Productions Mary-Josée ; Thierry Gali en 2002 pour le CD « Thierry Gali chante Noël » chez Sony, Florent Marchet en 2011 chez Novida, puis Garou & Ryan en 2014 sur l'album « It's Magic ! » pour Mercury Records. En 1971 Martine Deno adapte Miller avec *Mon ami Bobby* transcrit de *Me And Bobby McGee* par Jean-Pierre Brouillé ; deux autres adaptations l'année suivante en 1972 avec chez CBS Les Compagnons de la Chanson sur un texte de Robert Mehdi enregistrent *Bobby McGee* ; Eddy Mitchell en fait autant avec le même titre français mais avec Boris Bergman aux paroles. Johnny Hallyday n'est pas en reste et en 1974 sur un texte de Michel Mallory il enregistre *L'histoire de Bobby McGee* ; au Canada en 2007 Julie et les Frères Duguay reprennent ce qui est devenu un standard sous le titre simple de *Bobby McGee.* En 1974 c'est au tour de Marie Laforêt chez Polydor qui reprend de Roger Miller *Not In Nottingham* qui devient *Notti-Nottingham* que lui transcrit Eddy Marnay.

1969

Le temps que j'arrive à Marseille

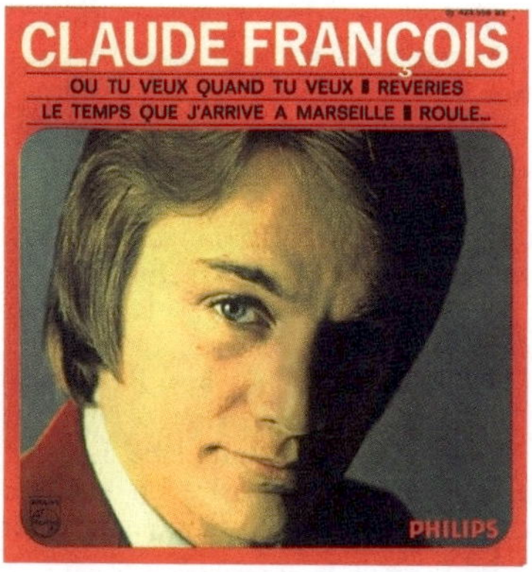

Claude François

25e 45 tours, Philips/Flèche 424 556, avril. 9e 33 tours, Philips/Flèche 844 802, juillet. Pas d'arrangeur et de direction d'orchestre précisés.

En 1968, au Canada, le trio féminin québécois Les Sirocco enregistre aussi la chanson sous le titre de *Parce que je t'aime* sur des paroles de Stéphane Venne chez Barclay/Canada.

Adaptation de ***By The Time I Get To Phoenix*** (Country américaine).

Jimmy Webb

Version originale enregistrée par **Johnny Rivers** en novembre 1966 chez Impérial.

Johnny Rivers de son vrai nom John Henri Ramistella est né en 1942 à New York. Il reprend du rock classique comme du blues en revisitant des artistes comme Chuck Berry, Lloyd Price,

John Lee Hooker, Rufus Thomas. Puis par **Glen Campbell** en octobre 1967 chez Capitol.

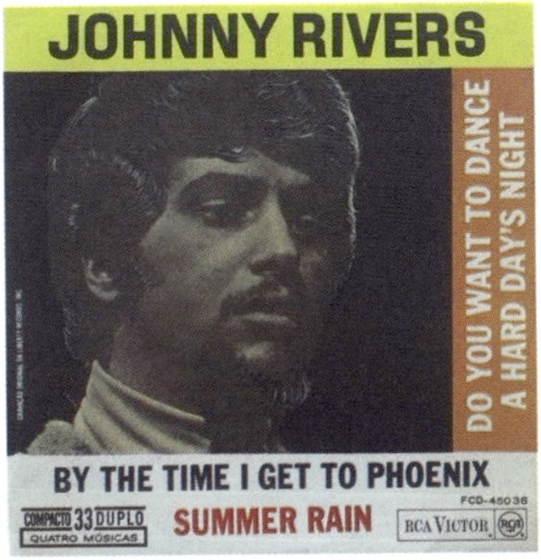

Dommage qu'il n'y ait plus de train comme avant. Ce titre, en français donc, relate une petite histoire toute simple dans sa chronologie. C'est celle d'un homme qui, un matin, part de chez lui en laissant au lit sa compagne. Il prend le train pour aller à Marseille, mais on comprend vite qu'il ne compte pas revenir. Alors, le texte marque les étapes. La rupture, le départ est exposé le temps d'un Paris-Marseille ; du lever du matin au coucher du soir, le texte invite l'auditeur à comprendre, à « voir » une jeune femme qui, progressivement, heure par heure, se demande bien ce que peut fiche l'homme de sa vie. Sur un tempo aux consonnances jazzy/rock grâce à une guitare mise en avant et bien dans ce registre musical, la tension augmente jusqu'à la fin où elle réalisera enfin ce qui lui arrive. Superbe. Aujourd'hui, impossible avec le TGV d'écrire cette histoire dans sa chronologie où l'on est happé par les événements qui se déroulent l'un après l'autre, avec comme balise la prise de conscience d'une femme qui est en train d'être quittée.

Ensuite, les reprises sont légion, plus de deux cents. Parmi les principales on peut compter Larry Carlton la même année tout comme Ray Conniff And The Singers ; Jack Jones chez RCA sur l'album « If Y ou Ever Leave Me ». Frankie Valli ; The Four Tops, Jack Greene, Roger Miller, Frank Sinatra pour son album « Cycles » en 1968 sur le label Reprises Records. 1968 encore avec Johnny Darrell chez United Artists pour son album « With Pen Hand ». En 1968 The Hesitations pour Kapp Records reprennent la chanson sur l'album « Solid Gold » tout comme The Union Gap 'Featuring Gary Puckett la même année chez Columbia ; 1969 enchaîne les versions de Dorothy Ashby, Nancy Wilson chez Capitol ; de José Féliciano et de Isaac Hayes. L'année 1970 accueille les reprises de John Rowles chez MCA sur l'album, Wanda Jackson pour Capitol, The Ventures et de Mongo Santamaria, Gladys Knights & The Pips sur leur album « All In A Knight's Work » ; Nick Cave

And The Bad Seeds apportent leur contribution en 1986 ; The Mad Lads en 1989 chez Volt. Le géniteur de l'œuvre, Jimmy Webb, attendra 1996 pour graver ses mots et sa mélodie ; l'année 2002 voit Heather Myles revisiter l'oeuvre ; puis encore : Tennessee Ernie Ford, Vic Damone, Oscar Peterson, Vera Lynn, Harry Belafonte, Trio Louis Van Dyke, The Peddlers, Vicky Carr, Pat Boone, William Bell, Roger Whittaker, Ray Priee, Marty Robbins, Joe Tex, Engelbert Humperdinck, The Dells, The Escorts, Tony Evans & His Orchestra, la canadienne Anne Murray, The Nashville West, Georgie Fame, n'étaient pas en reste. De Johnny Rivers, il y eut peu d'adaptations en français, mais on notera néanmoins celle du duo Les Faux-Frères chez Barclay qui en 1965 enregistre *Pourquoi suis-je là* (*dans tes bras*), sur un texte de Gaston Schaefer, en provenance de *What Am I Doin' Here With You* créé par les songwriters P.F. Sloan (Philip Gary « Flip » Sloan ; le diminutif-sobriquet « Flip » venant de la période ou Sloan faisait partie du groupe de surf The Fantastic Baggys) et Steve Barri qui ont écrit et composé *Eve Of Destruction* (voir *Ce monde absurde* pour l'Artiste en 1965 et *Les petites choses* en 1966).

L'auteur-compositeur et interprète Jimmy Webb fut au moins adapté par deux autres artistes français pour son titre fétiche, l'insolite et grandiose *Mac Arthur Park* immortalisé par l'acteur et chanteur Richard Harris (que reprit Donna Summer). En France c'est Richard Anthony qui l'offrit à son public en une œuvre de plus de sept minutes avec force orchestre symphonique, sous le titre de *Séverine* avec des paroles de Guy Bontempelli. Nicoletta l'enregistra également, de manière plus modeste, sous le titre *Le Luxembourg* transcrit par Pierre Delanoë. D'autres artistes empruntèrent à Jim Webb, ainsi d'Herbert Léonard chez Mercury en 1969 dans *Où est la fête Suzie* (*Where's The Playground Suzie* pour Glen Campbell) ; Nancy Holloway qui s'aventura chez ce compositeur en enregistrant *Je l'imagine*. Gilles Morvan avec un titre qui illustra du Walt Disney avec *Pour l'éternité*. Eddy Mitchell en 1975 chez Barclay enregistre sur des paroles de Boris Bergman *Seul est l'indompté* d'après *Wichita Lineman* pour Glen Campbell.

1970

L'Histoire irlandaise

Colette Rivat & Claude François

12e 33 tours, Philips/Flèche 6450 500, « Le Monde extraordinaire de Claude François », décembre. N'existe pas sur un 45 tours original.

Adaptation de ***An Irish Song*** (Air traditionnel irlandais).

Edward McCurdy

Version originale enregistrée par **The Chad Mitchell Trio**, sur leur album de 1962 chez Mercury « Singing' Our Minds ».

Cet ensemble qui a fait partie du « World Folk Music » Association est composé de Chad Mitchell, Mike Kobluk, Mike Pugh, Joe Frazier, John Denver, Starland Vocal Band, qui nourrissait un grand intérêt pour cette formation, les rejoindra un temps en 1965. Chad Mitchell Trio aux très nombreux disques a eu une dure concurrence avec Peter, Paul and Mary et le Kingston Trio. Puis par Sweet Bunch Of Daisies en 1991 chez Colonial Press.

Une musique aux évidentes influences du folk irlandais (il y a du « Mc » dans les crédits) et de toute première fraîcheur. Le chanteur raconte sa rencontre avec une belle irlandaise ; le tout est ponctué par un gimmick de voix en onomatopées qui revient en guise de refrain pour conclure que l'Irlande « a un sacré nombre de chansons ». Le rythme impulsé par le jeu des cordes peur faire penser, de loin, au quadrille des chansons de l'Ouest américain au XIXe siècle, ce qui accrédite bien l'idée qu'une grande partie des vieux airs de country vient d'Irlande, d'Écosse et du Pays de Galles.

Plusieurs artistes français ont été faire leurs emplettes chez Chad Mitchell Trio. Par exemple Joe Dassin ne se priva de rien pour faire un de ses premiers hits avec *Ça m'avance à quoi* (*You Were On My Mind*), de Ian & Sylvia popularisé par le chanteur anglais Crispian St. Peters ; et Hugues Aufray, avec *Quatre vents* (*Four Strong Wind*), inscrivit ce titre qui en fait une chanson du fond de son catalogue de folksinger français, et bien d'autres encore.

Si douce à mon souvenir

Claude François & Colette Rivat

31e 45 tours, Philips/Flèche 6254 025, décembre. 13e 33 tours, Philips/Flèche 6450 600, décembre. Sur ce 45 tours, première arrivée signalée dans les chœurs de la formation masculine « Les Doubles solutions ». Arrangements et direction d'orchestre de Christian Chevallier.

Également enregistré, en 1977, par Lucky Blondo pour son album « Lucky Blondo to Elvis from Nashville », sous le titre *Va savoir pourquoi* sur un texte d'Anouk Kopelman.

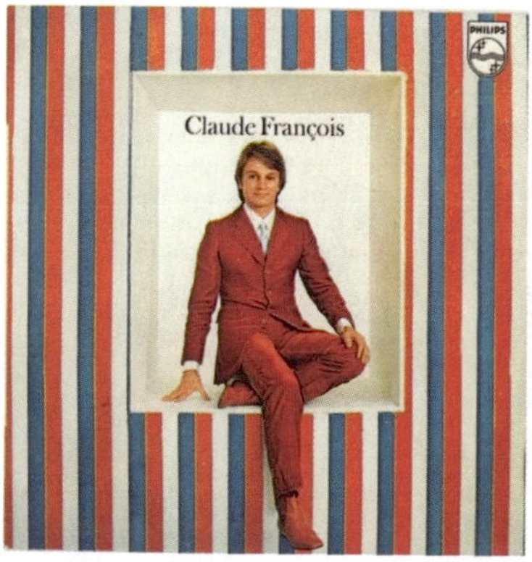

1re entrée dans le hit-parade de SLC, n° 22 en novembre et n° 11 en décembre 1970 et en janvier 1971, meilleur classement n° 1 janvier et février 1971, puis en février et mars. À signaler qu'au même moment, en février et mars, figure en n° 19 pour sa 1re entrée dans ce hit-parade la chanson écrite et composée par Claude François et chantée par Patrick Topaloff, *J'ai bien mangé, j'ai bien bu*, chanson sur disque de la maison de l'artiste, Flèche ; ce titre grimpera ensuite en avril à la 8e place et sera en mai n° 3.

Adaptation de ***Gentle On My Mind*** (Country américaine).

John Cowan Hartford

Version originale enregistrée par **John Hartford** en 1967 pour le compte de la firme RCA Victor sur son album « Earthwords & Music ».

C'est donc le songwriter (bluegrass, country, folk) John Cowan Hartford (1937-2001) qui est à l'origine de cette merveille que Claude françois magnifie en français tant pour le texte que pour les arrangements.

C'est cependant Glen Campbell pour le compte de Capitol en juillet 1967 qui fait connaître le titre. La même année Patti Page inscrit l'œuvre à son répertoire, tout comme Nancy Wilson sur son album « Easy » pour Capitol ; Waylon Jennings sur son album « Hangin' On » ; Nelson Riddle sur son album « Contemporary Sound Of Nelson Riddle » chez United Artists ».

Une foule d'autres artistes revisite ce standard country. On peut en écouter beaucoup et des plus grands. Parmi eux on citera principalement Frank Sinatra sur le label Reprise en 1968 pour son album « Cycles ». 1968 encore avec Johnny Darrell chez United Artists pour son album « With Pen Hand » ; Tammy Wynette ; Dean Martin ; Paul Anka ; Bill Anderson sur l'album « Wild Weekend » chez Decca ; Aretha Franklin en 1969 chez Atlantic ; la même année Sonny Stitt en fait autant pour son album « Come lther » chez Solid State Records, Burl Ives chez CBS ; Faron Young en 1970 chez Mercury sur l'album « Wine Me Up » ; Buck Owens en 1972 chez Capitol en public à La Maison-Blanche sur son album « Live At The White House ». Le saxophoniste Ace Cannon en 1975 sur « That Music City Feeling » chez London Records. Paul Anka au Caesar Place de Las Vegas en 2006 sur son album « Live At Caesar's Palace, Las Vegas ». Mais aussi, Andy Williams ; Bobbie Gentry And Glen Campbell ; Engelbert Humperdinck ; Hillsiders ; Devine Sydney ; Tompall Glaser And The Glaser Brothers ; Elvis Presley ; The New Seekers ; Hank Snow ; Jimmy Tarbuck ; Leonard Nimoy ; Roger Whittaker ; Johnny Mercer ; Susan McCann et tant d'autres…

En l'année 1969, la chanson a tout l'air d'avoir des retombées pas très, disons, brillantes. Le songwriter canadien anglophone Gerry Joly écrit une chanson qui fera le tour de tout le Canada, *Mile After Mile*. Le titre est enregistré en 1971 chez la Columbia par un vétéran de la country canadienne Orval Prophet (1922-1984) ; bientôt, Bobby Achey, un autre countryman anglophone enregistre l'œuvre ; enfin, c'est au tour de la star québecoise, donc francophone, de la country, Willie Lamothe, qui reprend la chanson en français sous le titre de *Mille après mille*, sur des paroles de Renée Martel et Patrick Norman qui l'enregistrent à leur tour. Du fait de son statut, tout le monde croit que c'est Lamothe qui enregistra l'original. Ensuite, bien d'autres artistes canadiens s'emparent du titre ainsi de Fred Pellerin, Paul Brunelle, Sacha Toorop, Laurence Jalbert, Ariane Moffatt et Karwa, Les Respectables, Roch Voisine, Stephen Faulkner et enfin Isabelle Boulay. Mais pourquoi parler ici de cette chanson ? Eh bien, à son écoute, on reconnaît presque note pour note ce *Gentle On My Mind* de John Harford que Claude François adapte donc en 1970. Le thème de la route et du refuge à trouver est dans le texte anglais de Gerry Joly comme dans le texte français de Renée Martel et de Patrick Norman. Or, quand on sait que John Harford écrivit le texte au moins début 1967, si ce n'est avant, car Gleen Campbell l'enregistra à partir de mai de la même année, on est en droit d'imaginer (outre les flagrantes similitudes du texte et de la musique) que Gerry Joly dont il est établi qu'il a « écrit et composé » son *Mile After Mile* en 1969, a été plus que fortement inspiré par la composition de John Hartford. Et d'ailleurs, outre la mélodie quasi similaire, il y a le fait que le thème chez Joly est coupé au milieu, histoire de « dissimuler » sans doute l'évidente inspiration – on ne retiendra ici que cette épithète – pour reprendre ensuite après un semblant de refrain dans la même note que chez Hartford. La mélodie et le rythme sont quasi identiques, et le thème récurrent de la route, de l'errance et de la quête du refuge est similaire à *Gentle On My Mind*.

Ce classique de la country est une merveille en anglais comme en français. Qui a dit que les reprises françaises n'étaient pas bonnes ? Que dès que c'est en français, ça ne va pas. Une suite d'accords en majeur et mineur de 7e, de 7e diminuée et de 6e ouvre l'opus. L'arrangement avec le piano qui fait le lead du titre est le marqueur du morceau tout comme lorsque les cuivres commencent à entrer en distortions harmonieuses. Quant au texte, c'est très américain dans le sens « kérouac-sur la route… » On y retrouve Claude François, nomade qui ne tient pas en place, en quête de « l'impossible étoile » et donc, de l'impossible femme, de l'impossible refuge absolu. Une maison à l'horizon, une femme – on est pas loin de *Dream Of The Everyday House Wife* de Chris Gantry et de sa reprise par l'Artiste en *Femme de France* et de l'original français *Le Vagabond* de fin 1976 – l'homme Claude François et le « narrateur/chantant », savoir lequel des deux apparaît le plus… croit savoir vers laquelle aller quand ça commence à mal tourner, quand le moral n'est pas là et que le coup de blues prend le dessus. C'est une maison ouverte, une terre d'accueil provisoire comme apparemment le cœur de la personne, un foyer pour se ressourcer avant de repartir parce que, encore une fois et comme toujours, ce ne sera jamais « l'idéalisée ».

1971

Je te demande pardon

Claude François & Vline Buggy

32e 45 tours Flèche, 6061 175, mai. 14e 33 tours, Flèche 6442 001, juin. Arrangements de Jean-Claude Petit avec son orchestre.

En 1972 au Canada, pour le label québécois Nobel, la chanteuse québécoise Anne Renée enregistre la chanson sous le titre de *Un jour l'amour viendra* sur des paroles de Gilles Brown.

En 2007, un certain Aldebert revisite le titre sur l'album hommage de chez Universal/Mercury « Claude François, autrement dit… ».

Adaptation de ***(I Never Promised You A) Rose Garden*** (Country américaine).

Joe South

Version originale enregistrée par **Billy Joe Royal** en novembre 1967 sur l'album « Featuring 'Hush' » pour la firme Columbia.

Puis en décembre 1970 par **Lynn Anderson** sur « Lynn Anderson *Rose Garden* » produit par Glenn Sutton et Clive Davis pour Columbia ; c'est la version la plus connue, jusqu'à passer pour beaucoup pour la version originale ; elle se classe dès le début 1971 n° 12 aux États-Unis en janvier, n° 3 en février puis, en Angleterre, n° 5 en mars et n° 3 en avril.

L'auteur-compositeur du titre, **Joe South**, enregistre sa version en novembre **1968** sur son album « Introspect » chez Capitol Records.

Suivent de nombreuses reprises ainsi de Brotherhood en 1969 et Dobby Gray la même année ; en juillet 1970 le trio féminin de Philadelphie, les chanteuses de **The Three Degrees**, en effectuant un *live* au Japon interprètent ***Chanson populaire*** en français et le titre se retrouve sur l'album « Live In Japan » pour CBS. The Three Degrees enregistrent *Chanson populaire* en 1975 sur l'album studio « International » chez Sony et classent la chanson de Claude François numéro 1 au Japon. Puis par l'Anglaise Sandie Shaw ; Buddy Merrill.

L'année 1971 sera la fête pour *Rose Garden* qui voit pas moins de vingt-sept artistes s'emparer d'elle : New World en janvier, Johnny Mathis en février tout comme Andy Williams ; en mars par Top of The Pops, avril avec Warner Mark, Loretta Lynn en mai, Glen Campbell en juin, Jim Narbors en juillet, Saori Minami en octobre ; suivent André Kostelanetz and His Orchestra ; Peter Horton, James Last, Alan Caddy Orchestra & Singers ; Freddy Weller, Homer Louis Randolph III, Kitty Wells, Agnes Chan, Renée Martel, Ray Conniff, Johnny Farhnam, Bob Rogers, Dalia Lavi, José Luis Sanesteban, Ronnis Aldrich and His Two Pianos, Percy Faith His Orchestra and Chorus, Tribes. En 1972 c'est pas mal non plus avec Carol Burnett, Ferrante & Teicher ; Teddy Brown chez Trojan Records ; Yvetta Simonová, Maria Dallas, Ben Colder. En 1976 par Dana. Johnny Nash offre sa prestation en 1977 tout comme Val Doonican ; en 1978 par Allison Durbin puis Carroll Baker ; en février 1981 avec la chanteuse country Billie Joe Spears ; Audrey Landers en 1986 ; K.D. Lang en mars 1987 et la même année le saxophonise Ace Cannon chez Sun Records ; Kanta & Catta en 1990 ; 1991 par Grant & Forsyth ; The Nashville Super Guitars en 1995. le XXIe siècle s'ouvre avec les reprises de Suicide Machines en février 2000 et de Scooter Lee ; Tamra Rosanes en 2002 ; Kate Campbell en septembre 2003 ; Wench en septembre 2004 et Socks ; 2005 avec trois versions : Hal Hirt & Ace Cannon sur l'album « Together » chez K-Tel,

Kelley Soltz sur l'album « The Joe South Tribute Records » chez Jackpine Social Club et Martina McBride en octobre ; Southern Culture and the Skids en, février 2007 ; Judith Peters en avril 2010 sous le titre de *Jij Bent Mijn Leven* ; Adele Harley en octobre 2014. La dernière reprise de *Rose Garden* est de Demi Lee Moore en novembre 2019.

De Billy Joe Royal en français, on écoutera en 1965 pour discAZ Christine Lebail dans *Ce n'est pas la peine*, adapté par Daniel Faure, d'après *Down In The Boondocks* écrit et composé par Joe South. Avec Jocelyne, chantal Kelly et Chantal Goya, Christine Lebail est en ces mid-sixties une des quatre brunes qui essaient de se faire une place face aux blondes Sylvie Vartan, France Gall et Michèle Torr mais aussi face à Sheila et Françoise Hardy. Enfin, c'est le Canadien Tony Roman qui fera de *Down In The Boondocks, Ce n'est pas mon monde* chez Canusa Records au Québec.

L'introduction avec une section de cuivres dominée par un excellent jeu de trombone croche pointée/double croche très saccadée, la montée harmonique de la lead guitare en solo après les premiers vers à chaque fin de phrase à l'intérieur du couplet, structurent formidablement le morceau. Une bonne cuvée pour cette adaptation de la country seventies américaine ici bien traitée avec un pont où la section de cuivres bien polie relance la chanson. Le texte s'adresse à une fille jamais contente et exigeante. À cette jeune personne, on aurait pu promettre des tas de choses mirifiques y compris l'or, les diamants ou l'argent mais à quoi bon raconter des histoires. Dans l'esprit du *pauvre guitariste* de Michel Polnareff, Claude François ici ne revendique que son amour pour la bien-aimée, et de dire à la belle qu'elle ferait bien et mieux de penser à l'essentiel car, un jour, elle pourrait bien regretter, à force de caprices, de se retrouver toute seule sans personne pour l'épauler en cas de besoin. Ce thème sur les exigences irréalistes d'une jeune femme, sur les contrastes du désir et les contradictions, est récurrent chez l'idole.

...Je pourrais bien sûr me taire et te laisser choisir /
Où même te supplier à genoux pour te faire réfléchir

Mais il y a une chose que je dois te dire

Tu devrais toujours regarder avant de sauter /
Car tu n'auras pas toujours quelqu'un près de toi

Pour te rattraper / Et tu sais de quoi je veux parler...

On retrouve cette thématique du pardon à double tranchant/ avertissement dans le très bon inédit de 1966, *Ne demande pas l'impossible*, puis *Hey ! ho ! c'est impossible*, *Te fatigue pas*, *Rien rien rien*, *Toi tu voudrais*, *Fleur sauvage*. C'est entre autre Sylvie Vartan qui sera séduite par le répertoire de Lynn Anderson en gravant *Déraisonnable* en 1979 d'après *Wrap You Love Around Your Man*. En dehors de *Rose Garden*, Billy Joe Royal a inspiré en français dès 1965 pour disc'AZ Christine Lebail dans *Ce n'est pas la peine* d'après *Down In The Boondocks* écrit et composé par Joe South.

Les Femmes de France

Claude François & Vline Buggy

14e 33 tours, Flèche, 6442 001 juin. N'existe pas en 45 tours original. Pas d'arrangeur et de direction d'orchestre précisés.

Adaptation de ***Dreams Of The Everyday Housewife*** (Country américaine).

Chris Gantry

Version originale enregistrée par **Chris Gantry**, en novembre 1968 sur son album « Mort Mounth », pour le label Magic Carpet chez ABC. Chris Gantry, alias Christopher Cedzich, né à New York en 1942 commence sa carrière en enregistrant pour Paramount Records. Si le titre repris ici par l'idole s'est vendu à plus de deux millions d'exemplaires, outre-Atlantique, son auteur écrivit plus de mille chansons.

La même année est enregistrée une des premières reprises de la chanson par Gary Punckett And The Union Gap chez Columbia ; en 1969 c'est Glen Campbell sur son album « Wichita Lineman » pour Capitol qui popularise réellement le titre jusqu'à passer parfois pour le créateur de la version originale. Nat Stucky avait aussi gravé le titre, deux mois auparavant.

Une musique de rêve pour un texte difficile et dur pour la gent féminine. Étonnant que l'auteur français soit une femme.

C'est en tout cas un constat de lucidité sans concession. Un mari se livre à une sorte de bilan intimiste à l'endroit de sa femme. La force de l'habitude, les gestes de tous les jours dans un même cadre de vie, manifestement ne sont pas loin de se glisser sournoisement juste en dessous de la surface des choses. En cherchant un peu, on ne serait pas loin d'un petit côté de la chanson de Charles Aznavour *Tu te laisses aller* simplement, avec l'Artiste c'est plus dans la dentelle. Le sens américain évoque le « Rêve américain », la vie idéale de la femme au foyer, mais elle y travaille beaucoup, se fatigue, se fane. C'est le sens du texte français pour cette dernière image, mais ce texte va plus avant en parlant de souvenirs, de photos jaunies, des robes qu'elle portait plus jeune, des nuits entières quand elle dansait. On est plus dans le « tout va bien » ou le « elle m'a quitté » mais dans un regard cru et sans détour sur une certaine condition féminine, celle de la femme au foyer qui se remémore les bonnes années de sa jeunesse.

Glen Campbell ayant vraiment popularisé la chanson outre-Atlantique – et comme il est à peu près sûr que la reprise de Claude François est due à l'écoute de celle-ci – d'autres artistes ont adapté Campbell ainsi de Vic Laurens (ex Vautours) dans *Je ne rêve qu'à çà* (*Dreamer*) ; Eddy Mitchell avec *Seul et indompté* (*Wichita Lineman*) ; en 1973 Michel Chevalier apprécie fortement la composition que John D. Loudermilk (voir *Langage d'amour*) a effectuée pour Glen Campbell en 1968 avec *I Wanna Live* pour enregistrer *Je veux t'aimer* chez Aber Disc', label du parolier Georges Aber qui bien sûr signe le texte de cette adaptation.

Et je cours, je cours

Yves Dessca

15e 33 tours, Flèche 6442 003, novembre. N'existe pas en 45 tours original. Arrangements et orchestre Hervé Roy.

Adaptation de ***When You Are Hot, You're Hot*** (Country américaine).

Jerry Hubbard

Version originale enregistrée par **Jerry Reed**, pour RCA en mai 1971 ; classé aux États-Unis n° 12 en juin.

Pour le thème, on peut aller voir *Chaque jour c'est la même chose* pour son premier couplet et, dans la démarche amusante des petits détails piquants de la vie, *Du pain et du beurre*, puis, dans un esprit un peu plus sérieux et émotif, *Les Petites Souris.*

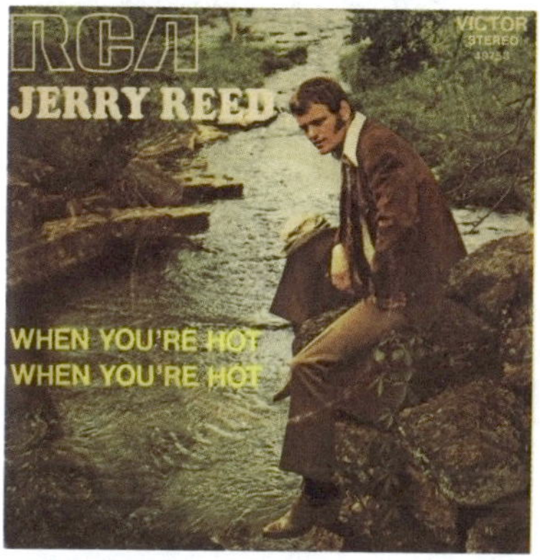

Rythme nerveux, tendu comme le texte qui explique comment le midi on n'a pas le temps de déjeuner, qu'une fois qu'on a commandé un plat au bar parce qu'il n'y a pas de place dans la salle, on a à peine le temps d'appeler, avec toutes les difficultés que ça implique lorsqu'il est débordé, un garçon pour payer et comment le soir, en rentrant, on se fait incendier parce qu'on est en retard et qu'on avait promis d'être à l'heure pour les invités. Ouf, ça va très vite, la vie de l'interprète est vraiment comme la chanson, agitée.

1973

J'ai encore ma maison

Eddy Marnay

19e 33 tours, Flèche 6325 675, décembre. N'existe pas en 45 tours original. Arrangements et direction d'orchestre de Jean-Claude Petit.

En 1972 chez Polydor Marie Laforêt enregistre *Mon pays est ici* sur des paroles de Françoise They, alias… Marie Laforêt. Suivra en 1976, Dick Rivers, également chez Polydor *Faire un pont*, sur des paroles de Serge Koolen.

Adaptation de ***Take Me Home, Country Road*** (Country américaine).

Bill Denoff & Taffi Niver / John Denver

Version originale enregistrée par **John Denver**, pour la maison RCA en mai 1971 et classée aux États-Unis n° 3 en août.

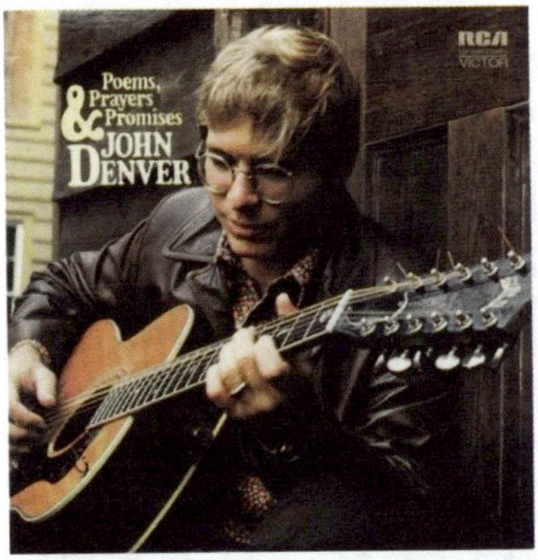

Nombres d'artistes anglo-saxons mais aussi dans beaucoup de pays européens du nord comme de l'est et du sud reprennent ce classique de John Denver ; à ce jour on compte presque 325 versions. Parmi lesquelles Loretta Lynn en septembre 1971, Lynn Anderson en octobre, Dickey Lee en décembre sur « Never Ending song of love » pour RCA Victor suivi de Eddy Arnold. The Statler Brothers en 1972 et la même année par Olivia Newton John chez Pye International ; Skeeter Davis en janvier 1972, Tennessee Ernie Ford en février ; Susan MeCano ; Billy Joe Spears ; en 1989 par le chanteur néerlandais Wim Ravell chez Ariola ; Toots & The Maytals chez Trojan dans une version reggae où la première phrase du texte « Almost Heaven West Virginia » est remplacée par « Almost heaven west Jamaica » ; Ray Charles revisite le standard en 2002 pour son album « Ray Charles Sings For America » ; Roch Voisine en fait un peu autant dans le côté marketing et s'offre en 2009 la chanson pour son album « America 2 », chez Sony BMG, label Jive Epie. Il existe même une version par un club de supporters de football anglais de Manchester United qui transforma le titre en un United Road (*Take Me Home*). Et tant d'autres... La dernière version en date est de Charlotte Ave en avril 2021.

John Denver aura inspiré plusieurs reprises en français et non des moindres. En 1970, sur un texte que lui transcrit le même Eddy Marnay qui a donc écrit les paroles de *J'ai encore ma maison*, Gilles Marchal enregistre pour Disc'AZ/Discodis *Je m'en vais dans un avion* emprunté à *Leaving On A Jet Plane*. À bien y regarder, les deux artistes, Claude François et Dick Rivers, sont bien plus proches qu'on a bien voulu nous le laisser à penser... En dehors de la présente chanson, ils en ont effet quatre reprises en commun, (voir *Comment fais-tu ?, Tu as tes problèmes moi j'ai les miens, La plus belle fille du monde* et *Moi je suis Français*. L'un et l'autre sont totalement authentiques dans leur genre. Leurs voix respectives sont uniques. On ne sera donc guère étonné de retrouver à nouveau Dick Rivers dans des reprises de John Denver ainsi chez Mouche Records en 1975 avec *Demain je lui téléphone* d'après

Thanks God, I am Country Boy (voir *Moi je suis Français* par Claude François) sur son album « Mississippi River's » enregistré au Studio In The Country-Bogalusa en Louisiane et aux Studios Quadrafonic Sound à Nashville Tennessee ; en 1977 pour le même label on peut écouter *Ton sourire* d'après *I'm Sorry* et *Ne bois pas trop pour Noël* emprunté à *Please Daddy Don't Get Drunk This Christmas.* Michel Chevalier en 1974 sur le label du parolier Georges Aber, Aber Disc', adapte *Annie's Song* qui devient *Mon coeur est en fièvre.* Nana Mouskouri aussi revisite beaucoup le répertoire de John Denver avec en 1975 chez Philips *Suis ta route* d'après *Sweet Surrender* adapté par Claude Lemesle, de même qu'elle transforme la même année *Friends With You*, co-écrit/composé par Bill William Danoff et Taffy Nivert, en *Le temps est ton ami* ; en 1977 elle emprunte *Like A Sad Song* qui avec Michel Jourdan devient *Heureusement que l'on ne s'aimait pas* ; en 1981 Pierre Delanoë et Claude Lemesle lui transcrivent *Daydreams* qu'ils baptisent *Il n'y a pas que l'amour.* À l'instar du « troisième rocker » français (qui mérite parfois bien plus que cette troisième place du podium…) c'est aussi le pionnier Richard Anthony qui tire son épingle du jeu ; et en 1977 sur 30 cm intitulé « Non-stop » (titre de sa reprise de Fleetwood Mac, *Don't Stop)*, effectue l'adaptation du *Today* de Andy Spark et des New Christy Minstrels, via John Denver et qui devient *J'irai* sur des paroles de Pierre Delanoë.

Le thème musical n'est pas trahi par les orchestrations édictées par la maison Flèche. Le texte est intelligent, sobre. Quant à la version de Dick Rivers, plus avec des arrangements à l'américaine – ce qui est, on en conviendra normal – les paroles fonctionnent également très bien avec une bonne appréciation géographique, de la vision de l'endroit d'un coin de campagne, quelque part en Amérique. Avec *Si douce à mon souvenir*, on rejoint le Claude François nomade, sans filet qui, au gré des événements et de ses états intérieurs va vers une telle ou une telle pour trouver un refuge même si ici l'interprète dit « *j'ai encore ma maison, mes parents, mes amis, mon étoile près de la mer…* » qui dans son esprit est plus une « idée » un « idéel » plutôt qu'une réalité physique. Après un échec, une défaite qui le renvoie à des racines dont il rêve mais qu'il n'a plus, le personnage/chanteur retourne vers son foyer « primal ». C'est ce que racontent *Si douce à mon souvenir* et *Le vagabond* titres où les textes, leurs intentions mettent en relief la quête incessante vers un horizon qui recule, une vie qui échappe au personnage, une quête d'absolu pour ne pas mourir. La femme idéale, la stabilité au foyer est chez l'Artiste, remplacé par la scène le théâtre permanent de sa vie, la vraie.

1974

La plus belle fille du monde

Eddy Marnay

21e 33 tours, Flèche 6325 678, juillet. N'existe pas en 45 tours original. Arrangements et direction d'orchestre de Raymond Donnez.

Également enregistré la même année chez Polydor par Dick Rivers sous le titre *Si elle te disait oui*, sur un texte de Serge Koolenn.

Adaptation de ***Hey Mister*** (Country américaine)

Norro Wilson / Rita Welty

Version originale chantée par **Norro Wilson** en août 1968 chez Mercury pour le label Smash. À l'origine de la « version originale » connue… » ayant pour titre **de *The Most Beautiful Girl In The World***, il y avait donc ce ***Hey Mister*** de Norro Wilson qui devient dans les crédits de la version connue Norris Wilson.

La version « originale » connue qui est donc un remaniement du titre original a donc été écrite et re-composée par Norris Wilson, Billy Sherryl et Rory Bourke. C'est **Joe Stemplay** qui l'enregistre en février 1973 chez Dot Records ; la prestation de Stemplay se trouve aussi sur l'album « Soul Song » chez Epie Records. La version qui a fait la renommée de la chanson et qui a semble-t-il suscité les reprises de Claude François et de Dick Rivers est celle de Charlie Rich en 1973 chez Epic.

Hey Mister deviendra donc ***The Most Beautiful Girl ln The World*** réécrit et recomposé Norris Wilson, Billy Sherryl et Rory Bourke.

La version de **Charlie Rich** est enregistrée en octobre 1973 chez Epie ; classé n° 20 aux États-Unis en novembre, n° 2 en décembre ; en Angleterre pour CBS n° 5 en mars 1974.

Puis par Tony Christie, Roy Clark, Perry Como, Johnny Mathis. Frank Sinatra sur son album « Strangers ln The Night » en 1966 chez Reprise. Engelbert Humperdinck enregistre le titre en 1973 sur son album « King Of Hearts » pour Decca ; Joe Stampley en 1973 sur l'album « Soul Song » chez Epie Records ; Andy Williams pour Columbia Records en 1974 ; Roger Whittaker ; John Rowles.

Rocky Volcano sera l'un des premiers français à puiser dans le répertoire de Charlie Rich avec, en 1961 pour Philips, *Tout ce que je fais* d'après *Everything I Do I Wrong*. En 1966 la toute récente ex-Gam's Annie Markan se laisse tenter sur un texte de Long Chris par *Mohair Sam* en gravant chez Mercury *Fière allure et cheveux longs*. Marie Laforêt adapte aussi Charlie Riche et grave en 1976 chez Gérard Tournier/Sonopresse *L'Amour au feu de bois* sur un texte de Pierre-André Doucet d'après *You And I*. En 1978, Dick Rivers, pour Sonopresse sur son label « Mouche », revient vers Charlie Rich et lui emprunte *Rollin' With The Flow* qui devient *Je continue mon Rock n'roll slow*. En 1995, l'ex Chat Sauvage Mike Shannon reprend en anglais *The Most Beautiful World In The World* sur le label de Jacky Chalard (ex-Dynasty Chrisis, ex-Magnum) Bigbeat Records.

Elle a laissé, la plus belle, son empreinte sur l'oreiller du « narrateur… ». Celui-ci, comme Claude François, ne s'en remet pas. De la country cool du recul sur une séparation. Proche du texte américain quand même plus « littéraire » et imaginatif.

Tu es tout pour moi

Eddy Marnay

21e 33 tours, 6325 678, juillet. N'existe pas en 45 tours original. Arrangements et direction d'orchestre de Raymond Donnez.

Adaptation de ***You Are Everything*** (Soul/Tamla Motown USA).

Thom Bell / Linda Creed

Version originale enregistrée par **The Stylistics** en 1971 pour Avco Records. Ce groupe de soul natif de Philadelphie, formé en 1968, se compose de James Dunn, Russel Thompkins, Herbie Murrell, James Smith, Airrion Love, Raymond Johnson puis, après le décès de ce dernier en 1986, d'Harold Brown et de Van Fields.

Diana Ross And Marvin Gaye enchaînent pour la Tamla Motown de Detroit et se classent n° 5 en avril 1974 en Angleterre.

Puis par Joe Simon sur son album « Drowning In The Sea Of Love » en 1972 chez Spring Records ; le duo anglais féminin Pearls dont la reprise arrivera n° 41 en Angleterre en 1973. Roberta Flack And Donny Hathaway. Maxime Nightingale ; Tokyo's Coolest Combo ; Regina Bell ; John Stevens ; Marcia Hines ; Letoya Luckett utilise le morceau pour un sample. Jennifer Lopez en fait aussi un sample ; David Sandborn inscrit la chanson à son répertoire sur son album « Love Song » en 1980. Vanessa L. Williams en fait autant sur son album de reprises intitulé « Everasting Love »; Nayobe en 1990 ; Rod Stewart en 1991 sur son album « Vagabond Heart ». Hank Marvin. 1995 deux reprises avec Nayobe pour VTG Records sur « Promise Me » et Regina Bell chez Columbia sur « Reachin' Back ». En 1997 c'est M. J. Blige qui revisite, comme cela se devait, ce classique de son univers musical sur son album « Share My World ». Michael McDonald sera aussi de la partie comme Debrah Cox avec un sample en 1997. Lil' Cease sur l'album « The Wonderful World Of Cease A Leo » en 1999 ; en 2001 c'est au tour de Timothy B. Schmit sur son album « Feed The Fire » ; Hall & Oates en 2004 sur leur album « Our Kind Of Soul ». En 2005, sur leur album « Human Nature Motown I » pour Sony/BMG Entertainment, The Human Nature, groupe australien qui œuvra beaucoup aux États-Unis enregistre sa propre version. Craig David sample l'œuvre sur son album « Trust Me ». Un sample est effectué en 2008 par Usher dans la chanson *Love In This Club*, avec Beyoncé et Lil Wayne pour l'album « Here I Stand ». Une des dernières reprises a lieu en 2010 ; elle est effectuée par Childish Gambino avec un sample dans la chanson *Put It In My Video* sur l'album « Cul De Sac ».

Introduction soft et plus que classieuse, orchestration et arrangements très au point, précis comme une mécanique infernale, somptueux. La version française vaut l'original qui a l'avantage de produire des voix placées, pleines de souffle et d'énergie (sans trop en faire, sans trop « faire voir qu'ils savent chanter », comme aujourd'hui quand ils sortent de leur cours de chant avec leurs insupportables « O » fermés et les finales en « eil » fermées/écartelées et finalement vulgaires). La voix de Claude François arrive très à l'aise dans les coulées de cordes et de cuivres très soul, mâtinées, il est vrai, d'un peu d'arrangements « variétoches » (mais enfin, la musique s'en sort et lui avec). L'histoire, est toujours la même (mais c'est rudement bien) : elle est partie, il a mal, il la voit partout, d'autres filles lui ressemblent. Il se remémore, comme dans un rêve éveillé, leurs meilleurs moments. C'est Nancy Holloway qui s'aventura comme l'Artiste du côté des Stylistics dans *Moi sans vous* ; tout comme le Québécois Johnny Farago du groupe Les Mercédès, alias Jean-Yves Béland, en gravant *C'est toi mon grand amour* en provenance de *You Make Me Feel Brand You*.

1975

Six Jours sur la route

Yves Dessca

22e 33 tours, Flèche 6325 681, juin. N'existe pas en 45 tours original. Arrangements et direction d'orchestre Jean-Claude Petit.

Adaptation de ***Six Days On The Road*** (Country américaine).

Earl Green / Carl Montgomery

Version originale enregistrée par **Paul Davis** en septembre 1961 chez Rice Records.

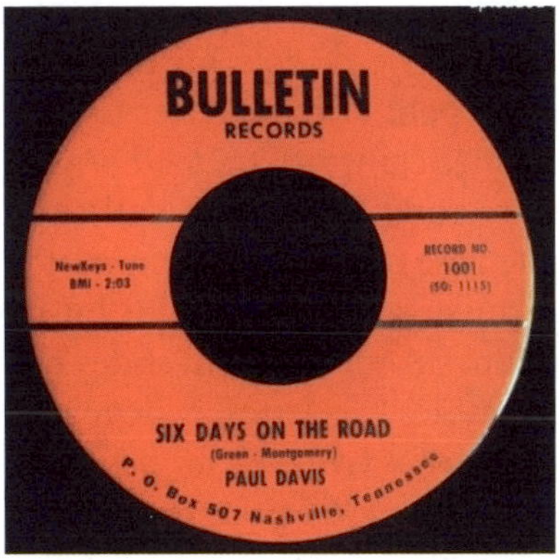

C'est cependant à la cover de **Dave Dudley** en avril 1963 chez Golden Wing Records que l'on se réfère car tout le monde pense que c'est sa version qui est l'original ; de fait l'originale « réelle » de Paul Lavon Davis est passée complètement inaperçue.

Ce classique de la country « routière » est repris par les plus grands noms du genre ainsi Hank Snow en 1965 sur son album chez RCA Victor « Hank Snow Sings Your Favorits Country Hits » ; en 1966 par George Jones sur son album « Love Bug » pour Musicor. Tah Mahal en 1969 ; Johnny Cash en 1970 chez Columbia pour l'album « Johnny Cash Show » ; la même année par Buck Owens chez Capitol. The Younbloods lors d'un concert à San Francisco en 1971 ; Johnny Rivers (voir *Le temps que j'arrive à Marseille*) en 1974 chez Atlantic sur « Road » Et bien d'autres encore parmi lesquel Country Joe McDonald ; Jimmy Martin ; Charley Pride ; Boxcar Willie ; Del Reeves ; Red Sovine ; Ferlin Husky ; Freddy

Fender ; Gram Parsons And Emmylou Harris ; Red Simpson ; Jimmy Martin And The Sunny Mountain Boys ; Terry Nash ; Rifles Celibate ; Kenny Seratt ; George Thorogood And The Destroyers ; Jim Croce ; New Riders Of The Purple Sage And Tom Petty's Band Mudcrutch ; Burrito Flying Brothers ; Jim And Jesse. Steve Earle en 1987. Sawyer Brow en 1997. Le guitariste de blues Popa Chubby sur l'album « Vicious Country » en 2008.

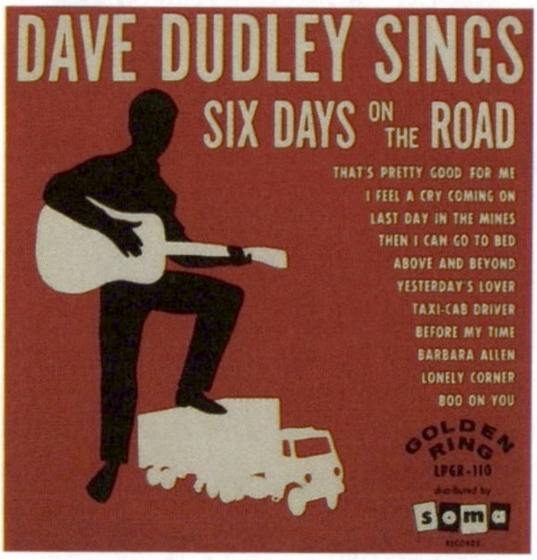

Avec des titres comme *De ville en ville*, *La vie d'un homme*, *La solitude c'est après*, *Le spectacle est terminé*, on demeure dans une thématique de la vie d'idole mise en chanson. En aucun cas cette version ne peut faire regretter une seule fois les nombreuses reprises américaines et même l'original. Tout est bien produit, envoyé, chanté, écrit. Très réaliste sur sa vie après la scène où le chanteur se confie en faisant part de ses pensées sur son travail mais aussi sa vie privée, qui lui passent par la tête alors qu'il est encore sur scène : trouver des nouvelles chansons, un nouveau pas pour les Clodettes, et de revoir encore cette fille assise au premier rang « *j'en étais un peu amoureux à la fin de mon tour de chant* ». En 1965 pour le compte de Barclay, celui qui sera un des principaux paroliers de Johnny Hallyday et qui écrira pour Claude François *Un peu d'amour beaucoup de haine* et *Merci merci beaucoup*, les deux chansons sur des musiques d'Alice Dona, adaptait déjà Dave Dudley en gravant *Cow Boy Boots* d'après *Cowboy Boots*.

Un petit peu d'amour

Eddy Marnay

22e 33 tours, Flèche 6325 681, juin. N'existe pas en 45 tours original. Arrangements et direction d'orchestre de Raymond Donnez.

Adaptation de ***No Love At All*** (Folk/country américaine).

Wayne Carson Thompson / Johnny Christopher

Version originale enregistrée par **Wayne Carson** en février 1970 sur un 45 tours simple chez Monument Records ; la chanson ressort en 1972 sur son album « Life Lines » toujours pour Monument Records.

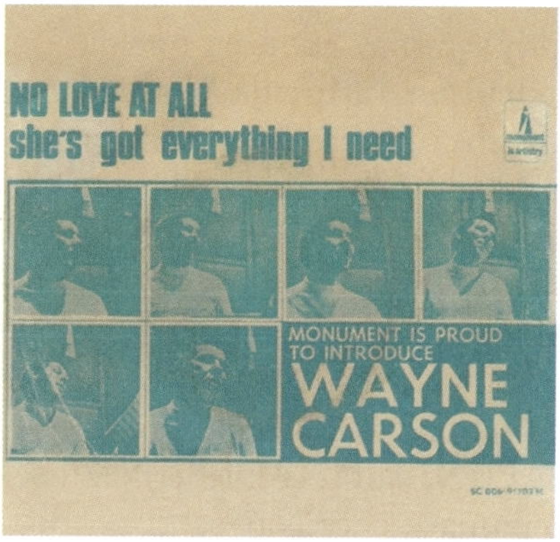

Les principales reprises anglo-saxonnes auront toutes lieu en 1970. C'est le crooner australien John Rowles chez MCA Records (voir *Chut ! plus un mot*) qui fait sienne la première cover en août. B. J. Thomas, autre crooner mais américain, (qui enregistra *Raindrops Keep Falling On My Head* qu'on peut entendre dans le film *Macadam Cow Boy* et qui donna en français *Toute la pluie tombe sur moi* par Sacha Distel) grave le titre en novembre. Enfin, Lynn Anderson (voir *Je te demande pardon)* met en boîte le morceau sur son album « No Love At All » chez Columbia. Une reprise est gravée en Allemagne en 1971 par Katja Ebstein sous le titre de *Das Kleine Glück Einer Kleinen Liebe* sur l'album « Freunde » chez United Artists. Puis par Willie Nelson and Waylon Jennings en duo pour l'album « Old Friends » chez Pickwik Music/Allmark Records/ ; John Rowles chez MCA Records seul puis aussi avec Neil Diamond en Medley. Le cosignataire Wayne Carson Thompson est le compositeur du hit énorme de 1967 du groupe The Box Tops, *The Letter*, qu'Herbert Léonard adapta en *Une lettre* tout comme le Québécois Patrick Zabé en 1970 pour Budget-Music.

Dans l'esprit de *On est qui, on est quoi*, et sur le thème de *Car… tout le monde a besoin d'amour*, il faut se contenter de ce que l'on a et, en amour, même s'il est pauvre, difficile ou cruel, c'est toujours mieux que de ne rien vivre. Cordes et cuivres très à l'américaine et bien tassés dans le mixage, confèrent une richesse sonore et bien grasse dans laquelle on peut se rouler de tout son soûl ; cette reprise est d'ailleurs sur ce point bien meilleure que la version originale. Le morceau, sur le plan technique à effet d'efficacité garanti, frise le « mur du son » cher à Phil Spector, pas sur celui des harmoniques cependant.

17 ans

Frank Thomas

24e 33 tours, Flèche 6325 684, décembre. 52e 45 tours, Flèche 6061 867, février 1976. Arrangements et direction d'orchestre Jean-Claude Petit. 30e 33 tours, Flèche/Carrère 67 235/6, « Souvenir 78. laude François en public », avril 1978.

En 1977 Eddy Marnay écrit, en quelque sorte, une version féminine de la chanson à Mireille Mathieu avec *À Dix-sept ans* qu'elle enregistre chez Philips sur « Sentimentalement vôtre » ; en 1989, sur le label québécois Les Disques Start Records, la Canadienne Marie-Denise Pelletier enregistre la même version de ce titre ; et en 2003 pour le label Pomme Music, Shirel, la fille de Jane Manson, en fait autant et enregistre la chanson avec des paroles différentes de Didier Barbelivien. On retrouve le titre, avec les paroles initiales de Frank Thomas, interprété par David Linx, Erik Truffaz et Diederik Wissels en 2003, dans le CD « Cloclomania », chez Naïve.

Sur l'album hommage paru en 2007 chez Universal/Mercury « Claude François, autrement dit… », le chanteur Adanowski donne sa version du titre.

Adaptation de ***At Seventeen*** (Country/folk américaine).

Janis Ian

Version originale enregistrée par **Janis lan,** pour Columbia en juillet 1974 sur « Between The Lines ».

Puis par The Anita Kerr Singers (voir *Une petite larme m'a trahi*) en 1975 sur l'album « The Anita Kerr Singers » chez RCA. Avec ce titre, Janis lan arrivera à la 3e place en septembre dans les charts américains.

Le climat de l'original se retrouve beaucoup dans cette adaptation où Claude François évoque de manière grave et sans concession les blessures de son enfance en Égypte. Une sorte d'ouverture de la malle en osier de la famille au fond du grenier qui permet au chanteur, au bout de 14 ans de carrière, de se raconter un peu à son public, de lui confier les affres et les peines de son adolescence. Les humiliations et les défaites de l'enfance sont contées, sussurées avec pudeur mais sans détours. On est aux premières loges à l'écoute des grands et petits événements qui, pour ne tenir compte que de ceux édictés dans ce titre, ont forgé l'idole. Claude François évoque le collège français, la course à pied dans l'équipe de relais, dit comment on peut être considéré en fonction d'un statut et/ou d'une appartenance sociale. Les défaites auprès des filles sont relatées quasiment dans le même temps où il est fait allusion à cette position sociale et, finalement par interaction, à l'argent, notamment ici celui des parents, qui arrangent bien les choses. La chanson est une critique en règle des « fils à papa » qui ne font rien, récupèrent toutes les filles et sont méprisants, alors que le chanteur raconte clairement qu'il a dû se faire tour seul pour devenir ce qu'il est et que ce qu'il a eu, possédé, gagné, aimé, il ne le doit qu'à lui seul, qu'à sa seule force de travail, qu'à sa seule volonté.

Le titre a fonctionné chez les disquaires. L'original chez CBS, s'il date de 1974, a vu une reprise en français par Janis lan elle-même sur un texte d'Eddy Marnay. Par sa créatrice, la chanson est dans le même registre. Les maux de l'âme sont dévoilés avec pudeur mais on sent, derrière la chanteuse, un être qui souffre, que ce soit dû à des humiliations, même mineures, où à des violences sociales et/ou mentales plus conséquentes qu'elle aurait pu subir ; une description de celles qui ont trahi leurs 17 ans préférant un mariage argenté au mariage sentimental. La puissance d'évocation et de drame du texte vont comme un gant à la sensibilité exacerbée de Janis lan avec sa voix à fleur de peau. La richesse du texte, l'imagination de l'auteur pour trouver les mots qui font mouche, appuyer là où çà fait mal, révèlent le réel, laissent songeur. En 1977 Marie Laforêt se laisse séduire pour une chanson de Janis Ian, *Star*, qu'elle enregistre chez Gérard Tournier/Sonopresse, sous le titre de *Star Story* sur un texte d'Eddy Marnay. La même année, et on la comprend, Françoise Hardy succombe également à *Star*, tirée de son album au titre générique « Star » et en fait un véritable succès sur ses propres paroles ; en 1983 pour Philips, Nana Mouskouri est aussi inspiré par le talent de Janis lan et n'est pas insensible à *Photographs* qu'elle enregistre sur le texte de Michel Jourdan *Les Photos de notre vie.*

Combien de temps faut-il donc ?

Jean Schmitt

24e 33 tours, Flèche 6325 684, décembre. N'existe pas en 45 tours original.

Adaptation de ***Don't Let The Good Times Fool You*** (Country américaine).

Gary S. Paxton / Ronald Hellard

Version originale enregistrée par **Melba Montgomery** en 1975 pour Elektra/Asylum Nonesuch Records.

Sur un rythme bien soutenu, ce morceau de country cuvée seventies pose un regard interrogateur sur le fait de n'être du jour au lendemain plus rien qu'un étranger pour l'autre avec qui on a vécu. Les paroles sont très élégantes et pleines de bon sens dans le descriptif et les prises de bonnes résolutions. Un des meilleurs titres de l'artiste pour cette période er qui présente une bonne retranscription d'un classique typique de la country du moment aux États-Unis. L'écoute est agréable ; pas agressive, ni racoleuse, cette chanson, a de la classe et le texte en dit long sur la vie de tous les jours et ses déboires et notamment sur le processus des conjoints qui au sein de leur couple deviennent des étrangers l'un pour l'autre ; et pour l'artiste comme l'échec pointe son nez, on en décrit la réalité crue qui en résulte dans la vie quotidienne :

Dans ma chambre s'entassent des bouteilles vides et des cendriers trop pleins
et plus loin… Les filles passent et je me regarde je n'avance pas d'un pas
Je voudrais mettre un sourire sur mon visage et ne plus penser à toi

Réaliste comme fataliste l'artiste… En 1974 Marie Laforêt apprécie suffisamment la chanson que Melba Montgomery a enregistrée en la même année pour Elektra et grave chez Polydor *Cadeau* emprunté à *No Charge*. Ce titre sera repris par des artistes adaptés par Claude François pour d'autres chansons ainsi de Tammy Waynette, Val Doonican, Johnny Cash.

Moi je suis français

Pierre Delanoë

24e 33 tours, Flèche 6325 684, décembre. N'existe pas en 45 tours original. Arrangements et direction d'orchestre de Guy Mattéoni.

De son côté, Dick Rivers, sur son 33 tours de 1973 « Mississippi Rivers » effectue le premier une version dans la langue de Molière de cette chanson de John Denver sous le titre de *Demain, je lui téléphone*, sur un texte assez enjoué et ironique de Serge Koolen, aux antipodes thématiques du texte de Pierre Delanoë. Dans cette même période Mireille Mathieu donne sa version avec le folklo *La Fille du cow-boy* sur « Films & Show » pour Abilène Music- Capitole/Emi.

Adaptation de ***Thanks God, I am Country Boy*** (Country américaine).

John Martin Sommers

Version originale enregistrée par **John Denver**, chez RCA en mars 1975 sur l'album « Back Home Again » ; classé n° 7 aux États-Unis en mai.

Puis par Glen Campbell. Le groupe finlandais Finn trio en 1978 avec Kyllä Maalla On Mukavaa. Alvin And The Chipmunks en 1981 sur l'album « Urban Chipmunk ». Hampton The Hampter en 2001. Le Canadien anglophone Brad Johner en 2003 pour l'album « Pree ». Billy Dean en 2004. Le groupe suédois Rednex en 2008. Le groupe country/rock canadien Road Hammers en 2009. Dolly Parton et Jody Miller, chacune de leur côté, puis le trio féminin américain Point Of Grace lors d'une prestation sur scène reprennent le titre en le féminisant ce qui donne donc *Thanks God, I am Country Girl.*

Une chanson un peu bleu, blanc, rouge, gauloise, qui à l'époque était peut-être une réponse à Michel Sardou qui braillait que Claude François n'avait rien compris à l'Amérique. C'est l'hôpital qui se fout de etc. L'artiste ne voulut pas laisser à son nouveau concurrent le monopole des histoires à la française et le cas échéant mâtinées d'une pointe de chauvinisme. Le cocorico de ce titre se laisse écouter dans sa description humoristique, mais bien réelle, des travers américains. On critique bien, et de façon élégante, ce que l'on aime, c'est ici le cas. Le texte est abondant et énoncé très rapidement. Cette reprise est aussi l'occasion, finalement, pour l'idole, de clamer une forme de mea culpa sur une honnête et argumentée fascination de l'Amérique. Les intonations du chanteur étayent avec finesse les subtilités d'un texte adroit qui admet plusieurs niveaux de lecture. Écriture très vive et efficace, pleine d'informations à la seconde, l'ensemble exige une très bonne diction : elle est excellente. Au milieu, un quadrille de violons style western permet à l'interprète de récupérer son souffle.

Pourquoi pleurer (sur un succès d'été)

Frank Thomas

51e 45 tours, Flèche 6061 865, décembre. 24e 33 tours, Flèche 6325 684, décembre. Arrangements et direction d'orchestre de Guy Mattéoni.

Adaptation de ***Please Mr. Please*** (Variété/pop anglo-américaine).

Bruce Welch / John Rostill

Version originale enregistrée par **Bruce Welch** en avril 1974 chez Emi. Bruce Cripps, alias Bruce Welch du nom de sa mère, Grace Welch, est né en 1941 ; on ne présente plus ce songwriter-guitariste et chanteur tant au sein des Shadows de Cliff Richard qu'en solo.

Sa carrière de guitariste, de créateur, de musicien et de producteur est une des plus importantes et influentes dans le monde de la musique anglo-saxonne et, par extension, en France. La version d'**Olivia Newton John** en février 1975 pour la MCA sur l'album « Have You Never Been, Mellow » est celle qui a popularisé la chanson et d'aucuns la prennent pour la version originale.

Cette chanteuse américaine, récemment disparue, est connue en France depuis son apparition aux côtés de John Travolta dans le film *Grease*. Elle fera un duo avec Electric Light Orchestra de Jeff Lynn (groupe qui inspirera l'idole pour *Sacrée chanson*). Anglaise née à Cambridge en 1948, sa famille émigre en Australie. Ce sera sa rencontre avec Cliff Richard qui sera déterminante pour elle. C'est également les films qu'elle tourne avec John Travolta qui lui permettent de « percer » et de classer cette chanson dans les charts américains pour le compte de la MCA, n° 5 en juillet et août 1975. Olivia Newton-John interpréta avec l'acteur/danseur de *Saturday Night Fever* la chanson de John Farrar pour le film *Grease* intitulée *You're The One That I Want*.

L'artiste américain de country Charlie Walker reprend *Please Mr. Please* en 1979 sur l'album « Texas Gold » chez Plantation ; deux versions reggae concoctées chez Trojan coexistent du fait des prestations de la chanteuse June Powell ; puis Barbara Jones en 1986. Également par Ray Conniff et son ensemble orchestral. Lorrie Morgan. Des adaptations ont eu lieu en Europe en dehors de la France ainsi en Tchécoslovaquie avec la chanteuse du même pays par Helena Blehârovâ dans *Czech as Nechci Ui Vic* ; puis par la chanteuse finlandaise Taiska en 1978 sous le titre de *Viistoista Siis chez Finnlevy*.

La chanson met en scène un chanteur/idole qui se désole de voir une fille pleurer devant un juke-box à l'écoute d'un de ses titres et s'en veut d'avoir enregistré une chanson qui met une jeune fille dans un tel état de désarroi.

L'idée de la chanson est excellente mais à mon sens, elle n'a pas eu le traitement qu'elle méritait. La version de Bruce Welch chante le mythe musical des Shadows de la grande époque ; fallait – je sais c'est facile à dire mais c'est comme ça – que Claude

François reste dans la note, dans l'esprit du répertoire qui en a fait une idole au même titre que Johnny Hallday, Eddy, Richard et les autres. La chanson avait tout pour elle : l'interprète « idole mythique », la mélodie, les paroles. Les « paillettes seventies » ont vraiment fait du tort, désolé ! Cette fatidique bluette pour favinets (ettes) et fanologie exacerbée n'a pas arrangé l'image de l'Artiste à l'heure où tout changeait si vite et quand d'autres esthétiques dans l'image arrivaient chez les chanteurs (euses) ; en l'espèce, on n'est guère étonné des sous-classements (bien fomentés il est vrai) de Claude François et l'affaiblissement des ventes attestent, hélas, ce fait. C'est dommage, la mélodie est prenante, des idées d'arrangements savoir l'introduction à la guitare en arpège, l'arrivée progressive d'un fifre lointain devenant de plus en plus présent aurait en fait du titre, une production de haut niveau. Mais il y en a trop, ce n'est pas sobre du tout et ce, sans tomber dans le dénuement ; là, il y a trop de notes sucrées… En clair, à ce moment-là le texte n'a pas servi l'artiste et apparaît finalement à contre-courant de tout ce qui se passait. Avec le dernier 33 tours le virage esthétique qu'il prend commence à le sortir de l'ornière, et ce n'est pas dut au simple fait de l'arrivée d'Étienne Roda-Gil. En revanche, et c'est un paradoxe, sur la même face du même 33 tours suit le titre *Je chante des chansons* qui a un tenu, une classe inouïes pour soutenir un thème similaire. Mais lorsque dans le prochain 30 cm de 1976 on entend sur *Quand je chanterai une chanson d'amour* on retourne au niveau de *Pourquoi pleurer*, malgré une bonne mélodie issue des cuvées country américaine de l'époque. Le thème rappelle aussi « l'inédit » *Bye bye petite julie.* Olivia Newton John inspira aussi Sylvie Vartan pour son *Les chemins de ma vie* (*If You Love Me, Let Me Know*) sur « Shang Shang A Lang » en 1974 pour RCA, tout comme au Québec Nathalie Simard dans *Je veux m'amuser* d'après *Physical* ; et en 1975 Newton John séduit Nicole Rieu qui enregistre sur l'album « Naissance » chez Barclay *Ma maison au bord de l'eau issu* de *Have You Never Been Mellow On.*

Quelqu'un pleure pour quelqu'un

Jean Schmitt

24e 33 tours, Flèche 6325 684, décembre. N'existe pas en 45 tours original.

Adaptation de *(He Won't You Play) Another Somebody Done Somebody Wrong Song.* (Country américaine).

Chips Moman Butler / Larry Butler

Version originale enregistrée par **B. J. Thomas** en mars 1975 sur l'album « Reunion » pour ABC Records ; classé n° 3 aux États-Unis en avril. Ce standard de la country a obtenu un Arward en 1975.

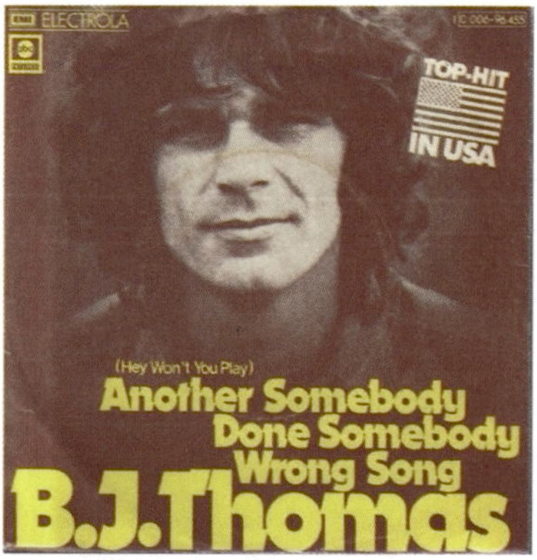

La même année par Jean Shepard ; Loretta Lynn ; The Anita Kerr Singers sur l'album « The Anita Kerr Singers » pour RCA ; Billy Joe Spears ; George Saxon ; Bobby Edwards and The Fat City Guitars ; Floyd Cramer ; Billy Walker ; par le Muppet Show en 1976 ; le cosignataire de l'œuvre à savoir Larry Butler en 1977 ; Paul Martin en 1978 ; Kenny Rogers en duo avec Dottie West en 1979 ; Alvin And The Chipmunks And Larry Butler en 1981 sur l'album « Urban Chipmunk » ; deux reprises en 1982 par Sammy Davis Jr. puis Julie Andrews. Ce standard de la country a obtenu un Arward en 1975. Hal Hirt & Ace Cannon sur l'album « Together » en 1987 puis en re-issue en 2005 chez K-Tel. Les Jordanaires (les choristes d'Elvis Presley) en 1990. Daniel O'Donnell en 2013 ; Steve Hofmeyr en 2018 ; The Zambonis en 2019 puis Mandy Barnett en août 2020.

D'une couleur vraiment très marquée country avec force guitares, cette mélodie très originale, bizarre même, mais qui prend de l'allure au fur et à mesure des écoutes successives, transporte un texte dont une partie du thème rappelle le refrain de *Joue quelque chose de simple* paru sur le 33 tours précédent. En effet, un interlocuteur du chanteur doit trouver une « belle et triste mélodie » pour apaiser ce dernier qui vit mal une rupture et qui, de plus, doit parler d'une histoire d'amour qui, comme chacun sait, doit finir mal. Claude François l'avait donc bien chanté avant les Rita Mistouko, mais dans les couplets seulement… En 1970 Sacha Distel revisitait déjà le répertoire de B. J. Thomas avec *Toute la pluie tombe sur moi* d'après *Raindrops Keep Falling On My Head* la chanson qui illustre, en le symbolisant tant qu'elle en devint indissociable, le film *Macadam Cow Boy* avec Dustin Hoffman. Dick Rivers croise à nouveau dans les mêmes eaux musicales que l'Artiste et emprunte à Billy Joe Spears, qui contribua beaucoup à populariser *He Won't You Play) Another Somebody Done Somebody Wrong Song*, sa chanson *Silver Wings And Golden Rings* qui devient chez Dick *J'ai pas tué j'ai pas volé.*

1976

Dimanche après-midi

Didier Barbelivien

Claude François. 26e 33 tours, Flèche 9101 928, décembre 1976. N'existe pas en 45 tours original. Arrangements et direction d'orchestre Jean-Claude Petit.

Adaptation de ***Afternoon Delight*** (Country américaine).

Bill Danoff

Version originale enregistrée par **Starland Vocal Band**, pour Windson en mai 1976.

En 1980, la formation américaine The Seekers enregistrera aussi la chanson pour Hammard Records. Starland Vocal Band classe le titre aux États-Unis n° 12 en juin, n° 1 en juillet. Cette formation country, avec son côté un peu chorale, a obtenu en 1976 cinq Grammy Nominations et deux Awards pour l'album « Afternoon Delight » en l'occurence pour ce même titre. Le Starland Vocal Band faisait partie du World Folk Music Association, cercles fréquentés par les artistes qui évoluaient dans la constellation musicale et culturelle du regretté John Denver, voir *J'ai encore ma maison*, *Moi je suis français*, *L'Histoire irlandaise.*

En 1980, la formation américaine The Seekers enregistrera aussi la chanson pour Hammard Records sur l'album « A Little Bit Country ». À l'occasion du film Anchorman, *The Legend Of Ron Burgundy* en 2004, l'Australien Will Ferrell enregistre Afternoon Delight chez Universal Records en 2004 sur l'album « The Legend Of Ron Burgundy ».

Le texte français répond bien à des « mini » préoccupations intemporelles. Ambiance rocking-chair, la détente du dimanche petite méditation sur le rien-foutisme du dimanche après-midi avec la question zen/cool qui vient à l'idée du narrateur du genre que fait-on aujourd'hui ? Ainsi du spleen inexplicable du dimanche après-midi encore que, à l'époque, Barbelivien parle de film et de Mickey à la télé en noir et blanc. Il y avait de quoi, à ce moment encore, voir de bonnes choses pour justement neutraliser le climat psychologique des dimanches. Chanson sans succès qui fait un peu chorale d'église en tin de refrain. C'est spécial, malgré de bons petits passages qui swinguent vieille country sur les couplets.

C'est la seconde participation de Didier Barbelivien pour l'artiste. L'autre titre est la reprise de Barry Manilow sur le même album, Mandy.

Bill Danoff a beaucoup travaillé avec Taffy Nivert et, en France, Nana Mouskouri et Dick Rivers adaptèrent les œuvres de Denver. Il y a un club aux États-Unis en relation étroite avec le répertoire de John Denver et ses amis, le « World Folk Music Association ». outre Danoff et Nivert, on pouvait y côtoyer les Carpenters, Chad Mitchell Trio, Debi Smith, Schooner Far, Nanci Griffith, Tom Paxton, Doris Justis, Sean McGhee et bien d'autres comme Captain's Tennille.

Il ne t'aime pas

Eddy Marnay

26e 33 tours, Flèche 9101 928, décembre 1976. N'existe pas en 45 tours original. Arrangements et direction d'orchestre de Jean-Claude Petit.

Adaptation de ***He Will Break Your Heart*** (Variété/Country américaine).

Jerry Butler & Calvin Carter / Curtis Mayfield

Version originale enregistrée par **Jerry Butler** chez Vee Jay.

Le titre se classe dès le 31 octobre 1960 pendant 16 semaines au Billboard. Ensuite, c'est un duo américain, The Knigh Brothers qui en 1962 enregistre le titre sur le label Atomic, sous l'appellation de *Love Will Break Your Heart*. Repris en 1975 par Dolly Parton, pour RCA sous le titre de *She Don't Love You* (*Like I Love You*). C'est sans doute cette version qui inspira Eddy Marnay pour l'adaptation quoique ce parolier et Claude François avaient connaissance de l'original de Jerry Butler de 1960 puisque l'Artiste adapta ce dernier avec *Mais n'essaie pas de me mentir*. Plus proche de la country rock que de la variété country, si si, il y a une différence…, ce titre est l'un des meilleurs de ce 26e album. À la vitesse ou déjà une chanson devait plaire, « accrocher », le morceau est passé à l'as car il ne se laisse pas entendre vraiment à la première audition, il faut prendre son temps. Alors, on sent que la mélodie a du relief et que, sur un sujet très banal, les mots prennent de l'ampleur : c'est l'art d'une bonne chanson. Dessus, la voix de l'idole est parfaitement à l'aise, bien ancrée sur les harmoniques « copyright » country/rock. Le chanteur s'en prend à un imposteur de l'amour qui joue bien la comédie, en faisant prendre des vessies pour des lanternes à une fille qui a l'air de croire tout ce qu'on lui dit du moment qu'on dit du bien d'elle, qu'on la flatte. Deux discours expliqués de manière simple et qui en disent long sur l'âme humaine et ses faiblesses. C'est cette apparente simplicité qui apparaît, car les mots font allusion à des sentiments, des comportements vieux comme le monde. En donnant un relief particulier à cette forme de comportement social et amoureux, l'artiste fait ici merveilleusement bien son métier. La version de

Dolly Parton raconte en gros la même histoire mais, comme on le voit dans le titre, du point de vue féminin. On comprend que cette formidable chanteuse, qui s'est « faite » toute seule, courageuse et qui a du cœur à l'ouvrage, a pu titiller l'idole avec cette chanson.

Le directeur artistique du moment et le parolier ont apparemment été séduits par l'enregistrement de Dolly Parton qui avait remis le morceau au goût du jour ; on peut signaler que l'année suivante, en 1977, Nicoletta sera intéressée aussi par le répertoire de Dolly Parton pour inscrire au sien son *Here You Come Again* du fameux duo américain de songwriters Barry Man et Cynthia Weill en gravant chez Barclay *Il faut qu'on m'aime.*

Ma meilleure amie

Claude François & Vline Buggy

26e 33 tours, décembre 1976. N'existe pas en 45 tours original. Arrangements de Slim Pezin, un des principaux guitaristes de l'artiste, enfin le principal, disons le chef d'orchestre, quasiment, en studio comme sur scène.

Adaptation de ***You're My Best Friend*** (Country américaine).

Wayland Hollyfield

Version originale enregistrée par **Don Williams**, pour la maison ABC en septembre 1976 ; classé n° 37 en octobre.

Puis par Ernest Tubb. Le duo irlandais Foster And Allen en 1997 sur l'album « Friends » chez Telstar TV.

Quand, sur une musique country qui se veut relaxe, on confirme que sa légitime est réellement celle sur qui on compte lorsqu'on a des ennuis, celle sur qui, en fait, tout l'équilibre du foyer et de sa vie repose. C'est pour elle une preuve d'amour et la mère des enfants n'a plus rien à faire des « frasques » de son mari typiquement américain qui est facilement transférable dans des vies françaises agitées comme fut celle de l'idole.

D'autres artistes français ont trouvé le répertoire de Don Williams à leur goût ainsi de Eddy Mitchell chez Barclay en 1980 sur l'album « Happy Birthay » avec *Miss Duval* emprunté à *Shelter Of Your Eyes* avec Boris Bergman aux paroles ; Nana Mouskouri chez Philips attendra 1984 pour revisiter Don Williams et s'offre *I Believe In You*, concocté par Roger Cook et Sam Hogin, que Pierre Delanoë et Claude Lemesle transcrivent en *Je crois en nous* ; en 1998 elle récidive et reprend la composition de Wayland Hoolyfield *Some Broken Hearts Never Mend* et grave sur des paroles de Michel Jourdan *Oublie que j'ai de la peine.*

3

Pop / rock et folksong anglo-américain

1962

Ne t'en fais pas mon vieux

André Salvet & Richard Anthony

Claude François sous le pseudonyme **Kôkô** pour le label Fontana de chez Philips. 1er 45 tours Fontana 460 109, mars. Avec l'orchestre de Christian Chevallier, arrangements de Christian Chevallier.

Il y a eu deux 45 tours pour ce titre et les trois autres. Sur le premier, la pochette représente, en dessin, un jeune Maghrébin de dos en train de coller une affiche, sur le second, tous les titres sont inscrits en gros lettrages et en bas de la pochette : Kôkô puis, au-dessous, pour la première fois, le nom de Claude François.

Enregistré auparavant par Richard Anthony, qui cosigne les paroles françaises, sous le même titre, puis également par les formations twist/rock et autres musiciens de l'époque, ainsi par Pat Field et Les Pumas de l'Oklahoma chez Panorama en 1962 ; Lucky Dollar pour la maison Odéon ; le combo anglais The Four Dreamers chez Ducretet Thomson en 1962 enregistre la chanson en français ; enfin deux trompettistes, à savoir Pierre Sellin, trompettiste de jazz (à l'époque le trompettiste masqué, appelé pour ses disques et la scène « Trumpet-Boy ») et Georges Jouvin.

Adaptation de ***A Little Bit Of Soap***

Bert Russell (Bert Berns)

Version originale enregistrée par **The Jarmels**, chez Laurie en août 1961 ; classé n° 20 aux États-Unis en septembre.

Le titre est réenregistré quelques jours après par Jimmy Justice chez Pye puis en septembre par Rikki Henderson pour Embassy Records ; et toujours la même année chez Capitol Records par George Hudson and The King and Twist, tout comme Gene MacDaniels chez Liberty. En 1962 par Bobby Lee Trammell chez Bufallo Bop ; The Fabulous Echoes en 1963 ; deux reprises en 1964 avec St. John puis Garnet Mimms pour United Artist ; Yvonne Carroll pour Challenge en 1965 ; The Exciters (voir *Dis-lui*) chez Bang en 1966, Ex-Checkers la même année ; Brook Benton en 1970 ; en 1971 par Paul Davis chez Bang Records ; Narvels Felts en 1972 pour Hi Country ainsi que Maria Dallas tout comme Chris Montez and Raza puis Bobby Newton la même année ; en 1978 par Top of The Pops puis Showaddywaddy ; The Teenbeats en 1979 puis Nigel Olsson en 1979 la même année Bang Records ; Johnny Kid and The Pirates dans un 30 cm sur « Rarities » en 1983 initié par See For Miles Records ; en 2011 le standard est gravé par Pizzicato On feat Nicole Willis.

Ce petit rock-twist francisé s'inscrit dans le registre de la consolation-conseil d'un aîné à un teenager de 18 ans qui commence à mal vivre ses premiers émois amoureux. Tout à fait dans le ton de l'époque.

Belles, belles, belles

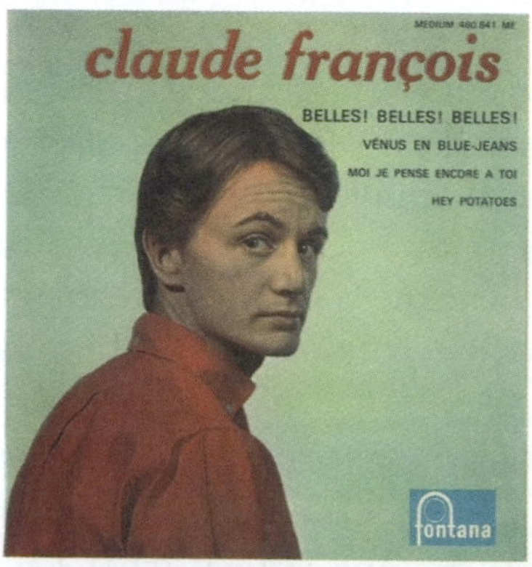

Claude François & Vline Buggy

2e 45 tours, Fontana 460 841, octobre. 1er 25 cm, Fontana 660 277, juin 1963. 1er 33 tours Philips 77 975, novembre. 2e 33 tours Philips 77 818, « Claude François à l'Olympia », décembre 1964. 20e 33 tours, Flèche 6325 677, « Claude François sur scène », avril 1974. Avec l'orchestre de Christian Chevallier, arrangements de Christian Chevallier.

Également enregistré en 1962 par Didier Boland pour Le Disque du Jour/PBM ; en 1963 par Raymond Falgayrac chez Panorama ; le guitariste Léo Petit chez Triano en 1963 ; le duo Début de Soirée en 1989 chez CBS sur l'album « Jardins d'enfants ». C. Jérôme en 1996 ; Frank Noël en 1998 pour Atlas sur « Ils chantent Claude François ». On retrouve le titre en 2003 dans le CD « Cloclomania » conçu par Béatrice Ardisson, interprété par Jahel et ses Gazelles, Delly Kinumby. En 2007, le dénommé Alexis HK effectue une reprise un peu reggae sur l'album hommage chez Universal/Mercury, « Claude François, autrement dit… ». Les Graffiti's en 2014. M. Pokora en 2016.

Pour la période de la mi-décembre 1962 à la mi-janvier 1963 le titre se classe dans le hit-parade de SLC immédiatement à la 3e place juste derrière le mythique-symbolique *L'idole des jeunes* de Johnny Hallyday (*Teen Ager Idol* de Ricky Nelson) et de *Elle est terrible* (She's *Something Else* d'Eddie Cochran) du même Johnny en n° 1 ; dès mi-janvier 1963 *Belles, Belles, Belles* se classe n° 2 jusqu'au milieu février.

Version italienne de 1963, *Canto Canto* ; autre version italienne la même année, *Le Ragazze Vogliono Amor*.

Il existe une prestation à la télévision, alors O.R.T.F., où dans l'émission de Palmarès des Chansons de Guy Lux du 19 avril 1969, Claude François chante la chanson avec Alain Bashung.

Adaptation de ***(Girls, girls, girls) Made To Love***

Phil Everly

Version originale enregistrée par **The Everly Brothers** pour Warner Bros en 1960 sur l'album « A Date With The Everly Brothers ».

Isaac Donald « Don » Everly est né en 1937 et Philipp « Phil » en 1939. Musiciens dans l'âme, les deux frères ont leur attention attirée par le guitariste Chet Atkins et son jeu de picking. Chet Atkins, à l'origine du « Nashville Sound » avec Owen Bradley, outre qu'il enregistra de nombreux albums, avait été aussi le producteur de Waylon Jenning, de Hank Snow et d'Elvis Presley, pour ne citer que ceux-ci. De là, les Everly Brothers parviennent à signer en 1956 pour la Columbia, mais c'est par la rencontre avec Wesley Rose, créateur de la maison d'édition et de productions musicales Acuff-Rose, qu'ils vont commencer à bien fonctionner, encouragés d'ailleurs par Chet Atkins ; dès 1958 leurs voix vont séduire le métier, les radios, le marché, le public américain.

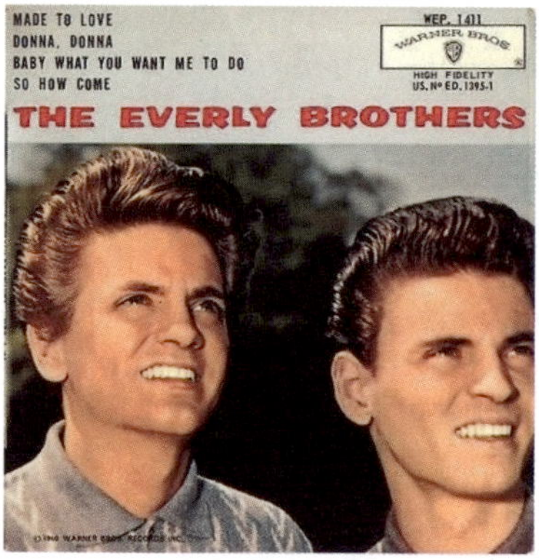

Puis par **Eddie Hodges** le 26 novembre 1961 pour le compte de Cadence Records « Escorted by Charlie MacCoy And This Escorts » ; autrement dit, Charlie McCoy a « chapeauté » avec ses musiciens le tout jeune Eddie Hodges né en 1947. Par la suite, Hodges, pour le compte de London, classera le titre n° 37 aux États-Unis. À l'écoute du disque de Hodges, il apparaît totalement évident que la version de Claude François est inspirée de cette reprise et non de celle des créateurs, les Everly Brothers, qui ne se classeront pas, ou si loin avec ce titre. La ressemblance des arrangements de la reprise de Hodges et de la version de Claude François fait dire à plus d'un que la version originale est de Eddie Hodges. Non, ce sont les Everly Brothers et par ailleurs, les dates d'enregistrement l'attestent.

Cette chanson des Everly Brothers a connu plus d'une quinzaine de versions anglo-saxonnes mais on pourra noter les reprises effectuées en Europe, bien sûr en dehors de la France, avec deux reprises en 1962 en Allemagne avec *Girls, Girls, Girls* sur un texte de Ralph Maria Siegel pour Peter Wegen et Berlipp's Band, puis par Die Continentals ; en 1963 pour l'Espagne on pouvait entendre la version écrite par Chuck Anderson enregistrée par Los Hermanos Carrión dans *Niñas, Niñas* ; et enfin *Mooi, Mooi, Mooi* avec des paroles de Love Cook pour le Flamand Luc Steeno en 2013.

Le « groupe anglais » The Rubettes reprend le titre en 1995 sur l'album « Making Love In The Rain » chez Dice Records ; la chanson a pour titre *Belles, belles, belles*

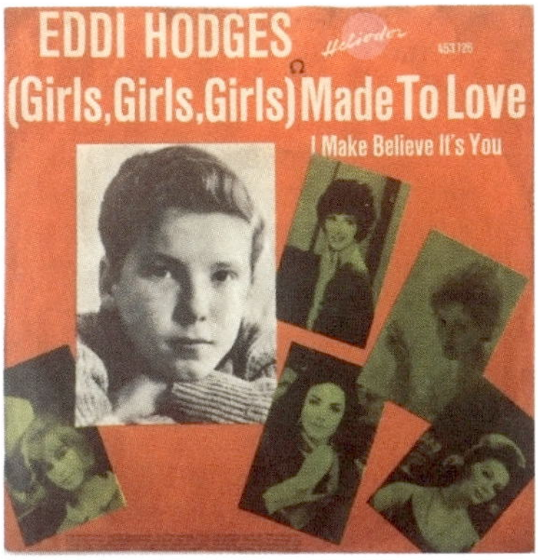

pour la seule raison que sur le refrain, au lieu de chanter « girls, girls, girls, » les Rubettes disent, donc, « *Belles, belles, belles comme le jour* » (et ensuite « comme l'amour ») avec un accent d'Anglais qui cause en français, pour aussitôt revenir à l'anglais. Vline Buggy, pour sa première mouture de la reprise de cette chanson, avait écrit *Rien que notre amour* comme titre puis ensuite, à son énoncé dans le texte, *Rien rien rien que notre amour*. L'artiste n'avait pas trop aimé la notion de rien et trouva le gimmick *Belles, belles, belles* ; à la prononciation, ça sonne mieux (cloche = *bell* en anglais) et la chanson prit une couleur joyeuse, du moins optimiste pour la jeunesse de l'époque à qui il ne fallait pas raconter de drame, en tout cas pas chez les yéyés. Cela aurait-il poursuivi Claude François au point que, plus tard, dès qu'il osa enregistrer des choses disons moins « légères », il gravera *Rien rien rien* en adaptant *I Was Made To Love Her* de Stevie Wonder. Pour revenir à la présente chanson, après de surréalistes négociations, l'entêtement et la conviction de Claude François parvinrent à convaincre Jean-Jacques Tilché de retirer à Lucky Blondo cette chanson sur laquelle il avait jeté son dévolu. Bien en prit à tout le monde car ce titre devint en quelques jours un succès foudroyant, c'est la chanson fétiche et, sans verser trop facilement dans l'uchronie, que se serait-il passé si Lucky Blondo avait résisté mordicus pour garder l'option qu'il avait sur ce classique des Everly Brothers ? Détail amusant et/ou paradoxal, ce titre des Everly ne s'est pas classé dans les hits américains et anglais de l'époque, au moins dans les 20 premières places.

Des artistes français ont effectué à l'époque une reprise de Eddie Hodges ; il s'agit de *Ouvre-moi la porte* d'après *I'm Gonna Knock On Your Door* enregistré chacun de leur côté par Dany Fischer, Les Fantômes, et le duo de chez Vogue, Les Copains. C'est sans doute du fait de leur travail de composition et de leurs performances vocales, devançant alors Beatles, Beach Boys, Four Seasons, Simon and Garfunkel et, dans une moindre mesure, Chad and Jeremy et Peter and Gordon, que de nombreux artistes français ont été fouiner du côté des frères Everly. Dès 1961 chez Vogue, le duo Les Copains enregistre *Problèmes* issu de *Problems* – que Stone, avant de chanter avec Éric Charden, adaptera en 1966 chez Polydor ; Les Copains, sur le même 45 tours, revisitent *That's What You Do To Me* sur des paroles de Pierre Carrel dans *C'est fou l'effet*, reprise que Marcel Amont inscrit à son répertoire en 1962 chez Polydor avec *Mon cœur fait des bonds* ; Richard Anthony pour une des plus célèbres reprises des Everly effectuées, en dehors de *Belles, belles, belles,* avec *J'irai pleurer sous la pluie* (*Crying In The Rain*). On n'oubliera pas, et chacun de leur côté, Johnny Hallyday et Richard Anthony dans *Le P'tit Clown de ton cœur* (*Cathy's Clown*) – pour cette chanson, c'est la version de Richard Anthony qui eut vraiment la meilleure interprétation et qui marcha le mieux ; c'est en tout cas ce que reconnut Johnny Hallyday lui-même, les gens du métier et bien sûr, le public. Richard Anthony chez Pathé toujours avec *Pauv'e Jenny* (*Poor Jenny*). En enregistrant pour Columbia/Emi *Je ne peux l'oublier*, apparemment jamais sorti dans le commerce, Les Dauphins ont été aussi inspirés par les Everly Brothers dans *Stick With Me Baby* ; Les Chaussettes Noires d'Eddy Mitchell en 1962 sur leur célèbre 33 tours « Le 2 000 000e Disque des Chaussettes Noires » chez Barclay enregistrent *Line* d'après *All I Have To Do Is Dream* adaptation que grave la même année le duo Les Teenagers (Carl et Mic) chez Fontana et, en 1964, Sheila popularisera très fortement pour Philips cette chanson avec son hit *Pendant les vacances* ; ce classique des Everly est également adapté au Canada par le combo Les Bel Canto sous le titre de *Seul* que transcrit le parolier du groupe René Letarte, et *All I Have To Do Is Dream* se retrouvera en 2006 dans le répertoire de Laurent Voulzy pour son album « Nouvelle Vague » ; toujours les Teenagers avec sur le même 45 tours de 1962 la reprise de *That's Old Fashioned* qu'ils transforment en *La seule façon* ; pour Barclay en 1963 la formation Les Play Boys adaptent sous la plume de Vline Buggy *Devoted To You* et créent *Comme je t'aime* ; cette chanson des Everly est adaptée à nouveau en 1966 au Canada pour la firme québecoise Télédisc par Les Bel Canto qui devient sur des paroles de René Letarte *Je t'aime hum ! hum !* ; en 1962 chez Ricordi, Danny Boy et ses Pénitents adaptent *Bye Bye Love* tout comme Sylvie Vartan le fait chez RCA et plus tard, en 1966 au Québec le duo Christian et Getro enregistrer sa version pour le label A1. Le duo Les « Faux » Frères en 1963 chez Vogue reprennent des Everly Brothers *Some Sweet Day* en gravant *Les jours heureux* et *Just ln Case* qui devient *Le balayeur des quais* ; les Chaussettes Noires en 1964 s'emparent de *Silver Threads And Golden Needles* qui devient *Ni ton fil ni ton aiguille.* En 1964, pour *Just In case*, il en va tout autrement avec, à nouveau, les Chaussettes Noires qui reprennent l'affaire pour un honorable *Juste çà* tout comme le duo Michel et Lucky chez Barclay en 1965 qui la même année adaptent *Sleepless Nights* avec *Quand la nuit est bleue.* Monty en 1964, également pour Barclay, offre *Même si je suis fou* issu de *The Girl Who Sang The Blues.* Retour des « Faux » Frères, passés chez Barclay, et qui récidivent en 1965 jetant leur dévolu sur *Just One Time* qui devient *Ce serait trop beau* ; en 1965 chez Mercury le groupe Les Lionceaux avec *Mourir un peu* adapte *Gone, Gone, Gone*, reprise enregistrée dans foulée, même titre, même texte, par le duo Paul et Vincent chez Philips ; le même duo sur le même 45 tours philips reprend aussi des Everly Brothers *Maybe Tomorrow* pour en faire la traduction littérale *Demain peut-être* et, de leur côté, Les Frangins (Richard et Samuel) pour Pathé/Emi-Columbia s'emparent de *Donna Donna* (ne pas confondre avec *Dona Dona* adapté du yiddish par l'Artiste) avec *Donne-moi* sur un texte de Mya Simille. 1965 toujours avec Les Célibataires chez Barclay qui adaptent *So Sad (To Watch Good Love Go Bad)* en gravant sur des paroles d'une future parolière de Claude François savoir Michèle Vendôme, *Le jour de se quitter.* Ce titre des Everly se verra d'ailleurs à nouveau adapté en 1966 chez Philips par le classieux style anglais de Ronnie Bird sur un texte de Noël Deschamps avec *Cette maudite solitude.* 1965 toujours avec Frank Alamo, concurrent assez sérieux, à l'époque, de Claude François, puise aussi chez les Everly Brothers et enregistre chez Riviera, filiale de Barclay, *Le prix d'aimer* transcrit par Georges Aber sur *The Price Of Love* ; Alamo enchaîne en 1966 dans *Il ne faut pas m'en vouloir* issu de *I'Il Never Get Over You* avec Manou Roblin pour le texte ; toujours en 1966 le Québécois Guy Cloutier adapte des Everlys Brothers *Ebony Eyes* (écrit et composé par Gilles Brown et John D. Loudermilk) avec *Adieu Nathalie* ; toujours 1966 avec Pussy Cat alias Evelyne Courtois qui adapte des Everly *Have You Never Loved Somebody* qui sur des paroles de Jacques Chaumelle (parolier de *Même si tu revenais* pour Claude François) enregistre *Si vous avez déjà aimé* (on précisera que cette chanson des Everly Brothers a été écrite et composée par les membres des Anglais The Hollies savoir Allan Clark, Tony Hicks, Graham Nash qui bien plus tard sera du trio américain Grosby, Stills Nash and Young). 1967 permet d'écouter la version de *Wake Up Little Susie* par les Québécois Christian et Getro chez A1 dans *Wake Up petite Suzie.* En 1968 toujours Pussy Cat chez RCA qui puise à nouveau chez les Everly avec, sur un texte de Claude Righi, *Aucune fille au monde* issu de *(You Got) Power Of Love.* En 1968 Eddy Mitchell grave *Bye Bye Love* en anglais sur son album « Sept colts pour Schmoll ». Sylvie Vartan qui prend goût au répertoire des frères Everly se laisse tenter par *When Will*

I Be Loved en créant sur scène au Palais des Congrès en 1975 *Laisse-moi l'amour* mais à l'évidence, c'est la reprise de Linda Ronstadt qui a donné l'idée comme l'envie à Sylvie Vartan d'effectuer cette cover ; en 1969 ce sont les Compagnons de la chanson qui reprennent, sur des paroles d'un de leur membre Jean Broussolle, *Take A Message To Mary* avec *Ne viens pas à Paris* pour CBS. En 1993, le groupe Les « Faux Frères » se reforment en Suisse le temps d'effectuer une nouvelle adaptation d'un titre des Everly Brothers avec *En suivant le soleil* d'après *Following In The Sun*. Johnny Hallyday sur un texte de son ami et complice Pierre Billon attendra février 1984, mais quand la « cuvée » est bonne, elle tient la route…, pour reprendre des Everly Brothers leur *Nashville Blues* de mai 1960.

Moi je pense encore à toi

Georges Aber & André Salvet

2e 45 tours, Fontana 460 841, octobre. 1er 25 cm Fontana 660 277, juin 1963. Avec l'orchestre de Christian Chevallier, arrangements de Christian Chevallier.

Également enregistré à la même époque chez RCA par Sylvie Vartan, même texte, même titre ; Les Mercenaires en 1962 chez Philips ; Gleen Jack & ses Glenners en 1962 chez Festival ; à propos de Gleen Jack, c'est surtout l'auteur-interprète Jacques Verrière (qui a notamment écrit les paroles de la chanson française interprétée entre autre par Yves Montand, Francis Lemarque, Mouloudji, Barbara, *Mon pote le Gitan*). Puis par le Canadien Donald Lautrec en 1964 chez Apex, également au Québec Les Gendarmes en 1968 avec *Se séparer c'est pas facile* pour Citation. Dans les années 80, Sylvie Vartan le réenregistra avec une splendide guitare acoustique, sur un tempo slow-rock assez somptueux.

Adaptation de ***Breaking Up Is Hard To Do***

Neil Sedaka / Howard Greenfield

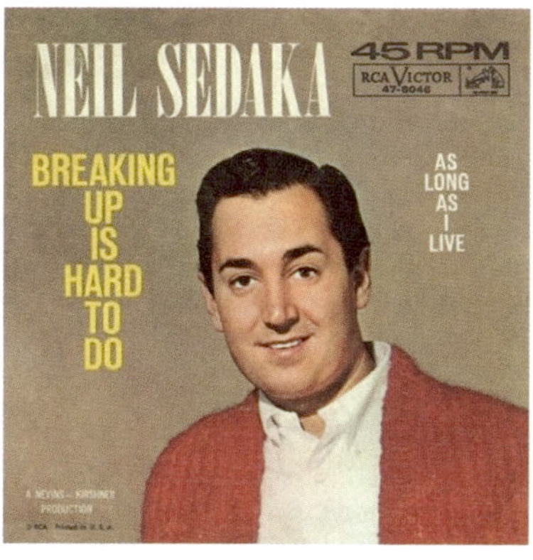

Version originale enregistrée par **Neil Sedaka** en juin 1962 chez RCA, classée aux États-Unis n° 13 en juillet et n° 1 en août ; pour l'Angleterre, ce sera un n° 12 en août et un n° 7 en septembre.

Ce classique retrouvera ultérieurement, et toujours avec Neil Sedaka, les charts puisque le crooner le classera en février 1976, soit quatorze ans plus tard, avec des arrangements nouveaux mais vraiment légers, n° 7 aux États-Unis pour le compte de Rocket. Puis par Ray Pilgrim and Mike Redway en août 1962. Il y a environ 140 versions dans le monde y compris en Europe. Ce classique retrouvera ultérieurement, et toujours avec Neil Sedaka, les charts puisque le crooner le classera en février 1976, soit quatorze ans plus tard, avec des arrangements nouveaux mais vraiment légers, n° 7 aux États-Unis pour le compte de Rocket. Puis par Ray Pilgrim and Mike Redway en août 1962.

On comptera entre autres Shelley Fabares en 1962 chez Colpix et plus tard la même chanteuse sous le nom de Shelley Philips ; la même année par Dee Dee Sharp en novembre ; en 1963 par Little Eva chez London, puis par Carol King pour Dimension, Brian Poole and The Tremoloes chez Decca ; en 1964 avec The Four Seasons chez Philips. Lenny Welch en 1969 pour Commonwealth United Records. Barbara Mason en 1970 chez National General Records. David Cassidy And The Partridge Family en 1972 chez Bell Records ; Par Sha na na en 1975 pour Kama Sutra, suivi en 1975 par The Carpenters chez A&M Records. The Lettermen pour Alpha Omega Records en 1979. Eydie Gorme en 1981. Jack Jones en 1982 en Yougoslavie sur le label Judodisk. Teresa Brewer en 1984. En 1997 par Tom Jones, Jones Davidson en 1999, Andy William en 2007. Evita en 2019.

Bien d'autres artistes français ont pioché dans le vaste et riche répertoire de Neil Sedaka. Il faut dire que ses talents de compositeur et d'interprète ont suscité un attrait irrésistible. Les « inspirés » du génial Sedaka sont – à l'instar de Cliff Richard, d'Elvis Presley et des Beatles – légion. On peut citer le duo Franck & Johnny chez Bel Air en 1961 avec *Journal intime*, issu de *The Diary* que reprend aussi la chanteuse rock'n Twist Hedika chez Festival, et cette chanson connaîtra une nouvelle adaptation, mais au Canada, par Chantal Pary qui enregistre en 1968 *La Princesse du soleil* sur le label québécois Trans-Canada ; en 1961 Eddy Mitchell et ses Chaussettes avec *Oh Mary Lou* (*Going Home To Mary Lou*) que revisitent en 2004 Les Socquettes Blanches sur « Mémoire Vive ». Petula Clark, en français chez Pye, la même année reprend *Calendar Girl* qui devient *Tout au long du calendrier* que reprend Sylvie Vartan en 1962 pour RCA, chanson d'ailleurs revisitée par Éric Estève en 1975 chez Epic sous le titre de *La fille du calendrier*. Dalida emprunte *King Of Clowns* et grave *Je l'attends* en 1962 chez Barclay chanson que s'offre aussi Henri Salvador en chez Salvador/Philips ; la chanteuse Evy adapte en 1963 *One Way A Ticket* avec *Chaque fois, chaque fois* chez Barclay sur des paroles de Jack Keller ; et cette même année 1963 Billy Bridge en enregistrant pour CBS *On est heureux à seize ans*, adapte de Neil Sedaka son standard *Happy Birthday Sweet Sixteen*. L'ex-Pirate, Dany Logan la même année chez Bel-Air s'offre avec *Vous… les filles* sa reprise de *Keep A Walking ;* et toujours 1963 avec le duo féminin Les Mitoufles (Martine et Suzy) chez Bel-Air qui enregistrent *Je veux t'aimer encore* que leur adapte George Aber d'après *Let's Go Steady Again* repris au en 1966 sur le label québécois Lero par Donald Lautrec et Pierre Lalonde en *C'est le temps des vacances* sur des paroles de Donald Lautrec. En 1964 chez Barclay Jacques Guérini emprunte *Waiting For Never* qui devient *La troisième nuit* ; Frank Alamo se veut de la partie en gravant *Jure le moi* en 1965 pour Riviera d'après *I Hope He Breaks*

Your Heart ; Jacky Moulière pour Salvador/Rigolo de l'écurie Henri Salvador qui produisit aussi Tini Yong, adapte de Sedaka le standard *Next Door To An Angel* qui devient *À deux pas d'un ange* titre que reprend la formation de Georges et Michel Costa Chance en 1976 chez Atlantic sur l'album « Chance » avec la participation des choristes de Claude François Les Flèchettes. Toujours Jacky Moulière avec sa reprise de *Alice In Wonderland* qui devient *Alice du pays bleu ;* la chanteuse Sophie enregistre en 1965 *Laisse les parler* d'après *Let The People Talk* chez Decca ; en 1966 Nancy Holloway trouve son compte avec *À travers une larme* que lui écrit Pierre Saka issu de *The World Through A Tear* et la formation Les Gendarmes enregistre chez Citation *Carole* d'après *Carol* ; La chanteuse Elsa (Nicole Darde ex Djinns) revisite en 1968 chez Mercury *Grow Up Games* en gravant *Le jeu des grands ;* même année 68 au Canada Chantal Pary avec *La Princesse du soleil* d'après *Diary* sur le label québécois Grand-Prix. Dick Rivers se devait d'être là en nous gratifiant d'un *Debout devant ma glace*, adapté de *Standing On The Inside* ; l'ex second Chat Sauvage Mike Shannon, futur Georges Brummell, enregistre chez Vogue en 1971 sous son vrai nom de Michel Simmonet et *Tu es revenue* issu de *The World I've Through Away.* François Orenn en 1975 avec *Tu crois que je t'aime* de *Love Will Keep Us Together* que reprennent la même année Pierre Lalonde et René Simard sous le titre de *L'Amour c'est compliqué,* (chanson que Sheila reprendra en anglais en 1999). En 1976, Nicole Rieu enregistre chez Barclay sur « Le Ciel est ici », *L'Immigrant* d'après *The Immigrant* de Neil Sedaka. Richard Anthony chez Atlantic en 1977 avec *La Face cachée de mon amour* sur son album « Non stop » (titre de sa reprise du *Don't Stop* de Fleetwood Mac en 1977) adapte le mélancolique *The Other Side Of Me* de 1973. En 1979, avec *Amoureux*, Manuel Guazzi (Alias Max Guazzini), comme Evy plus haut mais pas sous le même titre, adapte une chanson que Neil Sedaka avait enregistrée en 1959 à savoir le standard *One Way A Ticket* ; C. Jérôme enfin s'offrira le célèbre *Carol* en enregistrant *Pour Carole* en 1988. Nana Mouskouri fréquente tardivement le répertoire de Neil Sedaka et adapte *Solitaire* dans *Solitaire (on l'appelait solitaire*) et *Vivre avec toi*, issu de (*It Is The Way To) Amarillo* chez Philips en 1984.

L'histoire de flirt légère de l'époque ; l'expression du sentiment, qu'on devine éphémère pour une jeune fille, (chez Vartan pour un jeune garçon), arrive sur un gimmick du genre « *Dam dou di dou dam dam* ». C'est le genre de titre rythmé passe-partout et qui sonne bien à tous niveaux. Efficace. Agréable. Sans prétention. On peut même déclarer sa flamme avec. Que demander de plus ?

Vénus en blue jeans

Claude Carrère & Georges Aber

2e 45 tours Fontana 460 841, octobre. 1er 25 cm Fontana 660 277, juin 1963. Avec l'orchestre de Christian Chevallier, arrangements de Christian Chevallier.

Également enregistré, sous le même titre avec des paroles modifiées, par Keller, à la même époque, par le groupe Les Champions.

1re entrée dans le hit-parade de SLC, en n° 9, avec la version des Champions, en décembre 1962 et janvier 1963, n° 4 en janvier et février 1963, n° 36 en fin de course.

Adaptation de *Venus In Blue jeans*
Howard Greenfield / Jack Walter Keller
Version originale enregistrée par **Bruce Bruno** en mai 1962 pour Roulette Records.

La chanson est reprise dès juillet par **Jimmy Clanton** chez Ace.

C'est cette version qui depuis a pris les habits de la version originale au détriment de la séance de Bruce Bruno. Jimmy Clanton classera le titre n° 11 aux États-Unis en octobre.

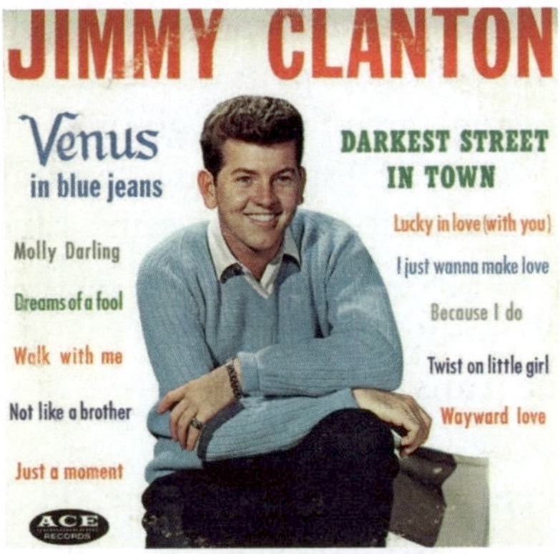

La même année en septembre 1962 Ray Adams effectue sa cover chez Decca ; puis les Anglais Mark Wynter chez Pye qui se classe n° 10 en octobre et n° 5 en novembre en Angleterre et Mike Redway ; The K. Dons, The Satellites, Telstar. Peter Parker Expérience 1995. Joey Welz 2001. Dawg House en 2003.

Une jeune femme a gagné les faveurs de l'homme qui chante parce que, entre autres, cette beauté en blue-jeans n'est pas sophistiquée. Le producteur de Sheila et le parolier régulier de Sylvie Vartan ont gentiment adapté dans le ton de l'époque ce classique américain. En reprenant *A Million Drums* en 1965 chez Polydor la chanteuse Vonny Berger, qui un temps œuvrera à l'émission *Salut Les Copains* et sur bien d'autres émissions tant à la radio qu'à la télévision, effectue une incursion dans le répertoire de Jimmy Clanton avec *Je dirai non* ; Teddy Ray en fait autant en adaptant en 1961 *Go Jimmy Go* qui devient *Go Teddy Rock* chez Fontana.

1963

Dis-lui

André Salvet & Claude Carrère

3e 45 tours Fontana 460 863, février. 1er 25 cm Fontana 660 277, juin. 1er 33 tours Philips 77 975. Arrangements de Jean Bouchety, avec son orchestre. 2e 33 tours Philips 77 818 « Claude François à l'Olympia », de décembre 1964.

Également enregistré par Dany Logan, sous le même titre avec les mêmes paroles, à la même époque, chez Bel Air ; et aussi par Cécile Devile.

1er classement dans le hit-parade de SLC, n° 4 en mars et avril 1963 (avec la version de Dany Logan), meilleur classement n° 2 en 1963.

Version italienne en 1963, *Diglielo*.

Adaptation de *Tell Her*

Bert Russell

Version originale enregistrée par **Gil Hamilton** pour Capitol Record en mai 1962.

Gil Hamilton est le nom de chanteur, de scène que se donna pour ses tous premiers disques l'excellent, le grand de la soul rock américaine Johnny Thunder. Né en 1932 Thunder commence le métier dans les années 50 et à New York il aura l'occasion d'être dans la mouvance des Drifters. Il fera donc quelques disques sous le pseudonyme de Gil Hamilton pour de petits labels et, juste après son enregistrement de *Tell Her*, il deviendra le fameux Johnny Thunder (voir *Un homme libre*). En France d'autres artistes que Claude François feront de bonne incursions dans son répertoire ainsi par exemple de Richard Anthony, Dalida, Les Fantômes de Thomas (Dean) Noton, et Frank Alamo qui en 1963, chacun de leur côté, enregistreront *Loop de Loop* d'après… *Loop De Loop* ; le chanteur Romuald enrichira en 1964 pour DiscAZ son répertoire avec *Donne, donne* emprunté à *More, More, More Love* de Johnny Thunder.

C'est cependant l'enregistrement par le girl-group **The Exciters** sous le titre de ***Tell Him***, pour United Artists en octobre 1962. The Exciters classent le titre en n° 4 en janvier 1963 aux États-Unis. Leur version passe pour être la version originale.

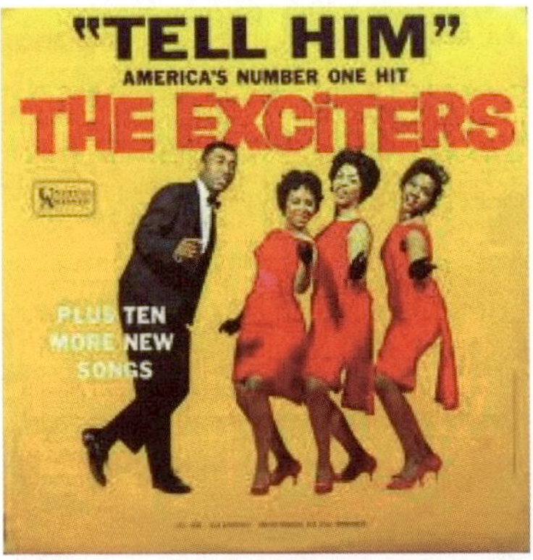

Et le même mois Ed Townsend s'empare de la chanson. Le titre sera repris ensuite par Peggy Gaines toujours en 1962 ; Alma Cogan With Stan Foster & His Orchestra en janvier 1963 tout comme Billie Davis qui classe le titre n° 14 en Angleterre pour Decca ; Bobby Rydell en février ; toujours en 1963 par Dee Dee Sharp puis Jimmy Justice ; en 1966 par Dean Parrish chez Boum Records, un Blanc qui chante comme Otis Redding/Wilson Pickett dans une renversante cover très rythme and blues ; Sonny and Cher, puis par Hello ; Sonny And Cher, Johnny Young and Kompany ; Joanie Sommers en 1970 ; The Glitter Band en juillet 1974 et le groupe Hello la même année en octobre ; The Wallis Sister en 1975 ; Freddy Henry & Betty Wright en 1979 ; en juillet 1982 par Josie Cotton et en octobre par Linda Ronstadt dans une bien country-rock version sur son album produit par Peter Asher « Get Closer »

chez Elektra / Asylum Records ; le combo écossais The Revillos en 1983 sur leur album « Attac » ; Kenny Logins en 1988 ; le rocker belge Burt Blanca en 1990 ; Toto Coelo en 1993 ; en 1996 par Quentin & Ash ; en 1998 avec Lauryn Hill sur l'album « The Miseducation of Lauryn Hill » chez Ruffhouse Records, toujours 1998 par Vonda Shepard en mai et par Block Buster ; par The Stiffs en juin 2000 ; Katelyn Tarver en 2003 ; 2009 avec Jessica Anderson ; et en novembre 2014 par Bette Midler sur son album « It's The Girls ! » (le 4 du mois aux États-Unis et le 17 en Angleterre). Il existe aussi des versions aux pays scandinaves et une en Espagne.

Introduction manu militari à la batterie, un bon arrangement au piano électrique, une basse mariée à la caisse claire : voilà une chanson menée tambour battant dans l'esprit de *Marche tout droit* mais qui dans le texte en est radicalement l'antithèse quant à la stratégie d'approche pour parvenir à ses fin en vue d'une conquête féminine. La prestation sonne bien dans la lignée pop/rock de l'époque ; autrement dit, le titre est d'une bonne qualité musicale encore loin de la variété/variétoche. Cette adaptation bénéficie de l'énergie et de la joie de vivre de l'époque, fraîche, optimiste et spontanée.

D'autres artistes français se sont penchés de plus près sur le répertoire des Exciters alors en vogue depuis l'Amérique. Nous avons ainsi eu droit entre autres au classique des Gam's (avec Annie Markan) avec la chanson *Il a le truc* d'après *He's Got The Power* qu'enregistre également Harold Nicolas sous le titre de *Elle a le truc* ; encore les Gam's et de son côté Chris Kersen qui, avec *Tiens-le*, adaptent *Get Him ;* Sheila en 1964 pour deux adaptations des Exciters à savoir le presque mythique *Vous les copains je ne vous oublierai jamais* de *Do Wah Diddy Diddy* ; d'ailleurs ce standard a été si bien popularisé par les Anglais Manfred Man que la version de ce groupe passe pour l'original ; et toujours Sheila qui enregistre *À la fin de la soirée* d'après *We Were Lovers*. Toujours en 1964, chez Pathé/Emi, on peut entendre France Arnell avec *Ton amour me suffit* issu de *It's Love That Really Counts* ; en 1965 chez Mercury Annie Markan, sans les Gam's, revisite à nouveau The Exciters et enregistre *Fais comme tu voudras* emprunté à *Run Mascara*.

Marche tout droit

Claude François & Vline Buggy

3e 45 tours Fontana 460 863, février. 1er 25 cm Fontana 660 277, juin. 1er 33 tours Philips 77 975. Arrangements de Jean Bouchery, avec son orchestre. 2e 33 tours Philips 77 818 « Claude François à l'Olympia » de décembre 1964. Enregistré également par Frankie Jordan avec le même texte à la même époque ; puis aussi par les Cousins, et le groupe de Ramon Pipin, Au Bonheur des Dames (à l'Olympia).

1re entrée dans le hit-parade de SLC, en n° 9 en mars et avril 1963, avec la version de Frankie Jordan chez Decca et n° 7 en mai 1963.

Enregistré également par Frankie Jordan en 1963 chez Decca ; au Québec le groupe féminin Au Canada, le titre marche avec deux reprises sous le titre de Viens chez moi en 1963 par Donald Lautrec sur le label québécois Apex et par Les Sœurs Gallant en 1964 chez Disques Fontaine.

La chanson est remixée en 1990 par Jean Fredenuci (voir *Elles sont jolies en Angleterre*), CD phonogram « Claude François Remix 90's » Philips 842 502-2.

Adaptation du thème générique ***Minglewood Blues***

Gus Cannon & Hosea Wood / Erik Darling & Willard H Svanoe

Après ce titre initial – et historique – la chanson s'intitulera ***Walk Right In.***

Chanté/interprété instrumentalement par **Gus Cannon** (1883-1979) avec sa formation, **Cannon's Jug Stompers**, en 1928, chez Victor Records. (Bues-rock américain)

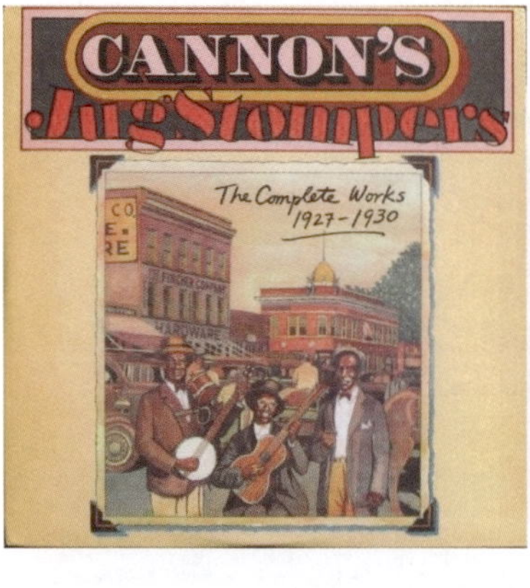

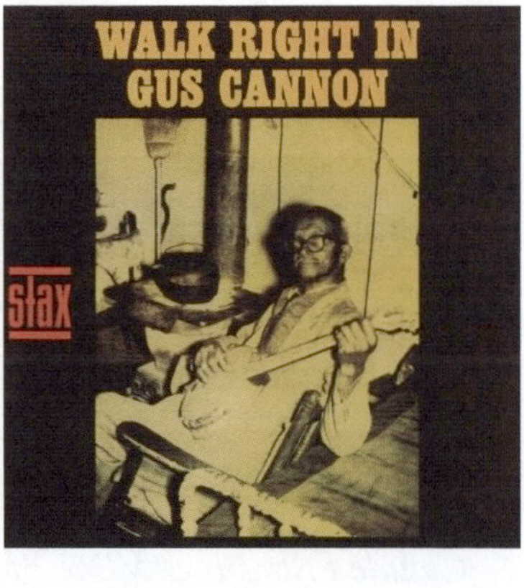

Outre Gus Cannon au banjo/jug, la formation historique comptait Noah Lewis à l'harmonica et Ashley Thomson à la guitare et au chant. Puis par Gus Cannon, lui-même au banjo et au chant avec Will Strade sur le jug et Milton Roby au wasboard en octobre 1963 chez Stax.

La version de **The Rooftops Singers** (plus pop-rock que l'original de Gus Cannon) pour Fontana/Vangard en 1963 classée n° 2 aux États-Unis en février, il suffit de l'écouter est bien sûr celle qui a décidé de la reprise par Claude François mais sans doute, avec son entourage de musiciens de jazz c'est à peu près certains que l'Artiste avait connaissance de l'original de Gus Cannon, de ce jazz « premier ». Avec ce trio composé de Lynn Taylo à la voix très jazzy, Erik Darling et Bill Svanoe, le titre fit les beaux jours de Greenwich Village et intéressa vivement les oreilles de Bob Dylan.

La même année, en 1963, par Johnny Man Singers sur l'album « Golden Folk Song Hits » chez Liberty. Toujours en 1963 avec la reprise de Bobby Darin sur « 18 Yellow Roses » chez Capitol ; The Brothers Four chez Columbia sur « The Big Folk Hits ». Glen Campbell en 1965 pour l'album « Country Shindig » chez Horizon Records – ce dernier supervisa d'ailleurs une réalisation instrumentale avec la formation de guitares « Swinging 12 String » appelé aussi « Folkwsingers – 12 Strings Guitar » réalisé pour World Pacific en 1963 et à nouveau en 1966 Glen Campbell avec la formation de guitares « Swinging 12 String » chez Pickwick Records ; également par The Moments, Pat Boone, The Velons, The Brothers Fours chez Columbia. Plus tard par Dr. Hook (aussi avec The Medicine Show) ; The Limeliters, Janis Joplin, Bill Harvey And His Orchestra, The Troubadours Singers chez Horizon Records sur l'album « Sing Out On The Beach » ; Johnny Cymbal créateur d'ailleurs du fameux *Mr. Bass Man,* allègrement repris à l'époque par Henri Savador en un drôle *Monsieur Boum Boum* qui chambre Johnny Hallyday et Richard Anthony chantres du yéyé apparemment considérés par l'ex-Henri Cording comme de piètres rythmiciens ne faisant que des adaptations singeant les originaux américains (mais, alors, que chantaient donc Tiny Yong et Jacky Moulière de l'écurie Salvador pour son label Salvador/Rigolo, des originaux français…?), le groupe hispanique T xarango. En 1969 la version des jazzmen de Firehouse Five Plus Two pour leur album « Twenty Years Later » sur le label The Good Time Jazz, Wanda Jackson la même année chez Capitol Records, Jack Tottle en 1977 sur son album « Jack Tottle Howe To Play Mandoline » pour le compte de chez Acorn Music Press. En 1964 chez RCA Victor, Sacha Distel adaptera après Claude François Gus Cannon avec *Nous aussi mon frère* d'après *Gonna Raise A Ruckus Tonight* sur un texte de Maurice Tézé ; sachant que *Raise A Ruckus Tonight* a été à l'origine enregistré par Norfolk Jazz Quartette en juin 1923, puis aussi par Pete Segeer (Voir *Si j'avais un marteau*) en 1963 chez Folkways Records.

Pour le texte américain, il existe deux versions. Le créateur original est Gus Cannon, musicien noir né à Memphis en 1883, aussi bon chanteur que joueur de banjo et excellent guitariste et pianiste à ses heures. Surnommé « Banjo Joe » il apparaît dans des « Medicine Show » (d'où l'hommage de Dr. Hook dans les années 70) entre 1914 et 1929. Il enregistre dès lors pour le label Victor, un label de blues et de jug band. J'ai vu des musiciens de jazz des années 50 qui connaissaient bien la musique Jug Band sursauter en se rendant compte que le yéyé chanteur « honni » par eux, jazzmen français, (les yéyés et le rock'n roll avaient quelque peu relégué le jazz dans les caves de Saint-Germain des Près et ailleurs, disons qu'il l'y enferma comme s'il devenait réservé qu'à un petit nombre d'initiés) avait repris un thème de jazz qu'ils connaissaient et qu'ils identifièrent comme étant de Gus Cannon né à Memphis… J'ai eu les mêmes réactions pour l'adaptation française d'un thème de Errol Garner, *Misty* qui devint chez l'Artiste *Un nuage dans le soleil* ; on notera également, du fait des importants écarts d'années, de générations entre les différents enregistrements du titre, les variantes qui « modernisent » le texte américain.

Première mouture issue de Gus Cannon puis des versions de 1963 :

Walk right in, sit righ down / Daddy, let your mind roll on
Walk right in, sit right down / Daddy, let your mind roll on
Everybody's talkin' 'bout a new way of walkin' / Do you want to lose your mind ?

Seconde mouture années 70 :

Walk right in, sit right down / Baby let your hair hang down

Etc.

Antithèse, sur le même 45 tours du titre *Dis-lui*. Ici on fait comme si on ne la voyait pas, on ne dit rien, on ne baisse pas le masque. Ici, pas d'écarts de permis. Le titre est très swingant, bien interprété et en bouche, guidé par une basse qui assure tout le long la base de la ligne mélodique.

Langage d'amour (Ou-bi-dou-bi-dou)

Claude François & Vline Buggy

3e 45 tours, Fontana 460 863, février. 1er 25 cm, Fontana 660 277, juin.

Arrangements de Jean Bouchety, avec son orchestre.

1re entrée dans le hit-parade de SLC, n° 17 en mars et avril 1963, n° 15 en mai.

La chanson est également enregistré par Pierrette Bruno chez Pathé, à la même époque, sous le titre *T'oublies tout* sur des paroles de Vline Buggy. Pierrette Bruno a souvent été au cinéma comme à la chanson et au théâtre et l'opérette une partenaire de Bourvil. Pierrette Bruno connaissait bien et appréciait le compositeur Vincent Scotto avec qui travaillait très souvent le parolier Geo Koger qui n'était rien de moins que le père de Vline Buggy.

Version italienne 1963, *Dubi Dubi*.

Adaptation de ***The Language Of Love***

John Dee Loudermilk

Version originale enregistrée par l'Américain **John D. Loudermilk**, en décembre 1961, chez RCA Victor, classé en janvier 1962 n° 18 en Angleterre.

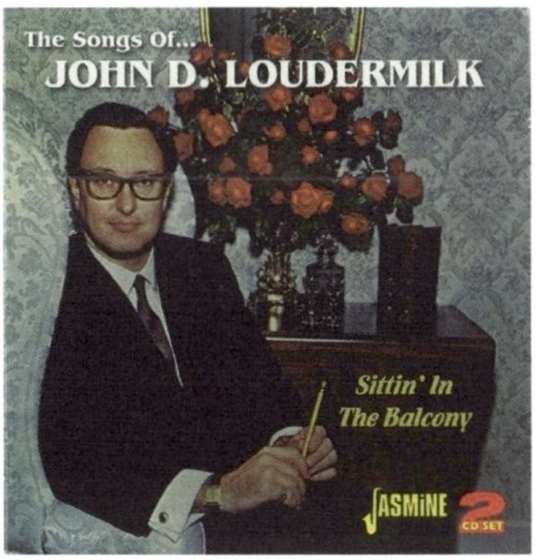

Puis par Bobby Stevens en 1962 pour Embassy Records. Earl Sinks chez Hickory en 1965. Sue Thompson en 1967 aussi pour Hikcory Records. The Intrigues chez Yew Records en 1971. Dernière version par Beth Nielsen Chapman en 2017.

Rythmé, aux paroles joyeuses, l'ensemble correspond bien à l'époque et au but recherché. Le langage d'amour, ses mimiques sont déclinés ici sous leurs différentes manifestations en différents lieux. Le texte est excellent, les mots sonnent bien. Déjà la perfection de mise en place et de sonorité est là.

En 1963 pour le compte Pathé Marconi / Ducretet Thomson, Les Missiles trouvent à leur goût *Abilene* de Loudermilk qui devient *Marylin.* Chez Jag-Productions Barclay, le trio féminin Les Triplées adapte en 1964 *Big Daddy* avec *Grand-père est plus jeune que nous.* Dick Rivers la même année chez Pathé grave *Tobacco Road* ; au Québec, toujours en 1964 on trouve Ginette Sage pour deux reprises de John D. Loudermilk chez Apex avec *Norman* d'après *Norman* et *Le Tigre* adapté de *Paper Tiger* via la chanteuse Sue Thompson. En 1965 Joe Dassin se lance avec plein d'entrain dans le répertoire de Loudermilk et ne rate pas *Road Hog* et fait un succès chez CBS avec son fameux *Bip Bip* que lui concocte aux paroles Jean-Michel Rivat pour nous causer des joies de la circulation parisienne ; la même année chez Columbia Richard Anthony s'offre la reprise de *The Little Bird* avec *S'en vient le temps* qu'enregistre également Dominique Walter en 1965 pour Disc'AZ ; enfin le groupe Les Lionceaux enregistre la même année chez Mercury *Le vrai google* en provenance de *Google Eye.*

Moi je voudrais bien me marier

Claude François & Georges Aber

3e 45 tours Fontana 460 863, février. 1er 25 cm Fontana 660 277, juin. 1er 33 tours Philips 77 975, novembre. Arrangements de Jean Bouchety, avec son orchestre.

1re entrée dans le hit-parade de SLC, en n° 33 en mars et avril 1963, n° 5 en mai.

Repris en 1963 par le guitarise-chanteur Emilhenco pour Tiercé Panorama. Au cours du Palmarès des Chansons du 3 mars 1966, Michel Mallory, un des paroliers attitrés d'Hallyday, interprète le titre en duo avec Claude François. Chanson présente sur le 45 tours « Surpise Party meilleures vendeuses » chez Rank qui sort les succès du moment.

Adaptation de ***Bachelor Boy*** (Variété/rock anglais).

Bruce Welch / Cliff Richard

Version originale enregistrée par **Cliff Richard**, en novembre 1962 pour Columbia ; classé en Angleterre n° 12 en décembre et n° 4 en janvier 1963.

L'Anglais Max Bygraves reprend la chanson en 1968 chez Pye sur « I'm Moving On ».

Une introduction enjouée au clavier qui fait penser à un mélange de clavecin et de piano, un tempo de valse, et nous voici avec un archétype de la génération yéyé-rock déclarant qu'il se mariera le plus tard possible « avant trente ans ». C'est vraiment la chanson type de l'époque qui caractérise une plaisante insouciance, un optimisme si évident qu'il n'a pas besoin d'êtres énoncé. On profite de la vie à cent à l'heure avant un mariage avec celle qui est censée être pour toujours la seule, l'unique. C'était pas le tube du 45 tours mais tout de même derrière *Marche tout droit* et *Dis-lui* qui y figuraient, la chanson s'est bien défendue.

Au même titre que les pionniers du rock et les Beatles, Cliff Richard a fréquemment, même plus..., été adapté en français. En attendant, les reprises de cet artiste période shadow et post shadow sont légion. Richard Anthony, en 1959 chez Pathé/ Columia avec *Chanson magique* sur un texte de Michèle Libert d'après *Move It*, inaugure ce long cycle d'adaptations que suscita le répertoire de Cliff Richard.

Après Richard Anthony, *Move It / Chanson magique* plut en 1962 au groupe Les Bourgeois de Calais tout comme aux Lionceaux chez Mercury qui reprennent aussi de Cliff Richard *Please Don't Tease* dans *Sous d'autres cieux* et *Nine Time Out Of Ten* transcrit en *Je t'aime* ; et plus proche de nos jours avec talent et malice par Marie-France accompagnée du groupe de rock français des années 80 Bijou avec Vincent Palmer. En 1961, chez Ricordi, Danny Boy et ses Pénitents adaptent de Cliff Richard and the Drifters *Danny (Lonely Blue Boy) qui* devient, transcrit par Daniel Hortis, *Danny* ; Patrick Zabé au Canada en 1967 reprendra aussi *Danny (Lonely Blue Boy)* avec *Une vie comme ça* sur le label québécois A1. Cependant, ce furent essentiellement les Chats Sauvages avec Dick Rivers puis avec Mick Shannon et enfin Dick Rivers en solo qui firent le plus leurs choux gras des chansons de Cliff Richard. On notera ainsi *Sur ma plage* de *Thinking Of Our Love* un titre qui accroche aussi le répertoire de Dany Logan et ses Pirates et de Sheila en 1962 ; *Yeh, Yeh, Yeh* d'après *Lamp Of Love* ; en 1961 Dick et ses Chats Sauvages gravent *Toi l'étranger* en provenance de *The Stranger*, *Trois en amour* de *D In Love* morceau dont s'emparent également Richard Anthony et Tony March et ses Blousons Noirs (après ses Collégiens et avant ses Marchmen) ; *Sous le ciel écossais* venant de *When The Girl In Your Arms Is The Girls In Your Heart* que reprennent également Les Baladins en 1965 chez DMF ; le classique et néanmoins notoire *C'est pas sérieux* de *Them For A Dream* que grave aussi Orlando, le frère de Dalida, (titre qui aurait été enregistré par Richard Anthony mais qui demeure non seulement inédit mais introuvable...) la chanson est aussi revisitée par Gilbert Brun et commercialisé par

Star Success en 1961 ; Les Chats sauvages de Dick Rivers empruntent *Lesson In love* dans *Laisse moi rire* tout comme *Never Mind* d'après *Jamais tu ne me feras jamais rien. En avant l'amour* issu de *I Cannot Find A True* qui a également l'heur de plaire à Nancy Holloway tout comme aux Rapaces. Lucky Blondo en 1962 pour Fontana s'empare de *Travellin'Light* avec *C'est merveilleux*. Petula Clark la même année ira de son couplet dans *Je me sens bien (auprès de toi*) emprunté à *Dance On !* ; le duo des Québécoises Danièle et Michèle revisite *Dance On !* chez Rusticana en 1963 et en 1964 leur compatriote Pierre Lalonde en fait autant chez Apex ; on notera au passage que les crédits de l'original anglais donnent Elaine et Valérie Murthagh et Roy Adams, les *songwriters* originaux de *Ma petite amie est de retour*. Après le départ de Dick Rivers des Chats Sauvages les adaptations du répertoire de Cliff Richard et des Shadows continuent avec l'arrivée de Mike Shannon. On entendra ainsi *Tu n'aimes que moi* d'après *Where Is My Heart* ; *Au moins huit jours* issu de *Please Don't Tease* au répertoire (voir plus haut) des Lionceaux avec un titre et texte différents et également en anglais/yaourt par Les Loups Garous ; *Quelles nouvelles* d'après *Big News* ; *Allons reviens danser* de *Dancing Shoes* aussi au répertoire de Larry Greco et de Ron & Mel sous le titre de *Arrête de danser*. Les Lionceaux s'attaque en 196 à *Please Don't Tease* qui devient *Sous d'autres cieux* tout comme de *Nine Time Of Ten* ce qui donne *Je t'aime* également repris pour une séance en anglais/yaourt le groupe Les Loups Garous.

Les Surfs mettent en boîte en 1963 *Uh, Huh* pour Festival et seront en 1964 imités chez Barclay par Les Witchdoctor's. *Sans Amour* issu de *Lucky Lips* n'échappe pas à Ria Bartok en 1962 chez Columbia comme à Jessy la même année pour CBS (alias Jean-Claude Devincy et Jean-Claude Decamp) ; en 1964 chez Pathé avec les Chats Sauvage de Mike Shannon on peut entendre *Merci* d'après *Constantly (l'Ereda)* qu'enregistrent de leur côté Les Frénétiques chez DMF en 1966. Les Jewells enregistrent *Guitare Boogie* en 1963 chez Soder. Quant à Dick Rivers période post Chats Sauvages, il grave en 1963 *Laisse parler ton cœur* d'après *Let's Make A Memory ; Voulez-vous danser* du classique *Do You Want To Dance* créé au départ par Bobby Freeman et repris aussi par The Beach Boys, The Ramones, John Lennon en 1975 puis en France par Laurent Voulzy sur son album « Septième Vague » en 2006 ; Dick Rivers excelle en 1964 avec *Ne lui dis rien* d'après *Don't Talk To Him* il grave également dans *Amour de neige* la même année d'après *Outsiders*. Johnny Hallyday de son côté n'est pas en reste et s'attelle au Shadow et son combo avec *Ça suffit* (*Tough Enough*) ; le classique *Dis-moi oui* (*We Say Yeah*) ; *Une fille comme toi* (*A Girl Like You*) ; *Tout bas, tout bas* (*Apron Strings*) ; *I'm The Lonely One* est repris par Johnny Hallyday en 1964 avec *Mais je reviens* et le titre sera également adapté en 1988 sur le CD (édité en Suisse) par Mike Shannon & les Chats Sauvages sous le titre de *Je serai toujours là*. Nouvelle incursion en 1963 de la formation Les Bourgeois de Calais 1963 en enregistrant en anglais, *Round And Round* chez Pathé. En 1961 Eddy Mitchell et ses Chaussettes Noires s'offrent quant à eux *Vivre sa vie* (*Gee Whizz lt's You)* chez Barclay que sauront aussi apprécier en 1962 El Toro et les Cyclones avec Jacques Dutronc chez Vogue et qui s'attaquent également la même année à *I'm Gonna Cet You* avec *Qui te le dira* également aux répertoires de Long Chris et les Daltons, Les Vautours de Vic Laurens, puis de Les Frénétiques ; ces derniers adaptant *Evergreen Tree* qui devient *Ma verte prairie* titre qu'on retrouve aussi chez François Deguelt ; à nouveau Long Chris et sa bande dans *Avoue que c'est formidable* d'après *A funny Feeling* ; Claude et ses Tribuns reprennent aussi ce titre et dans la foulée adaptent *The Young Ones* qui se décline en un *De tout mon cœur* morceau qui attire Dany Logan et les Pirates en 1961 chez Bel Air, Lucky Blondo et Orlando, jettent leur dévolu tout comme la chanteuse belge Nicole Josy en 1962 qui enregistre chez Hebra Records *Trop jeune* mais aussi les Dauphins en 1964 pour Columbia ; et à nouveau les Dauphins avec *True True True Lovin'* qui devient *Tout, tout, tout* en 1965 chez Columbia, Dauphins encore avec *L'amour nous dira oui* adapté de *I Want You To Want Me* des Shadows que revisitent également les Challengers chez Vogue en 1964 sous le titre de *Je veux, je veux ;* les même Challengers qui graveront aussi *Maldonne* d'après *She's Gone* ; sur leur 45 tours suivant ce groupe enregistrera *Je ne pourrai plus t'aimer* reprise de *Don't It Make You Feel Good.* Petula Clark avec *Mon bonheur danse* en 1963 issu de *Foot Tapper* des Shadows. En 1964 Michèle Torr chez Mercury ne résiste pas au répertoire de Cliff Richard et des Shadows et revisite *Broken Heart And A Pillow Filled With Tears* qui devient *Quand je sors avec toi ;* la formation féminine Les Djinns grave en 1965 pour DMF le *Midnight* des Shadows ; Vic Laurens tente sa chance avec, sur des paroles d'Eddy Mitchell, *Sans vous je suis fou* une reprise de *Without You* ; chez Festival en 1964 Marie Laforêt revisite *Mary Ann* et en 1966 on peut entendre la version de ce titre par Les Atlas chez DMF avec *Maryanne* ; Sheila quant à elle ne sera pas en reste et cartonnera abusivement avec *Toujours des beaux jours* d'après *I Could Easily Fall.* Autres reprises avec Jacques Revaux (compositeur de *Comme d'habitude* et de multiples mélodie Claude François, Michel Sardou et Richard Anthony) dans *Quand revient l'été* de *Summer Holiday* chez Columbia en 1963 tout comme Dalida la même année chez Barclay. De leur côté deux « seconds couteaux » généralement des artistes souvent garantie de qualité et antidérapage variété/variétoche (quand les idoles vont trop loin…) pour deux reprises différentes du presque mythique *I'm Afraid To Go Home* ainsi pour Monty chez Barclay ce sera *Je me souviens de toi* et pour Thierry Vincent fidèle au sens du texte original, *Moi j'ai peur de rentrer* pour CBS en 1964. Rocky Volcano s'empare du morceau *Dynamite* tout comme Les Champions de Claude Channes. En 1967 Dominique Walter, (fils de la productrice de télévision, R.T.F. et O.R.T.F. Michèle Arnaud) enregistre sur un texte de Gilles Thibaut, pour le label Flèche de Claude François mais distribué par disc'AZ, *Marie* d'après *The Day I Met Mary.* L'année suivante Marc Humbert et ses Blue Men reprennent le très connu (on dira presque hélas…) *Congratulations* pour donner *Félicitations.* En 1969, on adapte aussi Cliff Richard au Québec chez Apex avec Jocelyne Pascal dans *Boum boum c'est l'orage* d'après *Boom Boom* (*That's How My Heart Beats*), et toujours en 1969 c'est au tour de Line Renaud chez CBS qui enregistre sur des paroles de Colette Rivat *Juste la la la* adapté de *La La La Song.* La chanteuse Dani effectue aussi une incursion dans le répertoire de Cliff Richard et adapte en 1970 chez Pathé *Goobye Sam, Hello Samantha* qu'Alain Kan lui transforme en *Je suis cigale.* Deux ans plus tard Richard Anthony s'offre en 1972 un retour chez Cliff Richard dans ce qu'on peut considérer comme le début de la seconde partie de sa grande carrière en empruntant *Sing A Song Of Freedom* concocté par le très conséquent duo de *songwriter* Guy Fletcher et Doug Flett et qui devient une fois transcrit par Frank Gérald *Frappe chez ta voisine.* En 1973 la chanteuse Séverine s'aventure chez Cliff Richard avec *Il faut chanter la vie* de *Power To All Our Friend* dont Cliff Richard se servira à l'Eurovision cette même année ; et Peter Holm, l'interprète de *Monia* en 1971, grave également cette adaptation écrite par Michel Jourdan.

Comment fais-tu ?

Claude François & Vline Buggy

4e 45 tours, Philips 432 864, juin. 1er 33 tours, Philips 77 975, novembre. 2e 25 cm, Philips, 75 580 en décembre. Avec l'orchestre de Christian Chevallier, arrangements de Christian Chevallier.

Également enregistré la même année par Nicole Delarc chez Tiercé Panorama, même titre et texte, puis par Dick Rivers, sous le titre de *Comment se fait l'effet que tu me fais*, chez Pathé, sur des paroles différentes de Jean-Michel Crétois, alias Pierre Saka.

Adaptation de *How Do You Do It* (Pop anglaise).

Mitch Murray

Version originale enregistrée par **Gerry And The Pacemakers** en 1963 pour la Columbia. Le titre est classé n° 1 en avril en Angleterre.

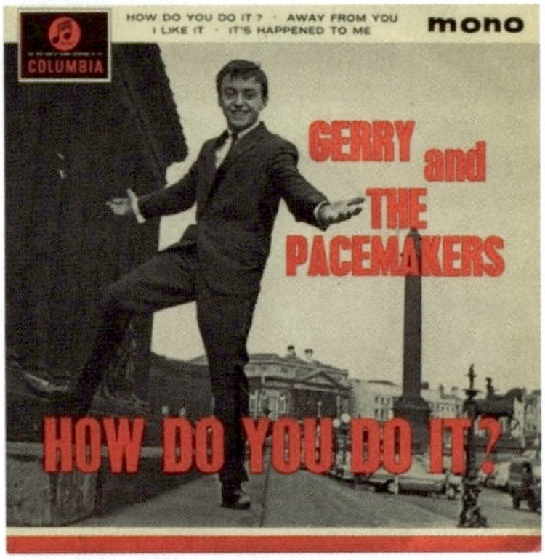

Repris en anglais par le groupe français Les Fingers en 1963 chez Festival. The Supremes. En 1995, le titre se retrouve dans le double album CD, Anthology I des Beatles.

Sur des arrangements très « yéyés » à souhait sur un rythme un peu pop/hully-gully/madisonien qu'on pourra qualifier de joyeux, ou des des états d'âme dont présentés, contés à une jeune fille en lui demandant comment elle fait pour être toujours aussi irrésistible et comment, lui, pourrait le devenir. Tout un programme.

Si les compositions de l'Anglais Mitch Murray ont été reprises par nombre d'interprètes français, il lui est arrivé d'en enregistrer en tant que chanteur à part entière ; sous le nom de Mister Murray, il enregistre *Down Came The Rain* en 1965 chez Fontana et en 1966 *I Drink To Your Memory* et *I Was a Good Song* ; Murray cosigne les trois titres avec Robin Conrad ; c'est Henri Salvador pour son label Salvador chez Philips qui s'y colle en adaptant successivement dès 1966 *Pan ! v'la la pluie* et *Je bois à ton souvenir* et il attendra 1968 pour graver *J'étais une bonne chanson* sur son label Rigolo.

De Gerry and The Pacemakers, d'autres artistes français effectuèrent des reprises. Bien qu'écrite en 1945 par Richard Rodgers et Oscar Hammerstein pour le show *Carousel*, la chanson *You'll Never Walk Alone*, enregistrée par Gerry And The Pacemakers en 1963 pour Columbia/Emi/Laurie Records que produisit George Martin, a suscité des reprises en français avec *Rien que toi* qu'enregistrent respectivement chez Pathé-Marconi Richard Anthony et Dick Rivers et Vic Laurens en 1964 chez Mercury ; *Je tremble* de *I Like It* est adapté par l'ex-Vautour, Vic Laurens en 1963 pour Mercury puis par Orlando, le frère de Dalida. La même année, *It's Allright* trouve preneurs avec Les Welcom's chez Windsor et Dany Logan chez Bel-Air en 1964 avec *Y'a que toi* avec Frank Gerald au texte. Pour l'adaptation de *It's Gonna Be Allright*, il y a au moins trois artistes français qui en effectuent la reprise avec *Tout ira très bien* ainsi de Dick Rivers en 1964 chez Pathé, Noël Deschamps en 1965 pour RCA Victor, la même année par Patrick Samson chez Philips et toujours en 1965 au Canada par les Hou Lops (Les Têtes blanches) sur le label québécois Apex. Pour la chanson *Don't Let The Sun Catch Your Crying* (enregistrée par franco-anglaise Louise Cordet chez Decca en février 1964, sitôt suivie en avril par celle de Les Carles and The Beatmen chez Ambassy et enfin, la version qui a sans doute suscité les adaptations françaises savoir celle de Gerry And The Peacmakers) c'est, en français, Louise Cordet qui adapte sa propre version originale la même année toujours chez Decca avec *Laisse le soleil sécher tes larmes* tandis que Lucky Blondo propose la sienne en 1965 chez Fontana avec *Tu l'oublieras cette fille.* Dick Rivers qui décidément y prend goût récidive en 1964 dans *Moi je peux* issu de *I'm The One.* Toujours en 1964 Yves et Patricia chez Philips effectuent la reprise de *It's Just Because* qui devient *Y s'passe quequ'chose.* En 1965 chez Mercury Michèle Torr ne se prive pas d'un bon classique du combo anglais avec *Moi, je rêve d'une plage* en revisitant *Ferry A Cross The Mersey.*

Des bises de moi pour toi

Claude François & Vline Buggy

4e 45 tours Philips 432 864, juin. 1e 33 tours Philips 77 975, novembre. 2e 25 cm, Philips, 75 580 en décembre. 2e 25 cm de décembre 1963. Avec l'orchestre de Christian Chevallier, arrangements de Christian Chevallier. 2e 33 tours Philips 77 818, « Claude François à l'Olympia », de décembre 1964.

1re entrée dans le hit-parade de SLC, en n° 27 en juin et juillet 1963, n° 13 en août et septembre.

Au Québec Claire Aumont donne la même année sa propre version pour Fonorama.

Également enregistré par Denni's Twist en 1987 chez Vogue.

Adaptation de ***From Me To You*** (Pop anglaise).

John Lennon / Paul McCartney

Version originale enregistrée par **The Beatles** chez Parlophone en mars 1963 et chez Odéon la même année ; classé n° 1 en mai en Angleterre.

Puis par la formation Johnny Man Singers en 1964 sur l'album « Bea de Ballads » chez Liberty ; Del Shannon ; The Crickets ; The Chipmunks ; Louise Corder ; Bobby McFerrin ; Janis Ian (voir *17 ans*). En pleine période yéyé/rock, cette reprise par l'artiste fit du foin, comme toute les autres, sauf que ça venait cette fois des Quatre de Liverpool, tout comme *Laisse-moi tenir ta main* une année plus tard. L'insouciance d'une jeunesse dorée au cœur des « Trente Glorieuses » traduite dans la gaieté rythmée. Chez les principaux artistes les plus connus ayant adapté en français les Beatles, on retiendra les covers de Johnny Hallyday, Richard Anthony, Dick Rivers, Eddy Mitchell, Sylvie Vartan, F.R. David, Nana Mouskouri, Les Lionceaux, Frank Alamo, Hugues Aufray, Sheila, Tino Rossi, Thierry Vincent, Moustique, Dominique Walter, Michèle Torr, Les Surfs, Les Chats Sauvages, Les Chaussettes Noires, Les Gam's, Les Missiles, Marcel Amont, Olivier Despax, Erick Saint-Laurent, Isabelle Aubret, Maurice Chevalier, Michèle Arnaud, Les Compagnons de la chanson, Stone, Nancy Holloway et des dizaines d'autres. De la même manière des groupes canadiens ont repris dans leur français à eux des titres estampillés par les deux noms magiques Lennon-McCartney. Pour ce qui concerne les adaptations du Québec correspondant aux mêmes chansons des Beatles reprises par Claude François, on notera pour celle-ci la prestation de la chanteuse Claire Aumont et pour *I Want To Hold Your And*, (*Laisse moi tenir ta main*) quatre interprètes différents enregistrent le titre sous l'appellation de *Oh donne moi ta main* ; il s'agir de Roland Montreuil, Pierre Lalonde, Dorothé Foy et Pierre Lebon.

Si tu veux être heureux

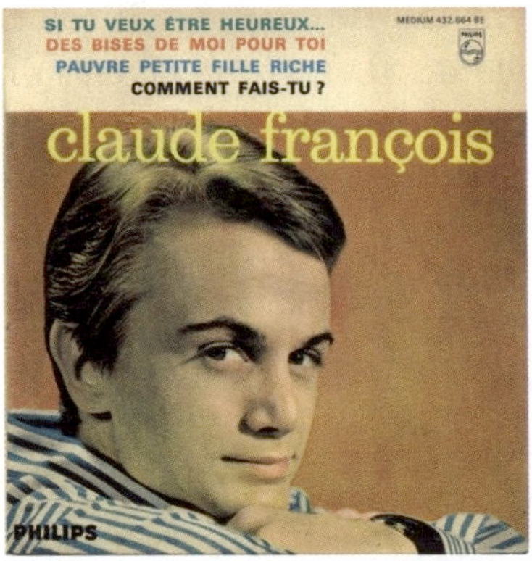

Claude François & Vline Buggy

4e 45 tours Philips 432 864, juin. 1e 33 tours Philips 77 975, novembre. 2e 25 cm, Philips, 75 580 en décembre. Avec l'orchestre de Christian Chevallier, arrangements de Christian Chevallier.

Également enregistré la même année par la chanteuse Chantal, même titre, même texte chez Panorama. Lors du « Palmarès des Chansons » du 3 mars 1966, c'est Michel Mallory qui interprète le titre en duo avec l'idole.

1re entrée et meilleur classement dans le hit-parade de SLC, n° 3 en juin et juillet 1963.

Adaptation de *Ugly Woman* (*Never Make A Pretty Woman Your Wife*) (Calypso-jamaïque)

Hubert Charles

Version originale enregistrée par **Roaling Lion** en 1934 chez Musicraft.

De son vrai nom Hubert Raphaël Charles Rafael de Leon inaugure un cycle intéressant de chansons traditionnelles jamaïcaines. Les versions en calypso de *Ugly Woman* se suivent jusqu'en 1957 avec deux sursauts en 1968, 1977 et 2003. Sir Lancelot recrée le titre en 1952 chez Mercury ; Stan Wilson en 1954 sur l'album « Leisure Time With Stan Wilson » pour Cavalier Records ; Eric Connor and The Southanders en 1955 chez Westminster/Argo ; Robert Mitchum en 1957 sous le titre de *Logical Point Of View* ; en 1960 par Eric Gibson & Knight chez Carib aux Bahamas ; Tom Springfiel en 1968 chez Decca sur l'album « Sun Songs » ; avec Beelzebubs en 1977 la chanson s'appelle *Marry A Woman Uglier Than You* ; et enfin, sous le même titre, par Bartlesville Choral Society en 2003.

Avec **Jimmy Soul** en 1963 la chanson devient ***If You Wanna Be Happy*** chez Quality Records, puis SPQR, et Stateside Records.

Les crédits, après transformation, tant dans le rythme que les arrangements, portent dès lors les noms de **Frank** et **Carmela Guida** et de **Joseph Royster.** C'est bien entendu la version de Jimmy Soul qui sera popularisée et donc considérée comme l'original absolu du simple fait que l'opus de **Roaling Lion**, et les suites de ***Ugly Woman*** en calypso, passent complètement inaperçus si ce n'est dans le monde jamaïcain du reggae/calypso

et pour quelques rares initiés. En attendant, Jimmy Soul parvient en mai 1963 en deuxième position aux États-Unis ; sur le label Stateside le titre se classe n° 11 en juillet en Angleterre.

La reprise de Claude François, qui commence avec d'heureuses cloches d'église annonçant la sortie d'un beau mariage, est vive et joyeuse. Un thème récurrent que l'on retrouve dans *Si j'avais un marteau*, opus à travers lequel le personnage fonde un foyer, avec et pour sa famille ; et c'est ce qu'on retrouvera une nouvelle fois avec *La Ferme du bonheur*. À cette époque des années en or du yéyé, il y avait de l'espoir et une vraie joie de vivre présente dans la fraîcheur de tous ces titres. Par ailleurs, si le texte peur apparaître « macho » et plus que complètement dépassé, il en n'est pas moins lucide, réaliste et plein d'espérance pour l'avenir. Le texte repose sur l'idée principale qu'il vaut mieux une fille pas trop « jolie » fidèle, une mère sachant cuisiner, qu'une beauté qui rend fou par ses exigeances (financières notamment), jaloux car courtisée et qui a vocation à devenir infidèle. Ce morceau enlevé et plein d'entrain, s'il paraît simple à l'écoute de la ligne mélodique, s'avère cependant difficile à interpréter. C'est sur un passage délicat, très court, que l'on peut entendre la faculté de prononciation de Claude François sur des notes rapides et plus principalement sur le passage : « même si elle n'est pas particulièrement jolie ». Ce passage est une suite infernale de onze croches en « C barré » (tempo plus que rapide) qui met sérieusement à l'épreuve la prononciation des mots, mais aussi la justesse musicale de la voix et sa précision sur les notes. Une bonne épreuve pour vérifier ses propres facultés de prononciation.

Ce qui est désormais un tube énorme est abondamment repris. En 1963, outre Jimmy Soul nous pouvons entendre les versions de The Dovells en juin, de Trini Lopez (*If You Want To Be Happy*) en novembre et celle Herma Keil and The Keil Isle ainsi que l'instrumental de Ray Barreto and His Orchestra ; Bobby Thomas en 1967. Bill Wyman, il s'agit bien ici du bassiste des Rolling Stones, enregistre sa version en 1976 sur « Stone Alone » chez WEA, produit et arrangé par Bill Wyman lui-même. Pour la petite histoire, il s'agit là de l'une des deux seules empreintes « stoniennes » et encore, indirectes, chez Claude François. En effet – compte tenu de certaines reprises avec les performances vocales ad hoc, il avait largement les épaules pour s'attaquer à certains titres ornés des signatures « Jagger-Richard » ; donc pas une cover des « Cailloux » dans son répertoire. On peut s'en étonner vu ses fréquentations chez Stevie Wonder, The Moves, Jimmy Cliff, Tommy James and The Shondelles, Steve Miller Band et autres individus pas vraiment dociles… alors que, de son côté, Richard Anthony s'offrit les historiques reprises du groupe ainsi de *As Tears Go By* transformé en *Puisque je pense encore à toi*, fin 1964, et *Ruby Tuesday* qui devient *Fille sauvage* au printemps 1967, suivi de son adaptation de *Out Of Time* via la reprise de Chris Farlow qui chez Richard devient *Baby*. Monty indirectement avec chez Barclay *Un verre de whisky* (*Can I Get A Witness*) de Marvin Gaye bien que Monty l'ait repris (il tient beaucoup à cette précision) avant que les Stones l'empruntent au « Duc » de la Motown ; sans compter Eddy Mitchell en 1965 chez Barclay pour son *Rien qu'un seul mot* (*Satisfaction*) ; Marie Laforêt en 1966 chez Festival avec *Marie douceur, Marie colère* transcrit par Michel Jourdan d'après *Paint Is Black* repris également en 1966, au Canada, par Nanette Workman, sur le label québécois Canusa, avec *Peint en noir* sur des paroles de Tony Roman. Autres emprunteurs aux Rolling Stones : le groupe français, style mid-sixties, les Pollux chez Disc'AZ en 1965 enregistre *Fais-moi oublier* d'après *Tell Me*. La même année Marc Humbert pour RCA dans *Félicitations* de *Congratulations* ; toujours 1965 avec deux adaptations par Ronnie Bird avec le très réussi *Elle m'attend* chez Decca issu de *The Last Time* transcrit par Claude Righi et, chez Philips, reprise de *Blue Turn To Grey* qui devient, transcrit par Frank Gérald, *Ça n'est pas vrai*. En 1967 Jean Mareska chez Polydor, sur le même 45 tours, avec Frank Thomas aux paroles, reprend deux titres des Rolling Stones avec l'excellent *Nous sommes très bien comme ça* d'après *Sittin' On A Fence* et *Lady Jane*. Inspirés par les Stones, Les Lionceaux avec *Passe le temps sans moi* emprunte pour Mercury *Time Is On My Side* – bien que l'original soit de novembre 1963 par Kai Winding With Vocal Group – suivi en 1967 au Canada par la reprise des Bel Air dans *Tant de choses à dire*.

En 1983 Kid Creole and The Coconuts, puis Rocky Sharp And The Replays chez Polydor sur l'album « Stop ! Please » gravent chacun de leur côté leur version ; 1988 pour Friends Records le duo Cash Money and The Marvelous détourne le titre en un rap un peu funky avec *Find An Ugly Woman* signé Marvin Berryman.

Johnny Hallyday dans son époque chez Vogue à ses débuts fut inspiré pour adapter les créations de Frank Guida et Joseph Royster avec *New Orleans* traduit de *A New Orleans*.

Si j'avais un marteau

Claude François & Vline Buggy

5e 45 tours Philips 432 992, octobre. 1er 33 tours Philips 77 975, novembre. 2e 25 cm Philips 76 580, décembre. Avec l'orchestre de Christian Chevallier, arrangements de Christian Chevallier. 2e 33 tours Philips 77 818 « Claude François à l'Olympia » de décembre 1964. 20e 33 tours, Flèche 6325 677, « Claude François sur scène », avril 1974. 23e 33 tours, Flèche

6325 683, « Claude François sur scène. Été 75 », octobre 1975. 30e 33 tours, Flèche/Carrère 67 235/6, « Souvenir 78. Claude François en public », avril 1978.

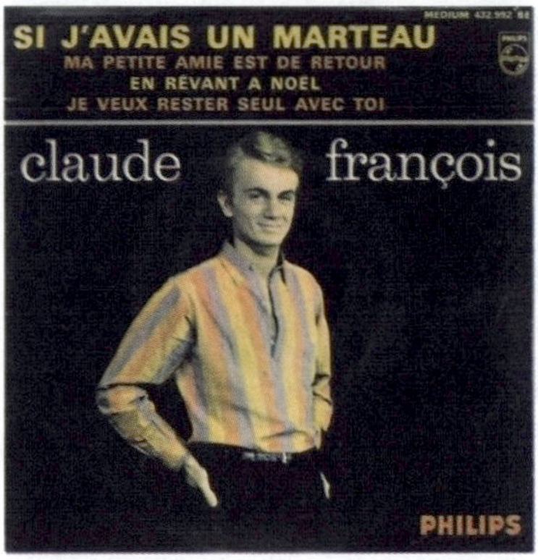

Également enregistré par les Surfs en 1963 chez Festival puis par les Champions de Claude Channes et Claude Ciari en 1963 chez Bel-Air ; Sixteen en 1963 sur EP Orly. Kris Kersen en 1964 sur un 45 tours Pergola/Panorama ; Les Fingers ; Sixteen en 1964 sur EP Saphir.

En 1983 chez Virgin, Daniel Darc, avec un côté provoc-hommage-revanchard sous l'égide matricielle de « Internationale de la Résistance » effectue un reprise « originale » (guillemets de rigueur…), sous le titre de *Si j'avais une faucille* qui plus est, en imitant/se moquant de l'Artiste au début de sa version. Le texte est crédité Jean-Edern Hallier ; c'est une production The Man Behind Organisation et cette réalisation a bénéficié d'un comité de soutien issu des divers relais d'intelligentsias dont il est souvent question dans la première partie de ce livre avec comme personnalités « qui soutiennent… » la bonne cause contre le « yéyé » honni à disqualifier à tout prix : Bernard Stasi, Pierre Daix, Christian Jelen, Eugène Ionesco, Thierry Ardisson, Bruno Bettelheim (psychanalyste qui aurait mieux fait d'écouter plusieurs chansons de Claude François pour les enfants pour mieux « nourrir » son livre *Psychanalyse des contes de fées* plutôt que de s'égarer…), Simone Veil, Claude Roy, Olivier Todd, Philippe Sollers, Jean-François Revel, Emmanuel Leroy-Ladurie, Bernard-Henri Lévy, André Glucksman, Gérard Lenorman, Annie Kriegel, Marek Halter, Claude Roy. La présence de certains étonne et détonne…

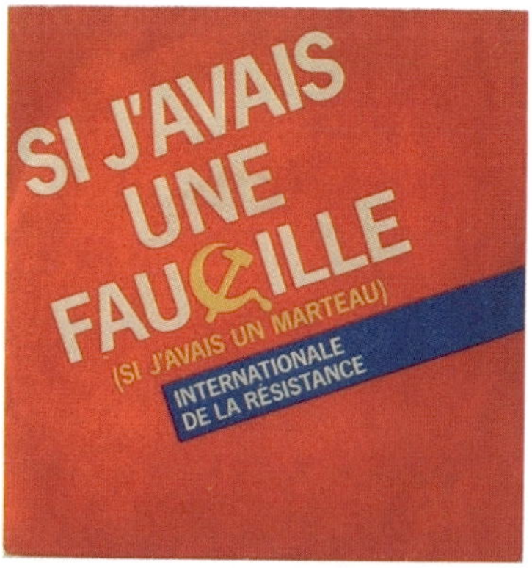

En 1990 la chanson est remixée par Jean Fredenucci, 45 tours Phonogram/Philips 876 596-7-1 et CD phonogram « Claude François Remix 90's » Philips 842 502-2. En 1993 chez Victorie Music par Amulette, dans un style improbable ska/house-rock sur « Planète bleue » ; en 1998 Hugues Aufray chez Atlas sur « Ils chantent Claude François ». Eduardo en 2000 chez Merguez Music/Wagram. Sweet Generation, style pop children's, en 2002 chez WEA. En 2003, Zora sur le CD « Cloclomania » conçu par Béatrice Ardisson. Christian Almerge en 2004 dans *Si Avia Un Martel* sur « On dirait Le Sud » chez Agorila. En 2011, une version « punk » par le groupe français Little Vicious Monkey ; en 2012 par La Compagnie Picole en autoproduction sur « Sauvés par le kitsch » ; Les Graffiti's en 2014. 2016 par Cold François dans *Si j'avais un marteau dans ta gueule* qui commence comme cela, ambiance gothique / fantomatique : « *Si j'avais un marteau, j'te cognerai le jour* », ensuite la cloche sonne le glas et la mort etc. ; Les Bettraves dans un style qui commence « normal rock » puis qui passe très vite en punk/ska hurlant/vomissant.

1re entrée dans le hit-parade de SLC en n° 2 en octobre et novembre 1963, meilleur classement en novembre et décembre en n° 1.

Adaptation de *If Had A Hammer (The Hammer Song)* (Folksong américain).

Lee Hays / Pete Seeger

Version originale enregistrée par **The Weavers** en 1949 chez Charters Records, avant la version en solo d'un de leurs membres nommé Pete Seeger en 1956.

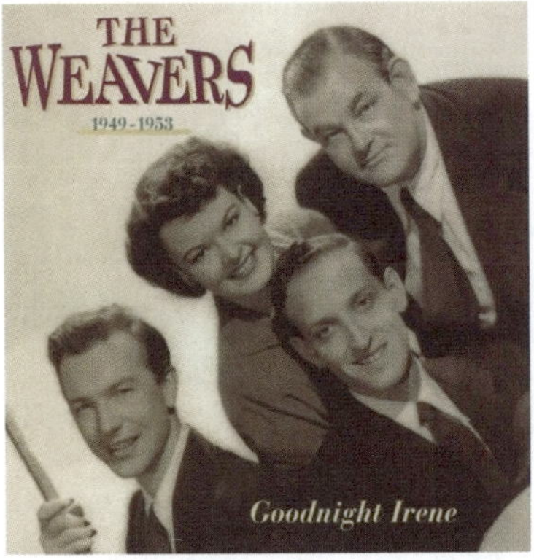

Le quarter The Weavers a la coloration « Grassroots of America », du folksong, bien sentie de l'Amérique profonde était composé de Pete Seeger, de la chanteuse Ronnie Gilbert, de Fred Hellerman et de Lee Hays. Le texte fut controversé et dès 1949 les ennuis furent évités de justesse eu égard à la période. C'est un texte pour le monde ouvrier, de l'Amérique populaire des campagnes à l'Amérique ouvrière agricole comme urbaine ; on pourrait parler du terme « d'en bas ». On n'est pas loin de la période des *Raisins de la colère* de John Steinbeck via le film avec Henry Fonda. **Trini Lopez** popularise si fortement la chanson en août 1963 que pour beaucoup qui ne connaissaient, et ne connaissent pas, les Weavers et Pete Seeger, la prestation de Lopez était, la question ne se posait même pas, la version originale ; qui plus est en l'écoutant on peut calquer la cover de Claude François, ce qui est pas du tout possible avec l'original de 1949. Trini Lopez classe la chanson pour Reprise Records à la 3e place aux États-Unis en septembre et à la 4e en octobre en Angleterre.

En partie grâce à cette chanson, le chanteur latino est la vedette de l'Olympia devant les Beatles en 1964 dans la même séance que Sylvie Vartan. C'est bien sûr la version qui déclencha celle de Claude François.

La formation The Limeliters enregistre le morceau en 1960 pour Elektra Record, sous le titre de *The Hammer Song*. La même année 1960 par la chanteuse Odetta pour le label Vanguard en public au Carnegie Hall. Peter, Paul nd Mary reprennent le standard en 1962 chez Warner Bros et connaissent un bon succès. En 1962 également, Barry McKane & Barry McGuire sur l'album « Here And Now » chez Horizon Records. McGuire récidive en 1963 avec The New Christy Minstrels sur le même label ; la même année The Seekers enregistrent la chanson sur leur premier album « Introducing The Seekers » chez W&G sous le titre de *The Hammer Song*. En partie grâce à cette chanson, le chanteur latino fur la vedette de l'Olympia devant les Beatles en 1964 dans la même séance que Sylvie Vartan. Weavers, Limeliters, Peter, Paul And Mary, Seekers, Christy Minstrel, Chad Mitchell Trio, Chad And Jeremy, Kingston Trio, Highwaymen, Brothers Four etc. toutes ces formations ont contribué à forger la musique populaire américaine dès la fin des années 1940 jusqu'à la fin des années 1960.

Les covers de ce standard se multiplient. Toujours en 1963 : The Brothers Four chez Columbia sur « The Big Folk Hits »; The Robert De Cormier Folk Singers pour le label Command de Enoch Light et George Schwager ; Ricky Dickens ; Rod McKuen With The Keytones chez Horizon Records sur l'album « New Sound In Folk Music » ; The Troubadour Singers, aussi pour Horizon Records, sur le 30 cm « Sing Out On The Beach » ; Johnny Man Singers sur l'album « Golden Folk Song Hits » chez Liberty ; Ray Pilgrim ; Martha Reeves and the Vandellas ; Bobby Darin chez Capitol. 1964 : Bobby Rydell chez Cameo Records ; versions italiennes par Rita Pavone avec un très sonore *Datemi Martello* que reprend aussi Jerry Adriani. ; Johnny B. Great ; Freddie Scott ; James Cleveland And The Cleveland Singers chez Savoy Gospel Records. Enoch Light sur le label Command pour l'album « Discotheque Dance, Dance, Dance ». Frank Alamo (en anglais) ; The Astronauts sur « Everything's OK/Astronauts Orbit Campus » ; Brian Hyland ; Sam Cooke dans une production de Al Schmitt enregistrée sur l'album « live At The Copacabana » à New York City et dont l'enregistrement est publié après sa mort (en fait son assassinat). Maurice Williams And The Zodiacs ; Barbara McNair ; The Cliff Adams Singers, célèbre formation de chorale britannique accompagnée par l'accordéoniste Jack Emblow et son Quanet sur « Sing Something Simple » (et qui remet çà en 1994). 1965 : Doc Severinsen sur le label Command pour l'album « High, Wide And Wonderful » ; Glen Campbell chez Horizon Records sur l'album « Country Shindig » ; Johnny Rivers pour l'album « Johnny Rivers Rocks The Folks » chez Impérial ; Jacky de Shannon sur son album « In The Wind » chez Imperial. Aretha Franklin ; Billy Preston. 1966 : The Four Tops chez Tamla Motow en *live ;* Bobby Darin ; à nouveau Glen Campell dans un instrumental avec la formation de guitares « Swinging 12 String » chez Pickwick Records ; Leonard Nimoy ; The Folkswingers chez World Pacific Records ; Mel Tormé pour la Columbia. 1967 : Eddie Floyd lors de la tournée de la Maison Stax en 1967 sur l'album « Live In London » ; Lorraine Ellison sur l'album Warner de 1967 « Introducing Miss Lorraine Ellison Heart And Soul ». Le saxophoniste Ace Cannon chez Hi Records. Wanda Jackson en 1969. 1970 : The Humphries Singers. 1971 ; Tennessee Ernie Ford. 1972 : June Carter Cash & Johnny Cash. 1973 : Johnny Cash tout seul chez Columbia reprend le titre pour l'album « Any Old Wind Thar Blows » ; la chanteuse américaine Odetta chez Congress. 1976 : Bebu Silvetti ; Carl Gardner And The Coasters. 1977 : Horst Jankowski Und Sein Rias-Tanzorchester – un big band allemand – pour le label Héirz Zu. 1981 : Dee Clark. 1982 : Arlo Guthrie And Pete Seeger sur l'album « Precious Friend » chez Warner Bros. 1984 : The Neighborhoods. 1988 : Chico Chico. 1996 : Paul & Margie ;

Luther Vandross. 1998 : Nanci Griffith And Friends. 1999 : The Neville Brothers pour la Columbia sur l'album « Valence Street ». Jimmy James And the Vagabonds en medley dans les années 90 et 2000 avec *Amen*. 2001 : Billy Bragg with Eliza Carthy l'album « If I Had A Song » en hommage à Pete Seeger, avec Nanci Griffith. 2002 : Lurrie Bell pour l'album « Blue Had A Baby ». Version italienne, *Datemi Un Martello*, par Jerry Adriani. 2003 : Aaron Neville sur l'album « Believe » pour Telllt Records/Emi Gospel. 2004 : Hans Edler. 2005 : The Five Blind Boys of Alabama pour Compendia Music. 2011 : version italienne, la même que Pavone et Adriani, par Aylin Prandi. 2012 : Ruthie Foster pour Blue Corn Music.

À propos du texte de *Si j'avais un marteau*, des protestations avaient été émises quant au fait que Claude François avait, par la « simplicité niaise » du texte, quasiment trahi la version originale qui fait allusion aux syndicats et travailleurs américains et à leur peine ; c'était en quelque sorte un hymne ouvrier. Dans les milieux avertis comme informés où les esprits chagrin ont souvent bon pied bon œil, le texte a eu mauvaise presse et de plus, comme c'était Claude François, la critique avait un boulevard. De son côté, le « grand public » a plébiscité la chanson, personne n'y voyait à mal. Quand on connaît un tant soit peu l'esprit de l'Artiste, il est impossible de sortir, même de balbutier, de telles allégations… À regarder de près le texte, la chanson ne parle que de la construction d'un foyer et d'une vie heureuse en famille symbolisée par le fait d'avoir un outil de travail accompagné, dans les déclinaisons qui s'enchaînent, d'éléments symboliques qui embellissent les choses et encouragent pour mener à bien un dur labeur. Le terrain était et est toujours miné. La mise en premier plan (qui plus est dans une chanson populaire qui a eu l'outrance de marcher et de rapporter, c'est un comble, de l'argent), des valeurs du travail individuel pour construire sa vie avec les siens n'est pas de mise… surtout en le chantant joyeusement. Mais les valeurs du travail individuel, sous-entendu égoïstes, tant sur le plan financier que sur celui de la liberté personnelle sont par nature antagonistes à celles véhiculées dans le monde du salariat que souvent tiennent les syndicats, aussi bien dans les villes que dans les champs. Pour ce petit monde, ça faisait beaucoup : un chanteur « yéyé » qui balance de la chansonnette, qui trahit « la cause…» par rapport à la version originale, pour les masses à « éduquer… », la coupe était pleine et, à bien y regarder, l'est encore. On ajoutera que, en cette année 1963, en octobre sur la scène de l'Olympia, Claude François reçoit des mains de Maurice Biraud, acteur et animateur sur Europe N°1, un double disque d'Or. Les volées de bois vert des funestes « sachantssavants-propres-des-pieds-ouverts-à-l'Autre... », déjà... !, contre l'Artiste n'ont rien pu faire, les pauvres...

Des Weavers comme de Pete Seeger seul, de nombreux interprètes français surent alimenter leur répertoire de leur opus. Ainsi, de *Kisses Sweeter Than Wine* en 1951, on peut écouter plusieurs adaptations dont celle sur un texte de Boris Vian avec *Ses baisers me grisaient.* Il y aura en 1958 deux reprises, celle Juan Catalaño sur l'album « Les Gitans » chez Fontana, et de Zack Matalon pour Columbia ; Hugues Aufray chez Barclay en 1961, Nana Mouskouri en 1965 pour Fontana et Emily Loizeau en juin 2009 à l'occasion de l'émission *Bulles de Vian* sur Arte avec Antoine De Caunes, également la même année par Petite Rigolote dans le cadre du spectacle *La Musique au Royaume de Zinzin* ; voir pour ce titre la partie consacrée aux inédits de Claude François qui en 1963 avait effectué une bonne maquette de *Ses baisers me grisaient.* En 1961 Jacques Hélian adapte *Michael, Row The Boat Ashore* avec Michaël chez Festival, ce que fera Rika Zaraï sur un texte de Jacques Plante en 1964 chez Score pour Bel-Air, puis Johnny Hallyday chez Philips en 1965, avec Jean-Jacques Debout pour les paroles dans *Pour nos joies et pour nos peines Hallelujhah.* L'autre chanson de Pete Seeger reprise par des Français, en tout cas en langue française est *Where Have All The Flowers Gone ?* Deux versions existent, l'une sous le titre de *Où vont les fleurs ?* avec les paroles de René Rouzaud et Francis Lemarque que Jacqueline François adapte en 1962. La seconde version avec des paroles de Guy Béart sera enregistrée la même année par Dalida chez Barclay ; puis par, et Jean-Jacques Debout chez Vogue ; ensuite vient la version par Eva en 1965 chez Mercury. Pierrette Bourgain en 1966 puis Francis Lemarque et Annie Cordy. La seconde version s'appelle *Que sont devenues les fleurs ?* avec le même texte ; c'est Dalida chez Barclay qui la popularise en 1962 ; Francis Lemarque enregistre sa version en 1985 chez Paris Album ; enfin, en 2012 par Max Guazzini qui réenregistre le classique. Dalida et Guy Béart auront l'occasion de chanter ce titre en duo à la télévision en 1984. En 1964 Marlene Dietrich gravera sa version en allemand avec *Sag Mir Wo Die Blumen Sinden* chez Hör Zu sur l'album « Die Neue Marlene ». Sylvie Vartan et Gérard Melet adaptèrent aussi Pete Seeger avec *Tourne, tourne, tourne* d'après *Turn ! Turn ! Turn !* un standard repris par des dizaines d'artistes en Amérique et notamment par les Byrds qui popularisèrent le titre. Avec son hit *Pends-moi*, Hugues Aufray a été, par sa reprise du *Dang Me* de l'Américain Roger Miller, aux mêmes sources musicales, mais aussi culturelles, que Claude François ; en effet ce *Dang Me* toujours attribué à Miller ressemble plus que furieusement à la vieille chanson de Pete Seeger, sortie des racines premières de l'Amérique profonde, *Talking Union*, chanson écrite par Pete Seeger mais aussi par Lee Hays, le cosignataire de *If I Had A Hammer* et par Millard Lampell. En 1964 chez Philips le « complice » et ami de Johnny Hallyday Long Chris et les Cowden (alias Christian Blondiau) adapte des Weavers *Lonesome Traveller* qui devient avec le texte de Manou Roblin *Je suis un cavalier solitaire* ; la même année le trio masculin Les Bab's s'empare du classique *We Shall Overcom* en gravant chez Polydor *Un jour.* Sylvie Vartan avec *Mister John B.* en 1966 adapte des Weavers *The Wreck Of The John B.* de 1950 via la reprise des Beach Boys *Sloop Mister John B.* de 1966. En 1964, chez Barclay, de Trini Lopez, on peut entendre Hugues Aufray dans *Le bonheur n'est-il pas fait pour moi* de *What I Have Got Of My Own* et Frank Alamo avec *Non ne dis pas adieu* d'après *You Can't Say Good Bye.*

On trouve également – connaissant un tant soit peu les profils concernés savoir Catherine Ribeiro et Pete Seeger notamment pour leurs prises de positions respectives sur les plans socio-politiques et sociétaux (même si ce terme n'était pas utilisé à l'époque...) – Ribeiro adapte de Seeger *The Bells Of Rhimney* qui devient sous la plume de... Vline Buggy ! *Les cloches dans la vallée* ; le plus étonnant ici n'est pas bien sûr que Catherine Ribeiro soit inspirée par ce que dit Seeger dans l'ensemble de son œuvre, mais que ce soit la parolière emblématique du « yéyé maudit » pour une certaine intelligentsia, les intellectuels de la bien pensance en général, qui a pu avoir la possibilité relationnelle, et même éditoriale, de faire le texte pour l'égérie Ribeiro ; sinon, c'est certainement la reprise de Cher plutôt que celle des Byrds qui donna l'idée de cette adaptation à Ribeiro. Graeme Allwright en 1966 avec *Petites boîtes* emprunté à *Little Boxes*. Tao-By, alias Buddy Badge Montezuma, enregistre en 1967, chez Polydor, *C'est décidé* d'après *I'm Comin Home, Cindy* que Trini Lopez avait gravé en 1965 pour Reprise Records. 1968 : à nouveau Graeme Allwright chez Mercury sur l'album « Le Jour de clarté » dans *Qu'as-tu appris à l'école mon fils ?* d'après *That's What I Learned In School* que Pete Seeger enregistre en novembre 1963 ; cependant, il est à peu près certain que Graeme Allwright a adapté cette chanson après écoute de la version de Chad Mitchell Trio de janvier 1964 (voir *L'Histoire irlandaise)* ou celle de Tom Paxton (voir *Le Jouet extraordinaire*) d'octobre 1964 et ces deux versions, comme les ultérieures portent le titre de *What Did You Learn In School Today ?* ; Graeme Allwright qui décidément ne s'est pas privé de la richesse du répertoire de Pete Seeger grave, sur ce même album de chez Mercury, *Jusqu'à la ceinture* d'après *Waist Deep In The Big Muddy*. De Trini Lopez, on retrouve en 1964 deux reprises chez Barclay avec Hugues Aufray dans *Le bonheur n'est-il pas fait pour moi* de *What I Have Got Of My Own* et Frank Alamo avec *Non ne dis pas adieu* d'après *You Can't Say Good Bye*. Chez Barclay en 1972 Maurice Dulac et Marianne Mille enregistrent, sur des paroles de Boris Bergman, *Neige* d'après *Snow Snow*.

Ma petite amie est de retour

Claude François & Vline Buggy

5e 45 tours Philips 432 992, octobre. 1er 33 tours Philips 77 975, novembre. 2e 25 cm Philips 76580, décembre. Avec l'orchestre de Christian Chevallier, arrangements de Christian Chevallier.

1re entrée dans le hit-parade de SLC, en n° 49 en octobre et novembre 1963.

Adaptation de ***My Boyfriend's Back*** (Rock/pop américain).

Bob Feldman & Richard Gottehrer / Jerry Goldstein

Version originale enregistrée par le groupe vocale féminin **The Angels** pour Smash Records/Mercury en juillet 1963 ; classé aux États-Unis n° 2 en septembre pour Smash.

Martha Reeves And The Vandellas enregistrent le titre la même année sur leur album « Heat Wave » ; et toujours en 1963 par Bobby Comstock dans *Your Boyfriend's Back* pour Law Records.

Comme pour *Le temps que j'arrive à Marseille*, ou *J'entends siffler le train* de Richard Anthony et d'Hugues Aufray, cette chanson ne serait plus la même aujourd'hui du fait des changements dans le monde du rail. Cette production dont l'origine américaine au son presque spectorien, du nom du producteur/magicien Phil Spector, s'entend immédiatement dès la première écoute. Une image a marqué ce titre à l'époque, celle d'une jeune fille qui part, valise à la main et que le chanteur perd de vue, dans la fumée du train. Sinon, l'artiste brode sur les maux d'amour d'adolescents. Cette chanson n'est pas là pour faire « réfléchir », à ce moment précis de sa production ; mais elle plaît parce qu'elle est spontanée, à la fois dans la musique et dans le texte français qui, entre les lignes, est moins naïf qu'il n'y paraît car il pose les questions qui assaillent alors cette génération issue du baby boom. Elle fait partie des œuvres qu'ont gravées des groupes féminins américains d'alors, dont certains hits qui comptent dans l'histoire du rock et de ses univers musicaux adjacents, comme les Crystals avec leur *Da Dou Ron Ron* pour Johnny Hallyday, Frank Alamo et Sylvie Vartan ou les Shangri-Las avec leur légendaire *Leader Of The Pack*, un n° 1 pour Frank Alamo avec *Le Chef de la bande*.

Le « déjà classique » est repris en 1966 par le groupe vocal féminin The Chiffons pour Stateside Records sur l'album « Sweet Talking Guy », une reprise beaucoup plus énergique et sonore que l'original des Angels. Puis par The Goodees en 1969. La formation féminine The Paper Dolls (voir *Jacques a dit* et *Jamais un amour*) en 1970 chez RCA. L'Anglaise Bette Bright And The Illuminations en 1978. Dolly Dots en 1980. Le groupe de Mark Knopfler Dire Strait, en 1981 avec allusions et références appuyées à la chanson dans leur titre *Romeo And Juliet* sur l'album « Macking Movies », et, la même année, par Sarah Brightman. Sylvie Vartan (en anglais), Melissa Manchester en 1983 tout comme The M & Ms. Mary Buffett en 1984. Le groupe australien The Chantoozies dans le film *The Crossing* en 1990. The Chipettes, un groupe virtuel, irréel, en 1986 dans l'épisode *Hooping ft Up* de la série *Alvin And The Chipmuks*. Le groupe américain punk rock, Bracket, en 1998 tout comme la même année Frank Rogala sur l'album « Crime Against Nature ». Brooke Harris Wolff en 1999. My First And The Gimme Gimmes en 2001. Le groupe de rap Bone Thugs-N-Harmony's Track en 2002 sur l'album « Thug World Order », la chanson se retrouve dans la structure lyrique de leur titre *Guess Who's Back*. En 2004 par le groupe féminin australien The Spazzys sur l'album « Aloha ! Go Bananas », filles excellentes aux guitares et à la batterie et parties vocales superbes comme chez les Ronettes, Martha Reeves, les Crystals et autres Chiffons ou Marvelettes. Le duo rock danois The Raveonettes en 2005 sur l'album « Pretty In Black » pour la Columbia ; 2005 encore avec The Jersey Boys.

Chris Bailey And Kat Spazzy en 2006 ; la même année 2006 par la chanteuse norvégienne Marit Larsen chez Emi. En 2007 par le comédien américain Frank Caliendo avec un titre différent, *My Brett Favre's Back*, quand il crée le personnage du présentateur TV John Madden dans le film *Comebacks* puis 2007 toujours avec la chanteuse américano-asiatique Paris Bennett sur l'album « Princess P.» pour le label 306 Entertainment. Katerina Graham en 2011 tout comme Bob Ricci dans une parodie sous le titre de *My Girlfriend Back* chez Sony Music. Pour une autre adaptation en France des Angels, il y a notamment l'impérissable *Oh ! Wow wow wee (Wow wow wee)* enregistré en 1964 chez Mercury par Les Gam's d'Annie Markan d'après *Oh Wow Wow Wée* (*He's The Boy For Me*) écrit et composé par les mêmes songwriters Bob Feldman, Richard Gottehrer et Jerry Goldstein qui ont donné le jour à *My Boyfriend's Back* ; Karen Bessy la même année chez Riviera avec *Je n'aime que lui* issu de *I Adore Him*.

Je veux rester seul avec toi

Claude François

5e 45 tours Philips 432 992, octobre. 1er 33 tours Philips 77 975, novembre. 2e 25 cm Philips 76 580, décembre. Avec l'orchestre de Christian Chevallier, arrangements de Christian Chevallier.

1re entrée dans le hit-parade de SLC, en n° 32 en novembre et décembre 1963, meilleur classement en n° 17 en janvier 1964.

La chanson est remixée en 1990 par Jean Fredenuci, CD phonogram « Claude François Remix 90's » Philips 842 502-2.

Adaptation de ***I Want To Stay Here*** *(Variété/country américaine).*

Gerry Coffin / Carole King

Version originale enregistrée par **Steve Lawrence and Eydie Gorme** pour CBS en 1963. Le duo se classe n° 4 en Angleterre en septembre 1963.

La même année 1963 un autre duo, anglais cette fois, Miki And Griff, reprend la chanson pour le label Pye. En 1968, une autre version avec, à nouveau un duo américain, avec Peaches

And Herb (autrement dit, Francine « Peaches » Hurd Barker et Herb Fame) grave la chanson sur l'album « Golden Duets » chez Date. La regrettée Dusty Springfield apporte sa contribution en 1990 sur son album « Reputation » chez Parlophone.

En transformant le *Chains* des Cookies en *Chance*, Sylvie Vartan a elle aussi bien été avisée d'aller voir du côté des créations de la grande Carole, Carole King. Cette chanson a eu le malheur de figurer sur le 45 tours où étaient gravés *Si j'avais un marteau*, *Ma petite amie est de retour* et *En rêvant à Noël*. Deux adaptations très rythmées, une très thématique ont fait que ce titre lent est passé un peu inaperçu. Un jeune homme, très pris la semaine par son travail, demande à celle qu'il aime d'être seul avec elle, au milieu de nulle part : pas de sorties, de cinéma, rien. Une composition irrésistible par ces deux légendaires signatures américaines qui, même avec un texte français parfois un peu faible, rend cette adaptation écoutable. L'ambiance très slow/rock, dans la couleur de l'époque, évite l'écueil trop variété qui aurait pu s'emparer d'un tel thème.

Les adaptations françaises de Steve Lawrence et/ou Eydie Gorme concernent notamment Henri Salvador sur son label Salvaldor/Rigolo chez Philips qui emprunte à Steve Lawrence (qui enregistre la chanson dans la même période que Bobby Vee) *Go Away Little Girl* – écrit et composé par le duo de songwriter Gerry Goffin et Carole King – pour graver en 1963 *Va t'en vit'mon amour* transcrit par Rudi Révil et Manou Roblin ; avec d'autres paroles, la chanson est adaptée en 1972 au Québec sur un texte d'André Boulanger par René Simard pour le label K Tel avec *Où es-tu Grand papa* ; la même année Audrey (Audrey Arno) sur le label du même Henri Salvador/Rigolo enregistre *Fière de toi* que Bernard Michel transcrit de *Walking Proud* de Steve Lawrence chanson que le Canadien Pierre Lalonde reprendra aussi en 1968 sous le titre de *Viens dans mes bras* sur un texte de Pierre Nolès ; toujours 1963 année où Bob Asklöf adapte de Steve Lawrence *Poor Little Rich Girl* qui devient *Riche de tout* sur des paroles d'Hubert Ithier et Rudi Révil. Audrey Arno persévère en 1964 et grave *Partez tous mes amis* d'après *Everybody Go Home* d'Eddie Gorme avec Bernard Michel aux paroles, titre qu'avait déjà adapté l'année précédente au Québec Sophie José sur le label Franco-Élite. D'Eydie Gorme Richard Anthony adapte en 1964 *Tout ça pour la bossa nova* d'après *Blame It On The Bossa Nova* ce que firent de leur côté Orlando, le frère de Dalida avec tous les risques à l'époque que cela comportait face à Richard Anthony, la chanteuse Sophie chez Decca, et la Québécoise Margot Lefèbvre la même année avec *C'est la faute au bossa nova*, Margot Lefèbvre qui avait adapté l'année précédente *Don't Try To Fight It, Baby* d'Eddie Gorme avec *Il n'y a rien à faire* chez Trans-Canada mais la chanteuse Catherine Alfa (futur Charlotte Leslie) offre sa version de ce même titre la même année sur des paroles de Manou Roblin et grave chez AZ *Tu es pris au piège ;* et encore de la bossa nova avec Petula Clark en 1964 avec *Un doigt de champagne* de *Can't Get Over The Bossa Nova*. Agnès Loti chez DiscAZ enregistre *Aïe n'y touchez pas* en provenance de *I Want You To Meet My Baby*. C'est la chanteuse Peggy (Evelyne Lesourd) pour Pathé/Columbia qui adaptera le duo Steve Lawrence-Eydie Gorme avec *Je n'arrête pas* sur des paroles de Mya Simille et Rudy Réville issu de *I Can't Stop Talking About You*, et pour cette chanson, voir dans le présent volume pour la même adaptation, dans la catégorie "chanson pour les enfants", *C'est Noël et j'aurai tout ça* par Claude François.

1964

Laisse-moi tenir ta main

Claude François

6e 45 tours Philips 434 863, mars. 3e 25 cm Philips 76 587, de juin 1964. 3e 33 tours Philips 844 775, juin 1965. Avec l'orchestre de Christian Chevallier, arrangements de Christian Chevallier.

Également enregistré à la même époque par Frank Nicolas chez PBM en 1964 sous le titre de *Je veux prendre ta main* mais c'est Frank Alamo qui face à Claude François fait un succès non négligeable de cette adaptation chez Barclay avec ce texte et titre différents de Ralph Bernet que Nancy Holloway, la Dionne Warwick franco-américaine de Cleveland et de Paris, inscrit aussi à son répertoire chez Decca. La même année au Québec quatre interprètes effectuent leur reprise sous le titre de *Oh ! donne moi ta main*, il s'agit de Pierre Lalonde pour Apex en 1964, Roland Montreuil chez Rusticana, pour Caprice 45 tours Dorothée Foy, et Pierre LeBon.

Adaptation de ***I Want To Hold Your Hand*** (Pop anglaise).

John Lennon / Paul McCartney

Version originale enregistrée par **The Beatles**, chez Parlophone en novembre 1963 et en 1964 chez Odéon ; classé n° 1 en décembre 1963 et n° 2 en janvier 1964 en Angleterre, enfin n° 1 aux États-Unis en février.

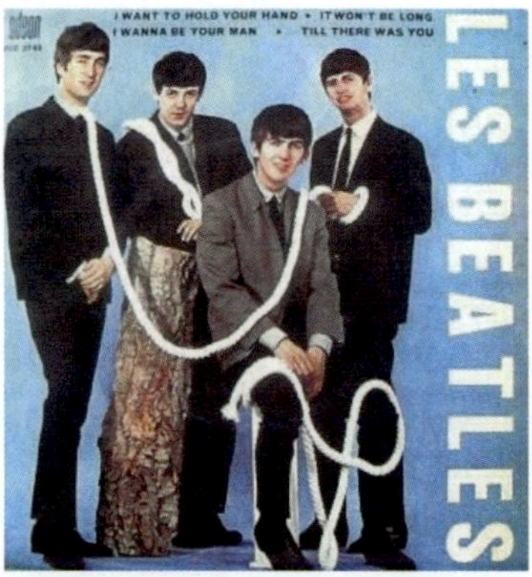

Puis par les musiciens de Buddy Holly The Crickets, The Dollar, Freddie Cannon, Pat Boone, The Supremes, Petula Clark, The Swalows. Al Green, Nancy Butts. Le duo américain Homer & Jethro (Homer Haynes et Jethro Burns) pour RCA.

The Lennon Sisters chez Pickwick sur l'album « What The World Needs Now ». En 1969 avec la voix et le phrasé étonnants de Glen Adams, organiste du groupe The Upsetter, sur des arrangements et rythme reggae qu'on peut trouver aujourd'hui sur une compilation – E Place Old Jamaïca, Makasound Bunny Lee's productions en 1979. Le groupe français Odeurs offre une prestation très originale du genre marche militaire avec force voix de parachustistes, une provocation digne de la bande de Ramon Pipin et Rita Brantalou d'Au Bonheur des Dames sur leur album de 1991 « Fragrances et Remugles ». On doit la dernière version en date par la voix de la blonde plantureuse et néanmoins anglaise Brett Smiley aux bons soins du producteur Andrew Loog Oldman, en 2003 chez RPM London sur l'album « Breathlessly Brett ». Pour beaucoup bluette yéyé type à l'époque, la musique des Beatles sauve les meubles tout comme l'interprétation de Claude François.

Maman chérie

Claude François

6e 45 tours Philips 434 863, mars. 3e 25 cm Philips 76 587 de juin 1964. N'existe pas en 33 tours original. Le 25 cm de juin en fait office. Avec l'orchestre de Christian Chevallier, arrangements de Christian Chevallier.

Adaptation de ***24 Hours From Tulsa*** (Variété/country/rock américaine).

Hall David / Burt F. Bacharach

Version originale enregistrée par **Gene Pitney** en novembre 1963 pour United Artists/Musicor Records ; classé en Angleterre n° 10 en décembre et n° 6 en janvier 1964.

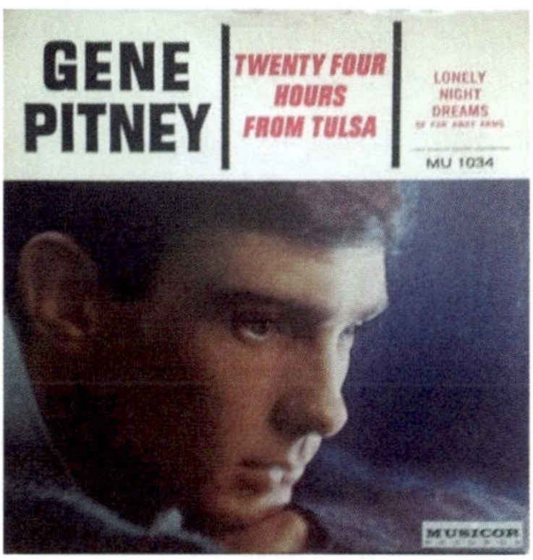

Puis par Dusty Springfield en 1964 sur son album « A Girl Called Dusty » chez Philips ; puis lan and Sylvia, Jays and The Americans chez United Artists sur l'album « Blockbuster », Burt Bacharach, Showaddywady.

L'enfant prodigue est parti, on se retrouverait presque au milieu de *J'ai joué et puis j'ai perdu* et *C'est moi, c'est moi* pour rejoindre dans la thématique du nomade égaré qui ne sait plus où dîner, notion liée au foyer et à un toit, un lit, *Si douce à mon souvenir*, *Le Vagabond* et *J'ai encore ma maison* faux nez qui se voile la face… Voulant revenir, il est perdu, a peur de rentrer chez une mère « trahie » : « *toi qui croyais que j'étudiais alors que je gâchais ma vie bêtement* ». Le foyer parental est quitté pour une jeune femme comprendre dans les sous-entendus du texte une illusion qui a frappé ; une fois pris dans les filets de la séduction l'homme est réduit, ruiné, pauve hère errant ; paumé du soir à l'instar d'un « paumé du petit matin » chez Brel, il se demande à quel endroit il pourrait « *dîner à cette heure ci* », car il est tard et surtout, trop tard… Le climat est oppressant et l'on retrouve le même dans la version originale. C'est le registre de l'impossible retour au foyer, à la maison mère, à la matrice, suite à une déception, une trahison, un échec de vie affective. Le chanteur/narrateur est « habité » par l'histoire, c'est une « histoire » que lui, Claude François vit perpétuellement dans sa hantise de l'abandon qu'il finit par provoquer. On retrouvera encore l'idole en plein autodiégétisme. Il est comme enchaîné dans « ses » limbes d'un onirisme fragile où le guette pour le détruire – et il en est persuadé – tout ce qui s'apparente à la solitude, l'abandon, l'isolement, l'errance éternelle, le rejet, l'affliction définitive : c'est son territoire sémantique et on le retrouve dans *Les cloches sonnaient*, *Mais quand le matin*, *Joue quelque chose de simple*, *Vivre avec toi*, *Les Ballons rouges*, *E.E.E. A.A.A.*, *Le Dragon magique*, *C'est toujours le même refrain*, *Le Vagabond*. Ce réceptacle mental, émotionnel, social comme psychique cultive avec application et assiduité son répertoire. Les arrangements à la fois simple et classieux n'arrangent rien pour remonter le moral mais en la circonstance, c'est fait pour ça. Inouï de véracité et de finesse. Et cela, au cœur de la période « yéyé … ! »

Gene Pitney, suscita aussi beaucoup d'adaptations en langue française. Johnny Hallyday avec *Dans un jardin d'amour* grave sa reprise de *Garden of Love* en 1962 chez Philips (alors que, bizarrement, l'original de Gene Pitney est commercialisé en 1963 chez Musicor Records sur « Sings World – Wide Winner », contingence que l'on constate en 1966 pour la chanson de l'Artiste *Toute la vie*. Dick Rivers prend d'assaut *Hello Mary Lou* (*Hello Mary Lou*) – écrit par Pitney pour Ricky Nelson – sous le titre de *On devine bien des choses* cover restée sur les étagères ; ce *Hello Mary Lou* de Pitney est également revisité en 1962 par le groupe Les Champions de Claude Channes avec *Bye bye mon amour*, Petula Clark, Les Lunettes Noires, Jean-Pierre & Les Rebelles et au Canada par le Québécois Patrick Zabé pour Budget Music sur un texte de Jean-Pierre Kalfon. Un des pionniers du rock-twist français, Vic Laurens (ex Vautours) adapte Gene Pitney en 1963 pour Mercury avec *C'est dur d'aimer pour rien* provenant de *It Hurts To Be In Love*. Toujours 1963 avec Nathalie Degand chez Pathé qui reprend *If I Didn't Have A Dime* que transcrit de Ralph Bernet en *Je suis perdue* ; idem avec le Belge Robert Cogoi la même année chez Philips et Robert Davis chez RCA en 1964, puis en 1965 par Frida Boccara chez Festival ; *If I Didn't Have A Dime* est adapté à nouveau en 1965 par l'occasionnel duo que forment Akim et Sheila en 1965 dans une prestation originale et qui marcha assez fort avec *Devant le juke box*, que reprend en 1966 le duo canadien Guy Boucher et Ginette Sage sur le label québécois Fantastic.

En 1964 la chanteuse Evy grave chez Barclay *Essuie tes larmes* en provenance de *Today's Teardrops* ; la même année chez Barclay Jacques Guérini enregistre pour Barclay *La fille que j'ai connue hier soir* que lui a suggéré l'écoute de *The Girl Belongs To Yesterday* de Pitney et, toujours en 1964, *Je n'aurais pas dû faire ça* d'après *Half The Laughter, Twice The Tears* ; l'occasionnel duo Akim et Sheila en 1965 dans une prestation originale et qui marcha assez fort, *Devant le juke box* d'après *If I Did Not Have Dime*, que reprend en 1966 le duo canadien Guy Boucher et Ginette Sage sur le label québécois Fantastic ; la même année Marianne Mille est également inspirée en gravant chez RCA Victor *Avant toi* d'après *Across The Street ;* Eddy Mitchell accorde aussi sa confiance au répertoire de Pitney et enregistre *Aux yeux de ton amour* de *Looking Through The Eyes Of Love ;* ensuite on trouve le titre qui révéla Herbert Léonard à savoir *Quelque chose en moi tient mon cœur* (*Something's Gotten Hold Of My Heart*) que Richard Anthony enregistrera discrètement mais bien plus tard. En 1966 Johnny Hallyday s'attaque à *I Must Be Seeing Things* en gravant *Mes yeux sont fous* ; Richard Anthony – et bien que l'original soit de Frankie Laine en 1963, ne pouvait manquer Gene Pitney qui popularise fortement en 1964 un sublime *I'm Gonna Be Strong* – que Richard Anthony revisite avec *Je ne dirai rien* ; le titre est enregistré d'ailleurs beaucoup plus tard par la chanteuse Juice Newton en 1982 chez Capitol sur « Quiet Lies » puis par Cindy Lauper en 1994 chez Epic dans une version plus que renversante vocalement ; encore Richard Anthony pour son adaptation de *Just One Smile* qui sous la plume de Pierre Delanoë devient *Un sourire* (*j'en ai tant besoin*). En 1967 Nicoletta adapte également Gene Pitney avec *La Musique* d'après *Angelique* créé par les *songwriters* Barry Man et Cyntia Weill. Gene Pitney avait enregistré le titre en juin 1966 sur « Backstage I'm Lonely » chez Musicor Records, sitôt suivi avant la fin du même mois 1966 par la version que Barry Man effectue chez Capitol Records sous le titre de *Angelica*. Enfin, Richard Anthony revient fait un tour chez Gene Pitney et en 1974 lui emprunte *Blue Angel* avec un texte d'Yves Dessca pour *Fais-moi l'artiste* sur son label Tacoun pour Trema.

De ville en ville

Claude François

3e 25 cm Philips 76 587, juin. 7e 45 tours, Philips 434 912, juillet. N'existe pas en 33 tours original, le 25 cm de juin en faisant office. Avec l'orchestre de Christian Chevallier, arrangements de Christian Chevallier.

La chanson est reprise en 1964 chez Tiercé Panorama par André Vasseur.

Adaptation de ***A Little Loving*** (Pop anglaise).

Russell Alquist

Version originale enregistrée par **The Fourmost** chez Parlophone en mars 1964 ; la chanson se classe en Angleterre n° 9 en mai.

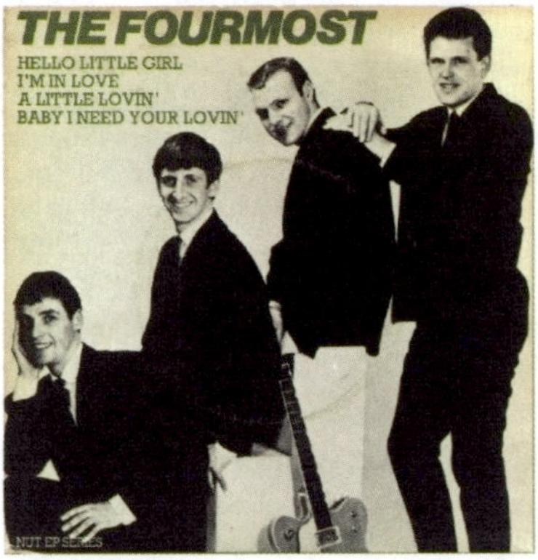

Pour la première fois, l'idole évoque dans son répertoire la vie des tournées. Un bruit de moteur symbolisant sa grosse cylindrée sert d'introduction. La suite est simple et, déjà, on se sert d'un titre « ancien » de 1962 pour illustrer un autre contexte, mais pour le même thème. Ici, les filles, qu'on rencontre dans toutes les villes traversées, sont « belles, belles, belles comme le jour ». Cette phrase est chantée, naturellement, non pas sur l'air du titre évoqué mais bien sur la mélodie du présent titre. L'autre allusion à la vie, cette fois considérée comme harassante des tournées se trouvera gravée onze années plus tard dans *Six jours sur la route*. La couleur très pop anglaise sur un rythme rapide et bien enlevé fait de ce titre un must musical. La formation française rock'n/twist Les Jets adapte un titre de The Fourmost en 1964 chez Barclay en gravant *Je suis amoureux*, sur des paroles de Pierre Saka, d'après *I'm Love* avec comme auteur et compositeur originaux John Lennon et Paul McCartney… ! Avec *Hello Petite fille* chez Philips en 1964, Sheila reprenait le *Hello Little Girl* des Fourmost, titre signé… Lennon-McCartney ; décidément, on ne se refuse rien.

Dis-moi quand

Claude François

3ᵉ 25 cm, Philips 76 587, juin. 7ᵉ 45 tours, Philips 434 912, juillet. 3ᵉ 33 tours, Philips 844 775, juin 1965. Avec l'orchestre de Christian Chevallier, arrangements de Christian Chevallier.

Adaptation de ***Tell Me When*** (Pop anglaise).

Goeff Stephens / Les Reed

Version originale enregistrée par **The Applejacks** pour la maison Decca en février 1964 ; classé en Angleterre n° 9 en mai.

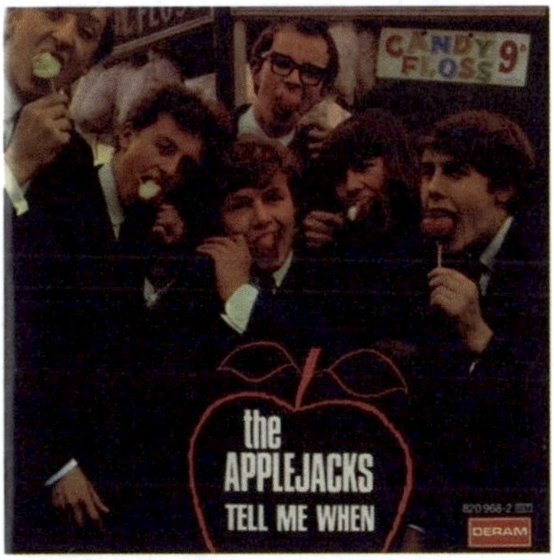

Ce combo anglais s'est appelé Crestas puis Jaguars avant d'arriver au nom qu'ils prirent quand ils enregistrèrent ce qui est quasiment leur unique hit. Un membre du groupe, George E. Washington (ou parfois Jon Washington) – voir *Tout çà c'était hier* – formera les futurs The Fortunes qui engendreront chez Claude François *Tu as tes problèmes, moi j'ai les* miens et *Il fait beau, il fait bon*.

Tell Me When, inspire dans la période d'autres bons groupes dont Freddie And The Dreamers ; Troy Dante And The Infernos ; le groupe belge les Cousins enregistre le titre en anglais en 1963.

Piano électrique garanti d'époque et guitare un peu jazzy donnent une couleur éloignée du pur et dur « yéyé » et de la variété. Les suites d'accords de 7e mineur, de 6e et de 9e enveloppent une mélodie et l'ensemble, très rythmé, témoigne d'une recherche en matière d'harmonies. Dans l'esprit musical d'*Alors salut* et de *Du pain et du beurre*. Si le texte est de facture simple, il est nature, sans prétention et va directement au but lorsque le chanteur, s'adressant à une jeune une fille, demande « quand et où » pour évoquer des souvenirs récents de l'été écoulé. Une fin d'amour de vacances en somme. En 1964 chez Barclay, Les Jets trouvent suffisamment à leur goût un titre des Applejacks au point d'en faire l'adaptation française et c'est ainsi que *Baby Jane* devient *Malgré le temps passé.*

Les Cloches sonnaient

Claude François

8e 45 tours Philips 434 964, octobre. 3e 33 tours, Philips 844 775, juin 1965. Avec l'orchestre de Christian Chevallier, arrangements de Christian Chevallier.

1re entrée dans le hit-parade de SLC, n° 13 en octobre 1964, meilleur classement n° 3 en novembre et décembre, n° 5 janvier 1965.

La chanson est remixée en 1990 par Jean Fredenuci (voir *Elles sont jolies en Angleterre*), CD phonogram « Claude François Remix 90's » Philips 842 502-2.

Adaptation de ***When You Walk In The Room*** (Pop américaine).

Jackie de Shannon

Versions originales enregistrées par le combo anglais **The Searchers**, le groupe de Mike Pender en septembre 1964 chez Pye Records ; dans ce style/registre, c'est de la pop anglaise.

La créatrice de la version originale, paroles et musique, l'Américaine **Jackie DeShannon** enregistre la chanson à peine deux mois après, le 4 novembre 1964 pour Metric Music.

Les Searchers classent le titre n° 3 en Angleterre en septembre, n° 6 en octobre, n° 35 aux États-Unis. La chanson est à nouveau sur un disque de la créatrice, au sens écriture/composition du terme, et premier interprète, la prolifique Jackie DeShannon chez Sunset Record sur son album « Love » en 1970.

Les Cloches sonnaient, avec une introduction de coups sur la grosse caisse puis carillon en arpèges pour les cloches est typique de la « gaité yéyé ». Pourtant, celle-ci approche de l'agonie ; le titre dans ses soubassements annonce la fin d'une période d'insouciance et sans doute de volontaire naïveté. C'est l'une des chansons les plus belles et les plus mélancoliques du style « yéyé » encore pour à peine un an à son apogée ; en effet, dans les non-dits très inconscients du texte rejoignant la puissance évocatrice de la mélodie, on sent la fin. Titre au déroulement linéaire, pas de structure couplet/refrain, mais une continuité jusqu'à l'éloignement par le biais du train. Les arrangements, le gimmick d'introduction avec les cloches qui reviennent entre les phrases relancent l'histoire d'une séparation un dimanche dans une gare où la jeune femme paraît minuscule dans la multitude. Souvent les espaces d'attente de transports servent de décor, de contexte en tant que support physique et sémantique pour narrer retrouvailles ou, plus souvent, séparations. Ils reviennent toujours comme une fatalité à laquelle dans ces moments-là on n'échappe guère. Ici la déchirure est dans une gare en 1964 et l'année suivante les moyens de transport en action y passeront tous avec *Quand un bateau passe*. En 1977, ce sera Jacques Brel torturé dans *Orly* durant le supplice de la séparation dans l'aéogare… Avec *Les cloches sonnaient*, le spleen de ce dimanche fatidique joue à plein. En 1964, donc, le « yéyé » le plus décrié comme le plus acclamé évoque la ville qui peut meurtrir comme humilier un individu ; individu qui plus est ici en perte d'un être cher, une jeune femme ensevelie comme absorbée pour disparaître dans le hall déshumanisé d'une gare bruyante : « *tu paraissais minuscule, dans cette gare* ». Claude

François évoque ces instants d'angoisse comme d'exaltation sur une mélodie limpide mais à double tranchant et qui selon l'humeur engendre joie comme désespoir à couper au couteau. On n'est pas loin d'un climat bi-polaire… Son énonciation est clinquante comme élégante et en fusion avec la clarté du texte. Le chant fait corps avec l'interprète qui baigne dans cette musique enjouée, presque joyeuse mais où manifestement on ne peut dissimuler sa désespérance quand « sonne » la fin de l'existence d'une harmonie particulière dans un espace intérieur émotionnel à la fin des dimanches où sonnaient les cloches ; à chacun sa Madeleine mais celle-ci vaut son pesant, rudement en avance l'Artiste… À chaque fin de phrase où un détail précis a engendré la mélancolie, l'ampleur des cordes augmente. Bien qu'il n'y ait pas grand-chose à voir avec l'excellent texte original où lorsqu'elle (ou il) marche dans sa chambre, l'interprète amoureux passionné peut soulever des montagnes, avec son texte français Claude François se révèle un auteur inspiré, poète et qui dit les choses directement même lorsqu'elles sont superbement imagées.

De son vrai nom Sharon Lee Myers de ses parents, artistes, James Erwin Myers et Sandra Jean, De Shannon est née en août 1944 à Hazel dans le Kentucky. Elle est à l'Amérique ce que Dusty Springfield fut à l'Angleterre : une personnalité incontournable de l'univers du rock'n roll au féminin. Elle mène grande carrière notamment chez Liberty Record dès 1962, après avoir été très précoce, (elle commence en fait à chanter dès l'âge de 6 ans, à 11 ans elle crée et dirige son programme de radio et sera remarquée par… Eddie Cochran pour ses interprétations de chansons country ; elle enregistre par la suite sous divers pseudonymes). En 1964, héroïque et hospitalière, pour ne pas dire admirative, elle apporte son concours à la première tournée américaine des Beatles pour ensuite former un groupe avec un musicien qui compte dans les « Guitars Heros » Ry Cooder.

De Shannon écrira des hits importants pour de nombreux autres interprètes comptant dans l'histoire de la musique rock/pop du XXe siècle ainsi pour Helen Shapiro, The Kalin Twins, The Critters ; avec Sharon Sheeley elle écrit *He's The Great Imposter* et *Dum Dum* que The Fleetwoods et Brenda Lee enregistreront chacun de leur côté ; Delaney Bramblett, avec *You Have No Choice*, interprétera aussi De Shannon en cosignature avec Randy Newman. Pour le premier album des Byrds, elle écrit *Don't Doubt Yourself Babe*. En 1967 elle jouera, aux côtés de Bobby Vee, un rôle de chanteuse country-folk dans le film *C'mon Let's Live A Little*. En enregistrant la chanson des deux génies *songwriters* Hal David et Burt Bacharach *What The Worfd Needs Now Is Love* elle se classe n° 1 en 1965 ; elle ne retrouvera vraiment le succès, en tant qu'interprète, qu'avec son grand classique *Put A Little Love In Your Heart* en 1968 ; ce hit sera repris par The Isley Brothers, de leur côté Annie Lennox et Al Green en 1988, mais aussi par Dolly Parton. Quant à son *Breakaway*, Tracy Ullman en donnera sa propre interprétation en 1983. On notera qu'elle s'associera avec Jimmy Page pour écrire plusieurs titres et notamment cette collaboration donnera à Marianne Faithfull son célèbre *Come And Stay With Me*. Elle compose également la musique du film *La Fièvre dans le sang*. En 1970 elle passe chez Atlantic Records. En 1973 De Shannon est conviée à chanter sur l'album de Van Morrison « Hard Nose The Higway ». En l'année 1975, un « petit » événement survient. En enregistrant une chanson de son cru, en cosignature avec Donna Weiss, et qui a pour titre *Bette Davis Eyes* sur son album « New Arrangement » pour la Columbia, va donner vie à un tube énorme ; c'est bien entendu Kim Carnes qui va populariser le titre en 1981. La chanteuse plantureuse mais talentueuse avec sa voix grave et écorchée, a toujours été perçue, malgré elle ou non, comme l'interprète originale du titre. *Bette Davis Eyes* valut à De Shannon le Grammy Award en 1982.

Il existe beaucoup de versions de *When You Walk In The Room* ; on comptera celle de Del Shannon en 1966 chez Liberty ; celle de The Child, un groupe d'adolescents qui enregistre le titre dans un tempo plus lent avec guitare acoustique dominante et classe le standard n° 38 en Angleterre au mois d'avril 1978 pour Ariola Hansa ; et encore : Billy J. Kramer & The Dakotas (voir *Quand un bateau passe*) ; Cliff Richard (voir *À la campagne*, *Moi je voudrais bien me marier*, *Chaque visage dit une histoire*) ; Dave Ashby ; The Pete Best Band (ex-batteur des Beatles avant l'arrivé de Ringo Starr) ; Karla Bonoff (Jackie De Shannon y fait les chœurs) ; The Ventures ; Brave Cambo ; Lisa Burns ; The Byrds (jamais publiée) ; The Challengers ; Annie Whittle en 1976 chez Emi ; importante et historique reprise du groupe Status Quo en 1995 chez Polygram ; Paul Nicholas (voir *C'est le Reggae*) en 1977 pour RSO Records/Polydor ; Amanda Cooper ; Dawn Chorus & The Blue Tits ; Joe Dolan chez Ritz Records en 1990 ; The Fabulous Singlettes ; Michelle Fisher ; Steve Forbert ; Ricky Gianco (en italien) ; Glass Tiger ; Green Mountain Skyline ; Heaven & The Milan Symphony ; The Hellcats ; Fiver ; Chris Hillman ; lan & The Zodiacs ; Lolita Jackson ; Jay & The Americans ; Jive Bunny & The Mastermixers ; The Rokes ; Sarah Jory ; Annette Klingenberg ; The Bowlings Balls en 1980 ; Johnny Logan ; Peter Mafay ; Bobby McGee ; Pat McGlynn's Scotties ; Pinkerrons Assorted ; Psychotic Youth ; Daniel O'Donnell ; Rainbow Rex Oxidizer ; Ramming Speed ; Sanne Salomonsen ; Tommy Scott ; Skin and Bone ; Smokie ; Sports ; Ruby Starr ; Casino Steel ; Lynn Terry ; Tiger Sue (Susie Mathis) ; Tight Fit ; The Sports ; Sally Timms ; Typhoons ; The Striders ; Bobby Vee (Voir *Je devrais dormir*) ; Jody Wayne ; Stephanie Winslow ; Paul Carrack pour Chrysalis en 1987 ; Pam Tillis – fille du chanteur country Mel Tilles – chez Arista en 1994 fera un gros succès de sa version et un bon n° 2 dans les charts ; Annie Lennox et Al Green en 1999 ; Agnetha Faltskog (ex-chanteuse d'Abba) sur son album « My Colouring Book » chez Warner en juin 2004 ; l'Allemand Jamai Loman. Bruce Springsteen le 19 octobre 2009 en live au Spectrum à Philadelphie.

D'autres artistes français ont emprunté The Searchers ainsi des Lionceaux en 1963 chez Mercury qui adaptent *Some Other Guy* qui devient *Un autre gars* ; et Petula Clark avec *Needles And Pins* pour graver chez Vogue en 1963 *La nuit n'en finit plus ;* Vic Laurent en concurrence avec Michèle Torr en 1963 avec *C'est arrivé comme çà* d'après *Don't Throw You Love Away ;* Michel Page chez Vogue en 1964 enregistre *C'est de notre âge* en provenance de *Sugar And Spice ;* Frank Alamo en 1965 chez Barclay enregistre *Ma Biche* d'après *Sweets For My Sweet.* En 1965 avec sa reprise de *Good Bye My Love* des Searchers, Richard Anthony fait un malheur en l'été 1965 dans *Au revoir mon amour* chez Pathé-Marconi/Columbia. La chanteuse Arielle en 1964 pour Decca emprunte *Baby Bye – O* qui devient *Allo*, et la même année pour AZ Agnès Loti emprunte à De Shannon son *Breakaway* et enregistre *Je pars sans regret*. La « Brenda Lee française », la trop vite partie et injustement oubliée Jocelyne (alias Jocelyne Esther Journo) adapte Jackie de Shannon en 1965 chez Polydor avec *J'ai changé de pays* en provenance de *Heart In A Hand* via Brenda Lee ; en 1965 chez Festival Les Surfs effectuent la cover de *What The World Needs Now Is Love* qui devient en *Tant que tu seras*. Barbara Suissa en fait autant en 1969 chez Philips série « Parade » avec *Donne un peu de ton cœur* en provenance de *Put A Little Love In Your Heart* reprise produite et écrite par Lucky Blondo.

1965

Terry

Claude François & Vline Buggy

9e 45 tours, Philips 434 024, mars. 3e 33 tours Philips 844 775, juin. Avec l'orchestre de Christian Chevallier, arrangements de Christian Chevallier.

1re entrée dans le hit-parade de SLC, n° 36 en février 1965, n° 11 en mars et avril.

Adaptation de *Terry* (Pop anglaise).

Twinkle

Version originale enregistrée par **Twinkle**, en novembre 1964 pour la maison Decca ; classé n° 20 en Angleterre au mois de novembre puis n° 3 en janvier 1965.

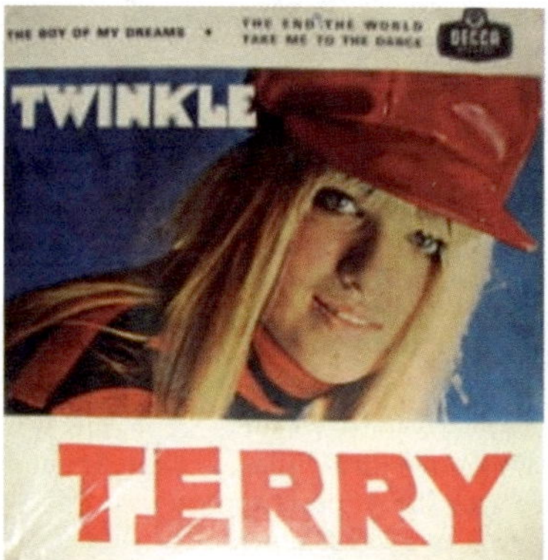

L'Anglaise Twinkle, alias Lynn Annette Ripley, est à l'origine de ce joyau. Twinkle, à l'allure à la fois de Bardot et de France Gall mâtinée d'un peu de Marianne Faithfull, est à l'époque la compagne du chanteur des Herman's Hermits, Peter Noon. Elle avait repris dans sa langue *Poupée de cire, poupée de son* la chanson écrite et composée par Serge Gainsbourg pour France Gall qui mena le titre à la victoire du Grand Prix de l'Eurovision en 1966. *Terry* est aussi enregistré en 1964 sur un EP Gala International par John Francis and The Relax Orchestra. En 2005 le trio féminin Mari Wilson, Barb Jungr & Claire Martin trouve pour Linn Records sur l'album « Girls Talk » la chanson à son goût. Bouleversé, ému par une petite fille atteinte de leucémie, Claude François lui a rendu visite suite à une lettre de sa mère qui racontait que sa fille voulait voir son idole avant de mourir. L'artiste est venu au chevet de la jeune malade avec quelques musiciens pour une mini prestation- la jeune fille mourra quelque temps après la visite de l'idole. Au hasard de leur quête de chansons, Claude et les siens entendirent ce hit assez sombre de Twinkle et en firent l'adaptation ; une forme d'hommage et de souvenir à la jeune disparue. Cette chanson est un véritable drame psychologique, et ce, en pleine apogée de la période yéyé. La version originale de Twinkle, est également empreinte d'émotion. Si on entend chez elle les mots anglais bien détachés, bien sonnés, qui frappent agréablement l'oreille, chez Claude François, par une excellente diction, ils frappent de manière quasi mortuaire notre entendement : rendez-vous est pris par l'idole : « *il est trop tard je n'la reverrai plus c'est fini/ attends-moi aux portes du Paradis Terry* ». Chacune de leur côté, Marjorie Noël et Chantal Goya avec titres et textes différents adapteront de Twinkle *Golden Lights* ; la première en 1965 chez Barclay avec *En lettres d'or* sur des paroles de Billy Nencioli ; la seconde avec un texte de Roger Dumas enregistre en 1966 pour RCA *Dans la nuit*.

Tout ça c'était hier

Claude François & Vline Buggy

9e 45 tours, Philips 434 024, mars. 3e 33 tours Philips 844 775, juin. Avec l'orchestre de Christian Chevallier, arrangements de Christian Chevallier.

1re entrée dans le hit-parade de SLC, n° 27 en avril 1965.

Adaptation de *Spare A Thought For Me* (Pop anglaise).

Les Reed / Barry Mason

Version originale enregistrée par **George E. Washington** en 1964 sur label Fontana.

Au début des sixties George E. Washington – qui deviendra Jon Washingon – collabore en solo avec Reg Calvert's Clifton. Il enregistre son premier EP chez Oriol en 1962 avec le titre *Derinda*. Jon Washington apparaît aussi dans la production de la comédie musicale « Hair » et, en 1990, il reforme The Fortunes sous l'appellation de New Band Jon Washington Sound Of The Fortunes.

Sur une introduction pianistique très nerveuse dans le médium, la chanson s'ouvre avec effets de batterie et basse bien présente. Ce titre est l'un des exemples même où le piano s'empare du rôle de la rythmique. Sur la mélodie l'Artiste donne d'excellents effets vocaux qui se révèlent très bons sur la note longue et assez haute qui précède le refrain. On entend en fait la voix non pas sur le son de gorge mais sur l'air. On retrouve chez Claude François assez cet aspect du chant maîtrisé dans de nombreux titres notamment, comme ce doit être dit, sur des notes longues. Rares sont les chanteurs à l'époque, et même aujourd'hui, qui atteignent ce niveau de puissance dans la voix, de technique maîtrisée sans que cela apparaisse surfait ou excessif du genre ceux ou celles qui, aujourd'hui, font voir en gros plan à la télévision qu'ils ont pris des cours de chant et que ça se voit par tel mouvement de bouche, tel rictus ridicule qui donnent des effets de voix épouvantables sans aucune harmonique. Le texte expose des retrouvailles un brin nostalgique, mais qui s'interdisent implicitement de le laisser paraître. On retrouvera un peu cette idée dans *Qu'est-ce que tu deviens ?*

Quand un bateau passe

Claude François & Vline Buggy

1965. 10e 45 tours, Philips 437 097, juin. 4e 33 tours, Philips 77 7 44, décembre. Avec l'orchestre de Christian Chevallier, arrangements de Christian Chevallier. 23e 33 tours, Flèche 6325 683, « Claude François sur scène. Été 75 », octobre 1975. 30e 33 tours, Flèche/Carrère 67 235/6, « Souvenir 78. Claude François en public », avril 1978.

1re entrée dans le hit-parade de SLC, n° 9 en juin 1965, meilleur classement n° 1 en juillet et août.

Quand un bateau passe a connu plusieurs versions français et, en dehors de l'enregistrement/maquette « avancée » inédit par **Françoise Hardy** en 1965 avec les mêmes paroles mais ou sur un passage, une partie du couplet n'est pas chantée, une formation « anonyme », Les Gammas, sorte de « préfabriqué » du moment enregistre sur « Surprise Party » chez Visadisc en 1965 grave la chanson, tout comme la Canadienne du Québec, Renée Martel pour DPS en 1968 ; puis par la Canadienne Stéphanie Lapointe en 2015 sur « Hommage à Renée Martel » pour le label québécois Martin Leclerc.

Adaptation de ***Trains And Boats And Planes*** (Pop/variété américaine).

Hal David / Burt F. Bacharach

Enregistrée pour la première fois par le compositeur de l'œuvre savoir l'Américain **Burt Bacharach** en mars 1965 chez London Records et atteint la 4e place en Angleterre.

En mai 1965 par l'Anglaise **Anita Harris** chez Pye Records.

Suit le combo anglais **Billy J. Kramer And The Dakota** chez Parlophone qui se classe n° 18 en juin.

L'Américaine **Dionne Warwick** en juin 1966 chez Scepter Records pour l'album « Here, Where Is Love ».

Le « semi-instrumental-voix » de Burt Bacharach est sans doute la meilleure version, l'originale, donc. L'enregistrement de Billy J. Kramer est très chanté, presque a capella dans l'intention. La production fait penser à des formations vocales débutantes qui, tout en étant très bonnes techniquement ne sont pas assez assurées, d'où des voix qui tremblent un peu ou qui en font trop mais ça passe bien quand même. On retrouve à presque une note près la même partition de basse qui est presque le lead du morceau. La version de Claude François, comme pour pratiquement tous ses enregistrements, est à toute épreuve : texte et arrangement sans compte ce pont très réussi qui se démarque en harmonie et tonalité du thème principal. Cette chanson relate un départ, une déchirure. C'est du Claude François pur jus. Le texte joue sur les trois principaux moyens de transport qui ont contribué, si l'on peut dire, à l'éloignement er à la séparation entre une jeune femme et le chanteur. Incriminés en douceur, les bateaux, les trains et les avions, s'ils n'avaient point existé, ne lui auraient point « enlevé » la belle. À un moment donné du texte, il peut y avoir une confusion – sauf si on a lu le texte par exemple sur la partition – quand le chant explique que si « il (s) » « n'existait/ent » pas, elle serait (peut-être là.) Ce « si il (s) n'existait (ent) pas » concerne qui ou quoi, d'où les parenthèses pour le pluriel. En effet, s'agit-t-il des moyens de transport qui sont à la base de l'idée du texte tant anglais que français ou s'agit-il d'un autre homme avec qui, il ou elle (ça dépend des interprètes, enfin avec l'Artiste c'est bien « elle ») serait partie ? À la lecture du texte sur la partition, ce sont les moyens de transport les « coupables » comme c'est relaté pour la chanson *Les Cloches sonnaient*. Pour continuer et finir, le chanteur, après un nouvel énoncé du bateau, du train et de l'avion, précédés des « Quand » avec la particularité fonctionnelle qui les identifie, enchaîne pour conclure qu'un jour ils la lui ramèneront. Ce slow/country-pop débute par une guitare sèche et une basse qui donnent le ton et la mélodie. Cette couleur mi-country, mi-pop guide tout le morceau sauf sur le pont où, en changeant d'harmonie et de tonalité, la mélodie part totalement sur autre chose en changeant également d'ambiance pour revenir sur le dernier couplet, en calmant le jeu orchestral qui s'était envolé avec les violons, aux couleurs, tonalités et ambiance initiales.

Beaucoup de chansons adaptées par Claude François ont donné lieu à de multiples reprises dans le pays d'origine, en voici quelques-unes pour le présent titre :

1965 : Billy Strange. 1966 : Gals And Pals. 1967 : Blossom Dearie ; The Everly Brothers ; The Shadows ; Alma cogan ; The Box Tops, les créateurs de *The Letter*, chanson à l'origine de l'adaptation d'Herbert Léonard qui transforma leur hit en *Une lettre*. 1968 : Connie Francis pour MGM Records sur « Sings Bacharach And David » ; Stan Getz. 1969 : Sadao Watanabe ; Astrud Gilberto ; Dick Rosmini. 1969 : Sheila Southern ; Sandie Shaw. 1971 : Ellis Larkins. 1972 : The Dells. 1989 : Roland And Blueswork ; Treebound Story. 1984 : Barbara Jones ; le chanteur flamand/néerlandais Erik Van Neygen dans Havens Stations. 1993 : Mari Nakamoto. 1995 : The Starlite Orchestra. 1998 : The Dumb Earth ; Dan Kibler. 1999 : Mark Rirsema And Trio Raskolonikov. 2000 : Wrong Corpses ; The Baronics. 2003 : Dwight Yoakam. 2004 : Eddie « Gip » Noble ; Heidi Hauge ; Founrains Of Wayne. 2006 : Laura Camrell ; la Néerlandaise Rosanna Hofman chez Red Bullet Records sur « What The World Needs Now ». 2010 : Arthur Brownfield ; Jim O'Rourke ; André Manoukian avec Cocoon. 2008 : Laura Canrrell chez Diesel Only Records. 2010 : Jim O'Rourke. 2011 : Rumer And Sandie Shaw en live à la BBC 2. 2012 : Kirsty MacColl (re-issue d'une ancienne séance d'enregistrement restée inédite). Sans dates : la chanteuse malaisienne Sharifah Aini ; dans les années 1960 Cilla Black ; dans les années 2000 le groupe punk Punk Bacharach. 2012 : Ritchie. 2014, dix ans après leur enregistrement, sort la version de Hazell Dean ; Jan Keizer and Anny Schilder.

Un grand nombre d'artistes français ont été séduits par les chansons écrites et composées par ce mythique duo de songwriters Hal David et Burt Bacharach avec souvent la chanteuse Dionne Warwick. Les chansons nées nés sous leurs plumes conjuguées demeurent toujours d'une redoutable efficacité. Ainsi de Nana Mouskouri chez Fontana en 1963 avec *La place vide* sur un texte de Ralph Bernet d'après l'original de Dionne Warwick *This Empty Place* que reprend la même année Peggy chez Pathé ; toujours Nana Mouskouri la même année avec *T'en vas pas comme çà* du célèbre *Don't Make Me Over* qu'elle doit partager avec Nancy Holloway chez Decca, Luc Hoffman en 1963 sur « Yéyé Time » chez Gala des Variétés, et au Québec avec Ginette Reno chez Apex. 1963 toujours avec Françoise Hardy qui enregistre chez Vogue *L'amour d'un garçon* d'après *The Love Of A Boy* enregistré par la chanteuse Timi Yuro en 1962 puis en 1963 par Dionne Warwick. La même année 1963, chez Vogue, Petula Clark enregistre *Ceux qui ont un cœur* d'après *Anyone Who Had A Heart* de Dionne Warwick ; la chanteuse Audrey (Audrey Arno) pour le label d'Henri Salvador/Rigolo chez Philips adapte de Bacharach sur un texte d'Hubert Ithier *Saturday Sunshine* gravé par Burt Bacharach and His

Orchestra & Chorus en 1963 et qui devient *Le soleil sans moi* également enregistré en 1964 par chantal May chez Joker suivi en 1965 par Petula Clark, Johnny Mathis en 1967 et Anita Bryant en 1969. France Arnell en 1964 chez Pathé/Marconi grave *L'amour s'oublie* sur un texte de Ralph Bernet d'après *Reach Out For Me* que Dionne Warwick avait enregistré en août 1963 sachant que c'est Lou Johnson qui avait effectué l'enregistrement de cette chanson à peine un mois avant en juillet. L'année 1964 s'annonce aussi fructueuse pour les œuvres de Hal David et Burt Bacharach via Dionne Warwick avec en juin la chanteuse Sophie chez Decca qui reprend *Wishing And Hoping* que transcrit en *Tente ta chance* Fernand Bonifay suivent très vite pour la même adaptation Frank Alamo chez Barclay et la Canadienne Monique Gaube sur le label québécois Trans-Canada ; on peut supputer que la version de l'Anglaise Dusty Springfield déclenche les reprises françaises ce qui s'explique par la proximité avec l'Angleterre et Richard Anthony qui entretient de bons rapports avec Dusty et l'arrangeur anglais Ivor Raymonde notamment avec sa reprise (pour ne citer que celle-ci) de *I Only Want To Be With You* qui devient *À présent tu peux t'en aller* de Dusty Sprinfield. Nancy Holloway à nouveau dans un autre titre de Dionne Warwick avec en 1964 chez Decca *Tu me plais* en provenance de *I Smiled Yesterday*. Patrice Logelin la même année chez Vogue grave *Non, je ne veux pas* en provenance de *I Could Make You Mine* enregistré par The Wanderers en 1960 puis par Dionne Warwick en 1964 ; Richard Anthony aura en 1964 un succès d'estime *Oui, va plus loin* d'après *Walk On By* que les Gam's d'Annie Markan recréent sous le titre de *Adieu Bye Bye*. 1965 est pas mal non plus pour l'importation du répertoire de David et Bacharach via Dionne Warwick avec, chacune de leur côté, Sheila chez Philips et Dalida chez Barclay, dans leur version du standard *Any Old Time Of Day* avec *Chaque instant de chaque jour*. Toujours Sheila la même année qui adapte *I Just Don't Know What To Do With Myself* enregistré en 1962 par Tommy Hunt puis en 1964 par Dusty Springfield (chanteuse anglaise qui déclenche la reprise française de ce titre) et qui devient sous les plumes conjuguées de Claude Carrère et de Michèle Vendôme *Oui, il faut croire*. L'année 1965 connaîtra enfin deux reprises d'une même chanson de Dionne Warwick savoir *I Cry Alone* qu'enregistrent Bob Asklöf chez Columbia avec *Mon cœur est seul* sur un texte de Fernand Bonifay chez Columbia et idem pour la chanteuse Nathalie pour RCA Victor. Chez Philips en 1978, la chanteuse Sabrina Lory, avec des paroles d'elle-même et de Monique Aigoin enregistre la reprise française du standard de Dionne Warwick *I Say A Little Prayer* sous le titre de *Un film d'amour* ; cette chanson sera deviendra un tel classique et un tel hit par Aretha Franklin que d'aucuns ne connaissent cette version qui passe pour être la version originale, ce qui d'ailleurs, bien entendu, ne lui enlève rien.

De Billy J. Kramer And The Dakotas, William Tay chez Festival en 1963 enregistre Plus la même en provenance de *I Call Your Name* signé par John Lennon et Paul McCartney ; la même année Les Missiles reprennent *Bad To Me* (toujours co-signé John Lennon et Paul McCartney) avec *Tu changeras d'avis* et *Bad To Me* est aussi revisité la même année par William Tay et les Rockets chez Festival ; en 1964 chez Barclay c'est au tour de l'anglais Vince Taylor qui chante le titre en français et dans la même maison de disque par Lynn (ex-Patti Lynn) ; puis chez Vogue par les Challengers. Enfin, au Québec, le groupe les Baronnets, dans lequel œuvre un certain René Angeli, effectue sa cover de *Bad To Me* avec *Aujourd'hui c'est congé* ; en 1965 le Canadien Gilles Brown s'empare de *I'll Keep You Satisfied*, également co-signée par les deux Beatles, et grave *Le danger c'est moi* pour le label québécois Jeunesse Franco.

Silhouettes

René Rouzeaud & Vline Buggy

1965.10e 45 tours, Philips 437 097, juin. 4e 33 tours, Philips 77 744, décembre. Avec l'orchestre de Christian Chevallier, arrangements de Christian Chevallier. La chanson sera reprise en 1967 au Canada par le Québécois Gilles Brown pour la firme Télédisc sous le même titre mais avec un texte de l'interprète très différent.

1re entrée dans le hit-parade de SLC, n° 18 en juin 1965, n° 7 en août et septembre.

Adaptation de ***Silhouette*** (Jazz-pop américain / Doo-wop).

Frank C. Slay Jr / Bob Crewe Version originale enregistrée par **The Rays** sur le label XYZ puis pour Cameo Records en août 1957.

Ce *Doo-wop* quartet composé de Davey Jone, Walter Ford, Harry James et Harold Miller avait commencé en 1955 chez Chess Records. The Rays classent *Silhouette* en 3e position dans le *Bilboard Hot 100.*

La première reprise ne tarde pas avec la session en septembre 1957 pour Mercury de la formation de Dave Somerville, Phil Levitt, Ted Kowalski et Bille Reed, **The Diamonds,** qui décroche la 3e place dans les charts.

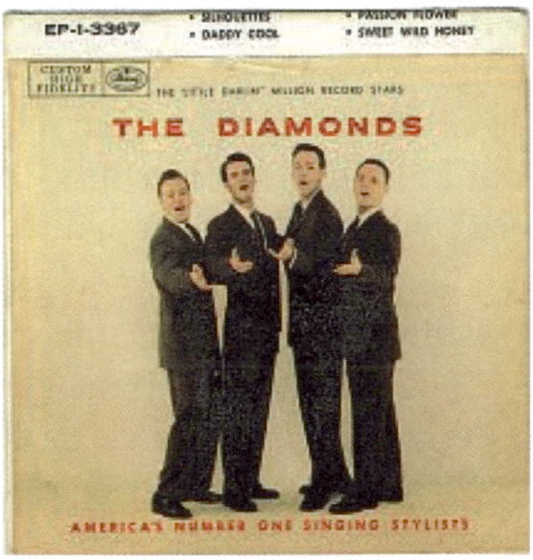

Quelques jours plus tard est gravée celle de Steve Gibson and The Red Caps pour ABC Paramount ; en octobre c'est au tour de Dean Jones ; en juin 1958 **Frankie Lymon** chez Roulette Records sur son album « Rock'n roll » relance le titre. Lymon a enregistré ce disque sans ses Teenagers, sa formation qui comprenait Herman Santiago, Sherman Garnes, Joe Negroni, Jimmy Marchant.

Joseph Frankin Lymon (1942-1968) est natif d'Harlem ; enfant terrible de la musique, sa voix fait qu'on le surnomme « l'enfant-soprano ». Il est connu pour ses performances vocales dans le genre doo-wop et rythme and blues. Les reprises continuent la même année avec celles de Johnny O'Keefe and The Dee Jays et Andy Griffith ; Connie Francis en 1959 chez Polydor sur son album « Sings Rock'n Roll Million Sellers » ; Johnny Maestro and The Crest en 1960 ; la formation vocale féminine The Ronettes, pour laquelle œuvre Phil Spector, enregistre la chanson en mars 1962 pour May Records ; en 1963 par The Four Seasons chez Vee Jay Records en 1963 tout comme Bobby Vinton ; en 1965 avec The In-Sect puis Ian and The Zodiacs ; deux covers en 1969 avec Paul Anka en février sur son album « Goodnight My Love » chez RCA, puis par Sha na na chez Kama Sutra ; Dennis Brown en 1972 ; Shirley Alson With The Herman's Hermits en 1975 ; Telephone Bill and The Smouth Operators chez DJM Records en 1977 ; The Futures en 1980 pour Philadelphia International Records ; The Nylons en 1982 ; deux covers en 1990 avec Teddy Brown chez Top Rank et Trojan puis Cliff Richard chez Emi ; Sammy Slicker and The Blackjacks pour Bandstand Records ; Jody Reynols en 1998 ; Rocky Sharpe And The Replays sur label Chiswick en 1999.

Cependant, outre la période et le contexte et à l'écoute de leur reprise, c'est manifestement la version estampillée « pop anglaise » de 1965 du groupe anglais de Peter Noone, **The Herman's Hermits**, qui a occasionné la reprise de Claude François ; c'est en effet l'époque où quasiment tous les artistes de la mouvance « pop/rock *Salut les Copains* » allaient faire leur emplettes outre-Manche tant le British Beat, impulsé par Stones et Beatles mais aussi Kinks, Who, Animals, Spencer Davis Group, Hollies, Zombies et consorts était au mieux de sa forme créative jusqu'à s'être vu aux États-Unis revêtu du nom de « British Invasion ». Herman's Hermits classe le titre en Angleterre au mois de mars à la 3e place avec leur 45 tours Columbia ; sur le 33 tours distribué par MGM sur l'album « Their Second Album ! Herman's Hermits On Tour » la chanson atteint la 5e place en mai aux États-Unis.

Introduction à la flûte, reproduction du gimmick en guitare solo, l'ensemble rythmé pour conter une petite histoire sur la confusion. Le chanteur, en se rendant chez sa petite amie voit, en arrivant, derrière les rideaux de sa fenêtre un couple enlacé. Désespoir. Le texte fonctionne sur ce quiproquo mais, une fois sur le palier, lorsque la porte s'ouvre, il s'aperçoit qu'il s'est trompé d'étage. Les arrangements sont bien meilleurs que la version de Herman's Hermits. Claude François a ici tout compris ce qu'il fallait absolument faire, l'ambiance qu'il fallait donner. Une saynète rondement et efficacement menée.

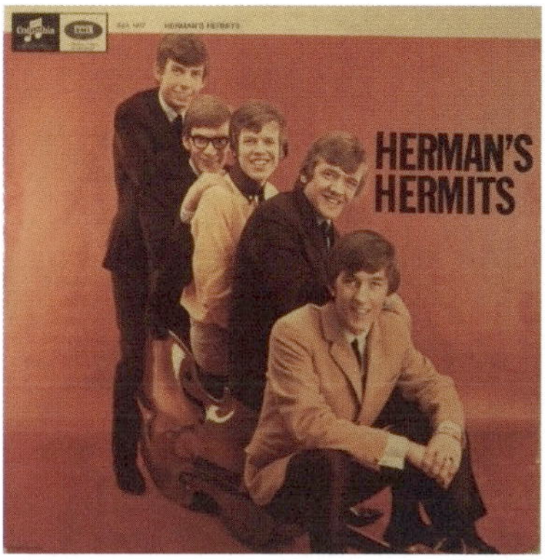

D'autres artistes ont effectué des incursions dans le répertoire de The Herman's Hermits pour alimenter le leur, dont Ria Bartok avec *Je ne veux pas qu'il me quitte* d'après *Can't You Hear My Heartbeat* ; Frank Alamo qui obtient un succès d'estime en gravant *À travers les carreaux* d'après la célèbre sucrerie *No Milk Today* ; le groupe belge Les Diamands reprend pour Trianon la chanson sous un autre titre et autre texte à savoir *Non pas ce soir* que reprennent également Les Dauphins, Les Missiles et l'Italienne Elsa Martinelli qui chante en français *Non pas ce soir* ; en 1966 Dick Rivers enregistre une version restée inédite jusqu'en 1999 à l'occasion d'un CD sous le titre de *Lettre à Michèle (À travers les barreaux).* Toujours d'après *No Milk Today*, une nouvelle adaptation inattendue de ce standard par Henri Dès qui en écrit le texte et enregistre chez Universal sur « Polisongs » sa version de *No Milk Today* sous le titre de *Oh oui je sais.* L'ex-Gam's Annie Markan chez Mercury en 1965 cède à *I Know Why* que Jean-Michel Rivat et Frank Thomas transcrivent en *Murmurant ton nom.* En 1966 Dick Rivers enregistre une version restée inédite jusqu'en 1999 à l'occasion d'un CD sous le titre de *Lettre à Michèle (À travers les barreaux).* Toujours d'après *No Milk Today* ; au Québec Yves Wiczorek enregistre *Faut pas s'fâcher ;* en 1997 Les Garçons Boucher parleront plutôt de vin rouge que de lait avec *Du Beaujolais.*

Je devrais dormir

Claude François & Vline Buggy

10e 45 tours 437 097, juin. 4e 33 tours 77 744, en décembre. Avec l'orchestre de Christian Chevallier, arrangements de Christian Chevallier.

Enregistré auparavant en 1963 chez Barclay par Dany Boy sous le titre *Fin de vacances*, sur des paroles de Claude Piron (alias Dany Boy).

Adaptation de ***Teardrops Fall Like Rain*** (Rock/pop américaine).

Jerry Allison & Glenn D. Hardin / Leslie Thomas

Version originale enregistrée par **Bobby Vee With The Johnny Mann Singers** pour Liberty en juillet 1962 sur l'album « A Bobby Vee Recording Session ».

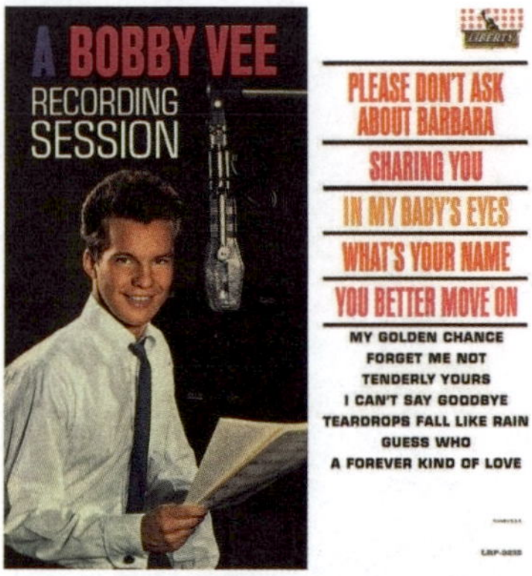

La version de **The Crickets** en janvier 1963 chez Liberty puis Capital Records a souvent été prise pour la version originale peut-être parce que, outre que l'enregistrement de Bobby Vee était moins connu que celui des Crickets ; les signatures auteurs/compositeurs sont celles de membres des Crickets qui furent les musiciens d'un des « historiques » et grand pionnier du rock, Buddy Holly.

Dans un esprit totalement différent de la prestation de Danny Boy, le morceau est plus lent et mélancolique dans les paroles. La production de cette adaptation est sobre, belle. On se demande bien pourquoi le titre est passé inaperçu. Les arpèges d'une bonne guitare acoustique introduisent ce titre calme et sont, jusqu'au bout, le fil directeur, la couleur de la chanson. Pour le texte, l'homme attend une fille, elle ne vient pas, il la guette derrière sa fenêtre, rien ; et comme il est tard il se dit qu'il devrait dormir.

En 1961 c'est Richard Anthony qui adapte un titre de Bobby Vee en enregistrant chez Pathé/Columbia *Veille bien sur mon amour* sur un texte de Pierre Delanoë en provenance de *Take Good Care Of My Baby* et en 1968 le Canadien Pierre Lalonde sur Disco/Prestige adapte la chanson sous le titre de *Aime-là comme je l'aime* que lui transcrit Lucien Brien. Les Crickets quand à eux ont suscité chez Frank Alamo l'envie de reprendre leur *My Little Girl* qui devient le hit *File, file, file* ce que fera également Donald Lautrec au Canada chez Apex ; la formation rock de Buddy Holly est également à l'origine de *I Fought The Law* (voir *J'ai joué et puis j'ai perdu*). En 1963 chez Philips/Salvador, Henri Salvador adapte de Bobby Vee le fameux *Go Away Little Girl* écrit et composé par le duo de songwriter Gerry Goffin et Carole King, ce sera Rudi Révil et Manou Roblin qui écriront les paroles française de *Va-t'en vite, mon amour* chanson qui sera adaptée en 1972 au Canada avec un nouveau titre et texte de André Boulanger dans *Où es-tu grand papa* par

René Simard sur le label K Tel ; également enregistré par Au Québec on trouve Patrick Zabé qui en 1967 pour Canusa (et Budget Music en 1970) adapte de Bobby Vee *Walkin' With My Angel* qui devient *Avec mon ange* sur des paroles de Serge Kalfon. Au Québec en 1972, Nicole Cloutier puise dans le répertoire de Bobby Vee et adapte sur un texte de Jack keller *Run To Him* en gravant *Prends sa main* pour le label québécois Nobel ; et en 1983 Dick Rivers se réveille et reprend à son compte pour celui de RCA sur son Label Mouche Records *Run To Him* pour enregistre sur les paroles de Didier Barbelivien *Restons amis*.

Je t'aime trop toi

Claude François & Vline Buggy

11e 45 tours, Philips 437 118, octobre. 4e 33 tours, Philips 77 744, décembre. Avec l'orchestre de Christian Chevallier, arrangements de Christian Chevallier. Enregistré en 1966 au Canada par Michèle Richard, avec un texte de Gilles Brown, sous le titre de *Nous on s'aime* pour le label québécois Trans-Canada sur « Action'66 ».

1re entrée dans le hit-parade de SLC, n° 15 en octobre 1965, n° 12 en novembre.

Adaptation de ***I Got You Babe*** (Pop américaine).

Sonny Bono

Version originale enregistrée par **Sonny and Cher** pour le compte d'Atlantique / Atco en juillet 1965 ; classé n° 1 en août aux États-Unis et n° 3 en Angleterre.

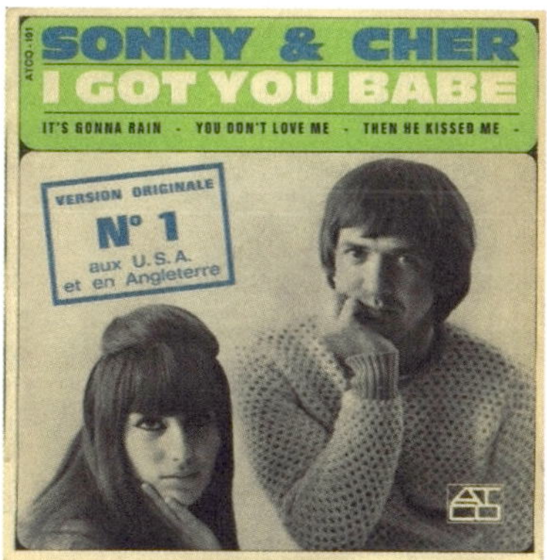

La même année 1965 chez Gala par Barbara Barr, tout comme Wayne and Dee chez Hit Records. La chanson compte plus de 104 versions en incluant plusieurs pays d'Europe dans leur langue respective. En 1966 on comptera notamment Dora Hall chez Reinbeau Records, et Manfred Mann pour United Artists ; Etta James en juillet 1968 pour Chess Records, suivi par Tiny Tim chez Reprise Records sur « God Bless Tiny Tim » ; Arthur Conley en 1976 chez CBS ; Nino Tempo and April Stevens sur « Dee Purple » pour Arrival Records en 1982 tout comme Holly Beth Vincent and Joey Ramone pour une version assez « punky » chez Virgin Records ; les Anglais UB 40 avec la chanteuse Chriss Hynde revisitent le titre en 1985 chez

DEP International sur l'album « Baggaridim ». Cher With Beavis and Butt-Head, revient sur sa chanson en 1993 chez Geffen Records. Janis Ian (voir *17 ans*) en 2004 pour Rude Girl Records sur « Live At Club Cafe ». Une version hard-rock en 2005 par la chanteuse américaine Cherie Currie (ex-membre des Runaways) chez All Starz Records sur « An All Stars Tribute To Cher » ; au Canada par Marie-Eve Janvier et Jean-François Breau pour le label québécois Musicor. Dans un style indie/rock par Babybird en 2021 en auto-production sur « Covers ». Dernière reprise en date par la chanteuse suédoise Julia Westlin en avril 2022.

À l'époque, les paroles de cette chanson étaient assez d'avant-garde : un jeune homme veut prendre son indépendance et partir vivre avec sa petite amie. Apparemment, elle ne plaît pas à la famille et à ses proches. En dépit d'une quasi impossibilité d'avoir une indépendance économique sa volonté de partir vivre sa vie l'emporte. Sur ce thème précis, faire accepter dans la famille celle avec qui on veut vivre sa vie, voir *Ma fille*. Est-ce encore un hasard, comme c'est précisé pour la chanson *Geordie*, que ce titre figure sur le même 45 tours où est gravé le titre précité et *Ce monde absurde*. Ils ont tous trois la particularité de poser des questions assez aiguës : vie affective et matérielle des adolescents du moment, la Guerre froide, la paix dans le monde, la vie près de la nature, première allusion à l'écologie, disons, naturelle, loin des fantaisies vertes contemporaines et, enfin, la question sur la peine de mort. On établira un rapport thématique avec le désespéré *Maman chérie* et le teigneux *J'ai joué et puis j'ai perdu* pour ce qui est des rapports devenus difficiles avec la famille.

Sonny and Cher inspirèrent quelques artistes : Sylvie Vartan en 1965 chez RCA dans *C'était trop beau* issu de *Baby Don't Go*. La même année Sheila chez Philips enregistre *À la même heure* d'après *Laugh At Me* ; toujours en 1965 Frank Alamo chez Riviera reprend *Sing c'est la* vie (même titre en anglais) et le même Frank Alamo en 1966 dans *Ça ne fait rien car je t'aime* de *But You're Mine*. Sheila à nouveau en 1966 enregistre *Bang Bang* d'après *Bang Bang* de Cher en solo que grave aussi Sylvie Vartan et dont Dalida fera une version italienne. Michèle Torr enregistre la même année pour Mercury *Le film est trop long* emprunté à *Have I Stayed Too Long* que lui transcrit Frank Gérald ; toujours 1966 avec Petula Clark chez Vogue dans *Que reste-t-il* issu de *Where Do You Go*. Le hit de Sonny and Cher, *Little Man*, connaîtra trois reprises : Erick Saint-Laurent chez Barclay en 1966 sous le titre *Les enfants qui jouent*, Dalida la même année chez Barclay avec *Petit homme* tout comme en 1967 par le duo Jean-Marie et Raoul chez Fontana puis aussi le duo québécois Nanette Workman et Tony Roman. Idem pour le hit *The Beat Goes On* avec deux reprises, l'une par Nanette (Workman) chez Festival en 1967 dans *Et tout recommence* et l'autre par Sylvie Vartan en 1968 avec *Ça pique aux yeux*. En 1967 Dalida enregistre *Mama* d'après *Mama* de Cher sur des paroles françaises de Monty alias Jacques Bulostin. Pour Motors/Discodis en 1972, Gilles Marchal revisite Sonny and Cher en s'offrant *A Cow Boy's Work Is Never Done* qui devient *Un cow boy n'est jamais tranquille*. En 1973 on retrouve à nouveau Sylvie Vartan avec deux adaptations de Cher seule pour *C'était la belle vie* d'après *Gypsies, Tramp And Thieves* (voir *Voleurs, bohémiens*) et du même album de Cher elle reprend *Half Breed* sous le titre de *Libre*, puis sur « Portrait » en 1976 dans *Le Train sans retour* issu de

Train Of Thought. Chez Carrère en 1982, on retrouve Sheila dans *La tendresse d'un homme* d'après *Holdin' Out For Love* de Cher en 1979 chez Casablanca Records ; cette chanson de Cher est aussi reprise, sous le même titre, par Camille Lou en 2017 chez Warner qui enregistre aussi sur le même album *Bang Bang* de Cher.

Ce monde absurde

Claude François & Vline Buggy

11e 45 tours, Philips 437 118, octobre. 4e 33 tours, Philips 77 744, décembre. Avec l'orchestre de Christian Chevallier, arrangements de Christian Chevallier. La même année, 1965, le standard folk est aussi adapté en français par Erik Montry chez Barclay sous le titre de *Oui… le monde change* avec aux paroles Eddy Marnay, auteur qui œuvra beaucoup pour Claude François.

Adaptation de ***Eve Of Destruction*** (Country/folksong américain).

Phil F. Sloan

Version originale enregistrée par **Barry McGuire** pour le compte de RCA & Dunhill. McGuire se classe en août 1965 n° 16 en décembre en Angleterre chez RCA, n° 3 le même mois aux États-Unis chez Dunhill et n° 3 en octobre en Angleterre.

Puis par Wayne and Dee chez Hit Records. The Turtles, Jan And Dean, Hot Tuna en 1990, un duo américain rock n'roll très « engagé ». Le sens du texte inspire tout rebelle et protestataire en herbe. Une nouvelle vie, en dehors de la prestation très rock de Hot Tuna, a été donnée à ce standard de la *protest song*, au sens « dylanien » du terme. En 1990, un nouvel enregistrement comportait une parenthèse à côté du titre *Eve Of Destruction* (*The Environnment*) puis, en 1994, comme c'est toujours de la faute d'Ève, le classique est réactualisé en *Still On The Eve.* Cette chanson est un des grands hymnes anglo-

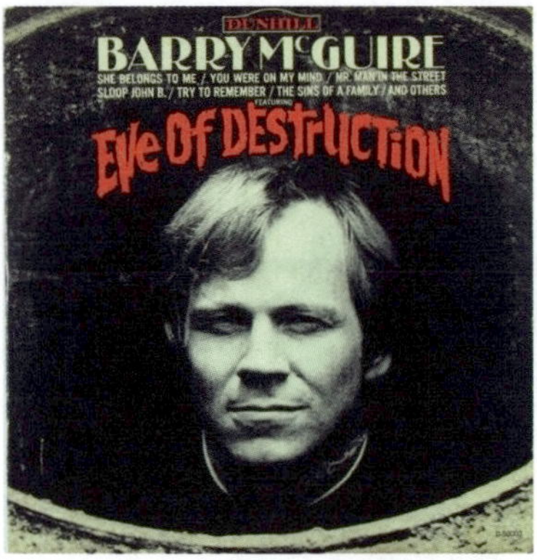

saxons de la protest song. Claude François, dès 1965, avait été bien inspiré de reprendre ce titre. Il a tout pour lui, que ce soit dans sa version originale américaine ou la reprise française : le texte est puissant, signifiant, adroit. Dans les préoccupations d'alors s'il tombait pile, il tomberait toujours pile aujourd'hui… Mais c'est l'original français, *Même si tu revenais*, gravé sur le même 45 tours, qui emporta le morceau et *Ce monde absurde* passa à la trappe ; mais qui alors aurait compris que Claude François « le yéyé, pour midinettes » (déjà en 1965 mis à l'index…) pouvait interpréter des titres pareils. Cependant, ces mêmes préoccupations, dont l'artiste parle dans sa version, sont toujours d'actualité mais identifiées sous d'autres aspects et d'autres réalités. Elles n'ont pris que des visages différents mais n'en demeurent pas moins aussi pertinentes, avec principalement des résonances dans les domaines de la géostratégie et de l'écologie. Voir, pour ce type de créations méconnues – on ne dira pas hors du commun chez l'artiste car ce serait inexact – sur le même sujet et pour ne se limiter qu'à celles-ci : *Le Monde est grand, les gens sont beaux*, *Où s'en aller*. Écrite par lui-même et la complice Vline Buggy, les accents, même de loin et ne voulant offusquer personne, dylaniens sont ici indéniables. C'est l'époque qui voulait ça et, qu'on le veuille ou non, Claude François fait partie à ce moment-là de la nouvelle génération du fer de lance de la chanson qui change le monde. Il est issu de l'univers qui dérive du rock n'roll et, à l'instar de Hallyday et des Stones qui donnent le *la* dans leur partie, l'idole donne le sien dans la sienne. Sinon, le texte français va dans le même sens, le même but que s'assigne le texte original américain à savoir que le chanteur interpelle un homme qui vit dans les champs, toujours en contact avec la nature et, de ce contact permanent, que tire-t-il comme enseignement, comment voit-il les choses trois ans après la crise de Cuba ? La bombe, les satellites, les frontières artificielles, les différentes sociétés et civilisations perpétuellement en conflit, qu'en pense-t-il celui qui vit dans et par la nature ? Voilà des questions que pose Claude François en 1965. Voir, à ce sujet, le titre gravé sur le même 45 tours qui fait indirectement, eu égard à l'époque concernée, allusion à la peine de mort, *Geordie.*

Richard Anthony comme Claude François aura bien été inspiré l'année suivante en 1966 dans l'adaptation d'une chanson de Barry McGuire, *California Dreamin'* qui devient l'incontournable *La Terre promise* ; Barry McGuire enregistre le titre fin 1965 pour son album « This Precious Time » et la chanson sera quelques mois plus tard tellement bien popularisée, par le groupe de John Philips et de Mama Cass, The Mama's And Papas, qu'elle passa pour la version originale. Même histoire pour le premier enregistrement de *You'Were On My Mind* moins connu par leur créateur originaux Ian & Sylvia en 1964 ; c'est à travers la version de Barry McGuire que Joe Dassin en 1966 chez CBS enregistre *Ça m'avance à quoi*, mais Dassin avait sans doute entendu aussi la version de Crispian St. Peters de 1965 qui connut un franc succès outre-manche. Enfin, la formation Les Sulirams emprunte en 1965 à Barry McGuire et ses Minstrels avec Randy Sparks, *Green, Green* – que s'approprie également le trio folk Peter, Paul and Mary – et enregistre *Brille, brille* sur l'album « Trésors du Folk Song » chez Philips.

1966

Tout le monde rit d'un clown

Claude François & Vline Buggy

12e 45 tours, janvier 1966. 4e 33 tours, Philips 77 744, décembre.

1re entrée dans le hit-parade de SLC, n° 21 en janvier et février 1966. Avec l'orchestre de Christian Chevallier, arrangements de Christian Chevallier.

Adaptation de ***Everybody Loves A Clown*** (Pop américaine).

Gary Lewis & Thomas Leslie / Leon Russell

Version originale enregistrée par **Gary Lewis And The Play Boys**, chez Liberty en septembre 1965 ; classé aux États-Unis n° 12 en octobre.

Puis par Del Shannon en 1966 chez Liberty Records. Le groupe de Gary Lewis, de son état fils de l'acteur Jerry Lewis, qui compte David Costell, John West, David Walker et Allan Ramsay, est presque digne de la carrière du père. En tout cas il a donné ici à Claude François une bien belle et triste chanson dont le climat est extrêmement prenant sous couvert d'arrangements enjoués.

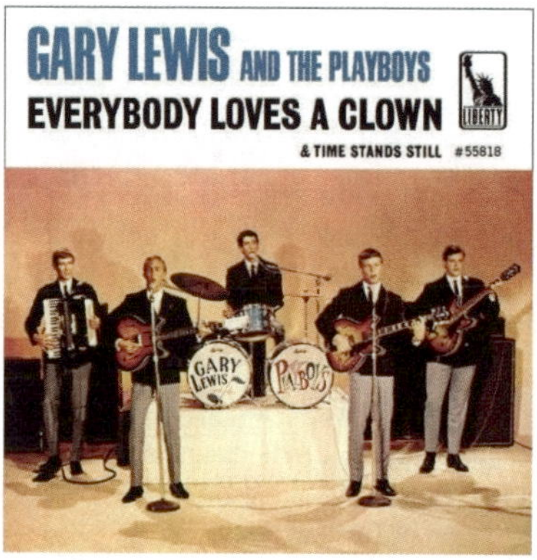

La plainte du clown face à la belle, un classique. Le personnage/chanteur est dans le rôle et gémit de ne pas parvenir à la faire rire sauf à ses dépens. Les arrangements et l'orchestration font penser immédiatement à une mélancolique musique de cirque où la tristesse domine plus que la joie. On est en plein mythe du clown triste qui derrière son masque est malheureux. Sur le pont, où harmonies et mélodie se démarquent radicalement, le chant du désespoir culmine dans sa plainte qui exprime le fait que rien ne peut l'atteindre pour le rassurer, même « *les cris et les bravos qui le laissent froid* ». Seule la jeune fille désirée a le pouvoir de rallumer une envie de vivre chez celui qui a vocation à faire rire. La même année 1965 de la reprise de *Everybody Loves A Clown*, les futures Fléchettes, choristes de l'Artiste, Les OP'4 puisent comme leur futur « patron » chez Gary Lewis et enregistrent chez Decca, sur des paroles de Noël Deschamps avec Eric Charden aux manettes, *Attention aux garçons* en provenance de *She's Just My Style*. Toujours en 1965 avec Sheila, dans *Enfin réunis* d'après *Count Me In* (repris aussi par Gene Pitney en 1968, voir *Maman chérie*). Elle ne sera pas la seule à revisiter Gary Lewis et en 1966 Annie Markan en solo, après les Gam's, enregistre *Une autre avait sa bague* issu de *Sure Miss Gonna Miss Here* que popularise Gary Lewis bien que l'original soit de The Chellows.

C'est moi… c'est moi…

Claude François & Vline Buggy

13e 45 tours, Philips 437 199, avril. 5e 33 tours, Philips 844 777, décembre. 6e 33 tours, Philips 70386, janvier 1967 où *Winchester Cathedral* remplace *J'travaille à l'usine*. C'est avec ce

45 tours que Claude François changera d'orchestre et d'arrangeur. Il fait appel à un arrangeur/ compositeur d'outre-Manche, il s'agira de Les Reed avec ses musiciens.

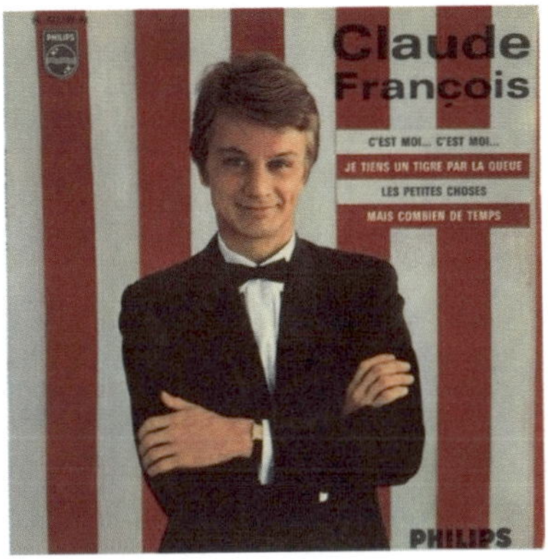

1re entrée dans le hit-parade de SLC, n° 31 en mai 1966, n° 6 en juin et juillet.

Adaptation de ***Ring, Ring, I've Got To Sing*** (Folksong anglo-saxon-belge).

Ferré Grignard

Version originale enregistrée par **Ferré Grignard**, chez Philips en 1966.

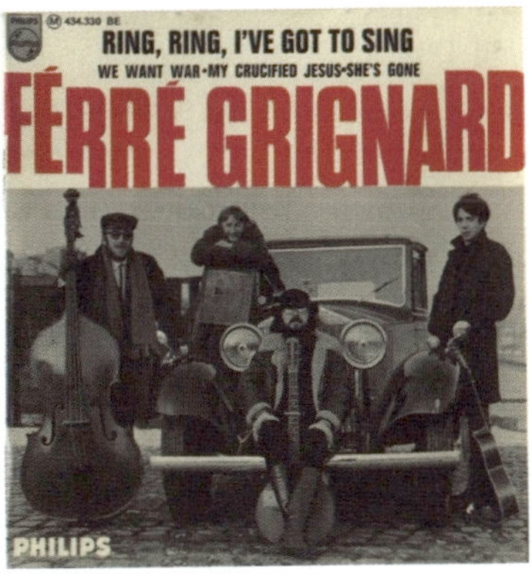

Ferré Grignard était à la fois un rocker/rebelle et un folksinger sans illusions, au message direct. Natif d'Anvers, il s'exila longtemps aux États-Unis avant de revenir avec ce titre. Avec un physique à la hell's angels, du genre gros costaud barbu et cheveux longs, ce rebelle dans l'âme, qui avait souvent effectué des tournées mémorables en France, se produisit dans les boîtes de Paris qui, à l'époque, faisaient la pluie et le beau temps dans le métier. Ferré Grignard est décédé en 1995.

Le titre est repris en 1974 par la formation islandaise, Island Skiffie Tramps de Mike, Manque And Marcel sur l'album « Western Skiffie-Party With Mike, Manque And Marcel » chez Intercord. Puis par Ry Cooder ; Hugo Spencer ; Harry Loco ; Dirk ; The Rossignols.

Excellent opus. Succès mitigé, la chanson fait place au « tube » *Mais combien de temps* et au country rythmé *Je tiens un tigre par la queue* présents sur le même 45 tours. Arrangements, orchestration, mélodie et un texte français qui, pour couronner le tout, est excellent de sensibilité en exprimant le désarroi et les regrets lors du retour d'un enfant prodigue dans sa famille avec lequel finalement on retrouve celui de *Maman Chérie* deux ans plus tôt. Les gimmicks du texte après le refrain, le tempo de la guitare/pompe derrière insufflant à l'ensemble une respiration étroitement liée au sens profond du texte font de cette chanson une des perles du répertoire de l'artiste. On pourra d'ailleurs rapprocher ce titre dans sa démarche, avec le très bon le quasi rock *J'ai joué et puis j'ai perdu* sur le 45 tours qui suivra en juin de la même année. Faut reconnaître, et comme des dizaines d'autres chansons chez Claude François, que *C'est moi… C'est moi…*, c'est pas « du tout-venant… ». La vague yéyé pure et dure commence à baisser mais l'Artiste comme depuis le début balance des « scuds » psycho-sociétaux pas spécialement décryptables tout de suite, mais c'est avec lui comme avec les plus « Grands », faut se donner la peine d'une écoute attentive autrement dit, libérée des oripeaux, de la crasse systémique des idées reçues. Je sais, ya du boulot…

Avec Ferré Grignard à l'origine ne serait-ce que par le support mélodique, le texte devait forcément être à la hauteur. C'est Sylvie Vartan qui, entre autres, a été bien inspirée par Ferré Grignard en adaptant par son biais le traditionnel anglais *Druken Sailor* qui devient chez elle *Il ne faut pas aimer Yann* en 1967 pour RCA. Johnny Hallyday, comme Claude François et beaucoup d'autres ont enregistré des « originaux français inspirés… ». C'est ce qu'il s'est produit avec *My Crucified Jesus* de Ferrré Grignard, chanson sans laquelle il n'y aurait sans doute pas eu, en tout cas pour la musique, *Cheveux longs idées courtes* ; ce qui ne manque pas de piquant, c'est que se trouve sur le même 45 tours de Grignard ce titre et *Ring I've Got To Sing* ; sinon, *Cheveux longs idées courtes* est rien de moins que la réponse de Johnny Hallyday aux *Élucubrations* d'Antoine qui voulait mettre l'idole « en cage à Medrano ». La polémique, c'est un bien grand mot mais la galerie s'est bien amusée quoique, prenant l'affaire au sérieux, des « fans » des deux bords s'en agacèrent. Ferré Grignard contestera la musique de *Cheveux longs idées courtes* qui selon lui ressemble plus que fortement à *My Crucified Jesus ;* on notera que le titre d'Hallyday est signé Johnny lui-même à la musique au lieu de Ferré Grignard ; quant à Gilles Thibaut aux paroles, là c'est normal. C'est vrai que le son, la couleur de la guitare entre blues et country, le découpage, et le gimmick « *ta ta ta ta tam* » se retrouve également chez Ferré Grignard sans compter que la mélodie à quelques notes près est plus que très proche.

Les petites choses

Claude François & Vline Buggy

13e 45 tours, Philips 437 199, avril. 5e 33 tours, Philips 844 777, décembre. 6e 33 tours, Philips 70386, janvier 1967 où *Winchester Cathedral* remplace *J'travaille à l'usine.* C'est avec ce 45 tours que Claude François changera d'orchestre et d'arrangeur. Il fait appel à un arrangeur/compositeur d'outre-Manche, il s'agira de Les Reed avec ses musiciens.

1er entrée dans le hit-parade de SLC, n° 14 en juin 1966.

Adaptation de ***A Must To Avoid*** (Pop anglaise).

Phil Gary F. Sloan / Steve Barri

Version originale enregistrée par Puis par le groupe, anglais, de Peter Noon, **The Herman's Hermits** chez Columbia en décembre 1965 ; classé n° 11 et 9 en janvier et février puis aux États-Unis pour MGM n° 10 en janvier.

Puis parle duo anglais **David and Johnatan** (alias Roger Cook et Roger Greenaway) en 1966 pour Capitol Records sur l'album « Michelle ».

Bonne guitare rock solo en introduction et une batterie qui rentre bien, annonçant une petite perle pop/rock même si par la suite la sucrerie prend le dessus. L'ambiance reflète l'allégresse des sixties avec un texte qui évoque « *les petites choses qui ont toujours fait les grands amours* » et « *dont on se souvient toujours* » ; ces petites choses qui, finalement, symbolisent les

grandes. Pour le registre des petites choses et des petits détails de la vie quotidienne voir *Alors salut !*, *Chaque jour c'est la même chose*, *Du pain et du beurre*, *Et je cours, je cours*, puis, pour la même démarche, avec plus de hauteur « littéraire », *Les petites Souris*. En 1965 c'est Ria Bartok pour Columbia qui, comme l'Artiste, adapte une chanson des Herman's Hermits avec *Je ne veux pas qu'il me quitte* sur des paroles de Frank Gerald, d'après *Can't You Hear My* Hearbeat.

Amoureux du monde entier

Claude François & Vline Buggy

14e 45 tours, Philips 437 249, juin. 5e 33 tours, Philips 844 777, décembre. 6e 33 tours, Philips 70 386, janvier 1967 où *Winchester Cathedral* remplace *J'travaille à l'usine*. C'est avec ce 45 tours que Claude François changera d'orchestre et d'arrangeur. Il fait appel à un arrangeur/compositeur d'outre-Manche, il s'agira de Les Reed avec ses musiciens.

1re entrée dans le hit-parade de S.L.C. n° 14 en juillet 1966, n° 10 en juillet et août.

En 1968 chez Electrod la chanson est également enregistrée par Jo Roland.

Version espagnole, *Amores De Todo El Mundo*.

Adaptation de ***Lovers Of The World Unite*** (Pop anglaise).

Roger Greenaway / Roger Cook

Version originale enregistrée par le duo anglais **David and Johnatan** en juin 1966 pour Emi/Columbia.

David and Johnatan alias Roger Greenaway et Roger Cook classent la chanson n° 7 en septembre en Angleterre. Deux groupes reprennent le titre à leur compte, The Rangers en 1966 et les Américains de Pennsylvanie The Vogues (ex-Val-Airs) de Don Miller et de Bill Burkette en 1967 chez Co & Ce.

Rien à voir avec le plus que très discutable duo français David et Johnatan, une des nombreuses « savonnettes-pré-staracadémiciennes » et consort des années 80/90. Quelquefois, il faut dire que la reprise française n'a pas à rougir de l'original ; c'est vraiment le cas ici. L'original est juste bien « fouilli » comme il faut, voix principale et contre-chant bien placés et timbrés ambiance Donovan, mais qui aurait tendance à aller trop vers l'acidulé-gnan-gnan. En revanche, l'adapation de Claude François, qui suit le thème du texte original et parle d'un vieux fou qui connaît finalement les valeurs de l'amour, pour ne pas dire de l'amour universel, est une superbe déferlante de couleurs musicales bien cuivrées soutenues par une section rythmique à toute épreuve pour aborder un répertoire, comme ici, poprock qui exige des qualités, une énergie que ne pourrait pas satisfaire un simple chanteur de variétés-variétoches. La séance d'enregistrement donne un très bon résultat et c'est un saxophone baryton qui fait le gimmick de réponse régulière à la voix lors du refrain. On sent aussi les prémices de futurs arrangements en matière de rythm and blues (et non de « Rn'B… !! ») ainsi que l'orientation du chanteur dans ce style, non pas pour des hits, ou avec la volonté marquée d'en avoir avec le rythm and blues, mais pour faire de bonnes adaptations qui lui donnent la possibilité d'exprimer son côté très music soul et jazzy qui le démange et d'en faire des tonnes sur scène. Le titre, l'air de rien, annonce le « Peace and Love » qui va déferler en Europe continentale. Nous sommes en 1966. Le maître de la chanson de rythme en France a du nez. Il y a similitude de thème avec deux titres que Claude François enregistrera, *Le Monde est grand, Les gens sont beaux* en 1970 et *Je chante pour Les gens qui s'aiment*, en 1972. En enregistrant une reprise du standard des Drifters, *On Broadway*, David And Johnatan suscitèrent certainement l'adaptation qu'en fit Frank Alamo en gravant *À Broadway*.

J'ai joué et puis j'ai perdu

Claude François & Vline Buggy

14e 45 tours, Philips 437 249, juin. 5e 33 tours, Philips 844 777, décembre. 6e 33 tours, Philips 70 386, janvier 1967 où *Winchester Cathedral* remplace j'travaille à l'usine. C'est avec ce 45 tours que Claude François changera d'orchestre et d'arrangeur. Il fait appel à un arrangeur/compositeur d'outre-Manche, il s'agira de Les Reed avec ses musiciens. Une autre version française, fantaisiste celle-ci, un pastiche limite, par The Rolling Bidochons, connus pour avoir pastiché les Beatles et les Stones, les premiers n'étant pas toujours ravis des textes français. Pour le présent titre, la bande transforme l'essai en un moyen Apporte de l'eau, (ça sonne comme le titre original ci-dessous) sur des paroles de Titi Wolf.

1re entrée dans le hit-parade de SLC, n° 26 en juin 1966, n° 24 en juillet, n° 21 en août.

Version espagnole, *Jugué Y Perdi*.

Adaptation de ***I Fought The Law*** (Country/rock américain).

Sonny Curtis

Version originale enregistrée par **The Crickets**, les musiciens de Buddy Holly, en 1959 pour Coral Records sur l'album « In Style With The Crickets ».

Earl Sinks (Earl Henry Richard Sinks) dans une session issue de « In Style With The Crickets ».

Bobby Fuller Four en mars 1966 chez Mustang.

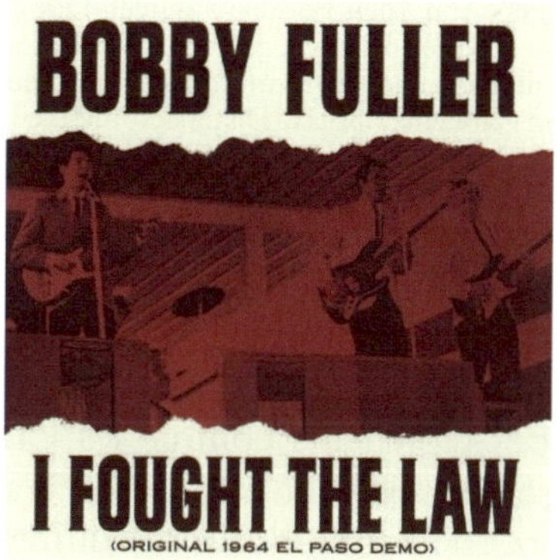

Le titre se classe n° 10 aux États-Unis en mars ; puis aussi pour le label London. C'est à l'évidence cette version qui a été entendue par Claude François ou ses sentinelles qui avaient les oreilles partout. Ce qui rendait souvent « hystérique » la concurrence…

She Trinity enregistre le titre la même année chez Columbia. Le Texan Robert Gaston « Bobby » Fuller n'aura pas eu le temps de savourer le succès de sa version qui demeure la plus célèbre avec celle des Clashs ; en effet, peu de temps avant qu'il grimpe dans les charts, on le retrouve mort dans un parking près de Los Angeles le 18 juillet 1966 à l'âge de 24 ans. Suicide ou meurtre, cela fait quarante-six ans que les deux thèses s'affrontent. Aucun résultat, toujours aucune conclusion. En 1968 Johnny Darrell chez United Artists grave le titre pour son album « With Pen Hand » ; Roy Orbinson en 1972 sur son album « Memphis pour la MGM. Sam Neely en 1975. La même année Ducks Deluxe chez RCA. Tom Petty And The Heartbreakers en juillet 1978 en live à Boston sur l'album « Route 66 ». Johnny Cash aurait effectué une version du titre mais, si c'est le cas, l'enregistrement est extrêmement rare mais il existe, c'est en tout cas ce qui se dit aussi aux États-Unis. The Grateful Dead ; Waylon Jennings ; Bruce Springsteen. The Pogues with Joe Strummer. Hank William Jr. en 1978. The Clash en juillet 1979 sur leur album « The Cost Of Living » chez CBS, et dont le leader Joe Strummer est mort en décembre 2002. En septembre 1980, lors d'un gala hommage, Tribute, à Buddy Holly, Waylon Jennings assure le titre avec les Crickets. Dead Kennedys avec la suite de la phrase du titre dans le texte, ce qui donne *I Fought The Law And I Won*, en 1987. Bryan Adams sur l'album « Live ! Live ! Live ! » chez A&M en 1988. La Mano Negra en 1992. Mary's Danish la même année dans le cadre du film *Buffy the Vampire Slayer* ; Rossy. David Lindley et Henri Kaiser la même année. The Stray Cats en 1993 sur « Original Cool » chez Essential Records. Viper sur l'album « Coma Rage » chez Roadrunner en 1995 ; pour les membres de ce groupe formé par les frères Pit et Yves Passarell en 1985 au Brésil, leur version de *I Fought The Law* est une cover de… Clash (donc pour eux un original de 1979) et non des Crickets de Buddy Holly qui avaient créé/gravé le titre en 1959 ; autrement dit dans l'histoire du rock et/ou hard/rocklheavy Metal, certains devraient parfois fouiller un peu plus les racines de leur propre patrimoine… Nancy Griffith en mars 1997.

En 2001 la version de Dave Courntey With Scottish Pop Punk se fait remarquer. Le groupe allemand Beatsteaks en 2002 sur le EP « Die Wohnzimmer » chez Epitaph. Status Quo en 2003 sur l'album « Riffs » pour Universal. La même année Colin Farrell dans le film Intermission. Une nouvelle version par les anciens musiciens de Buddy Holly, The Crickets And Vince Neil, met tout le monde d'accord en 2004 sur leur album « The Crickets And Their Buddies ». Green Day chez Reprise en 2004. Le propre frère de Bobby Fuller, Randy, en 2011 chez Norton Records. Beaucoup d'autres versions existent dont celles de Alvin And The Chipmunks ; Nick Stockton ; The Jolly Boys ; La Vida Boheme ; Social Distorsion ; Mike Ness, Ska-P ; The Big Dirty Band ; Stiff Little Fingers ; Jonestown Massacre ; The Airbone Toxic Event ; Attaque 77 ; NonStop Body/Lolita N° 18 ; Anti-Flag ; Chumbawamba ; Die Toten Hosen ; Tony Marlow ; Tsuyoshi Kawakami and His Moodmakers.

À voir et à entendre l'original et les reprises qui suivent, on se dit que le titre aurait pu être gravé par Johnny Hallyday, Dick Rivers, Eddy Mitchell, voire Noël Deschamps ou Ronnie Bird. Quand on voit des repreneurs comme les Clash et les Strays Cats, cela peut se concevoir et la chanson n'aurait également pas dépareillé chez The Young Rascals, Rolling Stones et autres Pretty Things. Bon, c'est l'Artiste qui s'y colle. Eh bien, c'est pas mal du tout. L'introduction avec une guitare « fuzz » comme on en entend – du moins à l'époque car c'était bien avant Black Sabbath, Led Zeppelin ou Deep Purple – dans le *Satisfaction* des Stones ou le *Keep On Running* du Spencer Davis Group, le *I'm Alive* de Tommy James and The Shondelles (voir *Un homme libre*) surprend et tranche avec toute la production Claude François en général.

Le texte raconte un jeune type qui se rend compte qu'il a tout faux dans la vie, et ce, à différents stades : il traîne dans rues, il est seul au monde et se rappelle qu'il n'était qu'un enfant gâté, qu'il a trompé et ruiné les siens, qu'il avait une terre et qu'il l'a vendue mais qu'enfin, à l'arrivée, il a su garder la fille qu'il aime. L'ambiance est finalement très « western » car les valeurs de ce genre cinématographique s'inscrivent ici en filigrane : on traîne, on perd sa terre, on ruine sa famille. Il ne reste alors qu'une fille. Le lot de consolation ? Mais c'est avec elle sans doute que le personnage de la chanson pourra peut-être recommencer de zéro pour retrouver l'incarnation de ces valeurs, à travers la terre et la famille. En tout cas, le registre est en plein univers d'un James Dean, d'un Marion Brando et d'un Johnny Hallyday. Il y a chez Claude François, et pour ce thème, une variante intéressante à la même époque avec *C'est moi… c'est moi*. Au dernier couplet, on observe la façon similaire de terminer certaines chansons, à savoir qu'un sujet, même très grave ou disons plus élaboré qu'une simple ritournelle – ce qui n'exclut pas le fait avéré qu'il y a des ritournelles, chez Claude François et d'autres, d'un niveau « haut de gamme », pour ne pas dire parfois complexes –, se conclut parfois par une fin heureuse qui arrive par l'amour, ultime refuge face à l'adversité. Voir pour cela le titre *Jeu dangereux*. À rapprocher du thème de la rupture avec la structure parentale et/ou familiale et l'impossible retour qui en résulte avec *Maman chérie* et *Je t'aime trop toi ;* puis enfin *Un homme libre*.

Chacun à son tour

Claude François & Vline Buggy

14e 45 tours, Philips 437 249, juin. 5e 33 tours, Philips 844 777, décembre. 6e 33 tours, Philips 70 386, janvier 1967 où *Winchester Cathedral* remplace *J'travaille à l'usine*. C'est avec ce 45 tours que Claude François changera d'orchestre et d'arrangeur. Il fait appel à un arrangeur/compositeur d'outre-Manche, il s'agira de Les Reed avec ses musiciens.

Version espagnole, *Cada Uno A Su Vez*.

Adaptation de ***Gone From My Mind*** (Pop anglaise).

Les Reed

Version originale enregistrée par **The Fortunes** pour Press Records en 1966.

Puis par le groupe **Five Emprees** sur label Smash en août 1966.

Ce groupe très peu connu a fonctionné sous l'égide de Don et Dick Addrisi qui interprèta également des classiques du rock, ainsi de *Pretty Woman, Oh Carol, Johnny B. Goode* et le *Tell Her No* du groupe anglais The Zombies, que reprit chez nous Frank

Alamo avec *Dis-lui non*. Eddy Mitchell ira fouiner aussi du côté de Les Reed pour *Dans une autre vie, un autre temps*, que Les Reed créa avec Geoff Stephens ; et de Les Reed seul, *Ton absence est un adieu* par le même Eddy.

Couleur pop anglaise à souhait, texte secoué comme le tempo, orchestration british beat mâtinée de réponses d'un seul saxophone ténor bien placées : ça s'écoute bien et c'est sans prétention, même si le texte pêche un peu. En fait, il pêche tellement qu'il ne faut surtout pas le prendre au premier degré : alors, tout devient très rock'n roll, dans l'esprit, le recul et l'intention. Cette thématique sur le désynchronisme perpétuel prend avec une légèreté calculée des contrariétés temporelles qui pourraient avoir des conséquences néfastes sur la destinée de tout un chacun… C'est d'ailleurs souvent l'art de Claude François : traiter de sujets sérieux – parfois de problèmes graves – sur un ton simple, avec recul, des mots choisis, de la dérision et de l'intelligence ironique. C'est ce qu'il y a sans doute de plus dur à faire. Finalement, l'artiste a fait du zen avec pratiquement toutes ses chansons. Une petite perle pop toujours à redécouvrir. On notera, avec bien sûr un plaisir non dissimulé, que la version française avec son orchestration et ses arrangements est, et de loin, bien meilleure que l'originale. En effet, c'est une production nettement supérieure à tous points de vue. Si l'anglaise est un peu cafouilleuse, la française est très enlevée et moins brouillonne. Dans l'original les guitares ont vraiment un son « pourri » et le titre, après avoir donné l'impression d'arriver à la fin et donc de s'arrêter, reprend tout d'un coup comme s'il était au début ; cet original est tout de même une curiosité. Pas étonnant qu'il soit absolument impossible à trouver. C'est par Dick Rivers que l'on peut entendre des adaptations de The Fortunes ainsi de sa reprise de *You've Got Your Troubles* qui devient en français *Je l'ai aimée bien avant toi* (voir *Tu as tes problème, moi j'ai les miens* par Claude François) et *Demain* en 1965 d'après *Here It Come Again*.

Sur le banc 21

Claude François & Vline Buggy

15e et 15e bis 45 tours, Philips 437 267, décembre 1966 et janvier 1967. 5e 33 tours, Philips 844 777, décembre. 6e 33 tours, Philips 70 386, janvier 1967. Avec accompagnement d'orchestre.

1re entrée dans le hit-parade de SLC, n° 27 en novembre, n° 16 en décembre 1966, meilleur classement n° 2 en janvier et février 1967.

La chanson est remixée en 1990 par Jean Fredenucci CD phonogram « Claude François Remix 90's » Philips 842 502-2.

Adaptation de ***Bench Number Three (At Waterloo Station)*** (Variété/pop anglaise).

Filter de Luxe (alias Geoff Stephens)

Version originale enregistrée par **Barry Fantoni** en 1966 sous forme d'une maquette assez élaborée.

Puis par John Bobin And The Fingers pour le compte de Record Mirror, Peter Recording Stephen's Number, Polydor.

Cette version est enregistrée presque en même temps que sa reprise française. C'est bien sûr Geoff Stephens qui est sur le coup de l'enregistrement de ce titre de fin 1966 et qui demeure extrêmement rare outre-Manche. À signaler la présence à la guitare de Alan Parker, futur Blue Mink, formation anglaise dont Claude François, toutes oreilles dehors et en alerte, aura été chercher un titre qui deviendra *À part çà la vie est belle.*

L'affaire d'une pré-maquette enregistrée par The Artwoods, combo anglais de l'époque, demeure un vrai mystère. Également enregistré à la même époque par Claude François en anglais. Barry Fantoni, chanteur, clarinettiste, est un Italien né à Londres en 1940.

Dès le début des années 60, il écrit des scripts pour la BBC ; ayant une fibre pour la rock/pop music, Fantoni est dans le circuit pour des rencontres musicales qui l'intéressent. Geoff Stephens (qui a sans doute pris le pseudonyme de Filter de luxe) lui refile un tracks (une piste avec une chanson dessus...) qui traînait par là et Fantoni le grave sur son 33 tours Emidisc où il y a notamment *Diana Goodbye.* C'est étrange car les discogaphies de Fantoni le donnent chez Fontana puis chez Emil Columbia et, sur ces 45 tours, il n'y a jamais *Bench Number Three* qui, de toute façon, est un échec pour lui comme pour The Fingers, ce qui ne fut pas le cas pour sa version française. Une introduction bien pop/british beat avec en plus une trompette en sourdine qui joue le gimmick mélodique qui revient entre couplet et refrain, un texte qui est une petite histoire qui commence dans le métro – à la station République – et qui se termine au poste de police, voilà un titre bien remuant et dans l'esprit, la démarche, pop anglaise à souhait.

Miss Felicity Gray

Claude François & Vline Buggy

15e et 15e bis 45 tours, Philips 437 267, décembre 1966 et janvier 1967. 5e 33 tours, Philips 844 777, décembre. 6e 33 tours, Philips 70 386, janvier 1967. Avec accompagnement d'orchestre.

Élodie Frégé en apporte une nouvelle version à l'occasion de l'album hommage « Claude François, autrement dit... » chez Universal/Mercury en 2007.

Adaptation de ***Miss Felicity Grey*** (Country/pop anglo/canadienne).

Jimmy John Stewart / Jerry Langley

Version originale enregistrée par **The Guess Who** en 1967 chez Fontana (UK) pour Mills Music, arrangé par Cy Payne et produit par Tony Hiller.

Le titre à l'origine est présent uniquement sur le 45 tours Fontana TF 861 – 267 751 IF. Réédité sur le CD/album « This Time Long Ago ». Il y avait à l'évidence entre Claude François/ Philips et Fontana en Angleterre une connection puisque la reprise française a été enregistrée un peu avant ou presque en même temps que la version de Guess Who. Ce fut un peu le cas chez Claude François pour *Sur le banc 21* et *Qu'est-ce que tu deviens ?* Et on peut se souvenir que les deux premiers 45 tours de l'artiste étaient estampillés label Fontana, label de toute façon abrité chez Philips.

The Guess Who est originaire du Canada Winnipeg, s'appelait à ses débuts Chad Allan and The Reflections. Cette formation, composée de Chad Allan, Randy Bachman, Bob Ashley, Jim Kale et Gary Peterson, passe un contrat avec Quality Records. Entre 1962 et 1965, ils enregistrent des reprises de grands classiques comme *Tossin' And Turnin'*, de Bobby Lewis ainsi que les standards du rock comme *Shakin' All Over*, *Summertine Blues* ou encore pour du plus récent, *Light My Fire*. Pour contrer la « bristih invasion » et trouver un succès qu'ils n'avaient pas au Canada, ils émigrent en Angleterre quelques années, d'où la couleur très british du titre concerné : cette Miss Felicity Grey serait la très baroque Lady Jane Knockoff et le texte décrit bien sa vie, le mystère de sa solitude, de sa demeure bien anglaise et ô combien cinématographique. Guess Who a à son actif le méga-hit *American Woman* en 1970. Le groupe a effectué quelques « revival » en 1985, 1990 et 1999.

Sur un air qui sent bon la campagne anglaise et qui est guidé par une flûte ponctuant les réponses à chaque respiration de fin de phrase du chanteur, le titre évoque l'histoire d'une vieille dame mystérieuse qui, dit-on, était très belle et chez qui les hommes disparaissaient. Le texte règle un peu la chronologie de la vie de cette miss tout en décrivant très adroitement son environnement. Une curiosité qui baigne dans le climat cinématographique de la période anglaise d'Alfred Hitchock.

Clocher du village

Claude François & Vline Buggy

Adaptation de ***Winchester Cathedral*** (Pop anglaise).

Geoff Stephens

Version originale enregistrée par **New Vaudeville Band** en 1966 chez Fontana.

Cette version, gravée uniquement sur un CD de chez Dial, est toujours restée dans les tiroirs. Déjà, les interprètes anglais n'avaient pas du tour aimé celle intitulée *J'travaille à l'usine* qui, elle, était sortie sur le 15e 45 tours Philips 437 257 de décembre 1966, et avaient intimé à l'artiste, via sa maison de disque et son équipe, de la retirer du commerce et de trouver autre chose. Voir à *Winchester Cathedral.*

Le texte de cette histoire de clocher laisse sans voix. La première question qu'on peur se poser c'est de savoir à quel degré il faut le prendre. Le fait de s'en prendre au clocher de l'église de son village parce qu'il n'a pas sonné au moment même où votre petite amie vous quitte, pour finir en disant que ce ne seront pas ses cloches qui sonneront le jour de votre mariage, laisse pantois. Au milieu, ça n'est pas plus clair. On peut comprendre la réaction du combo britannique quand on leur a traduit ce morceau de bravoure. Manifestement, ils ont du se dire qu'il y a quelque chose qui cloche !

J'travaille à l'usine

Claude François & Vline Buggy

15e 45 tours, Philips 437 267, décembre. 5e 33 tours, Philips 844 777, décembre. Avec accompagnement d'orchestre.

Ce titre, dont le texte déplut au New Vaudeville Band, fut remplacé dans le 45 tours de janvier 1967 portant le même numéro par *Winchester Cathedral*, texte sur la même musique, ce qui se produisit aussi sur le 6e 33 tours, Philips 70 386, de janvier 1967.

Adaptation de ***Winchester Cathedral*** (Pop anglaise).

Geoff Stephens

Version originale enregistrée par **New Vaudeville Band** en 1966 chez Fontana.

Tout comme pour le titre *Clocher du village*, le groupe anglais demanda le retrait express du titre, ce qui explique qu'il existe deux 45 tours, un en décembre 1966 et l'autre en janvier 1967. L'histoire est de meilleur goût que celle du Clocher mais, tout de même, les adaptateurs ont fait très fort… dans le très faible. C'est un type qui travaille dans une usine et qui se demande pourquoi tout le monde le respecte, lui dit bonjour, même le contremaître, pourquoi sa petite amie lui demande tout le temps de l'argent. Quand il se regarde chez lui dans la glace, il ne se trouve vraiment rien de spécial qui le différencie des autres. À la fin du titre, on apprend par la voix du chanteur qu'il s'appelle Claude Rockfeller. Dépourvus d'humour on comprend dès lors la réaction des membres de New Vaudeville Band.

Winchester Cathedral

Claude François & Vline Buggy

15e 45 tours, Philips 437 267, janvier. 6e 33 tours, Philips 70386, janvier.

Également enregistré par le groupe belge Les Diamands en 1967 chez Trianon. En 1966, une année avant l'Artiste ; le groupe instrumental français The Random Blues Band chez Vogue revisite la chanson à sa manière à savoir une version à l'américaine et un autre style Carnaby Street, sur son album… « Winchester Cathedral ». En 1969 par l'orchestre de Paul Mauriat chez Philips.

Par Claude François, le morceau connut un autre titre et un autre texte sur le 45 tours de décembre 1966, *J'travaille à l'usine* (*j'mange à la cantine*), paroles des mêmes cités plus haut. Cependant, le groupe anglais The New Vaudeville Band, mécontent du texte, demanda son retrait du commerce. Le 45 tours de janvier 1967 comporta donc le titre *Winchester Cathedral.* Dans le même temps, les deux complices commirent sur la même musique le texte *Clocher du village.* L'Artiste et Vline Buggy reverront leur copie et écriront le texte définitif qui eut l'heur de satisfaire les créateurs et interprètes anglais originaux.

1re entrée dans le hit-parade de SLC, n° 38 en novembre, n° 28 en décembre 1966 et en janvier 1967.

Adaptation de ***Winchester Cathedral*** (Pop anglaise).

Goeff Stephens

Version originale enregistrée par **The New Vaudeville Band**, pour le compte de Fontana, en août 1966 ; classé n° 4 en Angleterre en octobre et n° 1 aux États-Unis en décembre.

La même année 1966, la chanteuse Dana Rollin réalise sa version pour le label Tower ; toujours en 1966, le morceau ne peut échapper à Frank Sinatra sur le label Reprise sur son album « That's Life » ; tout comme à John Smith And The New Sound chez Vogue. Du beau monde revisite ensuite le titre qui, l'air de rien, est en train de devenir un standard du British Beat. Toujours en 1966, les ondes accueillent les reprises de The Laurie Holloway Quartet sur l'album « Hit Parade Holloway Style » chez Pye Records ; le trompettiste de jazz Dizzy Gillespie sur l'album « The Melody Lingers On » chez Limelight ; Chim Kothari avec l'album « Sound Of Sitar » chez Deram ; Lawrence Welk And His Orchestra chez Dot Records ; The Palm Beach Boys Band chez RCA Victor ; toujours en 1966, la

version danoise par Daimi & Jørn Grauengaards Ork ; la version finlandaise avec Eija Merila dans *Havis Hamanda* chez Scandia. En 1967 débarquent les versions de Petula Clark sur son album « Colour My World » ; une prestation parodique de Allan Sherman sur l'album « Togetherness, Westchester Hadassah » chez Warner Bros ; Ray Conniff And The Singers pour la Columbia ; le chanteur et trompettiste Willie Mitchell chez London sur son album « The Hit Sound Of Willie Mitchell ». La même année, Tony Randall avec l'album « Vo Vo De Oh Doe » chez Mercury puis celui qui est quasiment « le père/inventeur » des crooners, Rudy Vallée, (alias Hubert Prior Vallée né en 1901) pour le label Viva/Dots Record, sur son album « Hi-Ho Everybody » ; puis également un des arrangeurs de Sinatra, Nelson Riddle, dans son album « Nelson Riddle Music For Wives & Lovers » chez United Artists. James Last Band sur l'album « Non Stop Dancing '67 » chez Polydor/Stern Music. Encore 1967 avec Nancy Wilson pour l'album « Just For Now » pour la firme Capital ; The Stonemans chez MGM sur l'album « Stonemans' Country » ; Jimmy Castor sur son album « Hey Leroy, Your Mama's Calling You » chez Smash. *A Catedral*, une version portugaise de Ronnie Von ; The Shadows de Cliff Richard enregistrent le titre sur leur album « Jigsaw » pour la Columbia. Deux versions espagnoles, *Catedral De Winchester* par Los Tres Sudamericanos chez Discos Belter sur l'album « Exitos A Gogo » et, la même année, par Los Mustang chez La Voz De Su Arno. Le duo « comique » Homer & Jethro (Homer Haynes et Jethro Burns) sur son album « Nash ville Cats » chez RCA Victor. La même année Jo Anne Castle réalise sa version chez Dot Records sur « Jo Ann Castle Queen On The Ragtime Piano ». 1967 continue avec la formation portugaise The Banja Marima Band sur l'album « Heads Up ! » chez A&M ; la chanteuse anglaise Lenny Dee chez Brunswick Records ; Peter Nero chez RCA sur l'album « Xochimilco » ; une version tchècoslovaque par Vàclav Neckàr dans Svatovitsky Chram chez Supraphon ; le pianiste australien Michael Danziger chez Amadéo sur l'album « Piano – Cocktail Long Drink 9 ». Perry & Kingley chez Vangard pour l'album « Kaleidoscopic Vibrations ». En 1968 The Four Freshmen donnent leur vision du morceau tout comme The Jay Five sur « Engelchen Ost » ; Keoki And This Hawaiineers sur l'album « Pop Goes Hawaii » chez Ace Of Clubs ; Benny Johnson Y Sus Solistas chez Ariola pour l'album « Suave Y Duke » ; Frank Costa sur l'album « Hallo Hammond » pour le label Center. 1969 accueille la version de Firehouse Five Plus Two pour leur album « Twenty Years Later » sur le label The Good Time Jazz. Dans un monologue la comédienne La Wanda Page. Jan Peerce et Robert Merrill en public. En 1970 par The Ding Dongs sur l'album « Gimme Dat Ding » chez Mo town ; George Martin & His Orchestra sur l'album « By George ! » chez Sunset Records. Le groupe Clinic en 2004 chez Domino Recording. Une version existe pour la publicité d'une banque en 2007. Steve Haw dans une version electro-Goth chez Injection X sur le label Wokka Chokka Chum! Records en 2012.

En 1967, pour son lable Rigolo chez Philips, c'est Henri Salvador qui est intéressé par le répertoire du New Vaudeville Band avec *Pikabou* transcrit de *Peek-a-boo* de Geoff Stephens, signature bien connue dans les crédits des covers de l'Artiste, et John Carter.

Tout comme *Alors Salut* (*Yeh Yeh*), *By Bye Blackbird*, *Du pain et du beurre* (*Bread And Butter*) et bien sûr *Un nuage dans le soleil* (*Misty*), *Winchester Cathedral* se distingue de la production pop/rock anglaise par son style, son ton, son registre résolument jazzy.

Avec le sifflement du trait mélodique principal, sifflement qui est le gimmick permanent et identifiant du titre, l'introduction de cette chanson est reconnaissable entre toutes. Un jeune type relax déambule dans les rues de Londres, le nez en l'air en train de siffler jusqu'au moment ou il rencontre une fille qui siffle le même air que lui et qui s'appelle *Winchester Cathedral.* Tel un signe de reconnaissance, ils décident après une petite promenade d'aller dans une boîte où ils peuvent entendre la même chanson. Ambiance en hommage au mode musical *british beat* des mid-sixties (avec cette phrase qui est résolument l'adoption du style anglais du moment : « *ce p'tit air génialement chanté par un groupe anglais* ») dont Claude François avec certains titres est en France un des meilleurs et principaux représentants avant la confirmation de Thierry Vincent et les arrivées de Ronnie Bird et de Noël Deschamps.

1967

Toute la vie

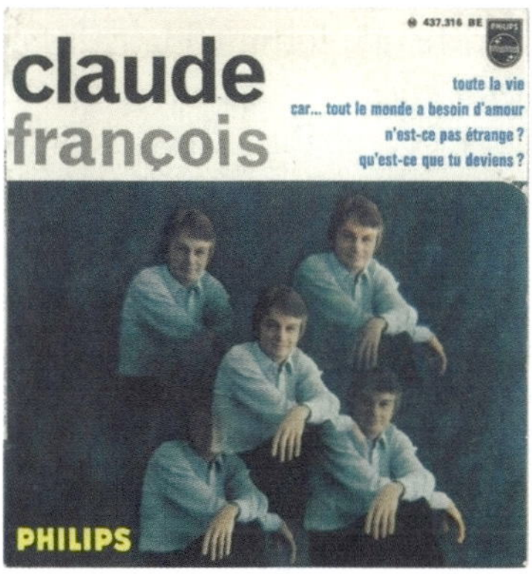

Guy Magenta / Claude François & Vline Buggy

16e 45 tours, Philips 437 316, mars. N'existe pas en 33 tours original. Arrangements d'Arthur Greenslade et son orchestre.

1re entrée dans le hit-parade de SLC, n° 34 en février 1967, n° 30 en mars et avril.

Adaptation de ***The Reason Why*** (Pop américaine – Garage Rock).

Gene Clark

Version originale enregistrée par **The Byrds** en 1969 sur l'album « Preflyte, The Preflyte sessions » pour Together Records.

Cet « Album » produit par Jim Dickson est assez ambitieux ; on sent arriver un concept-album » un peu en avance pour l'époque mais on peut comprendre que les Byrds ont pensé aux deux « albums » des Beatles savoir « Revolver » et « Sergent's Perper ». Compte tenu que *The Reason Why* est sorti en 1969 on peut se demander comment Claude François a pu en effectuer la reprise deux ans avant en 1967 ! Cela procède du même raisonnement que l'on tiendra pour le titre que Johnny Hallyday grave en 1962, savoir *Dans un jardin d'amour*, et qui n'est autre que l'adaptation de *Garden Of Love* que Gene Pitney écrit, compose, enregistre et que United Artists publie en… 1963 ! Dans les deux cas, ces chansons se sont faites connaître avant par d'autres circuits, musiciens, producteurs, éditeurs, en tout cas des canaux non officiels, non commerciaux. Puis en 2002 chez Gaff Music sur « Apocalypso Now » par Walter Egan, version où l'on « entend-reconnaît » mieux la mélodie de Guy Magenta.

C'est le fameux titre sélectionné par les auditeurs à l'antenne d'Europe n° 1 lorsqu'ils eurent à choisir, avec l'artiste en direct, du studio de l'émission *Salut les Copains* avec *Le brouillard est tombé sur la ville*, enregistré par la suite par Liliane Saint-Pierre produite par la maison Flèche, voir *À la campagne*, et *Il faut compter encore.* Ce slow qu'introduit une trompette discrète entourée de l'accompagnement ordinaire du slow/rock avec quelques touches de piano a une mélodie assez irrésistible sans être racoleuse. À la première écoute, et sans compter le titre anglais figurant dans les crédits, on serait tenté de supputer une adaptation, surtout dans le pont qui rend l'ensemble assez nerveux, voix comprise. Eh bien oui, s'en est une ! Faut vraiment écouter de près la ligne mélodique de ces quelques mesures du titre des Byrds, pour se faire, façon de parler, une raison. Le texte parle du sens profond de ce que peut être toute la vie lorsque ces mots sont prononcés dans certaines circonstances lors d'une liaison amoureuse, et le vide soudain qui se crée lorsque ce sens profond est pris à la légère par le partenaire. Le texte met en avant les trois mots du titre qui ont une signification, un poids qui peuvent en certaines circonstances, comme ici, conditionner toute une pensée. Compte tenu de sa qualité, de son efficacité, le texte, les arrangements, l'ambiance très cinématographique allant bien dessiner un drame de rupture, la mélodie « arrangé » de Guy Magenta, la chanson avait un boulevard devant elle pour devenir un hit énorme.

La plus belle chose du monde

Claude François & Gilles Thibaut

18e 45 tours Philips/Fèche 424 550, novembre. 1er 45 tours Flèche (où figure pour la première fois *Comme d'habitude*) produit par la maison de production de l'artiste. 7e 33 tours Philips/Flèche 844 800, décembre. Un des trois 45 tours à trois titres. Arrangements de Reg Guest avec son orchestre.

1re entrée dans le hit-parade de SLC, n° 32 en décembre 1967.

En 1967 chez RCA Victor Vicky Leandros enregistre la chanson sous le titre de *Mon village* ; puis par le chanteur Lena (ex Lénaïck) avec *L'enfant s'en va* en 1976 pour Disc'AZ/ Discodis.

Adaptation de ***Massachusets*** (Pop anglaise).

Maurice Gibb & Barry Gibb / Robin Gibb

Version originale enregistrée par **The Bee Gees**, en octobre 1967 chez Polydor ; classé n° 1 en Angleterre en octobre puis n° 2 en novembre.

La chanson des frères Gibb a généré pas moins d'une bonne centaines de versions dont quatre en Europe de l'Est. Parmi lesquelles on peut compter John Rowles en 1969 pour CBS, Val Doonican sur « Sounds Gentle » chez Pye ; la même année ; la dernière date ayant été enregistrée en septembre 2022 par Rita Wilson and Leslie Odom Jr. pour Sing It Loud Records.

Le chanteur, s'il décrit ici les beautés de la nature, telles « l'aurore boréale, les glaces éternelles, le pays où finit la mer, celui des mille et une nuits où il y a les plus belles filles du monde », dès « qu'il revient du bout du monde » va vers celle qu'il aime pour lui dire qu'elle « est la plus belle chose du monde ». À chaque fin de description d'un site, d'une merveille lors de laquelle le texte rend compte de la fascination éprouvée, l'étonnement, les mots ponctuent alors la pensée du chanteur et lui font dire, qu'à ce moment précis, il pense à elle qui est encore plus belle que toutes les merveilles du monde qu'il a pu voir.

Plusieurs artistes, chez nous, jetèrent leur dévolu sur les créations des Bee Gees. Dès 1967 on trouve Herbert Léonard chez Mercury dans *Si j'avais le courage* que lui transcrit Vline Buggy d'après *To Love Somebody* ; la chanson est adaptée la même année au Canada par le Québécois Patrick Zabé pour Canusa sur l'album « Les Lunettes » avec *Quand on a aimé* sur un texte de Joey Galimi ; et deux ans plus tard en 1969 sur l'album « Ob-La-Di Ob-La-Da » Zabé récidive avec le même parolier et grave pour Trans-Canada *Dans la vie* en provenance de *One Minute Woman*. En 1969 Patricia (Paulin) chez Columbia/Emi enregistre *Je voulais en rire* d'après *I Started The joke* transcrit par Daniel Faure, adaptation que reprend également Patrick Chauvin ; en 1975 chez Polydor une autre adaptation de cette chanson des Bee Gees est enregistrée par Robert Miras sous le titre de *Une étoile est née (Dans tes yeux)* avec des paroles de Luc Dettome ; toujours pour *I Started The joke*, en 2005 chez Universal sur « Polisongs » Henri Dès écrit et enregistre une nouvelle version de cette chanson sous le titre de *Quand tu te moques*. Chez Polydor en 1967 FR David adapte aussi des frères Gibb avec *Sir Geoffrey Saved The World* qui devient sur des paroles de Jean-Claude Paulin *Sir Geoffrey le sauveur* ; en 1968 chez Fontana Michel Didier reprend les Bee Gees avec deux titres : *Vert, je vois Le ciel* issu de *Grimm* dont il écrit les paroles, puis *C'est une folle idée* d'après *Holiday* que transcrit Bruno Nencioli. Ronnie Bird, une fois n'est pas coutume, s'aventure vers les mélodies plus faciles des frères australiens avec *Si quelque chose m'arrivait* d'après *New York Mining Disaster 1941* que Ronnie Bird transcrit lui-même ; Richard Anthony en 1983 chez Pathé Marconi avec le très réussi *Juliette* issu de *juliet* sur un texte de Jean-Michel Bériat ; puis en 2000 l'artiste belge, également champion de karaté, Jacky Detaille enregistre chez Jive *Toucher ton cœur*, dont il écrit le texte, emprunté à *How Deep Is Your Love* que les Bee Gees avaient enregistré dans leur période disco en 1977, titre repris la même année au Canada par Jacques Salvail avec *Il faut vivre ensemble*, sur un texte de Christian Simard pour les Disques Martin.

Le Martien

Claude François & Gilles Thibaut

7e 33 tours, Philips/Flèche 844 800, 1er 33 tours sous label Flèche, décembre. N'existe pas en 45 tours original. Arrangements de Reg Guest avec son orchestre.

Adaptation de ***Flowers In The Rain*** (Pop psychédélique anglaise).

Roy Wood

Version originale enregistrée par **The Move**, le groupe de Jeff Lynne, futur Electric Light Orchestra, pour la maison Regal Zonophone en août 1967 ; classé en Angleterre n° 14 en septembre, n° 4 en octobre.

Le titre connaîtra d'autres versions ainsi de Nancy Sinatra en 1971 chez Reprises Records ; Arjen Anthony Lucassen-Strange Hobby en 1996 pour Aluca Music ; Kaiser Chiefs en 2007.

Pour le thème, voir *Jésus-Christ Superstar* et *Petit jésus* ; si celui-ci aborde dans des différents registres cette évocation, leur point commun réside dans les suppliques quasi imploratoires afin de connaître enfin la « vérité ».

Dans la série « sommes-nous seuls dans l'univers ? » c'est pas mal mené. C'est l'histoire d'un rêve qui au matin s'avère être réalité. Venant d'un groupe anglais assez « allumé », cette incantation au mystère de l'espace et des petits hommes verts est plus basée sur une curiosité légitime, un besoin de savoir, de Connaissance. Une fois le rêve brièvement décrit, le chanteur s'aperçoit donc que quelque chose cloche. En approfondissant un peu, on devine chez Claude François la quête subtile, existentielle sur la vie, le pourquoi et le comment des choses. Bien souvent chez lui des questions fondamentales sont effleurées dans des titres qui ont l'air un peu faciles voire pour enfants. Plus on est dans l'apparence des choses, leur légereté, à la surface de l'écume, plus Claude François enfouit des questions essentielles comme s'il fallait que les terreurs, comme les espoirs lointains, demeurent enfouis, enterrés dans les limbes. En cela, toutes les chansons de cette nature ont trait à l'enfance, les premiers émois, les premières peurs ; voir entre autre à ce propos *Le Dragon magique*, *EEE.AAA*, *Donna Donna*, *Ninna Nanna*, *L'anneau dans la rivière*, *Diggy Liggy Lo*. Des traces sur les carreaux, des choses écrites suscitent maintes interrogations chez le personnage/chanteur. Il lui faut alors en savoir plus. Dans l'élan des orchestrations pop/psychédéliques qui font alors ravages à Londres, l'idole se lance dans le questionnement. Sa soif de savoir est exacerbée surtout lorsque le son s'en va en shinte, c'est-à-dire que le volume du son diminue doucement avant de disparaître. Ces demandes de savoir enfin, d'espérer se termine toujours chez Claude François dans des instances dramatiques, comme un loup hurlant à la mort ; chez beaucoup ça passerait mal, ça ferait nul. Avec l'Artiste, cela prend une dimension dramaturgique hallucinante, comme une voix perdue dans un théâtre antique, donc éternelle. Pour une chanson sur le thème des Martiens on notera la très désuète reprise d'Henri Salvador chez Salvador/Philips en 1963 *Le Martien* d'après le non moins désuet *The Martian Hop* des Ran-Dells la même année pour Chairman Records.

1968

Pourquoi ?

Claude François & Gilles Thibaut

7e 33 tours, Philips/Flèche 844 800, Premier 33 tours sous label Flèche, décembre. N'existe pas en 45 tours original.

Adaptation de ***Baby Now That I've Found You*** (Pop/rock anglais).

John Mcleod / Tony McCaulay

Version originale enregistrée par **The Foundations** pour la maison Pye en août 1967 ; classé n° 1 en Angleterre en novembre 1967 pour Pye et n° 12 en février 1968 aux États-Unis pour Uni Records.

En 1995, pour le label Rounder Records, la chanteuse américaine blue grass/country Alison Krauss donne une version plus soft, entre blues et folksong de ce standard une première fois en 1995 une seconde avec + Union Station. En 1998 le titre est revu par l'énigmatique Gary Jules chez A&M sur son album « Greerings From The Sides ».

Dans la thématique de *Elles sont jolies en Angleterre.* Cependant, on observera ici un texte d'une habilité et d'un humour remarquables, d'autant que les mots de Gilles Thibaut sont portés par une musique issue d'une excellente cuvée mid-sixties du british beat ; et l'artiste de se demander « pourquoi », justement, il s'accroche à une fille qui apparemment ne répond pas du tout à ses critères de beauté. Du sur mesure pour décrire un type piégé par l'amour mais qui néanmoins proteste se disant qu'il ne comprend pas ce coup de foudre puisqu'elle n'est pas blonde aux yeux bleus etc. c'est-à-dire que ça n'est pas la Benjamine de son enfance en Égypte à qui l'Artiste pense dans *Pauvre petite fille riche.*

Ce soir je vais boire

Claude François & Gilles Thibaut

7e 33 tours (1er 33 tours sous label Flèche), Philips/Flèche 844 800, décembre. 19e 45 tours, Philips/Flèche 424 551, janvier 1968. Arrangements de Reg Guest avec son orchestre.

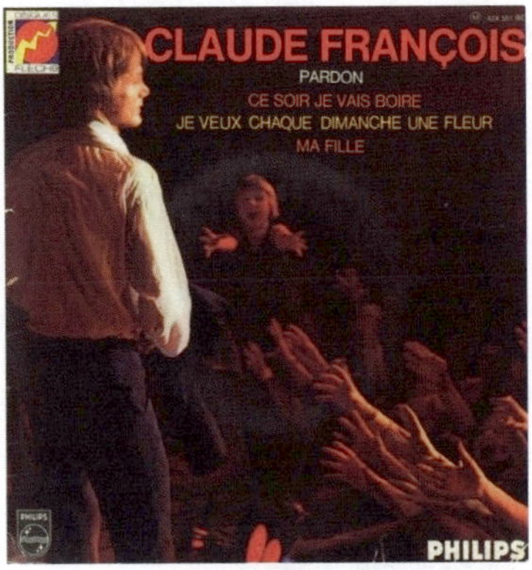

1re entrée dans le hit-parade de SLC, n° 42 en décembre 1967.

Adaptation de ***Stasera Mi Butta*** (Variété/rock italien).

Bruno Canfora / Antonio Amurri

Version originale enregistrée par le groupe italien **Rocky Roberts And The Airedales** en 1967 (en italien) sur l'album « Sabato Sera » chez Durium. série Circus à Milan pour A Fowkles-Mastroianni Productions.

Claude François et son auteur, pour « durs passages et angoisses cataloguées », vont en foire dans Paris. Orchestration et rythme rapide, couleur pop/rock très affirmée. La chanson commence par une visite chez Castel d'où l'on ressort pour être retrouvé en train de chanter dans les poubelles. Par ordre alphabétique, c'est de L'Alexandre jusqu'au Whisky (boîtes de l'époque) que l'artiste fait son cirque pour oublier et ne plus aimer celle qui vient de le quitter. Comme lui, les deux autres grands noms de la scène de l'époque ont chanté çà tout en le pratiquant avec ferveur et grand professionnalisme. Voir du côté de Brel et Hallyday, c'est la même chose ; et chez l'Artiste, pour un autre exutoire utilisé quand ça ne va pas, en l'occurrence lors d'une liaison qui tourne mal, le titre *Je danse*, qui procède de la même idée et d'une évolution similaire dans les tableaux de mots qui animent le texte.

Deborah

Claude François & Gilles Thibaut

21e 45 tours, Philips/Flèche 424 552, juillet. N'existe sur aucun 33 tours original. Arrangements de Reg Guest avec son orchestre.

Adaptation de ***Deborah*** (Variété italienne).

Vito Pallaviccini / Georgio Conte & Carl Sigman

Version originale enregistrée par le chanteur italien **Fausto Leali** en 1968 pour le label Rifi sur son album « Il Negro Bianco ».

Puis par Wilson Pickett la même année chez Atlantic sur l'album « The Midnight Mover ». Guère étonnant que Pickett ait repris cette chanson. Le titre générique de l'album italien donne le « la ». Quand on entend Leali interpréter *Deborah*, et notamment en direct d'un plateau de la TV italienne en 1969, on se dit que Wilson Pickett comme Otis Redding ne sont pas loin dans la rugosité de la voix du chanteur italien et dans les traits d'orchestre des guitares qui rappellent le titre d'Otis Redding *Security* ; la piste du rythme and blues se confirme lorsqu'à l'avantage d'un passage harmonique, Leali effectue un « fondu-enchaîne » de Deborah à *Papa's Got A Brand New Bag* de… James Brown ! Plus tard Fausto et Pickett reprennent *Deborah* en duo en direct sur un plateau TV.

La chanson exalte un drame amoureux et existentiel de haute tenue dans son déroulement descriptif, les images qu'il donne à imaginer. Gilles Thibaut, co-signataire des paroles de *Comme d'habitude* futur standard mondial *My Way*) a écrit plus d'une bonne centaine de titres pour des inconnus et des célébrités. Certains d'entre eux pour Johnny Hallyday, Richard Anthony, Ronnie Bird, Sylvie Vartan, Noël Deschamps, Michel Polnareff, Annie Philippe, France Gall pour ne citer que les plus connus, relèvent du génie absolu et du chef-d'œuvre et naturellement, comme pour ceux de Claude François, ces « catégories » de chansons furent, et sont, très rarement diffusées, voire occultées. « Normal… », donc.

C'est un auteur de Sylvie Vartan comme d'Hallyday qui s'y colle ici. Gilles Thibaut, qui va de plus en plus travailler avec Claude François, avait écrit le magnifique *Par amour ou par pitié*. On le retrouve avec Jean Renard, un des compositeurs régulier de Vartan, dans *Pardon*. Sans que les autres auteurs en prennent ombrage, dès qu'une chanson comporte la signature de Gilles Thibaut, on est presque toujours assuré de la qualité du texte, d'une tenue sémantique à toute épreuve, d'un récit, de descriptions qui peuvent être à la fois poétiques et/ou brutalement ou non réalistes. Le tourmenté, écorché vif Gilles Thibaut, parolier hors-pairs, musicien-trompettiste de jazz qui, hors des caves de Saint-Germain-des-Prés où il excelle durant les années 50 et une partie des années 60 avec ses propres enregistrements à la trompette, écrit une chanson pour se remettre sur pied chaque fois qu'une femme le plaque, le trahit, le détruit. Quelque part, c'est mieux que les médicaments… Avec un auteur comme ça, Claude François est à la fête, si l'on peut dire. En tout cas, l'Artiste s'y retrouve, il n'est pas passé à côté du parolier avec sa façon toute personnelle et forte d'exprimer par l'écrit et l'instrument à vent, combien il pouvait transmettre ses propres états d'âme. La complicité inavouée entre les deux personnages est intéressante. Gilles Thibaut a fait beaucoup passer par ses interprètes des messages destinés à ses histoires sentimentales du moment. C'est lui qui écrivit presque tout le texte de *Comme d'habitude*, même si c'est Claude François qui en eut l'idée de départ, anéanti qu'il était par le départ de France Gall. La prestation de l'Artiste fait sonner des arrangements clairs mais sacqués voir agressifs comme la voix de « l'idole » qui, en studio, envoie le titre comme s'il était sur scène. Le texte appelle le prénom de « Deborah », le chanteur demande où est-elle et nous amène à découvrir un personnage en pleine torpeur qui, allongé, voit des gens autour de lui qui l'étouffent, l'encerclent et ne répondent pas à ses question, à ses appels au secour. À chaque fin de phrase, une ambiance très rythme and blues ponctue le propos avec des acrobaties et les réponses d'une section de cuivre. À l'appel du prénom répondent des violons tournoyant comme une spirale dans laquelle s'enfonce la voix du chanteur en plein cauchemar, un état de torpeur analogue à celui de *Mais quand le matin* et *Je veux chaque dimanche une fleur.*

Serre-moi, griffe-moi

Claude François & Gilles Thibaut

21e 45 tours, Philips/Flèche 424 452, juillet. N'existe sur aucun 33 tours original en version studio. Arrangements de Reg Guest avec son orchestre. 11e 33 tours, Philips/Flèche 844 804, « Claude François à l'Olympia », décembre 1969.

Version italienne 1968, *Prendi, Prendi.*

Un inattendu et surprenant duo belge, Luc Steno et Sandra Kim, pour le label Marino-Atria chez Marshall Records, effectue en 1989 une reprise sous le titre de *Slow moi, rock moi* avec, donc, un texte différent.

Adaptation de ***Bend Me, Shape Me*** (Pop/rock/anglo-américain).

Scott English / Laurence Weiss

Version originale enregistrée par **The Outsiders** en janvier 1967 chez Capitol.

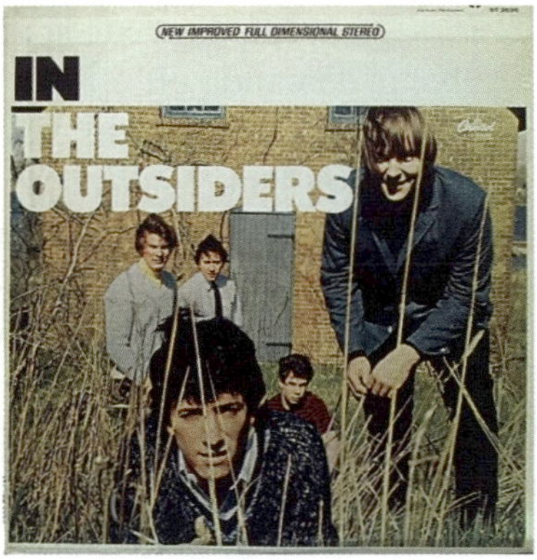

Une première reprise arrive très vite en juillet 1967 avec The Models, un girl garage-band signé à la M.G.M. sur 45 tours « Special Disc Jockey Records », très d'avant-garde pour l'époque dans le son et les arrangements avec une introduction à la guitare fuzz qui rappelle celle du début du titre de Tommy James and The Shondelles *I'm Alive* (voir *Un homme libre*) ; en en faisant un rock psychédélique, ce pourrait être aussi un mélange des Ronettes ou des Crystals avec les guitares de Black Sabbath, en plus petit et moins gras.

Les versions les plus connues ainsi de celles du groupe American Breed (États-Unis) et du combo anglais The Amen Corner ont éclipsé l'original des Outsiders. American Breed grave sa cover chez Acta en novembre 1967 et classe la chanson n° 18 aux États-Unis en décembre. American Breed, groupe qui a vu le jour à Chicago en 1967, se transformera plus tard en Gary and The Nite Lights qui deviendra Rufus, groupe avec lequel ils classeront dans les charts US des titres comme *Tell Me Something Good* en août 1974 et *Once You Get Started* en avril 1975. Quant à la version des Anglais Amen Corner, elle est enregistrée chez Deram et se classe n° 4 en Angleterre en février 1968. Ensuite la chanson est reprise par les groupes anglais The Beaucrees en 1967, The Models la même année tout comme The Ravers. Les Anglais Hello en 1975 chez Bell Record ; en 1978 l'Autrichienne Gilla, qui chante en anglais, reprend le titre sur le mode electro-disco chez Hansa International. Si Claude François a enregistré sa propre version en italien, Sergio Bardotti l'enregistre également sous le même titre de *Prendi, prendi*. Il existe une bonne cinquantaine de reprises y compris dans les pays de l'Est et les pays scandinaves. Claude François s'est plus inspiré de la reprise d'American Breed que de l'original des Outsiders où les arrangements ne sont pas du tout les mêmes. Des trompettes interviennent en introduction, donnant au morceau une couleur différente au point que l'identité musicale même n'a rien à voir avec Amen Corner qui joue dans un registre plus pop/british beat.

Cette chanson va et vient entre espoir et désespérance, entre rage et humour. Gilles Thibaut donne encore ici un excellent texte à l'idole qui se coule comme un gant dans une musique nerveuse au tempo vif et aux arrangements lancinants un peu Garage Band. Ce titre, idéal pour la scène, ouvrit furieusement la prestation de l'idole lors de son Olympia de la fin 1969.

Prends garde petite fille

Jacques Plante

22e 45 tours, Phililps/Flèche 424 553, octobre. N'existe pas sur un 33 tours original. Arrangements de Reg Guest avec son orchestre.

Adaptation de ***Young Girl*** (Pop américaine).

Jerry Fuller

Version originale enregistrée par **Gary Puckett And The Union Gap** en mars 1968 sur l'album « Young Girl » pour la Columbia ; classé n° 1 en avril aux États-Unis et n° 1 en juin en Angleterre chez CBS. Ce titre sera à nouveau dans les hit-parades en juin 1974. La formation de Gary Puckett est née en 1967 à San Diego.

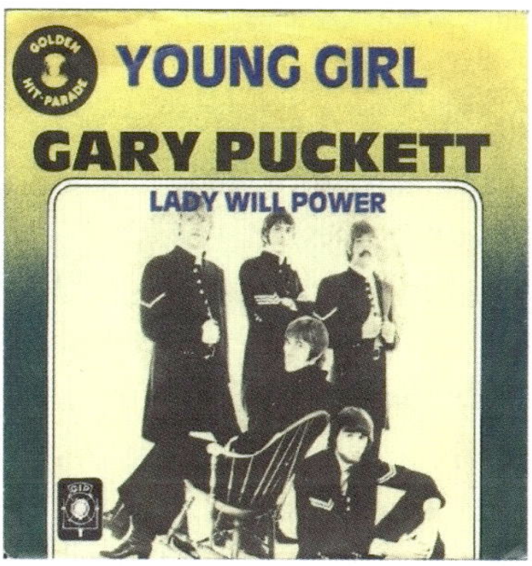

Gary Lewis And The Play Boy revisitent le titre sur son album « Gary Lewis Now ! » chez Liberty Records en 1968. Le titre est également enregistré en suédois par Frida du groupe Abba, ou plutôt Annie-Frid Lyngstad sur son album en solo « Frida Ensam » dans *Jag Ar Mig Själv Nu*. En 1990, le groupe rock israëlien Noar Shulayim est suffisamment séduit pour reprendre la chanson sous le titre de *Laya*. Puis par Danny Tanner. Une petite parodie sur « l'allumage » féminin. Bien tournée, l'artiste avertit une jeune personne que si elle se maquille ce n'est pas pour aller aux fraises. Elle a de plus l'âge de se marier et la mise en garde arrive en termes presque directs. Son et ambiance soul/rock avec section de cuivres bien aiguisée et soutenue par des cordes qui « font le tapis », sans « racoler ». En 1967, les Surfs pour Festival avaient déjà adapté une chanson de Gary Puckett avec, sur des paroles de Michel Jourdan, *Toi seul* issu de *Woman, Woman*.

Monsieur le businessman

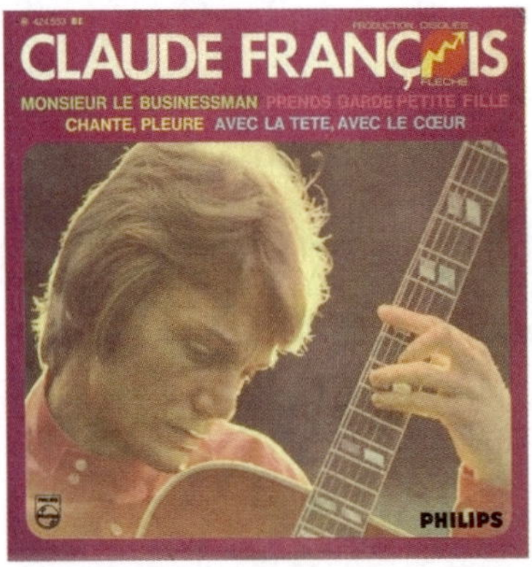

Jacques Plante

22e 45 tours, Philips/Flèche 424 553, octobre 1968. 8e 33 tours, Philips/Flèche 844 801, décembre. Arrangements de Reg Guest avec son orchestre.

1re entrée dans le hit-parade de SLC, n° 26 en octobre, meilleur classement n° 6 en novembre et décembre.

Adaptation de ***Mr Businessman*** (Country/variété américaine).

Ray Stevens

Version originale enregistrée par **Ray Stevens** en 1968 sur l'album « Even Stevens » pour le label Monument. Puis par B.J. Thomas (avec la co-signature de F. Foster) sur pressage français chez Vogue, issu de Scepter records.

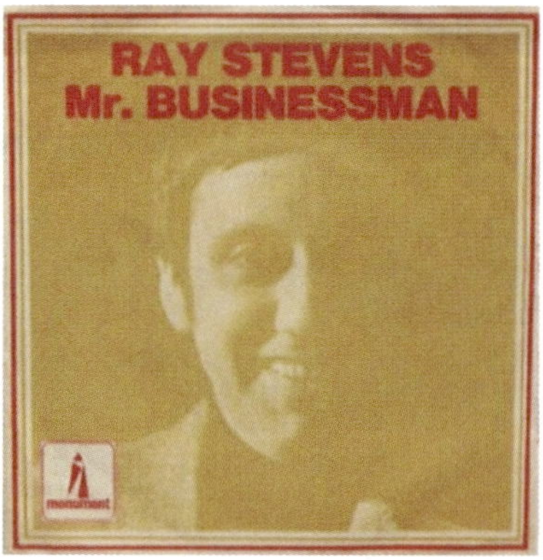

En cette fin des années 60, Claude François acceptait des textes qui sortaient de l'ordinaire. Cette chanson illustre les affres de la vie quotidienne d'un homme d'affaires. C'est en fait une critique en règle et de haute volée de la société marchande, du monde du travail qui est ici exposée comme une bombe à retardement. On a aussi la nette impression que le chanteur s'autocritique lui-même. Le texte pourrait décrire la chronologie de l'artiste dans sa vie de tous les jours et dans sa vie en général. Ensuite, la chanson continue dans ce même registre. C'est l'histoire d'un homme d'affaires, donc, qui passe à côté de tout, qui vit de faux-semblants. Il se fait faire des électrocardiogrammes, délaisse sa femme à qui il offre des fleurs sous cellophane, des vrais bijoux et des vraies fourrures, mais la facture est sur les notes de frais de la société. Il a envie de sa secrétaire mais, vu les complications à venir, il y renonce. Faux-semblants er renoncements sont, dans une ambiance pop/rock très remuante, dénoncés avec vigueur et précision. Les travers et les défauts sautent au visage de l'auditeur comme pour l'en prémunir, voyons de plus près le refrain :

« *...Réveillez-vous monsieur Le businessman il est temps /*
Regardez-vous monsieur Le businessman vos cheveux sont blancs

Est-ce ainsi, que vous gâchez votre vie / Aurez-vous Le temps d'aller voir vos enfants

Pourrez-vous perdre une heure dans la semaine / Pour voir comme ils ont grandi

Vous ne connaissez les fleurs que parc'que votre femme /
En reçoit parfois enveloppées dans de la cellophane... »

Comme pour *Ce monde absurde*, *Où s'en aller*, *Pour un peu de bonheur*, *Statues sans cœur*, pour ne citer que ceux-là, dès qu'un titre de Claude François veut dire quelque chose de plus qu'à l'ordinaire, dès que ça va un peu loin, on lui dénie la possibilité de se faire entendre. Les médias de l'époque, à l'instar de ceux d'aujourd'hui, n'ont pas bougé sur les chefs-d'œuvre. La route est barrée, l'Artiste est à résidence dans son casier, étiquette estampillé « chanteur yéyé » pour minettes et couillons attardés. Fermez le banc.

D'autres artistes français se sont intéressés aux chansons de Ray Stevens et notamment Hector dans *Abab l'Arab* en 1966 chez Polydor issu de *Ahab The Arab* ; Henri Salvador en 1967 pour son label Rigolo dans *Claire ma secrétaire* d'après *Mary My Secretary* ; Richard Anthony en 1971 sur son label Tacoun chez Sonopresse avec *America*, issu de *America, Communicate With Me* ; la même année Les Compagnons de la Chanson s'offrent pour CBS *Everything Is Beautiful* avec *Notre monde est merveilleux* chez tandis que la chanteuse flamande Liliane Saint-Pierre – produite en France chez Flèche par Claude François – reprend, hors contexte Flèche en flamand, *Everything Is Beautiful* en 1972 sous le titre de *Alles Om Ons Heen Is Mooi*. Sylvie Vartan en 1979, en anglais, *Can't Stop Dancing* ; puis Dick Rivers en retour avec les nouveaux Chats Sauvages en 1982 dans *La Reine du rock'n'roll* emprunté à *Bridget The Midget* (*The Queen Of The Blues*).

Eloïse

Claude François & Vline Buggy

23e 45 tours (trois titres), Philips/Flèche 424 454, décembre. 8e 33 tours, Philips/Flèche 844 801, décembre. Également sur le 24e 45 tours (aussi à trois titres) Philips/Flèche 424 55 5 de janvier 1969 avec, à la place du titre *Les Petites Souris*, *Le Magicien*. Sur ce 45 tours première arrivée signalée aux chœurs de la formation féminine « Les Fléchettes ». Arrangements de Reg Guest et de Lou Warburton avec son orchestre.

En 1969, le Canadien Donald Lautrec enregistre *Eloïse* sur le label québécois Jupiter.

11e 33 tours, Philips/Flèche 844 804, « Claude François à l'Olympia », décembre 1969. 20e 33 tours, Flèche 6325 677, « Claude François sur scène », avril 1974. 23e 33 tours, Flèche 6325 683, « Claude François sur scène, Été 75 », octobre 1975. 30e 33 tours, Flèche/Carrère 67 235/6, « Souvenir 78. Claude François en public », avril 1978.

1re entrée dans le hit-parade de SLC, n° 35 en janvier 1969, n° 10 en février et mars.

Version italienne en 1968 avec le même titre.

Adaptation de ***Eloïse*** (pop anglaise).

Paul Ryan

Version originale enregistrée par **Barry Ryan With The Majority**, pour le compte de MGM en septembre 1968 ; classé n° 3 en novembre en Angleterre.

Barry Ryan et son frère Paul, dont la mère chanteuse avait outre-Manche un côté Piaf, se sont lancés très tôt dans le spectacle et la musique. Dès 1965, accompagnés par le combo The Mojos, ils se produisaient en duo.

Repris par Dean Reed en 1972 ; Paris Connection en 1978, The Teens en 1981 ; The Bowlings Balls en 1983 ; la chanteuse Mina en 1985 ; le groupe hard-rock Damned début 1986 ; Gerard Joling en 1989 ; The London Symphony Orchestra la même année ; Spagna en 2001 ; en 2003 par le crooner classique allemand Helmut Lotti puis Leningrad Cowboys la même année.

Cette adaptation est aussi grandiose et impressionnante que l'original. Les trombones, les cors, les cordes, les percussions, tout s'y met. Le pont du milieu qui casse le rythme vient à point reposer l'oreille et diminuer la tension et, au bout de quelques mesures, quelques mesures de batterie dominées par la cymbale relance l'orchestre et l'idole se déchaîne. Le titre impressionna beaucoup sur scène les auditoires, même les sceptiques récalcitrants du public « lambda » comme des musiciens professionnels, des jazzmen par exemple…

Dalida, avec des paroles de Lana Sebastian a été suffisamment inspirée pour faire ses emplettes chez Barry Ryan pour nourrir son répertoire en enregistrant *Les couleurs de l'amour* d'après *The Colour Of My Love* ; tout comme Olivier Despax en 1967 chez Riviera avec *Ne te retourne pas* issu de *Have Pity On The Boy* avec dans les crédits une signature souvent présente dans toute la première période de la carrière de Claude François, Les Reed et Barry Mason. En 1970 au Québec, Donald Lautrec reprend de Barry Ryan *It's A Wild World* qui devient chez Trans-World *Un monde sans loi.*

Reste

Jacques Plante

23e 45 tours (trois titres), Philips/Flèche 424 454, décembre. 24e 45 tours (aussi à trois titres), Philips/Flèche 424 555, janvier 1969 avec, à la place du titre *Les Petites Souris*, l'original français *Le Magicien.* Arrangements de Reg Guest avec son orchestre. Sur ce 45 tours première arrivée signalée aux chœurs de la formation féminine « Les Fléchettes ». 11e 33 tours, Philips/Flèche 844 804, « Claude François à l'Olympia », décembre 1969. 20e 33 tours, Flèche 6325 677, « Claude François sur scène », avril 1974.

1re entrée dans le hit-parade de SLC, n° 24 en janvier 1969, puis n° 2 en février, meilleur classement n° 1 en mars et avril.

Adaptation de ***Beggin'*** (Pop américaine).

Peggy Farina / Bob Gaudio

Version originale enregistrée par **The Four Seasons** en 1967 chez Philips sur l'album « New Gold Hits ».

Puis par The Timebox, chez Deram en juin 1968 ; classé n° 38 en Angleterre en juillet. Enfin, en août 2008, le duo hip-hop norvégien Madcon (Mad Conspiracy), composé de Yosef Wolde-Mariam et de Tshawe Baqwa fait un véritable hit en reprenant ce standard du groupe de Frankie Valli pour le compte de Columbia Sony/BMG.

Pour Claude François, la chanson triompha surtout à l'Olympia 1969. Des coulisses, des tumbas étaient envoyées, en les faisant glisser sur le sol de la scène, à l'artiste pour un solo éblouissant par ses soins au milieu du titre. Chanson nerveuse, rythmée, faite pour la scène, cette version française est presque meilleure que l'original qui se traîne un peu. On est encore dans un registre pop/rock intéressant. Un texte efficace, sans fioriture, parle d'une histoire d'amour qui se termine mal. Les mots sont autant de suppliques pour inciter la femme à rester. Si le thème est classique, les mots utilisés sont forts et bien agencés. Le texte parle d'une timidité maladive qui rend hypocrite à son corps défendant et entretient de funestes malentendus. Une excellente analyse de la vie de couple de tous les jours surtout quand celui-ci se déchire ou survit par des non-dits. La difficulté de vivre à deux exprimée dans le rythme, enveloppée par des sonorités pop/rock énergiques.

À propos des Four Seasons comme de Frankie Valli, ces « Beach Boys de la Côte Est », d'autres artistes français à l'instar Claude François ont été bien inspirés pour passer le rubicon et aller pratiquer l'adaptation dans ce riche répertoire. On commencera avec Mike Shannon et les Chats Sauvages en 1962 dans *Sherry* transcrit par Hubert Ithier chez Pathé que grave aussi Henri Salvador la même année chez Philips ; Les Missiles, comme Jean-Claude Annoux en 1963 s'emparent de *Connie-O* en enregistrant *O Connie* ; toujours en 1963 on peut entendre Henri Salvador dans *Grosse fille pleure pas* issu de *Big Girls Don't Cry* et *Big Girls Dont' Cry* connaît une nouvelle adaptation avec Les Martin Circus chez Vogue en 1976 avec *Ça rit ça pleure* sur un texte d'Evelyne Courtois ex-Pussty Cat. Toujours 1963 Marie Laforêt enregistre pour Festival *Qu'est-ce qui fait pleurer les filles* qu'Eddy Marnay lui transcrit de *What Makes Little Girls Cry*. Pour Barclay en 1964 Les Célibataires sur un texte de Vline Buggy enregistrent *Tu n'as rien compris* issu de *Dawn* (*Go Away*). Toujours en 1964, pour Riviera, Le Petit Prince (de son vrai nom Pascal Krug) emprunte aux Four Seasons *Rag Doll* avec *Triste Noël* sur des paroles de Ralph Bernet. Frank Alamo quant à lui jette son dévolu sur *Save It For Me* en mettant en boîte la même année chez Barclay *Fais ça pour moi* que lui transcrit Pierre Delanoë, et d'ailleurs *Save It For Me* connaîtra une nouvelle version en 1976 par Martin Circus chez Vogue dans *L'Ami d'un soir* avec Evelyne Courtois (alias Pussy Cat et ex-Petites Souris), aux paroles. En 1965 une intéressante formation de l'époque, Le Capt'ain Michel Group enregistre chez Riviera *Droit devant moi* d'après *Walk Like A Man* et ce titre verra une autre reprise en 1978 par Plastic Bertrand avec C'est *le Rock'n Roll* ; 1965 voit également la reprise de *Only Yesterday* par la formation Les Frangins (Richard & Samuel) qui chez Pathé gravent *Comme elle a changé*. Richard Anthony ne peut manquer l'excellent répertoire des Four Seasons et en 1965 c'est l'année ou il attaque très fort avec l'enregistrement de *Tiens bon* d'après *Let's Hang On*, la chanson est également adaptée sous le même titre par Bob Smart en 1966 pour RCA Victor. Richard Anthony toujours avec, en 1966, *Le soleil ne brille plus* d'après *The Sun Aint't Gonna Shine Anymore* (dont la version originale est souvent attribuée aux Walker Brothers) ; la même année Les Folks chez Philips adaptent *Searchin' Wind* et proposent *Qui sera pendu* ; toujours en 1966 avec le groupe féminin Les O'P4, futures Petites Souris et futures Fléchettes, les choristes de Claude François, empruntent aux Four Seasons *You're Ready Now* et enregistrent chez Decca *T'es pas malin*. Pour le compte de Odéon/Emi, le groupe de rock français Les Anges effectue en 1967, sur le même et unique 45 tours chez Odéon/Emi, trois reprises des Four Seasons ainsi de *Girls Come Running* qui devient *Aimons*, *Il faudra payer* d'après *Pity* et *Une fille mais qu'est-ce que c'est* issu de

Comin'Up In The World. 1967 encore et Richard Anthony excelle à nouveau dans l'intelligent et visionnaire *Les fous et Les sages* d'après le superbe *Beggar's Parade* ; les premières Clodettes dès 1969 chez Flèche adaptent *I Can't Take My Eyes Off You* qui sur un texte de Gilles Thibaut devient *Le garçon dont nous rêvons* ; la chanson sera reprise la même année par le groupe féminin québécois Les Coquettes sur label Apex avec même titre et texte que la cover des Clodettes, ce qui n'aura rien à voir avec la version qu'en fait Line Renaud qui enregistre, toujours en 1969, *Une poussière dans le cœur* sur un texte de Michel Rivegauche que la chanteuse belge Sandra Kim se réapproprie en gravant *Je suis à toi* avec Guy Beyers aux paroles. En 1968 c'est la reprise au Québec par le groupe féminin Les Intrigantes pour Jupiter qui adaptent *C'mon Marianne* avec *Je n'aime pas Marianne*, le titre connaîtra en 1977 une nouvelle reprise, en France, avec Guy Bonnardot chez Pathé qui enregistre *Pas de mariage* sur un texte de Pierre-André Dousset. En 1978, Joe Dassin pour CBS/Epic a été aussi voir de plus près chez les Four Seasons de Frankie Vallie avec *Marie-Ange* transcrit par Pierre Delanoë et Claude Lemesle d'après *Fallen Angel*, chanson créditée Guy Fletcher et Doug Flett (voir *À par ça la vie est belle*) ce qui change un peu chez les Four Seasons des deux Bob, Crewe et Gaudio. En 1997 c'est un « boy band », Alliage & Boyzone qui effectue l'adaptation de *Working My Back To You* avec *Te garder près de moi* sur paroles cosignées par Jean Tosi et Daniel Moyne.

1969

Roule

Vline Buggy

25e 45 tours, Philips/Flèche 424 556, avril. 9e 33 tours, Philips/Flèche 844 802, juillet. Pas d'arrangeur et de direction d'orchestre précisés.

En 1969 le Québécois Patrick Zabé, avec un texte de C Linton, adapte cette chanson sous le titre de *Je roule ma bosse* pour le label Apollo. Dick Rivers attendra 1978 pour graver sa version que lui transcrit Serge Koolen avec, l'ironique et bien dit, *Roule pas sur le rivers* pour Sonopresse label « Mouche ». Dix-huit ans plus tard, en 1996, sur son album « Destination Vegas », Johnny Hallyday chez Universal, avec un texte de Jean Fauque, remet le couvert en enregistrant *Rouler sur la rivière.* Cette chanson, c'est une affaire qui roule…

Adaptation de ***Proud Mary*** (Country/rock américaine).

John C. Fogerty

Version originale enregistrée par **The Creedence Clearwater Revival** chez Liberty et Fantasy en avril 1969 ; classé n° 1 aux États-Unis pour Fantasy en mars.

The Checkmates (une production de Phil Spector) en font une excellente version en 1969 année qui accueille également celles du groupe Amen Corner et de Solomon Burk en 1969 chez Bell. Ed Ames puis James Last la même année chez Polydor sur l'album « Non Stop Dancing 9 » ; Anthony Armstrong Jones. En 1970 Elvis Presley grave sa version mais cette année-là c'est surtout celle de Ike and Tina Turner qui détonne et qui finalement sera presque plus connue que celle porté par la voix de John Fogerty ; toujours en 1970 par le duo The Kendalls chez

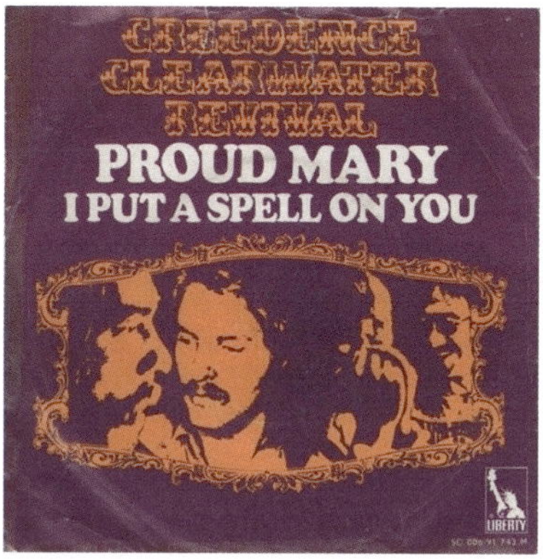

Stop Records sur « Meet The Kendalls ». La formation de jazz Enoch Light And The Light Brigade grave l'œuvre en 1971 et Hopeton Lewis la même année tout comme Lynne Anderson chez Columbia ; Tom Jones tente de ramener le standard au premier plan en novembre 1974, et Neil Sedaka l'imite la même année. Johnny Paycheck ; George Jones en 1978 sur l'album « My Very Special Guests With Friends » chez Epie Records ; George Jones en duo avec Johnny Paycheck font un rappel du classique en juin 1980. Bruce Springsteen en 1981. Big Fat Marna with Zorayoung en 1990, Status Quo en 1996. Acid Drinkers en 1998. Prozak For Lovers en 2001, The Starsound Orchestra en 2002 et le jeune crooner classique allemand Helmut Lotti en 2003. Ricki-Lee Coulter en 2004. Fantasia Barrino. En 2012 Izia Higelin, Glee, puis Marco Mengoni. Claire Denamur en 2011 dans une prestation radiophonique.

La version de l'Artiste, de façon tellement « prévisible... », décriée par les puristes, sous les apparences naïves du texte, tient finalement la route. Le chanteur/homme Claude François est dans les affres d'une séparation de la douleur d'un éloignement, et sa seule issue est la fuite en avant avec peut-être un retour plein d'espoir vers celle avec qui il se serait mal conduit et qui l'aurait plaqué. Sans blague ! « *Dans ce train qui roule dans la nuit noire / dans cette odeur de pluie de suie de départ...* » introduit l'action et l'ambiance dans un climat de films américains des années 50/60 ; on imagine très bien un Marlon Brando ou un James Dean, têtes brûlées en rupture de ban. Thème récurrent chez l'Artiste que ce nomadisme pour retrouver d'autres filles, une autre femme, (c'est pas la même chose...) comme dans le libérateur *Si douce à mon souvenir*. L'Artiste fonce vers l'horizon à la philosophie « westernienne ». Dans *Roule,* pas d'enfermement cauchemardesque, il y a mouvement/déplacement avec un train et, c'est à souligner, car habituellement, les instances mécaniques de transport qu'on éprouve dans *Les Cloches sonnaient* et *Quand un bateau passe* sont synonymes de déchirement/séparation quand « elles partent » et ce contrairement à *Mais quand le matin* où l'homme/Claude François est incarcéré dans ses angoisses, et Vline Buggy n'est pas la grand blessée qu'est Gilles Thibaut. Le physique et la position sociale de Claude François à première vue ne colle pas avec une musique du Creedence, avec cet univers c'est du moins ce que laissent à penser les funestes idées reçues qui lui collent au dos comme le sparadra du capitaine Haddock sur son doigt. Idées toutes faites comme tellement « convenues... habitudes de pensées, paresse du cogito, décérébrage contre lui comme un signe avant-coureur des « paillettes-festives » à venir qui l'ont totalement disqualifié aux yeux embués et boueux des « propes des pieds omniscients de l'intelligentsia qui détestent, honnissent tellement, viscéralement, obsessionellement Claude François et donc son public... Oui, comme beaucoup de frais, énergiques, spontanés et subtils opus chez l'Artiste : c'était cuit d'avance. La chanson est donc une chanson d'album qui n'a pas marché. On saluera l'initiative.

Pour ce qui est chez nous des reprises du Creedence, tout le monde s'y est mis, ainsi de la mythique brochette française du rock'n roll : Johnny Hallyday en 1996 pour Mercury/Philips avec *Dans le Bayou* que lui transcrit pour sa tournée à Las Vegas d'après *Born On The Bayou* face B du 45 tours original de *Proud Mary ;* Johnny Hallyday toujours avec *Fils de personne Fortunate Son* ; en 2006, pour sa tourné Flash Back Tour, celui-ci fait interpréter le titre en anglais par Amy Keys, Johanna Manchec et Alain Couture. Eddy Mitchell a aussi été faire son marché vers le groupe de John C. Forgety avec *J'aurai sa fille* transcrit par de *Down On The Corner*, enregistré aussi par Patrick Zabé sous le titre de *Au coin de la rue*, également chez Eddy *Le jardin d'Eden* provenant de *Green River* et encore Eddy pour l'album « La Dernière séance » de 1977 avec *Laisse tomber le ciel* de *Midnight Special*. En 1970 la chanteuse Eileen avec *Tout le monde est fou* adapte *Lookin' Out my Backdoor* chez Disc'AZ. Sylvie Vartan emprunte au Creedence *Bad Moon Rising* qui devient chez RCA *C'est bon de vous voir*, et *Bad Moon Rising* est également emprunté au Creedence par le groupe québécois Les Classels qui l'enregistre en 1970 chez Trans Canada sous le titre de *Si j'étais millionnaire* ; toujours au Québec, en 1971, on peut écouter Patrick Zabé dans *N'as-tu jamais vue la pluie ?* adapté de *Have You Ever Seen The Rain*.

Tu seras toute à moi

Jacques Plante

27e 45 tours, Philips/Flèche 424 558, octobre. 10e 33 tours, Philips/Flèche 844 803, novembre. 11e 33 tours, Philips/Flèche 844 804, « Claude François à l'Olympia », décembre. Pas d'arrangeur et de direction d'orchestre précisés.

Adaptation de ***l'm Gonna Make You Mine*** (Pop/ bubblegum américain).

Tony Romeo

Version originale enregistrée par **Lou Christie**, sur label Buddah en septembre 1969 ; classé en Angleterre n° 6 en octobre et aux États-Unis n° 12 le même mois.

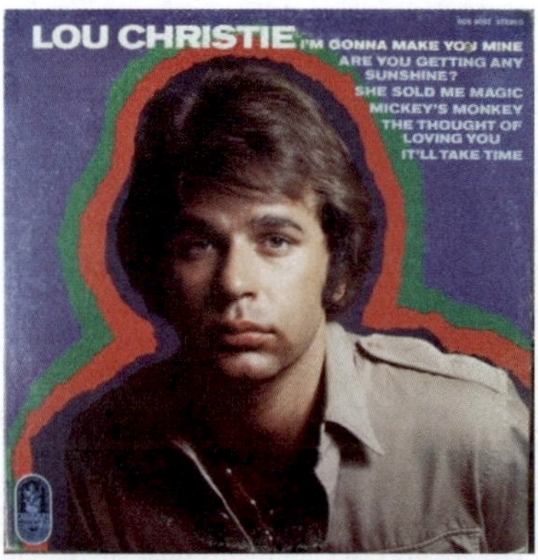

Natif de Pennsylvanie, Lou Christie a commencé par la musique classique mais débute dans la chanson en étant choriste de studio. Premier disque en 1963 ; il attendra 1966 pour un n° 1 chez MGM avec son titre phare Lightin' Strikes. Après *I'm Gonna Make You Mine*, sa carrière tournera au ralenti malgré un retour remarqué mais éphémère en 1980. Le titre est repris en 1976 par Love Generation pour United Artists sur l'album « Our Kind Of Music » ; Alex Chilton en 1990 sur « Black List & More » chez New Rose Records ; Mari Wilson, Barb Jungr & Claire Martin en 2005 chez Linn Records pour l'album « Girls Talk ». En 1970, la chanson connaît en Italie un certain succès avec la reprise de *Il Supergruppo* sous le titre de *Ehi, Ehi, Che Cosa Non Farei* sur un texte de Clara Miozzi. Au Québec chez Apex, la chanteuse Jocelyne Pascal trouve en 1968 à son goût une création de Tony Romeo avec *Sur le bord de la mer* issue de *Indian Lake.*

Quand on entend la chanson, on se dit que, vraiment, elle a été créée pour la gestuelle de l'artiste qui annonce les chorégraphies des seventies. Avec ce titre, Claude François effectue une bonne prestation lors de son Olympia 1969. Le jeu des chœurs en contre-chant sur les couplets imprime la marque du morceau. Sur une mélodie efficace, le texte exprime les souhaits du chanteur à l'endroit de celle qu'il courtise au point de vouloir « remplacer tes amis, et être seul dans sa vie », et même « devenir jaloux des gestes qu'elle fait, comme de son rire qui s'envole » car d'autres pourraient en profiter... Une chanson de jaloux possessif où Claude François se retrouve bien. Lou Christie avait déjà été adapté en 1964, avant que l'Artiste ne s'en occupe, par Patrick Samson & ses Phéniciens chez Philips dans *Guitares et bongos* emprunté à *Guitars And Bongos* ; en 1969, les Fléchettes, les choristes de Claude François qui ont si bien rendu les réponses et contre-chant dans chœurs de *Tu seras toute à moi*, adaptent *She Sold Be Magic* que Jacques Plante transcrit en *Je vends du rêve.*

Vivre que c'est bon

Anngregory & Claude François

10e 33 tours, Philips/Flèche 844 803, novembre. N'existe pas en 45 tours original. Pas d'arrangeur et de direction d'orchestre précisés.

Adaptation de ***Viva Bobby Joe !*** (Pop anglaise/Guyane/bubble-gum).

Eddie Grant

Version originale enregistrée par **The Equals**, en juillet 1969 pour President Records sur l'album « Strike Again » et Stateside ; classé en Angleterre n° 18 en août et n° 7 en septembre. Au micro, Eddie Grant et sa voix entre celles de Lionel Richie et Tom Jones.

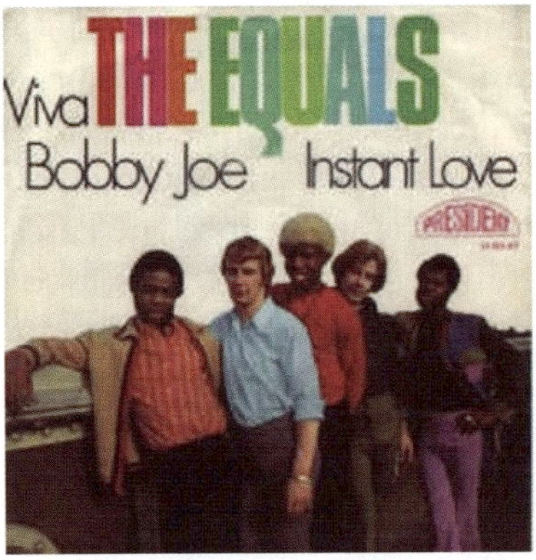

Puis par The Revival en 1969 chez His Master's Voice avec le chanteur Craig.

Sur le 33 tours de *Tout éclate tout explose*, ce titre va dans la même direction, aborde le même thème de libération des mœurs et des loisirs. Le sable et le soleil sur la peau d'un beau corps féminin, le partage, bref, les prémices de la vague écologique avec l'oisiveté en plus. Le tempo rapide, la couleur pop/bubble-gum mâtinée d'un peu de « Music Explosion », une section de cuivres bien soutenue par l'alliance guitare-basse-batterie, des chœurs très soul et voilà une chanson du meilleur effet qui, pratiquement, n'a pas connu d'audience. Sans doute, le texte est loin d'être à la hauteur de la musique ; c'est une des explications possibles.

Du songwriter interprète Eddie Grant, il y eut une reprise en français avec la chanteuse belge Sandra Kim qui avec *Allez hop, pensons-y* en 2007, revisite *Gimme Hop, Jo'anna* que Grant avait créé en 1988. Quant aux groupe de Grant, The Equals, il y aura en 2004 une reprise de leur succès *Baby Come Back* par Christian Almerge qui enregistre *Ton bac* sur « On dirait Le Sud » chez Agorila.

Un homme libre

Jacques Plante

10e 33 tours, Philips/Flèche 844 803, novembre. N'existe pas en 45 tours original. Pas d'arrangeur et de direction d'orchestre précisés.

Adaptation de ***I'm Alive*** (Pop/rock américain).

Tommy James / Peter Lucia

Version originale enregistrée par **Tommy James and the Shondells** en 1968 sur l'album « Crimson Clover » chez Roulette Records. D'autres artistes américains reprennent ce titre en le rendant plus agressif, nerveux ainsi Johnny Thunder (ex-Gil Hamilton, voir *Dis-lui*) de The Lords of The Altamont, Johnny Thunder, Don Pardon et l'Anglais Tom Jones.

Dans la série l'artiste s'énerve, on tombe bien. D'une voix aiguë et éraillée, Claude François dit qu'il est libre et pourquoi, avec son « pouvoir de haïr et celui d'aimer », ce n'est qu'un exemple. Nous sommes en novembre 1968 et tout le monde prend le pli. Cependant, chez l'idole, il y a pas eu besoin des « événements », pour dire des choses lucides et à contre-courant voire un peu subversives ; ainsi *Ce monde absurde* avant Mai. Le métier change et, après les événements, commence à montrer un autre visage ; c'est pourquoi dans la chronologie du répertoire de l'artiste la démarche culturelle et émotionnelle a grande importance, pourtant ce titre a été totalement occulté par les médias. La chanson, en revanche, avait bien marché au Canada… Avec *Un homme libre*, l'Artiste, peut enfin s'épancher, se livrer, histoire de dire stop, presque en même temps que le *Je suis un homme* de Michel Polnareff en 1970. Et l'idole de revendiquer ses forces et ses faiblesses, ses envies et ses dégoûts, son insouciance et sa sagesse. Ces figures littéraires du tout et son contraire étaient déjà dans le discours à la fois offensif et défensif face à la gent féminine dans *Toi tu voudrais*.

Tommy James se rend célèbre avec son *Hanky Panky* qui sera n° 1 pendant plus d'un mois en été 1966 ; natif de l'Ohio il connaîtra d'honnêtes succès au milieu des sixties. Avec les groupes comme The Archies, voir *Douce Candy*, Ohio Express, Tommy James And The Shondells sont la figure de proue de la pop bubble-gum américaine mais aussi d'une forme de « Music Explosion » qui balance des rythmes costauds, presque lourds sur un mélange savant de pop et de rythm and blues. L'exemple type étant, chez Claude François, *Tout éclate tout explose*. Dans *Un homme libre*, une section rythmique agressive guitare-basse-batterie et la section de cuivres agrémentent consolide l'affaire avec énergie. En cette année 1969, Claude François grâce à cette adaptation qui musicalement s'y prête, décide de remettre les pendules à l'heure avec un peu tout le monde et d'aucuns qui alors le connaissent, le fréquentent de près ou de loin non pas qu'ils en prennent pour leur grade mais sont avertis. C'est en gros un « fichez-moi la paix » en règle. En plus c'est « sympa » l'Artiste fait ça en musique…

Je suis libre / Je choisis mon chemin, je choisis mon destin / Je suis libre
… Je bâtis ma vie et demain m'appartient / Je suis libre
Je suis un homme / J'ai confiance en mes mains, j'ai confiance en mes doigts / Je suis un homme
… J'ai une tête qui pense, j'ai un cœur qui bat / je suis un homme
Je suis libre / J'ai le droit de jeter ma jeunesse aux quatre vents / Je suis libre
… J'ai le droit de saisir le bonheur de chaque instant / Je suis libre
Je suis un homme / aussi fort qu'un géant, aussi doux qu'un enfant
Je suis libre / de goûter les joies infinies de la terre / je suis libre
… d'écouter en moi mon cœur et ses mystères / Je suis libre
Je suis un homme / J'ai le don de haïr et le pouvoir d'aimer, je suis un homme

Bien que ce soit The Raindrops qui aient enregistré la version originale de *Hanky Panky*, c'est celle de Tommy James and The Shondelles qui popularisent le titre et le chanteur québécois Tony Roman adapte la chanson en français chez Camusa en 1966 sous le même titre ; de son côté, avec *Vole vole vole* en 1967 chez Vogue, Ricky Gomez effectue l'adaptation de *Gone Gone Gone* de Tommy James, transcrit par Frank Gérald.

Douce Candy

Anngregory & Claude François

10e 33 tours, Philips/Flèche 844 803, novembre 1969. 28e 45 tours, Philips/Flèche 424 559, janvier 1970. Pas d'arrangeur et de chef d'orchestre précisés.

Adaptation de ***Sugar, Sugar*** (Bubblegum/Pop américaine).

Jeff Barry / Andy Kim

Version originale enregistrée par **The Archies** pour la firme RCA en août 1969 ; classé n° 1 aux États-Unis en septembre et en octobre sous label Calendar puis n° 1 en novembre et en décembre en Angleterre chez RCA.

Ce groupe avait été formé de façon « pré-fabriquée » pour les besoins de marketing pour la « Music Explosion-bubblegum », une industrie qui préfigurait ce qui se passe chez nous aujourd'hui. C'est le groupe anglais The Herman's Hermits qui avait été conçu de cette manière et dans le même but, dès le début des années 60.

Puis repris par Wilson Pickett en 1970 sur l'album « Right On » chez Atlantic ; la même année par The Ventures ; Sakkarin en avril 1971 ; Jimmy McGriff ; Gladys Knight And The Pips en mars 1975 sur leur album « A Little Knight Music ». Puis Tom Jones, les Italiens Supergruppo adaptent la chanson sous le titre de *Bocca Dolce.* Lorsque la peau d'une fille est aussi sucrée que le sucre candy, « on ne peut plus s'en passer ». Le texte fonctionne sur la sensualité et évoque le goût délicieux d'un corps ensoleillé. Les arrangements et l'orchestration avancent sur un rythme assez nerveux, consolidé par une basse solide. Dans la seconde partie, une section de cuivre, prise un peu en chambre d'écho, renforce l'ensemble et affirme une voix qui termine dans l'aigu, éraillée.

Fleur sauvage

Eddy Marnay

31e 45 tours, Philips/Flèche 6254 025, décembre. 13e 33 tours, Philips/Flèche 6450 600, décembre. Sur ce 45 tours, première arrivée signalée dans les chœurs de la formation masculine « Les Doubles solutions ». Arrangements et direction d'orchestre de Christian Chevallier. Par Franck Pourcel et son grand orchestre en 1971.

Adaptation de ***Wild World*** (Pop/folk anglais).

Cat Stevens

Version originale enregistrée par **Cat Stevens** en 1969 chez A&M. Cet enregistrement sort seulement en novembre 1970 et sera classé n° 14 aux États-Unis en avril 1971.

Jimmy Cliff grave sa version en juillet 1970 sur l'album « Goodbye Yesterday » pour Island/Sony Music. Bien que n'en étant pas l'auteur/compositeur, Cliff classe le titre six mois avant son créateur en septembre 1970 n° 8 en Angleterre. La même année Chris Simmons enregistre la chanson également en juillet pour MCA UK Records.

Si les séances anglo-saxonnes sont de très bonne facture, la version de Claude François tient largement la route et peut faire face « aux originaux » sans aucun problème tant du point de vue de la production et des arrangements que des paroles. Orchestration et arrangements soignés, vastes en restant sobres, la version française ne dénature pas le titre et les phrases des cordes et des cuivres qui, eux, entrent en seconde partie, donnent une petite connotation – je dis bien petite – spectorienne à l'ensemble. Avec une voix cassée-éraillée à souhait pour accentuer l'effet, la chanson parle d'une rupture entre un homme d'âge mûr – c'est ce qu'on comprend en sous-entendu au détour d'une phrase – et une jeune fille. C'est un dialogue à sens unique dans lequel il est dit à celle qui s'en va de faire attention, car la vie est comme le titre de cette chanson, sauvage. On sent chez le narrateur/chanteur une compassion pour une jeune personne un peu ingrate et qui lui fait comprendre qu'il sera toujours là pour panser les blessures de sa future vie de femme qu'elle va devoir affronter comme lui a dû affronter sa vie d'homme.

Le titre connaît plus de 112 reprises outre-Manche et Atlantique et même en Europe avec par exemple Sacha Distel, en anglais, en 1971.

1971 : José Feliciano ; Patty Bravo ; une reprise en portugais enregistrée par Os Selvagens dans Mu/do Selvagem, cette version est écrite par Rossini Pinto (voir *E.E.E. A.A.A.*) et a dû, en plus du Portugal, être beaucoup diffusée au Brésil où le portugais est quasiment la première langue. 1972 : The Gentrys. 1975 : Roy Drusky. 1980 : Willie Ellison. 1987 : Jonahtan King ; Maxi Priest. 1988 : le groupe canadien hardcord-punk SNFU. 1993 : Mr. Big. 2001 : David West And Gabe Witcher ; Me First And The Gimme Gimmes. 2002 : Emmerson Nogueira. 2003 : Eric Stone. 2004 : Yusufislam/Peter Gabriel (on comprend que c'est Cat Stevens derrière Yusuf Islam). 2007 : J. Robert sur l'album « Steel Away ! » ; Shel Shapiro. 2008 : Damien Leith. Les dernières reprises dates de novembre 2021 par Tema Siegal et par Sweet Little Band en Janvier 2022.

Pour ce qui concerne les adaptations de Cat Stevens par d'autres artistes français, Frank Alamo s'offre en 1967 pour le compte de Riviera, une filiale Barclay, *I Found I Love* et grave *Les poings fermés* une cover fidèle à l'original notamment dans les arrangements avec l'introduction au basson et comme il y prend goût, il retourne la même année puiser dans le répertoire de Stevens et enregistre *Avec une barbe blanche* d'après *The Laughing Apple*. Richard Anthony et Dalida iront à la même source d'inspiration en gravant le hit de Cat Stevens *Lady D'Arbanville* ; le premier écrit les paroles françaises et enregistre en 1970 pour Tacoun/Pathé-Marconi le titre en un très honorable *Sonora La Dueña* (qui sort aussi sur un 45 tours Emi / Odéon) et la seconde reprend l'affaire sous le titre de *Lady d'Arbanville* chez Sonopresse 1971, avec le texte de Richard Anthony.

1971

Hey ! ho ! c'est impossible

Claude François & Colette Rivat

14e 33 tours, Flèche, 6442 001, juin. N'existe pas en 45 tours original. Arrangements de Jean-Claude Petit avec son orchestre.

Adaptation de ***Going To The Country*** (Country/rock américain).

Steve Miller & William Royce Scaggs (ou Boz Scaggs) / Ben Sidran

Version originale enregistrée par **The Steve Miller Band** en juillet 1970 sur leur cinquième album pour le compte de Capitol records.

Le premier groupe formé par Steve Miller comptait des gens d'une moyenne d'âge de 12 ans – la musique, ça démange tôt –, avec déjà Boz Scaggs. Le combo s'appelait alors The Marksmen Combo puis, plus tard, à l'arrivée de Ben Sidran, ils forment The Ardells. Le groupe démarre entre 1966 et 1968, au moment de l'explosion du Jefferson Airplane, Quicksilver Messenger Service et Courry Joe & The Fish, The Grateful Dead et, après avoir « échappé » à ces mouvements socio-musicaux, ceux qui se font alors appeler Psycho Steve & The Blues Barricade, devient The Steve Miller Band, c'est plus simple.

La prestation vocale dans le registre soul/rock de Claude François est étonnante ; gageons que son auditoire n'était pas habitué à ce style chez leur idole. Mais ça lui réussit très bien d'autant plus que ce texte enlevé et astucieux est quasi d'avant-garde. Il navigue sur une musique soul dans les aigus bourrés de doubles croches et de quarts de soupirs qui font que ça n'est pas le premier venu qui peut se permettre d'aborder cette partition colorée par une guitare jazzy/country qui vient souligner les travers des contradictions exprimées dans le texte. Pour l'Artiste, ça n'était pas un problème d'interpréter une telle partition. Le thème du texte a des récurrences chez lui et, sans aller jusqu'à « l'engueulade » de *Te fatigue pas,* ou de *Rien rien rien*, on retrouve ce registre dans ce qui serait un original français, inédit, de bonne facture de 1966 *Ne demande pas l'impossible*, puis dans *Je te demande pardon.* Un net rapprochement s'effectue pour ce qui est de la technique sémantique du texte avec *Toi tu voudrais* quant aux contrastes et contraires acrobatiques sur les exigences féminines. L'énoncé du texte ne se voile pas la face et fait dire au chanteur/narrateur ce qu'il pense par l'utilisation d'un jeu d'images qui fonctionne sur des logiques révélées par des comportements contradictoires. L'ensemble est cohérent, astucieux et prête à sourire par la grâce du verbe ; on sourit car cet assemblage de mots et du sens qui s'en dégage flatte l'intelligence. Le propos fait donc comprendre que, si la belle est peut-être très belle, elle n'est pas la reine de l'univers, qu'elle ne pourra jamais commander les éléments comme elle veut commander les hommes et que, finalement, tout se paie, se marchande. Par faute d'extrême qualité musicale et textuelle, grave handicap, reconnaissons-le, cette chanson de grande classe swingante et élevée/enlevée n'a pas, mais alors pas du tout, marché. Comme il se doit, donc.

Et je ne pense plus à toi

Michèle Vendôme

15e 33 tours, Flèche 6442 003, novembre. N'existe pas en 45 tours original. Arrangements et orchestre Hervé Roy.

Adaptation de *Chicago* (Country/pop anglo/américaine).

Graham Nash

Version originale enregistrée par **Grosby, Stills, Nash and Young** en avril 1971 pour Atlantic Records sur « 4 Ways Street ».

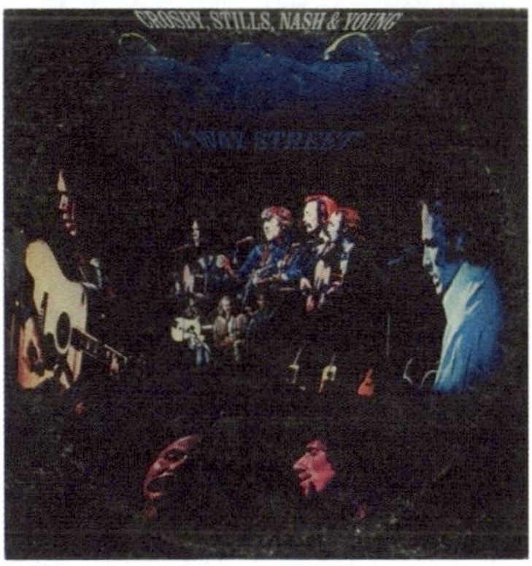

Puis par **Graham Nash** en mai 1971 chez Atlantic Records pour son premier 33 tours sur l'album « Songs For Beginners ». Avec Allan Clark, Graham Nash était un des membres du combo anglais The Hollies (voir *L'Homme au traîneau*) ; aux États-Unis, les deux compères rencontrent les Américains Stephen Stills qui vient d'arrêter avec Buffalo Springfield et David Crosby qui avait créé les Byrds (voir *Toute la Vie*). Claude François a été là à la rencontre au meilleur niveau d'une fusion de génies de la pop anglo-saxonne du moment. Enregistré aussi par The Sanctions (futur Electric Prunes) chez Hearbeat Records.

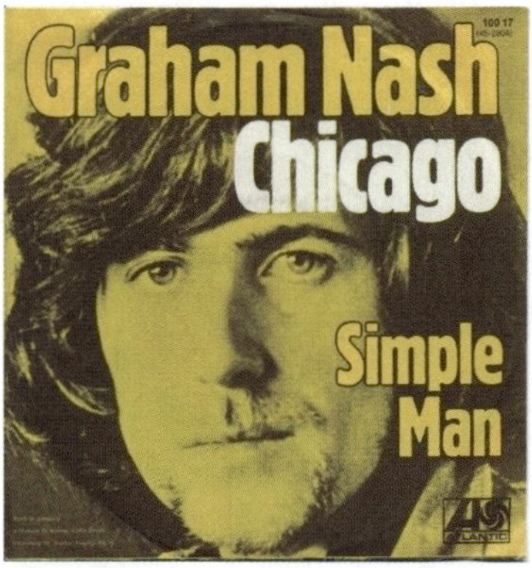

Très conforme à l'original, cette reprise a tout pour elle : bonne orchestration, pas du tout variété/variétoche, mais bien dans l'esprit californien qui convient. Le pilier basse, batterie, guitare et orgue, en chaloupées, fonctionne à plein régime sur un texte très élaboré qui conte une petite histoire dans une grande histoire d'amour. C'est vraiment l'exemple même de la chanson dont on se demande bien pourquoi elle est passée inaperçue. Même si la version originale passait à l'époque sur les antennes, ce n'est pas une raison suffisante, eu égard à la qualité du texte.

Il s'agit du souvenir d'une jeune femme qui venait là où se trouve le chanteur, dans le temps « réel » de la chanson. Sur un balancement avec l'orgue, on commence une promenade avec le narrateur. Il est, le texte le dit à la fin, chez sa mère, là où venait souvent l'absente. Sont évoqués les bons moments passés ensemble, la couleur du blé, le goût du nouveau vin rosé jusqu'à dire qu'un nouveau chien fait désormais partie de la maisonnée, pourquoi pas si ça peut la faire revenir. En 1977, c'est un autre Claude, Claude Puterflam qui, chez WEA sur le label Flamophone, trouvera à son goût le répertoire de Graham

Nash avec *Epitaphe* d'après *Sleep Song* que Nash avait enregistré en 1971 chez Atlantic Records sur le même album d'où est issu *Chicago* ; puis 1979 accueil la reprise par Michel Delpech, sur « 5000 kilomètres » chez Barclay, de *There's Only One* qui devient sous sa plume et celle de Jean-Michel Rivat *Il n'y a que lui* ; enfin, en Suisse, Pascal Rinaldi adapte en 2013 chez Disque Office *Déjà vu* avec *Déjà vu*, sachant que le titre américain est bien *Déjà vu*.

Donne un peu de rêve

Michèle Vendôme

15e 33 tours, Flèche 6442 003, novembre. N'existe pas en 45 tours original. Arrangements et orchestre de Hervé Roy.

Adaptation de ***Give A Little Laughter*** (Variété/pop/pré-reggae).

Randy Edelman

Version originale enregistrée par **Randy Edelman** sur label Sunflower en 1971 ; le titre est repris en juillet 2013 par Dionne Warwick sur « We Need To Go Back – The Unissued Warner Bros Masters », chez Warner.

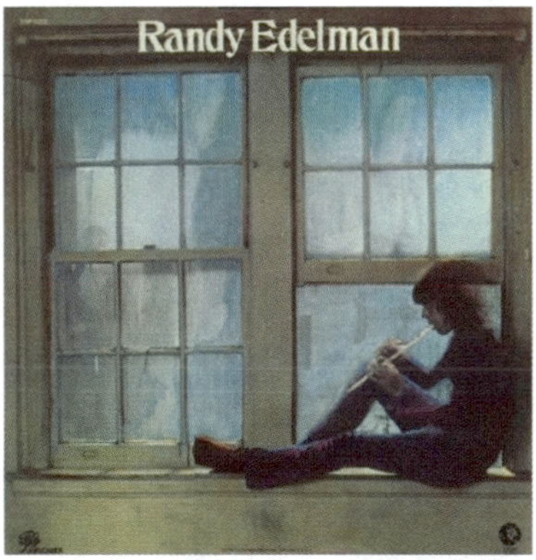

Cette composition d'Edelman, si elle n'a pas eu un succès retentissant outre Atlantique a au moins permis à l'artiste de remplir intelligemment ce 15e album. Tout s'accorde dans les arrangements, la voix assez cassée et grinçante à souhait – surtout dans les aigus – pour étayer le propos : demander juste à la partenaire un effort pour que la vie quotidienne devienne supportable. Un rien suffirait. Ce ne fut pas un hit pour l'artiste, on s'en serait douté, mais cette adaptation tombe bien dans un début d'océan de paillettes qui allaient écorner définitivement l'image d'un homme de goût. C'est Dick Rivers qui en 1978 trouve son bonheur chez Randy Edelman avec sa reprise de *Rider In The Rain* en enregistrant *Y'en a marre de ce western* chez Mouche Records.

Un jardin dans mon cœur

Eddy Marnay

35e 45 tours, Flèche 6061 182, novembre. 15e 33 tours, Flèche 6442 003, novembre. Arrangements et direction d'orchestre de Raymond Donnez.

Également enregistré par Sylvie Vartan avec le même titre chez RCA en 1971 sur « Sympathie », puis par Michel Delpech avec un titre différent dans une ambiance très zen, loin de la version de l'idole qui donne le très intéressant *T'as un ami* sur un texte du même Delpech et de Jean-Michel Rivat ; et la même année au Canada sur le label québécois Trans-World, Chantal Pary enregistre la chanson sous le même titre que Delpech mais sur un texte de Bruce Huard.

Adaptation de ***You've Got A Friend*** (Pop/county américaine).

Carole King

Version originale enregistrée par **Carole King**, la créatrice aux notes et aux mots de cet énorme standard en février 1971 chez A&M sur l'album produit par Lou Adler « Tapestry ».

Carole King est, avec Gerry Goffin son complice dans le travail et dans la vie, une des grandes signatures de chansons internationales (entendons par là américaines). Ces deux-là, par les voix de Steve Lawrence et d'Eddie Gorme, avaient déjà inspiré Claude François pour, en 1963, son *Je veux rester seul avec toi* et plus tard dans *C'est Noël et j'aurai tout ça*. Et bien sûr en mai 1971

James Taylor sur son album produit par Pete Asher « Mud Slide Slim And The Blue Horizon » chez Warner Bros classe le titre n° 3 aux États-Unis en juillet et n° 3 en Angleterre en octobre.

You've Got A Friend a connu plus de quatre-cent vingt reprises. Celles-ci sont non seulement américaines, anglaises mais nombreuses ont été enregistrées dans toute l'Europe, en Asie, aux Indes, à Singapour etc. Covers tous genres tous modèles en dehors du style originel de country-pop (jazz, latino, acid jazz, hip-hop, gospel, indies, reggae, funk et de nombreux instrumentaux pour clarinette, saxophone, guitare, piano etc.)

La même année que James Taylor en 1971, la chanson accueille des artistes qui ne pouvaient pas manquer ce grand rendez-vous ; Dusty Springfiel enregistre la chanson, après Carol King mais avant James Taylor, (tout en sachant que pour des démêlées plutôt « compliquées… » avec United Artist, sa cover ne sera publié qu'en… 2015 ! sur l'album « Faithfull » pour Real Gone Music-Atlantic).

Toujours 1971 avec Johnny Mathis en août chez Columbia Records et, toujours en août 1971 par Skeeter Davis, Andy Williams aussi pour Columbia, Jody Miller, Mike Morton Congregation. En septembre par Anne Murray, Top of The Pops. En octobre par Lynn Anderson sur son album « How Can I Unlove You » pour la Columbia. Barbra Streisand, Mark Lindsay. En 1972, l'année d'après donc, on est encore au cœur de l'onde de choc de la sortie de l'original et Tom Jones paye de sa personne tout comme Michael Jackson en janvier sur son album « Got To Be There ». Puis aussi Buddy Greco ; Roberta Flack & Donny Hataway en public ; Aretha Franklin aussi en public sur son album « Amazin Grace » ; Phil Upchurch ; Peter Matz ; Bernard « Pretry » Purdie ; Jim Nabors ; The Anita Kerr Singers se distingue assez bien avec sa version pour l'album « Daytime, Nightime » chez Philips ; Hamilton, Joe Frank And Reynolds ; Roy Brown chez Mobile Fidelity Records. 1973 offre un peu de reggae avec Adina Edwards ; Joe Chen. 1974 avec Petula Clark en public ; Fatback Band. 1976 invite à l'écoute de la prestation du crooner Bing Crosby en public sur « Bing Crosby Live – London Palladium 50Th Anniversary Concert » pour United Artists. 1978 retour à la country avec l'enregistrement de la chanteuse Lena Martell sur son album « The Lena Marcell Collection » chez Roneo Records. 1979 : Salena Jones. 1980 est à l'heure espagnole avec la version de Sergio Denis dans *Tu Amigo Fiel* pour son album « Al Estilo De Sergio Denis ». 1981 : Joe Harris And Chrissy. Un instrumental par l'Italien Lucio Dalla ; une version allemande par Katja Ebstein dans *Ich Bin Dein Freund*. 1982 : JennyTseng sur « Star On Jenny ». 1984 : la jazz « woman » Miki Matsubara. 1985 : la chanteuse italienne Mina ne pouvait passer à côté du standard en enregistrant *Jo Ti Amavo Quando*. 1986 : version en Espagne et en espagnol par la chanteuse Lucero dans *Tu Amiga Fiel* sur l'album « Lucerito ». 1987 : Michael Cooper ; Al Green ; Al Green And Billy Preston ; en jazz avec Jimmy Dorsey. 1988 : une version New Age par Night Ark ; The Housemartins. 1989 : en jazz avec Ana Caram sur l'album « Rio After Dard » chez Chesky Records dans un style bossa nova/jazzy-latino. 1992 : La Verne Backer ; Maggie Pie And The Impostors (Wet Wet Wet) sur leur album « Cloak And Dagger » ; Alanis Morissette. 1993 : en jazz avec Joe McBride ; en gospel avec Pive Blind Boys Of Alabama puis également avec Angelo & Veronica ; Kimiko Itoh. Meghan Finn, Ella Fitzgerald 1994 : les Suédois Sten & Stanley sont séduits par la chanson ; tout comme leur compatriote Jana Stanfield ; en New Age à nouveau avec Melody Sweeting ; Elisa Chan ; Bobby Kimball ; en « classique » par Peter Breiner. 1995 : climat gospel avec la prestation de New York Restoration Choir ; une version « jeunesse » par Sugar Beat ; une bonne reprise country par Don Williams ; Sone ; on retrouve la même année Aretha Franklin sur son album « Tapestry-A Tribute To Carole King » dans une nouvelle prestation du titre avec le duo Bebe & Cece Winans. 1996 : gospel avec Karen Peck ; une version pour les enfants par Peter Pan Kids ; du jazz avec Greg Vail ; puis Bobby Kimball. 1997 : Ofra Haza dans une ambiance Worl Music ; une prestation en public par le duo occasionnel Withney Houston & Diana Ross : Carol O'Shaughnessy avec Noa et Patrick Bruel ; Kimiko Itoh à nouveau pour son interprétation jazzy ; Brand New Heavies chez London Records sur leur album « Shelter » ; le jazzman Bob Belden. 1998 : Mark Lindsay ; la hautboïste « pop » anglo/espagnole Anna Fischer dans Tu Amiga Fiel ; puis un événement avec Quatre « divas » qui chantent le standard en public le 14 avril 1998 à savoir Céline Dion, Glorian Estefan, Shania Twain et Carole King au piano ; la prestation est gravée en novembre de la même année avec en renfort Aretha Franklin et Mariah Carey et sort sur l'album « Divas Live With Special Guest Carole King » chez Columbia/Epic. Gene Nery pour une couleur New Age ; John Sawyer ; en jazz avec The Singers Unlimited. 1999 : du gospel avec Jim Cole ; le reggae par Jimmy Cliff ; en jazz avec Xavier Davis ; au New Age avec Alex de Grassi ; puis également au groupe punk américain My Fisrt And Gimme Gimmes sur leur album « Have Another Bal ! » ; Monique & Bobo Moreno And The North West Gospel Chamber Ensemble ; la chanteuse flamande Sabien Tiels ; Dusty Springfield. 2000 : la version instrumentale de Tony Anderson Orchestra ; le jazzman connu au xylophone Lionel Hampton ; du jazz encore avec David Young ; Jutta Weinhold Band ; Martha Lorin ; Elaine Terry. 2001 : Albert Au ; Paul Carrak ; Jette Torp ; le clarinettiste de jazz Acker Bilck sur l'album « Al ! The Hits Plus More » ; le jazzman John Barr ; Cliff Richard sur son album « Wanted » chez Papillon Records. 2002 : Hermes House Band : Reyo Bikkin ; Alantonio ; Leslie Cheung ; version électronic avec Attila Fias ; une version en Corée par Cho Kyuchan. 2003 : en jazz par Stacey Kent ; également en jazz avec East 4th Homs ; Anne Ducros ; Ada To. 2004 : encore du jazz avec Russell Malone ; du reggae par Cynthia Richard/Irving Brown pour le label Trojan ; en gospel par Susie Luschinger. 2005 : Phil Driscoll ; Kath y Troccoli ; du jazz avec le saxophoniste Eric Marienthal ; le groupe rock anglais McFly. 2006 : Tony Christie ; le saxophoniste Michael Lington ; Chet Lam And Kay Tse sur l'album « Camping ln Hong Kong Live ». 2007 : Per Nielsen ; Barry Manilow pour son album « Duets » avec Melissa Manchester ; Mimi Lo ; Bronn Journey ; en bossa nova soul par Lisa Ono ; Kahalil Fong And Fiona Xue ; Aled Jones ; le ventriloque Terry Fator ; Susan Wong ; Billy Ray Cyrus ; Peter Cheung And Andrew Cheung. 2008 : Brooke White ; une version au Japon par Onitsuka Chihiro ; Nu Men 4 Soul ; Mirror Ball. 2009 : reprise en téléchargement uniquement par X Factor Finalisterne chez Sony ; Mnozil Brass. 2010 : Marcia Hines ; en R n'B avec Erykah Badu ; Janine Alondres ; en mai, une prestation en duo et en public avec la créatrice du standard Carole King et James Taylor ; Ronald lsley ; Christine Tobin And Liam Noble. 2012 : Chihiro Onitsuka au Japon pour son album de covers (reprises) « Famous Microphone » ; Robin Davis en 2014. La dernière en date, couleur jazz, serait celle de Dara Tucker en 2021 sur « Music For A Better World » pour Green Hill Records.

Pour le thème global de l'invite à venir dans un endroit spécifique et que ce soit sur un plan géographique ou symbolique comme ici, voir *À la campagne* et *Ya l'printemps qui chante*. Ces deux titres sont un appel joyeux pour quitter la ville où l'on respire mal et aller au grand air tandis que la version originale évoque le sujet sur un mode plus discret, plus intérieur et plus complice même si les quatre saisons et le ciel y sont évoqués. Ce n'est plus se rendre à la campagne pour les loisirs, la santé et l'oisiveté, non, mais plutôt pour guérir une maladie intérieure qui accable « la patiente », si j'ose dire, en dirigeant son esprit vers un « jardin » plus subtil. À grands renforts de cordes, cuivres et chœurs – ampleur des arrangements toutefois un peu exagérée – on a à faire là à une symphonie country qui a une allure inattendue, surtout quand on connaît l'original américain.

En 1963 Les Missiles chez Pathé/Marconi puis en 1965 « l'égérie » d'Henri Salvador Tiny Yong pour Salvador/Rigolo chez Philips adapteront de Carole King *I Can't Stay Mad At You* sous le titre de *Je ne veux plus t'aimer* ; en 1975 pour le compte de Trema et de son label du moment, Tacoun, Richard Anthony revient aux sources avec ce titre de 1963 en enregistrant le plaisant, comme un clin d'œil à son époque dorée 1958-1963, *Chanson de dix sous* que lui écrit Boris Bergman. En 1968 chez Philips, la chanteuse Séverine (connue notamment pour *Un banc, un arbre, une rue*) adapte la chanson de Carole King *(You Make Me Feel Like) A Natural Woman* qui devient sur un texte de George Aber *Rien qu'une fille.* Par la suite, et pour ce qui concerne James Taylor, la chanteuse canadienne Ginette Reno enregistrera en 1972 pour le label québécois Grand-Prix, avec Frank Gérald aux paroles, *Choisis l'ombre ou le soleil* adapté de *Fire And Rain*.

1972

Quand l'épicier ouvre sa boutique

Frank Thomas

Claude François. 16e 33 tours, Flèche 6450 501, juin. 38e 45 tours, Flèche 6061 163, octobre. Arrangements et direction d'orchestre de Raymond Donnez.

1re entrée dans le hit-parade de SLC, n° 19 en septembre et octobre 1972.

Adaptation de ***Sh-Diddle-Dum-Dum-Diddle-Dee-Doo-Ha*** (Variété anglaise).

Stephen Shane / Daniel Vangarde

Version originale enregistrée par **MacArthur Park** en 1971 pour la firme Decca.

Il est presque certain que c'est Daniel Vangarde lui-même (alias Daniel Bangalter) qui se cache derrière le nom d'inter-

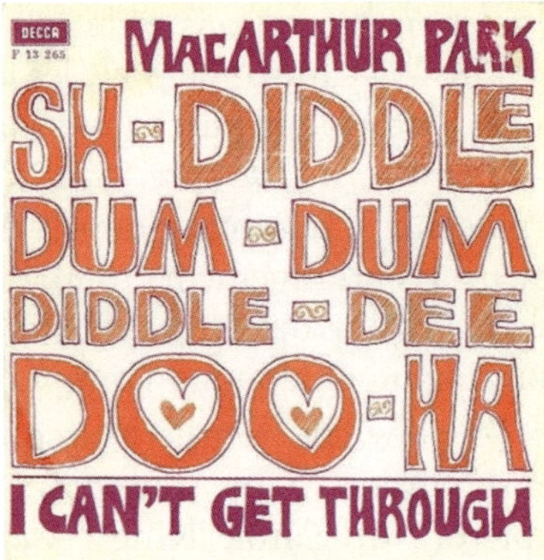

prète de MacArthur Park, pseudonyme à l'évidence pris par rapport au chef-d'œuvre du même nom écrit et composé par Jimmy Webb et interprété par l'acteur et crooner anglais Richard Harris et dont Richard Anthony et Nicoletta ont respectivement effectué une version française : *Séverine* pour le premier, *Le Luxembourg* pour la seconde. *MacArthur Park* a tellement frappé les imaginations, marqué son temps, que Daniel Bangalter, en accord avec le producteur/*songwriter* de chez Decca Stephen Shane a voulu rendre hommage au titre symphonique en en portant le nom et prolonger son histoire, sa trace à sa manière. Bangalter/Vangarde avait beaucoup écrit et produit pour Sheila & B. Devotion, La Compagnie Créole et le groupe disco Ottawan ; son fils Thomas Bangalter est membre du groupe Daft Punk. Le monde est vraiment petit. Sur une musique un peu sautillante – juste ce qu'il faut –, rythmée et dansante mais loin de l'ambiance paillettes qui commence à prévaloir, le texte joue sur le thème des modes de vie qu'engendrent les différents métiers. Quand l'artiste se met en scène à l'heure où tout le monde va travailler le matin, lui va se coucher. Dans l'ensemble, les clichés sur le sujet fonctionnent plutôt bien. Cette chanson, en son temps, n'a pas fait un grand hit et les radios n'ont pas vraiment suivi. Peut-être est-ce le côté un peu drôle et cirque de l'orchestration qui a déplu car le « sérieux qui se prend au sérieux » commençait à sévir un peu partout. Bien sûr, on retrouve ce thème de la ville qui s'éveille et qui travaille tôt dans le réaliste *Il est cinq heures Paris s'éveille* de Jacques Dutronc.

Je chante pour les gens qui s'aiment

Eddy Marnay

16e 33 tours, Flèche 6450 501, juin. N'existe pas en 45 tours original. Également présent sur le 18e 33 tours, Flèche 6450 504, en juin 1973. Arrangements et direction d'orchestre d'Hervé Roy.

Adaptation de ***Softly Whispering I Love You*** (Variété/Pop anglaise).

Roger Cook / Roger Greenaway

Version originale enregistrée par **David And Johnatan** (alias Roger Cook et Roger Greenaway) en 1967 pour la Columbia. Puis par Congregation, en octobre 1971 pour Columbia également. En Angleterre, la chanson se classe n° 13 en novembre 1971 et n° 2 en janvier 1972.

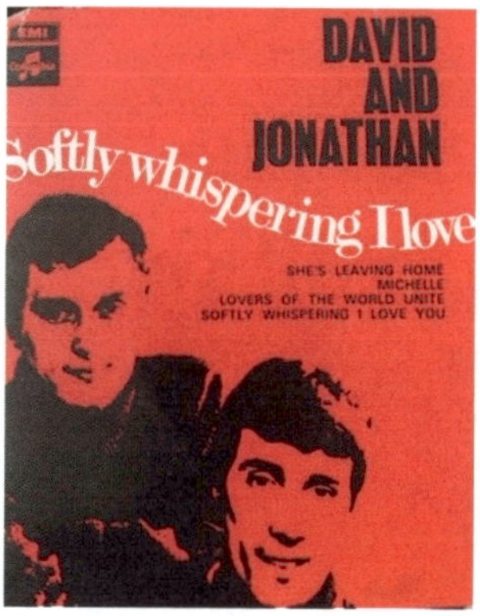

Puis par New Congregation. La même année 1972 Brian Keith enregistre le titre. Petula Clark grave la chanson lors d'un show à la BBC le 17 décembre 1976. Enfin, Paul Young pour le compte de CBS en 1990 donne sa version sur son album « Other Voices ».

Sur une musique très planante, comme on disait en ce temps-là, un brin psychédélique avec force tapis de vraies cordes, la chanson est en plein « *babacoolisme* ». Sur le même développement thématique, voir *Amoureux du monde entier*, de 1966, dont l'adaptation vient des mêmes Roger Cook et Roger Greenaway. À l'époque de la comédie musicale *Hair*, de la comédie musicale *Jésus Christ Super Star*, comme le précisait l'intitulé d'une émission phare du moment, ce genre de titre était dans le vent. Mais ce vent-là n'était pas désagréable. Il était artistique, passionné et véridique. Mi-lent, mi-rythmé, la chanson en équilibre sur les guitares électriques et les cordes, est convaincante non seulement pour sa très solide mélodie mais aussi pour l'orchestration et le propos salutaire.

Jésus-Christ Superstar

Michèle Vendôme

16e 33 tours, Flèche 6450 501, juin. N'existe pas en 45 tours original. Arrangements et direction d'orchestre de Raymond Donnez.

Adaptation de *Superstar* (Pop psychédélique anglaise).

Andrew Lloyd Webber / Tim Rice

Version originale enregistrée par **Murray Head**, en janvier 1971 chez MCA ; le titre phare de la comédie musicale du même nom, spécialité des auteurs, se classa pour Decca n° 17 en juin 1971.

Pour le thème, *Le Martien* et *Petit jésus* ; leurs points communs résident dans les suppliques quasi imploratoires afin de connaître enfin la « vérité » : y a t'il quelqu'un là-haut, et ce, trente-trois ans avant Alain Souchon dans *Et si en plus y'a personne* en 2005. En 1972 chez Philips, Pierre Delanoë écrit le livret de la version française pour la troupe de l'Opéra Rock *Jésus-Christ Superstar*. Farid Dali y interprète, avec des paroles différentes, le thème chanté par Claude François.

Claude François pose ici les mêmes questions que Gérard Palaprat dans *Fais-moi un signe* ; voici ce que dit la version de l'Artiste :

Même si tu ne m'entends pas, je dois te parler /
Pourquoi sembles-tu laisser le monde t'échapper
Israël année zéro, c'est l'obscurité / Pourquoi choisir un désert pour venir prêcher
… Deux mille ans après, non rien n'a changé /
On te montre du doigt, on te montre du doigt
Je ne doute pas mais ne comprends pas / Ne nous oublie pas ! Ne nous oublie pas !
… Jésus-Christ Superstar es-tu venu trop tôt ou trop tard

Tu es le grand parmi les grands, dis, que penses-tu ? /
Bouddha ou bien Mahomet, qui préférais-tu ?
Ont-il fait ce qu'ils ont fait ou bien ce n'était /
Que de la publicité pour des bruits de clochers
Et ta mort désespérante l'avais-tu choisie ? /
Voulais-tu frapper les hommes pour qu'ils sortent enfin de l'ennui (de leur nuit ?)

Tempo rapide sur une couleur pop/rock bien soutenue par une guitare solo mise en avant, une rythmique à l'ampleur renforcée doublée sur la fin et une section de cuivres.

Voleurs bohémiens

Pierre Delanoë

16e 33 tours, Flèche 6450 501, juin. N'existe pas en 45 tours original. Arrangements et direction d'orchestre d'Hervé Roy.

Enregistré aussi, en 1971, par Sylvie Vartan chez RCA sous le titre *C'était la belle vie*, sur un texte d'elle-même. D'ailleurs Sylvie reprendra la chanson en langue anglaise.

Adaptation de ***Gypsies, Tramps And Thieves*** (Pop/variété américaine).

Bob Stone

Version originale enregistrée par **Cher**, pour le compte de chez Kapp, ce titre se classera n° 1 en novembre 1971 aux États-Unis et n° 5 en Angleterre en décembre.

Puis en 1972 Cilla Black grave la chanson sur « Day By Day » pour Emi sur label Parlophone. Suivent Vikki Carr ; Ray Conniff ; Percy Faith ; Scud Mountain Boys en 1997. En 2005 chez All Starz Records sur « An All Stars Tribute To Cher » par Lisa Loeb.

Tempo rapide, introduction avec couleur d'instrument de « cirque », la chanson évoque l'histoire d'une petite fille née aux alentours d'Avignon dans une famille gitane qui vagabonde avec un cirque itinérant. Sous le joug d'un père autoritaire, son enfance est malheureuse, forcée qu'elle est de travailler très tôt dans des conditions difficiles. L'amour, pas question, elle se ferait massacrer si elle se faisait surprendre. Claude François, dans un nombre non négligeable de chansons, a abordé des sujets dits « graves/importants » (au cas où l'amour et tutti quanti c'est pas grave du tout...) c'est le cas ici en 1972 et certains propos du titre sont ceux abordés dans de nombreux débats dits de société, pour ne pas dire sociétaux.

Feu de paille

Eddy Marnay

16e 33 tours, Flèche 6450 501, juin. 38e 45 tours, Flèche 6061 163, octobre. Arrangements et direction d'orchestre Jean-Claude Petit.

Adaptation de ***American Pie*** (Country/pop américaine).

Don McClean

Version originale enregistrée par **Don McClean**, pour United Artists, n° 1 en janvier 1972 aux États-Unis et n° 2 en Angleterre en mars. Les formations punk Catch 22 (Ska-punk) et Snuff. Repris par Madonna en 2001.

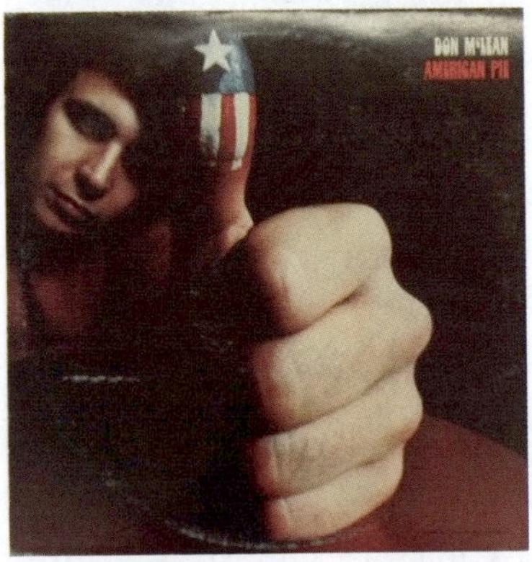

Reprise bien orchestrée, arrangée et rythmée pour illustrer le propos.

Adaptation plus courte que la version courte de l'original, aux différents tempos, qui fait plus de six minutes et qui raconte une tranche de vie de l'Amérique du rock des années 60, à la charnière des seventies.

Avec tous les parallèles culturels, cette adaptation, bien orchestrée, arrangée et rythmée pour illustrer le texte qui reste dans la thématique de l'original : la vie qui passe, les amis qui s'éloignent et disparaissent ; pareil pour les amours ; un peu dommage que cette adaptation soit réductrice par rapport à la force du texte de MacClean dont la version longue reste un chef-d'œuvre. Bon, c'est déjà pas mal que l'artiste ait eu l'idée de reprendre American Pie d'autant plus qu'à l'époque il fallait faire du très « popu » dans un contexte néo-yéyés additionné à une presse qui allait mal percevoir l'indépendance du chanteur avec Podium. C'est un choix artistique par rapport à une histoire, un mythe où manifestement l'intérêt commercial-immédiat et sûr n'était pas une priorité… « Eddy Cochran a-t-il toujours les mêmes fans », que sont-ils devenus ? Dixit James Dean. Etc. Idem pour les amours et le fleuve de vie intense des sixties.

Soudain il est trop tard

Eddy Marnay

17e 33 tours, Flèche 6450 502, décembre. N'existe pas en 45 tours original. Arrangements et direction d'orchestre de Raymond Donnez.

Adaptation de ***Eve*** (Pop/rock anglais).

Jim Capaldi

Version originale enregistrée par **Jim Capaldi** en 1972, sur son album intitulé « Oh How We Danced » pour le compte d'Island Records, mais publiée en décembre 1971 (avec Stevie Winwood à l'orgue).

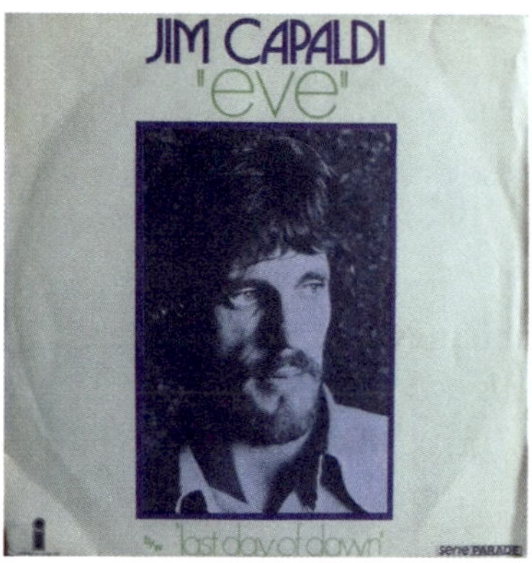

Capaldi était le batteur du fameux groupe anglais Traffic qui comptait Dave Mason et l'ancien leader du Spencer Davis Group, Stevie Windwood, combo anglais repris chez nous par Dick Rivers pour *Prends ma place* (*Keep On Running*), par Tony Mark and The Markmen qui transforma le hit britannique *I'm A Man* en un rude *S'il faut un homme* (on notera au passage que Tony Mark, alias Tony Pacino, fut l'un des premiers guitariste de Claude François entre 1963 et 1966) ; enfin Sylvie Vartan avec son *Donne-moi ton amour* du standard *Gimme Some Loving.* Jim Capaldi, après avoir réalisé avec Stevie Winwood son dernier album en novembre 2004 « Poor Boy Blue », est décédé en janvier 2005.

Cette chanson de Claude François, à la première écoute, passe tout de suite très bien et, si on ne connaît pas le nom de Capaldi et/ou Traffic, on se demande bien ce qui se passe chez les compositeurs français : ont-ils fait un stage à Londres où à Nashville ? L'ensemble s'avère plus qu'écoutable : fantastique au beau milieu de ce 17e album qui confirme l'implantation de la période seventies/paillettes/circus. Les harmonies utilisées et le découpage thématique et rythmique, par le biais d'une introduction au piano, font dès la première écoute, immédiatement référence au style variété/pop anglo-saxonne mâtiné d'une touche de country. Le texte de très simple facture – ce qui ne veut pas dire que c'est désuet… – dit bien ce qu'il veut dire dans le registre du départ d'une femme et de la prise de conscience d'un homme se rendant compte qu'il est trop tard non pas du seul fait d'un départ sur un quai de gare mais, sur un plan plus général, de l'affect et de la vie de tous les jours. L'influence de Capaldi/Traffic c'était déjà fait entendre en France dans les versions originales et Frank Alamo chez Riviera en 1968 trouve à son goût *How We Go Round The Mulberry Hush* qui devient sur des paroles de Manou Roblin *Tourne encore.* Herbert Léornard ne s'y est pas trompé non plus avec *L'Amour attend* chez Mercury en 1969, que lui conconcte Long Chris en lui adaptant *Smiling Phases.*

Tu as tes problèmes moi j'ai les miens

Claude François & Vline Buggy

17e 33 tours, Flèche 6450 502, décembre. N'existe pas en 45 tours original. Arrangements et direction d'orchestre Jean-Claude Petit.

Également enregistré, quelques années plus tôt, par Dick Rivers chez Pathé Marconi, sur des paroles différentes de Mya Simille, sous le titre *Je l'ai aimée bien avant toi.*

Adaptation de ***You've Got Your Troubles*** (Variété/pop anglaise).

Roger Cook / Roger Greenaway

Version originale enregistrée par **The Fortunes** en juin 1965 chez Decca, classé par ce groupe n° 3 en août en Angleterre et aux États-Unis chez Press n° 17 en septembre et n° 14 en octobre.

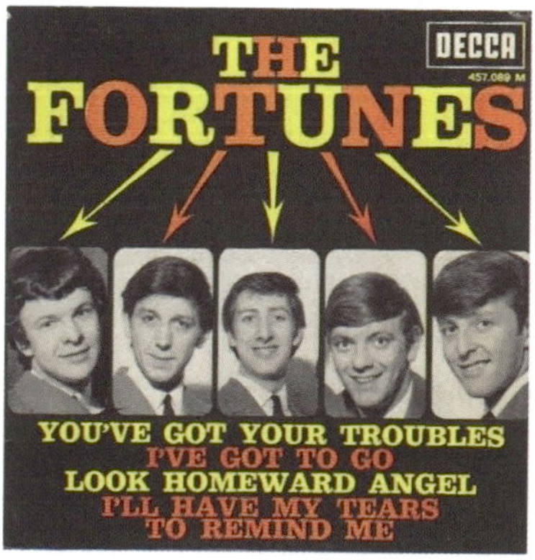

Le duo anglais David And Johnatan, alias Roger Cook et Roger Greenaway, auteur et compositeur de la présente chanson (voir aussi *Amoureux du monde entier, Les petites choses* et *Il fait beau, il fait bon*) enregistre leur propre création quelques mois après sur l'album « Michelle » chez Capital Records.

Puis par The Fleetwood la même année 1965 tout comme Billy Strange ; Lou Christie sur « Lightnin'Strikes » pour MGM Records. Une version finlandaise par le Finlandais Danny avec des paroles de Juha Vainio sous le titre de *Pillopaikka*. Le titre compte au moins 75 versions. Dès 1966 paraissent successivement celles de Jack Jones chez Kapp Records sur l'album « For The 'In' Crowd » ; The Paul Horn Quinquet ; Russ Loader ; Dave Pike ; Nancy Wilson y va aussi de sa touche pour son album « A Touch Of Today » chez Capital ; The Ad-Libs ; Brenda Lee sur son album « Coming On Strong » pour le label Brunswick Records. Le duo anglais Peter And Gordon en 1967 chez Capital sur l'album « In London ForTea ». En 1972 par Wayne Newton. 1973 avec The Drifters sur « Now » chez Bell Records. Klaus & Servants en 1974. Neil Diamond en 1978 chez CBS sur l'album « You Don't Bring Me Flowers ». Une autre version en Finlande avec Salomon en 1980 avec même titre et texte que pour Danny. Sonny James en 1986 chez Dot/MCA. Günther Neefs en 2002. Kerry Norton en 2005. Et enfin Joe Brown en 2012. Chad And Jeremy Chad Stuart et Jeremy Clyde) dans une « re-issue inédite » en 2000 mais enregistré en 1965-1966.

Une introduction très rock à la guitare électrique en solo sur les trois premières cordes (graves et médium) peut rappeler l'attention guitaristique de l'ouverture de *Day Tripper* des Beatles. Cette adaptation a échappé au passage parlé qu'il y a dans la version originale mais aussi dans la version de Dick Rivers ce qui ne lui va pas du tout et en fait une incongruité. Quelquefois, c'est vraiment à se demander… Pour revenir à la reprise de l'Artiste, c'est notamment avec *Belinda* et *Soudain il est trop tard*, une bonne respiration pop/rock en cette période « paillettes » et cie… La chanson est bien rythmée, la section de base rock, guitare, basse, batterie, tourne à plein régime et, dès le départ, mixé derrière, un fin filet de violons renforce les harmonies, le tout accompagné de réponse au cor et à la flûte. Le pont renforce les cordes et les cors, mais tout au long du morceau, la guitare solo de l'introduction suit la ligne de basse et donne la couleur musicale qui domine et reste dans la mémoire. L'intention du propos est de dire qu'effectivement chacun vit sa vie, que chacun a ses problèmes mais que finalement à la longue, pour des raisons affectives ou autres, les problèmes de l'un peuvent devenir aussi ceux de l'autre et vice versa. En fin de titre, l'image des feuilles qui sont tombées, comme on tombe au champ de guerre de l'amour, une fois mortes et qui peuvent être rassemblées par le hasard, la vie : « *C'est quand les feuilles sont tombées / Que le vent vient les rassembler* ». Le vent, le souffle de la vie qui passe… Une chanson qui a tout pour elle. Dans la série « il se répète… » : on comprend donc qu'elle n'ait pas eu une plus large audience.

Belinda

Eddy Marnay

39e 45 tours, Flèche 6061 165, décembre. 17e 33 tours, Flèche 6450 502, décembre. Arrangements et direction d'orchestre de Jean-Claude Petit. 20e 33 tours, Flèche 6325 677, « Claude François sur scène », avril 1974.

Si aujourd'hui *Belinda* est une des chansons les plus dansées, connues de Claude François, quand cette face B du Lundi au soleil est sorti, le titre est passé quasi-inaperçu malgré quelques prestation à la télévision. Maintenant, *Belinda* est entré dans l'ambiance, la note « festive-paillettes » comme dans les mœurs avec tout ce que cela implique de nos jours vis-à-vis de Claude François : de son répertoire, seul ce « profil » social/festif de chanson est mis en avant désormais…

Adaptation de ***Miss Belinda*** (Pop/Calypso).
Des Parton

Version originale enregistrée par **The Boulevards** en 1972 pour le compte de la maison de disque Pye.

Ce méconnu combo américano-irlandais enregistre leur *Miss Belinda* pour son septième 45 tours chez Pye pour Original Company Sleeve ; l'artiste et son équipe l'ont exhumé des Garage Band de l'époque. Le très post-pop british Des Parton ou plutôt Desmond Parton, alias David Parton, qui a écrit et composé pour le groupe mixte Sweet Sensation le célèbre *Sad Sweet Dreamer* chez Pye, repris en 1974 par Joe Dassin sous le titre de *Carolina*.

Couleur pop anglaise, une guitare discrète en accords pleins, puis une autre qui rentre en accords pleins mais si écartelés qu'ils semblent se disperser, une flûte un peu rieuse qui joue sur le côté très dérision du refrain en appuyant bien son auto moquerie et voilà un titre bizarrement empaillé dans les paillettes mais qui reste plus dans le registre pop anglaise acidulée pré-pop-glamour décadente. Sur scène, en 1972-1974, c'est quelque chose : l'autodérision prend un tour auto flagellation où l'Artiste accélère la cadence mettant la scène comme la salle en surchauffe ; mais la musique s'y prête et il joue habilement sur le registre des tourments que provoque la désillusion. Écrasé en face B du 45 tours *Le Lundi au soleil*, *Belinda* a eu du succès sur le tard ; ce sont les catastrophiques, ce n'est que mon avis, très peu partagé…, années disco/festives qui ont rattrapé le titre au vol dans les années 90 avec force sempiternelles séquences télévisuelles qui en ont fait du réchauffé sans âme par des chroniqueurs qui n'ont jamais su de quoi ils parlaient et d'ailleurs, ça continue… Ces séquences illustrent ce côté tendance qui singent dans leurs propos, dans les présentations, et même sans le vouloir, les pas de danse de Claude François, gestuelle difficile à réaliser. Ce n'est pas fréquent mais là, l'original swingue mieux que la reprise qui, si on l'écoute à la suite, à l'air de se traîner. C'est l'inconvénient de la perfection au millimètre de l'Artiste, toujours être quoiqu'il arrive à fond sur le temps. La joyeuse ambiance anglaise est due aux arrangements fleurant de loin le calypso ; la basse très en avant fait tout le travail. On y entend, derrière des rires, des verres qui s'entrechoquent et des gentlemen, bien avancés dans la nuit, clamant leur passion torride pour une certaine Belinda qu'on embrasse (première phrase du refrain « Kiss Belinda ») et qu'on implore, gentiment alcoolisé, en chantant « Miss Belinda ».

On se demande bien comment Claude François et son équipe ont pu dénicher une telle rareté, tout comme certaines autres d'ailleurs, quasiment inconnue aux États-Unis ou seulement dans un ou deux États de l'Union voire seulement dans la localité dudit État, et en Angleterre ou alors de façon très discrète, pour ne pas dire quasi-clandestine, par les artistes et gens du métier. Cela dit, c'est souvent le cas pour des productions assez confidentielles de « garage band » bien que *Miss Belinda* ne soit pas un opus brutal, étrange ou obscur. Il avait tout pour devenir une sorte de tube bubulgum/pop qui par sa nature aurait dû éveiller nombre de curiosités de l'autre côté du *Channel*. Bref, le morceau n'a jamais été un « hit » outre-Atlantique ou outre-Manche ; il ne fut même pas classé dans les 200 premières de la décennie des seventies. Rien. À la fin, je me suis venu à me demander s'il existait. Quelques exemples d'adaptations de Claude François célèbres chez nous mais quasiment anonymes dans les pays d'origine et très longtemps introuvables : *Belinda*, donc, mais aussi *J'y pense et puis j'oublie*, *Tout éclate tout explose*, *Tout ça c'était hier*, *Miss Felicity Gray*, *Chacun à son tour* etc. C'est peu de dire qu'il a été très très difficile d'identifier ce *Miss Belinda* répertorié nulle part. Initialement, supputer une version originale d'après uniquement les données sur les disques originaux puis les compilations diverses et enfin sur les CD était impossible. Cependant le nom de Parton avec l'initiale « D » comme « first name » américain avait fait penser à certains à la chanteuse de country Dolly Parton (ce qui en poussa plus d'un, pour faire le « malin-initié-qui-sait-tout… », à attribuer l'original de *Belinda* à… Dolly Parton !) mais la mélodie, le rythme exhale le style anglais bien urbain. J'ai enfin pu éclaircir le mystère pour la première édition du *Dictionnaire des chansons* de Claude François en 2003. Depuis, et c'est intéressant, la version originale est trouvable sur la toile…

On ne choisit pas

Eddy Marnay

17e 33 tours, Flèche 6450 502, décembre. N'existe pas en 45 tours original. Arrangements et direction d'orchestre Jean-Claude Petit.

Enregistré également en 1970 chez Philips par César puis en 1971 chez RCA par le trio Les Troubadours sous le titre de *Laisse entrer la pluie* ; texte de Vline Buggy pour les deux sessions. Le titre est enregistré, en anglais, par Jean-Jacques Goldman et Michael Jones en 1985 sur « Carnets de Route 1981 à 1986 » chez Epic.

Adaptation de ***Rain*** (Variété italienne).

Hilda Feliciano & José Feliciano

Version originale enregistrée en juin 1969 chez RCA par **José Feliciano** sur l'album « 10 To 23 ».

La même année, la chanteuse italienne **Patti Bravo** enregistre une version différente de *Rain* sous le titre de ***Nel Giardino Dell'Amore*** chez Darc sur des paroles de Paolo Dossena. Patti Bravo excelle dans sa création en langue italienne, sa voix rauque avec des mots bien articulés chante une langue italienne revêche, envoûtante et vivante.

La chanson connaît plus de 40 reprises dans le monde anglo-saxon et en Europe ; parmi elles en 1970, la Canadienne anglophone Anne Murray. Intéressant musicalement son *Rain* figure sur l'album « Ho ney, Wheat And Laughter » pour le compte de chez Emi, puis sur l'album « Snowbird » la même année. Anne Murray a reçu plusieurs Awards et a été nominée en 2003 meilleure artiste féminine et meilleure artiste country. Puis par The Newseekers en 1973 ; Showaddywaddy ; Mary Ross ; Bruce Ruffin. Les Anglais Madness en 2005. Les arrangements de chez Patti Bravo sont manifestement ceux qui ont inspiré ceux de chez Claude François ; rien qu'à l'introduction avec la flûte traversière, sa sonorité, on y retrouve la même couleur, la même ambiance que de l'autre côté des Alpes. Le texte d'Eddy Marnay brode sur la fatalité, se faisant, toujours se faire une raison de tout désagrément qui survient.

1973

De la peine pas de chagrin

Michèle Vendôme

18e 33 tours, Flèche 6450 504, juin. N'existe pas en 45 tours original. Arrangements et direction d'orchestre de Jean-Claude Petit.

Adaptation de ***Summer Breeze*** (Country/pop américaine).

James Seals / Dash Croft

Version originale enregistrée par **Seals and Croft** en 1972, sur l'album « Summer Breeze » pour Warner Bros Records.

Une session de leur album « Greying Eyes Of Time » produit par Louie Shelton, en juillet 1972 consacre ce titre. Puis par Peter Durchin en 1973. La version du groupe américain The Isley Brothers, en avril 1974 chez Epic, se classa n° 16 en mai. Puis, The Brady Bunch, Ray Conniff, Nicki Richards, Type O Negative en 1993 sur l'album « Bloody Kisses », l'organiste Jackie Mittoo en 1995, puis, enfin, en 1996 sur l'album « Zone », Wayman Tisdale.

Une introduction très mélodique, avec un thème qui reviendra ensuite dans le titre entre couplet et refrain à la guitare très country/rock malgré un tempo calme. La chanson choisit à la fois le ton hargneux et dérisoire. La rupture dont il s'agit ici n'est pas ressentie avec le chagrin et la mélancolie qui abattent, mais avec de la peine pour celle qui a déçu dans son éphémère éternité de sentiment et qui ne sera pas regrettée. Les harmonies vocales rappellent ambiance à la Crosby Stills Nash and Young, et un piano fait son apparition pour soutenir un pont musical aux harmonies décalées par rapport au climat général de la chanson. La voix, un peu lancinante et bien placée sur le ton un tantinet entre ironie et acrimonie qui ronge, donne le relief ; cette session de Claude François n'a pas à rougir face à l'original.

1975

On est qui on est quoi

Jean-Michel Rivat

1975. 22e 33 tours, Flèche 6325 681, juin. N'existe pas en 45 tours original. Arrangements et direction d'orchestre Jean-Claude Petit.

Adaptation de *Who Do You Think You Are* (Variété/pop anglaise).

Des Dyer / Clive Scott

Version originale enregistrée par **Candlewick Green**, en janvier 1974, pour le compte de la maison Decca ; classé n° 21 en Angleterre en février.

Deux membres du groupe pop psychédélique anglais qui a vu le jour en 1966, The Jigsaw, ont signé ce titre pour leur collègue Candlewick Green. Jigsaw est aussi composé de Barrie Bernard et Tony Campbell. D'autres reprises anglo-saxonnes du titre par Bo Donaldson And The Heywoods, formation américaine, classe le titre dans les charts en septembre 1974 aux États-Unis en n° 18 pour le compte d'ABC. Puis par la formation Saint Etienne en 1993 chez Warner Bros puis en 1994 sur une compilation chez BMG Sony Music produit par les artistes eux-mêmes chez Belsize Music sur l'album « Saint Etienne Smash The System ».

Avec une bonne entrée en piano forte au rythme saccadé et lourd, à grand renfort de bonnes guitares et d'une section de cuivres pouvant rappeler les meilleurs moments de la période soul / rythm and blues 67-71 chez l'artiste, ce titre, avec le même texte, aurait pu être repris sans problèmes par des Mitchell, Rivers ou Hallyday, du fait de leur démarche musicale, des choix généraux de leurs thèmes. Le propos tenu est grinçant. Le chanteur y dépeint une condition humaine assez pitoyable jamais satisfaite, toujours à se plaindre, exigeante, gâchant sa vie pour des broutilles. De quoi se mettre en colère. C'est ce qui se passe, sur un ton maîtrisé, presque calme mais néanmoins sans concessions. En clair, nous ne sommes pas grand-chose car d'aucuns ne se rendent pas compte de la chance qu'ils ont d'apprendre, de savoir, d'être et de demeurer. Manifestement, cette chanson s'en prend, avec talent et rigueur d'ailleurs, aux jamais contents mais aussi aux ingrats et aux imbéciles. Vu l'insuccès total du titre, il est évident que le public intéressé n'a pas eu connaissance de ce texte lucide et lumineux de Jean-Michel Rivat.

Où s'en aller

Eddy Marnay

22e 33 tours, Flèche 6325 681, juin. 50e 45 tours, Flèche 6061 862, octobre. Arrangements et direction d'orchestre de Raymond Donnez.

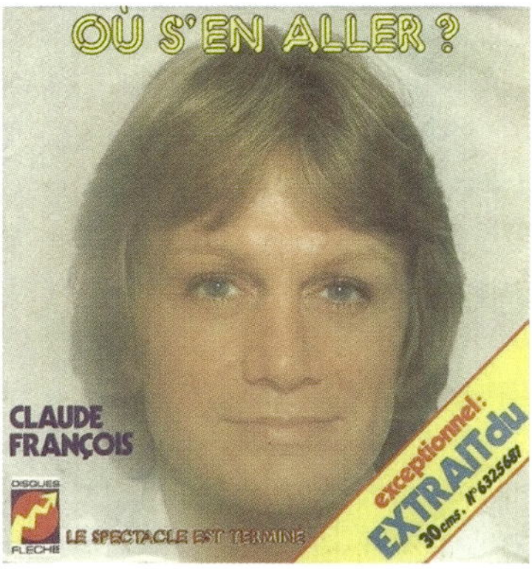

Adaptation de ***Reggae Tune*** (Pop anglaise).

Andy Fairweather Low

Version originale enregistrée par **Andy Fairweather Low** ex-Amen Corner, (voir *Serre-moi, griffe-moi*), en août 1974 pour A&M ; classé en Angleterre n° 12 en octobre.

« Où fuir ! » braillait Flaubert dans sa correspondance ; plus d'un siècle après, et sans faire de rapprochement osé pour faire bien, mais c'est vraiment cela, Claude François déclame, alors qu'il aurait pu et même du hurler : « Où s'en aller ! ». On est, n'en déplaise, dans le même registre de détestation, de dégoût et de pessimisme angoissé sur le monde, qu'entre-temps Brel et d'autre du même niveau auraient si bien rendu. Le thème par l'idole n'est pas si éloigné des préoccupations du moment qui se font jour depuis le début des seventies. C'est la vague contestataire des années 70 qui, ici, atteint Claude François. Le genre chanson à « message » ou du moins à prise de conscience avait déjà eu l'honneur de la mise en bouche par l'artiste bien avant les professionnels de la contestation et de l'humanitaire. Voir *Ce monde absurde*, *Monsieur le businessman*, *On est qui on est quoi*, *Pour un peu de bonheur*. Sur une orchestration qui sent le reggae/calypso – d'ailleurs, à l'écoute de la version originale, on entend des guitares électriques très soft avec la voix d'un Fairweather Low très relax, comme éloigné du monde et de la réalité qui est sur le même tempo que la version française mais en « plus discret » – ce titre démarre sur les accords pedale *wah wah* avec le coup de caisse sur le contre-temps ; c'est tellement bien produit, arrangé, juste, tellement bien dit que bien sûr, la chanson passe depuis sa sortie totalement inaperçue. C'est subtil, intelligent, qu'on est encore « dans la série, circulez ya rien à écouter… ». Le premier couplet, en quelques mots forts, frappe très durement. Il parle de choses graves, comme les mauvaises nouvelles, dont l'impact sur le moral serait quasiment similaire à la perte d'un être cher : la pollution, la nature sauvage et la faune en voie de disparition. Dès le second couplet, la pollution des rivières et de la Méditerranée est comparée à la beauté des yeux d'une femme qui sera triste d'aimer quand tout sera fichu. C'est bien et réel, sauf que ce deuxième couplet est moins adroit que le premier même s'il est, dans sa nature, aussi pertinent. Le seul problème, c'est que la partie qui évoque la femme détruit la dimension subversive et fortement antimondialiste du texte qui s'en prend aussi indirectement au formatage généralisé des idées. On le voit, en très peu de phrases, presque tout est dit. Simplement, clairement et tellement « top » musicalement ! Sont évoqués les maux qui aujourd'hui en partie blessent le monde : nivellement généralisé des configurations urbaines et rurales génératrices d'ennui profond, pollutions de tous ordres et violences de toutes sortes (la phrase sur les villes), pollution des mers. S'il y a encore une faune sauvage dans quelques pays lointains, on laisse aux héritiers de la planète, les enfants à venir, une terre délabrée avec, en lot de consolation, quelques fleurs. C'est concis et lucide. Pour agrémenter le tout, la musique, avec le gimmick d'une guitare à la Shaft, des chœurs et des cuivres, donne au titre une couleur pop calypso légère qui s'écoute toute seule. Plus d'un « professionnel contestataire » pourrait aujourd'hui en prendre de la graine.

Cette année-là

Eddy Marnay

Face B du 54e 45 tours, Flèche 6061 872 en juillet ; et face A du 55e 45 tours Flèche, même numéro, en mai de la même année. Pour la première publication, ce titre était en face B de La solitude c'est après ; ce titre de face A ne marchant pas, il y eut un nouveau pressage plaçant l'original français de Gilbert Sinoué et d'André Popp en face B pour mettre le présent titre en face A. Arrangements et direction d'orchestre Jean-Claude Petit. Figure sur le 26e 33 tours, Flèche 9101 928 de décembre 1976 et le 30e 33 tours, Flèche/Carrère 67 235/6, « Souvenir 78. Claude François en public », avril 1978.

Depuis 1974, les temps sont durs pour Claude François ; la création de *Podium* contrariant la rédaction de *Salut les Copains* qui, ce n'est pas ce qu'ils ont fait de mieux, devient l'improbable *Salut*. Bah, oui, Salut ! Sur l'année, toutes ventes confondues, un hit donne l'Artiste à la 19e place et un autre à la 73e ! À qui se fier… ! Ces supputations, de bon aloi, sont applicables à tous les disques sortis depuis *Le Téléphone pleure* en 1974 jusqu'à *Je vais à Rio…*

Version italienne en 1976, *Quel Anno La*.

C. Jérôme reprend la chanson en 1996 chez AZ mais sans l'adapter à sa carrière, à son époque. En mars 2000, Yannick, sur ses propres paroles avec le producteur DJ Effa, pour M13 chez Sony, qui transforme astucieusement le titre en un *Ces soirées-là*. En gardant de temps en temps le tempo original, cette reprise varie avec des passages qui fleurent le rap. Si la musique est donc la même, le propos n'a plus rien à voir avec la version Claude François. Michelle Torr donnera sa version de *Cette année-là* en 2008 pour Sony BMG sur « Ces années-là », tout comme M. Pokora en 2016 pour M2Thep T.F.1. Music Sony Music sur l'album « My Way ».

Adaptation de ***December 1963 (Oh What A Night***) (Variété/rock américain).

Bob Gaudio / judy Parker

Version originale enregistrée par **Frankie Valli. Frankie Valli And The Four Seasons** en 1975 pour la Warner Bros sur l'album « Who Loves You ».

Les « chœurs, ou Beach Boys » de la Côte Est, alias The Four Seasons classent la chanson en janvier 1976 ; classé n° 2 en février en Angleterre et n° 1 en mars aux États-Unis. La version originale des Four Seasons aurait pu être un peu plus rock-pop. Sont réunis dans ce groupe mythique Franki Valli et Bob Gaudio, mais aussi Tommy Devito et Nick Massi. Dommage que pour les riffs, ce soit un synthétiseur avec un son de mauvais goût qui domine la production. La même année le groupe funk américain Fatback Band pour Spring Records enregistre sa version sur l'album « Night Fever ». D'autres viennent ensuite comme celle du chanteur Slovène Thomaz Domicelj en 1979 sur son album « 48 » sous le titre de Jamajka. En 1996 le duo anglais dance Clock en style electro/pop sur l'album « Oh What A Night » pour le label Cutting Edge Records. Une version House Music en 1998 chez Roulé Records dans laquelle est samplé le pont du titre par Thomas Bangalter en duo avec Daft Punk dans le morceau Colossus. En 2001, Mr. Vegas sur l'album « Dam Right » chez Greensleves Records. L'Américaine Colleen Ann Fitzpatrick, Vitamine C. de son nom d'artiste, qui a chanté avec le groupe de rock alternatif Eve's Plume, a enregistré le titre pour illustrer la marque générique du Network (chaîne TV) anglais WB ; ce générique a été diffusé pour la saison 1999-2000-2001. Une version hip-hop par l'Haïtien Wyclef Jean sur son album « Masquerade » pour Small Records en 2002. Encore en hip-hop en 2004 par Cam'ron (Giles Cameron). En 2005, une comédie musicale a été donnée à Broadway en hommage au groupe historique de la côte Est, The Four Seasons, les créateurs du titre. Le rôle était tenu par une formation, The Jersey Boys, qui a remis en scène de nombreuses chansons du groupe de Frankie Valli dont *December 1963 (Oh, What A Night)* sans compter le film de Clint Eastwood. John Barrowman (des Jersey Boys) sur son album du même nom en 2010 chez Sony Music. En 2011, l'acteur américain James Daly donne une version parodique sur le thème du football.

La version de Claude François va plus vers de traditionnels riffs de guitare et le synthé a l'air un peu moins synthé et flirte avec le vrai son guitare. Meilleur goût donc pour la séance avec l'artiste. Un titre d'idole pour une idole, sur sa carrière. Tout y est, le contexte, les rimes tombent à pic avec un sens profond qui en dit long sur son histoire de chanteur dans le contexte de l'arrivée du rock n'roll. Enfin, le titre où l'artiste dit qui il est et pour qui : le public.

Cette adaptation raconte l'histoire du début de la carrière d'une idole des jeunes, au hasard Claude François. Du jour où il se produit pour la première fois à l'époque où il chante ce titre, en 1976, l'artiste dépeint brièvement les grandes étapes de sa propre révolution musicale face à une génération. Évoquant sa première chanson puis les guitares qui l'emportent sur les violons, le titre réinstalle bien le climat de cette période. En effet, la chose essentielle en 1962, puisqu'il s'agit de cette année-là – mais dès 58-59 c'était parti –, c'était l'affrontement instrumental, les confrontations de couleurs musicales, des utilisations d'instruments de musique, la façon de les manier, de les montrer et, par extension, les comportements que tout ceci engendrait résumés en une courte phrase expliquant ce que les guitares font subir aux violons. Les guitares, c'est le « nouveau monde » musical qui arrive et qui va, et doit, tout changer, bouleverser. Les violons, c'est le monde des parents, des adultes, du sérieux, de l'ennuyeux, qui doit à tout prix disparaître sous les coups de boutoirs du rock'n roll. Après la révolution musicale, la conquête de l'espace est bien sûr évoquée puisque l'année où notre artiste casse la baraque est celle où les Russes envoient le Spoutnick dans l'espace et d'ailleurs un groupe de guitares/rock s'appellera Les Spoutnicks. Sur le plan artistique, Claude François fait une très belle, chaleureuse mais pudique allusion à Marilyn Monroe sans omettre de parler de sa passion pour la comédie musicale *West Side Story*. N'oublions pas que nous avons affaire à un danseur qui a, en plus de la musique, l'instinct chorégraphique dans le sang. Enfin, pour finir, c'est l'hommage au public, un amour solide et éternel au-dessus des contingences qui, finalement, et de le reconnaître en sous-entendu, lui permet de faire ce métier qui est son sacerdoce.

1977

Sacrée chanson

Eddy Marnay

29e 33 tours, Flèche/Carrère 67 215, décembre. N'existe pas en 45 tours original. Arrangements et direction d'orchestre Jean-Claude Petit.

Adaptation de ***Telephone Line*** (Pop/rock anglais).

Jeff Lynne

Version originale enregistrée par **Electric Light Orchestra**, en avril 1977 pour Jet Up ; classé en Angleterre n° 12 en juin et n° 7 aux États-Unis en septembre pour United Artists.

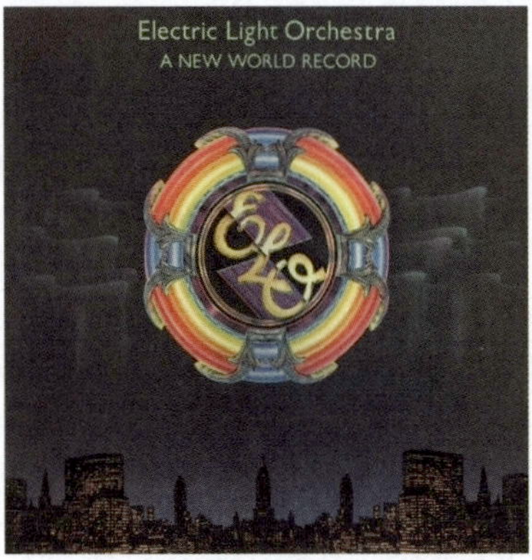

Le célèbre groupe anglais de Jeff Lynne – ex-Move avec Roy Wood, voir *Le Martien* – musicien qui fait partie des grands « songwriters » de la pop anglaise, a une carrière énorme au même titre que Genesis par exemple. Un texte très cinéma avec du mouvement réaliste de la vie de tous les jours, c'est pas loin de l'original dans l'intention et assez adroit. On est vite séduit par l'ensemble avec les suites d'accords au piano comme en 62-63 ; l'ambiance rétro y est sans tomber dans le nostalgique ringard car les voix et les arrangements subliment l'ensemble.

4

Rythm and blues, jazz-jazzy et soul music

1964

Chaque jour c'est la même chose

Claude François

6e 45 tours Philips 434 863, mars. 3e 25 cm Philips 76 587 de juin 1964. Ce titre n'existe pas en 33 tours original, le 25 cm de juin en faisant office comme souvent à l'époque pour les artistes. Avec l'orchestre de Christian Chevallier, arrangements de Christian Chevallier.

Également enregistré en 1964 sous le même titre par Patrick Jordan et son orchestre chez Fontana. Marianne Mille avant ses duos avec Maurice Dulac, donne sa version chez RCA Victor avec *Oublie de pleurer* sur un texte Michèle Vendôme.

En 1967, au Canada sur le label québécois Citation, la chanson est reprise sous le titre de *Ce qu'elle voulait* par César et les Romains.

Enfin, en 1979, Eddy Michell, sur des paroles de Claude Moine (alias Eddy Mitchell), et de Boris Bergman, enregistre cette chanson sur « C'est bien fait ! » chez Barclay sous le titre *Tu peux préparer le café noir*.

1re entrée dans le hit-parade de SLC en n° 14 en février et mars 1964, et n° 5 en avril meilleur classement n° 4 en mai.

La chanson est remixée en 1990 par Jean Fredenuci, CD phonogram « Claude François Remix 90's » Philips 842 502-2.

Adaptation de ***Everyday I Have To Cry Some***

Arthur Alexander

Version originale enregistrée en 1962 par **Steve Alaimo** chez Checker.

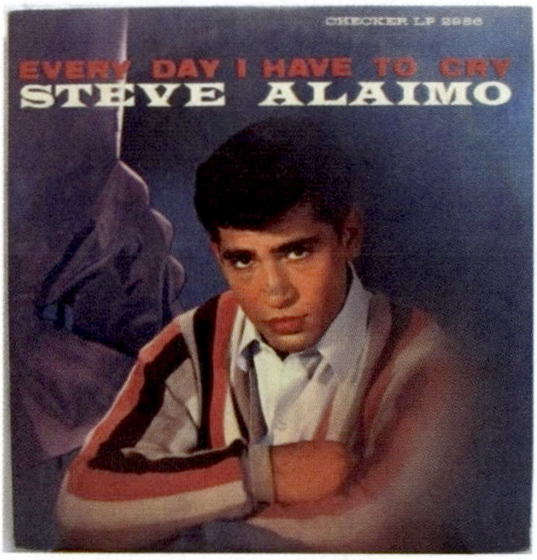

L'Anglaise Dusty Springfield reprend la chanson en 1964 pour Philips/Fontana/Mercury/Wing Records sur son album « Stay Awhile – I Only Want To Be With You » (titre d'album pour un célèbrissime titre que Richard Anthony fait connaître en gravant *À présent du peux t'en aller.*) Dusty Springfiel effectue la même année une version italienne écrite par Mogol avec *Tanto Se Che Poi Mi Passa*. Toujours 1964 avec Julie Grant pour le label anglais Pye. En 1965 par The Gentrys pour la MGM, un groupe qui débute en 1963 à Memphis avec les voix de Bruce Bowles et de Jimmy Hart. Bobby Vee la même année en public sur l'album « Live! On Tour » pour le label Liberty ; toujours en 1965 avec The Bee Gees qui enregistrent le titre en et pour l'Australie aux studios Festival pour le label Leedon. The McCoys en 1966 chez Bang Record sur l'album « You Make Me Feel So Good » ; tout comme The Denfenders ; 1966 encore avec Johnny Rivers sur son album « … And I Now You Wanna Dance » pour Imperial. Ike And Tina Turner en 1967 pour album produit par Phil Spector « River Deep Mountain High » chez London Records. Toujours 1967 avec l'écossais anglo/australien Bon Scott And The Valentines pour le label Festival MCK (Bon Scott deviendra ensuite le chanteur du groupe de hard rock AC/DC de 1974 à sa mort en 1980). Lattimore Brown en 1968. BZN en février 1969. Bob Luman la même année. Phil Flowers And The Flower Shoppe en 1970. Mardi-Gras en 1971 pour le label Map City. En avril de la même année, The Fevers enregistrent la version portugaise écrite par Rossini Pinto sous le titre de *Nao Devia Contar*. Billy Scott And The Prophets en 1974. L'auteur et compositeur du titre, Arthur Alexander, n'enregistre sa version qu'en 1975 chez Buddha Records. Joe Stampley en 1977 chez Epic sur l'album « Saturday Night Dance ». Deux reprises en 1979 avec celle de Billy Joe Spears et celle de Jerry Lee Lewis. Debby Boone en 1980. On attend 1989 pour entendre la prestation de The Doug Dillard Band. En mai 1994 Johnny J. And The Hitmen enregistrent le standard et en juillet de la même année Graham Parker en offre sa version sur l'album « Adios Amigo : A Tribute To Arthur Alexander » pour le label Razor & Tie. C. J. Cherrier (Clayton Joseph Thompson Cherrier) apporte sa contribution sur le label Alligator en 1996. Bob Woodruff en 1997. Rick Nelson en 1999. Bearfoot Bluegrass en 2002, Alan Merrill en 2003 ; enfin en 2019 par The Duke Robillard Band.

Description rapide de la vie de tous les jours avec une exception pour le dimanche. Ce titre avait donné lieu à l'époque au tournage d'un scopitone (film 16 mm en couleur et son magnétique avec piste couchée sur le bord de la pellicule) par Claude Lelouch. Le tournage se passait à la Vallée des Peaux-Rouges à la Mer de Sable de Jean Richard. On voit l'artiste en chemise à carreaux devant les portes battantes d'un saloon puis, quelques plans après, alors qu'il parle de la promenade quotidienne de son chien, on le voit arriver tirant un cheval avec une « Indienne » dessus. Cherchez l'erreur. Arthur Alexander est aussi adapté en France par Alain Dumas en 1963 chez Vogue avec *Tu peux t'en aller* sur des paroles d'André Salvet d'après *You Better Move On* ; avec le titre *Tout seul*, que lui écrit Claude Righi, et qu'il enregistre chez Decca en 1964, Ronnie Bird montre qu'il a été séduit par *Black Night*, composé et écrit par Jessie Mae Robinson, et qu'Alexander vient d'enregistrer chez Dot Records la même année.

La la la la la

Clarence Paul

2e 33 tours, Philips 77 818

« Claude François à l'Olympia » de décembre 1964.

Ce titre est présent sur ce seul disque gravé lors de cet Olympia historique à partir duquel la légende de l'idole redoubla d'intensité et de vigueur. C'est là que Marlène Dietrich en personne, impressionnée, était venue féliciter l'artiste. Cette reprise du titre de Little Stevie Wonder permit à Claude François de dialoguer avec son public tout en chantant, dansant et tapant des mains. L'ensemble était si léger, élégant et d'une telle énergie qu'il déchaîna l'enthousiasme de la salle.

La chanteuse Jocelyne donne sa version, avec le même titre, sur des paroles de Pierre Saka en 1964 chez Polydor et sur un pressage canadien chez Apex.

Adaptation de *La la la la la* (Soul/blues)

Version originale enregistrée par **Little Stevie Wonder** en 1964 pour la Tamla Motown sur l'album « The 12 Year Old Genius – Recorded Live ».

Le titre est repris également par The Blendells, The Persuasions. À l'écoute de la mélodie et du rythme, ce morceau, on peut le reconnaître sans problème, se retrouve dans le *Mirza* de Nino Ferrer.

En France, parmi ceux qui ont suffisamment su apprécier Stevie Wonder pour aller jusqu'à reprendre dans notre langue une de ses chansons, il y eut notamment en 1966 chez Ducretet Thomson Olivier Gary avec *Vagagond* qu'adapte Hubert Ihtier issu de *Travellin'Man* ; bien sûr Johnny Hallyday la même année avec son énergique et historique *Les Coups* d'après *Uptight* (*Everything's Allright*) ; en 1969 sur des paroles de Long Chris Herbert Léornard adapte pour Mercury *For Once My Life* qui devient *Oui dans ma vie* ; Sacha Distel et Brigitte Bardot

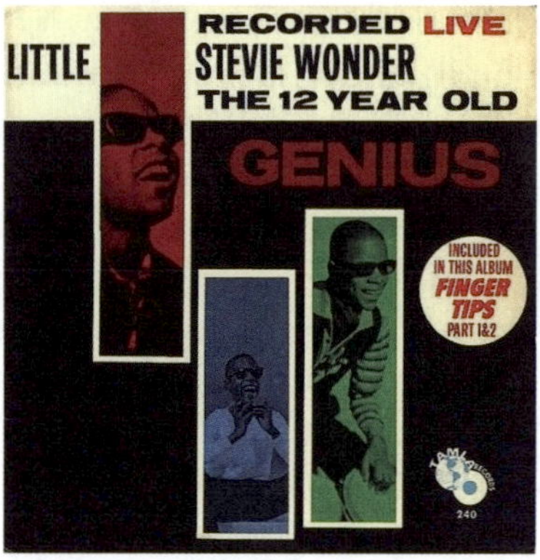

de leur côté font leur beurre de *You Are Sunshine Of My Life* et gravent *Tu es le soleil de ma vie*, classique qu'enregistre la chanteuse Lorie en septembre 2012 sur l'album « Danse » chez WM France ; en 1984 Sacha Distel avec *Je t'appelle pour te dire que je t'aime* adapte sur un texte de Pierre Grosz *I Just Called To Say I Love You* ; la même année la même chanson par Dalida sous le même titre mais sur un texte de Didier Barbelivien, encore la même année sous le même titre sur texte de Michel Detrey par Jimmy Frey et, enfin, en 1986 avec le même titre, au Québec par Jacques Salvail sur les paroles de André Sylvain. Eddy Mitchell n'est pas en reste en gravant *Superstition*, issu de *Superstition* ; et plus loin de nous, au Canada, le groupe féminin Les Mystérieuses enregistre *Je cherche un pays* d'après *A Place In The Sun*. En 1977, de chez Barclay Nicoletta effectue son incursion chez Stevie Wonder et écrit le texte pour enregistrer *Le futur paradis* d'après *Pastime Paradise*, chanson que le Suisse Pascal Rinaldi enregistrera en 2013 chez Disque Office sur l'album « Traces », dont il écrit le texte, sous le titre de *Futiles paradis* ; René Simard adaptera également Stevie Wonder au Québec avec sa version de *Part-Time Lover* pour devenir *Mon amour d'un soir* et, en 2007, Melissa « Featuring » Akhenaton revisite le titre en gravant la chanson répondant au titre de *Elle*.

Du pain et du beurre

Claude François

8e 45 tours, 434 964, octobre. 3e 33 tours, Philips 844 775, juin 1965. Avec l'orchestre de Christian Chevallier, arrangements de Christian Chevallier.

Également enregistré à la même époque par Chouchou (en accéléré comme la reprise par Nutty Squirrels), la mascotte de *Salut Les Copains* ; des sources différentes indiquent que cette version est enregistrée avec la voix de Jacques Revaux et d'autres avec celle de Jean-Jacques Debout.

1re entrée dans le hit-parade de SLC, n° 11 en octobre et novembre 1964.

Adaptation de ***Bread and Butter*** (Pop/jazz américain}

Larry Parks / Jay Tumbow

Version originale enregistrée par **The Newbeats**, pour la maison Hickory en août 1964 ; et pour Festival la même année ; classé n° 3 aux États-Unis en septembre.

Le plus curieux avec The Newbeats, un fameux trio explosif dans le son et le rythme, c'est leur façon de décliner, note pour note, sur plusieurs de leurs titres le thème du refrain de *Bread And Butter* ; le refrain devient soit le couplet ou demeure dans son rôle du titre original. C'est ainsi pour quatre autres chansons des Newbeats (signées en plus de Parks et Tumbow par Robert Finnicum) à savoir *Ain't That Lovin' You Baby*, *Baby Let's Play House*, *Find Ya Somewhere Else To Eat Your Crakers* et *Better Watch Your Step*. Ce qui n'empêche nullement ces titres de rester redoutablement efficaces. Puis par The Nutty Squirrels. (Enregistrement en accéléré pour ces derniers.) Vraiment un très bon titre. Avec *Alors salut*, *Dis-moi quand*, *Un nuage dans le soleil*, cette chanson, principalement sur le plan musical avec sa couleur jazzy, fait partie de celles qu'auraient pu interpréter un autre Claude, le Nougaro, et Henri Salvador. Excellents arrangements avec lesquels la voix se marie bien ; l'ensemble est très loin de la variété-variétoche et va comme un gant à l'artiste. Sur les petits riens de la vie de tous les jours mais qui revêtent une extrême importance. Le registre pop/jazzy est aussi savoureux que le texte est ironique comme amusant réaliste. Une expression de la joie de vivre par excellence, avec du vrai talent bref, du travail sérieux. En 1965, chez Pathé Marconi, la chanteuse française Liz Brady avec *Hey-O-Daddy-O* emprunte aux Newbeats *Hey-O-Daddy-O*.

1965

Alors salut !

Claude François & Vline Buggy

9e 45 tours Philips 434 024, mars. 3e 33 tours Philips 844 775, juin. Avec l'orchestre de Christian Chevallier, arrangements de Christian Chevallier.

Autre enregistrement de ce titre en anglais par Teddy Ray en Espagne pour la filiale RCA ; Guy Roger en 1966 chez Jupiter dans *C'est le yéyé.*

1re entrée dans le hit-parade de SLC, n° 17 en février 1965, n° 16 en mars et n° 8 en avril et mai.

Adaptation de ***Yeh Yeh*** (Jazzy latin).

Version originale est enregistrée en 1963 par **Mongo Santamariá** chez Battle sur l'album « Watermelon Man ! ».

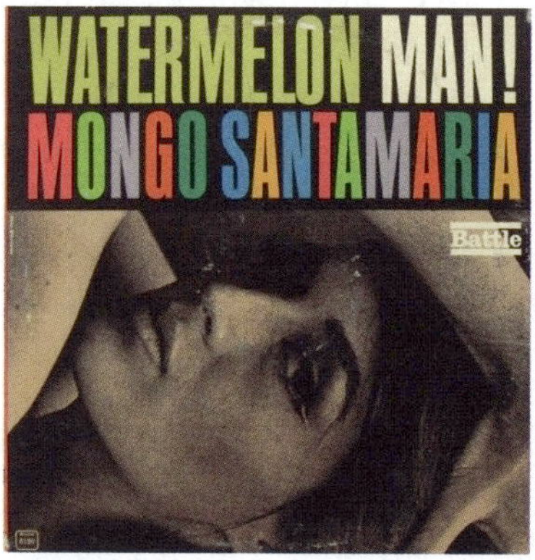

Ayant occulté l'original, c'est la prestation de **Georgie Fame and The Blues Flames** en 1964 chez Columbia pour le label Imperial qui passe pour être la version originale. Le nom de l'auteur Patrick Hendricks dans les crédits est ajouté dans la version qu'enregistre le trio de jazz Lambert, Hendricks & Ross pour la Columbia la même année que l'original de Mongo Santamariá.

La reprise de Georgie Fame entre dans les charts dès le mois de décembre et devient n° 1 en janvier 1965 en Angleterre. Par son créateur, la chanson sonne très jazzy. Fame, de son nom Clive Powell, s'est fait connaître avec *Getaway*, un titre dans le même registre harmonique et rythmique, avec réponses de cuivres saccadées après l'énoncé, dans le chant, du titre, et qui vont de l'octave du haut à celui du bas. On doit en partie le registre jazz de la chanson au compositeur Roger Lee Grant ; ce dernier fut un pianiste de jazz reconnu tant en Angleterre qu'aux États-Unis où il se produisait souvent. Grant a accompagné de nombreux jazz band et se produisait avec eux dans les grands hôtels new-yorkais et durant presque vingt ans au Raleigh Hotel de Miami. Il compose le thème qui donnera *Ye Ye* en 1963 avec Pat Patrick et le chanteur Jon Hendricks qui écrit le texte ; les crédits de signature en assemblant tout ce petit monde donnent donc Patrick Hendricks & Roger Lee Grant. Grant a longtemps été membre du jazz band Mongo Santamaria's Band formation naviguant entre Cuba et le continent américain. Cette formation a souvent effectué une fusion entre le jazz et la musique latina ; Grant a accompagné de grands artistes, en l'occurrence Hubert Laws et George Benson. Le titre est repris en 1964 par John Francis sur le 45 tours Gala International. En 1985, Matt Bianco porte à la connaissance des nouvelles générations le hit de Georgie Fame ; et en ses heighties où la machine à effacer les mémoires et où formatage commence à faire de ravages, quasiment plus personne, et notamment dans les médias, ne se souvient que Claude François, en avait fait l'adaptation vingt ans auparavant avec un certain succès.

Texte vivant et plein d'humour sur les aléas de la vie de tous les jours d'un jeune couple. L'homme raconte que sa petite amie et lui n'arrivent pas à se mettre d'accord sur des désirs et des envies, on dira futiles (le programme au cinéma par exemple), alors qu'ils sont finalement essentiels pour pimenter et équilibrer le quotidien. La bonne musique aidant, tout s'arrangera à la fin à la mairie. Ce titre très swing-jazzy fait partie de ceux qu'affectionnait particulièrement Claude François. En effet, il a toujours adoré le jazz, et ses influences musicales dans ce domaine sont demeurées toujours très fortes. C'est en partie grâce à elles qu'il a pu être inspiré par certains pas de danse, des manières d'arriver sur scène, d'avoir pu épater certains de ses détracteurs, qui croyaient n'avoir à faire qu'à un simple chanteur de variétés pour minettes. Entre refrain et couplet, cette chanson contient une montée chromatique où, réellement, des mélomanes avertis en jazz et/ou en blues-rock peuvent y trouver de grands moments de musicalité. La voix y est étonnante et fonctionne pleinement avec les harmoniques. Ce titre demeure du très grand Claude François et illustre bien la période 62-68 très riche en chansons de rythms and blues/jazz/pop. C'est bien entendu la période la plus intéressante loin de la « variété-négative-guimauve » racoleuse qu'on lui a collée sur le dos. Deux autres interprètes à l'instar de Claude François ont adapté Georgie Fame, ainsi de Richard Anthony en mai 1965, via le songwriter John Burch, avec *En attendant* d'après *In The Meantime* ; en 1968 chez Philips, Johnny Hallyday sur un texte de Georges Aber grave *Bonnie And Clyde* emprunté à *The Ballad Of Bonnie And Clyde*, ce que fait d'ailleurs la même année au Canada Donald Lautrec chez le label québécois Jupiter.

1965 – 1966

Mais n'essaie pas de me mentir

Claude François & Vline Buggy

4e 33 tours, Philips 77 744, décembre 1965. 12e 45 tours, Philips 437 182, janvier 1966. Avec l'orchestre de Christian Chevallier, arrangements de Christian Chevallier.

Adaptation de ***Make It Easy On Yourself*** (Variété/pop américaine).

Hall David / Burt F. Bacharach

Version originale enregistrée par **Jerry Butler** en juin 1962 sur l'album « Need To Belong » pour Vee Jay Records.

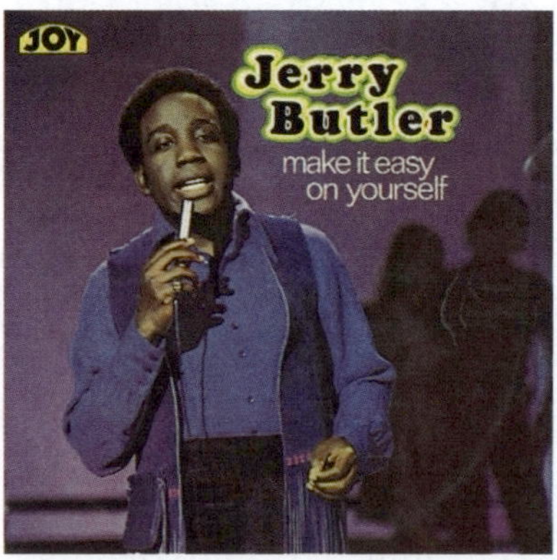

Ce grand nom de la soul avant les artistes Motown des mid-sixties avait en l'occurence produit la séance d'O.C. Smith pour sa reprise de *Baby I Need Your Loving*, des Four Tops que reprit l'Artiste dans *Car... tout le monde a besoin d'amour*.

Viennent ensuite plusieurs reprises et principalement celle de **The Walkers Brothers** pour le compte de la maison Philips en août 1965. Classant la chanson n° 2 en septembre en Angleterre, c'est sans nul doute la cover de ce groupe qui a suscité la reprise – quitte à passer pour la version originale – car les oreilles des « yéyés » français, comme d'ailleurs celles de presque tous leurs « confrères » des pays européens, étaient très tendues et ouvertes vers le *swinging London* même si ce trio américain composé de Gary Leeds, John Mauss et Scott Engel forme son groupe lors de sa rencontre à Berkeley. Il accompagnera P. J. Proby et Elvis Presley avant de partir pour l'Angleterre où il se fera mieux connaître. Créant, travaillant beaucoup à Londres, le *British Beat* aurat quelque peu influencé les Walkers Brothers.

Texte et musique de haute tenue : du grand art qui commence avec une suite d'accords complexes finalement, « pour l'époque et la démarche d'un chanteur comme Claude François... » Qui l'aurait cru ? Mais faisons bêtement l'étonné : comment, un yéyé chante de belles chansons avec des accords de 6ᵉ, de 9ᵉ, de 7ᵉ en mineur, etc. Bon, nous avons là, comme pour beaucoup d'autres titres, un chef-d'œuvre, mais disons que le goût « Nat-King-Colien » de ce titre est très prononcé. Langoureux, sirupeux, somptueux à souhait. Pas étonnant que l'idole ait pris alors un musicien comme René Utregger au piano et/ou à l'orgue qui, aujourd'hui, fait les beaux soirs des meilleures boîtes de jazz après avoir accompagné les plus grands dont Miles Davis.

Ensuite les covers sont nombreuses avec dès 1963 celle de Kenny Lynch chez His Master's Voice ; en 1964 par Dionne Warwick pour Scepter Records. Suivent Little Anthony and The lmperials en 1964 chez DCP International sur « I'm On The Outside ». Trois prestations en 1965 avec The Vogues chez Co & Ce, The Four Seasons en 1965 chez Philips, puis par Barbara Barr chez Gala avec aux arrangements Christian Chevallier, mari de Vline Buggy et arrangeur de Claude François,, sur un EP qui ne contient que des reprises. Sarah Vaughan en janvier 1966 chez Mercury, suivie la même année par Cilla Black en avril chez Parlophone, elle-même suivie par Long John Baldry en novembre sur « Looking At Long John » pour United Artists. Ians & The Zodiacs en 1967 chez Star-Club Records ; Connie Francis en 1968 sur « Sings Bacharach And David » pour MGM Records ; en mai 1969 par Burt Bacharach ; Deux reprises en 1970 par Tony Bennett sur « Tony Bennett's Something » chez Columbia, puis Barry Crocker pour Festival Records sur « Both Sides Now ». Les Carpenters en 1971 chez Decca dans un medley avec Burt Bacharach ; tout comme Ed Ames et Dennis Brown sur « If I Follow My Heart » pour le label Studio One. Au moins trois sessions en 1972 avec Johnny Mathis sur « Son Sung Blue » chez CBS, Steve Lawrence chez MGM, Andy Williams. B.J. Arnau en 1973 chez RCA Victor, et Dakota Staton sur « I Want A Country Man » pour Groove Merchant-Pip Records la même année. Cliff Richard inscrit le standard à son répertoire en juillet 1975. Cissy Houston en novembre 1977. Roy Banks en 1983. Deux covers en 1989 avec The Three Degrees et Anita Meyer. The Isley Brothers en 1990. 1994 avec Shoko Suzuki en juin, Kyoto Jazz Massive en novembre puis par Amar. The Starlite Orchestra en 1995. Ysuko Agawa en 1996. Deux covers en 1997 avec The Divine Comedy en 1997 puis Robbie Dupree. Deux autres en 1998 par The Blackeyed Susans ; Laverne Butler en juillet 2001. Deux covers en 2002 avec Edwin Starr puis par Doug Kershaw, le (re) créateur de (avec son frère) *Diggy Liggy Lo*, chez Easy en 2002. Deux autres en 2003 par R.E. Willis en mai et Ronald Isley en novembre. Rick Astley en 2005. Chris McNulty en septembre 2006 pour Elefant Dreams sur « Whispers The Heart », suivi par Rosanna Hofman pour Red Bullet Records sur « What The World Needs Now » en octobre. 2007 avec Gail Blanco chez Universal Records, puis Michael Ball en 2008 pour Universal Music TV. Savannah Love en avril 2008 chez Union Square Music. Roan Keating en mars 2011. William Mason en septembre 2014. Sans doute la dernière cover en date par Slow Club en avril 2015. En Italie une reprise a lieu sous le titre de *Non verrà da te la felicità* par Carmen Villani pour Scepter Records en 1966. D'autres artistes français ont été inspirés par des chansons popularisées par The Walker Brothers jusqu'à en faire une adaptation, ainsi Richard Anthony en 1966 chez Pathé avec *Le Soleil ne brille plus* (*The Sun Ain't Gonna Shine Anymore*), puis celle de Ken Venturi en 1966 chez Philips dans *Ma chance est revenue* (*My Ships ls Coming In*).

J'attendrai

Claude François & Vline Buggy

15ᵉ et 15ᵉ bis 45 tours, Philips 437 267, décembre 1966 et janvier 1967. 5ᵉ 33 tours, Philips 844 777, décembre 1966. 6ᵉ 33 tours, Philips 70 386, janvier 1967. Avec accompagnement d'orchestre. 11ᵉ 33 tours, Philips/Flèche 844 804, « Claude François à l'Olympia », décembre 1969, un des deux titres « anciens », l'autre étant je sais, que l'artiste reprit à cet Olympia. 20ᵉ 33 tours, Flèche 6325 677, « Claude François sur scène », avril 1974. 23ᵉ 33 tours, Flèche 6325 683, « Claude François sur scène. Été 75 », octobre 1975. 30ᵉ 33 tours, Flèche/Carrère 67 235/6, « Souvenir 78. Claude François en public », avril 1978.

J'attendrai est remixée en 1990 par Jean Fredenuci, CD phonogram « Claude François Remix 90's » Philips 842 502-2.

Également enregistré par Les Dauphins en 1966 pour Columbia ; le groupe belge Les Diamants chez Trianon en 1967, même titre, même texte, même époque ; en 1967 par Les Missiles ; et par Mickaël. Au Québec, le standard est enregistré en 1967 chez Trans-Canada par Michèle Richard sous le titre *Je serai là* sur « Miss Radio-TV'67 ».

Miss Dominique enregistre la chanson en 2006 et Sylvie Vartan l'enregistre en 2007 pour son album « Nouvelle Vague ».

1re entrée dans le hit-parade de SLC, n° 4 en novembre 1966, meilleur classement et toujours n° 4 en décembre 1967 et janvier 1968.

Adaptation de ***Reach Out I'Il Be There*** (Soul/Tamla Motown USA).

Brian Holland & Lamont Dozier / Eddie Holland

Version originale enregistrée par **The Four Tops**, pour la Tamla Motown de Detroit en septembre 1966 ; classé n° 1 aux États-Unis en octobre et, en novembre, n° 1 en Angleterre.

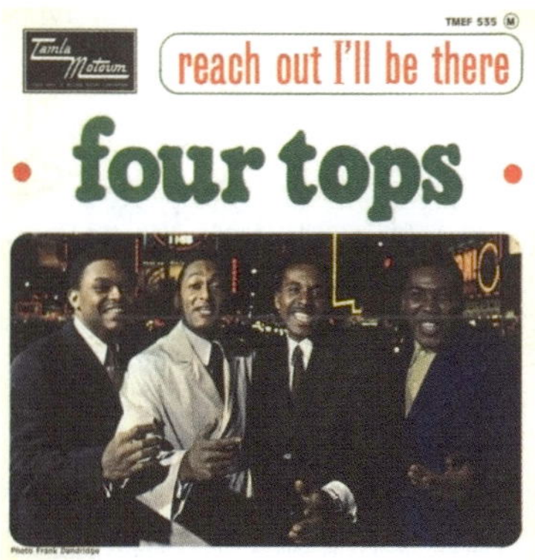

De nombreux artistes anglo-saxons reprennent le titre après les Four Tops et notamment Joey Dee & The Starliters en 1966 pour Sonoplay. Petula Clark ne pouvait manquer un tel standard, c'est donc chose faite en 1967 sur son album « Colour Of My World » ; la même année par Rocky Roberts And The Airedales sur l'album « Sabato Sera » chez Durium ; Bill Crosby en 1968, tour comme le groupe anglais Brian Poole And The Tremoles sur leur album « Suddenly You Love Me » chez Decca, et Count Basie & His Orchestra la même année. En 1969 on peut entendre les reprises de The Cowsills, du groupe hollando/belge The Beatnicks chez Philips ; de Merrilee Rush pour AGP Records, de l'Anglaise Jackie Trent ; Nancy Sinatra chez Reprise ; l'Australien Gene Pierson en 1970 pour Festival ; Diana Ross en 1971 ; Len Barry ; Gloria Gaynor en version disco en 1975 pour MGM tout comme, la même année, les Suisses Allemands Benny Geiger & DasJochen

Brauer Sextett sous le titre *Du Bist Da* ; la chanteuse autrichienne Gilla grave le titre en 1976 ; Chris Farlow ; Hendricks en 1978 ; Narada Michael Walden en 1983 sur l'album « Looking At You, Looking » pour Atlantic et, la même année, le groupe de hard rock Shooting Star sur leur album « Burning » chez Virgin ; Digital Emotion en 1985 ; autre version italienne avec Ivan Cattaneo (Gira, gira) en 1986 ; Luis Miguel en 1987 sous le titre de Es Mejor sur son album « Soy Como Quiero Ser » ; une version disco/funk avec Lipps en 1988 pour Coconut Records. Le percussioniste français Marc Cerrone en 1989, et la même année, Derek & The Diamonds chez Delarc sur l'album « Dancin' In The Street ». 1990 donne l'occasion d'entendre les versions de Christos Dantis dans Ti Zitas, en style Euro-House DF Girls sur l'album « Collection » chez Keepon Music ; le groupe canadien de Vancouver Bobby Taylor & The Vancouvers pour Motorcity Records (habituellement chez Gordy/Tamla Motown) sur leur album « Find My Way Back ». Le rockeur australien Jimmy Barnes apporte sa contribution en 1991 sur l'album « Soul Deep » chez Mushroom Records mais le titre en « bonus track » retardé sortira en 2004. Michael Bolton en 1992 sur « Timeless (The Classics) » chez Columbia ; le groupe d'Euro-Dance allemand Masterboy en 1993 sur l'album « Feeling Alright » chez Polydor ; Paul Young en 1994 ; Snuff en 1996. Jive Bunny & the Mastermixers en 2000 ; une curiosité la même année avec la troupe de fanfare Polizeimusik Graz qui interprète le morceau en style fanfare ; Dane Bowers (*I'll be there*) en 2001 tout comme Soultans, Tony Montana dans Pois Sun Vien. On découvre en 2002 les versions d'Electra, de Gérald LeVert & The Funk Brothers en live et celle de Human League ; en 2004 c'est le tour de Michael McDonald d'offrir sa prestation. En 2005, sur leur album « Human Nature Motown 1 » pour Sony/BMG Entertainment, The Human Nature, groupe australien qui œuvra beaucoup aux États-Unis, enregistre une des dernières versions en date de ce classique de la Motown. En 2006 le français Gilbert Montagné enregistrera une version dans la langue de McCartney chez Odéon. Enfin en 2007 on peut écouter le trio Boyz II Men sur le CD « Motown Histville USA » pour Decca et dans lequel leur version de *Reach Out I'll Be There* est couplée en medley à *It's The Same Old Song* (*C'est la même chanson*).

Hors zone anglo-saxonne, le titre trouve preneur en 1966 en Espagne avec Bruno Lomas dans *Es Mejor Dejarlo Como Està* ; en Italie on pouvait entendre l'incontournable Rita Pavone dans *Cira, Cira*.

Adaptation quasi-irréprochable, le texte tient plus que la route, il est à la hauteur des meilleurs dans le style, et tout rocker français du moment aurait pu reprendre le titre sans changer un mot. Orchestration à la hauteur de l'original, efficace et dévastateur sur scène : on s'incline.

Avec *J'attendrai*, c'est aussi, dans l'histoire de Claude François et de son métier, dans l'histoire, finalement..., de la chanson française, l'arrivée des Clodettes dans les prestations de l'idole à l'O.R.T.F. et sur scène. Nous sommes fin 1966 et la période yéyé entre dans une seconde moitié qui commence à tanguer. Les ventes baissent, les jeunes tournent la tête de plus en plus vers l'Amérique et l'Angleterre et, de plus, la concurrence est rude. Outre Johnny Hallyday, Claude François a fort affaire face à Adamo, et par ailleurs, si Frank Alamo commence à être un concurrent moins offensif, Richard Anthony demeure une force, un symbole encore très puissant aux fortes ventes. De surcroît, les nouveaux venus apportent un vent nouveau. L'irruption de Jacques Dutronc avec *Et moi, et moi, et moi* remet en cause beaucoup de choses tant par les textes de Jacques Lanzman, que par l'ironie et la dérision dont il sait habilement faire montre. Et il en joue avec brio. Michel Polnareff, compositeur, quasi de génie, et ayant une formation de pianiste tendance classique, s'installe avec des chansons musicalement fortes et *La poupée qui fait non* et *Love Me Please Love Me* le confirment solidement comme grand parmi les grands ; et c'est sans compter Antoine qui vient élucubrer. Même si pour celui-ci la forte implantation ne dure pas longtemps.

1967

N'est-ce pas étrange ?

Claude François & Vline Buggy

16e 45 tours, Philips 437 316, mars. N'existe pas en 33 tours original. Arrangements d'Arthur Greenslade et son orchestre.

Au moment de ce disque, l'émission *Salut Les Copains* proposait d'autres titres pour le futur 16e 45 tours de mars 1967, dont la reprise du hit de Cat Stevens, *Matthew And Son,* diffusée mais non retenue par les auditeurs ; il s'agissait de Il fout compter encore, écrit par Claude François et Vline Buggy ; ce titre ne se trouve donc sur aucun disque original, ni même pour l'instant sur une compilation, sauf sur un CD chez Dial. Il y avait aussi en sélection *Le brouillard est tombé sur la ville*, qui finalement sera enregistré par Liliane Saint-Pierre chez Flèche ; voir *L'Homme au traîneau*, *Il faut compter encore*, et *À la campagne*.

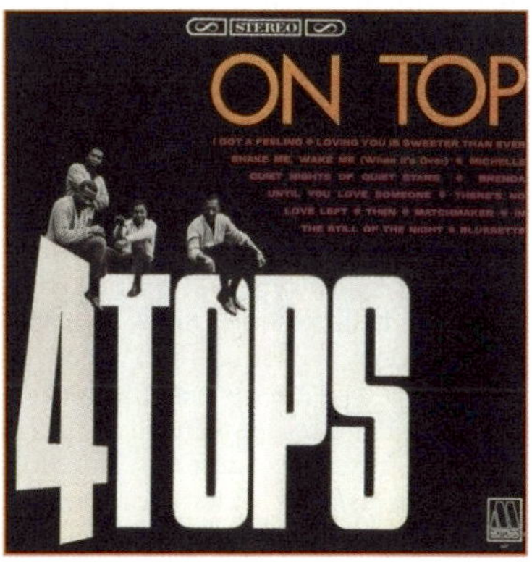

Adaptation de ***Loving You Is Sweeter Than Ever*** (Soul/Tamla Motown USA).

Stevie Wonder / Ivy Hunter

Version originale enregistrée par **The Four Tops** pour la Tamla Motown de Detroit en juin 1966 ; classé en Angleterre n° 21 en juillet.

Puis par The Supremes. Steve Perry. Kiki Dee. Marvin Gaye. O.C. Smith. Bryan Ferry. Nick Kamen.

Une litanie amoureuse sur un rythme bien gras à la Tamla, la mélodie arrachée, pas simple à bien interpréter. De la difficulté à la Michael Jackson et Prince avant l'heure. Chapeau l'artiste !

Car… tout le monde a besoin d'amour

Claude François & Vline Buggy

16e 45 tours, Philips 437 316, mars. N'existe pas en 33 tours original. Arrangements de Les Reed avec son orchestre.

1re entrée dans le hit-parade de SLC, n° 23 en février 1967, meilleur classement n° 7 en mars et avril.

Également enregistré par Thierry Vincent chez CBS (ex-Pingouin, sous le pseudonyme de Lou Vincent, futur producteur de Au Bonheur des Dames) en 1965, sous le titre *Tu ne peux pas me faire ça*, sur des paroles de Gilles Thibaut.

Adaptation de ***Baby I Need Your Loving*** (Soul/Tamla Motown USA).

Brian Holland & Lamont Dozier / Eddie Holland

Version originale enregistrée par **The Four Tops**, pour la Tamla Morown de Detroit en septembre 1966 ; classé n° 17 en octobre aux États-Unis. Puis par The Supremes. The Fourmost classent leur reprise en n° 24 en Angleterre en novembre 1964 pour Parlophone.

Marvin Gaye And Tammy Terrell enregistrent le standard en 1965 pour la Tamla Motown et la même année par l'Anglaise Sandie Shaw chez Reprise Records.

Suivent en Pat And Lolly Vegas en 1966 chez Mercury sur « Hat the Hauted House » ; 1967 Johnny Rivers chez Imperial sur « Rewind » ; puis en 1968 Gladys Knight And The Pips sur leur album de chez Motown « Silk 'n' Sou! » ; Pat And Lolly Vegas ; O. C. Smith, une très bonne production de Jerry Butler pour CBS série Gemini. Earl Richard alias Earl Sinks en 1971 chez United Artists. John Rowles ; Blue Swede ; The Heptones ; Double Exposure ; Eric Carmen ; Carl Carlton ; Ruby Turner ; LaToya Jackson ; Günther Neefs ; Lisa Stanfield ; Phoebes Snow ; Michael McDonald ; Lulu. Les Canadiens de Vancouver Bobby Taylor & The Vancouvers reprennent la chanson en 1994 sur leur album « A Tribute To Holland-Dozier-Holland » autrement dit, un album hommage aux auteurs/compositeurs de la Tamla Motown qui ont fait quasiment tout pour les Four Tops et les Supremes. En 2005, sur leur album « Human Nature Motown I » pour Sony/BMG Entertainment, The Human Nature, groupe australien qui œuvra beaucoup aux États-Unis enregistre une des dernières versions en date de ce classique de la Motown.

Très efficace sur scène avec notamment un moment mémorable en mai 1969 à Paris au Théâtre de la Porte Saint-Martin. À un moment donné, il y a pour l'artiste quelque chose qui cloche chez les musiciens et/ou les choristes. En pleine fureur et profitant de ce morceau très nerveux de soul/rythm and blues, son équipe a droit à une volée de bois vert impressionnante, certainement une « engueulade » en direct sur les planches, unique dans les annales de l'histoire du music-hall, en tout cas en France. Si la musique se prête au mouvement vif et à l'expression dure, le texte, par contraste, évoque le besoin d'amour de tout un chacun, (voir également, au sujet de ce thème précis, le titre de 1975 *Un petit peu d'amour*). C'est traité différemment, mais ça dit la même chose.

Le titre de cette chanson peut paraître étrange ; en effet, pourquoi mettre la conjonction de subordination « Car » ? Tour bêtement, quelques mois plus tôt un « yéyé » du moment, assez intéressant d'ailleurs, Michel Paje, avait sorti un disque chez Vogue début 1966. Sur ce disque une chanson s'appelait … *Tout le monde a besoin d'amour*. Le titre, publié avant celui de Claude François, avait aussi été déposé avant le projet de ce dernier. Composée par Michel Paje et écrite par Maurice Vidalin la chanson *Tout le monde a besoin d'amour* avait donc l'antériorité de la protection intellectuelle et l'antériorité commerciale. Claude François et Vline Buggy, à l'évidence, ont dû se résoudre à utiliser la conjonction « Car » pour pouvoir déposer l'œuvre et la sortir sur le marché.

Il faut être deux

Gilles Thibaut & Claude François

17e 45 tours, Philips 437 357, juin 1967. N'existe pas en 33 tours original. Ce 45 tours marque la première participation de l'arrangeur anglais Reg Guest. Arrangements et direction musicale de Reg Guest. C'est, après Les Reed, le deuxième arrangeur-chef d'orchestre anglais qui succède aux Français Christian Chevallier et Jean Bouchety.

Au Québec, le titre est enregistré par le groupe Cléo & Les Pieds Fous.

Adaptation de ***It Takes Two*** (Soul/Tamla Motown USA).

Sylvia Moy / William Stevenson

Version originale enregistrée par **Marvin Gaye and Kim Weston** pour la Tamla Motow de Detroit en décembre 1966 ; classé n° 16 en janvier 1967.

Puis par Tina Turner and Rod Stewart et enfin Juicy en 1985 chez Epic. En 2007, les Australiens du groupe The Human Nature, qui œuvre aussi au pays de la Tamla Motown, enregistrent le classique, avec Mary Wilson, pour le compte de Sony/BMG/Columbia sur leur album « Ger Ready ».

Avec force section de cuivres sur basse-batterie bien déchaînées, voici un morceau de bravoure de soul ! rythm' and blues qui fait honneur au rock français même s'il s'agit d'une reprise. Voilà. Pour le reste, le texte est astucieux et fonctionne finalement sur la théorie du battement d'aile de papillon en Indonésie qui provoquera une tempête en Europe. Des situations sont évoquées, et les éléments, dont le rôle est expliqué dans chaque séquence, une fois décrits, renvoient à une suite logique pour aboutir en fin de couplet au fait que, comme pour toutes les choses évoquées, il faut absolument être deux, comme le chanteur et celle après qui il court, par exemple. C'est bien construit et, avec la couleur orchestrale bien grasse de cette musique noire made in US, l'adhésion l'emporte, et de loin.

S'agissant des reprises françaises de Marvin Gaye, se succèdent essentiellement celle de Monty qui écrit les paroles françaises et enregistre en 1963 *Un verre de whisky* d'après *Can I Get A Witness,* version que reprennent aussi Les Jets ; à propos de l'enregistrement de son adaptation, Monty, alias Jacques Bulostin, aime bien faire savoir, et c'est normal, qu'il a effectué cette reprise avant que les Rolling Stones n'effectuent la leur. Autrement dit, c'est Marvin Gaye qui a déclenché la motivation de l'adaptation. Mais Monty n'a bien sûr rien contre les Stones et leur reprise de ce titre. On comprendra qu'un artiste aime ce genre de précision. Du fait d'un certain talent et d'un certain bon goût en général, un intéressant emprunt dans le répertoire de Kim Weston est effectué par l'injustement méconnue Evy (alias Evelyne Verrachia) chanteuse française à la voix très soul qui aurait pu faire, sans l'égaler, du Aretha Franklin sans broncher. En 1964 chez Barclay, Evy adapte donc de Kim Weston *It Shoud Have Been Me* qui devient chez elle *Cette amitié,* texte qu'elle signe elle-même avec aux crédits *songwriters* originaux des fines fleurs de la Tamla Motown de Berry Gordy que connaît bien Claude François, et pour cause, William Stevenson et Norman Whitfield. La même année Nancy Holloway attrape *You're A Wonderful One* pour graver chez Decca *Le plus bel amour* sur des paroles de Pierre Saka. Herbert Léonard est aussi de la partie et, en 1967, celui qui fut membre du groupe Les Lionceaux, enregistre, chez Mercury, sur des paroles de Long Chris *Il serait doux d'être aimé par vous,* issu de *How Sweet It Is (To Be Loved By You).* En 1968 par John Rowles (voir *Chut ! plus un mot*) En 1971, concernant les covers de Marvin Gaye, on peut entendre Claudine Longuet, qui écrit le texte français et, tout en gardant le titre américain, enregistre (de Marvin Gaye en duo avec Tammi Terrell) *Ain't No Mountain High Enough.* Diana Ross reprendra plus tard la chanson pour ses débuts en solo et, eu égard à l'année (1970), aux arrangements et à la démarche, on est en droit d'imaginer à coup sûr que la reprise de Claudine Longuet est plus inspirée par la prestation de la désormais ex-Supreme. Enregistré en 1971 mais publié beaucoup plus tard en 1997, le groupe Triangle adapte de Marvin Gaye son classique *I Heard It Trought The Grapevine* qui devient chez eux *Vivre au présent.*

Hip hip hip hurrah

Serge Gainsbourg

17e 45 tours, Philips 437 357, juin. N'existe pas en 33 tours original. Arrangements et direction d'orchestre de Reg Guest. Enregistré chez Philips fin 1967 sous le titre de *Chatterton* par Serge Gainsbourg qui en écrit le texte ; puis en 1970 chez Flèche par un artiste Maison de Claude François, Patrick Topalof, sous le titre de *Hou la la* avec un texte d'Yves Dessca et une musique « revue » par l'Artiste et Jean-Pierre Bourtayre.

Considéré depuis toujours comme un original français (les crédits américains ne figurent pas sur le disque) cette chanson a été rapportée par Gainsbourg à Claude François, se gardant bien de lui dire que ça venait des États-Unis. Par la suite l'Artiste a donc fait un « indirect » retour à l'envoyeur par le biais de Topalof.

1re entrée dans le hit-parade de SLC, n° 36 en juillet 1967, meilleur classement n° 26 en août et septembre.

Adaptation de ***Hip Hug-Her*** (Rythme and blues américain).

Steve Crooper / Dunne Jackson

Version originale enregistrée par **The Booker T and The MG's** en 1967 pour le label Stax.

La première et la seule chanson que Gainsbourg écrivit pour l'Artiste. Un texte décalé, détaché de toutes contingences sentimentales, ce qui est peu commun chez lui, mais comme ce dernier a beaucoup plus d'humour que d'aucuns ne le supputent, il s'en tire très bien. La voix et ses harmoniques sont très à l'aise ; dans les arrangements, on reconnaît la « patte » de Serge Gainsbourg et aussi celle qui orne les reprises de rythm and blues anglais effectuées par Claude François. Gainsbourg s'est donc mis là au diapason *british beat*. Sur un ton très anglais mâtiné de soul, le chanteur se moque un peu ici de lui-même car il met en balance toutes les thématiques récurrentes de son répertoire : le séducteur malheureux, invétéré, qui abandonne ou qui le plus souvent est abandonné, le conquérant jamais satisfait. Là, c'est tout le contraire et Claude François tord le cou à ses démons à la fois d'amoureux transis et de jeune gendre idéal. Registre inhabituel chez lui, ce qui est dommage car, dans cette forme de dérision, il s'en sort plutôt bien et tire avec brio son épingle du jeu. On aurait bien aimé voir ce que cela aurait donné si Serge Gainsbourg avait continué pour lui et, dans cette hypothèse, lequel des deux aurait rendu l'autre complètement fou le premier.

Rien rien rien

Claude François & Gilles Thibaut

7e 33 tours, Philips/Flèche 844 800. 1er 33 tours Flèche. Décembre 1967. Titre n'existant pas en 45 tours original. Arrangements de Reg Guest et son orchestre.

En 1968, le groupe Les Gendarmes, reprend le titre sur le label Citation.

Adaptation de ***I Was Made To Love Her*** (Soul/Tamla Motown USA).

Henry Cosby & Lula Mae Hardaway / Stevie Wonder & Sylvia Moy

Version originale enregistrée par **Stevie Wonder**, en juin 1967 avec la Tamla Motown de Detroit ; classé aux États-Unis n° 10 en juillet puis à la 3e place en août ; et en Angleterre n° 5 en août.

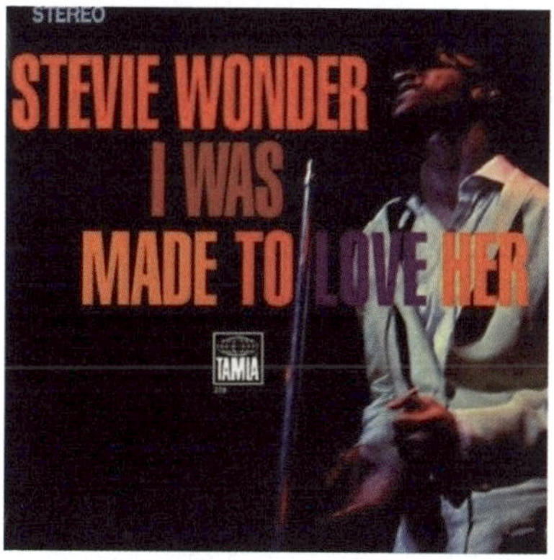

Puis The Beach Boys, Dave Luvus, Dick Rivers (en anglais), Booker T. & The M.G.S. L'Australien Jimmy Barnes en 2000 sur son album « Rythms and blues » pour Liberation Records. En 2007 le trio Boyz II Men sur le CD « Motown Histville USA » offre sa version de *I Was Made To Love Her* dans laquelle *It's The Same Old Song* est couplé en medley avec *Reach Out l'If Be There* (*J'attendrai*).

Avec *Je te demande pardon*, *Te fatigue pas* et *Tu n'as pas toujours dis ça*, ce titre est dans le registre du « savon » que l'artiste passe à la gent féminine. Le texte s'adresse à une sorte de « *Désirée* » de la chanson de Gilbert Bécaud, ou encore « le chameau » qui se trémousse dans *Les remparts de Varsovie* de Jacques Brel.

1968

Ma fille

Claude François & Gilles Thibaut

7e 33 tours (1er 33 tours sous label Flèche), Philips/Flèche 844 800, décembre. 19e 45 tours, Philips/Flèche 424 551, janvier 1968. Arrangements de Reg Guest avec son orchestre.

Classé dans le hit-parade de SLC, n° 27 en février 1967.

Trois ans avant Claude François, la chanson est enregistrée, chacune de leur côté, par Nancy Holloway chez Decca, et en Belgique par Jenny Sirena sous le titre *Bye Bye*, sur des paroles de Georges Aber.

Adaptation de ***My Guy*** (Soul/Tamla Motown USA).

Ronnie White / Smokey Robinson

Version originale enregistrée par **Mary Wells** pour la Tamla Motow de Detroit pour les États-Unis en mars 1964 avec un classement en n° 2 en mai et pour l'Angleterre, chez Stateside, n° 6 en juin.

En juillet 1972, Mary Wells classera à nouveau son titre fétiche en Angleterre n° 14. La chanson, un hit/standard qui compte dans la galaxie Tamla Motown.

Discours sur l'acceptation d'une belle-fille dans la famille. Après quelques phrases de bon aloi, le couperet tombe lorsque le chanteur annonce son mariage avec une jeune femme qui apparemment est mal acceptée dans le milieu familial. Sur un ton « léger », le propos peut devenir dramatique, c'est pour cela qu'il vaut peut-être mieux le prendre ainsi, à la légère ; ce qui ne signifie pas que le narrateur/chanteur n'a pas conscience de la gravité intimiste, familiale et sociale du sujet.

Pas moins de 60 versions avec ce qui va vite devenir un grand classique de la Tamla. La première cover arrive très vite dès mai 1964 avec Marilyn Lee.

Ensuite, et principalement, se succèdent, pour ne citer qu'eux, Teresa Brewer en septembre 1964 ; Helene Shapiro tout comme Aretha Franklin la même année en novembre ; Claudine Longuet en 1967 ; Diana Ross and The Supremes and The Temptations en 1969 en couplant *My Guy / My Girl ;* Petula Clark en 1972 ; Joy White chez Jobete Music en 1975 ; Ami Stewart and Johnny Bristol en 1980 (cette version est couplée avec *My Girl* d'Otis Redding parce qu'il s'agit uniquement d'un duo et qu'ils s'amusent sur un passage harmonique pour aller sur un autre titre ; Dara Sedaka, la fille de Neil Sedaka en 1978 ; Sister Sledge en 1982 La Toya Jackson en 1995 ; Barbara McNair en 2003. Par les interprètes masculins qui ont repris ce titre, c'est bien sûr le vocable « Girl » qui remplace « Guy ». Parmi eux, du beau monde : The Temptations, Georgie Fame, The Rolling Stones, Tracey Ullman ; Sister Sledge en 1982. Le trio féminin Mari Wilson, Barb Jungr & Claire Martin reprend le titre en 2005 chez Linn Records pour l'album « Girls Talk ».

En 1963 la chanteuse Arielle chez Barclay adaptera de Mary Wells *You Beat Me To The Punch* avec *Tu m'as devancée*, et la même année Audrey Arno pour Salvador/Rigolo grave *Ce merveilleux garçon* que lui transcrit Maurice Pon d'après *The Sweetest Boy* ; en 1965, chez Barclay, la chanteuse Maïté emprunte à Mary Wells *Everlovin' Boy* qui devient chez elle *Nous comme on s'aime* sur un texte de Jacques Chaumelle.

1969

Où tu veux, quand tu veux

Jacques Plante

25e 45 tours, Philips/Flèche 424 556, avril. 9e 33 tours, Philips/Flèche 844 802, juillet. Pas d'arrangeur et de direction d'orchestre précisés.

Le groupe féminin québécois Les Coquettes n'avait attendu l'Artiste et en 1968 la formation enregistre chez Apex sa reprise avec *N'attends plus.*

Adaptation de ***I'm Gonna Make You Love Me*** (Soul/Tamla Motown USA).

Kenny Gamble & Jerry Ross / Jerry Williams

Version originale enregistrée par **Dee Dee Warwick** en 1966 pour Mercury Records. Jerry Butler en 1967 également chez Mercury.

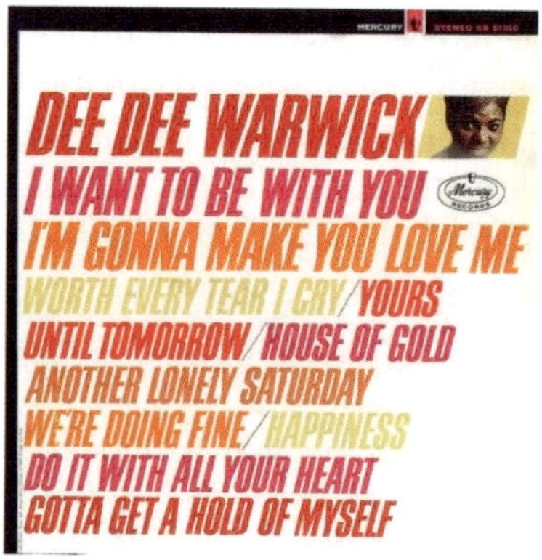

La chanteuse Madeline Bell, future Blue Mink, pour Philips en 1968 (voir *À part çà la vie est belle*) ; puis Diana Ross And The Supremes with The Temptations, pour Tamla Motown de Detroit en novembre 1968, classé aux États-Unis n° 16 en décembre, n° 2 en janvier 1969 et en Angleterre n° 8 en mars. The Temptations.

Avec les Supremes, les Four Tops ne sont jamais loin, et effectivement la chanson ne leur échappe pas. En novembre de la même année, Diana Ross et Eddie Kendricks effectuent ensemble une nouvelle séance avec, dans la même session, Otis William, bien sûr la Supreme Mary Wilson, Cindy Birdsong, Melvin Franklin, Paul Williams and Dennis Edwards avec les musiciens The Funk Brothers et The Detroit Symphony Orchestra. La même année, et comme il se doit…, les quatre Lennon Sisters enregistrent la chanson chez Mercury pour leur album « Lennon Sisters Today !! » 1968 encore avec l'Anglaise Dusty Springfield qui se voit offrir l'enregistrement de sa version chez Philips.

Dire que Claude François a du nez et du goût est faible eu égard à la liste impressionnante des artistes qui ont enregistré les originaux qu'il a su dénicher et dont il a su apprécier la valeur musicale et sut évaluer le potentiel commercial. Mais il y a de surcroît tous ces grands interprètes internationaux, et non des moindres, qui par dizaines ont également eu l'envie d'enregistrer l'œuvre à l'époque de l'original mais aussi, et on le voit avec ce titre de Claude François et avec bien d'autres, des années voire des décennies après l'enregistrement de l'original. On peut, et vraiment en dehors de la chance, d'histoire de contrat de droit avec telle ou telle firme ou producteur, etc., on peut parler aussi de génie ! Et c'est souvent le cas.

Pour cette reprise de ce standard de la soul made in Detroit, la liste s'allonge, qu'on en juge :

Nick DeCaro and Orchestre en 1969 ; The Chi-Lites en font autant la même année, tout comme The Lettermen sur leur album « I Have Dreamed » pour Capitol ; toujours en 1969 avec John Andrews Tartaglia ; Sonny Stitt sur son album « Come Ither » chez Solid State Records ; B.J. Thomas, Count Buffalo & The Jazz Rock Band ; Clodagh Rodgers chez RCA Victor pour son album « Rodgers & Heart ». En 1970 Diana Ross interprète le titre dans un duo historique avec Stevie Wonder à l'Hollywood Palace. 1970 toujours avec la formation Bill Deal & The Rhondels qui gravent le titre chez Heritage. Le 21 février 1971 Betty interprète la chanson dans le « Barbara McNair Show ». Margie Joseph et sa formation Blue Magic reprennent l'affaire en 1976 pour Atco un des labels d'Otis Redding. En 1978 la chanteuse Candi Staton met le morceau au menu de son album « House Love » chez Warner Bros ; Isaac Hayes (la légende et l'homme de Shaft), inscrit l'œuvre en 1981 sur son album « Lifetime Thing » chez Polydor ; Nancy Wilson la revisite à son tour en 1989. 1990, une surprise, Richard Carpenter (du duo anglais The Carpenters, voir *Hier est près de moi*) produit la séance au cours de laquelle la chanteuse québécoise Véronique Beliveau grave la chanson pour la firme A&M, un album aux rythmes très « enginers/électro » qui frôle les rythmes rap. Charlie Wilson adapte la chanson en 1992, suivi par Charles Christopher en duo avec Jane Eugene en 1993 chez Charisma Records, puis Céline Dion en 1995. 1998 voit au moins deux reprises, celle de Gladys Knights And The Pips et celle de l'acteur anglais Shane Richie ; le jeune chanteur Chris Trousdale avec les filles du groupe Play en 2002 chez Columbia font une séance très rythmée et vocalement superbe quoiqu'un peu trop sucrée/acidulée ; 2002 encore avec Benny Mardones sur son album « A Journey Through Time » chez Crazy Boy Record. En 2003 c'est au tour de Michael McDonald chez Motown, de East 4'h Homs, et de la jeune actrice Lucy Hale ; la chanteuse Mica Paris grave le titre en septembre 2005 ; Andy Abraham fait de même en novembre 2006 pour son album « Soul Man » chez Sony/BMG. En 2007 le groupe australien Human Nature qui travaille souvent aux États-Unis enregistre le standard pour son album « Get Ready » chez Sony/BMG/Columbia ; Enfin, en 2010, la formation soullatino, Pepe Marquez avec Rocky Padilla pour Cima Records, sont les derniers artistes en date à avoir effectué une reprise de ce standard. La chanteuse Elkie Brooks. The Gaturs & Willie Tee. Daryl Tookes. Au moins deux versions instrumentales avec Electric Concept Orchestra puis Brothers Of Hope.

Introduction avec une frappe de batterie qui lance des chœurs très américains, une section de cuivres au son enveloppé qui se marie avec l'alliance basse-batterie qui donne le beat, ce soul/rythm and blues est un des meilleurs de cette période en France par le biais d'une adaptation. À un moment donné, sur un « mini-pont », les chœurs féminins se mettent à parler brièvement d'une voix un peu éraillée qui apporte dans le climat une touche d'érotisme qui relance la voix cassée de l'idole. Le texte fait dire au chanteur qu'il suivra la belle où elle veut et quand elle veut quand elle lui fait comprendre qu'elle s'ennuie dans un pays où il ne fait jamais beau et que les jours lui pèsent, monotones. Ce petit « opéra soul/rythm and blues » a un charme fou.

En 1964 pour Columbia/Pathé Ria Bartok avait, avant Claude François, puisé dans le répertoire de la chanteuse soul Dee Dee Warwick avec son enregistrement de *Ne m'appelle plus jamais* d'après *Don't Call Me Anymore*. La même année 64 c'est la chanteuse Peggy chez Columbia qui enregistre *Rechercher pour…* que transcrivent Gérard Bourgeois et Jean-Max *Rivière* d'après *You're No Good* ; toujours en 64 avec une autre reprise du même titre par le groupe français Les Keltons pour AZ dans la même thématique avec *Au nom de la loi* sur un texte des mêmes Gérard Bourgeois et Jean-Max Rivière ; et en 1966 c'est au tour de Pussy Cat (alias Evelyne Courtois dans une production de Gérard Hugé) chez RCA avec *Mais pourquoi…* sur, décidément un texte des mêmes Bourgeois et Rivière toujours d'après *You're No Good* de Dee Dee Warwick.

Cherche

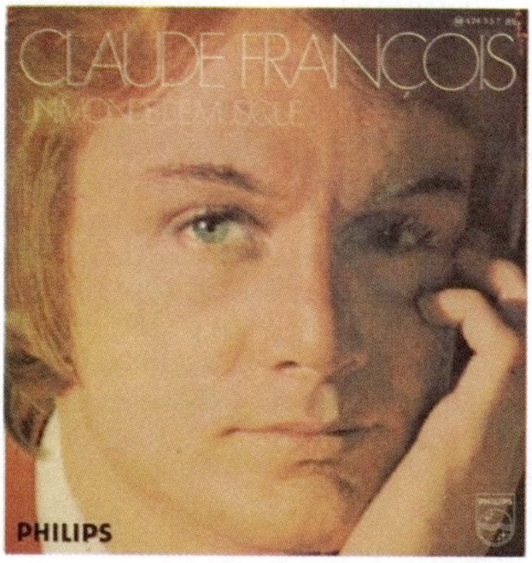

Vline Buggy & Claude François

Claude François. 26e 45 tours, Philips/Flèche 424 557, juillet. 9e 33 tours, Philips/Flèche 844 802, juillet. 11e 33 tours, Philips/Flèche 844 804, « Claude François à l'Olympia », décembre 1969. 20e 33 tours, Flèche 6325 677, « Claude François sur scène », avril 1974. 23e 33 tours, Flèche 6325 683, « Claude François sur scène. Été 75 », octobre 1975. Pas d'arrangeur et de direction d'orchestre précisés. Enregistré au Québec par la chanteuse Jenny Rock sous le titre *Je veux savoir* chez Apex en 1968.

Version italienne 1969, *Sono Qualcuno* sur des paroles italiennes de Pallesi & Ingrosso, 45 tours Flèche SIF NP. 78007.

Adaptation de ***Show Me*** (Rythm and Blues/Southern Soul).

Joe Tex

Version originale enregistrée par **Joe Tex** en 1967 pour Atlantic.

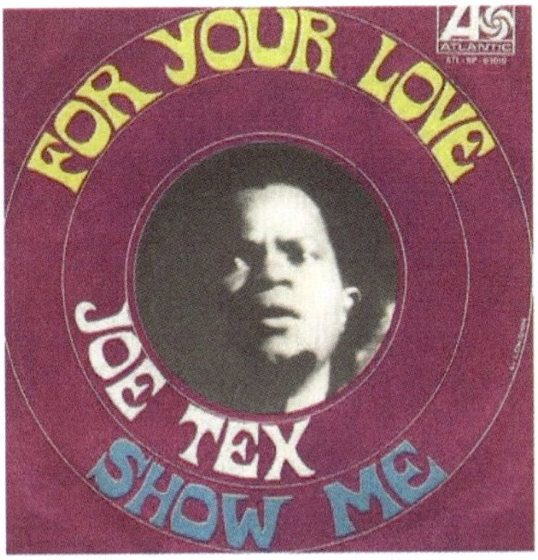

Né à Bâton Rouge en Louisiane, Joe Tex a débuté en 1955 chez King, la même maison de disques que James Brown. « Soutier » remarquable de la Southern Soul, une crise cardiaque l'enlève à ce monde en 1982. Lors de la réédition du titre en 1969, il était mentionné sur le 45 Atlantic 650 046, en dessous du titre « Show Me » écrit en gros : version originale de « Cherche » ; les pressages français ne perdaient pas le nord. Mais comment à l'époque pensaient-ils concilier ceux qui allaient acheter un disque de Joe Tex et ceux qui allaient acheter un disque de Claude François ? Apparemment, et sous toute réserve, je ne me souviens pas que le public qui écoutait et achetait du rythm and blues avec Otis Redding, Wilson Pickett, Arthur Conley, Aretha Franklin, James Brown et compagnie, aurait daigné écouter et/ou acheter du Claude François. Les pressages français avaient le moral ! Mais peut-être qu'il ne leur avait pas échappé que l'idole Claude François était à fond et apte à la soul music, peut-être qu'ils se disaient que le public pouvait deviner des choses, avoir du goût, écarteler les ornières et se débarrasser des idées reçues. Invétérés optimistes, chapeau quand même ! Mais depuis, ça a bien changé et il n'est pas sûr de nos jours qu'un raisonnement de cette nature soit susceptible de poindre à l'horizon…

Show Me est très vite repris par le groupe anglais The Foundations chez Pye en 1967. Le titre est également enregistré par Dexy's Midnight Runners ; Marvin Sease ; The Tremoloes. L'Australien Jimmy Barnes en 1991 sur son album « Soul Deep » chez Mushroom Records. Andrew Strong en 1992. Après des débuts avec des 33 tours d'excellentes adaptations de rythme and blues, Herbert Léonard revient à ses sources musicales favorites et enregistre *Show Me*, en anglais, sur l'album « Demi-tour » en 2014 pour Wagram. En cette fin de décennis des sixties, quelques artistes français en plus de Claude François et Herbert Léonard effectuèrent de très bonnes covers de rythme and blues et de soul ainsi de Johnny

Hallyday, Dick Rivers, Eddy Mitchell et Gil Now. On pouvait alors entendre en français Otis Redding, Arthur Conley, The Four Tops, Ben E. King, Ike and Tina Turner, Dean Parrish, Wilson Pickett, Marvin Gaye, Ray Charles, Sam Cooke, Stevie Wonder, Sam and Dave et bien d'autres. Ce titre nerveux, à la couleur soul/blues très marquée, a beaucoup servi à l'idole en ouverture de scène, histoire d'installer le climat. Une section de cuivre très solide, des petites phrases aigues mais discrètes de guitare entre les phrases, une basse et une batterie très complices qui marquent durement le tempo mais aussi le ton général font de ce titre une des meilleures reprises du répertoire de Claude François. Les phrases de la section de cuivre à la fin du titre ponctuent bien le propos en mettant un pêchu point final par quelques mesures en solo. Cette chanson ne donne pas d'illusions en amour. Si c'est une fille, ne cherchez pas c'est pour l'argent, si c'est un garçon ne cherchez pas non plus il sera trop égoïste, si c'est les deux, faut pas chercher non plus, ça n'existe pas, et de dire, en fin de programme, à la lumière de ces augustes considérations, que le mariage est donc exclu de ses projets. C'est peut-être la chanson qui le dit mais, depuis son divorce et sa douloureuse séparation avec Janet l'Anglaise, l'artiste ne s'était jamais remarié.

Le chanteur français de rythm' and blues, en la personne de Vigon, l'Otis Redding-James Brown-Wilson Pickett-Arthur Conley français à lui tout seul, originaire du Maroc, inscrivit à son subtil et talentueux répertoire un titre de Joe Tex avec *Hold On What You're Got* qui devint *Un petit ange noir*. De son côté, c'est Johnny Hallyday qui est venu se fournir aux bonnes sources et à l'écoute de *You Better Believe It Baby* il enregistre *Pourquoi as-tu peur de la vie ?* sur un texte de Georges Aber. Lorsqu'on écoute la reprise de Claude François et celle d'Hallyday, donc deux chansons de Joe Tex, on remarque immédiatement les similitudes du son et des harmonies à savoir la structure basse-batterie et les arrangements en « déco ». Les deux séances peuvent être quasiment interchangeables à tel point que si les introductions des deux titres étaient interverties par un farceur de passage, on n'y verrait que du feu, c'est du pareil au même. Seules changent les lignes mélodiques respectives et bien entendu les textes (américain comme français). Mais ce n'est pas tout car le plus insolite, et étonnant, ce sont les deux autres artistes français qui ont repris un titre de Joe Tex car ça n'est pas leur univers habituel. Il s'agit de Pierre Vassiliu qui, sur son album « Ivanohé » chez Decca en 1965 enregistre *La Famille fainéant* reprise de *I'm Not Going To Work* ; pour l'autre interprète, il s'agit ni plus ni moins de Willy Lewis (ex-batteur des Champions, des Chats Sauvages et des Gambler's, orchestre où « battait » l'idole à Monte Carlo avant de « monter » à Paris) qui, avec *Je suis relax*, adapte de Joe Tex *You Got What It Take* dans la même maison de disques au cours d'une séance dont la production est alors confiée à… Pierre Vassiliu !

Tout éclate, tout explose

Jacques Plante

27e 45 tours, Philips/Flèche 424 558, octobre. 10e 33 tours, Philips/Flèche 844 803, novembre. 11e 33 tours, Philips/Flèche 844 804, « Claude François à l'Olympia », décembre 1969. Pas d'arrangeur et de direction d'orchestre précisés.

1re entrée dans le hit-parade de SLC, n° 16 en octobre 1969, n° 6 en décembre 1969 et en janvier 1970.

Adaptation de ***Love Explosion*** (Soul américaine).

George Kerr / Gerald Harris

Version originale enregistrée par **Troy Keyes**, pour ABC en 1968 et re-issue en juin 1969 chez Stateside.

Ce chanteur de rythm and blues avait commencé chez Atco, une des maisons de disques d'Otis Redding ; Claude François connaît les « fournisseurs » haut de gamme…

Très dans le sens du vent de l'époque (69, année érotique), le texte exhorte à l'amour libre, à la libération des mœurs et des sens sur un rythme de soul saccadé pour ne pas dire endiablé. Un des titres phares de l'Olympia 1969. En cette année « gainsbourienne érotique », un an et quelques mois après Mai 68, l'idole décrète l'amour libre et notamment à l'Olympia, où le titre lui donne l'occasion de nager dans l'ivresse blues/soul déchaînée. La libération des mœurs déployée ici par le biais de cette chanson prend corps dans une dimension réfléchie, intelligente et en même temps instinctive qui rend le texte aussi solide que cette partition californienne. Ce texte joue sur deux niveaux, celui du corps qui s'enfièvre et, plus généralement, celui du corps social qui s'échauffe, l'un ou l'autre se contaminant d'une commune ferveur, d'une nouvelle rage de vivre qui annonce le renouveau avec des seventies qui finalement n'aboutiront en fin de course qu'à une forme de music/explosion/glamour qui aura bien quitté la soul de Troy Keyes et ses contemporains comme Joe Tex et Cie.

1971

Aime-moi ou quitte-moi

Michèle Vendôme

15e 33 tours, Flèche 6442 003, novembre. N'existe pas en 45 tours original. Arrangements et direction d'orchestre de Hervé Roy.

Adaptation de ***Surrender*** (Soul/Rock/Tamla Motown, États-Unis).

Nickolas Ashford / Valerie Simpson

Version originale enregistrée par **Diana Ross**, pour la Tamla Motow de Detroit, en 1971, n° 20 en novembre 1971 en Angleterre, classé très loin aux États-Unis.

Diana Ernestine Earle, de son vrai nom, Diana Ross voit le jour en 1944, à Detroit, où elle prendra racine artistiquement. Elle forme avec ses copines The Primettes qui, l'année suivante, deviendront les célèbres Supremes. Dès 1967, Diana se distingue tellement de ses consœurs que la formation est rebaptisée Diana Ross & The Supremes.

On se souviendra de cette émission du 3 février 1968 à la télévision, encore O.R.T.F., enregistrée au célèbre studio 102 de la maison de la Radio ; Claude François y reçoit alors les Supremes qui, après un medley en direct/sans play back de quelques titres suivi d'un entretien avec l'artiste et d'un autre medley, ont interprété toujours en direct/sans play-back leur fameux *Reach Out I'll Be There* ; aussitôt, et de manière spontanée, quasi improvisée dans la foulée et bien entendu sans play back, Claude François entame un endiablé à souhait de sa reprise du titre précité, *J'attendrai*. De la soul en direct à l'O.R.T.F. en 1968, plus de trois mois avant Mai... Et tout ceci, grâce au réalisateur mythique et toujours en avance sur son temps, le regretté Jean-Pierre Spiero. À l'époque chez ce qu'on appelait alors les « grosses vedettes », ils furent bien rares ceux qui se sont aventurés dans ce genre de prestation... Pour cela, il faut voir du côté de Vince Taylor, Ronnie Bird et quelques autres francs-tireurs du pop-rock français (ou francisé) qui n'avaient pas froid aux yeux. En clair, Claude François, artiste décrié par l'intelligentsia et les « rockeurs-purs-et-durs » très hostiles, avait fort à faire (et a parfois encore...) face à ceux qui ont de la m... dans les yeux et les oreilles ! Par la suite, Diana Ross entamera à l'aube des années 70 une brillante carrière solo.

Pour les reprises françaises du répertoire de Diana Ross en solo on comptera notamment en 1976 chez Barclay sur l'album « Le ciel est ici » le très beau *En courant* de Nicole Rieu d'après *Do You Know Where You're Going To ?* que Sylvie Vartan reprend en anglais en 1976 ; et celle de la Québécoise Michèle Richard dans *À l'envers* issu de *Upside Down*. Reprise française bien saccadée et énergique. Avec, en gros, le même climat musical que l'original de l'ancienne chanteuse des Supremes. Le texte français, masculin donc, exige d'une femme le tout ou rien. Pas de demi-mesures. Il se trouve que l'interprète, sur un ton péremptoire et sans appel, préfère être aimé plutôt que quitté.

Stop au nom de l'amour

Eddy Marnay

15e 33 tours, Flèche 6442 003, novembre 1971. 36e 45 tours Flèche 6061 164, mars 1972. Arrangements et direction d'orchestre de Raymond Donnez. 20e 33 tours, Flèche 6325 677, « Claude François sur scène », avril 1974. 23e 33 tours, Flèche 6325 683, « Claude François sur scène. Été 75 », octobre 1975. 30e 33 tours, Flèche/Carrère 67 235/6, « Souvenir 78. Claude François en public », avril 1978.

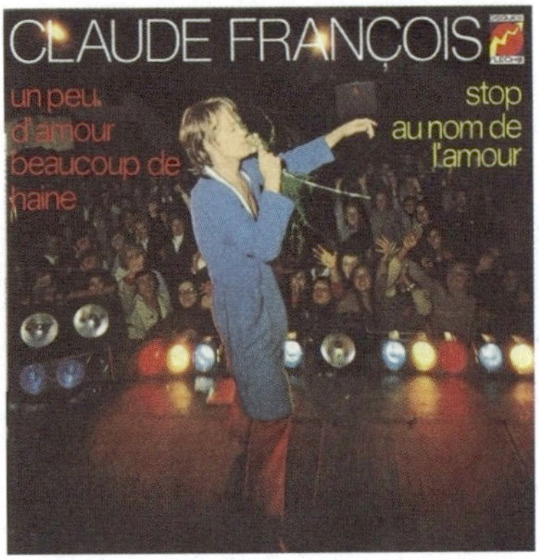

Également enregistré par Michael Bolton avec le même titre et texte que Claude François. Chez Ducretet-Thomson en 1966 par le groupe féminin les Fizz, avec un titre différent, sur des paroles de Frank Gérald, *Stop, tu n'as plus le droit*. La même année chez Choc, Marthe Fleurant effectue une reprise au Québec avec titre et texte différents, *Pense à notre amour*.

En 2003, dans le CD conçu par Béatrice Ardisson, « Cloclomania », on peut écouter la version du groupe Bang Gang.

Adaptation de ***Stop In The Name Of Love*** *(Soul/Tamla Motown USA).*

Brian Holland & Lamont Dozier / Eddie Holland

Version originale enregistrée par **The Supremes**, pour la Tamla Motown de Detroit en 1965.

Puis The Temptations And The Four Tops, Diana Ross And The Supremes, Diana Ross (seule). Puis par Johnny Rivers, Shalamar, Detroit Spinners, The Hollies, Margie Joseph en 1970 chez Volt/Fantasy ; Kim Weston, Barbara

Dickson, Bobby Barth, Alyn Ainsworth, Gloria Gaynor ; Derek & The Diamonds chez Delarc sur l'album « Dancin' In The Street » en 1989 ; le groupe canadien de Vancouver, Bobby Taylor & The Vancouvers, reprend la chanson en 1994 sur son album « A Tribute To Holland-Dozier-Holland » autrement dit, un album hommage aux auteurs/compositeurs de la Tamla Motown qui ont fait quasiment tout pour les Four Tops et les Supremes ; Sheila s'offre le titre sur la scène de l'Olympia en 2002 ; Bang Gang en 2003 chez Recall sur leur album « Something Wrong ». En 2005, sur son album « Human Nature Motown I » pour Sony/BMG Entertainment, The Human Nature, groupe australien qui œuvra beaucoup aux États-Unis enregistre une des dernières versions en date de ce classique de la Motown. Le Français Gilbert Montagné enregistre une version en anglais chez Odéon sur l'album « Get Ready ». Novembre 2014 voit arriver la version de Bette Midler sur son album « It's The Girls ! » le disque sort le 4 du mois aux États-Unis et le 17 en Angleterre. En 2006, le Français Gilbert Montagné enregistre une version dans la langue de McCartney chez Odéon

L'introduction bizarre, mais innovante, en bidouillant un synthétiseur de l'époque avec à la fin de cette phase introductive un « Stop » est connue hors du contexte de la chanson elle-même. Le gimmick a été utilisé de nombreuses années pour illustrer une émission de radio célèbre avec son contraire, « Encore », venant de la chanson de Jacques Dutronc *Les Play-Boys*. Sinon, ça peut ressembler à la thématique de *Celui qui reste*. L'idole est délaissée, un titre de « martyr de l'amour » ; une idole ça doit briller mais aussi, souffrir, être plainte, être martyrisée pour, dans son réceptacle mystérieux, et peut-être doré, attirer la compassion.

C'est la même chanson

Claude François & Colette Rivat

32e 45 tours, Flèche, 6061 175, mai. 14e 33 tours, Flèche 6442 001, juin. Arrangements et direction d'orchestre de Henry Cosby de la Tamla Motow et ses musiciens. 20e 33 tours, Flèche 6325 677, « Claude François sur scène », avril 1974. 23e 33 tours, Flèche 6325 683, « Claude François sur scène. Été 75 », octobre 1975. 30e 33 tours, Flèche/Carrère 67 235/6, « Souvenir 78. Claude François en public », avril 1978. Ce titre paraît sur le véritable premier 45 tours à deux titres. Le principe sera désormais définitif, sauf pour les deux 45 tours de septembre 1971 pour les enfants, « Le Monde extraordinaire de Claude François » dont le 33 tours (n° 9) de novembre 1970 réunissait tous les titres. Ceux-ci seront détaillés sur les 45 tours de mai 1971 (n° 33 et 34).

En 1967 Sylvie Vartan avait déjà enregistré la chanson chez RCA sous le titre de *Moi je danse*, sur des paroles de Georges

Aber. Par François Valéry, même titre et même texte que la version de Claude François en 1989 pour Franceval ; puis par Mickaël chez Dancepool sytle euro-house-disco. En 1998 par Dave chez Atlas sur « Ils chantent Claude François ».

1re entrée dans le hit-parade de SLC n° 7 en mai 1971 puis n° 9 en septembre et en octobre.

Adaptation de ***It's The Same Old Song*** (Soul Music/Tamla Motown USA).

Brian Holland & Lamont Dozier / Eddie Holland

Version originale enregistrée par **The Four Tops**, pour la Tamla Motown de Detroit en août 1965 ; classé n° 6 en août aux États-Unis et n° 34 en Angleterre.

Ce classique de la Motown a ensuite été repris par de nombreux artistes dont The Supremes ; Pussy Cat ; le groupe néerlandais The Motions en 1966 sur le label Havoc ; Bobby Vee en 1968 sur l'album « Do What You Gotta Do » chez Liberty ; Joe Stubbs ; Lamont Dozier lui-même en tant qu'artiste solo ; The Alan Caddy Orchestra & Singers en 1971 ; Shalamar ; Jive Bunny And The Maxtermixers ; Cherry Wilde ; KC & The Sunshine Band ; Weathermen ; Johnny Rivers ; *Third World* (version reggae en 1989) ; David Wilcox ; Delroy Wilson en 1995. En 2006, Gilbert Montagné enregistre une version anglaise chez Odéon pour son album « Get Ready ». En 2007, les Australiens du groupe The Human Nature, qui oeuvre aussi au pays de la Tamla Motown, enregistrent le classique pour Sony/BMG/Columbia sur leur album « Ger Ready » ; la même année chez Decca on peut écouter la version du trio Boyz II Men sur le CD « Motown Histville USA » dans laquelle *It's The Same Old Song* est couplé en medley avec *Reach Out I'll Be There* (*J'attendrai*).

L'introduction, à la basse très grasse rejointe par un obscur trombone dans les mesures qui suivent, est marquante et annonce immédiatement la couleur soul du titre. Le reste, qui tient la route très solidement, avec l'alliance basse-batterie affirmée avec force, est le lead du morceau. La mélodie peut appeler une forme de dérision un peu chagrinée. La chanson devient une possibilité de plainte, un prétexte pour exprimer avec recul une séparation en parlant d'une chanson susceptible de rappeler certains moments clés de la liaison. Pour ce thème, voir le titre *Soudain il ne reste qu'une chanson*. Comme pour *Bernadette* et *Réveille-moi*, ce titre a été enregistré dans le Michigan à Detroit, dans les studios de la Tamla Motown de Berry Gordy, avec les musiciens de la même maison. Ces séances ont été produites par Henry Cosby, cosignataire du *I Was Made To Love Her* de Stevie Wonder, repris par l'artiste en un énergique *Rien rien rien*.

Bernadette

Claude François

14e 33 tours, Flèche 6442 001, juin. N'existe pas en 45 tours original. Arrangements et direction d'orchestre de H. Cosby de la Tamla Motown et ses musiciens.

Adaptation de ***Bernadette*** (Soul/Tamla Motown USA).

Brian Holland & Lamont Dozier / Eddie Holland

Version originale enregistrée par **The Four Tops** pour la Tamla Motown de Detroit en février 1967 ; classé n° 4 en avril aux États-Unis. The Four Tops sont composés de Renaldo Benson, Abdul Fakir, Laurence Payton ; leur voix unique et qu'on identifie immédiatement s'incarnant en la personne de Levy Stubbs.

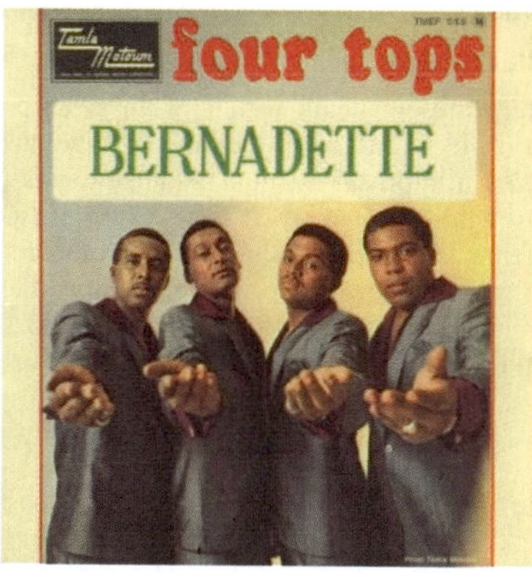

Titre soul très solide où les harmoniques, servies par une orchestration à toute épreuve, font un véritable feu d'artifice. Les paroles protestent contre une dénommée Bernadette qui largue monsieur ; sur cette musique, le morceau prend un relief que la banalité du texte ne lui aurait jamais conféré. Comme pour *C'est la même chanson* et *Réveille-moi*, ce titre a été enregistré dans le Michigan aux États-Unis à Detroit, dans les studios de la Tamla Motown de Berry Gordy avec les musiciens de la même maison.

Les studios de la Tamla Motown de Berry Gordy étaient une véritable usine à tubes. Dans de petites cabines, Gordy réunissait des musiciens après avoir étudié/évalué le cocktail et le potentiel de créativité qu'ils pouvaient apporter… Ils n'avaient guère le droit de mettre le nez dehors tant qu'ils n'avaient pas véritablement terminé une chanson susceptible de plaire au boss et de devenir un hit. Ils venaient donc montrer leur travail une fois que la chanson était considérée comme achevée et prête pour la vente. Ces musiciens ne voyaient pour ainsi dire jamais les artistes qui allaient un jour poser leur voix sur leurs travaux. Lorsque Claude François est venu enregistrer à Detroit, il a eu l'évidente courtoisie, doublée d'une légitime curiosité, de rencontrer ces « fabuleuses pointures, ces fabuleux « musicos » de la Motown qui faisaient rêver les musiciens français de bon goût… Bien lui en prit, ces musiciens étaient épatés et contents : ils voyaient enfin en chair et en os un interprète qui allait chanter sur leur travail, ça ne leur était jamais arrivé, dirent-ils plus tard, qu'un chanteur viennent les voir dans leurs cabines pour causer avec eux réellement, totalement Musique… comme en Égypte quand le jeune Claude allait voir, écouter, causer et jouer sur les peaux tendues des ruelles…

De nombreux interprètes français sont très inspirés par l'écurie de Berry Gordy ainsi le poulain d'Henri Salvador, Jackie Moulière, avec *Lam 'di lam'* chez Salvador/Philips en 1963, alla puiser avant Claude François chez le groupe phare de Detroit en reprenant *Mickey's Monkey* de Smokey Robinson and The Miracles, morceau signé par le trio… Brian Holland, Lamont Dozier, Eddie Holland. Les Fizz de Daniel Licari, en plus de leur reprise de *Stop In The Name Of Love* (voir *Stop au nom de l'amour*) en *Stop, tu n'as plus le droit*, gravent sur le même 45 tours de 1966 chez Ducretet-Thomson *Toute ma vie* d'après de *Ooo Baby* des Miracles.

Réveille-moi

Claude François

14e 33 tours, Flèche 6442 001, juin 1971. N'existe pas en 45 tours original. Arrangements et direction d'orchestre de Henry Cosby de la Tamla Motown et ses musiciens.

Adaptation de ***Shake Me, Wake Me*** (Soul/Tamla Motown USA).

Brian Holland & Lamont Dozier / Eddie Holland

Version originale enregistrée par **The Four Tops** en 1966 pour la Tamla Motown.

The Supremes la même année sur leur album « The Supremes A' Go-Go », même label. Barbra Streisand reprend la chanson en 1975 sur son album « Lazy Afternoon » pour la Columbia. Amy Holland en 1983 pour l'album « I Hang On You Every Word » chez Capitol. Le groupe canadien de Vancouver Bobby Taylor & The Vancouvers en 1994 sur son album « A Tribute To Holland-Dozier-Holland » autrement dit, un album hommage aux auteurs/compositeurs de la Tamla Motown qui ont fait quasiment tout pour les Four Tops et les Supremes.

Bien musique soul comme il faut, cette reprise évoque un couple qui vit dans un immeuble où les murs, mal isolés, laissent entendre le bruit, les mots des voisins. Ici, l'homme ne veut pas que ceux-ci sachent qu'ils se disputent et qu'elle va peut-être le quitter. Voir *Les Choses de la maison, Fais comme si, Même si demain* et, dans une moindre mesure, *Plus rien qu'une adresse en commun*. Sur le refrain, voulant être sûr de vivre un cauchemar, il demande à la femme de le réveiller afin de se sentir mieux. C'est le « gros » son Tamla, bien gras, très soul ; bref, de la musique en somme… Des « tapis » discrets de cordes cuivrées enveloppent la supplique du refrain. Sur le couplet, la batterie et la basse appuient véhémentement le propos qui apparaît sur une voix bien éraillée/déchirée comme il faut. Du grand art.

1972

Combien de rivières

Eddy Marnay

15e 33 tours, Flèche 6442 003, novembre. N'existe pas en 45 tours original. Arrangements et orchestre d'Hervé Roy. En 1969 chez La Compagnie, la chanteuse Tina (Banon, ex-Malika) avait déjà effectué une version de ce titre avec l'excellent *Comme le fleuve aime la mer*, sur des paroles d'André Salvet.

Adaptation de ***River Deep, Mountain High*** (Production « spectorienne » américaine).

Jeff Barry / Ellie Greenwich & Phil Spector

Version originale enregistrée par **Ike And Tina Turner** en mai 1966 chez London Records.

Le célèbre duo infernal, pour le compte de la firme London classent le titre n° 2 en juillet en Angleterre chez Pye. Chez London records en 1967 ; A&M records en 1969 (jusqu'en 1975 pour A&M).

Puis par Bob Seger ; The Four Tops ; Bobby Doyle ; Leslie Uggams en 1968 chez Atlantic ; Tina Turner (seule) ; The Easybeats (groupe australien qui créa le célèbre *Friday On My mind*, un mythique *Vendredi m'obsède* pour Éric Saint-Laurent mais aussi, et plus confidentiellement, par le remplaçant de Dick Rivers dans les Chats Sauvages, Michel Simmonet (alias Mike Shannon) ; Eric Burdon and the Animals ; The Supremes ; Harry Nilsson ; Louis Clark ; Billy Deal And The Rondhells ; Niel Diamond ; Épisode Six ; The Last Heard ; The Four Tops and The Supremes ; Flamin' Groovies en 1981 pour Underdog ; l'Australien Jimmy Barnes en 1991 sur son album « Soul Deep » chez Mushroom Records ; encore de l'Australie avec le groupe The Human Nature, qui œuvre aussi aux États-Unis, sur leur album « Get Ready » en 2007 pour le compte de Sony/BMG/Columbia. En France, et trois fois ne sont pas coutume, toute la fureur et la majesté unique des orchestrations spectoriennes se retrouvent ici comme elles se retrouvent avec plus de classe en 1963 dans le *Et je m'en vais* de Richard Anthony d'après *Then He Kissed Me* des Crystals et dans la version de Tina du présent titre.

Première et dernière « intrusion » dans le répertoire de Claude François du « Mur de son » cher au grand cuisinier américain des studios, le Maître Phil Spector. Ce fameux « mur » consistait, pour Spector, à installer derrière une mélodie pop/rock efficace un maximum de cordes, de trombones, de saxophones, de trompettes, et de percussions derrière la structure rock de base, à savoir guitare, basse, batterie. Une fois l'orchestre quasi-symphonique installé, Spector poussait son mur à fond et l'ensemble prenait une allure majestueuse, parfois ravageuse dans une tornade symphonique étourdissante. Il s'agit ici, pour l'artiste, de défier les métaphores que symbolisent les rivières profondes et les hautes montagnes, « toutes les Angleterres et routes les Espagnes » pour arriver auprès de celle qui le hante. Connotations héroïques pour atteindre une citadelle imprenable qu'est une femme désirée donc inaccessible. Normal, tout va bien, c'est du Claude François pur jus. Les riffs de guitare sont excellents et n'ont rien à envier à des riffs issus des séances d'enregistrements d'outre-Atlantique et/ou d'outre-Manche par les musiciens du cru.

Mais c'est différent déjà

Eddy Marnay

16e 33 tours, Flèche 6450 501, juin. N'existe pas en 45 tours original. Arrangements et direction d'orchestre.

Sylvie Vartan effectua une reprise du titre cinq ans avant, en 1967, chez RCA sous le titre de *Je n'ai pas pu résister* sur un texte de Georges Aber. Michael Bolton avec le même titre et texte que Claude François. Toujours 1967, le groupe féminin du Québec, Les Ingénues, revisite la chanson à sa manière dans *Tu me gardes en suspens*. Et comme au Québec rien ne les arrête, en 1968 et en signant le texte, Bruce Huard effectue une nouvelle version avec *Laisse-moi*.

Adaptation de ***You Keep Me Hanging*** On (Soul/Tamla Motown USA).

Brian Holland & Lamont Dozier / Eddie Rolland

Version originale enregistrée par **The Supremes**, pour la Tamla Motown de Detroit, en novembre 1966 ; classé aux États-Unis n° 5 en novembre et en décembre ; n° 14 en décembre et en janvier 1967 en Angleterre.

Et bien entendu, par The Four Tops.

Également enregistré par Wilson Pickett en 1970 sur l'album « Right On » chez Atlantic. Cliff Richard ; Lisa Stansfield, Mac Kinssonn ; Esther Galil en 1975 chez Barclay ; Tom Jones, Rod Stewart ; Kim Wilde ; Roni Hill (Medley with *Stop In The Name of Love*), Vanilla Fudge ; James Last ; Jackie De Shannon en 1979 sur son album « To Be Pree » chez Imperial ; Barbara Dickson. Diana Ross (seule), Joe Simon. Mary McCaslin, Booker T. & The M.G.S ; The Guess Who, le combo anglo-canadien à l'origine de *Miss Felicity Gray*. Le groupe canadien de Vancouver, Bobby Taylor & The Vancouvers, reprend le titre en 1994 sur son album « A Tribute To Holland-Dozier-Holland » autrement dit, un album hommage aux auteurs/compositeurs de la Tamla Motown qui ont fait quasiment tout pour les Four Tops et les Supremes. Deux reprises en 2005 avec, sur leur album « Human Nature Motown I » pour Sony/BMG Emertainment, The Human Nature, groupe australien qui œuvra beaucoup aux États-Unis, et le trio féminin Mari Wilson, Barb Jungr & Claire Martin chez Linn Records pour l'album « Girls Talk ». Le Français Gilbert Montagné enregistre une version dans la langue de McCartney chez Odéon sur l'album « Get Ready ».

Une liaison s'étiole, tout devient différent. Enveloppé dans de la soul pur jus de la Tamla ça passe mieux pour le moral. Sur le thème du temps qui passe, des amis qu'on perd de vue, des amours qui s'effilochent, d'un monde qui plie devant un avenir incertain. C'est bien vu et très juste.

De nombreux artistes français firent leurs emplettes chez les Supremes. La chanteuse Marianne Mille devance de plus de deux années Claude François avant qu'il commence à jeter son dévolu sur les productions de la Tamla Motown et adapte dès 1964 le tube des Supremes *Where Did Our Love Go* qui chez elle devient *Pourquoi est-il parti*. En 1965 Annie Philippe s'approprie chez Riviera *Baby Love* (*Baby Love*) et, la même année, Katty Line chez Barclay sur des paroles de Claude Righi adapte *Back In My Arms Again* pour *N'hésite pas quand l'amour t'appelle*, titre transformé au Québec par le groupe féminin Les Coquettes chez Ideal en 1966 avec *La première fois* ; la chanson est reprise par le groupe féminin québécois Les Milady's qui la transforme en *Donne-moi ton amour* en 1966 ; une nouvelle adaptation de *Where Did Our Love Go* sera effectuée en 1984 par la chanteuse française Corinne Sinclair pour RCA Victor sous le titre de *Johnny Johnny* morceau que reprend neuf ans plus tard en 1993 la Belge Sandra Kim en enregistrant sa version *Qu'est-ce que tu fais ce soir ?* En 1967 la Québécoise Michèle Richard enregistre *Le Happening* (*The Happening*) dont il existe la même année une autre version sous le même titre avec à nouveau Les Milady's ; la même année Michèle Richard revisite le hit des Suprêmes *Come See About Me* dans *Quand tu reviendras* chez Trans-Canada sur « Miss Radio-TV'67 » et Nanette Workman en fera autant avec *Quand je reviendrai* chez Canusa sur « Je me rétracte » en 1967 ; enfin, très proche de Claude François puisqu'elle deviendra les futures Fléchettes, la formation féminine Les Op'4, chez Decca en 1967, à son tour ne passe pas à côté de *Come See About Me*, qui devient *Ils sont si gentils*. On attendait moins Frank Alamo chez Barclay en 1964 avec *J'ai envie de chanter* d'après *When The Lovelight Shining Throught His Eyes*, comme le fera Richard Anthony chez Pathé en 1967 dans *Ne t'en fais pas pour moi*. Toujours en 1967 l'équivalent féminin au Québec, Les Ingénues, emprunte *L'Amour reste* issue de *Love Is Here And Now You're Gone*.

Une fille et des fleurs

Jean Schmitt

17e 33 tours, Flèche 6450 502, décembre. 40e 45 tours, Flèche 6061 168, février 1973.

Également enregistré par les Surfs en 1967 pour Festival sous le titre *C'est grâce à toi*, sur un texte de Hubert Hitier et au Québec en 1968 par le groupe féminin Les Beatlettes chez Première.

Adaptation de ***You Can't Hurry Love*** (Soul/Tamla Motown USA).

Brian Holland & Lamont Dozier / Eddie Holland

Version originale enregistrée par **The Supremes**, pour la Tamla Motown de Detroit en septembre 1966 ; classé n° 1 aux États-Unis le même mois tout comme pour l'Angleterre avec la 16e place qui se transformera en n° 5 en octobre.

Puis par The Four Tops ; The Stray Cats ; Alyn Ainsworth ; Louis Clark ; Diana Ross (seule) ; James Last ; Mélanie ; le John Schroeder Orchestra ; Barbara Randolph. Le groupe australien

Human Nature, qui œuvre aussi aux États-Unis, reprend ce classique de la Motown en 2006 sur son album « Human Nature Motown II Dancing ln The Street » pour le consorsium Sony/BMG/Columbia ; The Re-Bops.

C'est la reprise de Phil Collins, pour le compte de la maison anglaise Virgin qui relance ce standard de la Motown et le fait connaître aux oreilles des nouvelles générations ; la version de Phil Collins se classera en n° 17 en décembre 1982 en Angleterre donc, puis n° 1 dans le même pays en janvier 1983 ; cette chanson n'atteindra que la 15e place le même mois aux États-Unis pour la firme Atlantic. Derek & The Diamonds chez Delarc sur l'album « Dancin' ln The Street » en 1989 ; les Canadiens de Vancouver, Bobby Taylor & The Vancouvers, reprennent la chanson en 1994 sur leur album « A Tribu te To Holland Dozier-Holland » autrement dit, un album hommage aux auteurs/compositeurs de la Tamla Motown qui ont fait quasiment tout pour les Four Tops et les Supremes ; et la même année 1994 la chanson est reprise au Japon par Nadia Gifford chez Fun House.

Comme certaines autres reprises de la Tamla Motown par Claude François, ce titre a été enregistré plusieurs années – entre six et sept ans – après la sortie du disque de ou des interprètes originaux, on en a l'exemple avec *Bernadette*, *C'est la même chanson*, *L'amour c'est comme çà*, *Mais c'est diffèrent déjà*, *Stop au nom de l'amour*. En revanche, pour *C'est la même chanson, L'amour c'est comme çà et Mais c'est diffèrent déjà*, Sylvie Vartan les adapta sous d'autres titres avec des textes différents, et ce, presque simultanément avec leur sortie américaine, soit 1965, 1966 et 1967. Ceci est détaillé à chacune de ces chansons. Quand l'Artiste se sert de son propre décor, de sa propre histoire lorsqu'en été, au sortir des galas de plein air, on savoure des histoires d'amour sous les étoiles ; dans l'idée, un petit, mais tout petit parfum de *Quand j'étais chanteur* de Michel Delpech.

1973

L'Amour c'est comme ça

Michèle Vendôme

18e 33 tours, Flèche 6450 504, juin. N'existe pas en 45 tours original. Arrangements et direction d'orchestre de Jean-Claude Petit.

Également enregistré par Sylvie Vartan en 1966 chez RCA sous le titre *Garde-moi dans ta poche*, sur des paroles de Jean Renard.

Adaptation de ***(Sugar Pie, Honey Bunch) I Can't Help* Myself** (Soul/Tamla Motown USA).

Brian Holland & Lamont Dozier / Eddie Holland

Version originale enregistrée par **The Four Tops** en juin 1965 pour la Tamla Motown, à Detroit. Le groupe classe la chanson n° 2 en juin et juillet aux États-Unis.

Toujours en 1965 ce qui est d'ores et déjà un quasi standard est gravé par Earl Van Dyke And The Soul Brothers, un instrumental avec le piano de Earl Van Dyke pour la Tamla Motown et par The Gems, une formation type de la Northern Soul sur Chicago ; en 1966, The Supremes se devaient de graver la chanson.

La même année, le groupe The Soundsations reprend le titre sur l'album « Shout » pour le label Phalanxe et, toujours en 1966, Johnny Rivers en fait autant sur son album « … And I Now You Wanna Dance » pour Imperial. Bobby Vee en 1968 sur l'album « Do What You Gotta Do » chez Liberty. Paul Parrish la même année sur l'album « The Forest On My Mind » chez Music Factory Records. Jimmy Hendrix exécute l'affaire sur l'album « I'm A Man- Live » en 1970 chez Stateside/Emi et sur l'album « Welcome Home » pour le label Time Wind/Alsan. L'Américaine Donnie Elbert en mars 1972 classe le titre en Angleterre n° 14 pour le compte du label Avco. Joe Stampley sur Dot Records en 1973. L'Anglaise Brett Smiley renouvelle l'affaire en 1974 sur l'album « Breathlessly Brett » produit par Andrew Loog Oldham pour le compte de RPM London, I Can't Hefp Myself est avec Brett Smiley couplé à Over The Rainbow. The Fatback Band en 1975 sur l'album « Raising Hell » pour Event Records. La même année, le Canadien anglophone Priee Mitchell With Jerry Kelly pour GRT Records. Johnny Ross And The Soul Explosion. Le trio américain soul-funk Shalamar en 1977 pour le label Soul Train sur l'album « Unptown Festival ». Le chanteur de langue allemande, mais né et demeurant en Amérique du Sud, Howard Carpendale en 1978 sur l'album « Mein Weg Zu Dir » chez Emi/Electrola. Bonnie Pointer en 1979 pour la maison mère, la Tamla Motown. En 1980 par la chanteuse japonaise Pink Lady dans un épisode de l'*American Variety Show*. 1980 toujours avec Axe, un groupe américain de Hard Rock qui grave le titre pour la MCA sur l'album « Living On The Edge ». Melba Moore en 1982 sur l'album « The Other Side Of The Rainbow » chez Capitol Records. Dolly Parton apporte une excellente contribution en 1984 sur son album de reprises « The Great Pretender » pour RCA Victor. Le combo anglais The Real Thing en 1987 chez Jive Records. Billy Hill en 1989 pour le label Reprise sur son album « l'm Just A Rebel ». La formation féminine australienne Teens Queens en 1992. Le groupe canadien de Vancouver Bobby Taylor & The Vancouvers reprend la chanson en 1994 sur son album « A Tribure To Holland-Dozier-Holland » autrement dit, un album hommage aux auteurs/compositeurs de la Tamla Motown qui ont fait quasiment tout pour les Four Tops et les Supremes. LaToya Jackson en 1995 sur l'album « Stop In The Name Of Love ». En novembre 2006, Andy Abraham s'offre le titre pour son album « Soul Man » chez Sony/BMG. La même année, le groupe australo-américain The Human Nature revisite aussi le standard pour son album « The Human Nature Motown II » chez Sony/BMG/Columbia. La chanson est reprise de façon diverse et souvent mélangée/surperposée, entre autres variations, à d'autres titres ; et cela s'entend notamment chez le groupe écossais post-punk Orange Juice qui classe la chanson en Angleterre en 42e position en octobre 1973. George Harrison, Madonna, Say Anything, le groupe des Philippines Eraserheads.

Le texte français proposé à Claude François, c'est un peu faiblard. Michèle Vendôme pouvait mieux faire, elle a mieux fait. La reprise par Sylvie Vartan, citée plus haut, est, pour les paroles, nettement meilleure. Cependant, Jean-Claude Petit sauve l'affaire et l'enregistrement est excellent, les arrangements *soul* sont là, carrés et ça sonne bien. Sylvie Vartan a indirectement repris aussi un autre titre des Four Tops en 1967, *Walk Away Renee* qui fit éclore chez elle *Quand un amour renaît*, un original de 1966 du groupe américain The Left Bank.

Un nuage dans le soleil

Eddy Marnay

24e 33 tours, Flèche 6325 684, décembre. N'existe pas en 45 tours original. Arrangements et direction d'orchestre Jean-Claude Petit.

Adaptation de ***Misty*** (jazz).

Erroll Garner / Johny Burke

Version originale enregistrée/interprété par le pianiste de jazz **Erroll Garner** sur l'album « Contrasts » en 1954. Puis par Johnny Costa en 1955. Dakota Staton en 1957. Sarah Vaughan en 1958 tout comme Count Basie And His Orchestra sur l'album « Dance Along With Basie » chez Roulette Records. Johnny Ma this en 1959.

C'est la version que **Ray Stevens** (voir *Monsieur le Businessman*), enregistre chez Barnaby en juin 1975 la version qui, même s'il connaissait déjà le standard en qualité de méloman du jazz averti, suscite chez Claude François l'envie/idée d'adapter le morceau. Ray Stevens classe sa version aux États-Unis n° 18 en juillet et en Angleterre, chez Janus, n° 2 le même mois.

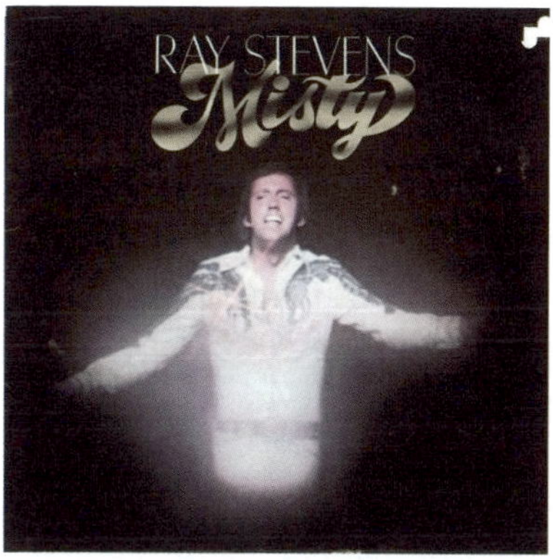

Il existe à ce jour presque 700 versions de ce standard du jazz. Les meilleurs musiciens de jazz de la planète et autres crooner l'ont enregistré, joué et chanté ce standard. On comptera parmi elles :

1960 : Ella Fitzgerald ; The Jonah Jones Quartet ; Dick Jordan ; Ray Bryant ; Guy Pastor Orchestra ; Billy Eckstine ; Toots Thielemans ; Julie London ; Eddie Davies Quinquet ; Keely Smith. 1961 : King Curtis ; Ray Charles Singers ; Frank Sinatra & Earl Grant. 1962 : Mary Jenkins ; Tony Mottola ; Mel Tormé ; Sir Julian ; Andy Williams ; Frank Sinatra ; Marty Robbins. 1963: Lesley Gore ; Milt Buckner ; Lloyd Price. 1964 : Miss Jackie Ross ; le tromboniste Bob Brookmayer. 1965 : Gene Pitney ; Earl Hines ; le guitariste West Montgomery ; Barbara Mason ; Oscar Peterson Trio ; Earl Fatha Hines ; Aretha Franklin ; Billy Stewart ; le tromboniste Bob Brookmayer. 1966 : Lawrence Welk And Johnny Hodges ; le pianiste Ahmad Jamal ; Richard Holmes ; The Vibrations pour Okeh Records. 1967 : Isaac Hayes ; Peter Nero chez RCA sur l'album « Xochimilco » ; Duke Ellington & Ella Fitzgerald (At The Côte d'Azur, 1967). 1970 : Donny Hathaway. 1972 : Claude Bolling, Johnny Mathis chez Columbia. 1973 : Stephane Grappelli ; Rhoda Scott. 1975 : Dexter Gordon Quarter. 1976 : Ronnie Cuber ; Gary Weiss en 1976 dans un épisode de la série Saturday Night Live dans lequel Misty est appelé « Play Misty For Me ». 1977 : Dick Cary And Chicagoans. 1978 le trompettiste Clark Terry. Peggy Lee. 1982 : Carol Sloane ; Red Garland ; Timi Yuro ; Kimiko Itoh. 1986 : Etta James. 1987 : Dee Dee Bridgewater. 1988 : Merl Saunders. 1990 : Manhattan Projects ; Ray Brown And Al Poster. 1993 : le saxophoniste alto Dave Koz sur son album « Lucky Man » ; le guitariste Larry Coryell pour l'album « Fallen Angel ». 1995 : Jean Carne ; Michael Chapdelaine. 2000 : Lola Haag. 2001 : Bronn Journey. 2002 : Janine Alondres. 2003 : The Old Spice Boys ; Janis Siegel ; Mathews Cook ; Judy Niemack. 2005 : Kenny G. Featuring Gladys Knight. 2009 : Beegie Adair : 2010, Clay Aiken sur l'album « Tried And True ». 2011 Michael Ball ; Sachal Studio Orchestra. Les dernières en dates datent de janvier 2022 par Bob James Trio et de Samara Joy en septembre.

Reprendre du jazz en France pour des chansons s'observe chez de nombreux artistes comme chez Claude Nougaro, bien sûr, mais également, c'est aussi surprenant que pour Claude François, chez Richard Anthony avec la composition de Carlos Jobim, *Desafinado*, jouée et/ou chantée par Joao Gilberto, Ella Fitzgerald, Charlie Byrd, Stan Getz puis celle de Paul Desmond *Take Five* (*Ne boude pas* pour Richard Anthony) du Dave Brubek Quarter. On dira inattendu ou surprenant d'entendre des thèmes de jazz chez ces artistes mais, à l'écoute de certains titres de leur répertoire, on est dans une logique, une cohérence musicale évidente. Cette reprise de *Misty* conte les petits conflits de tous les couples dans la vie de tous les jours. C'est bien dit et bien vu ; malgré le contexte d'une liaison qui connaît des hauts et des bas au risque élevé d'une rupture que sans doute ne supporterait pas le chanteur. C'est la musique, son contexte jazz, enlevé, presque joyeux qui arrive à détacher le sujet de son évidente « gravité » originelle qui aurait pu autrement être mise en avant. Ici nous avons affaire à une forme de fatalité narguée par la mélodie et d'astucieux arrangements. Dans la série au moment où tout a l'air d'aller bien, pas de nuages, de conflits, de tension à l'horizon, le sourire s'efface vite au moment où passe un nuage dans le soleil. Traduction : elle sourit et dès que le narrateur est piégé, *l'instant d'après elle l'oublie*. Conclusion : elle s'amuse, il fermente, appréhende. Il est à sa merci ; comme d'habitude…, normal.

5

Reggae et funk

1970

Le Monde est grand, les gens sont beaux

Eddy Marnay

30e 45 tours, Philips/Flèche Série Parade 6061 151, septembre. 2e 45 tours deux titres. Pas d'arrangeur et de direction d'orchestre précisés. Ce système à deux titres, les singles donc, reprendra définitivement en mai 1971. Aussi sur le 13e 33 tours, Philips/Flèche 6450 600, décembre.

1re entrée dans le hit-parade de SLC, n° 24 en juillet et août, 11e en septembre, meilleur classement n° 6 en octobre et novembre 1970.

Adaptation de ***Beautiful World, Beautiful People*** (Reggae/pop Jamaïque/USA).

Jimmy Cliff

Version originale enregistrée par **Jimmy Cliff**, chez Trojan en septembre 1969 ; classé n° 7 en novembre en Angleterre. Et re-issue en 1970 chez A&M sur l'album du même nom.

Un peu créé en réaction au conflit vietnamien, le texte de Cliff inspira donc le regretté Eddy Marnay. C'est un des seuls titres de ce genre chez Claude François qui se classe aussi bien, et ce, dans sa période la plus difficile. On pourra effectuer un rapprochement avec les thèmes d'*Amoureux du monde entier* et *Je chante pour les gens qui s'aiment*. Voir la chanson *Comme un jour nouveau* pour l'autre reprise de Cliff par l'artiste.

Ce titre est une réussite totale. Le jeu des violoncelles ponctue l'introduction et accompagnent la voix en contre-chant et dominent l'orchestration en en devenant le guide. Quant au rythme, on sent le reggae arriver à toutes jambes, il enlève des paroles « graves », dans la mesure où elles évoquent tout de même les thèmes de la guerre, de la misère et des enfants dans un monde « grand et beau ». Le « message » reste dans l'utopie la plus naïve mais en même temps la conviction vocale et musicale convaincrait presque du bien-fondé d'un discours écolo-pacifiste auquel on n'était pas habitué du côté des « yéyés », à moins que celui-ci n'ait senti le vent tourner à l'arrivée notamment de Julien Clerc l'année précédente, mais aussi d'un mouvement plus profond, une sorte de lame de fond dans le milieu de la chanson. Pourtant, à l'époque de *Ce monde absurde* en 1965, aucun vent de ce genre ne soufflait…

Eu égard au succès de la version de Jimmy Cliff et de la notoriété de ce dernier, il est curieux de voir quels sont les autres interprètes français qui ont été inspirés par son répertoire. On pourra écouter Michèle Torr dans *Prends et donne* en 1967 chez Mercury d'après *Give A Little Take A Little*, titre enregistré aussi par le groupe jamaïcain The Pioneers ; puis Richard Anthony, sur son label Tacoun pour Emi / Pathé Marconi en 1970, avec *Going Back West* qui devient, de sa propre plume, *Les pieds sur terre* ; Eddy Mitchell chez Barclay en 1976 ne s'absente pas de l'affaire et transcrit lui-même *Le maître du monde* d'après *The Harder They Come* pour l'album « Sur la route de Memphis » ; en 1979 Johnny Hallyday reprend, via Desmond Dekker, *You Can Get It If You Really Want*, sur des paroles de Michel Mallory avec *T'as le bonjour de l'amour* chez Philips sur « Hollywood » ; en 1987 chez CBS Julie Pietri entre dans le jeu avec *Trop d'années à vivre* issu de *Many Rivers To Cross*.

1971

Comme un jour nouveau

Michèle Vendôme

15e 33 tours, Flèche 6442 003, novembre. N'existe pas en 45 tours original. Arrangements et direction d'orchestre de Hervé Roy.

Adaptation de ***Let Your Yeah Be Yeah*** (Variété pré-reggae).

Jimmy Cliff

Version originale enregistrée par le trio jamaïcain de reggae **The Pioneers** en 1971, sur un single chez Trojan, elle est gravée sur l'album « Yeah » la même année. Le trio classe le titre en septembre 1971 n° 10 en Angleterre.

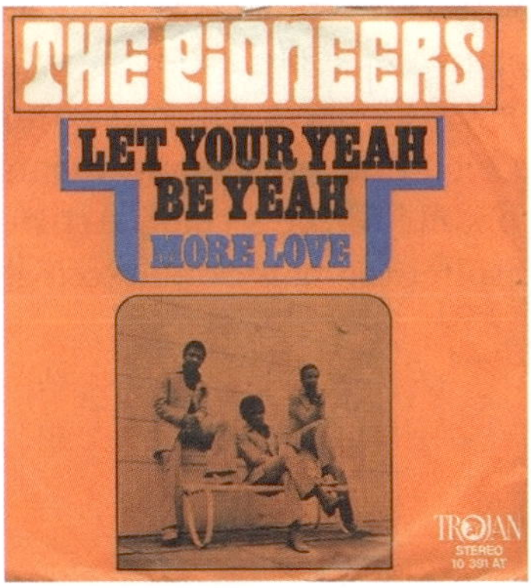

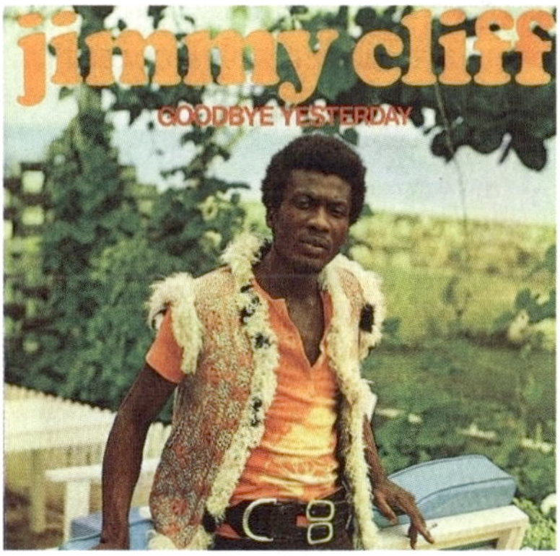

Jimmy Cliff enregistre sa propre version chez Island un peu plus tard.

Une reprise est effectué en 1971 par Alan Cady Orchestra ; Brownswille Station en 1973 ; Ali Campbell de UB40 sur l'album « Big Love » en 1995. *Let Your Yeah Be Yeah* est une émanation musicale et conceptuelle de l'album « The Harder They Come » ; la chanson *The Harder They Come* est la bande originale du film jamaïcain du même nom de Perry Henzell qui a en partie généré cet album de Jimmy Cliff dans lequel on trouve de grands classiques dont certains ont été repris en français par d'autres artistes que Claude François.

À propos de *The Harder They Come* c'est aussi du côté d'Eddy Mitchell que ça se passe ; en effet ce dernier ne s'absente pas de l'affaire avec *Le maître du monde* en 1976 d'après, justement, *The Harder They Come*. Également enregistré par James Last en 1971 et chacun de leur côté la même année par The Alan Caddy Orchestra and Singers chez Avenue Recordings sur l'album « England's Top 12 » et Top of The Pops ; en 1973 chez Big Three Records par le groupe rock américain The Bronsville Station sur l'album « Yeah ! » et la même année par Erlon Chaves pour Fontana sur l'album « Banda Veneno » ; le créateur Jimmy Cliff, met en boîte sa composition en 1973 chez Mango Records ; il y aura une ressortie (re-issue) en 1975 pour Island Records puis dans une re-issue de luxe en 2003 ; une autre version reggae chez Kuff Records/Virgin par Ali Campbell de UB40 sur l'album « Big Love » en 1995. Par Buckwheat Zydeco en 2009 chez Alligator Records pour l'album « Lay Your Burden Down ».

Un punch volontairement bien retenu fait de cette reprise un morceau d'anthologie chez Claude François dans ce qui est sans doute la meilleure adaptation de Michèle Vendôme ; tout y est, tout se tient : les images, les couleurs sont mis en valeur par des segments de prononciations et autres accents employés par le chanteur. Dans son interprétation l'Artiste est totalement en phase avec le genre et « réinvente » très bien les Pioneers d'après lesquels il a vraiment réalisé sa reprise ; on l'entend bien avec le beat des Pioneers, les chœurs, les cuivres, le phrasé de la voix sur le texte de plus, quand on voit les Pioneers danser sur un plateau de télévision on remarque bien que leurs mouvements d'épaules, du buste et des jambes ont été intégrés chez l'Artiste de la meilleure façon : influence, inspiration mais bonne recréation innovante.

1973

Dis-lui pour moi

Michèle Vendôme

19e 33 tours, Flèche 6325 675, décembre. N'existe pas en 45 tours original. Arrangements et direction d'orchestre de Michel Bernholc.

Une nouvelle version est enregistrée en 2007 par Elisa Tovati pour l'album hommage « Claude François, autrement dit ... » chez Universal/Mercury.

Adaptation de ***Brother Louie*** (Funk anglais).

Tony Wilson / Erroll Brown

Version originale enregistrée par **Hot Chocolate**, produit par Mickie Most pour Rak Records le titre se classe n° 7 en mars et en mai 1973 en Angleterre. Formation funk/rock britannique composée de Pat Olive, Harvey Hinsley, Errol Brown et Larry Ferguson.

Ce standard des prémices du funk trouva aussi preneur avec The Stories la même année en 1973 ; The Chaplin Band en 1982 ; Modern Talking en 1986 ; Siegler en 1992 ; The Quireboys en 1993 ; Thomas Anders en 1994 ; New Art People en 1998 ; la même année par Modern Love Systeme ; le groupe The Undisputed Truth sur leur album « Down To Earth » en 2000 pour le compte de la maison de Detroit la Tamla Motown. Billy Rae, Calvin et Brenda Joyce sont les membres de Undisputed Truth produit par Norman Whitfield. Puis également par The Delicates ; Roy Ayers sur l'album « Virgo Red » ; Bon Jovi avec la formation hip-hop Code Red. Jim Basnight. Deux reprises en Hongrie avec en 1993 *Drága Louis* par Végvári Ádám és Polgári László et en 1995 par Ignotus & Ricsi. Une reprise en Allemagne par Volker Rosin Und Die Lolly Pops dans *Käpt'n Louie*. Une autre reprise en 1995 par le Néerlandais Beert Heerink avec *Julie July*.

Une visite de Claude François dans le monde du funk comme toute assez réussie comme toutes les autres. Comme le rythm and blues et la soul, ça lui va très bien. Peu en France était à l'époque en capacité d'en faire autant et aujourd'hui, disons que « y'en a… ». Thème inhabituel chez l'Artiste en ce qui concerne le domaine de l'amour. C'est le chanteur qui, ici, demande à un intermédiaire de dire à une jeune femme « qui s'accroche » que c'est fini. Intéressant comme titre, d'autant plus que les paroles françaises fonctionnent très bien sur ce classique funky. Thème abordé à la précédente chanson, mais dans l'autre sens. Musicalement, le titre est dans le registre funky assez dur et s'associe bien au propos empreint d'un peu de pitié pour celle qui va être délaissée, mais sur un ton sans concession en correspondance totale avec le son, le jeu de la basse, de la batterie et des riffs de guitare.

1975

Soudain il ne reste qu'une chanson

Jean-Michel Rivat

1975. Claude François. 47e 45 tours, Flèche 6061 852, mars. 22e 33 tours, Flèche 6325 681, juin. Arrangements et direction d'orchestre Jean-Claude Petit. 23e 33 tours, Flèche 6325 683, « Claude François sur scène. Été 75 », octobre 1975.

Également enregistré par Claude Dauray et son orchestre pour Wygson en 1975 ; intéressante reprise soul/funk en 1990 par le groupe Kova Rea chez Philips.

Adaptation de ***I'll Be Around*** (Funky-soul).

Thom Bell / Phill Hurtt

Version originale enregistrée par **The (Detroit) Spinners**, en octobre 1972 chez Atlantic ; classé n° 4 aux États-Unis en novembre.

Plus de 40 versions pour ce standard du funk dont Terri Wells en 1984 pour Phylly Worlds Records sur « Just Like Dreamin' » ; en 1990 par Nayobe pour VTG Records sur « Promise Me » ; Funk Incorporation en 1993 chez BGP Records, Fared Haque la même année ; Randy Crawford chez WEA en 1995 sur « Naked and True » tout comme Regina Bell pour Columbia sur « Reachin' Back » ; Fareed Haque en 1993, Rappin 4 Tay, Was n° Was, Murray Head ; Johnn Ray ; Tears For Fears ; C. C. Cameron ; Joan Osborne ; Phil Perry ; Mel Tormé en 1995. Seal sur son album « Soul II » pour la Warner en 2011 ; une des dernières reprises en date par Acute Inflections en octobre 2019.

Un funk assez relax pour une situation difficile. Une femme a quitté la maison et l'homme pose le regard sur un disque qu'elle écoutait. Par cheminement de petits détails qui en disent long, il conclut qu'elle est partie précipitamment comme si elle ne supportait plus cet endroit qui a abrité leur liaison. Le seul lien, mais symbolique, le seul souvenir qui, selon lui, les « unit », c'est une chanson qui revient, lancinante et soudaine. Le côté funky de l'affaire rend un climat très cinéma qui met en scène une vie éparpillée, une maison mal rangée, un livre resté grand ouvert, un disque qui traîne là, en dehors de sa pochette et qui s'abime, comme le reste, comme ce couple ; l'impression bien rendue par la voix et les guitares que tout a été laissé brutalement à l'abandon parce que la vie commune, soudainement, devient insupportable.

La Vie d'un homme

Yves Dessca

22e 33 tours, Flèche 6325 681, juin. N'existe pas en 45 tours original. Arrangements et direction d'orchestre de Raymond Donnez.

Également enregistré par Dario Moreno en 1963 chez Fontana sous le titre *Samedi soir* sur un texte de Gilles Tudy.

Adaptation de ***Another Saturday Night*** (Soul/rythm and blues américain).

Sam Cooke

Version originale enregistrée par **Sam Cooke**, pour la maison RCA en avril 1963 ; classé n° 18 en mai et juin 1963 aux États-Unis.

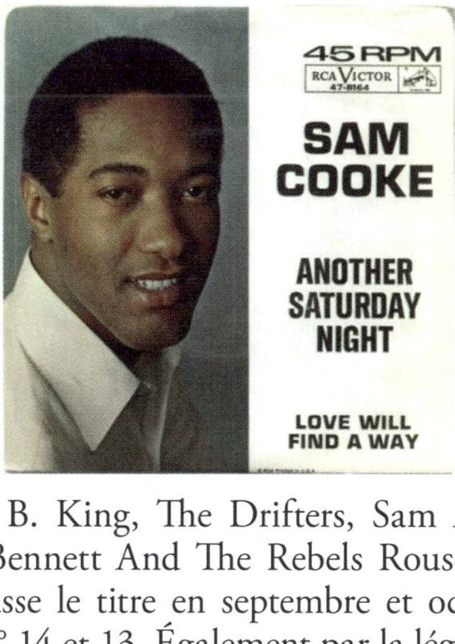

Puis par B. B. King, The Drifters, Sam And Dave, Cat Stevens, Cliff Bennett And The Rebels Rousers. Lou Rawls. Cat Stevens classe le titre en septembre et octobre 1974 aux États-Unis en n° 14 et 13. Également par la légende du Swamp pop le countryman Clint West grave le titre.

Le créateur du *Twistin The Night Away* du début des années 60 ferait une tête amusée et un peu circonspect peut-être en entendant son titre arrangé à la sauce mi-reggae mi-funk, que Claude François donne ici ; c'est une production remarquable à tout niveau. Ce 22e 33 tours demeurera toujours un très grand cru. Après avoir interprété le marathon des tournées en 1964 avec *De ville en ville*, l'idole revient sur le thème avec ce titre un peu moins léger dans le texte. Onze ans plus tard, il aimerait avoir une fille chez lui qui s'occupe de lui et l'encourage, lui demande d'être prudent sur les routes des tournées. On retrouve cette idée, ce thème du métier d'artiste dans *La Solitude c'est après*, *Le Spectacle est terminé*, *Six jours sur la route*. Le texte parle du stress ressenti quand on part de chez soi en vitesse et qu'on y revient pour, souvent, se retrouver seul, de la solitude générale et accablante.

Bien avant que Claude François ne se réveille en 1975 pour aller faire un tour du côté du grand Sam Cooke, mort tragiquement en 1964, année de la sortie de *Another Saturday Night*, d'autres artistes, à l'époque de la sortie des originaux américains, adaptèrent avec bonheur ce roi de la soul californienne.

En 1961 chez Philips, le saxophoniste/chanteur Billy Nash et son Rock Band (voir *Hey Potatoes*) avec *Personne comme toi* reprennent de Sam Cook *Nobody Loves Me Like You*. Sylvie Vartan suit de peu et, en 1962, s'offre *Madison Twist* sur un texte de Georges Aber. Dès 1961-1962, tout ce qui fait du rock'n twist en France enregistre *Laissez-nous twister* d'après le mythique *Twistin' The Night Away* de Sam Cook. On peut écouter les versions dès 1962 par Johnny Hallyday, les Pirates de Dany Logan, Bob Azzam, Francis Linel, Dave Dacosta (en anglais), les Chats sauvages de Dick Rivers, les Vautours de Vic Laurens, Claude Garden, les Trim's, et sans doute de bien d'autres ; en Angleterre, Rod Stewart revisite le titre des années plus tard. Les Chats Sauvages à nouveau avec en 1962 *Sans raison* d'après *I Love You For Sentimental Reasons* reprise suivie l'année suivante par le groupe avec Mike Shannon avec celle de *Cupid* qui chez Pathé devient *Candide* sur un texte de Pierre Saka et ce *Cupid* de Sam Cook deviendra en 1968 au Canada *Cupide* par Renée Martel pour DPS. En 1963 Eddy Mitchell adapte le hit de Sam Cooke *Chain Gang* avec, en dehors du texte bien sûr, le même titre en français. Au Québec on ne se priva pas non plus des chansons de Sam Cook ainsi du groupe féminin Les Ingénues dans *La Liberté* d'après *Wonderful World* et *Il n'avait que seize ans* emprunté à *Only Sixteen*, tout comme le feront en 1965, avec les deux mêmes adaptations sur le label québécois Stop, leurs compatriotes canadiennes Les Guerrières. 1964 voit la chanteuse Patti Lynn faire ses emplettes chez Sam Cook pour le compte de Pathé Marconi avec *Mon cousin à moi* que Frank Gérald lui transcrit de *Cousin' Of Man*. En 1965 Johnny Hallyday enregistre *Reviens donc chez nous* d'après *Bring It On Home To Me*, adaptation qu'enregistre aussi le Canadien Donald Lautrec chez Apex en 1966, mais c'est peut-être la reprise anglaise des Animals qui suscita l'adaptation d'Hallyday comme cela arriva à Noël Deschamp pour un honorable *Si j'ai de la fièvre*, issu du même titre de Cook. Johnny Hallyday à nouveau avec *Frankie et Johnny* de Gene Vincent via Sam Cooke et un très inspiré de Cooke, *Yeah Man*, qu'Arthur Conley, avec Otis Redding en crédit, transforme en *Sweet Soul Music* que Johnny ira chercher pour en faire en 1967 *La seule vraie musique* opus de sa période rythm and blues.

Des pleurs sur l'oreiller

Pierre Delanoë

24e 33 tours, Flèche 6325 684, décembre. N'existe pas en 45 tours original. Arrangements et direction d'orchestre de Jean-Pierre Sabard.

Adaptation de ***I Can't Take It*** (Reggae/funk USA).

Ernie Smith

Version originale enregistrée par **Ernie Smith** en 1967 ; réédité en 1973 sur l'album « For The Good Times » chez Generation Records. Johnny Nash pour le compte de CBS/ Pickwick publie sa reprises en mai 1975 et se classe n° 1 en juillet en Angleterre.

Le chanteur-auteur-compositeur Ernie Smith avait déjà concocté sa création en 1967 ; Johnny Nash effectue sa version sous le titre de *Tears On My Pillow* qui aurait tendance finalemne à passer pour la version originale. Enregistré également par Top of The Pops en 1975, le groupe décalé des seventies pop/ glamour-pailleté, Sha na na, Eddie Lovette en 1985, Kapena en 1996. En 1975, comme quoi tout le monde s'inspire de la reprise de Nash, Tony Moore effectue sa reprise pour l'Allemagne avec *Heimliche Tränen.*

Sans problème pour la musique et l'orchestration, le titre passe tout seul, bien saccadé/reggae/funk. La thématique et la mélodie on superbement bien inspiré Pierre Delanoë pourle texte où Claude François excelle dans les couplets, surtout lorsque la voix, sur le ton d'une affirmation à contre-cœur, d'une manière de dire le contraire d'une chose pour mieux faire ressortir ce qu'on croit être la vérité, est suivie d'une question teintée par une forme de colère rentrée qui explique que, si les chagrins d'amour, l'état mélancolique amoureux, sont des choses dépassées, devenues ringardes, qu'est-ce donc que cet état de désespoir, surtout lorsque le soir arrive ? Ça peut paraît banal, mais, tout de même, depuis que la terre tourne, tout le monde sous toutes les latitudes les a ressenties au moins une fois... Quel philosophe ce Claude François !

Bien avant l'Artiste, Nancy Holloway adapte en 1963 chez Decca une chanson de Johnny Nash avec *Ça fait un drôle d'effet* issu de *What Kind Of Love Is This* et chacun de leur côté, la même année, Alain Dumas chez Vogue et Matt Collins chez Philips en font autant avec le même original de Johnny Nash. Toujours 1963 avec Nana Mouskouri qui n'est pas en reste en gravant *Laissez-moi pleurer* issu de *I Lost My Baby* sur des paroles de Pierre Cour. En 1968 chez CBS Joe Dassin se met également sur les rangs et emprunte *Hold Me Tight* dans *Un peu comme toi* d'après *Hold Me Tight.*

1976

Laisse une chance à notre amour

Eddy Marnay

26e 33 tours, Flèche 9101 928, décembre. 57e 45 tours, Flèche 6061 878, février 1977. Arrangements et direction d'orchestre Jean-Claude Petit. 30e 33 tours, Flèche/Carrère 67 235/6, « Souvenir 78. Claude François en public », avril 1978.

La chanson entre à la 29e place en décembre 1976 et atteint la 15e en janvier.

Adaptation de ***Now Is The Time*** (Variété/funk anglaise).

Biddu

Version originale enregistrée par **Jimmy James and The Vagabonds** en 1976 sur l'album « Now » chez Pye Records.

Jimmy James, né en Jamaïque en 1939, débarque à Londres en 1964 où il commence à jouer avec le groupe soul The Vagabonds ; avec Jimmy James, cette formation est très énergique sur scène, pour ne pas dire spectaculaire. Après un répertoire excellent durant les sixties, puis quelques reprises comme *If I Had A Hammer*, voir *Si j'avais un marteau*, et celle de *On Broadway*, un des standards des Drifters d'avril 1963 repris d'ailleurs à la même époque par Frank Alamo pour *À Broadway*, la formation revient en force en ce mois de janvier

1976 pour la maison Pye avec ce titre qu'adaptera l'idole dans le même temps. *Now Is The Time* sera classé n° 6 en août 1976 en Angleterre. Bien swingant, sans vouloir injurier les tenants du rythme ternaire-jazzmen puristes, ça remue tout de même à souhait. Le pas de danse vu à la télévision est un des plus originaux avec celui de joue quelque chose de simple. Au début, le titre est agaçant, trop « variétoche/bazar/circus » puis se laisse approcher, dompter, et on retrouve au fond le beat et la fougue de la « soullblues » de l'excellent Jimmy James.

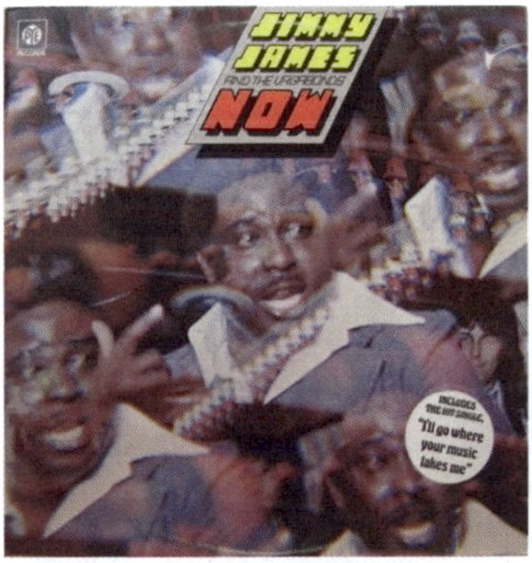

La même année, en 1976 pour Ibach/Discodisctaff, Carène Cheryl adapte aussi une chanson de Jimmy James And The Vagabonds avec *Ne raccroche pas je t'aime*, issu de *J'll Go Where The Music Takes Me.*

1977

Toi et le soleil

Eddy Marnay

27e 33 tours, Flèche 67 179, juin. 60e 45 tours, Flèche/Carrère 49 308, septembre. Arrangements et direction d'orchestre de Jean-Claude Petit. 30e 33 tours, Flèche/Carrère 67 235/6, « Souvenir 78. Claude François en public », avril 1978.

Enregistré en 2005 par Elsa et Étienne Daho sous le titre *Éternité*, une production Daho & Mako.

Nana Mouskouri enregistre le titre avec un texte différent par le même auteur. Un texte avec variations de celui de l'idole et, par exemple, sur le refrain, la chanteuse dit : « *Il ne reste que toi, toi, et le soleil* ». Puis Les Marathonians (en français et avec le même texte) en 2001 chez WEA sur le CD « Waiting ». On retrouve ces derniers sur le CD « Cloclomania », produit par Béatrice Ardisson, en 2003. En septembre 2012 Lorie reprend la chanson à sa sauce soleil/festif etc. sur l'album « Danse » pour WM France.

Adaptation de ***I Can See Clearly Now*** (Reggae/funk).

Johnny Nash

Version originale enregistrée par **Johnny Nash**, en mai 1972, pour le compte de la maison CBS sur label Epic ; classé en Angleterre n° 7 en juillet et chez Epic aux États-Unis n° 19 en octobre pour y culminer n° 1 en novembre.

En 1973 le groupe The Ventures reprend le titre pour être imité l'année d'après par Petula Clark. La même année, l'œuvre n'a pu échapper à Gladys Knight And The Pips sur leur albt.im « Imagination » d'octobre 1973 pour leur première signature pour le label Buddah Records, et toujours 1973 avec Funk Incorporation chez Prestige sur « Hangin' Out ». Ces reprises seront suivies de celles de Ray Charles en 1977 ; en 1978 par la chanteuse Lena Marcell sur son album « The Lena Marcell Collection » chez Roneo Records ; Jimmy Cliff en 1993 pour une bande son pour le film Cool Running ; Anne Murray en 1999 ; Neal Black & The Healer en 2000. Et tout récemment la version de Denzal Sinclair en 2006. Puis par Funk Incorporation. Rex Allen. Sonny And Cher. Ray Conniff. Ken Booth. Deux formations punk reprennent aussi ce titre ainsi de Snuff et de Screechin Weasel.

Très fidèle à l'original de Nash dans les arrangements et l'orchestration, *Toi et le soleil* a été bienvenu dans un climat trop paillettes à l'époque ; ça a rafraîchi le répertoire de l'artiste, un petit sursaut salutaire en matière de musique on dira issue de l'univers du rock n'roll. Il était plus que temps. Le pont, sa façon de se démarquer harmoniquement du reste ont fait beaucoup pour le succès du titre, ainsi que ses cuivres bien assemblés, formant de fait une unité quasi symphonique. Avec les couplets, on reste sagement sur un tempo et des couleurs bien reggae/funk. Peu importe le texte ici tant la musique, et de loin, emporte la partie.

Doucement sur la route

Frank Thomas

51e 45 tours, Flèche 6061 865, décembre. 24e 33 tours, Flèche 6325 684, décembre. Arrangements et direction d'orchestre Jean-Claude Petit.

Adaptation de ***Ease On Down The Road*** (Funk américain).

Charlie Smalls

Version originale enregistrée par **The Hues Corporation** chez RCA en 1974 quasi simultanément par Renée Harris.

La chanson vient de la comédie musicale From Broadway Musical Wiz. *The Wiz* vient de l'histoire écrite par Frank Baume en 1900 *The Wonderful Wizard Of Oz ;* par Consumer Rapport en juin 1975 chez Atlantic ; Stéphanie Mills en compagnie de Hinton Battle, Tiger Haynes et Ted Ross la même année ; **Diana Ross en duo avec Michael Jackson** chez MCA en 1978.

Exodus ; Howard Beaumont ; Hermes House Band en 1992 ; Micky Dolenz en 1994 ; Big Blast Company en 2000, Charito en 2010 ; Matthew Morrison avec Smokey Robinson en 2013. Une version est enregistrée en Suède sous le titre de *Ni Som Kan Ro* par Björn Skifs en 1975. Charlie Smalls a beaucoup collaboré avec la chanteuse de jazz/blues Nancy King, ce qui donne ici une idée du registre de ce titre. En 1973 et 1974, Buddy Rich et son orchestre de jazz enregistrèrent ce standard dont la valeur musicale et l'originalité a priori, et entre autre, inspirèrent Claude François et son équipe.

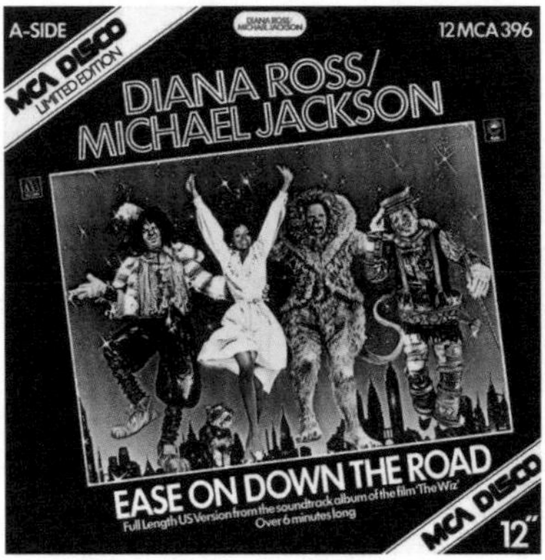

Le texte se promène sur une musique saccadée et prodigue des conseils pour arriver entier à destination quand on est en voiture. D'une qualité funk inattendue pour un enregistrement en France à l'époque. Pour qui ne connaîtrait pas le chanteur, on pourrait presque dire que, pour un Américain, ce type a un bon accent français. Peu d'artistes français ont adapté des chansons où Michael Jackson a posé sa voix. Claude François avec son enregistrement a devancé Jackson qui l'effectue en… 1978 ! ; Sinon on compte Richard Anthony en 1989 sur son album « Retour » dans *Tu es sortie de ma vie* de *She's Out Of My Life* ; United Planet en 1993 dans *Change de monde* issu de *Heal The World* ; Sandra Kim en 1993 avec *Toute une nuit sans toi* d'après *One Day In Your Life* ; toujours Sandra Kim en 2001 dans *Je n'ai pas fini de t'aimer* issu de *Just I Can't Stop Loving You* (1987).

Rubis

Etienne Roda Gil

Claude François. 29e 33 tours, Flèche/Carrère 67 215, décembre. Sortira sur le 68e 45 tours, Flèche/Carrère 49 438 en septembre 1978. Rythmiques de Slim Pezin, un des principaux guitaristes de l'artiste.

Adaptation de ***Guava Jelly*** (Reggae).

Bob Marley

Version originale enregistrée par **The Wailers** en 1972 chez Bervely Records.

La même année par Johnny Nash sur l'album « I Can See Clearly Now » chez Epic. Puis par Owen Gray en 1973 ; Barbara Streisand en 1974 ; Yellow Bird, Paroles surréalistes sur ambiance totalement reggae. L'artiste promène avec compétence une voix éraillée pour évoquer, par touches de sensualité et d'impressions très décalées, les rendez-vous avec des phrases qui ne sont pas habituelles chez lui.

Les nuits de ta vie / sont froides comme des bambous… /
Écoute le vent fou qui dit

Rubis, comme je t'aime / le feu est dans la plaine le rhume dans la main…

Ils sont tous partis / à d'autres rendez-vous / Et toi tu es seule /
Comme une rue sans joie…

C'est Joe Dassin qui revisita aussi une composition et un enregistrement de Bob Marley And The Wailers avec *Si tu penses à moi* d'après *No Woman No Cry* ; quant à sa complice Jane Manson, elle en fit autant avec la même chanson mais sous un titre et un texte différents, *Dis jamais good bye*. En 1995 sur son album « Super » chez Remark Records, Mathieu Boogaerts effectue également une adaptation de Bob Marley en enregistrant *Je m'détends* d'après *Zimbabwe* que Marley avait gravé en 1979 sur son album « Suvival » chez Island/Tuff Gong.

6

Variété anglo-américaine et italienne

1967

Qu'est-ce que tu deviens ?

Claude François & Vline Buggy

16e 45 tours, Philips 437 316, mars. N'existe pas en 33 tours original. Arrangements de Les Reed avec son orchestre.

Le Canadien Pierre Lalonde enregistre en 1967 sur le label québécois Prestige sa version au titre explicite *Donne-moi ta bouche*, avec son propre texte. Paul Mauriat en 1967 chez Philips. En 1979 chez Polydor, Marie Myriam – la dernière en date qui a gagné l'Eurovision pour la France en mai 1977 avec *L'Enfant et l'oiseau* – en fera une autre version intitulée *Comme un coup de blush* sur un texte de Danielle Vézolles. En 1991, Judy, une chanteuse belge-francophone reprend aussi la chanson sous le titre de *Un baiser sur la bouche* sur des paroles de M. Dréant pour Emi-Music Belgium. Enfin, en 2007 une nouvelle version, avec titre et texte identiques, est enregistrée par Axelle Renoir pour l'album hommage « Claude François, autrement dit… » chez Universal/Mercury.

1re entrée dans le hit-parade de SLC, n° 19 en février 1967, n° 5 en mars et avril, meilleur classement n° 1 en mai et juin.

Adaptation de ***There's A Kind Of Hush (Ail Over The World)*** (Variété anglaise).

Les Reed / Geoff Stephens

Version originale enregistrée par **The New Vaudeville Band** en 1966 chez Fontana.

Suivi par le combo anglais de Peter Noon, The Herman's Hermits pour Emi/Columbia en janvier 1967 qui longtemps a

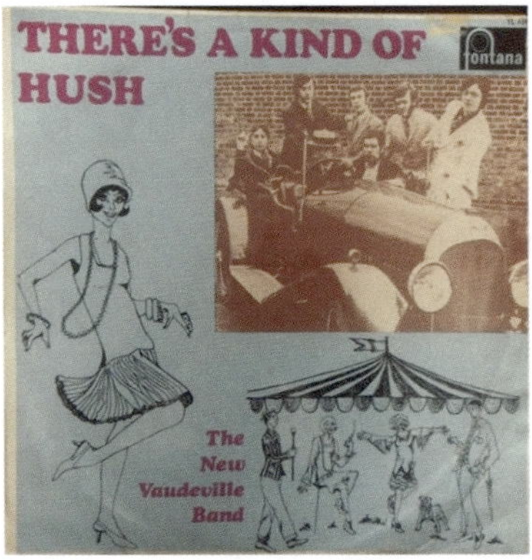

porté la bannière de la chanson quitte à ce, à leur corps défendant, ils passent pour avoir créé la version originale ; Herman's Hermits classe la chanson n° 7 en mars en Angleterre et n° 11 aux États-Unis le même mois pour MGM. On notera d'ailleurs que Claude François aura enregistré son adaptation avant que Herman's Hermits n'effectue sa reprise.

L'écriture de la chanson avait suscité, l'attention de tous sur les deux rives de la Manche, et en même temps. Trini Lopez enregistre sa version, sur « Now », en 1967 chez Reprise Records. Engelbert Humperdinck en 1967 sur l'album « Realese Me » chez Decca ; la même année chez Fontana par Susan Maughan sur l'album « Hey Look Me Over » ; The Lennon Sisters en 1968 chez Dot Records pour l'album « Somethin' Stupid ». La chanteuse anglaise Lenny Dee pour Decca. Perry Como. L'Allemand Karel Gott en 1969 chez Polydor sur l'album « In Mir Klingt Ein Lied ». The Carpenters sur l'album « Kind Of Hush » en 1976 chez A&M. Une reprise en Finlande avec la chanteuse du même pays, Taiska, dans *Het Tää* en 1977 chez Finnlevy.

Une ouverture s'appuyant sur des instruments à vent, un mixage habile de trombones et de cors d'harmonie que vient renforcer à la fin de la première phrase mélodique une trompette seule, un rythme marqué slow/ rock assez remuant de l'époque : voici une chanson typiquement jazz sirupeux. À tel point qu'avec presque toute la suite d'accords naturels, puis en 6e et 7e, on pourrait presque jouer les grilles du standard de jazz des années 30, *On The Sunny Side On The Street*. La chanson avait été proposée à Claude François par New Vaudeville Band quand, quelques mois auparavant ils se sont connus (ou ont correspondu) à l'occasion de l'adaptation de *Winchester Cathedral*. La plupart du temps, quand un artiste français reprend un titre étranger, il ne voit pas, ne cause pas à l'interprète original. Ce sont les éditeurs qui se transmettent les affaires ou parfois des connaissances privées ; dans le cas de *Winchester Cathedral*, le New Vaudeville Band s'était montré vivement mécontents des deux premiers textes que Vline Buggy et l'artiste avaient collé sur leur mélodie savoir *Clocher du village* et *J'travaille à l'usine*. Le propos de *Qu'est-ce que tu deviens ?* repose sur la question posée à une revenante et, dans le même temps, le chanteur de se remémorer avec elle les bons moments passés et de terminer l'histoire en lui avouant qu'il n'a rien oublié (comme plus tard Charles Aznavour), qu'il aime encore et que si elle n'a toujours pas compris qu'il souhaiterait recommencer, c'est qu'elle le fait exprès.

D'autres artistes ont effectué des incursions dans le répertoire de The Herman's Hermits pour alimenter leur répertoire, dont Richard Anthony en 1964 pour *Et Quelque chose me dit d'après I'm Into Something Good* dont Marianne Faithfull effectuera une version en 2002 ; Ria Bartok avec *Je ne veux pas qu'il me quitte* d'après *Can't You Hear My Heartbeat* ; Frank Alamo avec *À travers les carreaux* d'après la célèbre sucrerie *No Milk Today* : le groupe belge Les Diamands reprend la chanson pour Trianon sous un autre titre et autre texte à savoir *Non pas ce soir* que reprend l'Italienne Elsa Martinelli qui chante en français *Non pas ce soir* ; L'ex Gam's Annie Markan chez Mercury en 1965 cède à *I Know Why* que Jean-Michel Rivat et Frank Thomas transcrivent en *Murmurant ton nom*. En 1966 Dick Rivers enregistrera une version restée inédite jusqu'en 1999 à l'occasion d'un CD sous le titre de *Lettre à Michèle* (*À travers les barreaux*). Toujours d'après *No Milk Today*, Yves Wiczorek enregistre en 1980 pour CBS *Faut pas s'fâcher*, et en 1989 Les Garçons Boucher parleront plutôt de vin rouge que de lait avec *Du Beaujolais (pour oublier la nuit où est partie Marie)* chez Boucherie Productions ; enfin, c'est en 2005 c'est Henri Dès qui écrit et enregistre pour Universal sa version de *No Milk Today* sous le titre de *Oh oui je sais* sur Production Mary Josée sur « Polissongs »

1968

Chut ! plus un mot

André Salvet

8e 33 tours, Philips/Flèche 844 801, décembre. N'existe pas en 45 tours original.

Adaptation de ***Hush Not A Word To Mary*** (Variété/pop néo-zélandaise).

Peter Callender / Mitch Murray

Version originale enregistré par **John Rowles** en 1968 pour la MCA.

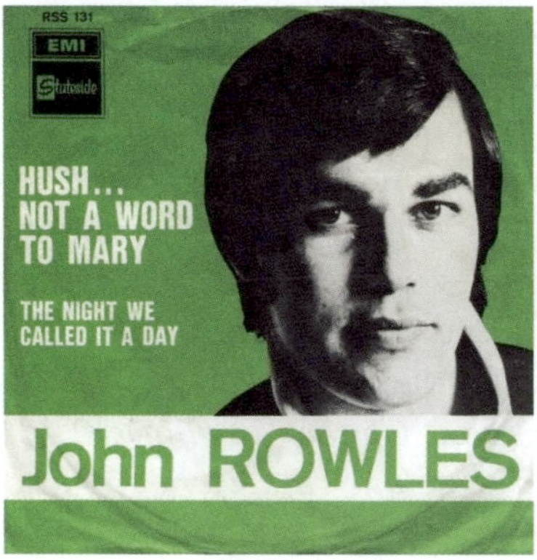

Né en 1947 à Whakatane, en Nouvelle Zélande, John Rowles est un crooner très connu et même célèbre en Australie et en Nouvelle-Zélande ; sa voix classe la chanson à la 12e place en Angleterre.

Si on a eu l'occasion d'entendre l'original de John Rowles, on se rend compte que, sur le gimmick du refrain, les chœurs répondent « Hush » au texte courant. Or, dans la version française, de loin, derrière, on entend en écho ce même *Hush*, discret, éloigné, très beau par les chœurs lorsque Claude François susurre un « Chut »... Sur une musique au tempo moyen, la mélodie est agréablement enivrante avec des violons qui valsent et tournoient autour d'une calme section rythmique. Le texte met en scène un dialogue, presque de sourds, qui s'avère être un ultimatum très édulcoré pour mettre en garde le partenaire à propos d'un quiproquo qui met le couple en danger. L'homme est surpris en train de rire, de boire et de fumer avec une autre mais ce n'est rien de plus ; ça n'est pas l'avis de la légitime qui, si on comprend bien, voit le mal partout. Le chanteur explique à la femme chagrinée et vexée qu'il n'en est rien, mais elle paraît difficile à convaincre.

En 1968, John Rowles adapte une chanson de... Michel Fugain, *Je n'aurai pas le temps* qui devient *If I Only Had Time.*

Les Majorettes

Gilles Thibaut

8e 33 tours, Philips/Flèche 844 801, décembre. N'existe pas en 45 tours original.

Adaptation de ***Abergavenny*** (Variété/flon-flon anglais).

Frere Manston / Jack Gellar

Version originale enregistrée par **Marty Wilde,** en 1959 sur son album « Teenager in Love ». Oui, le papa de Kim Wilde.

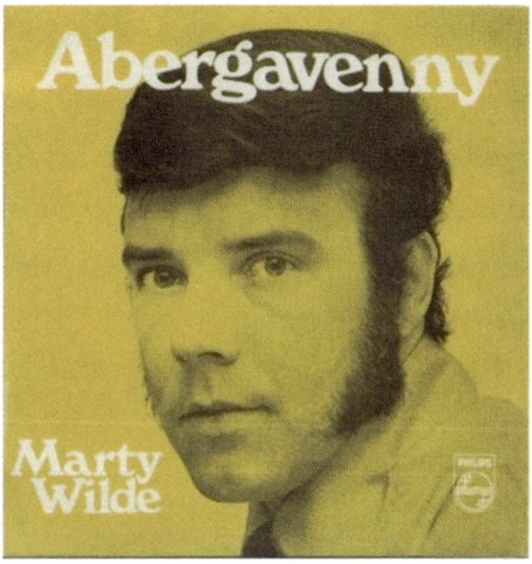

Cette chanson, une « modern Band Marches », évoque chez nous les défilés féminins, les fêtes foraines et toutes les distractions qui vont avec. Gilles Thibaut se défoule, c'est très bien.

En Grande-Bretagne, Abergavenny est un lieu, un thème, un repère historique et touristique lié au folklore, pas loin de Cardiff. Une version espagnole chantée par l'artiste local et écrite par Edgar Poças s'appelle *Par-ra-tchi-bum*. Enfin, Marty Wilde, à nouveau en 1959 sous le pseudonyme de Shannon – ne pas confondre avec Del Shannon –, réenregistra *Abergavenny* en 1969. C'est à l'évidence à partir de cette seconde version que l'artiste fit sa reprise française dans laquelle il dit préférer les majorettes à toutes autres distractions de fêtes populaires comme les fêtes foraines. En janvier 1962 ce sont les Pirates de Dany Logan qui s'offrent un titre de Marty Wilde en gravant chez Bel Air *Je te dis merci* emprunté à *It's Been Nice*. Une autre adaptation de Marty Wilde se trouve chez Françoise Hardy pour l'excellent *Pas gentille* en 1964 chez Vogue d'après *Bad Boy*, l'original anglais datant de 1959.

1969

Rêveries

Robert Martin & Jacques Plante

25e 45 tours, Philips/Flèche 424 556, avril. 9e 33 tours, Philips/Flèche 844 802, juillet. Pas d'arrangeur et de direction d'orchestre précisés. 11e 33 tours, Philips/Flèche 844 804,

« Claude François à l'Olympia », décembre 1969. 23e 33 tours, Flèche 6325 683, « Claude François sur scène. Été 75 », octobre 1975. 30e 33 tours, Flèche/Carrère 67 235/6, « Souvenir 78. Claude François en public », avril 1978.

1re entrée dans le hit-parade de SLC, n° 5 en mai 1969, meilleur classement n° 2 en juin et juillet.

Adaptation de ***Daydream*** (variété néerlandaise).

Raymond Vincent & Sylveer Van Holman & David Mackay

Version originale enregistrée par **The Wallace Collection** en 1969 chez Parlophone sur l'album « Laughing Cavalier ». Ce groupe néerlandais enregistrera une version sous le titre de ***Evelyn.***

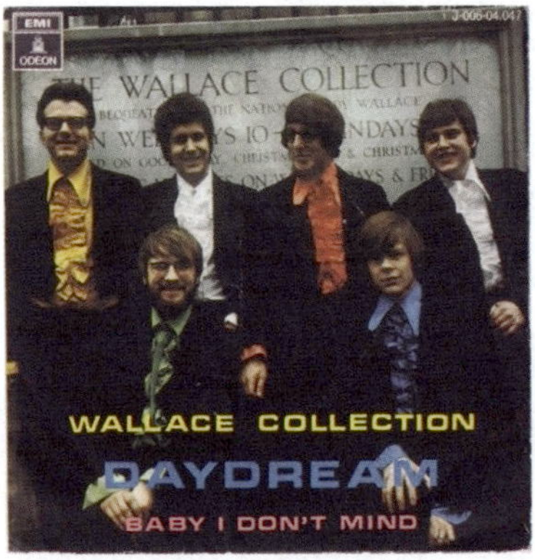

Ce groupe s'inspira très nettement du ***Lac des Cygnes*** de **Piotr Illich Tchaïkovski.**

Max Bygraves reprend la chanson en 1968 chez Pye sur « I'm Moving ». Également une adaptation italienne par The Motowns, *Sogno, Sogno, Sogno*, en 1969 et plus récemment celle de Paul Michiels en 2001. Très imagé, un lac calme comme un miroir, avec tout ce qui peut se refléter dedans, y compris le visage d'une bien-aimée, donne la couleur du texte. L'ambiance forêt profonde et silencieuse renforce l'idée d'un endroit idyllique où le chanteur attend la renaissance. Bien fichu, mais pas de quoi tomber à la renverse. Heureusement, la musique de l'original est là pour donner un sens à l'ensemble.

Jeux dangereux

Jacques Plante

26e 45 tours, Philips/Flèche 424 557, juillet. 9e 33 tours, Philips/Flèche 844 802, juillet. Pas d'arrangeur et de direction d'orchestre précisés. Le titre est enregistrée par « la vedette yéyé » du Québec, Renée Martel sur des paroles de Robert Gall (le père de France Galle) *Nos jeux d'enfants* en 1969 chez Spectrum.

Adaptation de ***Games People Play*** (Variété/country américaine).

Joe South

Version originale enregistrée par **Joe South**, en janvier 1968 sur son album « Introspect » pour le compte de Capitol ; classé n° 14 en mars.

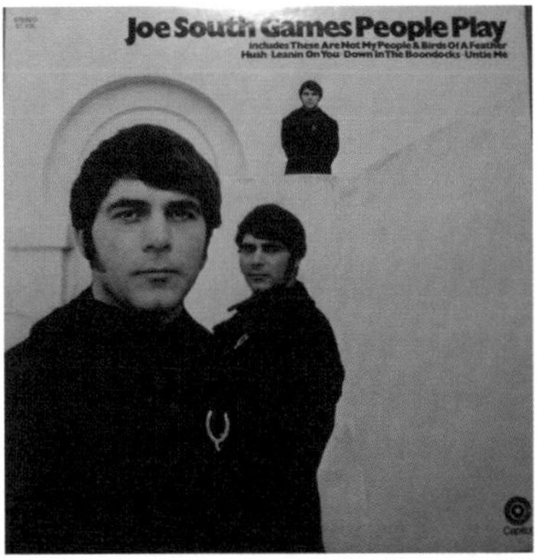

Dès l'année 1969, le monde anglo-saxon va connaître une foule de reprises de ce standard ainsi de Ray Stevens sur son album « Have A Little Talk With Myself » ; Floyd Cramer chez RCA, puis Dolly Parton ; Jonnie Taylor ; Francis Winston ; Hank Williams Jr ; Freddy Wellers ; Billy Mize ; Wanda Jackson, Jackie Trent And Tony Hatch ; Charlie McCoy ; Ed Ames ; Bill Anderson ; Claudia Cardinale ; Petula Clark ; Ronan Collins ; Persophone's Bess ; Detroit Spinners ; Joe Dolan ; The Everly Brothers ; Don Pardon ; Merle Haggard ; Waylon Jennings ; The Jordanaires (choristes d'Elvis Presley) ; Byron Lee And The Dragonaires ; Tommy Lee ; Andrew Powell ; Boos Randolph ; Billy Joe Spears ; Singers Staple ; Dick Gaughan ; Doris Troy ; Ike and Tina Turner. La décennie suivante accueille dès 1970 les reprises de Don Gibson. Buck Owens au début des années 1970 dans le show de l'émission de télévision Hee Haw qui accueillait toujours les artistes de country music. Puis Jack Jones, Shirley Scott ; Betty Lavette ; Jim Nabors ; The Royal Teens. Lee Dorsey en 1970 sur son album « Yes We Can » chez Polydor. Deux reprises en 1971 avec Barbara Man dreil et l'inattendue version de Bill Haley And The Cornets. Idem en 1972 pour les prestations de Dionne Warwick puis celle de Johnny Hartman. Une seule en 1973 avec Jerry Lee Lewis. Il y aura une reprise au Danemark en 1974 avec Gustav Wincker dans *Det Er Noget Vi Ska' Lege ;* et en Italie, la même année avec Avevo Une Bambola par Formula 3. L'accordéoniste cajun, Nathan Abshire, et ses Pinegrove Boys, revisitent le titre en 1979 chez Swallow Records sur l'album « Pine Grove Blues ». En 1987 on peut entendre la version de Eugene Chadbourne With Camper Van Beethoven et 1989 fait place à la prestation du groupe Georgia Satellites sur son album « In The Land Of Salvation And Sin » pour Elektra/Columbia. La prochaine reprise arrivant en 1993 avec The Pleasure Baron qui refera une « re-issue » en février 2003. En 1994, nous aurons droit à une excellente version un tantinet reggae avec Inner Cirdes chez WEA ;

puis Tesla la même année. Chacun de leur côté, Jammin' Band et Don Williams revisitent le titre en 1995 ; et l'an 2000 s'ouvre avec la prestation de Bill Staines. Le XXIe siècle ne connaît pas la crise pour cette chanson que Claude François avait jugée intéressante, voire pertinente de mettre à son répertoire en juillet 1969. La chanteuse norvégienne Myhre Wenche relance l'affaire en 2005 tout comme Hal Hirt & Ace Cannon sur l'album « Together » la même année chez K-Tel ; 2006 récidive avec les versions de Robert Bradley's Backwater Surprise et celle de Jools Holland & His Rythms & Blues Orchestra & Marc Almond puis celle en public de Paul Anka au Caesar Place de Las Vegas sur son album « Live At Caesar's Palace, Las Vegas ». Nathan Carter en 2010 sur son album « The Way That Y ou Love Me » pour Sharpe Music et sur l'album « Live Show » en 2012. 2012 à nouveau avec l'harmoniciste de blues anglais Paul Lamb.

À la même époque, il est plus que très possible, faisons un peu d'esprit… que, voulant faire jeu égal avec son concurrent direct Johnny Hallyday, sinon mieux – ce qui, très sérieusement arrivait souvent eu égard à la qualité des textes, des arrangements – Claude François, après avoir entendu en 1968 la reprise de *Hush* du même Joe South, *Mal* par Johnny Hallyday, ait voulu lui aussi aller faire un tour dans le même répertoire. En fait, à l'écoute de la reprise hallydéenne, on comprend que *Mal/ Hush* aurait été comme un gant à l'Artiste tant dans le rythme, la force de ce « country/rock » enlevé et combatif sied bien à ces deux « idoles » scéniques. Foin d'uchronie, et ce n'est pas faute de n'avoir point eu de nez, mais si Claude François avait eu sa reprise de *Hush* pour l'Olympia 1969, la face du métier en eût été changée… Nous l'avons vu, on retrouve ce « marquage à la culotte » entre les deux chanteurs avec des reprises chez des interprètes communs tels que Stevie Wonder, Joe Tex, Creedence Clearwater Revival, Jimmy Cliff. Pour revenir au *Hush* de Royal, hors la reprise d'Hallyday en *Mal* on note celle de la Canadienne Jenny Rock avec le même titre chez Action en 1969 et par le duo Les Valentins dans *Tu n'es plus une petite fille* chez Carrousel en 1967. Pour d'autres adaptation de Joe South en français la chanteuse Bee Tchou, en 1964 pour CBS, enregistre *Ce garçon-là* en provenance de *I Knew You When*.

La version de Claude François commence par une introduction assez longue à la trompette sur un tempo presque vif. La mélodie et la couleur de cette introduction constituent la principale phrase du refrain. Dès le couplet dans le même esprit, les mots arrivent, très durs sur la vie, un texte sans illusion et sans concession avec seulement sur la fin une allusion à une vie affective et amoureuse satisfaisante. Pour une fin analogue dans une chanson aussi remuante et qui pose tout de même pas mal de questions, voir la fin de *J'ai joué et puis j'ai perdu*. L'existence en tant que « jeu dangereux » repose ici sur l'impitoyabilité de la sélection naturelle et de la cruauté du hasard. Il n'y a pas de mystère et ce titre est salutaire pour se débarrasser de toutes illusions. On est ou pas avantagé par la nature, riche ou pauvre, issu d'un milieu favorisé ou non, ce n'est pas pareil. Claude François ne fait pas dans le détail et met les pieds dans le plat. De plus, si d'aventure vous faites montre d'inattention, de distraction dans votre vie privée ou votre travail, il y aura toujours quelqu'un pour vous prendre la place. Entre le « mieux vaut être riche, beau et bien portant » et le « qui va à la chasse perd sa place », le titre ne laisse guère d'espoir. Heureusement, le chanteur, à la fin de la chanson, parle de celle qu'il aime car, au milieu de tant d'inhumanité, il y a un couple solide qui résiste. Cette fin un peu hollywoodienne ne put à l'époque, en tout cas en France chez les yéyés et dans la variété, être évitée ; l'écoute du titre est recommandée tant sur le plan musical, que par le texte et la couleur de la voix de l'artiste qui laisse bien deviner sa démarche, ses intentions, le registre sans illusion aucune dans lequel s'est dit…

Les Moulins de mon cœur

Eddy Marnay

9e 33 tours, Philips/Flèche 844 802, juillet. N'existe pas en 45 tours original.

Ce classique des classiques a connu nombre d'enregistrements en français. Et pour ne citer que ceux-ci par : Marcel Amont en 1968 chez Polydor ; Michel Legrand en 1969 tout comme Frida Boccara chez Philips, Vicky, Noël Cordier pour United Artist ; Richard Anthony en 1970 pour son label Tacoun et la même année par le Québécois Donald Lautrec pour Jupiter ; Didier Barbelivien en duo avec Anaïs en 1993 ; le trompettiste classique Maurice André ; la Canadienne Marie-Denise Pelletier pour les Disques Victoire sur son album « Les Mots de Marnay » en 2003 ; en 2004 par Anne-Marie David ; Dany Brillant en 2007 ; le duo Cœur de Pirate et Calogero en *live* en janvier sur France 2 Amaury Vassili en 2010 ainsi que Christian Delagrange et la même année par le duo Cœur de Pirate et Calogero en *live* en janvier sur France 2 ; Nathalie Dessay en duo avec Michel Legrand en 2013 ; Charles Aznavour en 2015.

Adaptation de *The Windmills Of Your Mind* (Variété américaine)

Marylin Bergman & Alan Bergman / Michel Legrand

Enregistré une première fois par **Noël Harrison** en juin 1968 chez Reprise Records.

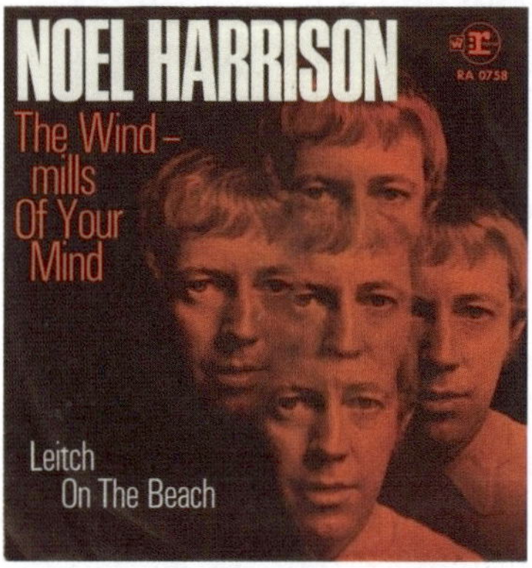

La chanson a connu plus de 370 versions dans le monde anglo-américain dont celle de George Benson en octobre 1968, Vanilla Fudge en mars 1969 suivi par Jimmy Rodgers, Petula Clark, The Sandpipers, José Féliciano, The Anita Kerr Singers, Skeeter Davis, Mel Tormé, Dusty Springfield, Johnny Mathis, en anglais par la Québécoise Ginette Reno ; en mars 1970 par Kiml Weston et en juillet par Billy Paul ; en 1971 par Frank Sinatra Jr., John Rowles, Jack Jones ; Val Doonican en 1972 ; Vic Damone en 1977 ; Elaine Paige en 1984 ; Charlie McCoy en 1989 ; Hank Marvin ; en anglais Nana Mouskouri en 1993 Neil Diamond en 1998 ; Sting en 1999 ; un des créateurs du titre Alan Bergman en 2007 tout comme Tina Arena ; Barbara Streisand en 2011 ; la dernière étant celle de Tom Jones en 2021.

Chaque jour à la même heure

Jacques Plante

10e 33 tours, Philips/Flèche 844 803, novembre. 28e 45 tours, Philips/Flèche 424 559, janvier 1970. Pas d'arrangeur et de chef d'orchestre précisés.

Également enregistré sous le même titre en 1969 pour CBS Série Gemini par les Compagnons de la chanson avec le même titre et le même texte.

Adaptation de *Early In The Morning* (Variété anglaise).

Mike Leander / Edward Seago

Version originale enregistrée par **Vanity Fare** en juin 1969 chez Page Records et qui classe le titre n° 11 en août en Angleterre. Ce groupe anglais qui au début des années 90 était encore en activité est composé d'Eddie Wheeler, Mark Ellen et Bernie Hagley.

De la grande variété anglaise de facture très classique, un titre pop/variété bien étudié pour se faire accepter dans toutes les couches de la société britannique de cette époque. La chanson décrit la bonne humeur matinale lorsqu'on ouvre sur le monde les volets de sa maison où règne l'élue qui, lorsqu'elle s'absente, rend la vie longue et ennuyeuse. Texte à la fois hivernal et printanier à l'échelle de la vie quotidienne comme à l'échelle du monde lorsque les paroles partent sur des considérations plus générales à propos des choses qui naissent et meurent. Morceau mi-lent, mi-rapide, au tempo marqué par un piano électrique qui fait penser au clavecin.

Une petite larme m'a trahi

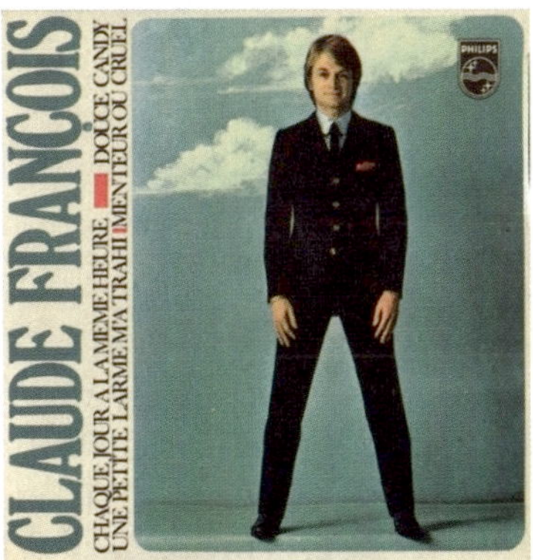

Vline Buggy & Claude François

10e 33 tours, Philips/Flèche 844 803, novembre. 11e 33 tours Philips/Flèche 844 804, décembre, « Claude François à l'Olympia », décembre. 28e 45 tours, Philips/Flèche 424 559, janvier 1970. 20e 33 tours, Flèche 6325 677, « Claude François sur scène », avril 1974. Pas d'arrangeur et de chef d'orchestre précisés.

Également enregistré par les Gam's (Annie Markan, futur directeur artistique pour la maison Carrère) sous le même titre, mais en 1964, avec des paroles seulement de Vline Buggy. Cette version est calquée sur la ligne mélodique et le tempo de la version de Burl Ives, contrairement à celle de Claude François qui, six ans après, s'en démarque. Deux versions au Canada avec Patrick Zabé en 1970 chez Nobel, et en 1971 avec Yves Martin chez Disques Campus. Sur l'album hommage paru en 2007 chez Universal/Mercury, « Claude François, autrement dit… », Jeanne Cherhal donne sa version du titre.

1re entrée dans le hit-parade de SLC, n° 23 en décembre 1969 puis à la 7e place en janvier et février 1970.

Adaptation de ***A Little Bitty Tear (Let Me Down)*** (Variété/country américaine).

Hank Cochran

Version originale enregistrée **Ray Sanders With The Anita Kerr Singer** en août 1960 chez Liberty.

C'est sans doute la version de **Burl Ives** sur son album « The Versatil Burl Ives » pour Decca à Nashville en février 1961 qui, ayant popularisé le titre, bien souvent passe pour la version originale ; Ives classe la chanson n° 18 en janvier et n° 10 en février aux États-Unis et pour Brunswick, n° 12 en février en Angleterre.

La reprise de Wanda Jackson est gravée chez Capitol dès décembre 1961. Tammy Jones reprend la chanson en 1967 chez Decca sur « The Word of Tammy Jones »

En février 1962 le duo très British Miki and Griff chez Pye fait connaître la chanson en Angleterre. Le même mois de la même année trois prestations sont enregistrées : Little Redd Wayne, The Lennon Sisters, Little Porter Wagoner and Skeeter Davis, Johnny Burnett ; toujours en 1962 avec Dickey Lee pour Smash Records sur « Tale of Patches » ; George Jones chez United Artists sur son album « Sings The Hits Of His Country Cousins. 1963 par Chet Atkins, le mentor guitaristique des Everly Brothers, sur son album « Our Man In Nashville » ; en 1964 Slim Whitman sur l'album « Country Songs City Hits » chez Imperial. En janvier 1965 Hank Cochran, le *songwriter* du titre, se décide à graver son œuvre chez RCA Victor sur son album « Hits From The Heart » ; trois versions en juillet avec The Shadows With The Norrie Paramor Strings (Norrie Paramor sera l'un des principaux arrangeurs anglais de Richard Anthony durant les sixties quand ce dernier enregistrait à demeure aux studio d'Abbey Road où œuvraient les Beatles), Juddy Lynne puis par The Hitmakers ; toujours en 1965 avec Rusty Draper et surtout Bing Crosby sur « Bing Crosby Sings The Great Country Hits », The Shadows sur « The Sound Of The Shadows » chez Columbia ; par Jeannie Seely en mars 1967, Mrs. Miller en juillet ; toujours 1967 enfin avec la version de Tammy Jones ; Don Gibson en juin 1969 ; Danny Davis and The Nashville Brass en 1970 ; Stella Parton en 1977 ; Hank Cochran s'y recolle mais en duo avec Willie Nelson en 1980 ; Le duo irlandais Foster And Allen en 1988 sur l'album « The Worlds Of Mick Foster And Tony Allen » pour Stylus Music ; Cliff Adams Singers en 1991 ; The Hot Shots en 1999. Dès 1962, les pays scandinaves et l'Allemagne connaîtront beaucoup de reprise de ce standard.

Contradiction. Ici pleurer est signe de faiblesse, presque une honte ; dans *Celui qui reste*, c'est considéré comme une fierté. Ce country/slow a fait les beaux jours du fameux Olympia 1969. L'efficacité de la mélodie de cette ballade étaye un texte bien construit qui dit beaucoup de choses en peu de mots mais l'agencement de ceux-ci relève du brio.

1970

Jamais un amour

Yves Dessca

13e 33 tours, Philips/Flèche 6450 600, décembre. N'existe pas en 45 tours original.

Adaptation de ***Baby Take Me In Your Arms*** *(Variété anglaise).*

John McCaulay / Tony MacLeod

Version originale enregistrée par le trio féminin anglais **The Paper Dolls** en 1968 chez Pye Records sur l'album « Paper Dolls House ».

Puis par Jefferson (alias Geoffrey Turton) en août 1969 chez Pye en Angleterre et Janus Records aux États-Unis. Bobby Vinton pour Epic Records en mars 1970. Le groupe suédois Edison Light House en 1971 sous le titre de *Take Me In Your Arms* sur « Already » chez Bell Records.

Si on ne le sait pas, il n'est pas du tout évident de deviner, de penser une seule seconde à une adaptation, l'ensemble sonnant chanson française un peu rasoir pour chanteur de charme : la variétoche contre-attaque…

1971

Il fait beau, il fait bon

Eddy Marnay

35e 45 tours, Flèche 6061 182, novembre. 15e 33 tours, Flèche 6442 003, novembre. Arrangements et direction d'orchestre de Raymond Donnez. 20e 33 tours, Flèche 6325 677, « Claude François sur scène », avril 1974. 23e 33 tours, Flèche 6325 683, « Claude François sur scène. Été 75 », octobre 1975. 30e 33 tours, Flèche/Carrère 67 235/6, « Souvenir 78. Claude François en public », avril 1978.

1re entrée dans le hit-parade de SLC n° 7 en novembre 1971, meilleur classement n° 2 en décembre et en janvier 1972.

Adaptation de ***Freedom Come, Freedom Go*** (Variété anglaise).

Roger Cook / Roger Greenaway & Lee Hazelwood

Version originale enregistrée par **The Fortunes**, en août 1971 pour le compte de Capitol Records ; classés en Angleterre n° 9 en octobre.

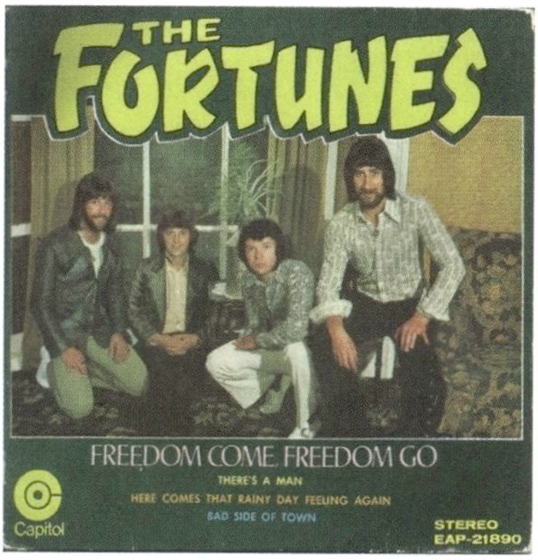

La prestationdes Fortunes paraît pour tout dire un peu brouillonne (on sent l'enregistrement fait à la va-vite). Pourtant le titre leur a permis de faire un bon retour au début des seventies. Observer que c'est avec une adaptation que le premier titre marqué paillettes et sautillerie au refrain arrive est un paradoxe. En dehors du sens des textes, ce titre inaugure la lignée des couplets *andante* (pas trop lent mais pas rapide ni rythmé non plus) et des refrains avec la pompe pré-disco des seventies qui ont bien abîmé-décrédibilisé (à mon sens…) l'image du chanteur.

C'est l'hymne à la joie selon Saint-Claude. Le titre est plaisant et, sur la fin, lorsque montent les violoncelles avec les reprises à la tierce, pas besoin d'aller sur un petit nuage, on y est presque déjà. La production française est de loin bien meilleure que l'original anglais, plus fine, plus raffinée, exigeante et ciselée.

1973

À part çà la vie est belle

Eddy Marnay

18e 33 tours, Flèche 6450 504, juin. 42e 45 tours, Flèche 6061 174, septembre. Arrangements et direction d'orchestre de Jean-Claude Petit. 20e 33 tours, Flèche 6325 677, « Claude François sur scène », avril 1974.

1re entrée dans le hit-parade de SLC, n° 6 en octobre 1973.

Adaptation de ***By The Devil I Was Tempted*** (Variété angaise).

Guy Fletcher / Doug Flett

Version originale enregistrée chez Emi en 1973 le combo anglais **Blue Mink** sur l'album « Only When I Laugh ».

Blue Mink a été fondé en 1969 par l'organiste Roger Coulam, sur leur album « Melting Pot » (elle est Noire, il est Blanc et ils chantent ensemble sur des sujets déjà sensibles à l'époque). On trouve à la voix essentiellement Madeline Bell native du New Jersey, mais également le fameux Roger Cook, complice de Roger Greenaway, énormément adaptés par Claude François ; une production de bonne facture pour EMI début 1973 qui se classera à la 26e place en mars.

Guy Fletcher a œuvré notamment pour Elvis Presley, Ray Charles, Tom Jones et s'est occupé de Chris de Burgh, il apparaît avec Madeline Bell sur l'album d'Elton John « Elton John » et le compositeur interprète compatriote leur rendra la politesse sur leur deuxième single « Good Morning Freedorn ».Il retrouvera en solo le chanteur du groupe, Mark Knopfler, en 2005 pour son album « Shangri-La ». En 1977, une surprise, si on veut, c'est l'acteur David Soul, du même David Soul qui a longtemps incarné Hutch dans la série *Starsky et Hutch* qui enregistre sa version pour le compte de Private Stock Records, session cornaquée par le producteur Tony MacCaulay.

Quand on entend l'original, quand on voit combien le disque était confidentiel, presque hors de portée de ce côté-ci du Channel. C'est vrai que Blue Mink, en France à l'époque comme aujourd'hui, ce n'est pas ce qu'il y a de plus connu, et c'est un euphémisme. Mais boulevard Exelmans les oreilles dressées, pour ne pas dire « éduquées » par l'Artiste, traînent partout… ces oreilles-là ont du nez ; et c'est sans compter du côté des éditeurs qui ont pris l'habitude de sonner l'alerte pour l'idole quand dans leurs officines – qui souvent font la pluie et le beau temps dans le métier… – arrivent d'outre-Manche ou d'outre-Atlantique des souples ou des bandes convaincantes. Un petit classique de la pop bubulgum, légère sucrerie anglaise qui sied bien à l'artiste alors en train de s'emballer pour des seventies acidulées à souhait et bien pimpantes de paillettes ; bien que la musique du groupe Blue Mink fréquenta presque plus les rives floues entre le glamour et le hard. Le beat et les voix de l'original sont confondants de modernité, de talent et d'une production quasi parfaite. La version française, très à la hauteur de l'original se réécoute toujours sans provoquer une quelconque expression de mépris ou d'agacement face à une ringardise en levant les yeux en l'air, par exemple. La musicalité pop de Blue Mink évite l'écueil trop kitsch que Claude François a su éviter dans son adaptation.

Le texte français expose les petits, et qui souvent sont importants, aléas de la vie. Si tout va de travers, ce n'est pas grave le personnage se sent bien quand ça va mal et donc, finalement, la vie est belle malgré le mal de tête, l'incessante quête vers l'idéal (inexistant, donc…) féminin en passant d'une fille à l'autre, les poissons qui font la fine bouche en boudant « sa » ligne, les oiseaux qui mangent « sa » vigne etc. Dans ce qui est dans cette dérision constructive et protectrice un peu du Philippe Delerm avant l'heure, il faut raison garder et, somme toute, cette énonciation ironique s'avère libératrice et l'Artiste, par dérision justement, d'exprimer ce constat, cet état d'être, sur un refrain entraînant et sautillant à souhait, envoyant le titre dans le registre *Lundi au soleil-Je viens dîner ce soir-Chanson populaire*. Pourtant, les rets d'un « festif/paillettes », n'enlève rien ici à cette version. Le rôle du temps fort à la batterie, comme un coup de semonce qui ne se prend pas au sérieux donne le ton à l'ensemble en clair, le propos est trop sérieux pour se prendre au sérieux. Le texte, l'air de rien, fait du Zen. Avec humour et finesse d'esprit, Eddy Marnay se livre à une méditation joyeuse sur l'intensité du vivre au présent qui soulage d'une lourde désespérance de la vision du monde. Du zen, donc.

Sur ton visage un sourire

Jean Schmitt

18ᵉ 33 tours, Flèche 6450 504, juin. 42ᵉ 45 tours, Flèche 6061 174, septembre. Arrangements et direction d'orchestre de Jean-Claude Petit. Catherina Valente sur un textet de Robert Chabrier enregistre la chanson en gardant le titre original *Puppy Love* en 1960 chez Decca. En 1972 pour le label québécois Nobel, la chanteuse canadienne Anne Renée enregistre sa version sous le titre de *Un amour d'adolescent* sur un texte de Gilles Brown.

Adaptation de ***Puppy Love*** (Variété américaine).

Paul Anka

Version originale enregistrée par **Paul Anka**, fin 1959 pour ABC Paramount sur label Vega ; classé aux États-Unis n° 7 en mars et n° 2 en avril.

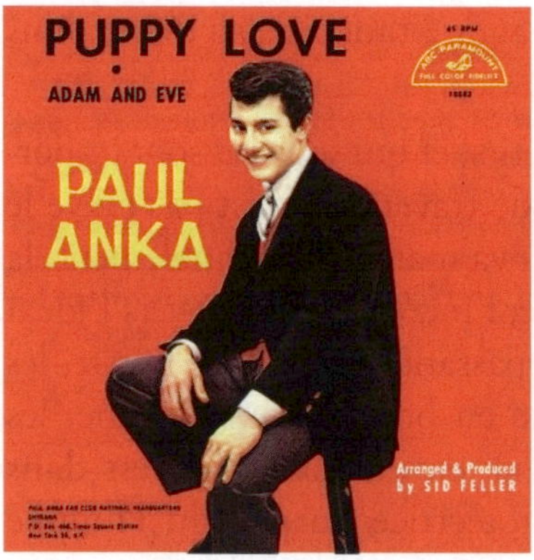

C'est à l'évidence – exactement comme pour la chanson *Il ne me reste qu'à partir* en 1975 – la version qu'enregistre **Donny Osmond** en mars 1972 pour MGM qui a déterminé Claude François à effectuer cette adaptation.

Osmond classe le titre à la 11ᵉ place en mars aux États-Unis n° 11 et à la 7ᵉ en avril ; en Angleterre sa version est n° 1 en juillet et n° 3 en août.

C'est sirupeux comme on n'en fait plus ; sans doute un regard de l'Artiste sur un genre de répertoire un peu crooner qu'il a affecté dans le passé ; de la variété à l'eau de rose à son apogée chez l'Artiste cependant, arrangements, maîtrise des intonations et de la voix en font un opus qui s'inscrit qualitativement dans le genre. Après tout, Elvis Presley, et comme ici

Johnny Hallyday, Richard Anthony ou Sacha Distel, pour ne citer que ces trois-là pour la France, en ont fait autant.

La chanteuse italo-française et concurrente de Dalida, Caterina Valente enregistre le titre en anglais chez Decca en 1959. La formation instrumentale belge, Metro Club Orchestre, enregistre le morceau chez Kraftone. Puis par Dolly Parton, en 1959 chez Mercury. Donny Osmond, en mars 1972, avec sa reprise pour MGM, classe le titre aux États-Unis n° 11 en mars et n° 7 en avril ; en Angleterre il portera sa version à la 1re place en juillet et à la 3e en août. Les Anglais The Taffetas en 1989 chez TER sur « Taffetas off Broadway Cast: The Taffetas A Musical Journey Through The Fifties ». Little Jimmy, Lil Bow Wow And Jagged Edge en 2000.

Le cycle des adaptations du répertoire de Paul Anka commence dès 1957 au Canada sur le label québécois Sandryon avec Irène MacNeil qui enregistre *Dis-moi que tu m'aimes* d'après *Tell Me That You Love Me*. De très nombreux artistes de langue française ont adapté, comme Claude François et bien avant lui, des chansons de Paul Anka. Le festival des adaptations continue et en novembre 1958, pour son tout premier disque, Richard Anthony s'intéresse au répertoire du crooner (qui sera le premier interprète dans le monde à adapter *Comme d'habitude* en enregistrant *My Way*) avec *Tu m'étais destinée* d'après *You're My Destiny* que lui transcrit Jacques Plante. La même année chez Pathé/Marconi Gloria Lasso s'empare de *Diana* avec à nouveau Jacques Plante aux paroles ; les reprises de *Diana* se poursuivent avec le même parolier et toujours en 1958 on trouve pour ce stantard/classique Virginie Reno pour Ducretet Thomson, Jean Bretonnière chez Pacific, Miguel Armador pour Philips, Jean-Louis Tristan chez Barclay, puis Mouloudji chez Philips ; en 1959 par Michel Dumas chez Gem-Egex et plus tard en 1991 *Dania* sera revisité chez Carrère dans une production de Orlando, frère de Dalida, par *Les Vagabonds* sur un texte de Jean-Marie Moreau. Catarina Valente inaugure la décennie sixties avec en 1960 chez Decca *Prouve-moi que tu m'aimes* adapté de *Put Your Head On My Shoulder* sur un texte de Hubert Ithier ; la chanson sera enregistrée bien plus tard, et en anglais, par Richard Anthony et le cette chanson trouvera aussi sa place dans le répertoire du Canadien Pierre Lalonde chez Capitol et avec d'autres paroles par Jacques Fuoco sous le titre de *Embrasse-moi mon ange* ; Caterina Valente chez Decca avec *Tu fais danser mon cœur* reprend sur la transcription d'Hubert Ithier *My Home Town*, puis *Adam et Eve* (*Adam And Eve*) avec des paroles de Robert Chabrier que reprendra aussi le Canadien Eddy Grenier chez Météore. Il sera suivi par les reprises, avec le même texte de Jacques Plante, par Christian Dirson chez Baccara avec orchestre dirigé par Léo Chauliac, entre autres compositeurs pour Charles Trenet ; Claude Robin chez Vogue, Lita Mirial chez Decca ; Dalida chez Barclay ; Danièle Durpré chez Polydor ; Patrice et Mario pour la maison Odéon, Michel Dumas chez Gem-Egex ; Catherine Saint-Claude pour (et c'est bien la lettre « *B* » Biscothèque Lespeau ; Les Peter Sisters chez Vogue ; Elen Christian chez Barclay ; Fanny Audey chez Music Hall ; ; Sandra pour Welson Records, Marc Taynor chez Odéon ; Christian Borel chez Ducretet Thomson ; Gloria Lasso (autre concurrente de Dalida) chez Emi ; Roger Lalande chez Decca ; Freddy Vander chez Versailles ; Dario Moreno chez Philips ; Jacques Ary chez Vogue ; Serge Lenormand chez Trianon. Les Canadiens Les Habits Jaunes chez Laval avec un autre titre/texte à savoir *Dis-moi pourquoi* de Gaston Legault ; le Canadien Gilles Girard, chez Nobel, avec un titre/texte différent (non signé) *Tu es mon grand amour*. Gil Bernard chez Vega grave quant à lui *Amour insensé* d'après *Crazy Love*, tout comme Jean-Claude Dague chez Astroson et Virginie Morgan avec « son orgue et ses rythmes » chez Ducretet Thomson ; *Crazy Love* que reprendra en 1975 Guy Bonnardot chez Pathé/Emi, produit par Alain-Philippe Malagnac et… Johnny Hallyday ! qui deviendra sur un texte de Robert Bonnardot *Oui, je suis fou d'amour*, et sur le même 45 tours des années après Richard Anthony, Guy Bonnardot adapte *You're My Destiny* en *Destiny* sous le titre de *Destiny* avec Robert Bonnardot aux paroles. Rocky Volcano adapte *Saturday Dance* en 1961 chez Philips qui devient *Avec mes copains*. En 1962 Ria Bartok s'empare de *Hurry Up*

And Tell Me et grave chez Columbia *Ce n'est plus la peine* ; Jean-Pierre & Les Rebelles (qui compte parmi ses membres Michel Pelay futur batteur de Jacques Dutronc et compositeur notamment pour Claude François et surtout Michel Delpech) ne se privent pas des chansons de cet artiste international et enregistrent *Guitare et Copains* issu de *A Steel Guitar And A Glass Wine* sur des paroles de Maurice Tézé, que Sacha Distel inscrira à son répertoire en 1964. Lucky Blondo, tout comme la Canadienne Jenny Rock revisite aussi Paul Anka avec *L'autre nuit* (*Late Last Night*) en 1963 et *Une fille me sourit* (*I Love You Baby*) en 1964 chez Fontana. Sacha Distel repuise chez Paul Anka en 1962 dans *Eso Beso* avec Maurice Tézé aux paroles d'après *Eso Beso (That Kiss !)* suivi dans la foulée, avec le même parolier, par Gloria Lasso chez Pathé/Marconi et le Québécois Robert Demontigny avec Lucien Brien pour le texte en 1963 chez Trans-Canada. Toujours en 1962 au Canada Donald Lautrec adapte pour le label québécois Apex *Loves Makes The World Go Round* qui devient *Et l'amour unit le monde* et la Française Nathalie Degan reprendra en 1963 chez Pathé la même chanson de Paul Anka mais sous le titre de *Je n'y comprends plus rien* transcrit par Michel Jourdan. Françoise Hardy en 1963 chez Vogue avec *Avant de t'en aller* qu'elle emprunte à *Think About It*. Le groupe canadien Les Ramblers chez Cie de Disques Allegro avec *Ne joue pas l'amour* sur des paroles de Robbie Martien d'après *Don't Gambie Whith Love* ; Sylvie Vartan dans *Je ne vois que toi* (*I'm Watching You*) que Sylvie reprend aussi en anglais ; la chanson est également adaptée par Marianne Mille en 1963 pour Tiercé Panorama ; Sylvie Vartan en anglais avec *I'm Watching Every Little Move You Make*. Puis c'est au tour de Jocelyne chez Polydor en 1964 avec *Les Garçons* que Pierre Saka lui transcrit de *Boys Boy*. Thierry Vincent (alias Louis Locatelli et Lou Vincent des ex-Pingouins) la même année 64 chez Bel Air adapte *I'm The Lonely Blue Boy* qui devient transcrit par Michel Jourdan *Encore un jour sans toi* que le Québécois Gilles Brown adaptera sous le titre de *Donne-moi un peu d'amour* en 1972 pour le label québécois Disques Campus. Le bizarrement méconnu Alain Kan enregistre en 1964 chez Decca *Tu le sais* avec Nicole Desbiolles aux paroles en provenance de *Everyday* et sur le même 45 tours sur un texte de Ralph Bernet *L'Amour n'est pas de mon côté* d'après *Wrong Side Of Love*. La même année on trouve la Suédoise Cecilia Stam, alias Gundrun Gunhild, qui chez Barclay adapte *Young Lover* qui devient sous la plume de Michel Jourdan *Présente-moi ton frère*. De son côté, chez RCA, Victor Sacha Distel enregistrera *Ne dis rien* (*Let's Think About It*) avec des paroles de Maurice Tézé. La chanteuse Sophie qui était envoyée par Decca pour concurrencer Sylvie Vartan comme le fera Barclay avec Gilian Hills, effectue une des principales adaptations du crooner américain en juin 1963 avec *T'es pas seul au monde* d'après *Remember Diana* comme le fait d'ailleurs la même année Chris Valois chez Vega dans *T'es pas seule au monde*. Michèle Torr chez Mercury ne pouvait passer à côté du répertoire de Paul Anka pour enrichir le sien ainsi elle enregistre en 1964 chez Mercury sur des paroles de Bernard Michel *Quand je sors avec toi* d'après *Broken Heart (And A Pillow Filled With Tears)* qu'enregistre également Andrée Jobim chez Tournesol. Le groupe canadien Les Classels adapteront d'Anka *It's Easy To Say* qui donne *On dit ce que l'on sait* et *Le vent de la nuit* d'après *Crying In The Wind*. Nathalie Degand est toujours inspirée par Paul Anka en gravant chez Pathé en 1963 *Chaque nuit*, issu de *Every Night*. 1963 toujours quand Lucky Blondo chez Fontana, filiale de Philips, enregistre sur des paroles de Ralph Bernet *L'autre nuit* transcrit de *Late Last Night* tandis qu'au Québec Donald Lautrec en fait *Chaque nuit* chez Apex. La chanteuse-rockeuse Evy donne chez Decca sa version de *Crazy Love* en 1964 en gravant *Fou d'amour*. Sylvie Vartan grave une version française de *U.S.A.* sous le titre de *Viens danser le surf*, cover cependant demeurée inédite à ce jour. Le groupe canadien Les Assassins (ex-Maraudeurs et ex-Blue Angels) reprennent d'Anka son *It's Time To Cry* pour en faire *Tu peux pleurer*. La même année 1964 c'est Ria Bartok qui, chez Columbia, est sensible à *Hurry Up And Tell Me* ce qui donne dans sa version française *Ce n'est plus la peine*. Toujours 1964 avec Lucky Blondo qui enregistre chez Fontana *Une fille me sourit* adapté de *I Love You, Baby* par Frank Gérald. Toujours la même année Michel Cogoni apprécie *No, No* et enregistre *Non, non* chez Philips tout comme Michel Laurent le fera en 1965 chez Decca. Au Canada sur le label québécois Citation on trouve en 1966 la reprise de *Lonely Boy* avec *Trop seul sans toi* par César et les Romains. *Pauvre cœur* en 1967 est la reprise de *Poor Old World* que propose Michèle Torr chez Mercury avec Frank Gérald aux paroles. En 1969 Jocelyne à nouveau avec *Je ne peux pas l'oublier* chez Barclay-Trans-Canada « Vedettes ». Toujours 1969 Barbara Suissa chez Philips série « Parade » sur un texte de Lucky Blondo *Il faut laisser les cloches sonner* d'après *Lets The Bells Keep Ringing* et l'année suivante pour la même firme de disque la collaboration avec Blondo continue et Barbara Suissa enregistre *Minuit* emprunté à *Midnight*. Esther Galil enregistre chez Barclay en 1971 *J'attends l'homme* sur un texte de Ann Gregory d'après *She's A Lady*, morceau qui n'a rien à voir avec la chanson de Tom Jones. En 1975 au Canada Donald Lautrec avec *Je n'aime pas dormir tout seul* adapte littéralement chez Deram *I Don't Like To Sleep Alone*. En 1977 Nicoletta reprend *The Painter* qui devient littéralement, chez Barclay, *Le Peintre* sur des paroles d'Eddy Marnay ; et la même année, Sylvie Vartan reprend, en anglais, *Jubilation* au Palais des congrès. En 1979 chez Philips, Mireille Mathieu enregistrera plusieurs chansons adaptées du répertoire de Paul Anka, toutes transcrites/écrites par Eddy Marnay sur « Mireille Mathieu chante Paul Anka » ; parmi elles il y a deux duos avec Anka ainsi de *Comme avant* d'après *How Can Anything Be Beautiful* (*AfterYou*) et de *Toi et Moi* en provenance de *You And I*. Viennent ensuite *Andy* (*Andi*), *La porte fermée* (*Closing Doors*), *Parle à ma vie* (*Life Song*) chanson qu'avait reprise en 1978 Régine avec *Seule dans un lit* transcrit transcrit par le même Eddy Marnay ; *Un manège en hiver* (*Leave It All To Me*).

J'ai retrouvé ma liberté

Michel Jourdan

18e 33 tours, Flèche 6450 504, juin. N'existe pas en 45 tours original. Arrangements et direction d'orchestre de Jean-Claude Petit.

Adaptation de ***Lover's Rainbow Wonderland*** (Variété anglo-allemande).

John O'Brien-Docker / Rolf Soja

Version originale enregistrée par **John Tuner** en 1972 pour Roba Music/Philips.

Les œuvres de Rolf Soja ont en l'occurrence inspiré la reprise de Nana Mouskouri avec *Lieder, Die die Liebe Schreibt.*

Les auteurs de l'original ont souvent donné dans les chansons pour l'Eurovision et pour la chanteuse Baccara. Être moins libre ou plus libre quand elle est là, telle est la question que pose le texte et dont on retrouve un écho dans *Pourquoi toi* en 1977 qui lui est de meilleure facture en dépit du fait que c'est un disco. En gros, cette adaptation est ce qu'on fait de plus racoleur en variété/variétoche sirupeuse. La couleur, l'ambiance de la mélodie, le climat violoneux sont de plus très très inspirés de *Che Sara* de José Feliciano ou *Qui saura* de Mike Brant.

Notre dernière chanson ensemble

Eddy Marnay

19e 33 tours, Flèche 6325 675, décembre. N'existe pas en 45 tours original. Arrangements et direction d'orchestre de Michel Bernholc.

Nana Mouskouri inscrit pour Philips série « Parade » la chanson à son répertoire avec un titre et un texte différent de Claude Lemesle *La première chanson ensemble.*

Adaptation de ***Our Last Song Together*** (Variété/country américaine).

Neil Sedaka / Howard Greenfield

Version originale enregistrée par **Neil Sedaka** pour le compte de MGM en juillet 1973 ; classé en Angleterre n° 31 en août.

D'autres interprètes ont inscrit ce titre à leur répertoire ainsi de Bo Donaldson and the Heywoods, Bobby Sherman en 1975 chez Janus, Gleen Yarbrough And The Limeliters,

Annie Whittle. Ce slow orienté vers des couleurs country, sur des images réalistes et sans détours, sonne le glas d'une union. Chez Claude François celle-ci est terminée réellement quant à la version de Nana Mouskouri la fin d'une belle histoire est à l'horizon des couplets, la souffrance de la rupture est prévue mais c'est dit comme pour conjurer le sort. De l'espoir avec la chanteuse ; l'optimisme est d'abord de rigueur même si plus tard les choses peuvent tourner à l'orage. Pour l'Artiste, c'est plié.

Sha la la (Hier est près de moi)

Eddy Marnay

19e 33 tours, Flèche 6325 675, décembre. 44e 45 tours, Flèche 6061 190, février 1974. 23e 33 tours, Flèche 6325 683. Arrangements et direction d'orchestre de Michel Bernholc. « Claude François sur scène. Été 75 », octobre 1975.

1re entrée dans le hit-parade de SLC et meilleur classement, n° 4 en février 1974.

Enregistré en 1973, chacune de leur côté, par deux Canadiennes, savoir Anne Renée avec titre et texte différents, *Quand j'étais un enfant* sur un texte de Guy Auger chez Nobel ; puis par Chantal Pary sous le titre de *Sha la la.* Par le boys band G Squad en 1998 On peut retrouver une version française récente du titre par Acclaim sur le CD « Cloclomania », conçu par Béatrice Ardisson en 2003. Sous le même titre que Claude François par Michèle Torr en 2008.

Adaptation de ***Yesterday Once More*** (Variété anglaise).

Richard Carpenter

Version originale enregistrée par **The Carpenters** en 1973 pour le compte de A&M sur l'album « Now And Then », le titre se classe en Angleterre n° 3 en juillet et n° 5 le même mois aux États-Unis.

Il existe, inclus pays d'Europe, plus de 132 reprises de cette chanson. On comptera parmi elles Ray Conniff en 1973 chez Columbia tout comme The Four Jets ; Moe Bandy, Petula Clark, The Ventures, Rose of Avalanche, Beverley Woung chez Trojan ; en 1973 The Ventures, Floyd Cramer Peter Nero ; en 1976 par The Brothers Four, Anita Harris en 1976 ; The Spinners en medley en 1981 ; Redd Kross en 1994 ; Fire-Ball en 2004 ; en 2006 Laurent Voulzy, en duo avec la chanteuse Lenou, sur son CD « La Septième vague », chez RCA, reprend ce titre en anglais ; la même année Cliff Richard with Daniel O'Donnell chez Emi sur « Two's Company ». Les dernières versions sont récentes avec en septembre 2020 celle de Joshua James and Reesa James, et celle de Twinkle Little Rock Start en septembre 2021.

De la nostalgie à revendre et avant l'heure. Évocation du temps où, quand il était plus jeune, le chanteur écoutait à la radio ses chansons préférées, celles en fait qui ont construit sa vie ainsi que les histoires d'amour qui y sont liées. Déjà, en 1973, Claude François convoque un registre nostalgique de l'époque SLC/idole et ce, bien avant *Cette année-là*. La mélodie des Carpenters est imparable, le choix est judicieux. On est dans un monde musical et mythique qui lui sied tellement naturellement que là encore, c'est la taille au-dessus. Une autre adaptation des Carpenters est effectuée en 2002 par Thierry Gali chez Sony avec *Chante Noël* issu de *Sing A Song* sur le CD « Thierry Gali chante Noël » ; et en 2016 chez Universal la chanteuse Cœur de Pirate s'empare de *Good Bye To Love* qui devient *Pour la première fois Noël sera gris* déjà enregistré en 1972 au Canada par Anne Renée sur le label québécois Nobel.

1974

Le mal-aimé

Eddy Marnay

45e 45 tours, Flèche 6061196, juillet. 21e 33 tours, Flèche 6325 678, juillet. Arrangements et direction d'orchestre de Raymond Donnez. 23e 33 tours, Flèche 6325 683, « Claude François sur scène. Été 75 », octobre 1975.

Une version avec les couplets et les refrains en anglais sur le CD Sony Music/Versailles 473663 2 « My Boy » en 1993.

Après la reprise en 2003 d'Arthur H & Macia chez Naïve pour l'album « Cloclomania » conçu par Béatrice Ardisson, une nouvelle version est enregistrée en 2007 par Clarika pour l'album hommage « Claude François, autrement dit… » chez Universal/Mercury.

1re entrée dans le hit-parade de SLC, n° 6 en juin 1974, n° 1 en août.

Adaptation de ***Day Dreamer*** (Variété anglaise).

Terry Dempsey / Angela

Version originale enregistrée par **David Cassidy**, en septembre 1973 pour le compte de Bell Records sur son album produit par Rick Jarrad « Dreams Are Nuthin'More Than Wishes ».

Le titre est classé avec le couplage du titre *Puppy Song*, n° 8 en octobre et n° 3 en novembre, en Angleterre. La chanson est reprise par Cilla Black en 1974 sur son album « In My Life » chez Emi. David Cassidy, fils de l'acteur américano-irlandais Jack Cassidy, commence en solo au début des années 70 ; très vite ensuite il enregistrera avec Partridge Family. Sylvie Vartan aussi emprunta un titre de David Cassidy avec *I'll Meet You Halfway* qui devint *La Moitié du chemin*.

C'est plus qu'un simple caprice. Et d'ailleurs il n'y en a pas du tout. C'est, avec *Le Chanteur malheureux*, une réalité, du vécu. L'Artiste était persuadé d'être mal aimé – vu ce qui se passe à l'époque, ce qui se dit, la concurrence qui veut l'écorcher tant en musique qu'en hit-parades et autre presse, on peut le comprendre – donc et c'est pas du tout le numéro de la star maudite. Un soir, avec Eddy Marnay dans un restaurant de la butte Montmartre, l'artiste fermentait sec en se lamentant.

Personne ne l'aimait, n'appréciait son art, ne le comprenait ; les choses lui échappaient des mains. L'idole se sentait déconnectée d'une réalité sociale qui le rejetait. Il n'était pas loin d'avoir raison. Il savait n'être pas, disons, « apprécié » par l'intelligentsia, sensible, il souffrait du mépris injustifié. L'auteur fécond en l'écoutant imagine immédiatement l'idée du type mal aimé, mal vu, déconsidéré, de celui qui essaie de dire « mais non, je ne suis pas comme vous seriez tentés de le croire ». Ainsi la chanson est née, d'un morceau d'épreuve existentielle. Il fallait faire quelque chose. Le texte court, pour chacune de ses phrases, est à toute épreuve, imparable dans la description, c'est simple et lumineux en même temps. Très dur à écrire si l'idée et le mot précis ne viennent pas tout de suite. C'est sur le 45 tours et le 33 tours correspondant que l'Artiste étrenne sa nouvelle coiffure avec la raie au milieu, même coiffure donc que le gamin David Cassidy. Changement de coiffure pas de très bon augure pour l'Artiste, signe des temps, rupture avec l'apport esthétique des sixties. Cette coiffure va avec le reste, les nouveaux costumes de scène s'accordent à cette nouvelle communication visuelle qui n'arrangera pas les affaires et l'image de Claude François. C'est un peu comme l'esthétique des pochettes de disque. Jusqu'en 1970 il y a des pochettes superbes mais ensuite, exception faites pour celle du 33 tours *Y'a le printemps qui chante* de 1972 avec la photo prise par Jean Loup Sieff, et du 33 tours de 1975 du *Chanteur malheureux*, ça devient vraiment difficile.

1975

Je chante des chansons

Frank Thomas

24e 33 tours, Flèche 6325 684, décembre. N'existe pas en 45 tours original. Arrangements et direction d'orchestre Jean-Claude Petit.

Adaptation de ***I Write The Songs*** (Variété américaine).

Bruce Johnson

Version originale enregistrée par **Barry Manilow**, chez Arista et classée aux États-Unis n° 8 en décembre 1975 et n° 1 en janvier 1976.

L'interprète original de *Le mal aimé* David Cassidy s'offrit l'œuvre tout comme John Rowles, celui de *Chut plus un mot* qui en passant reprit aussi le *Mandy* de Barry Manilow ; puis encore : Big Daddy, Me First & The Gimme Gimmes,

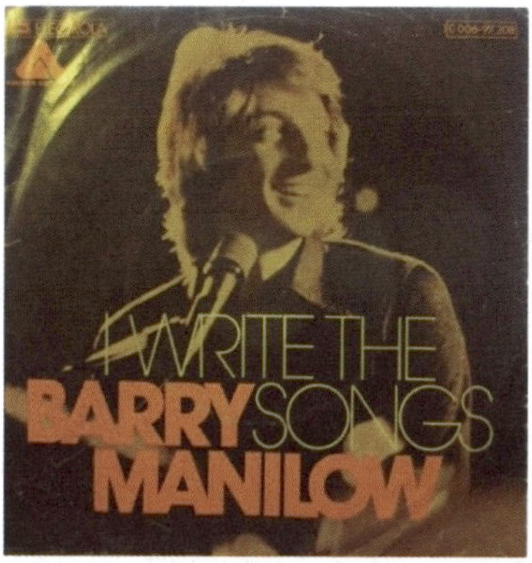

Captain And Tennille. L'enregistrement par ces derniers, un duo féminin, date de 1975. Elles chantent à peu près comme les Carpenters et sont aussi à l'origine de reprises comme celle du *Happy Together* des Américains The Turtles, chanson adaptée en 1967 chez Barclay par Frank Alamo sous le titre de *Heureux tous les deux*, adaptation qu'effectuera aussi Martin Circus en 1975 chez Vogue. Capitain and Tennille ont pour nom Daryl Dragon et Toni Tennille ; elles ont également enregistré le *Daydreamer*, de David Cassidy. Ray Conniff Singers avec ses renforts de voix et d'orchestrations démesurées ne pouvaient, de leur côté, manquer ce titre.

Je chante des chansons est quasiment, après quatorze ans de carrière, la profession de foi de Claude François. Il s'ouvre, se confie et dit pourquoi il fait ce métier. C'est un titre d'idole qui évoque le pourquoi d'une carrière plus que bien menée et son résultat affectif et chiffré. Le texte fait « avouer » au chanteur le pourquoi profond qui a motivé cet apostolat qu'est la chanson. Il donne l'impression de s'en rendre compte seulement au moment même où il nous le confie, avec grande classe et magnificence, dans le refrain : c'est que quelquefois, parmi les centaines de titres qu'il a enregistrés, il y en a peut-être un qui peut servir à arranger les choses pour une histoire d'amour, de couple, de rupture, de cour à faire etc. La mélodie, les arrangements et les orchestrations de cette chanson quasi testamentaire valent véritablement le détour. Rythmes, couleurs, et harmoniques différents mais qui s'assemblent comme dans une mosaïque dont les éléments sont subtilement reliés entre eux.

Quelques artistes français ont été bien inspirés par le répertoire de Barry Manilow ainsi d'Alain Chamfort en 1975 dans *Le temps qui court* d'après le fameux *Could It Be Magic* que reprend sous le même titre le boys band Alliage en 1997 ; Line Renaud enregistre chez CBS *Copacabana* de *Copacabana, At The Copa* en 1978. Richard Anthony la même année adapte *Lay Me Down* dans *Laissez-moi dériver sur la mer* avec au texte deux plumes majeures savoir Pierre Delanoë et Claude Lemesle ; toujours Richard Anthony avec en 1983 *Bonjour mélancolie* écrit par Claude Lemesle en provenance de *Somewhere Down The Road*.

Il ne me reste qu'à partir

Eddy Marnay

48e 45 tours, Flèche 6061 856, juin. 22e 33 tours, Flèche 6325 681, juin. Arrangements et direction d'orchestre de Raymond Donnez.

En 1968 chez Polydor, Géraldine, chanteuse française genre très pop du moment, avait déjà effectué un enregistrement de ce titre qui est une adaptation (voir ci-dessous) en gravant *Une fleur, un oiseau* sur des paroles de Jean-Loup Chauby et Bob Du Pac. On retrouve cette version sur la série de CD « Pop à Paris ». Deux reprises au Canada avec, en 1971, le duo Yves Martin et Gilles Brown sur le labecl québécois Campus, et la même année et même label, par Michel Pilon.

Adaptation de ***I'm Leaving It (all) Up To You*** (Variété/country américaine).

Dewey Terry / Don Bowman Harris

Version originale enregistrée par **Don And Dewey** en 1957 pour label Speciality Record.

Avant de former avec Don Harris (1938-1999) le duo qui engendra ce standard, Dewey Terry (1938-2006) fonda avec Don Bowman en 1954, alors qu'il était encore à l'école, le groupe que l'histoire du rock connaîtra sous le nom de The Squires. Le groupe comprendra également Bob Armstrong, Leon Washington et Lee Goudreau. Repris ensuite par le duo Dale & Grace (Dale Houston et Grace Broussard) chez Montel et London, en octobre 1963 ; ce duo, un homme et une femme, se classe n° 4 aux États-Unis en novembre. Le duo **Donny And Marie Osmond** popularise le standard pour la MGM en juillet

1974 et classe la chanson n° 5 en Angleterre en septembre et n° 10 aux États-Unis le même mois ; à l'écoute des arrangements et du phrasé, est à l'évidence cette version qui a suscité chez l'Artiste l'idée comme l'envie d'en faire une adaptation. Le même cas s'est présenté avec Donny Osmond avec *Sur ton visage un sourire.*

Bien d'autres artistes vont s'emparer du standard ; en 1964 on peut entendre les versions de Bill Anderson chez Decca ; de The Artistics chez Okey ; de Billy Vaughn. En 1964 Sylvie Vartan en fait une version sous le titre de *Ja Oder Nein.* The Righteous Brothers en 1966 tout comme Sonny And Cher. Long John Baldry en 1968 ; Elvis Presley la même année. 1970 connaît les prestations de Linda Ronstadt chez Capital sur l'album « Silk Purse » qui en fera d'ailleurs un duo de circonstance avec Waylon Jennings ; Bill Anderson en duo avec Jan Howard chez Decca sur l'album « If It's Ail The Same To You » ; Johnny And Jonie Mosby. Bobby Vinton (le crooner américain qui a créé *Mr Lonely* en 1964 et que reprend Johnny Hallyday en 1965 avec *Quand revient la nuit*) donne sa version en 1972. On retiendra également les versions de The Chantays ; le duo québecois Yves Martin et Gilles Brown en 1971 sous le titre de Il ne faut pas pleurer. Nino Tempo and April Stevens sur « Dee Purple » pour Arrival Records en 1982. Jim Ed Brown And Helen Cornelius en 1976. Freddy Fender en 1978. 1988 avec deux versions, celle de Nicky Steven And Alber West puis de La Vern Baker And Ben E. King. Une version reggae par Maroons en 1995. Tom Jones With Tanya Tucker en 1997. L'An 2000 avec Garry Hagger With Krist'l. Danny Fabry en 2002. Une version flamande avec Willy Sommers, Lisa Del Bo & Luc Steeno en 2003 sous le titre de *lk Laat 't Nu Verder Aan Jou.* Jimmie Vaughan en 2010.

Comme pour beaucoup d'adaptations chez Claude François, celle-ci revient de loin ; l'empreinte mélodique type des années 50 de l'original n'est pas estompée dans la reprise des Osmond arrangée au goût du jour. Sur une mélodie très efficace mais trop proche de la variété racoleuse – ça arrivait quand même dans les années 50 –, ce titre relate on ne peut plus simplement, et donc efficacement, la fin d'une liaison à l'issue de laquelle il ne reste plus au chanteur/Claude François qu'à partir.

1976

C'est le reggae

Eddy Marnay

26e 33 tours, Flèche 9101 928, décembre 1976. N'existe pas en 45 tours original. Arrangements et direction d'orchestre de J.C. Hartley.

Adaptation de ***Reggae Like ft Used To Be*** (Variété anglaise).

Dominic Bugatti / Frank Musker

Version originale enregistrée par **Paul Nicholas**, pour la maison RSO en mars 1976 ; classé n° 17 en avril en Angleterre.

Nicholas est un original dans son esthétique dont l'allure avec un chapeau haut de forme et un rictus clownesque ferait presque penser au principal acteur du film de Stanley Kubrick Orange mécanique. Né en décembre 1945 à Peterborough en Angleterre, ce personnage continue une bonne carrière dans la chanson et le cinéma. Paul Nicholas avait effectué une superbe reprise, sans doute la meilleure avec celle de Statu Quo, du *When You Walk In The Room* de Jackie de Shannon adapté par Claude François sous le titre de Les cloches sonnaient. L'auteur et le compositeur anglais avaient aussi écrit pour la chanteuse Sheena Easton. Cette interprète inspira en français Sylvie Vartan avec son *Morning Train* qui est devenu chez nous *L'Amour c'est comme une cigarette*, et aussi pour le groupe vocal féminin The Three Degrees. Titre pour signaler à son public qu'il faut suivre le mouvement et qu'on est à la mode en écoutant du reggae. Sans grand relief malgré une bonne orchestration dans laquelle, au beau milieu du titre, l'orchestre s'arrête quelques secondes pour laisser place aux premières mesures de la 5e de Beethoven par les violoncelles, au moment ou le texte parle du compositeur allemand, par dérision s'entend.

Mandy (Toutes les filles de ton âge)

Didier Barbelivien

26e 33 tours, Flèche 9101 928, décembre 1976. N'existe pas en 45 tours original. Arrangements et direction d'orchestre Jean-Claude Petit.

En 1984, Mireille Mathieu enregistre la chanson avec un texte différent sous le titre de *Appelle-moi*.

Adaptation de ***Brandy*** (Variété australo-américaine).
Richard Kerr / Scott English

Version originale enregistrée par le crooner-rocker australien **Scott English** alias Jon English ou Shelton David English, chez Trojan en septembre 1971, et qui classe le titre n° 2 en Angleterre en novembre de la même année.

Le titre trouve distribution un peu partout avec presque toutes les firmes américaines du moment dont ABC Paramount, A&M, Capital etc. ; Fontana en Belgique. En 1972 le crooner néozélandais Bunny Walter grave une version presque identique à celle de English chez Impact. Popularisé par **Barry Manilow**, chez Arista en janvier 1975 sous le titre de ***Mandy*** ; classé n° 3 aux États-Unis en janvier et n° 15 en mars en Angleterre. La version de Barry Manilow a en fait rendu complètement inexistante l'originale de English.

Le titre compte environ 115 versions dans le monde. Le crooner néonzélandais Bunny Walter en 1972. Andy Williams en 1975. Puis par Westlife ; Drop Nineteens ; Langley Schools Music Project ; Monte Montgomery ; Soul Asylum ; Patry Pravo ; l'Italien Sergio Denis en 1979 sous le titre de *Mandy* ; Christian Wunderlich ; John Rowles. Le crooner classique allemand Helmut Lotti en 2003 sur label Piet Roelen. Donny Osmond en 2007. De leur côté, les Australo-américains The Human Nature sur leur album « Album Vegas Songs From Sin City » ont gravé l'œuvre à leur tour pour la firme Sony/BMG en 2010. Une des deux collaborations du prolixe Didier Barbelivien, l'autre étant, *Dimanche après-midi*. En 1980 chez

Polydor, Marie Myriam, également sur un texte de Didier Barbelivien, enregistrera *Noël* d'après *One Voice* gravé en 1979 par Barry Manilow pour Arista ; dernière en date par Karizma Duo en décembre 2020.

1977

Chaque visage dit une histoire

Eddy Marnay

27e 33 tours, Flèche/Carrère 67 179, juin. N'existe pas en 45 tours original. Arrangements et direction d'orchestre de Jean-Claude Petit.

Adaptation de ***Every Face Tells A Story (It Never Tells A Lie)***. (Variété anglaise).

Michel Allison & Peter Sills / Donald Black

Version originale enregistrée par **Olivia Newton John** pour Emi-Electrola sur « Don't Stop Believin' » en octobre 1976. Puis par Cliff Richard chez Emi en mars 1977.

Une lecture du visage, pour parler d'une jeune femme qui a l'intention de rompre. Les traits, les yeux, les expressions trahissent et laissent deviner les intentions. Le texte parle du décryptage des rictus du visage et le chanteur y pressent la rupture. L'idée de départ est intéressante, mais le morceau ne convainc guère dans cet album de 1977 où la greffe du Shadow ne prend pas. L'original de Cliff Richard ne classa que très loin ce titre dans les hits d'outre-Manche.

Drame entre deux amours

Claude François & Vline Buggy

27e 33 tours, Flèche/Carrère 67 179, juin. 60e 45 tours, Flèche/Carrère 49 308, septembre. Arrangements et direction d'orchestre de Jean-Claude Petit.

En 1979 au Québec chez Outre-Mer le label de René Angeli, par Carole Lafleur avec *Je vous aime tous les deux* rejoint excellement le point de vue féminin de Mac Gregor tout comme sa compatriote canadienne Jenny Rock le fera en reprenant le titre en 1986 chez Mauve.

Adaptation de ***Torn Between Two Lovers*** (Country/variété américaine).

Peter Yarrow / Phil Jarrell

Version originale enregistrée par **Mary MacGregor**, chez Ariola America en janvier 1977 ; classé n° 2 aux États-Unis en février et n° 7 en mars en Angleterre.

Une histoire impossible, un homme entre deux femmes, l'amante et la mère des enfants. Une chanson un peu autobiographique, avec une bonne explication dans le texte. La mélodie, sur un rythme lent, de Peter Yarrow (de Peter, Paul and Mary), compositeur du *Dragon magique* (*Puff*), est belle mais efficace tant elle s'accorde au sens profond du texte ; les notes et les mots s'accordent et la voix de MacGregor est à tomber. Faut bien que cela arrive de temps en temps, mais on aurait pu se passer de cette reprise.

Enfin

Eddy Marnay

27e 33 tours, Flèche/Carrère 67 179, juin. N'existe pas en 45 tours original. Arrangements et direction d'orchestre de Jean-Claude Petit.

Adaptation de ***Smiley*** (Variété anglaise).

Terry Dempsey

Version originale enregistrée par **Petula Clark** pour CBS en 1978 sur son album « Songbird » consacré à ses show à la BBC.

La chanson est écrite par l'auteur-compositeur de *Daydreamer* (*Le Mal Aimé*) Enfin, dit la chanson, le texte fait retrouver le sourire, le chanteur commence à oublier celle qui est partie. C'est la fin d'un calvaire enduré suite à une rupture. Tout va mieux et l'on retrouve le goût de vivre, d'écouter un disque, de revoir des amis. L'Artiste va mieux. Tempo lent avec cordes douces en filet, le titre passe tout seul, vraiment tout seul.

Je vais à Rio

Eddy Marnay

58e 45 tours, Flèche/Carrère 49 276, mai. 27e 33 tours, Flèche/Carrère 67 179, juin. Arrangements et direction d'orchestre de Jean-Claude Petit.

La chanteuse flamande, une ancienne de chez Flèche, Liliane Saint-Pierre, reprend la chanson en flamand en 1997. On retrouve notamment Peter Allen sur « Cloclomania », le CD conçu par Béatrice Ardisson en 2003 chez Naïve.

Adaptation de ***I Go To Rio*** (Variété/anglo-australienne).

Peter Allen / Adrienne Anderson

Version originale enregistrée par **Peter Allen** sur son album « Taugh By Experts », pour A&M en 1977.

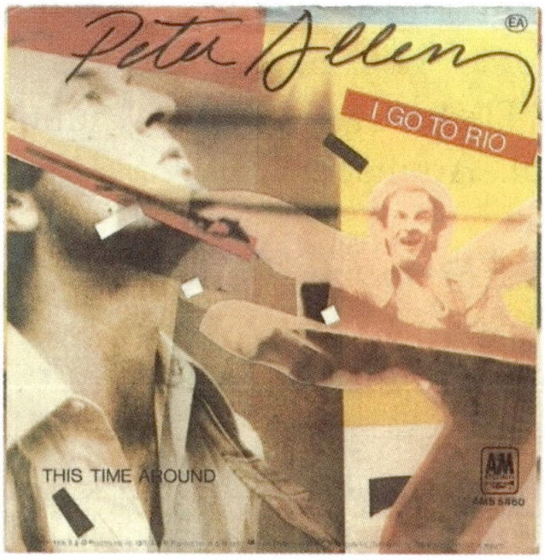

Né en 1944, Peter Allen Woolnough effectue de bons et prometteurs débuts de carrière en Australie avec son duo Allen Brothers. Artiste se produisant à la fois en Asie, en Océanie et en Angleterre, Allen reste l'un des premiers chanteurs « cosmopolites » par la géographie nomadisante de sa carrière et les thèmes abordés dans certaines de ses chansons comme *I Go To Rio.* Il y a un côté Manu Chao avant l'heure. D'autres artistes anglo-saxons ont repris le titre, comme Peggy Lee en 1977 sur son album « Peggy » chez Polydor. *I Go To Rio* connaîtra une nouvelle vie en 1979 par le combo américain Pablo Cruise pour le compte de A&M.

D'un sourire, le chanteur part à Rio. Paroles alertes qui commencent à entrer dans l'ère festive et tropicale, seul lieu socio-géographique où la « fête » est possible, crédible, acceptée. « Ceux qui n'ont que des fleurs dans le cœur » ne sourient peut-être pas tous les jours. Le visage souriant d'une fille est plus d'obédience ensoleillée même là où la misère sévit fortement et, par contraste, il fait gris à Paris, donc en Occident etc. C'est donc mieux ailleurs… Fallait-il commencer à faire dans ce politiquement correct de seconde zone ? Arrangements et orchestration complexes et de haute volée surtout pour les cuivres et les chœurs. Guy Floriant, le directeur artistique du moment, se souvient encore des allers-retours Paris-Londres pour les prises des chœurs et des cuivres, et pour la complexité de leur mixage.

En tout cas, le résultat est là, excellent. Une seule fois en public, en 1981, Sylvie Vartan chantera un titre, en anglais, de Peter Allen, *Bi-Coastal.*

Quand je chanterai une chanson d'amour

Claude François & Vline Buggy

27e 33 tours, Flèche/Carrère 67 179, juin. N'existe pas en 45 tours original. Arrangements et direction d'orchestre de Jean-Claude Petit.

Adaptation de ***Everytime I Sing A Love Song*** (Country américaine).

Gloria Sklerov / Phyllis Molinary

Version originale enregistrée par **John Davidson** en 1976 pour 20'h Century Records sur l'album « Everytime I Sing A Love Song ».

La même année par **Glen Campbell** sur son album « Bloodline » chez Emi/Capitol. Jon English chez Polydor pour l'album « Minutes To Midnight » en 1977 produit par Richard Lush. Puis Billie Joe Spears, Texane de son état, une des reines de la country ; Larry Stephenson.

Cette œuvrette country n'avait pas été écrite par n'importe qui. Pour ce qui la concerne, Gloria Sklerov est une grande de ce genre musical et a même obtenu un Emmy Award. Chanteuse durant 25 années, elle a collaboré avec de grands noms, ainsi Frank Sinatra, Peggy Lee, Dionne Warwick, Kenny Rogers, Cher, ces trois derniers repris pour d'autres titres par l'artiste. Chaque fois qu'il chantera une chanson sentimentale dans les villes et les foires, l'idole transmet un message subliminal pour chaque *fan* féminine : c'est pour elle qu'il chante. Si la mélodie est de bonne facture, le texte rame. Même dans les folles et exceptionnelles sixties où le mot « idole » a une signification symbolique rattachée au monde du rock, en 1977 cet opus et un peu le cheveu dans la soupe c'est pas mieux que dans la chanson à la même thématique, *Pourquoi pleurer*, de l'année précédente et de « l'inédit » *Bye bye petite julie*. Faut bien que cela arrive de temps en temps, mais on aurait pu se passer de cette reprise : elle ne sert pas le chanteur tout comme ces titres qui s'inscrivent dans le registre d'une « *fanologie/whouaa* » au moment ou des Souchon, des Balavoine et des Renaud commencent à arriver. Sans faire comme eux s'entend, il y avait sans doute mieux à faire… Par ailleurs, cette adaptation est très loin de la qualité de production de l'original, c'est vrai que chez Claude François ça arrive rarement ; un coup de mou ?

Statues sans cœur

Claude François & Vline Buggy

27e 33 tours, Flèche/Carrère 67 179, juin. N'existe pas en 45 tours original. Arrangements et direction d'orchestre de Jean-Claude Petit.

Adaptation de ***Statues Without Hearts*** (Variété/country américaine).

Larry Gatlin

Version originale enregistrée par **Larry Gatlin And The Family And Friends** chez Monument KZ en 1975.

Appelée aussi Larry Gatlin And Brothers, cette formation est un trio texan qui a débuté dans des shows à la télévision d'Abilène. C'est au début des années 70, lors d'une rencontre avec une légende de la country, Dottie West, que Larry Galtin a pu approcher avec ses deux frères, Steve et Rudy, les studios de Music/Monument Records. Plusieurs Grammy, dès 1971, ont récompensé les chansons de Larry Galtin.

Dans la série des chansons de l'artiste qui n'ont pas eu le succès qu'elles auraient dû avoir, celle-ci retrouve *Ce monde absurde*, *Dans une larme*, *Jeu dangereux*, *Dans les Orphelinats*, *Geordie*, *Le Martien*, *Les Petites Souris*, *Monsieur le businessman*, *Olivier*, *On est qui on est quoi*, *Où s'en aller*, *Petit jésus*, *Pour un peu de bonheur*, *Un homme libre* etc. Dès le second couplet, le thème quitte d'intéressantes et originales considérations de problèmes liés à la société et au monde pour les évoquer quant à leur répercussion éventuelle sur le couple du chanteur. Ça « gâche » un peu l'ensemble, non pas cet aspect lui-même qui est tout à fait respectable et bien sûr très important, mais par la façon un peu mièvre qui le traite. Voir *Où s'en aller* pour ce trait spécifique. Une entrée majestueuse avec les cordes, une rythmique tranquille et discrète, voilà de quoi, dans de bonnes conditions musicales, entamer un réquisitoire édulcoré sur la robotisation de la vie quotidienne à tel point que la parole, la communication sont coupées, deviennent médiocres ou impossibles. La chanson traitait donc ce problème à une époque où déjà les problèmes aigus de communication se posaient malgré le paradoxe qui résidait, et réside toujours, dans le fait des possibilités extrêmes de communication, justement. Cette chanson, à l'époque, tombait à pic. Aujourd'hui, il faudrait en remettre une couche. En 1975, chez Barclay, Eddy Mitchell s'était penché sur le répertoire de Larry Gatlin et il trouva intéressant pour lui d'enregistrer sur « Made In USA » *Le mauvais côté* d'après *Delta Dirt.*

L'Amour vient, l'amour va

Eddy Marnay

29e 33 tours, Flèche/Carrère 67 215, décembre. Sortira sur le 68e 45 tours, Flèche/Carrère 49 438 en septembre 1978. Arrangements et direction d'orchestre Jean-Claude Petit.

Adaptation de ***Easy Come, Easy Go*** (Variété américaine).

Michael Bacon / Larry Gold

Version originale enregistrée par **Michael Bacon** sur l'album « Love Song Believer ».

Le même Michael, en 1993, avec son frère Kevin pour Monument/CBS sous leur nom d'artistes les Bacon Brothers. Ils enregistrèrent plusieurs albums mais avant, pendant plus de vingt ans, ils composent et écrivent pour les autres ; ainsi de Perry Como, Carlene Carter, Peter Yarrow, Jerry Lee Lewis etc… Le groupe Odyssey, en 1977, chez RCA. À ne pas confondre avec la chanson du film qui porte le même titre, par Elvis Presley puis avec le *Easy Come, Easy Go* de Bobby Sherman, des Sutherland Brothers et celui de George Strait.

On se laisse facilement aller sur ce tempo crypto-calypso, qui balance tout en restant lent. Le texte fait ce qu'il dit : ça va, ça vient. Questionnement naturel sur l'amour et sa durée, tant dans l'heure ou la nuit qui vient que dans la vie. Une réflexion philosophique, ambiance calme, presque fataliste, le nez en l'air car la musique allège le propos plus mélancolique.

Écoute ma chanson

Vito Pallaviccini / Claude François & Yves Dessca

29e 33 tours, Flèche/Carrère 67 215, décembre. Sortira sur le 67e 45 tours, Flèche/Carrère 49 395 en septembre 1978. Arrangements et direction d'orchestre de Nick Ingman.

Claude François avait enregistré sur cette mélodie d'autres paroles ce qui donnait une chanson au titre de *Les mains sur le volant (comme un chauffeur blessé)*.

Version italienne en 1978, *Qui Lade Ferma Qui*. Version anglaise ***So Near And Yet So Far*** sur le 61e 45 tours, Emi/

Pathé-Marconi 2C006-600 10, octobre 1977 ; premier disque 45 tours en anglais de l'artiste sortant officiellement en France. 28e 33 tours Emi/Pathé-Marconi 2C068 99141, octobre ; premier disque 33 tours en anglais de l'artiste sortant officiellement en France. 31e 33 tours, Emi/Pathé-Marconi 2C068-60686, juin 1978. Cet album où l'artiste chante exclusivement en anglais a été produit en 1977 par Norman Newell, Roger Greenaway et Gil King.

Adaptation de ***Qui Lade Ferma Qui*** (Variété italienne).

Toto Cutugno / Vito Pallaviccini & Norman Newell

Little Anthony and The Imperials enregistreront la chanson en anglais. Vito Pallavicini et Toto Cutugno ont bien servi Joe Dassin pour ses reprises qui devinrent en français *L'Été indien* (*Africa*), *Il était une fois nous deux*, *Salut*, (ces trois titres cosignés Salvator Cutugno) et *Et si tu n'existais pas* (cosigné Toto Cutugno) ; Hervé Vilard se fournit également chez les deux Italiens avec *Reviens* en 1980 (*Il Cielo E Sempre Un Po' Più Blu*), enregistré en français sous le même titre par Jo Vally en 1995 ; et *Méditerranéenne* en 1983 (*L'Italiano*).

Ce n'est pas le genre de titre qui arrange les choses et l'image de Claude François. Quelques fragments de texte disent bien ce qu'ils veulent dire dans l'intention et l'image de l'amoureux qui est prêt à tout (*J'irai jusqu'au bout du monde/pour seul'ment revoir ton ombre*) ; ils auraient été mieux servis sur une autre musique. Voir pour le thème de la distance qui sépare les protagonistes l'original français *Aussi loin* de 1968 de bien meilleure facture.

Et je t'aime tellement

Claude François

62e 45 tours, Flèche/Carrère 49 329, novembre. 29e 33 tours, Flèche/Carrère 67 215, décembre. Arrangements et direction d'orchestre Jean-Claude Petit. 30e 33 tours, Flèche/Carrère 67 235/6, « Souvenir 78. Claude François en public », avril 1978.

Adaptation de ***And I Love You So*** (Variété américaine).

Don MacClean

Version originale enregistrée par **Don MacClean** en 1970 sur son album « Tapestry » pour Medians Records.

C'est la version de Perry Como pour RCA qui classe le titre en mai et juin n° 8 et n° 6 en Angleterre en avril 1973.

Puis Lena Martella même année chez Pye sur son album « This ls Lena Martell » ; d'autres artistes, et non des moindres, enregistrent aussi la chanson ainsi de Shirley Basset en 1972 pour United Artists ; Engelbert Humperdinck en 1974 chez Decca ; Elvis Presley chez RCA en 1975 ; Sergio Franchi en 1979 ; Bobby

Goldsboro ; Mantovani ; Moira Anderson ; Harry Belafonte ; Nana Mouskouri (en anglais) ; Helen Reddy ; Edward Woodward. Harry Connick Jr, en 2009. Enfin, en 2010, Roch Voisine reprend le titre sur son album « America 1 » chez Sony BMG, label Jive Epic. Ce standard de la chanson pour crooner va bien à celui qui prenait, en cette fin 1977, cette nette orientation de style de chant.

Chanson d'amour. Une fille a été vue dans la ville où demeure l'homme qui pense encore à elle longtemps après la rupture qui, on le comprend entre les lignes, fut plus que pénible. De facture classique, ce titre n'était pas forcément destiné, à l'époque, à fonctionner en France. Un classique bien habillé avec tout ce qu'il faut : cordes et guitare électro-acoustique en avant pour les arpèges. On sent dans cet album, hélas ultime, les signes avant-coureur d'un Claude François crooner avec voix chaude et assurée quand il le faut. Parmi les artistes français ayant aussi adapté Don MacClean, il y a la chanteuse Sophie, une des égéries blondes du début des années 60 rock'n-twist qui, avec Gillian Hills, sous la plume auguste de Boris Bergman, enregistrèrent en 1974 un titre de Don McLean avec *Châteaux en Espagne* d'après *Castle In The Air*. Et de McLean, Boris Bergman enregistra lui-même *Le Tzigane et la fourmi* en 1974 chez Warnes Bros.

7

Les « originaux » français très « inspirés »

1962

Hey Potatoes

Billy Nash / Claude François

1962. 2e 45 tours, Fontana 460 841, octobre. 1er 25 cm Fontana 660 277, juin 1963. 2e 33 tours Philips 77 818, « Claude François à l'Olympia » de décembre 1964. Avec l'orchestre de Christian Chevallier, arrangements de Christian Chevallier.

Enregistré par **Billy Nash**, instrumental au saxophone, chez Philips en 1962.

Version italienne 1963, *Daï Patata* !

Le nom de Billy Nash est un pseudonyme. Le tempo, le jeu mélodique, le titre, les paroles, le nom de Billy Nash dans les crédits font immanquablement penser à une adaptation. Ce qui est plus qu'en parti vrai. Billy Nash est un saxophoniste français qui au début des années 60 enregistra nombre de disques chez Philips qui sont des instrumentaux des « rythmes à la mode du moment ». À l'écoute du disque paru en 1959 de **Nat Kendrick & The Swans** chez Dade Records avec le morceau ***(Do The) Mashed Potatoes*** écrit par *Rozier* – c'est le crédit du *songwriter* imprimé sur la vignette du 45 tours – on entend bien que Billy Nash a été plus que fortement inspiré par l'enregistrement de ces musiciens américains hors-pairs qui travailleront bientôt avec James Brown.

Nat Kendrick enregistre sur le label Date localisé à Miami (comme Roger Lee Grant, pianiste de jazz, dans « son » hôtel dans la même ville de Floride… voir *Alors salut*) ; avec ses Swans ils baignent complètement dans le jazz, la soul, le swing, le blues

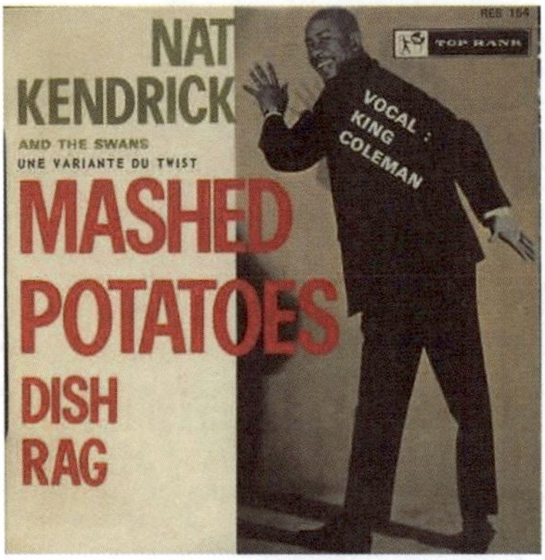

de l'époque. À l'origine on peut donc écouter avec régal dans « cet original » de *Hey Potatoes* des Swans avec James Brown au piano et au chant avec Carlton « King » Coleman au chant également, J.C. Davis au saxophone ténor, Alfred Corley à l'alto, Bernard Odum à la basse, Bobby Roach à la guitare et enfin Nat Kendrick à la batterie. *Mashed Potatoes* est repris par les Anglais The Searchers en 1963 chez Pye Records.

Avec Claude François on n'est jamais déçu, surtout avec des morceaux pareils aussi énormes ; la mise en bouche et en voix par l'idole de cette composition est excellente, l'énergie est là (c'est rien de le dire) et ne manque pas de sel. Sa prestation vocale a, par extension, donné lieu à de fantastiques bonds et pas de danses tant sur le plan sportif qu'artistique à l'Olympia et devant les caméras de la R.T.F. S'agissant de James Brown, on peut citer quelques reprises françaises ainsi de Gary L'Ange Noir, alias Jean-Paul Cara, dans *De t'aimer, de t'aimer* d'après *Good Good Lovin'* ; Nino Ferrer avec *Si tu m'aimes encore*, issu du mythique et néanmoins célèbre *It's A Man's Man's Man's World* ; Ronnie Bird dans *Je voudrais dire* d'après *I'll Go Crazy*.

1970
Aïda

Giuseppe Verdi / Jean-Loup Tournier

29e 45 tours, Philips/Flèche 6061 150, avril. Deuxième 45 tours à deux titres. Après celui de septembre de la même année et celui d'avril 1968, les quatre titres reviendront jusqu'en mai 1971. N'existe sur aucun 33 tours original. Pas d'arrangeur et de direction d'orchestre précisés. D'après le thème de ***Aïda***

de **Guiseppe Verdi**, et non de Charles Gounod comme c'est indiqué sur la pochette du 45 tours original et la compil vinyl et CD Phonogram. Ce classique arrangé par Éric Charden passe comme une lettre à la poste.

Avec des références à l'Égypte et aux noms des pyramides pour broder une histoire d'amour, Claude François, pour la première fois, fait allusion à son pays natal. De bonne facture, bien ficelé, malgré trop d'emphase orchestrale sur une voix frêle et aiguë. Du côté du grand musicien/compositeur italien, on notera Nana Mouskouri qui s'en inspira pour son *L'Amour Gypsie*.

C'est un départ

Jean-Pierre Bourtayre & Claude François / Claude François & Yves Dessca

30e 45 tours, Philips/Flèche Série Parade 6061 151, septembre. N'existe pas sur un 33 tours original. 3e 45 tours à deux titres, reprise des 45 tours à 4 titres jusqu'en mai 1971. Pas d'arrangeur et de direction d'orchestre précisés.

Version espagnole en 1979, *Ciao Non Sara Un Adio.* (variante : *Todavia No Es Un Adios*)

Adaptation/inspiration de ***Auld Lang Syne*** (Traditionnel/ballade écossaise).

Robert Burns

La session de 1939 pour Vocation Records par **Tiny Hill and His Orchestra** pour Vocation Records est apparemment le plus ancien des enregistrements « contemporains ». Le plus récent est de décembre 2021 par The Wandering Hearts chez Decca. *Auld Lang Syne* compte dans le monde plus de 600 versions enregistrées. C'est un vieil air écossais qui date du XVIIIe siècle. Ce n'est qu'en 1920 qu'il reçoit des paroles françaises avec le très connu *Ce n'est qu'un au revoir mes frères.* Ces paroles ont été écrites en 1920 par le père Jacques Sevin. Dans ses Chants écossais, composés en 1818, Ludwig Van Beethoven revisite l'air et l'intègre dans l'œuvre. Ce thème est un traditionnel du monde occidental. Ici, le chanteur parle de son propre départ lorsqu'il quitte sa bien-aimée qui pleure, mais à qui il laisse l'espoir de revenir. La chanson porte en elle l'évocation des jours d'antan, des jours heureux du passé d'il y a longtemps. Ce chant est repris très souvent dans des réunions aux adieux difficiles et émouvants ; on peut l'entendre dans un nombre impressionnant de films occidentaux et par beaucoup de chanteurs, de chanteuses et de formations diverses, orchestres, chorales etc. On pourrait dire que la chanson est sur ce disque, comme *Aïda*, par défaut ; mais non, c'est vraiment bien.

1974

Le Téléphone pleure

Claude François & Jean-Pierre Bourtayre / Frank Thomas

21e 33 tours, Flèche 6325 678, juillet. 46e 45 tours, Flèche 6061 198, octobre. Arrangements et direction d'orchestre Jean-Claude Petit. 23e 33 tours, Flèche 6325 683, « Claude François sur scène. Été 75 », octobre 1975.

1re entrée dans le hit-parade de SLC, n° 9 en septembre-octobre 1974 et 1re place en décembre.

Une étrange reprise, ni fait ni à faire à moins qu'on ne veuille détourner/tourner en dérision l'Artiste et le titre, par

Zic Zazou, se trouve d'ailleurs, à l'occasion du vingt-cinquième anniversaire de la disparition de Claude François, en 2003, dans le CD conçu par Béacrice Ardisson « Cloclomania » chez Naïve. Version espagnole en 1975, *El Teléfono Llora*. Version anglaise en 1978, *Tears On The Telephone*, sur le 31e 33 tours, Emi/PathéMarconi 2C068-60686, juin. 69e 45 tours, Emi/Pathé-Marconi 2C008-63477, décembre. Arrangements de Norman Newell.

Avec quelques autres chansons de l'artiste, *Le Téléphone pleure* fait partie de ces chansons qui, considérées comme originaux purement français, vient de loin. Pour ce tube en puissance les origines se trouvent une première fois enregistrées en **1970** chez Harmony par la célèbre chanteuse country **Tammy Waynette** sous le titre de ***The Phone Call*** née grâce au songwriter Norro Wilson (ou Norris, voir *La plus belle fille du monde*).

En **1974** une nouvelle composition, ***The Telephone Call*** est gravée par **George Jones** (l'interprète original du titre emblématique de Johnny Hallyday *Tes tendres années* avec *Tender Years*) en trio avec la même Tammy Waynette et la petite Tina, dans la vie la fille de Tammy Waynette. Le disque se présente sous les noms de **George & Tammy, Tina** qui donc enregistrent la chanson sous le titre de *The Telephone Call*.

C'est dans cette version, signée Billy Sherrill et Carmol Taylor, que l'on reconnaît dans les arrangements, l'atmosphère de la « version française inspirée » (guillemets de rigueur…) de Claude François. Pour ce qui est du texte, on retrouve le thème d'un couple qui vit un mauvais, voire fatal, passage avec, comme toujours, l'enfant au milieu. Chez George Jones comme

chez Claude François, on entend au début le téléphone qui sonne et l'enfant qui répond « allo ». C'est le père qui appelle la femme qui s'éloigne, qui ne veut plus lui parler et c'est la petite fille qui répond. Si le sujet de la chanson est quasi similaire à la « création française inspirée » on ne peut dire que c'est une pure adaptation ; en effet la mélodie de Jean-Pierre Bourtayre se démarque de l'américaine, et demeure une totale création française. La chanson est enregistré en duo avec Frédérique, la fille de l'éminence grise et dévouée de l'artiste, Nicole Gruyer. Une version anglaise existe en Afrique du Sud enregistrée en mai 1976 par Gerry Grayson And Debbie ; cette version fit un malheur en Rodhésie.

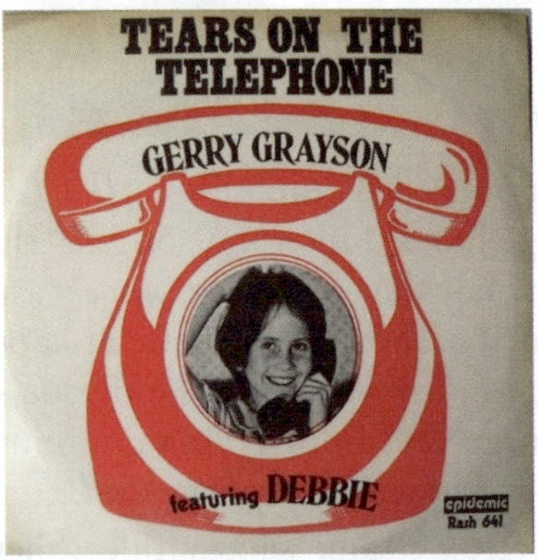

Au début, il s'agissait de persiennes fermées et qui pleuraient, mais ça ne fonctionnait pas bien. Le téléphone fut une bonne idée car cela a permis la réalisation d'un duo entre un homme et « sa fille » qui ne connaît pas son père. C'est aussi une idée générale et si l'enregistrement de Waynette/Jones a pu, à un moment donné, précipiter la décision de faire *Le Téléphone pleure*, c'est évident que Claude François au vu de son répertoire qui ressemble à sa vie, qui « est » sa vie – excepté bien sûr quelques titres – avait déjà cette idée en tête avant de connaître le deux versions américaines. Cette chanson résume finalement un drame familial où un type se retrouve comme un… au bout du fil. Il ne peut rien dire à sa fille, et la mère ne lui adresse pas la parole. Sans doute, puisque le titre a marché à ce point, c'est qu'il a fait écho dans le public à certaines réalités que vivaient des milliers de personnes qui y ont reconnu un drame qu'elles devaient bien connaître. Elle rappelle aussi l'ambiance, la tonalité du titre de Michel Delpech *Les Divorcés* qui aurait bien correspondu, comme la chanson du même Delpech *Quand j'étais chanteur…*, à l'Artiste bien qu'il n'était pas marié ; et d'ailleurs, Claude François a eu l'occasion de faire chez les Carpentier un excellent duo des *Divorcés* avec Delpech. Dans cet esprit on voit qu'il y a eu trois grandes chansons de Delpech qui auraient été comme un gant à Claude François à savoir *Pour un flirt* quasiment calqué dans le découpage, le rythme et les arrangements (réponse de trompette au refrain) sur *Il fait beau, il fait bon*.

1976

Quelquefois

Claude François & Jean-Pierre Bourtayre / Claude François & Vline Buggy

26e 33 tours, Flèche 9101 928, décembre. 57e 45 tours, Flèche 6061 878, février 1977. Arrangements et direction d'orchestre de Jean-Claude Petit. 30e 33 tours, Flèche/Carrère 67 235/6, « Souvenir 78. Claude François en public », avril 1978. Arrangements et direction d'orchestre de Jean-Claude Petit.

Le titre se classe entre décembre 1976 et février 1977 entre la 50e et la 60e place.

Ce duo est réalisé avec **Martine Clémenceau** qui sortira, en 1979, un excellent album sous la direction de Thomas Noton, ex-Fantôme, ex-directeur artistique chez Polydor quand cette maison était encore rue Cavalloti. Sur cet album figurera le titre *Ma confession*, en hommage à Claude François. Cette chanson de Martine Clémenceau traite de l'attirance irrésistible du chant, d'en faire un apostolat. Comme l'idole. Sans être ce qu'on pourrait qualifier d'une « adaptation » au plein sens du terme, ce titre chanté en duo avec Martine Clémenceau a d'évidentes origines américaines qui ont fortement inspiré cet « original français ». *Quelquefois* est dans le même registre, la même ambiance que la chanson enregistrée par **Bill Anderson et Mary Lou Turner**, et qui s'appelle ***Sometimes***.

On entend dès le début des deux chansons les duos se parler, se chanter, se répondre de la même façon et avec les mêmes intentions sur le thème de l'adultère traité des deux côtés avec élégance et une certaine ironie. Comme pour le *Téléphone pleure* et *Alexandrie, Alexandra*, les segments mélodiques se démarquent très vite et très nettement de « l'original » américain et devient un « original » français ; Bill Anderson et Mary Lou Turner gravent *Sometimes* en 1976 pour le compte de MCA sur leur album « Sometimes ». Bill Anderson avait écrit et composé *It Comes And Goes* qui deviendra en 1964 chez Claude François *J'y pense et puis j'oublie.* La formation soul **Facts of Life** effectue une nouvelle version de *Sometimes* en 1977 pour Kayvette Records.

Début de la chanson en anglais :

Hello are you married ?
Sometimes…

Et en français :

Bonjour, es-tu mariée ?
Quelquefois…

Avec un *riff* bref de violons en pizzicato (cordes pincés) qui retombe sur ses pieds, une guitare et une caisse claire discrète, un tempo balançant ni lent, ni trop rapide, voilà une musique française qui a bien appris les leçons de la country cool américaine pour conter la petite histoire d'un état d'âme. Le duo, avec une voix assurée et grave pour lui et un beau filet aigu pour elle, dialogue en se disant que, parfois, ils vont voir ailleurs en reconnaissant donc qu'ils « trompent » leur conjoint respectif. C'est bien dit et bien joué, la mélodie est réellement talentueuse et originale. À l'époque la chanson a eu un succès radio-télé d'estime. Pourtant le thème de l'adultère, d'aller voir ailleurs n'avait pas été traité souvent, en tout cas pas à ma connaissance, avec autant de tact, d'ironie, de finesse, de classe. *Quelquefois* aurait dû avoir plus de retentissement eu égard à sa maturité, sa vérité sociologique ; C'est très bizarre mais ce titre de 1976-1977 ne passe quasiment jamais dans les émissions « hommages » annuels. C'est chez les Carpentier que pour *Quelquefois* l'Artiste fit un duo occasionel avec Mireille Mathieu pour ce titre ; cependant, si par hasard *Quelquefois* est diffusé sur une chaîne, ce n'est qu'avec cette chanteuse avec laquelle l'Artiste n'a jamais enregistré le disque pour ladite chanson, et jamais avec Martine Clémenceau, interprète de l'original avec Claude François.

1977

Alexandrie, Alexandra

Étienne Roda-Gil / Claude François & Jean-Pierre Bourtayre

29e 33 tours, Flèche/Carrère 67 215, décembre. 64e 45 tours, Flèche/Carrère 49 352, mars 1978. 30e 33 tours, Flèche/Carrère 67 235/6, « Souvenir 78. Claude François en public », avril 1978. Arrangements et direction d'orchestre de Raymond Donnez.

Liliane Saint-Pierre, alias Liliane Keuninck, premier artiste Flèche signé par Claude François, reprendra le titre en flamand, dans la décennie 1990. Elle s'efforce aujourd'hui d'entretenir le souvenir de l'artiste en Flandres. Repris à la fin des années 90 par Les VRP (« Remords et Tristes Pets ») dans, comme ils s'en vantent, une « transcriptionnade » de Laurent Marthinet avec des arrangements très « poubelles et manches à balai » et des voix aux antipodes de l'original. On les retrouve dans le CD « Cloclo mania » conçu par Béatrice Ardisson chez Naïve en 2003.

Gilbert Montagné reprend le titre en 1998 pour Atlas sur « Ils chantent Claude François ».

La chanson est classée n° 9 pour l'année 1978.

Qu'ajouter sur ce titre phare, donc, sinon qu'Étienne Roda-Gil, parolier fétiche de Julien Clerc, a revisité une enfance en Égypte ? Du Roda-Gil pur jus, Claude François a consenti à « se mettre au niveau ». Cela ne veut pas dire qu'il était d'un niveau en-dessous et qu'il dut se hisser, ainsi que le suggèrent filandreusement les mauvaises langues qui doivent avoir les oreilles bouchées, non. Simplement, il s'est adapté à un nouveau style d'écriture auquel il n'était pas habitué, qui ne lui était pas familier. D'ailleurs de son côté, quand il en parle, l'auteur n'a pas été vraiment directement de son plein gré chez Flèche, il avait tout de même des a priori, comme l'intelligentsia et la « branchitude rebelle » de l'époque dont il faisait partie, et qui en a toujours, des a priori ; mais aujourd'hui tout est fini sinon oublié : fini l'hostilité « socio-cult » contre l'Artiste ? Pas sûr.

Cet « original français » n'aurait sans doute pu voir le jour sans l'idée première de l'histoire qui s'apparente à l'envie d'un retour aux sources. C'est ce qu'il se produit chez **Lamont Dozier** quand il écrit, puis enregistre, ***Going Back To My Roots*** un funk-soul américain dans lequel le chanteur exprime le désir d'un retour à ses racines en Afrique Noire ; ce qui aurait peut-être suggéré à Claude François de relater un retour à ses racines égyptiennes.

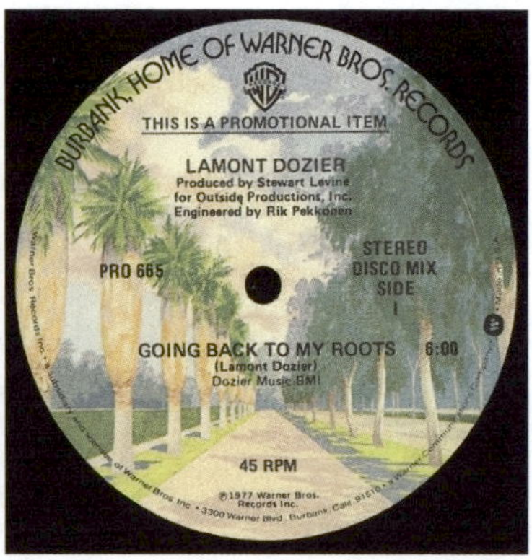

En même temps, on ne peut lui dénier la possibilité d'avoir déjà eu cette idée en tête bien avant d'avoir entendu la chanson de Lamont Dozier. Ce qui est probable ; et d'ailleurs cette idée est frôlée par allusions subtiles en 1970 dans *C'est de l'eau, c'est du vent* que lui avaient concocté Alice Dona et Pierre Delanoë. Ce nom de Dozier fut souvent pour Claude François un point de repère outre-Atlantique car son nom figure aux côtés de ceux d'Eddie et Brian Holland en tant que *songwriters* des Four Tops immédiatement identifiés par la miraculeuse voix de Levy Stubbs qui les a rendus célèbres dans le monde entier. Des Four Tops Claude François avait adapté de nombreux titres entre 1966 et 1973 ainsi de *J'attendrai*, *Car… tout le monde a besoin d'amour*, *Bernadette*, *Réveille-moi*, *C'est la même chanson*. Lamont Dozier enregistre *Going Back To My Roots* en solo en 1977 pour Warner Bros sur l'album « Peddlin' Music On The Side ».

En ce printemps 1977, Claude François est au Moulin avec ses collaborateurs. Ce jour-là, il avait fait venir Lamont Dozier dans la propriété de Dannemois. Comme le rapporte Guy Floriant, apprenant que Dozier est en France pour la promotion de son titre du moment, *Going Back To My Roots*, son patron est sur la brèche rien à l'idée de rencontrer en personne cette mythique signature qui orne par dizaines des œuvres produites par la Tamla Motown. Le chanteur demande absolument à voir Dozier et, pourquoi pas, de le faire venir au Moulin. C'est sans doute là, à l'insu ou non du plein gré de l'assistance, que sont posés les jalons d'*Alexandrie, Alexandra*. Au premier étage du Moulin, juste au dessus du salon, il y a un piano et la joyeuse assemblée est autour. Ne résistant pas à toucher le piano, et sentant que l'assistance n'attendait que çà, Lamont Dozier commence à triturer le clavier et, sous ses doigts se font entendre le rythme et les accords de l'introduction de la chanson. La magie opère sous les doigts de Dozier. Cela démontre un type de bon exemple de ce qui se passait à l'époque aux États-Unis en matière de sonorité, de rythme, d'harmonique dans l'évolution de la musique urbaine américaine. Pour une équipe toujours à la pointe de ce qui se fait de mieux dans le monde, comprendre Amérique, en tenir compte est capital. Le chanteur et Jean-Pierre Bourtayre sont stimulés par le jeu et les harmoniques pianistiques de Dozier. À l'écoute de l'enregistrement de *Going Back To My Roots*, l'introduction au piano, riff de guitares, les « *Aah* » rappellent plus que bien le titre de Claude François ; et la mélodie que chante la voix de Dozier est similaire à celle que reproduit Claude François au passage de « *Voile sur les filles, barques sur le Nil* ». Ensuite la ligne mélodique se démarque de l'original américain et *Alexandrie, Alexandra* devient dans sa structure et les segments mélodiques qui suivent une véritable création française. Cependant, il est en gros difficile d'imaginer qu'*Alexandrie, Alexandra* existerait en la forme, tout au moins pour une partie de la musique, sans *Going Back To My Roots*.

La première reprise américaine du morceau est enregistrée en 1980 par Richie Havens pour Elektra Records. La plus marquante arrive l'année suivante chez RCA avec le groupe new-yorkais Odyssey, combo formé en 1968 et qui est un peu une sorte d'émanation des Four Seasons de Frankie Valli ; Odyssey inspiré aussi par ce thème du retour aux racines afraicaines reprend la composition de Dozier avec des arrangements rappelant assez les fusions cuivres et cordes du groupe Kool and The Gang. Suivent de nombreuses autres covers à savoir celle de Club de Soul en 1987 ; en 1989 il y en aura trois avec Davidson, Lisa M. et FPI Project ; Wendy Matthews en 1990 ; MXM en 1991 ; en 1992 avec Jay Ski puis Hermes House Band ; F.R.N.K. en 1993 ; deux en 1995 d'une part avec Jocelyn Brown à Singapour pour le label Avex Trax Records puis par Tranx-Mission ; également deux en 1997 avec First Attack puis par DJ B O & Phat Butt Crew ; Xperimental Shop en 2003 ; Belmond + Parker en 2007 ; Denis The Menace & Big World en 2008 ; Glittering Puzzle en 2012, et enfin en 2013 par le Russe Philipp Kirkorov.

C'est à l'occasion de cette rencontre en France entre Claude François et Lamont Dozier que put avoir lieu dans un des numéros de l'émission de Jacques Martin, *Music And Music*, en octobre 1977, un duo qui fera date entre l'Artiste et Lamont Dozier. On assista alors à un numéro surréaliste et inattendu entre Claude François et le génie de la Tamla Motown qui chantent tour à tour au bord du piano, l'un en français et l'invité en anglais, *Stop au nom de l'amour*, *C'est la même chanson* et *J'attendrai*. Un bon moment avec les phrases françaises et anglaises qui se superposent. Coup du sort et double peine, Claude François ne connaîtra pas le réel succès de ce titre puisque le premier 45 tours extrait de l'album se chargeait de promouvoir *Magnolias For Ever*. Le single de « Alexandrie » n'était prévu que pour le premier trimestre 1978. Les « Magnolias » se classèrent quasiment partout n° 1 dès décembre 1977 et janvier 1978 et, dans la foulée, « Alexandrie » atteignit également les sommets des hit-parade.

8

Chansons interprétées en anglais

Bordeaux rosé

Edmond Pumer / Peter Daltrey

1978. 65e 45 tours Emi/Pathé-Marconi 2C008-60680. 31e 33 tours, Emi/Pathé-Marconi 2C068-60686, juin. Arrangements et direction d'orchestre de Don Gould. Cet album où l'artiste chante exclusivement en anglais a été produit en 1977 par Norman Newell, Roger Greenaway et Gil King.

Exclusivement chanté en anglais, ce titre est un hommage à ce vin et la convivialité joyeuse et tranquille qu'il engendre. La couleur style quatuor à cordes, sur sonorité et rythmique reggae qui enveloppe une voix très assurée sur une mélodie difficile à assurer emporte l'adhésion. Très haut niveau à tous points de vue.

Reprise de ***Bordeaux Rose*** (variété/pop anglaise).
Edmond Pumer / Peter Daltrey

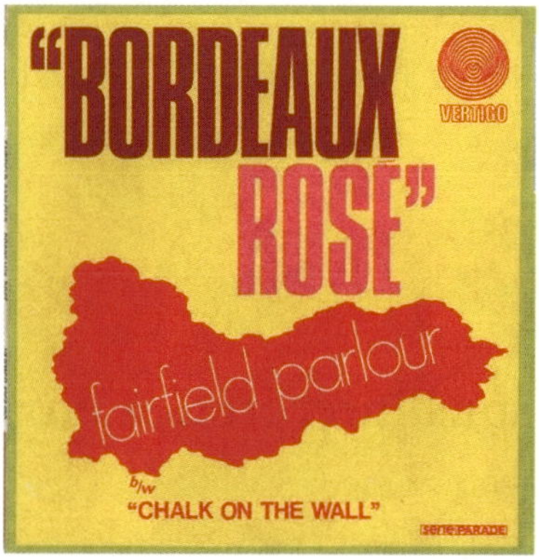

Version originale enregistrée par le groupe anglais **Fairfield Parlour** en avril 1970 chez Vertigo ; et ressortie (re-issue) en mars 1976 en version plus longue avec plus de réverb et un nouveau mixage.

Don't Turn Your Back On Love

Obie Clayton

1978. 28e 33 tours Emi/Pathé-Marconi 2C068 99141, octobre ; premier disque 33 tours en anglais de l'artiste sortant officiellement en France. 31e 33 tours, Emi/Pathé-Marconi 2C068-60686, juin 1978. Arrangements de Don Gould. Cet album où l'artiste chante exclusivement en anglais a été produit en 1977 par Norman Newell, Roger Greenaway et Gil King. Puis sur le CD Sony Music/Versailles 473663 2 « My Boy » en 1993.

L'artiste dans sa période anglaise en prévision de conquêtes outre-Atlantique. Reprise de *Don'Turn Your Back On Love*

(variété/pop anglaise). Version originale enregistrée par **Obie Clayton** en 1978 chez Ebony Record – Rockbottom Music.

Hello Happiness

Les Reed

1978. 31e 33 tours, Emi/Pathé-Marconi 2C068-60686, juin 1978.

Cet album où l'Artiste chante exclusivement en anglais a été produit en 1977 par Norman Newell, Roger Greenaway et Gil King. Arrangements de Lou Warbuton.

I Believe ln Father Christmas

Greg Lake / Peter Sinfield

1975. 69e 45 tours, Emi/Pathé-Marconi 2C008-63477, décembre 1975. Arrangements de Puis sur le CD Sony Music/ Versailles 473663 2 « My Boy » en 1993.

Reprise de *I Believe ln Father Christmas* (pop anglaise)

Version originale enregistré en novembre 1975 par l'Anglais **Greg Lake** chez Manticore.

Et dans la même période par le groupe de Greg Lake, **Emerson, Lake and Palmer** sur l'album « Works Volume 2 » pour Atlantic Records. Pour Manticore Music, le titre se classe n° 8 en décembre 1975. Le groupe est composé de Keith Emerson, Greg Lake et Carl Palmer. Cette chanson du groupe de rock progressif british a donné lieu à une prestation télévisée de Claude François en Suisse à Leysin en… mars 1978. Cette chanson compte plus de 55 versions. Claude François a été le troisième artiste à l'enregistrer. On notera celles d'Elaine Page en 1986, de Susan Boyle en 2013, de Robbie William en 2019 ; la dernière en date, en novembre 2021, ayant été enregistrée par Gary Barlow.

I'm Leaving For The Last Time

Roger Greenaway

1978. 45 tours Emi/Pathé-Marconi 2 C 008-61234. Arrangement de Lou Warbuton.

Stop, stop, stop

Robert John Lange

1978. 31e 33 tours, Emi/Pathé-Marconi 2C068-60686, juin 1978. Arrangements de Don Gould. Cet album où l'artiste chante exclusivement en anglais a été produit en 1977 par Norman Newell, Roger Greenaway et Gil King.

Adaptation de *Stop, Stop, Stop* (variété/pop anglaise).

Robert John Lange ; version originale enregistrée par **Paul Jones** en 1977 chez RCA Victor.

La seule adaptation de Paul Jones par Claude François et dont la reprise par ce dernier en anglais n'a pas à rougir du moins, sur le plan des arrangements, de production pour les deux artistes assurée par Robert John Lange.

Without Your Love I Can't Live

Robert John Lange

1978. 31e 33 tours 2C 068-60-686, juin. Cet album chanté en anglais a été produit en 1977 par Norman Newell, Roger Greenaway et Gil King. Arrangements de Don Gould. Puis sur le CD Sony Music/Versailles 473663 2 « My Boy » en 1993.

9

Chansons inédites et sorties ultérieures

Claude François avait enregistré de très nombreuses maquettes, on pourrait presque dire, innombrables. Très peu ont été gravées sur ses disques. La sélection était dure et parfois les critères de choix, en fonction du moment, des événements de toutes sortes, hors et/ou dans le métier, et de l'humeur de l'Artiste ou d'un tel, pouvaient changer. Le sort d'un titre, d'un texte ou d'une mélodie, adaptation comme original français, ne tenait souvent qu'à un fil. Néanmoins, même si l'interlocuteur proposant une chanson n'était pas spécialement, pour faire court, « en phase » avec Claude François, si le titre était vraiment très bon et prometteur, le titre était retenu et là, comme l'Artiste marchait beaucoup à l'instinct et au feeling, il fallait que la chanson soit plus qu'excellente. L'option a été prise de mettre dans cette partie toutes les chansons « disponibles/répertoriées » qui ne sont pas sorties de manière « normale » disque après disque entre 1962 et 1978. C'est pourquoi des titres comme par exemple *À la campagne, Il faut compter encore,* ou *Bye Bye petite Julie* sont répertoriés dans cette partie de l'ouvrage.

À la campagne

Claude François & Vline Buggy

1967. Titre inédit en 45 tours et 33 tours originaux de l'époque. Ce titre est gravé uniquement dans la compilation Philips, « Claude François, 10 ans de chansons », et a donc été publié seulement en 1978. Arrangements d'Arthur Greenslade et son orchestre. À l'origine, la chanson devait se trouver sur le 45 tours où figure le hit issu de la cover du groupe de Peter Noon, The Herman's Hermits, *Qu'est-ce que tu deviens ?* À l'occasion de l'émission *Salut Les Copains*, les auditeurs devaient appeler le standard d'Europe n° 1 pour choisir quel titre serait sur le prochain 45 tours à quatre chansons, le 16e de mars 1967. C'est Toute la vie qui fut sélectionné au détriment du présent titre, mais aussi de Il fout compter encore et de *Le Brouillard est tombé sur la ville ;* on trouvera finalement cette chanson au répertoire de la chanteuse Liliane Saint-Pierre, produite par Claude François pour la maison Flèche.

Adaptation de ***In The Country*** (Country anglaise).

Hank B. Marvin & Bruce Welch / Brian Bennett & john Rostill

Version originale enregistrée par **Cliff Richard** pour la Columbia en novembre 1966. Avec ce titre Cliff Richard sera n° 6 en décembre, puis en janvier 1967 en Angleterre.

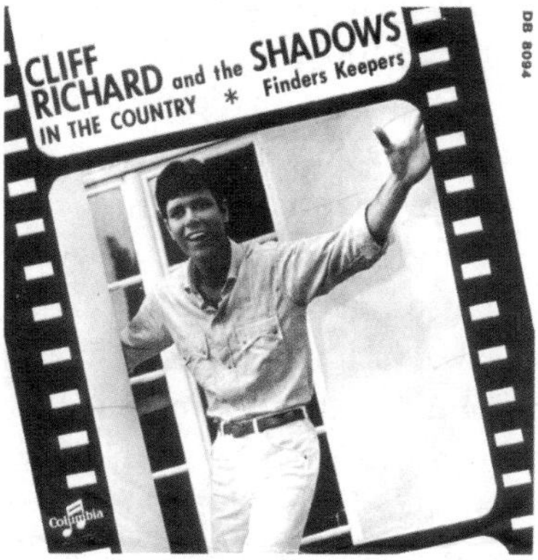

Le titre est enregistré plus tard en 1969 par le groupe rock finlandais The Sounds sur une filiale de chez Decca, puis en 1984 par la formation british The Farmer's Boys pour EMI Record. Bonne reprise de ce groupe produit par Bruce Woolley pour Shadow Music, avec au chant Baz F. Mark Stan. Le guitariste des Shadows reprend le titre en 1995 chez Polygram et Polydor en France sur l'album « Hank Plays Cliff ».

Issu d'un original de l'ancien Shadow, cette adaptation évoque, cinq ans avant, *Ya l'printemps qui chante*, le besoin de nature et de grand air. *À la campagne* décrit la saleté des trottoirs et le bruit infernal de la ville. Prémonitoire en 1967.

Autrefois 1971. Sur la même musique un autre texte a été écrit, la chanson s'intitule ***L'Hirondelle***.

Avec toutes les filles

1968. Sur cette maquette très avancée, Claude François chante le refrain en français et les couplets en italien. La chanson aurait été, si elle était sortie, une adaptation de ***Sono Tremendo*** écrit et composé par Danielo Roberto Ciotti / Mario et Giosy Capuano que **Rocky Roberts & I Pirañas** ont enregistré en 1968 chez Durium.

Ç'aurait été également pour Claude François une autre reprise du même Rocky Roberts qui en 1967, cette fois avec ses Airedales, avait enregistré *Stasera Mi Butto* qui en 1967 était devenu pour Claude François *Ce soir je vais boire* ; voir à cette chanson.

Bye Bye Blackbird

Maurice Tézé

1961. Maquette réalisée chez Fontana/Philips. N'existe sur aucun 45 et 33 tours et CD original. Le titre est reproduit sur un CD que l'on peut trouver dans le livre Claude et Marc François présentent Claude François aux Éditions Marque-Page collection Privée, 2008.

La chanson a été enregistrée en 1961 chez Philips par Sacha Distel sous le titre de *Bye Bye Baby* sur un texte de Maurice Tézé.

Bye Bye Black Bird est à l'époque une maquette très aboutie et restée inédite.

Adaptation de ***Bye Bye Blackbird*** (Missouri Jazz band – Fox trot)

Ray Henderson / Mort Dixon

Version originale enregistrée par **Sam Lanin's Dance Orchestra** en mars 1926 chez Banner et aussi pour Bell Records quelques mois après.

La version de **Gene Austin**, alias Lemeul Eugene Lucas, arrive en juin de la même année chez RCA Victor.

Plus d'un an avant l'arrivée de *Belles, belles, belles*, Claude François donnait des indices sur ses goût et son flair pour aller accrocher les meilleurs standards, là où la qualité et la véritable musicalité priment avant tout. Nous en avons la preuve avec cette reprise, mais aussi par le nombre impressionnant d'artistes ayant enregistré ce classique. C'est en 2012 que *Bye Bye Blackbird* connaît une superbe continuité/résurrection avec la version que grave Sir Paul McCartney sur son album « Kisses On The Bottom ». On s'incline donc devant l'Artiste, ses intuitions musicales et plus généralement son flair, ses goûts à toute épreuve du temps Dès 1926, et jusqu'en mars 2022, il y a eu plus de 600 reprises. Elles touchent formations de jazz tout genre tout modèle, des solistes instrumentaux, des chanteurs (euses), des trios, des quartets, des quintets, enfin des orchestres et des big bands, ainsi que des artistes « variété » de plusieurs générations et de tous pays.

Bye bye petite Julie

Claude François

1971. Écrite et enregistrée en 1970, cette chanson fut pressée une première fois en 1970/1971 pour les adhérents du club Flèche sur le 45 tours Flèche CF 19. En face B, il y avait le titre *Anne-Marie*. Elle figure sur le double CD Versailles/Sony

Music/East West 489284 2 où est gravé l'inédit en anglais Keep on Driving de Roger Grenaway et Barry Mason. Le texte rappelle le thème de *Quand je chanterai une chanson d'amour* et/ou de *Pourquoi pleurer.*

Les Filles ne veulent pas grand-chose

Maquette enregistré en novembre **1972** ; la seconde partie de la chanson est en duo avec avec son ami et « poulain » de chez Flèche **Patrick Topalof** à qui, vu certains traits d'humour, on peut supposer qu'elle lui était destinée.

Hic. 1961

D. Terry.

L'Hirondelle

Inédit. 1971. Sur la même musique un autre texte a été écrit et la chanson s'intitule ***Autrefois.***

J'ai tout perdu

A l'écoute de cette maquette un peu brouillonne, on suppute une influence à la Hendrix dans *Hey Joe* (repris bien sûr par Johnny Hallyday et de décennies plus tard par Alain Bashung). Vu le son, ça cadre avec la période 66-67.

Là-bas en Méditerrannée (sous le ciel de Provence)

1976. *Gérard Stern / Didier Barbelivien.*

Intitulée d'abord ***Sur la Côte*** Gérard Stern compose cette mélodie très couplet/refrain sautillant années 70. Claude François en fait une maquette assez aboutie mais change le titre. Comme il fait beau et qu'il y a du soleil, le texte propose d'aller au bord de la mer, sur la Côte, dans le Midi pour la plage et l'apéro près du casino. On échappe à aucun cliché sur les vacances du Français moyen de l'époque et, par extrapolation, on retrouve les mêmes archétypes sociaux aujourd'hui avec tous les comportements qui vont avec. L'idée de la chanson est bonne mais ça dépend du traitement. On en tire pas des images spécialement avantageuses, de celles qui ont contribué dans un non-dit, qui en disait et en dit toujours long, à discréditer le chanteur. Après le 33 tours *Magnolias Forever*, c'était pas le moment de revenir en arrière. Bon réflexe l'Artiste !

La petite fille du huitième

Daniel Bevilacqua (Christophe) / Gilles Thibaut

1968. Sur le texte un peu modifié du même Gilles Thibault, le chanteur **Christophe** enregistrera sur sa propre musique le titre ***La petite fille du troisième*** en **1970** chez Motors/Discodis.

Ça va loin. Entre Brel et son personnage, fantôme observant de derrière ses carreaux, son voisinage dans *Les Fenêtres* et « l'incarcération » moderne dans un HLM, le personnage Claude François hurle pas moins le mal être de la vie ni à la campagne, ni à la ville mais dans un no man's land à la fois social comme urbain. Le texte est brillant c'est un coup de force que sans doute, au dernier moment il a hésité à enregistrer. Dommage, et, sans parti pris, la version de l'Artiste est plus poignante et énergique que celle du créateur d'*Aline*.

Le Feu

Si le projet de cette maquette de 1972 avait about, nous aurions pu entendre l'adaptation de la chanson italienne *Il Fueco* écrite et composé par Mogol et Lucio Battisti que ce dernier enregistra en 1972 chez Numero Uno. Mogol est un auteur italien réputé répondant au nom de Gulio Rapetti.

Guantanamera

Jean-Michel Rivat

Ce titre ne figure sur aucun disque « officiel » de Claude François à l'époque de son enregistrement en public. Il est gravé sur le double CD Arcade, Flèche, RTE, Flarenasch 3036112 de 1998 : « Claude François. Les concerts inédits de Musicorama d'Europe n° 1 » à l'Olympia le 3 décembre 1963, le 11 décembre

1966 et le 9 septembre 1972, et au studio d'Europe n° 1 le 2 mars 1974 et les 6 et 27 août 1975.

Connue par les adaptations de Nana Mouskouri et de Joe Dassin, la chanson est enregistrée en 1966 pour la Columbia par Les Dauphins, Les Missiles la même année. La prestation de Claude François sur scène a véritablement de l'allure et de la force ; il y a tout, le naturel, l'ironie, la contemplation, le voyage, les accents de fond de gorge qui donnent à l'interprétation un vrai jeu d'acteur rencontré/entendu chez de rares interprètes français.

Adaptation de ***Guajira de Guantanamera*** (traditionnel cubain)

Herminio Garcia Wilson & Cheo Marquetti / José Marti & Hector Angulo

Chanté/créé/interprété par **Joseito Fernandez**, musicien cubain né en 1908 à Los Sitios de La Havane ; il y mourra en 1979. Surnommé le « roi de la mélodie » Guajira de Guantanamera – ou les filles de Guantanamera – qui n'est pas de son cru sera son interprétation la plus connue.

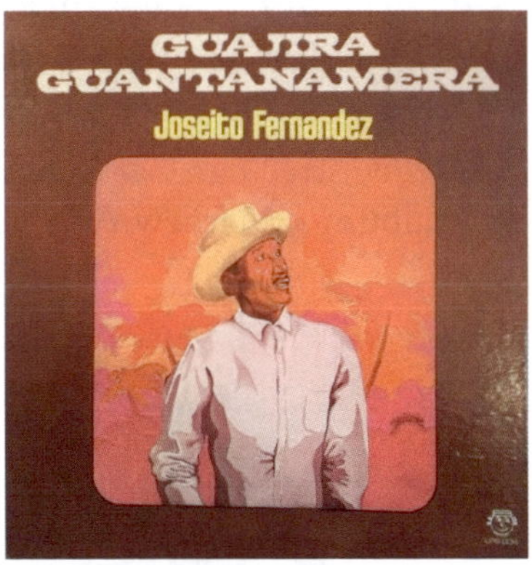

Il fut rapporté qu'il s'était attribué la composition du titre mais celui-ci aurait été de toute évidence composé par Herminio Garcia Wilson, et Cheo Marquetti l'aurait arrangé, habillé rendant la chanson plus « accessible ». Écrite en 1928, Joseiro Fernandez commence à interpréter « sa » chanson sur les radios dès 1935. En 1939 nouvelle création à la radio par la chanteuse La Calandria sur des paroles de Chanito Isidron. L'année 1941 voit l'enregistrement « officiel » du titre par Fernandez pour le compte de la maison RCA Victor et bizarrement sous deux titres différents : *Mi biografia* et *Guardabarreras.*

En 1958 un certain **Julian Orbon** l'interprète avec des extraits du poème de 1895 de José Marti, Versos Sencillos. L'Américaine Julie Félix l'enregistre chez Decca en 1965 pour son album « Flowers ». Le guitariste Léo Brouwer reprend le titre à sa façon, et en 1966 Pete Seeger, après l'avoir enregistré avec son groupe The Weavers la popularise outre-Atlantique au festival Folk de Newport où le titre est mondialement consacré et rendu célèbre en tant que Guantanemara et non plus le titre original cité plus haut. La même année, la formation **The Sandpipers** contribue à populariser encore plus la chanson de Herminio Garcia Wilson. Les reprises américaines classent le titre n° 11 aux États-Unis en septembre 1966 et n° 7 en octobre en Angleterre. Puis par Bobby Darin (voir *Les choses de la maison*) en 1963 sur l'album « Hearthy ! » chez Capitol ; Teresa Brewer ; en 1966 The Laurie Holloway Quartet sur l'album « Hit Parade Holloway Style » chez Pye Records. La même année Chim Kothari pour son album « Sound Of Sitar » chez Deram. Peter Nero chez RCA sur l'album « Xochimilco » ; toujours en 1967 avec la version de Los Tres Sudamericanos chez Discos Belter pour l'album « Exitos A Gogo ». La même année 1967 accueille également la version des Québecoises Les Milady's. En 1968 par Keoki And This Hawaiineers sur l'album « Pop Goes Hawaii » chez Ace Of Clubs. Joan Baez, Los Paraguayos avec Luis Alberto, Celia Cruz, Los Machucambos et beaucoup d'autres. En 1969 c'est Minouche Barelli qui reprend un autre titre des Sandpipers avec *Chanson folle* d'après *A Strange Song.*

Il faut compter encore

Claude François & Vline Buggy

1967. Cette chanson a été publiée et uniquement sur un CD de chez Dial. N'existe ni en disque vinyle ni en CD original.

Adaptation de ***Mathew And Son*** (Pop anglaise).

Cat Stevens

Version originale enregistrée par **Cat Stevens** en 1966 pour Deram Records sur l'album « Mathew And Son » produit par Mike Hurst.

Le titre fait partie de ceux de Claude François qui avaient été proposés en direct dans l'émission *Salut les Copains* sur Europe n° 1 pour que les auditeurs choisissent lequel figurerait sur ce le 16e 45 tours dont le tube fut la cover de *There's Kind Of Hush* des Anglais New Vaudeville Band, *Qu'est-ce que tu deviens ?* C'est la chanson *Toute la vie* qui fut retenue contre *À la campagne* et *Le Brouillard est tombé sur la ville*, ce dernier titre ayant été toutefois enregistré par la chanteuse Liliane Saint-Pierre produite pour la maison Flèche par Claude François lui-même et qui, de plus, écrivit pour elle et l'assista sérieusement (pour ne pas dire sévèrement) en séance d'enregistrement. Une photographie au dos d'un des 45 tours de Liliane Saint-Pierre l'atteste. Cette chanteuse, avec d'autres « poulains » de l'écurie Flèche, ne marcha pas trop mal. Dans sa deuxième partie de carrière, Annie Philippe fut produite également chez Flèche, tout comme le groupe Les Petits Matins, Patrick Topaloff, Guy Bonnardot et Alain Chamfort. Pour revenir à Liliane Saint-Pierre, elle enregistra le fameux hit que l'Américaine Sandy Posey grava chez MGM, *Single Girl* de Martha Sharp qui devint *Je suis une fille toute seule* ; de son côté, Sylvie Vartan, sur un texte différent, adapta aussi ce titre de Sandy Posey qui devint *Drôle de fille*.

C'est pour vous que je chante (La Claire fontaine)

Claude François

1974. Un air bien de chez nous pour un pressage spécial de décembre 1974 pour le n° 34 du journal de Claude François, *Podium*. La chanson était donc offerte à chaque acheteur du grand concurrent de *Salut les Copains*.

La comptine ressort en mars **1979**, un an après la disparition de l'artiste sur le 70e 45 tours Flèche/Carrère 49 564 avec, en face B, *Les Anges, les roses et la pluie*.

Le texte a un petit côté bilan puisque, au départ, la chanson est destinée à un public très concerné et donc réduit. On peut y déceler aussi un aspect testamentaire avant l'heure. L'artiste se confie à son public (ici c'est plutôt un contexte de « fans ») en leur disant qu'il chante pour eux et qu'il est bien conscient d'être l'objet de leur admiration, un bien-aimé en somme. Il y a quelques titres dans le répertoire de Claude François appelés « rapporté du folklore ». Chose pratiquée par des dizaines d'artistes français, leurs éditeurs, producteurs etc.

La Claire Fontaine fait partie de ces chansons qui reviennent de loin, dans le temps et dans les replis de provinces lointaines. Cette ronde était déjà chantée en Nouvelle-France (le Canada Français) dès la première partie du XIXe siècle. Sans doute d'origine française, elle a été transplantée au Nouveau-Monde, comme beaucoup d'autres aspects de nos domaines culturels, sociaux et artistiques. La puissance évocatrice de la mélodie et des paroles était notamment utilisée contre l'oppression militaire et linguistique anglaise subie par la minorité française. Avec l'Artiste, la chanson sonne comme un adieu prémonitoire, la célèbre mélodie mélancolique surgit sur un 45 tours abandonné et orphelin. Le texte est plus qu'évocateur :

À la claire fontaine / Mes amis de toujours / J'ai vos noms dans la tête / qui me parlent d'amour

La nostalgie, pourtant sobre, est forte et le retour sur soi s'impose ; et au détour d'un couplet en allusion à l'une de ses chansons phares que d'aucuns reconnaîtront ici l'Artiste déclare : *C'est pour vous que j'existe / C'est vous qui me chantez / Alors quoi qu'on en dise / je suis un bien-aimé…*

L'Infirmière (1974)

Mais que deviendra Jeanne ?

Frank Thomas / Christian Sarrell

1974. Inédit à l'état de maquette. La sera finalement enregistrée par Joël Prévost chez CBS en 1974. Titre lent, voix traînante, très triste. On broie du noir. La petite Jeanne est abandonnée par l'amour, par la vie. La voix de l'artiste est dans l'enregistrement aussi désespérée que peut l'être le personnage de Jeanne ; Claude François se tend le miroir de la compassion comme pour mieux vaincre ses propres tourments. De la plainte pour lui à la plainte pour l'autre, nous quittons rarement les aspects les plus difficiles de la condition humaine.

Mes amis de toujours

Mon cœur s'accroche (1967)

Monsieur Dupond

Barry Mason / Claude François

1967. **Adaptation** de ***Run To Daddy***. La version anglaise avait été écrite par Barry Mason et Claude François… pour Claude François ! Apparemment **pas d'interprète anglais original**. En face B de ce single Fontana, on trouve la version anglaise de *Sur le banc 21* chantée par Claude François, *Bench Number 3, Waterloo Station* ; les deux titres sont arrangés par Arthur Greenslade. À ne pas confondre avec le titre éponyme *Monsieur Dupont* écrit et composé par Christian Bruhn et Peter Robin Callander (parfois alias Robin Conrad) (souvent en duo auteur/compositeur avec Mitch Murray), interprété en anglais et en français par Sandie Shaw pour RCA en 1969.

Ne demande pas l'impossible

Jacques Revaux & Michael / Vline Buggy

1966. Issu d'une session « live » en studio le 28 février 1966. Jamais édité ni commercialisé du vivant de l'artiste, il est paru sur le CD des productions Flèche Productions/PolyGram 426 410-2, en 1994. Ce CD contient des commentaires et des anecdotes racontés par Claude François lui-même. Cette chanson a dû faire le tour de pas mal d'éditeurs et de maisons de disques à l'époque car, en 1972, c'est Hervé Vilard qui sort le titre sur un single pour le compte de Carrère sous le titre de *Tous les enfants ont besoin d'amour*, composé et écrit par Jacques Revaux et Michaële. Dans le hit-parade de *SLC,* Vilard classera sa chanson n° 3 en février-mars 1972. La version de Claude François débute avec une guitare pédale *wha wha* en arpèges, ce morceau mi-lent est comme *Reviens moi vite* de la même session en studio non- identifié. C'est dans le même registre que *Hey! ho ! c'est impossible !* ou encore *Je te demande pardon*, *Toi tu voudrais.*

Il y est expliqué à une exigeante qu'il ne faut pas trop tirer sur la corde. L'homme a ici le mauvais rôle et part manifestement perdant. Les deux versions ont en gros les mêmes arrangements, le même type d'arpèges dans l'introduction, simplement la version de l'Artiste de 1966 sonne un peu moins variété/variétoche que celle de 1972 d'Hervé Vilard.

Pourtant je t'aime

Quand on est heureux

Bobby Leecan

C'est en 1977 que Claude François réalise une maquette assez élaborée, très dans son soul/blusy de ce titre plus que prometteur. Cet inédit resté à l'état de maquette, outre son origine de vieux blues américain, fait regretter que l'Artiste n'ait pas, ou pu…, aller plus loin. De fait, si on peut déplorer un des seuls titres que Claude François n'ait pu porter à la connaissance du public, c'est bien celui-ci et *La petite fille du huitième.*

La chanson est enregistré en 1966 chez Riviera par Nino Ferrer sous le titre de *Le millionnaire*, par Les Nino's en 2003 ; puis en 2009 sur un texte de Chris Lancry et Patrice Verberke avec *Même le blues m'abandonne* pour un éphémère mais excellent trio savoir Tanya Saint Val, Slim Batteux et Michael Jones.

Adaptation de ***Nobody Knows You When You're Down and Out*** (blues américain). Le titre est exécuté en public pour la première fois en **1923** par **Jimmie Cox** mais le premier enregistrement par **Blind Bobby Baker and His Guitar** date de 1927 chez Perfect.

Il sera suivi par Bessie Smith en 1929 puis en 1947 par Eddie Condon chez Commodore puis par 310 autres artistes anglo-saxons, et quelques Européens.

Lavern Baker en 1958 et la même année la chanteuse américaine Ronnie Gilbert qui était dans la formation de Pete Seeger The Weavers ; Nina Simone en 1960, King Curtis en 1961 suivi la même année par Sam Cook ; Frank Hamilton puis la chanteuse country américaine Odetta en 1962 ; la chanteuse française Colette Magny en 1963 suivi la même année par le trio country américain The Chad Mitchell Trio ; Liza Minnelli en 1965, Otis Redding en 1966 suivi la même année par le groupe anglais The Spencer Davis Group puis le chanteur country-folk américain Hoyt Axton ; le combo anglais Them avec Van Morrison en 1967, Blues Magoos en 1969, Derek and The Dominos en 1970, Tim Hardin en 1972, Bobby Womack en 1973, Don McLean en 1987, Rod Stewart en 1988, Ralph McTell en 1990, Eric Clapton en 1992, B.B. King en 1999, Terry White en 2000, The Spencer Davis Group en 2003 chez BR Music ; Roberta Flack en 2010 mais dont l'enregistrement ne sort qu'en 2020, Roberta Flack en 2010 mais qui ne sort qu'en 2020, Katie Melua en 2012, Esquerita la même année, Alexix Cole en 2014 et quatre des pays scandinaves. Dernières versions en date par Paula Cole en mai 2021, Tedeschi Truck Band en juillet. Et ce refrain, ce leitmotiv-clé qui « sert » de refrain :

« *Quand on est heureux, on ne veut voir personne*
Quand on est malheureux, personne ne veut vous voir… »

Que c'est triste Venise

Françoise Dorin / Charles Aznavour

1964. Inédit. Cet original de Charles Aznavour de 1964 enregistré chez Barclay a vu une belle prestation de Claude François.

Qui saura

Michel Jourdan

Ce titre, adapté en France par **Mike Brant** en 1972 et par Sylvie Vartan en 1974, ne figure sur aucun disque officiel de Claude François à l'époque de sa sortie. Il est gravé sur le double CD Arcade, Flèche, RTE, Flarenasch 3036112 de 1998 : « Claude François. Les concerts inédits de Musicorama d'Europe n° 1 », à l'Olympia les 3 décembre 1963, 11 décembre 1966 et 9 septembre 1972 et au studio d'Europe n° 1 le 2 mars 1974 et les 6 et 27 août 1975.

Adaptation de ***Che Sarà*** (Variété italienne).

Francesci Migliacci & Carlo Pes / Jimmy Fontana & Assolo / Praiar & Grooly

Version originale enregistrée par **José Feliciano** chez RCA Victor en 1971 puis par Richie et Poveri la même année.

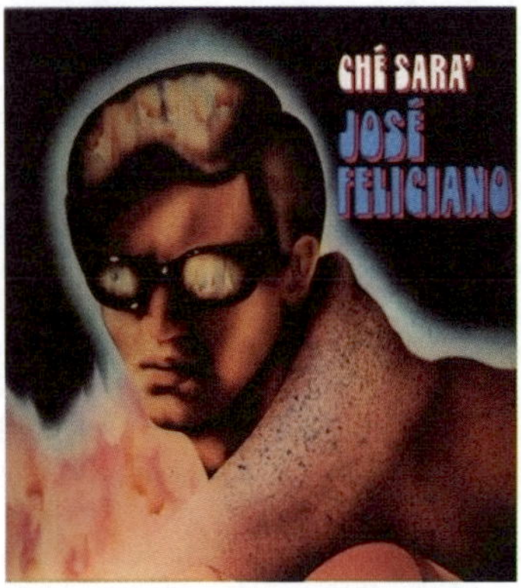

Umberto Marcato ; Gatica Lucho Francesco Napoli.

Respirando (1976 – Maquette restée en l'état)

Lucio Battisti / Giuli Rapetti Mogol ; version originale italienne de **Lucio Battisti** sur l'album « La Batteria, II Contrabbasso, Eccetera » en 1976 chez Numero Uno.

Du même Battisti, la chanteuse Séverine avait repris en 1972 *Amore Caro Amore Bello* sous le titre de *Mon tendre amour*. Voir aussi la reprise par Maguy Banon (voir Tina avec *Quand le fleuve aime la mer* à *Combien de rivières*) de *Il Paradiso Della Vita* de Lucio Battisti et Giuli Rapetti Mogol pour la Ragazza 77 ; l'original étant de Patty Bravo (voir *On ne choisit pas*) avec *Paradiso*.

Retiens la nuit

Georges Garvarentz / Charles Aznavour

1966. Prestation spéciale de l'artiste lors du *Palmarès des Chansons* de Guy Lux du 7 avril 1966. Ce soir-là, bien que l'émission soit consacrée à Johnny Hallyday, celui-ci convie son principal concurrent à venir chanter un de ses plus gros hit. Johnny présente très aimablement Claude François au public qui applaudit les deux artistes. Le seul et unique moment dans l'histoire du « rock » français ou les deux géants sont ensemble sur scène, en vrai direct, bien qu'ils n'aient pas chanté en duo. Sylvie Vartan en offrira sa prestation en 1990 lors d'une télévision, mais n'enregistre pas le titre sur un disque

Reviens-moi vite

1966. Issu d'une session « live » en studio le 28 février 1966, ce titre n'a aucun crédit et, en l'état actuel des recherches, demeure inidentifiable. Il n'a jamais été édité, ni commercialisé avant de paraître sur le CD des productions Flèche Productions/ Polygram 426 410-2, 1994. Ce qui a l'air d'une reprise, apparemment, eu égard à l'ambiance musicale, le beat, le son, les harmonies bref, pourrait bien être un original français. Un autre exemple dans le répertoire de l'Artiste se trouve avec l'original français *Pauvre petite fille riche*. En 1963 quand ce titre est sorti, toutes les oreilles habituées, initiées aux suites d'accords anglo-saxons auraient supputé à l'évidence, sans regarder les crédits, une adaptation du fait du son, de l'ambiance, de la suite des harmonies qui étaient « conformes » aux musiques dérivées du rock d'outre-Atlantique. Pour *Reviens-moi vite*, après avoir fait écouter la chanson, pour ne pas dire parfois casser les pieds/ pomper l'air, à plusieurs personnes et non des moindres, il en a résulté aucune identification d'un groupe ou d'un interprète anglo-saxon et pourtant, la chanson aurait vraiment pu être enregistrée à l'époque par des Anglais tant le titre sent le *swinging London*. D'autres évoquent un original français dû au duo inséparable qui a créé *Même si tu revenais*, à savoir Jacques Chaumelle et Bernard Kesslair. Dans ces années 60/70 s'il y eut bien un duo auteur/compositeur repérable de suite en France, ce fut bien Kesslair/Chaumelle comme aux États-Unis ils eurent – et ceci n'est pas une comparaison artistique mais un fait songwriter/discographique – Jerry Leiber & Mike Stoller ; Karl Mann & Dave Appell ; Gerry Goffin & Carole King ; Barry Man & Cynthia Weil ; Howard Greenfield & Neil Sedaka ; Bob Gaudio & Bob Crewe ; Ellie Greenwich & Jeff Barry ; John Carter & Ken Lewis ; Mitch Murray & Peter Callender ;

Barry Mason & Les Reed et / ou Gœff Stephens ; Tommy Boyce & Bobby Hart, pour les exemples les plus emblématiques des signatures en « couple » à la ville, sauf Goffin et King, qui ont forgé en partie la musique des sixties. Avec une voix très placée dans l'aigu, ce titre est un morceau de bravoure. Rythme rapide, ambiance très soul/rythm and blues, on est dans les meilleurs moments des sixties avec un Claude François qui met le paquet, tel un Hallyday ou un Mitchell dans leurs grandes heures.

Ses baisers me grisaient

Boris Vian

1963. Très bonne maquette de Claude François restée dans les tiroirs.

Adaptation de ***Kisses Sweeter Than Wine***

Joel Newman / Paul Campbell

Enregistré pour la première fois par **The Weavers** en 1951 chez Decca, The Weavers est la formation folk au sein desquels officie Pete Seeger (voir *Si j'avais un marteau*).

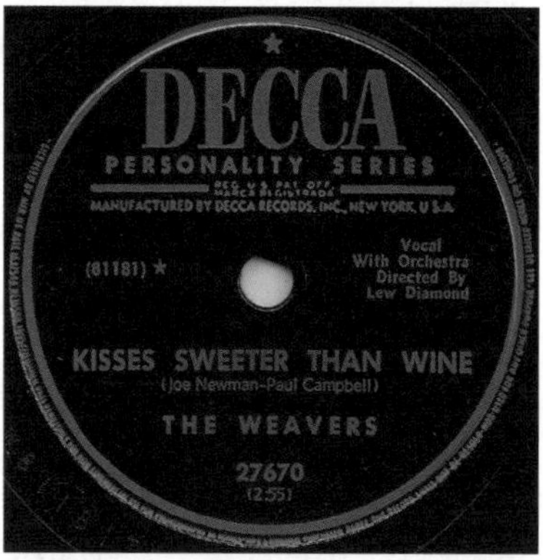

Avant que l'Artiste ne fasse sa maquette, il y avait déjà eu plusieurs adaptations ; 1958 en voit deux ainsi celle Juan Catalaño sur l'album « Les Gitans » chez Fontana, et celle de Zack Matalon pour Columbia ; Hugues Aufray chez Barclay en 1961, Nana Mouskouri en 1965 pour Fontana et Emily Loizeau en juin 2009 à l'occasion de l'émission *Bulles de Vian* sur Arte avec Antoine De Caunes, également la même année par Petite Rigolote dans le cadre du spectacle *La Musique au Royaume de Zinzin*.

Si le cœur t'en dit (1961)

Gisèle Vesta & André Borly / Daniel Hortis & Jacques Dambrois

Si pour Claude François la chanson reste à l'état de maquette, la chanteuse Nancy Holloway l'enregistre en 1961 sur 45 tour PBM « Surprise – Partie ».

Édition spéciale Twist. Également par Gary « l'Ange noir » et ses Démons (Jean-Paul Cara) en 1962 chez Barclay.

There Goes My First Love

Barry Mason / Roger Greenaway

1976. Version originale enregistrée par le groupe **The Drifters** en 1975 pour Bell Records sur « §There Goes My First Love ».

D'autres artistes français ont été séduits par les Drifters ainsi, pour un tout petit nombre d'exemples, de Richard Anthony tout comme les Gamblers puis Henri Leca dans *Ruby Baby* en 1963 que reprend aussi Dick Rivers en 1975 ; Richard Anthony toujours avec *Sur le toit* (*Up On The Roof*) ; Johnny Hallyday chez Philips pour *Quand un air vous possède* d'après *When My Little Girl Is Smiling* que reprend de son côté la chanteuse Sophie la même année chez Decca ; chacune de leur côté Dalida et Petula Clark sont attirées par *The Last Dance For Me* en gravant *Garde la dernière danse pour moi* qu'enregistre également le compositeur du titre Mort Shuman en 1987 et par Eddy Mitchell sur son album « Grand écran » chez Polydor en 2009 dans *Garde-moi la dernière danse.* Petula Clark à nouveau avec *Coup de tête, coup de foudre* (*Love Me Love The Life I Lead*) ; Johnny Hallyday choisira *Such A Night* avec *Oh ! Cette nuit* ; et pour Danyel Gérard ce sera *Cœur gros* issu de *Please Stay* (*Don't Go*).

Trop tôt, trop tard (On regrette aussitôt)

1974.

Venez les copains

Jean Grelbin & Daniel Hortis / Packy Axton / Smoochy Smith / Floyd Newman / Gilbert Caple / Chips Moman **1961. Adaptation** de Last ***Last Night*** enregistré en 1961 chez Atlantic par **The Mar-Keys.**

Packy Axton / Smoochy Smith / Floyd Newman / Gilbert Caple / Chips Moman

L'original américain, un instrumental, avait été retenu comme générique de l'émission de Frank Thénot et Daniel Filippacchi sur Europe n°1 *Salut les Copains.*

La chanteuse française **Nancy Holloway** enregistre le titre en 1961.

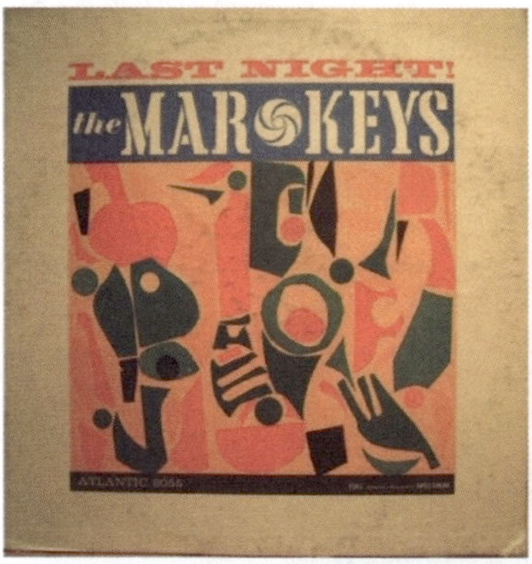

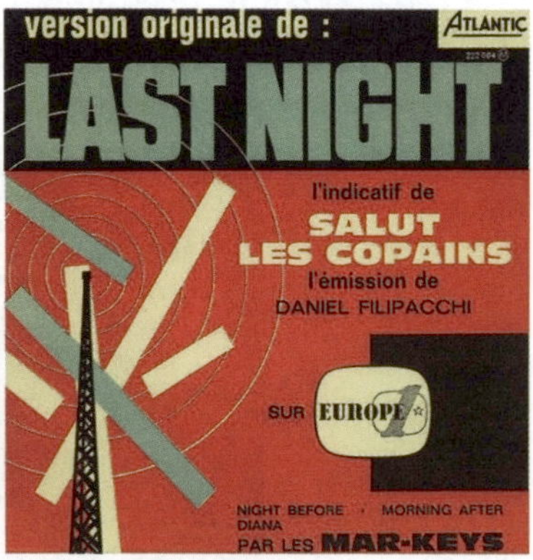

Le texte reflète l'ambiance des boums, ou surprises-parties, du début des sixties où les ados en plein pouvoir d'achat du 45 tours, pour se limiter qu'à cela, sont les rois…

Titres pressentis pour l'album « Amoureux » de l'été 1978 : *L'enfant est mort – Balance-toi danse – Crois en ma foi – Le chant d'un oiseau – Vogue mes souvenirs – Tout part, tout s'en va – Que tourne le manège – Si tu veux encore de moi – Le long du chemin – S'il te plaît pars (mais ne me réveille pas) – Quand on est heureux – Elle reviendra*

10

Chansons inédites en disque : prestations radio et télévision

Adios muchachos

Julio César Sanders / César Vedani

Interprété par Claude François à la television en **1966**. La version originale par **Agustin Magaldi** date de 1927. Il existe à jour jour plus de 120 versions dans le monde. C'est **Carlos Gardel** qui popularise la chanson en 1928.

Prestation TV, **1966**.

Christopher Columbus (Fox Trot)

Andy Razaf / Leon Berry

Version originale de ce standard de jazz enregistré pour la firme Decca par **Andy Kirck and His Twelve Clouds of Joy** début 1936.

En mai de la même année, Fats Weller and His Rythme effectue la première reprise avec, bien sûr « le géant » Fats

Weller au piano. Parmi les 180 chanteurs et musiciens américains qui reprennent le morceau figurent les plus grands. Prestation de **Claude François** dans l'émission de l'O.R.T.F. de Jean-Christophe Averty *Passing Show*, pour Noël, le 25 décembre **1967**. Il n'y a pas de doute, à l'époque, et d'aucuns ne s'en rendaient pas forcément compte, nous étions gâtés… et, contrairement à la daube contemporaine, le bon goût authentique « d'hier » ça aidait à ne pas devenir gâteux. Ben oui, c'était mieux avant. C'est comme ça. Pas de déni de réalité. Pas étonnant que Claude François a été fouiner dans ce type répertoire pour des émissions de télévision : il pouvait y faire « plus librement » ce qu'il aurait voulu véritablement enregistrer « officiellement » en disque. On voit cela notamment avec *Me An My Shadow, Lady Is A Tramp, Bye bye Black Bird, Dancing On The Ceiling, Changes Partners, Cow-Boy Boogie, Makin' Whoopee !*

Clopin-clopant

Bruno Coquatrix / Pierre Dudan

Prestation en mars **1974** sur Europe 1.

Changes Partners

Irvin Berlin

La chanson avait été écrite et composé par Irvin Berlin pour le film *Carefree* en 1938 avec Fred Astaire. Avec de telles pointures, Claude François est tout à son affaire. Voir commentaires à la chanson *Christopher Columbus*. **Fred Astaire** enregistre donc la **version originale** le 24 mars 1938 pour le compte de la firme Brunswick, mais sa première prestation, avant le disque eut lieu pour le cinéma le 2 septembre de la même année.

Plus d'une soixantaine, et non des moindres, de chanteurs et de musiciens anglo-saxons reprendront le standard. En **1968** Claude François interprète ce morceau dans l'émission de l'O.R.T.F. de Jean-Christophe Averty *Passing Show* en décembre 1968.

Cow-boy Boogie (*Cuma ti yi yi ay*)

Gene De Paul & Benny Carter / Don Raye

1968. Claude François chante cette chanson dans la même émission de télévision indiquée ci-dessus, même mois de la même année. **Version originale** américaine enregistrée par la chanteuse **Freddie Slack and His Orchestra** le 29 juin 1942.

Chanson écrite en 1942 à l'occasion du film, une comédie western qui met en scène Bud Abott et Lou Costello *Ride 'Em*

Cow-Boy' (*Deux nigauds cow-boys*) d'Arthur Lubin. Voir les commentaires à la chanson *Christopher Columbus.*

Dancing On The Ceiling (He Dances On May Ceiling)

1968. Prestation télévisuelle, idem que les deux titres ci-dessus. Standard de jazz composé par Richard Rodgers et écrit par Lorenz Hart à l'occasion de la comédie musicale anglaise *Ever Green* en 1930, appelée initialement *Simple Simon*. La chanson est enregistrée une première fois pour la Columbia par la chanteuse anglaise **Jessie Matthews** le 3 décembre 1930.

Suivront en 1955 Frank Sinatra, Ella Fitzgerald en 1956 ainsi que Buddy Greco (le créateur original de *Twistin' The Blues* que Richard Anthony transforme en *J'irai twister le blues* en 1962), Peggy Lee en 1957. Les dernières versions connues sont de Denny Berthiaume en 2007 puis par Boilermaker Jazz Band featuring Jon Eric Kellso en 2011. Voir les commentaires à la chanson *Christopher Columbus.*

Il y a longtemps

Georges Garvarentz / Françoise Dorin

1966. D'après la comédie musicale ***Cendrillon*** en 1966 avec Christine Delaroche ; voir la chanson *Au coin de mes rêves*. Le titre avait été enregistré par **Anton Valéry** chez Polydor en 1966.

Il tient le monde entre ses mains

Boris Vian

1970. Prestation au cours du Sacha Show à l'O.R.T.F. avec Sacha Distel et Marcel Zanini le 24 juin 1970. La chanson est l'adaption du classique ***He's Got The Whole World In His Hands*** enregistré pour la première fois par **Rev. F.W. McGee** en 1929.

Bessie Johnson's Sanctified Singers en 1930. Il faut attendre 1957 pour une nouvelle version avec Laurie London ; trois prestations en 1958 avec Odetta, Mahalia Jackson, Perry Como ; trois covers en 1959 par The Allegrettes, Little Gerhard and His G-Men, The Isley Brothers. En tout une soixantaine de reprises s'étaleront de 1929 à 2013 avec notamment Nina Simone, Andy Williams, Jackie de Shannon (voir *Les cloches sonnaient*), Bobby Bare, Julie Garland & Liza Minelli, Loretta Lynn, The Sandpipers, Glen Campbell, Chrystal Gayle, Jean Manson (en anglais) en 2001, Bobby McFerrin en 2013. Le titre est adapté en France dès 1958 par Stephen Bruce, Zack Matalon ; Gerry Beckles & Les Toppers font leur version en 1962 chez Vogue sous le titre de *Celui qui tient le monde entre ses mains* ; en 1963 par Robert Clauss et en 2009 par Diane Tell.

J'aime Paris au mois de mai

Pierre Roche / Charles Aznavour

1964. Prestation en direct dans les studios d'Europe N°1 le 24 octobre 1964 dans l'émission d'Hubert (Hubert Wayaffe) *Dans le vent.*

Je t'attends

D'après la comédie musicale ***Cendrillon*** en **1966** avec Christine Delaroche ; voir la chanson *Au coin de mes rêves.*

La Route du jeudi

Claude François

1967. Le jeudi était en 1967 encore le jour de congé du milieu de semaine. Claude François avait alors composé le générique de l'émission de l'O.R.T.F. *La Route du jeudi.* Le 19 octobre 1967 il interprète le titre qui joyeusement évoque ce jour de « liberté », d'insouciance en ces « Trente Glorieuses ».

Les divorcés

Roland Vincent / Michel Delpech & Jean-Michel Rivat. Inédit. Prestation en mars **1974** sur Europe 1. Enregistré à l'origine par Michel Delpech en 1973 chez Barclay.

Les Feuilles mortes

Prestation en direct de Claude François dans l'émission de l'O.R.T.F. *La la la* du 17 septembre **1966** avec trois choristes et orchestre jazzy. L'artiste y interprète la chanson écrite et composée par Jacques Prévert et Joseph Kosma, chanson enregistrée par à peu plus de 540 artistes dont Yves Montand, Juliette Gréco, Mouloudji, Petula Clark, Richard Anthony, Charles Dumont, Yvette Giraud, Cora Vaucaire, Michel Jonasz ; ainsi que de nombreux interprètes anglo-saxons, chanteurs (euses) comme jazzmen ainsi de Paul Anka, Bing Crosby, The Everly Brothers, Dee Dee Bridgwater, Keith Jarrett, Ray Barretto, Bob Dylan,Yggy Pop, Eric Clapton etc.

Les rats

Interprété dans l'émission de l'O.R.T.F. *Entente cordiale* en **1971**.

Makin' Whoopee (Jazz/blues song)

1974. Interprété une première fois par **Eddie Cantor** le 4 décembre 1928 à l'occasion de la comédie musical ***Whoopee !*** sur une musique de Walter Donaldson et un texte de Gus Kahn.

Pour le disque, Eddie Cantor enregistre le titre en janvier 1929 chez Victor qui va devenir vite RCA Victor.

Parmi plus de 160 interprètes qui reprennent la chanson citons Nat King Cole trio en 1947 ; Doris Day en duo avec Danny Thomas en 1951 ; Ella Fitzgerald en 1954 ; Frank Sinatra en 1956 tout comme Mel Torme ; Dina Washington & Quincy Jones and His Orchestra en 1957 ; Marlene Dietrich en 1959 tout comme Doris Day seule ; Rosemary Clooney, la mère de George en 1960 ; Les Paul and Mary Ford en 1962 ; Ray Charles en 1965 ; Nancy Wilson en 1966 ; Peggy Lee en 1967 ; Harry Nilsson en 1973 ; en 1982 par Ben Sidran ; l'actrice Michelle Pfeiffer en 1989. Madeline Bell & The Swingmates en 1993 ; Shirley Bassey en 1995 ; Cyndi Lauper en 2003 ; Rod Stewart et Elton John recréent ensemble le standard en 2005. La dernière version date de Sydney Claire en 2014. Claude François en fait un duo avec Nicole Croisille en janvier 1974 pour l'émission de l'O.R.T.F. de Maritie et Gilbert Carpentier « Top à Claude François ». Voir les commentaires au titre *Christopher Columbus.*

Ma nouvelle voiture

1963. *Claude François*

Chanson filmée pour la télévision au Salon de l'auto 1963 dans l'émission *Teuf Teuf* ; on y voit l'artiste danser et faire des bonds sur une Simca 1000 ; dès le début, les années 60 s'annonçaient pleines d'énergie. Claude François confirme dans cette étonnante prestation. C'est les « Trente Glorieuses », les Français achètent des 45 tours et des voitures pour partir en vacances. Pour Claude François, sa voiture marche mieux, apparemment après être passée chez le garagiste. On suppute le dynamisme du fait qu'à travers le personnage de l'idole à l'époque, il pourra aller partout en liberté faire ce qu'il veut avec sa nouvelle voiture ; rejoindre une fille pour l'emmener, partir travailler, partir en vacances. Le mythe marche à fond, la dynamique est là.

Me And My Shadow

Billy Rose / Dave Dreyer / Al Jolson

1967. Chanson devenu vite un standard. Son premier interprète, **Jack Smith** l'enregistre en 1927 chez Victor très vite RCA Victor.

42 artistes américains et anglais l'enregistrent et principalement Perry Como en 1951, July Garland en 1957, Vic Damone en 1959 ; avec la version de Frank Sinatra en duo avec Sammy Davis de 1962 Claude François interprète là le type de chansons qu'il aurait toujours voulu enregistrer tout en chantant ces deux artistes qu'il admirait. Peggy Lee en 1969. La dernière version voit le jour en novembre 2009 par le duo Michael Feinstein & Cheyenne Jackson. Prestation de l'artiste dans l'émission de l'O.R.T.F. de Jean-Christophe Averty *Passing Show*, pour Noël,

le 25 décembre 1967. Voir les commentaires au titre *Christopher Columbus*.

On a pas besoin de ça pour lui plaire

1966. Appelé parfois de façon étrange *La chanson des fournisseurs*. D'après la comédie musicale pour l'O.R.T.F. *Cendrillon* en 1966 avec Christine Delaroche ; voir la chanson *Au coin de mes rêves*. Sinon, quand on écoute les première mesures de la chanson ***Changes Partners*** (voir plus haut) écrite et composée par **Irving Berlin** et enregistrée en 1938 par Fred Astaire, on reconnaît un peu de la mélodie de *On a pas besoin de ça pour lui plaire*. Voir les commentaires au titre *Christopher Columbus*.

Paris, je t'aime d'amour

Clifford Grey / Schertzinger

1971. La chanson est la traduction de ***Paris, Stay The Same*** un fox-blues sur un texte Battaille-Henri. Enregistré par **Maurice Chevalier** chez Polydor.

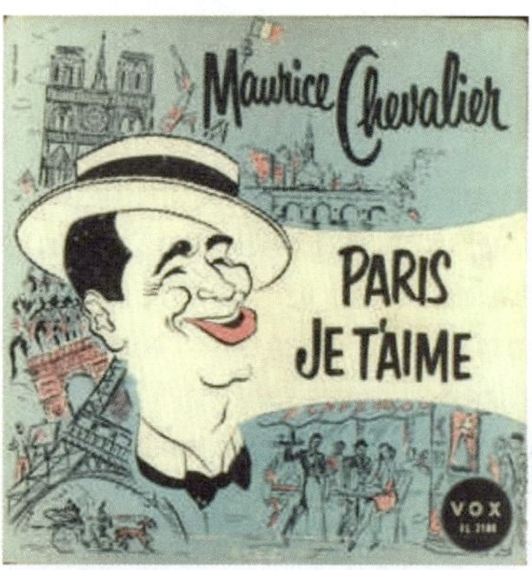

puis par André Dassary, Georges Guétary, Lena Horne, George Haag. Créé à l'origine pour l'opérette ***Love Parade*** en 1929 (*Parade d'amour*) pour Maurice Chevalier. Prestation TV de Claude François chez Guy Lux en 1971.

The Lady Is A Tramp. 1976. Écrit par Lorenz Hart et composé par Richard Rodgers – dans le cadre du film de 1957 de George Sydney *Pal Joey* (*La blonde ou la rousse*) avec Frank Sinatra, Rita Hayworth et Kim Novak – ce genre de standart jazzy dont Claude François se pourlèche les oreilles (voir commentaires plus au titre inédit *Christopher Columbus*) a connu une première prestation par la chanteuse américaine **Mitzi Green** (Elizabeth keno 1920-1969) le 14 avril 1937 ; elle enregistra la première version la même année sur l'album « Babes In Arms ».

Suivent plus de 180 versions dont Frank Sinatra en 1957, Sammy Davis, jr. en 1960, Erroll Garner en 1961, Mel Tormé With The Marty Paich Det-Kette donne sa version en ; Tonny Bennett en 1973 puis en duo avec Lady Gaga en 2011, Diana Ross en 1974. La dernière version date à ce jour de Billy Porter en avril 2017. Pour la France, la chanteuse Jacqueline François effectue l'adaptation en 1959 sur un texte de Jacques Plante *La vie mondaine* chez Philips. Prestation de Claude François en duo avec Mort Shuman dans l'émission de l'O.R.T.F. de Maritie et Gilbert Carpentier le 20 janvier 1973 et le 11 décembre 1976 avec le quartet René Urtreger dans l'émission des Carpentier *N°1 à Joe Dassin* Voir les commentaires au titre *Christopher Columbus.*

Une Anglaise aime un français

Chris Andrews / Michel Jourdan

Interprété en duo avec Sandie Shaw lors de l'émission TV du 28 janvier **1968.** Chanson du répertoire en français de l'anglaise Sandie Shaw ; adaptation du titre de Chris Andrews.

Une belle histoire

Pierre Delanoë / Michel Fugain

Enregistré en mars **1971** à Europe 1. Enregistré à l'origine par Michel Fugain et le Big Bazar en 1972 chez CBS.

Bibliographie essentielle et sélective

Alamo Frank, *Mes sixties. D'hier à aujourd'hui*, éditions Michel Lafon, 2006

Anthony Richard, *Quand on choisit la liberté*, éditions Florent Massot, 2010

Bourdais Michel, *Claude François, à la recherche de son image*, éditions Fan de toi, 2008

Bussy, Félix, *Sur la route avec Claude François*, City éditeur, 2005 ; réédition revue et augmentée *Claude François, au-delà du miroir*, City éditeur, 2008

Chevallier Philippe, *La Chanson exactement. L'Art difficile de Claude François*, éditions des Presses Universitaires de France, 2017

Delavault Olivier, *Dictionnaire des chansons de Claude François,* Durante éditeur 2003 ; réédition revue et augmentée, éditions Télémaque, 2008

Réédition revue, augmentée et actualisée, préface d'Alain Chamfort, Guy Trédaniel éditeur 2013

Claude François. L'intégrale des adaptations, Guy Trédaniel éditeur, 2018

Floriant Guy, *Claude François plus vite que la musique,* éditions Seghers 1988 ; réédition *Claude François l'enfer du décor & dossier des adaptations* par Olivier Delavault, éditions du Rocher, 1998 ; réédition augmentée : *Claude François. Et même si tu revenais*, 2008

Eudeline Christian, *Anti yéyé, une autre histoire des sixties*, éditions Denoël, 2006

Evrard Frank, *Claude François et les sirènes de la postmodernité*, Kirographaires éditions, 2012

Forêt Isabelle, *Claude François nos enfants et moi*, préface de Michel Drucker, éditions Fayard, 1979

François Lucia, *Mon fils Claude François*, éditions Baumann, 1979

François Josette, *Claude. Histoire d'une revanche*, éditions Jacques Grancher, 1988 ; réédition revue et augmentée avec la collaboration de Laurent Eschenlohr : *Claude François mon frère*, éditions Hors Collection, 2008

François Claude et Marc, *Claude François. Collection privée*, Livre/objet, édition Ipanema / Marque Pages, 2008

Gerdray Jean-Louis, Ledent Alain, Veillez Raymond, *Claude François. Première discographie intégrale*, Jean Attias éditions, 2004

Herzhaft Gérard, *Americana. Histoire des musiques de l'Amérique du Nord*, Fayard, 2005

Liesenfield Thierry, *Les Beatles et la France, sont des mots qui vont très bien ensemble*, éditions Le Castor Astral & Saphyr / Kalohé productions, 2005

Martin Josette, *15 ans avec Claude François*, 1980 ; réédition Témoignages, 2016

Monty Jacques, Bourdais Michel, *Ma vie en vert. Du showbiz au chaudron*, préface de Michel Drucker, éditions TV and Co, 2017

Pernez Pierre – Jean-Claude Khatchadourian, *Claude François. « Qu'est-ce que tu deviens ? »*
I *D'Ismaïlia à « Comme d'habitude »*.
II *De Podium à « Alexandrie Alexandra »*, éditions Ramsay, 2019

Woollacott Janet avec Christine Reynolds, Claude François. *Les années oubliées*, Éditions N°1, 1998

Table des matières

DEUXIÈME PARTIE
LES CHANSONS

Achevé d'imprimer par ESTELLA GRAFICAS,
en décembre 2022

Dépôt légal : janvier 2023

Imprimé en Espagne